에듀윌

漢字

한자능력검정시험 2급

에듀윌 교육출판연구소 편저

에듀윌

머리말

한자는 오랜 기간 동안 우리 민족과 역사를 함께 해 왔습니다. 한자 속에는 우리 조상의 정신과 사상이 깃들어 있기 때문에 우리의 역사인 동시에 문화인 것입니다. 한자는 글자 속에 뜻이 담겨져 있기 때문에 그 가치가 더 높은데요, 우리는 이러한 한자의 중요성과 가치를 깨닫고 그 속에서 한자 교육의 필요성을 찾아볼 수 있습니다.

한자 교육의 필요성
- 우리말의 어휘는 70% 이상이 한자 어휘로 되어 있고, 동음이의어가 많아서 한자로 쓰지 않으면 의미를 구별할 수 없다.
- 일상생활에서의 자유로운 언어구사능력과 어휘력 신장 및 독서력을 높이는 데 한자 교육은 불가피하다.
- 학술용어, 전문용어는 대부분 한자어로 되어 있는데, 한글로 표기할 경우에는 올바른 의미 전달이 되지 않을 뿐만 아니라 내용상 큰 혼란을 초래할 수도 있다.
- 한문으로 기록된 전통 문화유산을 이해하고 계승·발전시키기 위해서 한자는 꼭 필요한 문자이다.
- 건전한 가치관과 바람직한 인성 함양을 위해서 한자교육은 반드시 필요하다.

대부분의 대학생들이 평균 수준의 국한문교재(國漢文敎材)도 읽지 못하고 심지어 자신의 이름을 한자로 쓰지 못하는 경우도 허다하다고 합니다. 그런데 요즘 들어 많은 기업체들과 공공기관에서 한자 실력을 선발 기준의 하나로 두고 있어서 일부는 대학을 졸업하고 취직을 목표로 다시 한자를 학습하는 수고를 겪기도 합니다.

따라서 본 책은 한자능력검정시험 자격증 취득에 대비할 수 있도록 만들어졌을 뿐만 아니라 지속적인 한자 학습을 통한 실력 향상을 목표로 흥미롭게 구성하였습니다. 쉬운 자원 풀이와 일상생활에서 자주 쓰는 용어를 수록하여 초등학생에서 일반인에 이르기까지 누구나 쉽고 빠르게 이해할 수 있도록 구성하였습니다. 비록 처음 한자를 학습할 때에는 그 방대한 분량에 포기하고 싶은 생각도 들겠지만, 우리의 일상생활과 연결하여 생각해보면 친숙하게 다가갈 수 있을 것입니다. 무엇보다 평소에 잘못 사용하던 언어생활을 바르게 바꾸고 어렵게만 느껴졌던 한자의 필요성을 다시 인지하면서 공부하여 자격증도 따고 상식도 높이는 일석이조의 효과를 얻어 가세요!

에듀윌 교육출판연구소

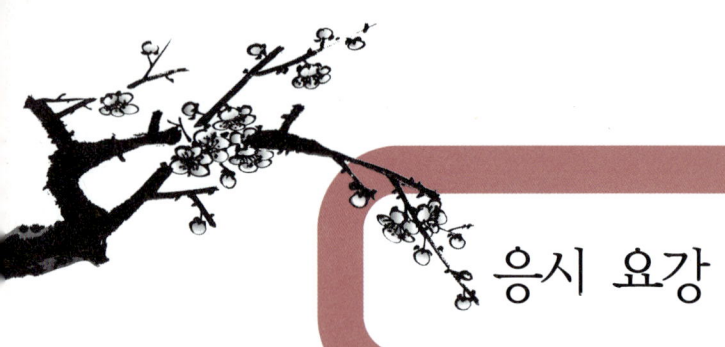

응시 요강 및 합격자 우대 사항

❀ 한자능력검정시험
한자능력검정시험은 한자의 이해 및 활용 능력을 평가하는 종합적인 한자 능력 측정 시험으로 한자에 대한 관심을 확산·심화시키고 개인의 한자 학습 능력을 객관적으로 평가·인정받을 수 있도록 만들어졌다.

❀ 주관
사단법인 한국어문회

❀ 시행
한국한자능력검정회

❀ 응시자격
제한 없음

❀ 시험일시
연4회(2월, 5월, 8월, 11월)

❀ 시험 급수
공인급수(특급, 특급Ⅱ, 1급, 2급, 3급, 3급Ⅱ)
교육급수(4급, 4급Ⅱ, 5급, 5급Ⅱ, 6급, 6급Ⅱ, 7급, 7급Ⅱ, 8급)

급수별 배정한자 수 및 출제기준

구분		특급	특급Ⅱ	1급	2급	3급	3급Ⅱ	4급	4급Ⅱ	5급	5급Ⅱ	6급	6급Ⅱ	7급	7급Ⅱ	8급
읽기		5,978	4,918	3,500	2,355	1,817	1,500	1,000	750	500	400	300	225	150	100	50
쓰기		3,500	2,355	2,005	1,817	1,000	750	500	400	300	225	150	50	0	0	0
출제기준	독음	45	45	50	45	45	45	32	35	35	35	33	32	32	22	24
	훈음	27	27	32	27	27	27	22	22	23	23	22	29	30	30	24
	한자쓰기	40	40	40	30	30	30	20	20	20	20	20	10	0	0	0
	한자	20	20	0	0	0	0	0	0	0	0	0	0	0	0	0
	완성형	10	10	15	10	10	10	5	5	4	4	3	2	2	2	0
	뜻풀이	5	5	10	5	5	5	3	3	3	3	2	2	2	2	0
	반의어(상대어)	10	10	10	10	10	10	3	3	3	3	3	2	2	2	0
	동음이의어	10	10	10	5	5	5	3	3	3	3	2	0	0	0	0
	동의어(유의어)	10	10	10	5	5	5	3	3	3	3	2	0	0	0	0
	부수	10	10	10	5	5	5	3	3	0	0	0	0	0	0	0
	약자	3	3	3	3	3	3	3	3	3	3	0	0	0	0	0
	장단음	10	10	10	5	5	5	3	0	0	0	0	0	0	0	0
	필순	0	0	0	0	0	0	0	3	3	3	3	2	2	2	2
	계	200	200	200	150	150	150	100	100	100	100	90	80	70	60	50

★ 상위급수 한자는 하위급수 한자를 모두 포함하고 있음
★ 쓰기 배정한자는 한두 급수 아래의 읽기 배정한자이거나 그 범위 내에 있음
★ 출제기준은 기본지침자료로서, 출제자의 의도에 따라 차이가 있을 수 있음

🌸 급수별 합격기준

구분	특급~1급	2급~3급Ⅱ	4급~5급Ⅱ	6급	6급Ⅱ	7급	7급Ⅱ	8급
출제문항수	200	150	100	90	80	70	60	50
합격기준	80% 이상	70% 이상						
합격문항수	160	105	70	63	56	49	42	35

🌸 시험시간

특급·특급Ⅱ	1급	2급~3급Ⅱ	4급~8급
100분	90분	60분	50분

🌸 접수방법

1. **방문접수**

    ① 준비물 : 반명함판사진(3×4cm) 2매, 응시료, 응시자 이름(한글·한자), 주민등록번호, 급수증 수령주소

    ② 접수처 : 각 고사장 지정 접수처

    ③ 접수방법 : 응시급수 선택 → 준비물 확인 → 원서 작성 → 접수 → 수험표 확인

2. **인터넷접수**

    ① 접수처 : www.hangum.re.kr

    ② 접수방법 : 인터넷접수처 게시

🌸 검정료

급수	특급~1급	2급~3급Ⅱ	4급~8급
검정료	45,000원	25,000원	20,000원

🌸 합격자 발표

인터넷접수 사이트 www.hanja.re.kr 또는 ARS(1566-1400)

🌸 우대사항

1. 자격기본법 제27조에 의거 국가자격 취득자와 동등한 대우 및 혜택
2. 육군간부 승진 고과에 반영
3. 경제5단체, 신입사원 채용 때 전국한자능력검정시험 응시 권고(3급 응시 요건, 3급 이상 가산점)
4. 2005학년도 대학수학능력시험부터 '漢文'이 선택과목으로 채택
5. 경기도 교육청 유치원, 초등학교, 특수학교(유치원·초등)교사 임용시험에 가산점 반영
   (※ 대입 전형과 관련된 세부적인 사항은 해당 학교 홈페이지 또는 입학담당부서를 통하여 다시 한 번 확인이 필요)

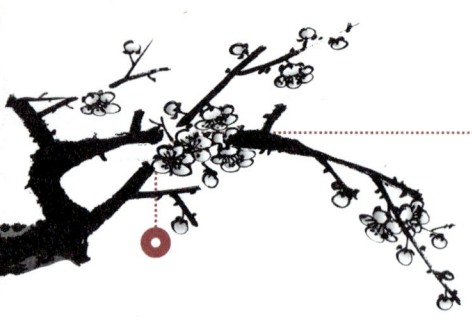

🌸 공공기관(공기업) 입사·승진·인사고과 반영

기관	내용	자격
경기도 교육청	유치원, 초등학교, 특수학교(유치원·초등)교사 임용 시 가산점 부여	3급 이상(공인급수)
국가정보원	입사지원	3급 이상
국방부	육군 간부 승진 고과에 반영	–
한국무역협회	입사지원	3급 이상 우대
한국인터넷진흥원	입사지원	자격증 소지자 사본
한국장학재단	입사지원	어학증명서 관련
한국정책금융공사	입사지원	자격증 소지자 사본
한국주택금융공사	입사지원	2급 이상
한국직업능력개발원	입사지원	자격증 소지자 사본
한국천문연구원	입사지원	자격증 소지자 사본
한국철도시설공단	입사지원	국가공인자격증 사본
한국청소년활동진흥원	입사지원	자격증 소지자
한국토지주택공사	입사지원	자격증, 어학증명서 사본(스캔) 1부 (해당자에 한함)

🍀 기업체 입사·채용 시

구분	내용	자격
삼성모바일	입사지원	1급~3급
국가정삼성물산보원	입사지원	1급~3급
삼성전기	입사지원	1급~3급
삼성전자	입사지원	1급~3급
삼성중공업	입사지원	1급~3급
삼성테크윈	입사지원	1급~3급
삼성SDI	입사지원	1급~3급
삼성SDS	입사지원	1급~3급
우리은행	채용 시 가산점 반영	–
제일모직	입사지원	1급~3급

🌸 응시자 유의사항

1. 지정석 및 그 주위에 전국한자능력검정시험 관련 내용을 기재하거나, 고사장 시설을 훼손할 경우 해당 응시자에게 부정행위 처리(응시자격 박탈) 또는 변상 조치한다.
2. 수험표를 분실한 수험자는 시험 당일 지원한 고사장에서 고사 본부를 찾아 수험표를 재발급 받아야 한다. 재발급 시 신분증명서(주민등록증, 여권, 운전면허증, 학생증, 주민등록등본, 건강보험증 등)와 재발급 수험표 부착용 사진 1매(반명함판)를 준비해야 한다.
3. 반드시 접수하신 해당 고사장에서 지원 급수로 응시하여야 하며, 타 고사장에서 응시하거나, 지원한 급수가 아닌 타 급수로 응시한 경우는 0점 처리된다.
4. 다음 사항에 해당하는 응시자는 부정행위로 간주하며, 시험을 무효로 처리한다.
   ① 신분증(주민등록증, 운전면허증, 학생증, 여권 등)을 지참하지 않았거나, 위·변조하여 응시하는 행위
   ② 시험 도중 무전기, 휴대전화, 휴대용 개인정보 단말기(PDA) 등 통신기기를 사용하는 행위
   ③ 대리로 시험에 응시하거나, 응시하도록 하는 행위
   ④ 다른 응시자에게 답안을 보여줄 것을 강요하는 행위
   ⑤ 다른 응시자의 답안을 엿보거나, 자신의 답안을 타 응시자에게 보여주는 행위
   ⑥ 시험 도중 다른 응시자와 쪽지교환, 손동작, 소리 등으로 서로 신호를 주고받는 행위
   ⑦ 시험 도중 시험과 관련된 도서, 노트, 메모, 기타 인쇄물 등을 보는 행위
   ⑧ 시험 도중 퇴실 후 재입장하는 행위
   ⑨ 시험 종료 후에도 계속해서 답안지를 작성하는 행위
   ⑩ 지정된 고사장, 고사실, 좌석이 아닌 다른 장소에서 응시하는 행위
   ⑪ 본인이 지원한 급수 이외의 다른 급수에 응시하는 행위
   ⑫ 시험 감독관의 지시에 따르지 않는 행위
   ⑬ 시험 진행을 방해하는 행위
   ⑭ 본회가 발급한 급수증을 위·변조하여 사용하는 행위
   ⑮ 기타 사후적발에 의해 부정 응시라고 판명되는 행위

🌸 답안 작성 유의사항

1. 필기구 및 답안 수정
① 필기구는 검정색 볼펜, 일반 수성(플러스)펜을 사용해야 한다.
② 연필, 붓펜, 네임펜, 컴퓨터용펜, 유성펜류는 뭉개져 흐려지거나, 번지거나, 반대편으로 배어나와 채점 시 불이익을 받을 수 있다.
③ 답안지는 3차에 걸친 엄정한 채점 과정을 거친 후 답안·응시자 정보·채점결과를 데이터베이스에 저장한다.
④ 데이터 입력은 문자 인식 과정을 거치는데, 지정된 필기구를 사용하지 않거나, 검정색이 아닌 펜으로 작성된 답안지는 인식 과정에서 문제가 발생할 수 있다.
⑤ 지정된 필기구(검정색 볼펜, 일반 수성펜) 이외의 필기구를 고집하는 경우, 이로 인해 파생되는 불이익은 감수해야 한다.
⑥ 답안 수정은 수정액과 수정테이프를 사용할 수 있다. 수정 항목이 많을 경우 답안지를 새로 받아서 재작성하는 것을 권장한다.
⑦ 미취학생·초등학교 저학년 학생의 경우 연필과 사용 촉감이 비슷한 펜을 준비하고, 수정액·수정테이프 사용법을 미리 익히는 것을 권장한다.

2. 약자 답안 처리
① 약자를 답으로 요구하는 문제는 반드시 약자를 써야만 정답으로 인정된다.
② 약자를 답으로 요구하지 않는 문제에서 약자로 답안을 작성한 경우는 정답으로 인정된다. (단, '正字'를 요구하는 문제 제외)

3. 국어표기법 준수
전국한자능력검정시험은 국어를 바르게 쓰자는 것이 의의이며, 목표이다. 따라서 답안작성 시 두음법칙을 지키지 않거나, 국어표기법이 맞지 않으면, 해당 한 자음이더라도 오답 처리된다.

4. 답안지 인식 기준점
답안지 앞·뒷면의 각 귀퉁이에 있는 ■ 표식은 전산입력 시 사용되는 인식기준점이다. 해당 기준점이 훼손되거나, 주변에 낙서를 하면 OCR시스템의 인식 불능으로 0점 처리될 수 있다.

5. 응시자 정보 기재
성명, 수험번호, 생년월일은 반드시 응시원서와 동일하게 작성해야 한다. 성명을 비롯한 모든 항목은 맨 앞 칸부터 띄어쓰기 없이 기입해야 한다.

이 책의 구성

01 기초 다지기

한자 학습의 기초에 대해 알아보자.
한자가 만들어진 여섯 가지 기본 원리인
육서, 한자에서 기초가 되는
214자 부수 정리를 통해 한자 학습의 기초를 다진다.

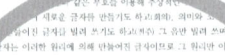

02 2급 배정한자 익히기

1. 2급 신출한자

2급에서 새롭게 나오는 한자를 익혀보자.

- **대표 훈·음, 부수, 총획수**
  대표 훈·음과 부수, 총획수를 명시해 배정한자를 바르게 읽고 정확하게 이해할 수 있도록 하였다.

- **자원 풀이**
  한자 하나하나가 만들어지게 된 유래를 통해 한자를 쉽게 이해할 수 있고 장기적인 학습 효과까지 얻을 수 있다. 자원 풀이를 학습하게 되면 '아~ 이 한자가 이렇게 만들어졌구나!'가 절로 나오게 될 것이다.

- **필순**
  필순을 통해서 한자를 바르게 쓸 수 있도록 하였다.

- **활용어**
  시험에 자주 출제되고 일상생활에서 다양하게 쓰이는 한자어를 가나다순으로 나열하여 어휘력 향상에 도움이 되도록 하였다.

- **뜻풀이**
  시험 출제 빈도가 높은 한자어를 엄선하여 시험 대비는 물론 한자어에 대한 이해가 가능하도록 하였다.

동영상강의 www.eduwill.net

03 부록

지금까지 익힌 배정한자를 다양하게 활용해 보자.

시험에 출제되는 사자성어, 유의자, 유의어, 반대자, 반대어, 동음이의어, 일자다음어, 장단음, 약자를 부록으로 정리하여 학습한 본문 내용을 깊이 이해하고 활용한다.

2. 2급 쓰기한자

2급 배정한자를 제외한 3급~8급 배정한자를 익혀보자.
- 대표 훈·음, 부수, 총획수
- 필순
- 활용어
- 뜻풀이

04 기출·예상 문제

실전 문제에 대비하여 2회분의 문제를 풀면서 자신의 최종 실력을 점검하자.

3. 성명·지명자

2급 배정한자 중 성명자와 지명자만 모아서 따로 익혀보자.
- 성명자는 '인'으로, 지명자는 '지'로, 부족명은 '부'로, 강, 산, 나라 이름은 각각 '강', '산', '국'으로 표시하여 성명·지명자를 한눈에 알 수 있도록 하였다.
- 대표 훈·음, 부수, 총획수
- 활용어

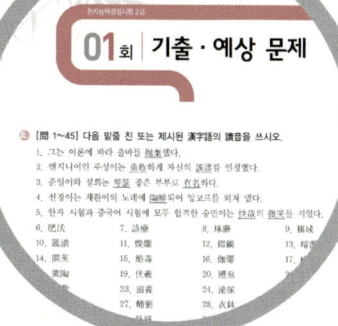

차례

- **머리말** ··· 2
- **응시 요강 및 합격자 우대 사항** ······················ 4
- **이 책의 구성** ··· 12

- **기초 다지기**
    1. 육서(六書) ·· 16
    2. 부수(部首)
        * 부수의 위치와 명칭 ······································ 18
        * 부수 익히기(214자) ······································ 24
        * 한자 부수 명칭표 ·· 27

- **2급 배정한자**
    1. 2급 신출한자 익히기 ······································ 30
    2. 2급 쓰기한자 익히기 ······································ 64
    3. 성명·지명자 익히기 ······································ 368

- **부록**
    1. 유의자 ·· 386
    2. 유의어 ·· 419
    3. 반대자 ·· 422
    4. 반대어 ·· 433
    5. 사자성어 ·· 439
    6. 동음이의어 ·· 463
    7. 일자다음어 ·· 482
    8. 장단음 ·· 485
    9. 약자 ·· 503
        * 약자 써보기 ·· 509

- **기출·예상 문제 및 정답**
    (1회~2회) ·· 520

기초 다지기

1. 육서(六書)
2. 부수(部首)
   * 부수의 위치와 명칭
   * 부수 익히기(214자)
   * 한자 부수 명칭표

육서(六書)

육서란?

육서는 한자를 만드는 여섯 가지 원리를 말한다. 처음에는 사물의 모양을 본떠 글자를 만들었고(상형) 점이나 선과 같은 부호를 이용해 추상적인 뜻을 표현했으며(지사), 두 개 이상의 글자의 뜻을 합하여 새로운 글자를 만들기도 하고(회의) 의미와 소리를 합하기도 했다(형성). 또 이렇게 만들어진 글자를 빌려 쓰기도 하고(전주) 그 음만 빌려 쓰며(가차) 많은 글자를 만들어냈다. 한자는 이러한 원리에 의해 만들어진 글자이므로 그 원리만 이해한다면 한자를 학습하는데 많은 도움이 될 것이다.

1 상형문자(象形文字) — 사물의 모양을 본떠 만든 글자

자연의 모습, 인체 등 주변에서 흔히 볼 수 있는 사물을 그림으로 본떠 그 모양대로 문자를 만든 것이다. 가장 기본이 되는 원리이다.

예)
日(날 일) | ☉ → ⊟ → 日   　　月(달 월) | ☽ → ⺼ → 月
水(물 수) | ⫶⫶⫶ → 川 → 水   　　門(문 문) | 𨴌 → 門 → 門

2 지사문자(指事文字) — 추상적인 것을 나타내는 글자

추상적인 개념이나 생각을 점이나 선과 같은 기호 등을 써서 나타낸 글자이다.

예)
上(위 상), 下(아래 하) : 기준선 위·아래에 점을 찍어 나타냄(上, 下)
本(근본 본), 末(끝 말) : 나무의 위·아래에 선을 그어 나타냄(本, 末)

3 회의문자(會意文字) — 의미(뜻) + 의미(뜻)

이미 만들어진 두 개 이상의 글자를 합하여 그 의미와 의미를 결합해 새로운 뜻의 글자를 만드는 방식이다.

> **예**
> 男(사내 남) : 田[밭 전(뜻)] + 力[힘 력(뜻)] → 밭에서 힘써 일하는 사내
> 休(쉴 휴) : 人[사람 인(뜻)] + 木[나무 목(뜻)] → 사람이 나무 아래에서 쉼

4 형성문자(形聲文字) — 의미(뜻) + 소리(음)

이미 만들어진 두 개 이상의 글자를 결합하되, 일부에서는 의미를 일부에서는 소리를 나타내는 방식이다. 이는 가장 널리 쓰이는 한자의 구성법으로 대부분의 한자가 형성의 원리에 의하여 만들어진다고 볼 수 있다.

> **예**
> 記(기록할 기) : 言[말씀 언(뜻)] + 己[몸 기(음)] → 말의 내용을 정리하여 기록함
> 問(물을 문) : 口[입 구(뜻)] + 門[문 문(음)] → 입으로 무엇인가를 물음

5 전주문자(轉注文字) — 원래의 의미가 확대되어 다른 의미(뜻)로 사용되는 글자

기존에 있는 글자를 다른 뜻으로 바꾸어 사용하는 것으로, 본래의 의미가 확대되어 이전의 글자와 다른 뜻으로 쓰이는 글자이다.

> **예**
> 음악 악(樂) - 즐거울 락/좋아할 요   다시 갱(更) - 고칠 경
> 악할 악(惡) - 미워할 오   내릴 강(降) - 항복할 항

6 가차문자(假借文字) — 소리(음)만 빌려 쓰는 글자

본래의 뜻과는 상관없이 그 글자의 소리만을 빌려서 표현하는 글자로, 주로 외래어 표기에 사용하고 의성어나 의태어를 표현하는 데에도 쓰인다.

> **예**
> 프랑스 = 불란서(佛蘭西), 이탈리아 = 이태리(伊太利), 아시아 = 아세아(亞細亞)

부수(部首)

✻ 부수의 위치와 명칭

변 : 글자의 왼쪽에 위치한다.

亻	**사람인변** 信(믿을 신)	住(살 주)	休(쉴 휴)
氵	**삼수변** 江(강 강)	油(기름 유)	淸(맑을 청)
忄	**심방변** 性(성품 성)	情(뜻 정)	快(쾌할 쾌)
扌	**재방변** 技(재주 기)	擔(멜 담)	打(칠 타)
犭	**개사슴록변** 狂(미칠 광)	獨(홀로 독)	獵(사냥 렵)
衤	**옷의변** 補(기울 보)	複(겹칠 복)	初(처음 초)
言	**말씀언변** 詩(시 시) 話(말씀 화)	識(알 식/기록할 지)	

糸 **실사변**
約(맺을 약)   終(마칠 종)   紙(종이 지)

阝 **좌부변**
降(내릴 강/항복할 항)   防(막을 방)
陽(볕 양)

 **방** : 글자의 오른쪽에 위치한다.

卩 **병부절**
卵(알 란)   印(도장 인)   卽(곧 즉)

阝 **우부방**
郡(고을 군)   郞(사내 랑)   鄕(시골 향)

刂 **선칼도방**
到(이를 도)   利(이할 리)   別(다를/나눌 별)

戈 **창과**
成(이룰 성)   我(나 아)   戰(싸움 전)

欠 **하품흠**
歌(노래 가)   欲(하고자 할 욕)   歡(기쁠 환)

人一十之 己讀百之(남보다 몇 배의 노력을 해야 뛰어날 수 있다.)

엄 : 글자의 위쪽과 왼쪽을 감싼다.

厂 민엄호
厄(액 액)   原(언덕 원)   厚(두터울 후)

尸 주검시
局(판 국)   屋(집 옥)   展(펼 전)

广 엄호
度(법도 도/헤아릴 탁)   序(차례 서)

戶 지게호
房(방 방)

疒 병질엄
病(병 병)   症(증세 증)   疲(피곤할 피)

耂 늙을로엄
考(생각할 고)   老(늙을 로)   者(놈 자)

머리 : 글자의 위쪽에 위치한다.

亠 **돼지해머리**
京(서울 경)　交(사귈 교)　亡(망할 망)

艹 **초두머리**
苦(쓸 고)　英(꽃부리 영)　花(꽃 화)

癶 **필발머리**
癸(북방/천간 계)　登(오를 등)　發(필 발)

爪 **손톱조**
爲(할 위)　爵(벼슬 작)　爭(다툴 쟁)

穴 **구멍혈**
空(빌 공)　究(연구할 구)　窓(창 창)

宀 **갓머리**
家(집 가)　安(편안할 안)　寒(찰 한)

人一十之 己讀百之(남보다 몇 배의 노력을 해야 뛰어날 수 있다.)

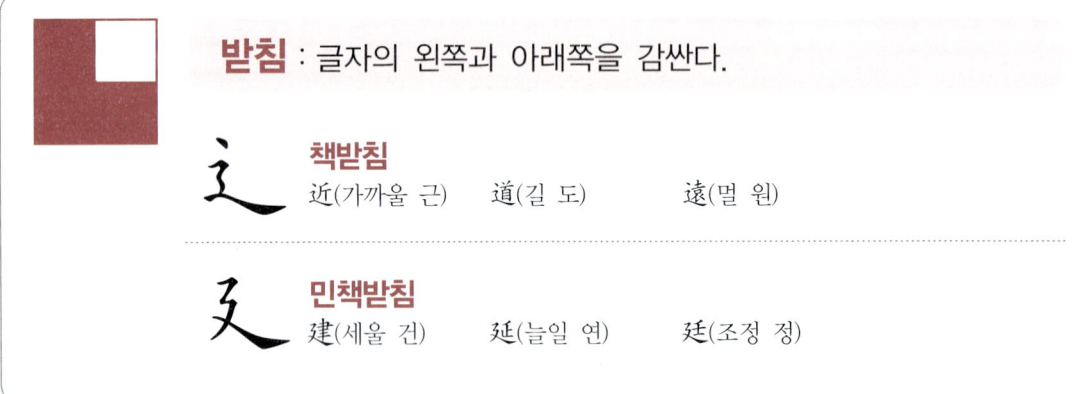

발 : 글자의 아래쪽에 위치한다.

儿 **어진사람인**
光(빛 광)　　先(먼저 선)　　兄(형 형)

厶 **마늘모**
去(갈 거)　　參(참여할 참/석 삼)

灬 **연화발**
無(없을 무)　　然(그럴 연)　　熱(더울 열)

제부수 : 글자 자체가 부수다.

車 **수레거, 차**　　　　巾 **수건건**

几 **안석궤**　　　　　　臼 **절구구**

人一十之 己讀百之(남보다 몇 배의 노력을 해야 뛰어날 수 있다.)

※ 부수 익히기(214자)

1획
1. 한일(一)
2. 뚫을곤(丨)
3. 점주(丶)
4. 삐침별(丿)
5. 새을(乙)
6. 갈고리궐(亅)

2획
7. 두이(二)
8. 돼지해머리(亠)
9. 사람인(人, 亻)
10. 어진사람인(儿)
11. 들입(入)
12. 여덟팔(八)
13. 멀경(冂)
14. 민갓머리, 덮을멱(冖)
15. 이수변(冫)
16. 안석궤(几)
17. 위터진입구, 입벌릴감(凵)
18. 칼도(刀, 刂)
19. 힘력(力)
20. 쌀포(勹)
21. 비수비(匕)
22. 터진입구(匚)
23. 터진에운담, 감출혜(匸)
24. 열십(十)
25. 점복(卜)
26. 병부절(卩, 㔾)
27. 민엄호(厂)
28. 마늘모(厶)
29. 또우(又)

3획
30. 입구(口)
31. 큰입구(囗)
32. 흙토(土)
33. 선비사(士)
34. 뒤져올치(夂)
35. 천천히걸을쇠(夊)
36. 저녁석(夕)
37. 큰대(大)
38. 계집녀(女)
39. 아들자(子)
40. 갓머리(宀)
41. 마디촌(寸)
42. 작을소(小)
43. 절름발이왕(尢, 兀, 尣)
44. 주검시(尸)
45. 싹날철(屮)
46. 메산(山)
47. 개미허리(巛, 川)
48. 장인공(工)
49. 몸기(己)
50. 수건건(巾)
51. 방패간(干)
52. 작을요(幺)
53. 엄호(广)
54. 민책받침(廴)
55. 밑스물입(廾)
56. 주살익(弋)
57. 활궁(弓)
58. 터진가로왈(彐, 彑, 彐)
59. 터럭삼(彡)
60. 두인변(彳)

4획
61. 마음심(心, 忄, 㣺)
62. 창과(戈)
63. 지게호(戶)
64. 손수(手, 扌)
65. 지탱할지(支)
66. 칠복(攴)
   등글월문(攵)
67. 글월문(文)
68. 말두(斗)
69. 날근(斤)
70. 모방(方)
71. 없을무(无, 旡)
72. 날일(日)
73. 가로왈(曰)
74. 달월(月)
75. 나무목(木)
76. 하품흠(欠)
77. 그칠지(止)
78. 죽을사변(歹, 歺)
79. 갖은등글월문(殳)
80. 말무(毋)

81. 견줄비(比)
82. 터럭모(毛)
83. 각시씨(氏)
84. 기운기(气)
85. 물수(水, 氵, 氺)
86. 불화(火, 灬)
87. 손톱조(爪, 爫)
88. 아비부(父)
89. 점괘효(爻)
90. 장수장변(爿)
91. 조각편(片)
92. 어금니아(牙)
93. 소우(牛, 牛)
94. 개견(犬, 犭)

5획
95. 검을현(玄)
96. 구슬옥(玉, 王)
97. 오이과(瓜)
98. 기와와(瓦)
99. 달감(甘)
100. 날생(生)
101. 쓸용(用)
102. 밭전(田)
103. 필, 짝필(疋)
104. 병질엄(疒)
105. 필발머리(癶)
106. 흰백(白)
107. 가죽피(皮)
108. 그릇명(皿)
109. 눈목(目)
110. 창모(矛)
111. 화살시(矢)
112. 돌석(石)
113. 보일시(示, 礻)
114. 짐승발자국유(禸)
115. 벼화(禾)
116. 구멍혈(穴)
117. 설립(立)

6획
118. 대죽(竹, 竹)
119. 쌀미(米)
120. 실사(糸)
121. 장군부(缶)
122. 그물망(网, 罒, 罓)
123. 양양(羊, 羊)
124. 깃우(羽)
125. 늙을로(老, 耂)
126. 말이을이(而)
127. 쟁기뢰(耒)
128. 귀이(耳)
129. 붓율(聿)
130. 고기육(肉, 月)
131. 신하신(臣)
132. 스스로자(自)
133. 이를지(至)
134. 절구구(臼)
135. 혀설(舌)
136. 어그러질천(舛)
137. 배주(舟)
138. 머무를간(艮)
139. 빛색(色)
140. 초두(艸, 艹)
141. 범호엄(虍)
142. 벌레충(虫)
143. 피혈(血)
144. 다닐행(行)
145. 옷의(衣, 衤)
146. 덮을아(襾)

7획
147. 볼견(見)
148. 뿔각(角)
149. 말씀언(言)
150. 골곡(谷)
151. 콩두(豆)
152. 돼지시(豕)
153. 발없는벌레치(豸)
154. 조개패(貝)
155. 붉을적(赤)
156. 달아날주(走)
157. 발족(足, 𧾷)
158. 몸신(身)
159. 수레거(車)
160. 매울신(辛)
161. 별진(辰)
162. 쉬엄쉬엄갈착(辵)
    책받침(辶)
163. 고을읍(邑, 阝)
164. 닭유(酉)
165. 분별할변(釆)
166. 마을리(里)

人一十之 己讀百之(남보다 몇 배의 노력을 해야 뛰어날 수 있다)

| **8획** | 167. 쇠금(金)
168. 길장(長, 镸)
169. 문문(門) | 170. 언덕부(阜, 阝)
171. 미칠이(隶)
172. 새추(隹) | 173. 비우(雨)
174. 푸를청(靑)
175. 아닐비(非) |

| **9획** | 176. 낯면(面)
177. 가죽혁(革)
178. 가죽위(韋)
179. 부추구(韭) | 180. 소리음(音)
181. 머리혈(頁)
182. 바람풍(風)
183. 날비(飛) | 184. 밥식(食, 飠)
185. 머리수(首)
186. 향기향(香) |

| **10획** | 187. 말마(馬)
188. 뼈골(骨)
189. 높을고(高) | 190. 터럭발(髟)
191. 싸울투(鬥)
192. 울창주창(鬯) | 193. 솥력(鬲)
194. 귀신귀(鬼) |

| **11획** | 195. 물고기어(魚)
196. 새조(鳥) | 197. 소금밭로(鹵)
198. 사슴록(鹿) | 199. 보리맥(麥)
200. 삼마(麻) |

| **12획** | 201. 누를황(黃)
202. 기장서(黍) | 203. 검을흑(黑)
204. 바느질할치(黹) | |

| **13획** | 205. 맹꽁이맹(黽)
206. 솥정(鼎) | 207. 북고(鼓)
208. 쥐서(鼠) | |

| **14획** | 209. 코비(鼻) | 210. 가지런할제(齊) | |

| **15획** | 211. 이치(齒) | | |

| **16획** | 212. 용룡(龍) | 213. 거북귀(龜) | |

| **17획** | 214. 피리약(龠) | | |

한자 부수 명칭표

部首名稱

一	한일
丨	뚫을곤
丶	점주
丿	삐침별
乙(乚)	새을
亅	갈고리궐
二	두이
亠	돼지해머리
人(亻)	사람인
儿	어진사람인
入	들입
八	여덟팔
冂	멀경
冖	민갓머리
冫	이수변
几	안석궤
凵	입벌릴감
刀(刂)	길도
力	힘력
勹	쌀포
匕	비수비
匚	터진입구
匸	감출혜
十	열십
卜	점복
卩(㔾)	병부절
厂	민엄호
厶	마늘모
又	또우
口	입구
囗	큰입구
土	흙토
士	선비사
夂	뒤져올치
夊	천천히걸을쇠
夕	저녁석
大	큰대
女	계집녀
子	아들자
宀	집면
寸	마디촌
小	작을소
尢	절름발이왕
尸	주검시
屮	싹날철
山	메산
巛(川)	개미허리
工	장인공
己	몸기
巾	수건건
干	방패간
幺	작을요
广	엄호
廴	민책받침
廾	밑스물입
弋	주살익
弓	활궁
彐(彑)	터진가로왈
彡	터럭삼
彳	두인변
心(忄, 㣺)	마음심
戈	창과
戶	지게호
手(扌)	손수
支	지탱할지
攴(攵)	등글월문
文	글월문
斗	말두
斤	날근
方	모방
无(旡)	없을무
日	날일
曰	가로왈
月	달월
木	나무목
欠	하품흠
止	그칠지
歹(歺)	죽을사변
殳	갖은등글월문
毋	말무
比	견줄비
毛	터럭모
氏	각시씨
气	기운기
水(氵)	물수
火(灬)	불화
爪(爫)	손톱조
父	아비부
爻	점괘효
爿	장수장변
片	조각편
牙	어금니아
牛(牜)	소우
犬(犭)	개견
玄	검을현
玉(王)	구슬옥
瓜	오이과
瓦	기와와
甘	달감

부수 명칭표를 사용하실 분은 점선을 따라 오려서 사용하세요

人一十之 己讀百之 (남보다 몇 배의 노력을 해야 뛰어날 수 있다.)

부수	훈음	부수	훈음	부수	훈음
生	날생	色	빛색	韋	가죽위
用	쓸용	艸(艹)	초두	韭	부추구
田	밭전	虍	범호엄	音	소리음
疋	필, 짝필	虫	벌레충	頁	머리혈
疒	병질엄	血	피혈	風	바람풍
癶	필발머리	行	다닐행	飛	날비
白	흰백	衣(衤)	옷의	食(飠)	밥식
皮	가죽피	襾	덮을아	首	머리수
皿	그릇명	見	볼견	香	향기향
目	눈목	角	뿔각	馬	말마
矛	창모	言	말씀언	骨	뼈골
矢	화살시	谷	골곡	高	높을고
石	돌석	豆	콩두	髟	터럭발
示(礻)	보일시	豕	돼지시	鬥	싸울투
禸	짐승발자국유	豸	발없는벌레치	鬯	울창주창
禾	벼화	貝	조개패	鬲	솥력
穴	구멍혈	赤	붉을적	鬼	귀신귀
立	설립	走	달아날주	魚	물고기어
竹(⺮)	대죽	足(⻊)	발족	鳥	새조
米	쌀미	身	몸신	鹵	소금밭로
糸	실사	車	수레거	鹿	사슴록
缶	장군부	辛	매울신	麥	보리맥
网(罒)	그물망	辰	별진	麻	삼마
羊(⺷)	양양	辵(辶)	책받침	黃	누를황
羽	깃우	邑(⻏)	고을읍	黍	기장서
老(耂)	늙을로	酉	닭유	黑	검을흑
而	말이을이	釆	분별할변	黹	바느질할치
耒	쟁기뢰	里	마을리	黽	맹꽁이맹
耳	귀이	金	쇠금	鼎	솥정
聿	붓율	長	길장	鼓	북고
肉(月)	고기육	門	문문	鼠	쥐서
臣	신하신	阜(⻖)	언덕부	鼻	코비
自	스스로자	隶	미칠이	齊	가지런할제
至	이를지	隹	새추	齒	이치
臼	절구구	雨	비우	龍	용룡
舌	혀설	靑	푸를청	龜	거북귀
舛	어그러질천	非	아닐비	龠	피리약
舟	배주	面	낯면		
艮	머무를간	革	가죽혁		

2급 신출한자 익히기

(성명·지명자 외 188字)

人一十之 己讀百之 (남보다 몇 배의 노력을 해야 뛰어날 수 있다.)

葛

칡 갈
艸　총13획

필순: 葛葛葛葛葛葛葛葛葛葛葛葛葛

葛根(갈근)　葛藤(갈등)　葛粉(갈분)
葛湯(갈탕)　葛布(갈포)　瓜葛(과갈)
管葛(관갈)　細葛(세갈)

나무 등에 감기어 높이 자라 올라가는(曷) 풀(艹)을 나타내어 '칡'의 뜻을 가지게 되었다.

뜻풀이
葛根(갈근): 칡뿌리
葛藤(갈등): 개인 또는 집단 사이에 목표나 이해관계가 달라 서로 적대시하거나 충돌하는 상태

憾

섭섭할 감:
心　총16획

필순: 憾憾憾憾憾憾憾憾憾憾憾憾憾憾憾憾

憾怨(감원)　憾情(감정)　悲憾(비감)
私憾(사감)　宿憾(숙감)　餘憾(여감)
遺憾(유감)

마음(忄)이 커다란 자극에 흔들려 느끼는(感) 감정으로 '섭섭하다'는 뜻을 가지게 되었다.

뜻풀이
憾怨(감원): 원한을 품음

坑

구덩이 갱
土　총7획

필순: 坑坑坑坑坑坑坑

坑谷(갱곡)　坑口(갱구)　坑內(갱내)
坑道(갱도)　坑夫(갱부)　坑儒(갱유)
銀坑(은갱)　炭坑(탄갱)

흙(土)이 높이(亢) 쌓일 만큼 땅을 파서 만들어진 '구덩이'를 뜻한다.

뜻풀이
坑道(갱도): 광산의 갱 안에 사람이 다니도록 뚫어 놓은 길
鑛坑(광갱): 광물을 파내기 위한 구덩이

揭

높이들/걸 게:
手　총12획

필순: 揭揭揭揭揭揭揭揭揭揭

揭示(게시)　揭揚(게양)　揭載(게재)
別揭(별게)　前揭(전게)

손(扌)을 이용하여 높이 거는(曷) 것으로 '높이 들다, 높이 걸다'는 뜻을 가진다.

뜻풀이
揭示(게시): 내붙이거나 걸어 두어 보게 함
揭載(게재): 글, 그림 등을 신문이나 잡지에 실음

憩

쉴 게:
心　총16획

필순: 憩憩憩憩憩憩憩憩憩憩憩憩憩憩憩憩

憩泊(게박)　憩息(게식)　憩止(게지)
小憩(소게)　休憩所(휴게소)
休憩室(휴게실)

활력(舌=活) 회복을 위해 쉬어(息)함을 나타내어 '쉬다'의 뜻을 가지게 되었다.

뜻풀이
憩泊(게박): 쉬면서 머무름
憩止(게지): 일하다 잠깐 쉼

雇

품팔 고
隹　총12획

필순: 雇雇雇雇雇雇雇雇雇雇雇

雇役(고역)　雇用(고용)　雇傭(고용)
雇賃(고임)　轉雇(전고)　解雇(해고)

집의 입구인 문(戶)에 잠시 깃들여 있는 새(隹)처럼 다른 사람의 집에 머무르며 일하는 '품팔다'를 뜻한다.

뜻풀이
雇役(고임): 품삯
轉雇(전고): 고용된 사람이 다른 사람을 고용함

戈

필순: 戈 戈 戈 戈

창 과
戈 총4획

한 자루 창의 모습으로 나무로 된 자루에 끝에는 뾰족한 쇠붙이가 달려 있고 손잡이가 있는 '창'을 뜻한다.

戈劍(과검) 戈獵(과렵) 戈盾(과순)
干戈(간과) 倒戈(도과) 矛戈(모과)
兵戈(병과)

뜻풀이
干戈(간과) : 방패와 창. 전쟁에 쓰이는 무기
倒戈(도과) : 창을 거꾸로 한다는 뜻으로, 자기편을 배반하고 반란을 일으킴

菓

필순: 菓 菓 菓 菓 菓 菓 菓 菓 菓 菓 菓 菓

과자 과
실과 과:
艹 총12획

果에 艹가 더해져 과일이 열리는 범위를 확대하였다. 초목(艹)에 매달린 과실(果)을 나타내어 '실과'의 뜻을 가지게 되었고 나중에 '과자'로도 쓰였다.

茶菓(다과) 銘菓(명과) 氷菓(빙과)
生菓(생과) 乳菓(유과) 製菓(제과)
漢菓(한과) 菓子店(과자점)

뜻풀이
製菓(제과) : 과자나 빵을 만듦
菓子店(과자점) : 과자를 파는 가게

瓜

필순: 瓜 瓜 瓜 瓜 瓜

외 과
瓜 총5획

오이 덩굴에 열린 오이의 모습으로 '오이'를 뜻한다.

瓜期(과기) 瓜年(과년) 瓜滿(과만)
瓜時(과시) 瓜田(과전) 瓜蒸(과증)
瓜菜(과채) 甘瓜(감과) 木瓜(모과)
破瓜(파과) 胡瓜(호과)

뜻풀이
瓜滿(과만) : 여자가 혼인할 나이가 다 됨. 혼기가 꽉 참
甘瓜(감과) : 참외

款

필순: 款 款 款 款 款 款 款 款 款 款 款 款

항목 관:
欠 총12획

사람(士)이 신에게 원하는 바를 입을 벌리고 말하며(欠) 정성을 다해 비는(示) 것을 나타내는 '정성'의 뜻이었으나 문서상의 여러 가지 조목인 '항목'의 뜻으로도 쓰이게 되었다.

款曲(관곡) 款待(관대) 款誠(관성)
落款(낙관) 約款(약관) 定款(정관)
借款(차관)

뜻풀이
款項(관항) : 조항이나 항목
落款(낙관) : 글씨나 그림과 같은 작품을 만든 사람이 자기의 이름이나 호를 쓰고 도장을 찍음

傀

필순: 傀 傀 傀 傀 傀 傀 傀 傀 傀 傀 傀

허수아비 괴:
人 총12획

도깨비(鬼)같이 생긴 큰 사람(亻)인 '허수아비'를 뜻한다.

傀奇(괴기) 傀面(괴면) 傀然(괴연)

뜻풀이
傀奇(괴기) : 아주 괴상하고 기이함

絞

필순: 絞 絞 絞 絞 絞 絞 絞 絞 絞 絞 絞 絞

목맬 교
糸 총12획

끈(糸)으로 사람(交)의 목을 매는 것을 나타내어 '목매다'의 뜻을 가지게 되었다.

絞死(교사) 絞殺(교살) 絞首(교수)
絞罪(교죄) 絞痛(교통) 引絞(인교)
絞首刑(교수형)

뜻풀이
絞首(교수) : 사형수의 목을 옭아 매어 죽임
引絞(인교) : 밖으로 당겨서 나오게 함

人一十之 己讀百之(남보다 몇 배의 노력을 해야 뛰어날 수 있다.)

僑

필순
僑僑僑僑僑僑僑僑僑僑僑僑僑僑

더부살이 교
人　총14획

본래 키가 큰(喬) 사람(亻)을 나타내었으나 나중에 남의 집에 얹혀사는 '더부살이'의 뜻으로 쓰이게 되었다.

僑居(교거)　僑軍(교군)　僑民(교민)
僑胞(교포)　華僑(화교)

뜻풀이
僑胞(교포) : 다른 나라에 정착하여 사는 같은 민족의 사람
華僑(화교) : 다른 나라에 정착하여 사는 중국 사람

膠

필순
膠膠膠膠膠膠膠膠膠膠膠膠膠膠膠

아교 교
肉　총15획

본래 양 날개와 꽁지의 깃을 뻗친 새(翏)의 모습을 나타낸 글자이다. 새의 날개는 몸(月=肉)에 달라붙어 있는데 이로부터 나중에 어떤 것을 붙일 수 있도록 동물의 가죽으로 만든 풀인 '아교'의 뜻을 가지게 되었다.

膠固(교고)　膠泥(교니)　膠着(교착)
膠漆(교칠)　阿膠(아교)

뜻풀이
膠着(교착) : 단단히 달라붙음. 어떤 상태가 굳어 변동이나 진전이 없음
膠柱鼓瑟(교주고슬) : 고지식하여 조금도 융통성이 없음

歐

필순
歐歐歐歐歐歐歐歐歐歐歐歐歐歐歐

구라파/칠 구
欠　총15획

사람이 입을 벌리고(欠) 몸 안의 나쁜 물질을 구별해서(區) 토하는 것을 나타냈다. 나중에 毆(때릴 구)와 같이 '치다'의 뜻을 가지게 되었으며 유럽의 音借(음차)로도 쓰이게 되었다.

歐文(구문)　歐美(구미)　歐洲(구주)
歐風(구풍)　歐化(구화)　全歐(전구)

뜻풀이
歐洲(구주) : 유럽
訪歐(방구) : 유럽을 방문함

鷗

필순
鷗鷗鷗鷗鷗鷗鷗鷗鷗鷗鷗鷗鷗鷗鷗鷗鷗鷗鷗鷗鷗

갈매기 구
鳥　총22획

푸른 바다와 구분되어(區) 눈에 잘 띄는 흰색의 새(鳥)인 '갈매기'를 뜻한다.

江鷗(강구)　白鷗(백구)　沙鷗(사구)
海鷗(해구)　浪鷗圖(낭구도)

뜻풀이
浪鷗圖(낭구도) : 김홍도가 바다 가운데 솟아 있는 기이한 바위를 생동감 있게 묘사한 그림

購

필순
購購購購購購購購購購購購購購購

살 구
貝　총17획

목재를 쌓아 올리듯이(冓) 돈(貝)을 쌓아서 그 돈에 상당하는 것을 사는 것으로 '사다'를 뜻한다.

購讀(구독)　購買(구매)　購入(구입)
急購(급구)　希購(희구)

뜻풀이
購讀(구독) : 책이나 신문 등을 사서 읽음
購販場(구판장) : 물건을 사고파는 곳

掘

필순
掘掘掘掘掘掘掘掘掘掘

팔 굴
手　총11획

몸을 굽히고(屈) 손(扌)으로 굴을 파는 것을 나타내어 '파다'의 뜻을 가지게 되었다.

掘江(굴강)　掘檢(굴검)　盜掘(도굴)
發掘(발굴)　試掘(시굴)　採掘(채굴)

뜻풀이
盜掘(도굴) : 허가 없이 무덤을 몰래 파내는 일
採掘(채굴) : 땅속에 묻혀 있는 광물을 캐냄

窟

굴 굴
穴　총13획

필순: 窟窟窟窟窟窟窟窟窟窟窟窟窟

窟穴(굴혈)　洞窟(동굴)　魔窟(마굴)
石窟(석굴)　巢窟(소굴)　土窟(토굴)
貧民窟(빈민굴)

좁은 굴(穴)에 들어가려면 몸을 굽혀야(屈) 함을 나타내어 '굴'의 뜻을 가지게 되었다.

뜻풀이
窟穴(굴혈) : 바위나 땅 등에 깊숙하게 팬 굴
巢窟(소굴) : 나쁜 짓을 하는 악한 무리가 활동의 본거지로 삼는 곳

圈

우리 권
囗　총11획

필순: 圈圈圈圈圈圈圈圈圈圈圈

圈內(권내)　圈外(권외)　商圈(상권)
野圈(야권)　大氣圈(대기권)
首都圈(수도권)

가축을 기르기 위해 우리(囗)를 쳐서 우리 안에 몸을 웅크리고(卷) 있도록 가둔 것을 나타내어 '우리'의 뜻을 가지게 되었다.

뜻풀이
圈域(권역) : 특정한 범위에 해당하는 곳
商圈(상권) : 상업상의 세력이 미치는 범위

闕

대궐 궐
門　총18획

필순: 闕闕闕闕闕闕闕闕闕闕闕闕闕闕闕闕闕闕

闕閣(궐각)　闕內(궐내)　闕門(궐문)
闕食(궐식)　闕字(궐자)　宮闕(궁궐)
大闕(대궐)　入闕(입궐)

문(門)으로 들어감에 거꾸러지고(屰) 입이 벌어질(欠) 정도로 큰 집인 '대궐'을 뜻한다.

뜻풀이
闕門(궐문) : 대궐의 문
闕食(궐식) : 끼니를 거름

閨

안방 규
門　총14획

필순: 閨閨閨閨閨閨閨閨閨閨閨閨閨閨

閨門(규문)　閨房(규방)　閨秀(규수)
閨怨(규원)　閨中(규중)　幽閨(유규)

圭에 門이 더해진 글자로 여기서 圭(규)는 발음기호의 역할을 한다. 큰 문(門)이 있는 집 안에 또 다른 문이 있는 '안방'을 뜻한다.

뜻풀이
閨秀(규수) : 남의 집 처녀를 점잖게 이르는 말
閨中(규중) : 부녀자가 거처하는 곳

棋

바둑 기
木　총12획

필순: 棋棋棋棋棋棋棋棋棋棋棋棋

棋局(기국)　棋譜(기보)　棋聖(기성)
棋院(기원)　棋戰(기전)　復棋(복기)
速棋(속기)　將棋(장기)

키(其)가 엮어진 것처럼 나무판(木)에 선을 그어서 만든 바둑판을 나타내어 '바둑'의 뜻을 가지게 되었다.

뜻풀이
棋譜(기보) : 바둑이나 장기를 두는 법이 적혀있는 책
棋院(기원) : 바둑을 두는 사람들에게 장소를 빌려 주고 돈을 받는 곳

濃

짙을 농:
水　총16획

필순: 濃濃濃濃濃濃濃濃濃濃濃濃濃濃濃濃

濃淡(농담)　濃度(농도)　濃霧(농무)
濃色(농색)　濃縮(농축)　濃厚(농후)

농사(農) 짓는 중간에 마시는 음료(氵)인 술의 맛이 진한 것에서 '짙다'의 뜻을 가지게 되었다.

뜻풀이
濃淡(농담) : 색깔이나 명암 등의 짙음과 옅음의 정도. 생각이나 표현의 강약 정도
濃縮(농축) : 액체를 진하게 바짝 졸임

人一十之 己讀百之 (남보다 몇 배의 노력을 해야 뛰어날 수 있다.)

尿

필순: 尿尿尿尸尿尿尿

오줌 뇨
尸 총7획

尿道(요도)　糖尿(당뇨)　放尿(방뇨)
頻尿(빈뇨)　夜尿(야뇨)　排尿(배뇨)
利尿(이뇨)

몸의 꼬리(尸) 부분에서 나오는 물(水)로 '오줌'을 뜻한다.

뜻풀이
糖尿(당뇨) : 당분이 섞여 나오는 소변
利尿劑(이뇨제) : 오줌을 잘 나오게 하는 약

尼

필순: 尼尼尼尼尼

여승 니
尸 총5획

尼房(이방)　尼寺(이사)　尼僧(이승)
尼院(이원)　僧尼(승니)
比丘尼(비구니)

본래 두 사람(尸·匕)이 바짝 들러붙은 것을 나타내었으나 나중에 범어(梵語) 비구니(比丘尼)의 약칭으로 '여승'의 뜻을 가지게 되었다.

뜻풀이
尼寺(이사) : 여승들이 사는 절
比丘尼(비구니) : 여자 승려

溺

필순: 溺溺溺溺溺溺溺溺溺溺溺溺溺

빠질 닉
水 총13획

溺沒(익몰)　溺死(익사)　溺愛(익애)
沒溺(몰닉)　陷溺(함닉)

물(氵) 속에서 약해져(弱) 물에 빠진 것을 나타내어 '빠지다'의 뜻을 가지게 되었다.

뜻풀이
溺死(익사) : 물에 빠져 죽음
惑溺(혹닉) : 정신이 없을 정도로 푹 빠짐

鍛

필순: 鍛鍛鍛鍛鍛鍛鍛鍛鍛鍛鍛鍛鍛鍛鍛鍛鍛

쇠불릴 단
金 총17획

鍛甲(단갑)　鍛鋼(단강)　鍛工(단공)
鍛金(단금)　鍛鍊(단련)　鍛壓(단압)
鍛接(단접)　鍛造(단조)　鍛鐵(단철)

쇠(金)를 불에 달구어 조각(殳)이 날 때까지 두드리는 것을 나타내어 '쇠불리다'의 뜻을 가지게 되었다.

뜻풀이
鍛鍊(단련) : 쇠를 불에 달군 후 두드려 단단하게 함. 몸과 마음을 굳세게 함
鍛造(단조) : 금속을 두들기고 눌러서 알맞은 형체로 만드는 일

膽

필순: 膽膽膽膽膽膽膽膽膽膽膽膽膽膽膽膽膽

쓸개 담:
肉 총17획

膽大(담대)　膽力(담력)　膽石(담석)
肝膽(간담)　落膽(낙담)　大膽(대담)
嘗膽(상담)

詹에 月(=肉)이 더해진 글자로 여기서 詹(첨)은 발음기호의 역할을 하는데 나중에 음이 첨에서 담으로 변하였다. 쓸개즙을 일시적으로 저장하는 신체(月=肉)의 부분인 '쓸개'를 뜻한다.

뜻풀이
肝膽(간담) : 간과 쓸개. 속마음을 비유적으로 이르는 말
落膽(낙담) : 간이 떨어질 것 같다는 뜻으로, 일이 제 맘대로 되지 않아 속상함

潭

필순: 潭潭潭潭潭潭潭潭潭潭潭潭潭潭潭

못 담
水 총15획

潭邊(담변)　潭水(담수)　潭陽(담양)
碧潭(벽담)　青潭(청담)
白鹿潭(백록담)

깊은(覃) 물(氵)이 가득히 채워진 '못'을 뜻한다.

뜻풀이
潭邊(담변) : 못가
白鹿潭(백록담) : 제주도 한라산 봉우리에 있는 화구호

垈

垈垈垈垈垈垈垈垈

집터 대
土 총8획

집을 지을 수 있는 대표적인(代) 땅(土)으로 '집터'를 뜻한다.

垈地(대지) 家垈(가대) 苗垈(묘대)
裸垈地(나대지) 落星垈(낙성대)

뜻풀이
苗垈(묘대) : 못자리
裸垈地(나대지) : 건축물이나 구축물이 없는 대지

戴

戴戴戴戴戴戴戴戴戴
戴戴戴戴戴戴戴戴

일 대:
戈 총17획

창에 머리가 잘려(戈) 죽은 귀신이 탈을 양손으로 들어서(異) 목 위에 얹듯이 이는 것으로 '이다'의 뜻을 가지게 되었다.

戴冠(대관) 戴白(대백) 戴星(대성)
戴天(대천) 奉戴(봉대) 推戴(추대)

뜻풀이
戴白(대백) : 흰머리가 많이 남
推戴(추대) : 윗사람으로 모셔서 떠받드는 것

悼

悼悼悼悼悼悼悼悼
悼悼

슬퍼할 도
心 총11획

슬퍼하는 마음(忄)으로 인해서 감정이 극도로 높아짐(卓)을 나타내어 '슬퍼하다'의 뜻을 가지게 되었다.

悼亡(도망) 哀悼(애도) 追悼(추도)
追悼式(추도식)

뜻풀이
哀悼(애도) : 다른 사람의 죽음을 슬퍼함
追悼式(추도식) : 죽은 사람을 추도하기 위한 의식

棟

棟棟棟棟棟棟棟棟
棟棟棟

마룻대 동
木 총12획

집에서 가장 중요한(東=重) 부분에 올리는 나무(木)인 '마룻대'를 뜻한다.

棟幹(동간) 棟宇(동우) 宰棟(재동)
充棟(충동) 棟梁之材(동량지재)

뜻풀이
棟幹(동간) : 마룻내가 될 수 있는 재목
棟梁之材(동량지재) : 기둥과 들보로 쓸 만한 재목. 즉 한 집안이나 한 나라를 떠받치는 중대한 일을 맡을 만한 인재를 이르는 말

##

桐桐桐桐桐桐桐
桐桐

오동나무 동
木 총10획

同에 木이 더해진 글자로 여기서 同(동)은 발음기호의 역할을 한다. 木으로써 나무의 일종임을 알 수 있으니 桐은 '오동나무'를 뜻한다.

桐油(동유) 絲桐(사동) 梧桐(오동)
油桐(유동) 刺桐(자동) 靑桐(청동)
海桐(해동) 胡桐(호동)
碧梧桐(벽오동)

뜻풀이
桐油(동유) : 유동(油桐)의 씨에서 짜 낸 기름으로 니스, 페인트 등을 만드는 데 씀
梧桐(오동) : 오동나무

謄

謄謄謄謄謄謄謄
謄謄謄謄謄謄謄

베낄 등
言 총17획

원본을 밑에 두고 얇은 종이를 위로 올려서(朕) 원본의 말(言)을 베끼는 것을 나타내어 '베끼다'의 뜻을 가지게 되었다.

謄本(등본) 謄載(등재) 謄抄(등초)
飜謄(번등) 照謄(조등)
謄寫紙(등사지)

뜻풀이
謄寫(등사) : 원본 그대로 베낌
飜謄(번등) : 번역하여 베낌

人一十之 己讀百之(남보다 몇 배의 노력을 해야 뛰어날 수 있다.)

藤

등나무 등
艸 총19획

藤架(등가) 藤菊(등국) 藤柳(등류)
藤床(등상) 藤枕(등침) 葛藤(갈등)

물이 위로 솟아오르듯이(滕) 덩굴이 위로 올라가며 자라는 풀(艹)인 '등나무'를 뜻한다.

뜻풀이

藤柳(등류) : 갯버들

裸

벗을 라:
衣 총13획

裸婦(나부) 裸線(나선) 裸體(나체)
半裸(반라) 全裸(전라)
赤裸裸(적나라)

사람의 몸을 두르는 옷(衤)과 같은 껍질이 없는 벌거벗은 열매(果)를 나타내어 '벗다'의 뜻을 가지게 되었다.

뜻풀이

半裸(반라) : 전라(全裸)에 가깝게 벗은 몸
赤裸裸(적나라) : 숨기는 것 없이 있는 그대로 모두 드러남

洛

물이름 락
水 총9획

洛誦(낙송) 洛水(낙수) 洛陽(낙양)
洛學(낙학) 京洛(경락) 上洛(상락)
入洛(입락) 洛東江(낙동강)

各에 氵가 더해진 글자로 여기서 各(각)은 발음기호의 역할을 하는데 나중에 음이 각에서 락으로 변하였다. 氵로써 '물이름'을 뜻하게 되었다.

뜻풀이

上洛(상락) : 지방에서 서울로 감
洛東江(낙동강) : 강원도 함백산에서 남해로 흐르는 강

爛

빛날 란:
火 총21획

爛漫(난만) 爛發(난발) 爛熟(난숙)
爛議(난의) 腐爛(부란) 燦爛(찬란)

闌에 火가 더해진 글자로 여기서 闌(란)은 발음기호의 역할을 한다. 불빛(火)이 빛나는 것을 나타내어 '빛나다'의 뜻을 가지게 되었다.

뜻풀이

天眞爛漫(천진난만) : 천진함이 넘침. 꾸밈없이 순진하고 참됨
能手能爛(능수능란) : 일이 익숙하고 솜씨가 있음

藍

쪽 람
艸 총18획

藍溪(남계) 藍色(남색) 藍實(남실)
藍輿(남여) 甘藍(감람) 銅藍(동람)
雄藍(웅람) 積藍(적람) 出藍(출람)
靑出於藍(청출어람)

잘 살펴보지(監) 않으면 물이 들기 쉬운 청색 물감을 만드는 풀(艹)인 '쪽'을 뜻하는 글자이다.

뜻풀이

藍輿(남여) : 작은 가마로 의자와 비슷하나 뚜껑이 없음
靑出於藍(청출어람) : 푸른색은 쪽에서 나왔으나 쪽보다 푸름, 즉 제자가 스승보다 나음을 비유함

拉

끌 랍
手 총8획

拉枯(납고) 拉北(납북) 拉殺(납살)
拉致(납치) 被拉(피랍)

서 있는 사람(立)을 손(扌)으로 눌러서 꺾어 끌고 가는 것을 나타내어 '끌다'의 뜻을 가지게 되었다.

뜻풀이

拉北(납북) : 북쪽으로 납치해 감
被拉(피랍) : 납치를 당하게 됨

輛

수레 량 :
車 총15획

두(兩) 개의 바퀴(車)가 있는 '수레'를 뜻한다.

車輛(차량)　車輛稅(차량세)

뜻풀이
車輛稅(차량세) : 지방세의 하나로 자동차 등의 각종 차량에 매겼던 세금

煉

달굴 련 :
火 총13획

불(火)로 쇠를 달구어 불순물을 가려내는(柬) 것을 나타내어 '달구다'의 뜻을 가지게 되었다.

煉丹(연단)　煉獄(연옥)　煉乳(연유)
煉酒(연주)　煉鐵(연철)　煉炭(연탄)

뜻풀이
煉獄(연옥) : 천국과 지옥 사이에 있는 장소로, 불로 단련을 받으며 남은 죄를 씻는 곳
煉瓦(연와) : 벽돌

籠

대바구니 롱(:)
竹 총22획

龍에 竹이 더해진 글자로 여기서 龍(룡)은 발음기호의 역할을 하는데 나중에 음이 롱에서 롱으로 변하였다. 대나무(竹)를 살창 모양으로 엮어 만든 바구니인 '대바구니'를 뜻한다.

籠球(농구)　籠絡(농락)　籠利(농리)
籠城(농성)　藥籠(약롱)　香籠(향롱)

뜻풀이
籠絡(농락) : 아주 교묘한 꾀로 남을 속여 제 마음대로 놀림
籠城(농성) : 성문을 굳게 닫고 지킴

療

병 고칠 료
疒 총17획

병(疒)의 증세가 점점 밝아짐(尞)을 나타내어 '병 고치다'의 뜻을 가지게 되었다.

療渴(요갈)　療飢(요기)　療法(요법)
療養(요양)　施療(시료)　醫療(의료)
診療(진료)　治療(치료)

뜻풀이
療飢(요기) : 음식물을 먹어시 시장기를 면함
診療(진료) : 의사가 환자의 병의 원인과 증상을 진찰하고 치료하는 것

硫

유황 류
石 총12획

화산이 폭발할 때 돌(石)과 함께 흘러내리는(㐬) '유황'을 뜻한다.

硫酸(유산)　硫化(유화)　硫黃(유황)
加硫(가류)　脫硫(탈류)

뜻풀이
硫黃(유황) : 냄새가 없고 광택이 있는 황색 비금속 원소
脫硫(탈류) : 석유나 천연가스 등을 생산하는 과정에서 황 성분을 제거하는 것

謬

그르칠 류
言 총18획

날아다니듯이(翏) 가벼운 말(言)로 다른 사람을 속여 그릇되게 만드는 것을 나타내어 '그르치다'의 뜻을 가지게 되었다.

謬見(유견)　謬算(유산)　謬想(유상)
謬習(유습)　謬傳(유전)　過謬(과류)
歸謬(귀류)　誤謬(오류)　錯謬(착류)

뜻풀이
謬傳(유전) : 원래의 뜻이나 내용을 사실과 다르게 전함
誤謬(오류) : 그릇되어 이치에 어긋나는 일

人一十之 己讀百之 (남보다 몇 배의 노력을 해야 뛰어날 수 있다.)

摩

문지를 마
手 총15획

摩鑛(마광) 摩尼(마니) 摩耶(마야)
摩震(마진) 摩天(마천) 肩摩(견마)
切摩(절마) 漸摩(점마) 護摩(호마)
摩天樓(마천루)

삼(麻) 껍질을 물에 담가서 손(手)으로 문질러 닦는 것을 나타내어 '문지르다'의 뜻을 가지게 되었다.

뜻풀이
摩耶(마야) : 마야부인 석가모니의 어머니
按摩(안마) : 손으로 몸을 주무르거나 두드려 혈액 순환을 돕고 피로를 풀리게 하는 일

魔

마귀 마
鬼 총21획

魔界(마계) 魔窟(마굴) 魔鬼(마귀)
魔法(마법) 魔手(마수) 魔術(마술)
魔王(마왕) 病魔(병마) 惡魔(악마)
伏魔殿(복마전)

정신이 마비된(麻=痲) 것이 귀신(鬼)에 홀린 것 같음을 나타내어 사람을 홀리게 하는 '마귀'의 뜻을 가지게 되었다.

뜻풀이
病魔(병마) : 병을 악마에 비유함
好事多魔(호사다마) : 좋은 일에는 방해되는 일들이 많음

痲

저릴 마
疒 총13획

痲木(마목) 痲藥(마약) 痲醉(마취)
脚痲(각마) 鈍痲(둔마) 最痲(최마)

삼대(麻)처럼 몸이 뻣뻣하고 단단해지는 병(疒)을 나타내어 '저리다'의 뜻을 가지게 되었다.

뜻풀이
痲痺(마비) : 신경이나 근육이 그 기능을 잃게 되는 병
痲醉(마취) : 약물을 사용해서 일시적으로 의식이나 감각을 마비시킴

膜

꺼풀/막 막
肉 총15획

角膜(각막) 鼓膜(고막) 網膜(망막)
腹膜(복막) 胎膜(태막) 肺膜(폐막)
核膜(핵막) 厚膜(후막)

莫에 月(=肉)이 더해진 글자로 여기서 莫(막)은 발음 기호의 역할을 한다. 신체(月=肉)의 여러 기관들을 가려서 덮고 있는 얇은 '꺼풀, 막'을 뜻한다.

뜻풀이
鼓膜(고막) : 귓구멍 안에 있는 얇은 막. 귀청
結膜炎(결막염) : 결막에 생긴 염증

娩

낳을 만:
女 총10획

娩息(만식) 娩痛(만통) 分娩(분만)
順娩(순만)

여자(女)가 아이를 낳는(免) 것을 나타내어 '낳다'의 뜻을 가지게 되었다.

뜻풀이
分娩(분만) : 산모가 아이를 낳음
順娩(순만) : 무탈하게 아이를 낳음

蠻

오랑캐 만
虫 총25획

蠻俗(만속) 蠻語(만어) 蠻勇(만용)
蠻夷(만이) 蠻觸(만촉) 蠻行(만행)
野蠻(야만)

말을 계속해서(䜌) 중얼거리며 중국 남부 지방의 뱀(虫)을 숭상하는 종족인 '오랑캐'를 뜻한다.

뜻풀이
蠻勇(만용) : 함부로 날뛰는 용기
野蠻(야만) : 배우지 못하여 교양이 없고 난폭한 짓을 거리낌 없이 함. 또는 그런 사람

灣

물굽이 만
水 총 25획

灣溪(만계) 灣流(만류) 灣氷(만빙)
灣商(만상) 灣包(만포) 江灣(강만)
臺灣(대만) 港灣(항만)

여러 가닥의 실(絲)로 만들어진 활(弓)이 휘어진 것처럼 육지 쪽으로 굽어 들어가서 바닷물(氵)이 들어오는 '물굽이'를 뜻한다.

뜻풀이

灣溪(만계) : 연안에 활 모양으로 굽어진 계곡
港灣(항만) : 배를 대고 승객이나 화물을 싣도록 되어있는 구역

網

그물 망
糸 총 14획

網羅(망라) 網膜(망막) 法網(법망)
漁網(어망) 鐵網(철망) 投網(투망)
鐵條網(철조망) 諜報網(첩보망)
包圍網(포위망)

본래 그물의 뜻을 가진 网이 '없다'의 뜻으로 쓰이게 되자 糸를 더해서 '그물'의 뜻을 보존했다.

뜻풀이

投網(투망) : 물고기를 잡기 위해서 물속에 그물을 넣어 침
總網羅(총망라) : 전체에서 하나도 빠뜨리지 않고 모두 모음

魅

매혹할 매
鬼 총 15획

魅力(매력) 魅了(매료) 魅殺(매쇄)
魅醉(매취) 魅惑(매혹) 鬼魅(귀매)
邪魅(사매) 山魅(산매) 妖魅(요매)

사람이 제정신이 아니게(未) 만들만큼 매력적인 도깨비(鬼)를 나타내어 '매혹하다'의 뜻을 가지게 되었다.

뜻풀이

魅了(매료) : 마음을 현혹하여 사로잡음
魅惑(매혹) : 매력으로 다른 사람의 마음을 사로잡는 것

枚

낱 매
木 총 8획

枚擧(매거) 枚數(매수) 枚移(매이)
十枚(십매) 條枚(조매)

본래 나무(木)줄기로 만든 회초리를 손에 든(攵) 모습을 나타내었으나 나중에 얇고 납작한 것을 세는 단위인 '낱'의 뜻을 가지게 되었다.

뜻풀이

枚擧(매거) : 빠짐없이 낱낱이 들어서 말함
枚數(매수) : 장(張)으로 셀 수 있는 종이나 유리와 같은 물건의 수

蔑

업신여길 멸
艹 총 15획

蔑視(멸시) 蔑如(멸여) 輕蔑(경멸)
陵蔑(능멸) 侮蔑(모멸)

창에 눈동자를 찔려(戍) 눈에 병이 나서(苜) 다른 사람을 알아보지 못하는 상태가 된 것을 나타내어 '업신여기다'의 뜻을 가지게 되었다.

뜻풀이

輕蔑(경멸) : 어떤 사람을 낮추어 보거나 업신여겨 싫어하거나 미워하는 것
侮蔑(모멸) : 하찮게 생각하며 미워함

帽

모자 모
巾 총 12획

帽子(모자) 軍帽(군모) 鐵帽(철모)
脫帽(탈모) 防寒帽(방한모)
安全帽(안전모) 中折帽(중절모)

머리에 쓰는(冒) 수건(巾)으로 '모자'를 뜻한다.

뜻풀이

冠帽(관모) : 관리들이 쓰던 모자
防寒帽(방한모) : 추위를 막기 위해 쓰는 모자

2급 신출한자 익히기 39

人一十之 己讀百之 (남보다 몇 배의 노력을 해야 뛰어날 수 있다.)

矛

필순: 矛矛矛矛矛

창 모
矛 총5획

矛戈(모과) 矛盾(모순) 衛矛(위모)

긴 자루의 윗부분에 날카로운 날을 단 길고 세모진 창의 모습으로 '창'을 뜻한다.

뜻풀이
矛盾(모순) : 말이나 행동의 앞뒤가 서로 일치되지 않음

沐

필순: 沐沐沐沐沐沐沐

머리감을 목
水 총7획

沐間(목간) 沐露(목로) 沐浴(목욕)
沐雨(목우) 一沐(일목) 休沐(휴목)

나무(木)에 물(氵)을 뿌리듯 물로 머리를 감는 것을 나타내어 '머리 감다'의 뜻을 가지게 되었다.

뜻풀이
沐間(목간) : 목욕간(沐浴間)의 줄임말
沐雨(목우) : 목욕을 하듯이 비를 흠뻑 맞음

紊

필순: 紊紊紊紊紊紊紊紊紊紊

어지러울/문란할 문
糸 총10획

紊棄(문기) 紊亂(문란)
風紀紊亂(풍기문란)

어지러이 뒤섞인 실(糸)의 무늬(文)를 나타내어 '어지럽다, 문란하다'의 뜻을 가지게 되었다.

뜻풀이
風紀紊亂(풍기문란) : 도덕이나 질서, 규칙 등이 어지러움

舶

필순: 舶舶舶舶舶舶舶舶舶舶舶

배 박
舟 총11획

舶賈(박고) 舶用(박용) 舶載(박재)
大舶(대박) 商舶(상박) 船舶(선박)
舶來品(박래품)

하얀(白) 돛을 단 커다란 배(舟)를 나타내어 '배'의 뜻을 가지게 되었다.

뜻풀이
舶賈(박고) : 외국에서 들어온 상인
船舶(선박) : 배

搬

필순: 搬搬搬搬搬搬搬搬搬搬搬搬搬

옮길 반
手 총13획

搬移(반이) 搬入(반입) 搬出(반출)
運搬(운반)

般에 扌가 더해진 글자로 여기서 般(반)은 발음기호의 역할을 한다. 扌를 더해 '옮기다'의 원뜻을 가진 般을 보존하여 '옮기다'의 뜻을 가지게 되었다.

뜻풀이
搬入(반입) : 운반하여 들여옴
運搬(운반) : 물건을 차량에 실어서 옮김

紡

필순: 紡紡紡紡紡紡紡紡紡紡

길쌈 방
糸 총10획

紡絲(방사) 紡績(방적) 紡織(방직)
絹紡(견방) 混紡(혼방)

方에 糸가 더해진 글자로 여기서 方(방)은 발음기호의 역할을 한다. 실(糸)을 일정한 방향으로 뽑아내어 옷감을 짜는 '길쌈'의 뜻을 가지게 되었다.

뜻풀이
紡織(방직) : 실을 뽑아서 천을 짜는 일
混紡(혼방) : 두 가지 이상의 다른 섬유를 섞어서 짬

賠

필순: 賠賠賠賠賠賠賠賠賠賠賠賠

물어줄 배:
貝　총15획

賠償(배상)　均賠(균배)
損害賠償(손해배상)

뜻풀이
均賠(균배): 고르게 나누어서 배상함
賠償額(배상액): 배상을 하는 금액

다른 사람의 물건을 망가뜨려서 자신의 돈(貝)을 덜어(咅) 변상해주는 것을 나타내어 '물어주다'의 뜻을 가지게 되었다.

俳

필순: 俳俳俳俳俳俳俳俳俳

배우 배
人　총10획

俳優(배우)　俳唱(배창)
演劇俳優(연극배우)
映畫俳優(영화배우)

뜻풀이
俳優(배우): 연극이나 영화 속의 인물로 분장하여 연기하는 사람

보통사람이 하지 않는(非) 익살스러운 행동을 능청스럽게 하는 사람(亻)인 '배우'를 뜻한다.

柏

필순: 柏柏柏柏柏柏柏柏柏

측백 백
木　총9획

柏木(백목)　柏松(백송)　松柏(송백)
側柏(측백)　黃柏(황백)

뜻풀이
松柏(송백): 소나무와 잣나무

겉과 속의 나무(木) 결이 흰(白) '측백'을 뜻한다.

閥

필순: 閥閥閥閥閥閥閥閥閥閥閥閥閥閥

문벌 벌
門　총14획

門閥(문벌)　財閥(재벌)　族閥(족벌)
派閥(파벌)　學閥(학벌)

뜻풀이
族閥(족벌)·출신 등의 이해관계에 의하여 맺어져 함께하는 사람들의 집단
派閥(파벌): 개별적인 이해관계에 의하여 따로따로 갈라진 사람들의 집단

넓은 지역을 정벌하여(伐) 공적을 세워 큰 가문(門)을 이룬 것으로 대대로 내려오는 사회적 신분이나 지위인 '문벌'의 뜻을 가지게 되었다.

汎

필순: 汎汎汎汎汎汎

넓을 범:
水　총6획

汎濫(범람)　汎論(범론)　汎用(범용)
汎舟(범주)　大汎(대범)

뜻풀이
汎濫(범람): 큰물이 흘러넘침. 바람직하지 못한 많은 것들이 마구 쏟아져 나옴

바람에 펄럭이는 돛(凡)을 단 배가 넓은 강(氵)에 떠가는 것을 나타내어 '넓다'의 뜻을 가지게 되었다.

僻

필순: 僻僻僻僻僻僻僻僻僻僻僻僻僻

궁벽할 벽
人　총15획

僻見(벽견)　僻論(벽론)　僻書(벽서)
僻說(벽설)　僻巷(벽항)　僻鄕(벽향)
窮僻(궁벽)　奇僻(기벽)　偏僻(편벽)

뜻풀이
窮僻(궁벽): 따로 떨어져 후미지고 으슥함
偏僻(편벽): 생각이나 마음이 한쪽으로 치우침

죄를 받은(辟) 사람(亻)이 삐딱해진 것을 나타내어 한쪽으로 치우친 '궁벽하다'의 뜻을 가지게 되었다.

人一十之 己讀百之 (남보다 몇 배의 노력을 해야 뛰어날 수 있다.)

倂

아우를 병:
人　총10획

필순: 倂倂倂倂倂倂倂倂倂

倂記(병기)　倂合(병합)　合倂(합병)
倂殺打(병살타)　合倂症(합병증)

사람들(亻)이 나란히(幷 = 並) 늘어서 있는 것을 나타내어 여러 사람을 '아우르다'라는 뜻을 가지게 되었다.

뜻풀이
倂記(병기): 함께 나란히 적는 것
倂合(병합): 둘 이상의 단체나 나라 등이 하나로 합쳐짐
倂殺打(병살타): 야구에서, 주자와 타자가 함께 아웃되는 타격

俸

녹　　봉:
人　총10획

필순: 俸俸俸俸俸俸俸俸俸俸

俸給(봉급)　俸祿(봉록)　俸米(봉미)
減俸(감봉)　祿俸(녹봉)　薄俸(박봉)
本俸(본봉)　年俸(연봉)　初俸(초봉)
號俸(호봉)

윗사람(亻)이 주는 봉급을 양손으로 공손히 받는(奉) 것을 나타내어 '녹'의 뜻을 가지게 되었다.

뜻풀이
減俸(감봉): 봉급을 깎음
薄俸(박봉): 적은 급여
號俸(호봉): 급여의 등급

縫

꿰맬 봉
糸　총17획

필순: 縫縫縫縫縫縫縫縫縫縫縫縫縫縫縫縫縫

縫製(봉제)　縫針(봉침)　縫合(봉합)
假縫(가봉)　裁縫(재봉)
天衣無縫(천의무봉)

糸와 逢이 합해진 글자로 여기서 逢(봉)은 발음기호의 역할을 한다. 해진 옷의 천에 새 천을 덧대어 실(糸)로 꿰매는 것에서 '꿰매다'의 뜻을 가지게 되었다.

뜻풀이
縫製(봉제): 바느질을 해서 물건을 만듦
彌縫策(미봉책): 꿰매어 깁는 계책. 즉 결점이나 실패를 덮어 드러나지 않게 감추기만 하는 계책

敷

펼 부(:)
攴　총15획

필순: 敷敷敷敷敷敷敷敷敷敷敷敷敷敷敷

敷告(부고)　敷設(부설)　敷衍(부연)
敷演(부연)　敷地(부지)

손으로 쳐서(攵) 넓게 펼치는(旉) 것을 나타내어 '펴다'는 뜻을 가지게 되었다.

뜻풀이
敷衍(부연): 뜻을 알기 쉽도록 설명을 더 해서 자세하게 밝혀 놓음
敷地(부지): 건축물이나 도로에 쓰이는 땅

膚

살갗 부
肉　총15획

필순: 膚膚膚膚膚膚膚膚膚膚膚膚膚膚膚

膚學(부학)　皮膚(피부)
皮膚病(피부병)

육체(月 = 肉)를 완전히 감싸고 있는 (膚) 겉가죽인 '살갗'을 뜻한다.

뜻풀이
膚學(부학): 천박한 학문

弗

아닐/말 불
弓　총5획

필순: 弗弗弗弗弗

弗素(불소)　弗豫(불예)　弗貨(불화)
美弗(미불)　百弗(백불)

본래 얽혀있는 끈을 곧은 막대기 두 개로 휘저어서 떨어뜨리는 것을 나타내었으나 나중에 부정인 '아니다, 말다'의 뜻을 가지게 되었다.

뜻풀이
弗素(불소): 화학 원소 중 하나
弗貨(불화): 미국 돈인 달러

匪

필순: 匪匪匪匪匪匪匪匪匪

비적 비:
匚 총10획

匪徒(비도) 匪賊(비적) 共匪(공비)
煙匪(연비) 土匪(토비) 討匪(토비)

뚜껑과 몸체의 양쪽으로 나누어지는 (非) 대나무 상자(匚)에 훔친 물건을 담고 있는 도적을 나타내어 '도둑, 비적'의 뜻을 가지게 되었다.

뜻풀이
匪賊(비적): 무리를 지어 다니며 재물을 약탈하고 살인을 하는 도둑

飼

필순: 飼飼飼飼飼飼飼飼飼飼飼飼飼

기를 사:
食 총14획

飼料(사료) 飼養(사양) 飼育(사육)
乾飼(건사) 放飼(방사)

가축에게 먹이(𩙿)를 주는 일을 맡아(司) 기르는 것에서 '기르다'의 뜻을 가지게 되었다.

뜻풀이
飼育(사육): 가축이나 짐승을 먹이어 기름
放飼(방사): 가축을 매어 두지 않고 놓아서 기름

唆

필순: 唆唆唆唆唆唆唆唆唆唆

부추길 사:
口 총10획

敎唆(교사) 示唆(시사)
敎唆犯(교사범)

좌우로 왕복하는 베틀의 북(㚒)을 빨리 움직이라고 입(口)으로 부추기는 것을 나타내어 '부추기다'의 뜻을 가지게 되었다.

뜻풀이
敎唆(교사): 남을 앞장 세워 부추겨 나쁜 짓을 하게 함
示唆(시사): 어떤 것을 미리 암시해서 은근히 알려줌

赦

필순: 赦赦赦赦赦赦赦赦赦赦

용서할 사:
赤 총11획

赦免(사면) 赦罪(사죄) 寬赦(관사)
大赦(대사) 放赦(방사) 容赦(용사)
恩赦(은사) 特赦(특사)

죄지은 자의 몸이 붉은(赤) 피로 물들 때까지 몽둥이로 때리고 (攵) 풀어 주는 것을 나타내어 '용서하다'의 뜻을 가지게 되었다.

뜻풀이
赦免(사면): 지은 죄를 용서해서 수어진 형벌로부터 벗어나게 함
特赦(특사): 복역 중인 죄인이 받은 형의 집행을 면제함

傘

필순: 傘傘傘傘傘傘傘傘傘傘傘

우산 산:
人 총12획

傘下(산하) 陽傘(양산) 雨傘(우산)
日傘(일산) 落下傘(낙하산)

우산을 편 모습으로 '우산, 일산'을 뜻한다.

뜻풀이
傘下團體(산하단체): 어떤 기관 아래 딸린 단체

酸

필순: 酸酸酸酸酸酸酸酸酸酸酸酸酸酸

실 산:
酉 총14획

酸味(산미) 酸性(산성) 酸素(산소)
鹽酸(염산) 胃酸(위산) 窒酸(질산)
炭酸(탄산) 黃酸(황산)

술(酉)이 너무 오래되서(夋) 맛이 시어지게 됨을 나타내어 '시다'의 뜻을 가지게 되었다.

뜻풀이
酸味(산미): 신 맛
胃酸過多(위산과다): 위산이 과다 분비되는 증상

人一十之 己讀百之 (남보다 몇 배의 노력을 해야 뛰어날 수 있다.)

蔘

삼 삼
艹 총15획

아픈 사람 셋(參)을 한 뿌리로 구한다는 약초(艹)인 '인삼'을 뜻한다.

乾蔘(건삼) 山蔘(산삼) 水蔘(수삼)
人蔘(인삼) 海蔘(해삼) 紅蔘(홍삼)
蔘鷄湯(삼계탕)

뜻풀이
乾蔘(건삼) : 햇볕에 말린 인삼
山蔘(산삼) : 깊은 산중에서 스스로 나서 자란 삼
紅蔘(홍삼) : 수삼을 찐 후 말린 붉은빛의 인삼

插

꽂을 삽
手 총12획

절구(臼)에 손(扌)으로 절굿공이(千)를 꽂아 놓은 모습으로 '꽂다'의 뜻을 가지게 되었다.

插植(삽식) 插入(삽입) 插紙(삽지)
插彈(삽탄) 插花(삽화) 插話(삽화)
插畫(삽화)

뜻풀이
插入(삽입) : 끼워 넣음
插畫(삽화) : 책이나 신문 등의 내용을 보충하고 이해를 돕기 위해 넣는 그림

箱

상자 상
竹 총15획

대나무(竹)를 엮어서 바구니 모양(相)을 만듦에 '상자'의 뜻을 가지게 되었다.

箱子(상자) 書箱(서상) 巢箱(소상)
藥箱(약상) 彩箱(채상) 風箱(풍상)

뜻풀이
巢箱(소상) : 벌집

瑞

상서 서:
玉 총13획

사물이 형성되기(耑) 전 신의 뜻을 알아볼 수 있는 상서로운 옥돌(王=玉)을 나타내어 '상서'의 뜻을 가지게 되었다.

瑞光(서광) 瑞夢(서몽) 瑞玉(서옥)
瑞雲(서운) 慶瑞(경서) 吉瑞(길서)
祥瑞(상서)

뜻풀이
瑞夢(서몽) : 상서로운 꿈
祥瑞(상서) : 아주 좋은 일이 일어날 징조

碩

클 석
石 총14획

머리(頁)가 돌(石)처럼 단단하고 큰 것을 나타내어 '크다'의 뜻을 가지게 되었다.

碩德(석덕) 碩望(석망) 碩士(석사)
碩師(석사) 碩材(석재) 碩座(석좌)
碩學(석학) 博碩(박석)

뜻풀이
碩士(석사) : 대학원 석사 과정을 마친 사람
碩座敎授(석좌교수) : 기업이나 개인의 기부금으로 연구를 할 수 있도록 대학에서 임명한 교수

繕

기울 선:
糸 총18획

찢어지거나 해진 곳을 실(糸)로 꿰매서 옷의 상태가 다시 좋아지게(善) 하는 것을 나타내어 '깁다'의 뜻을 가지게 되었다.

繕補(선보) 繕寫(선사) 繕完(선완)
修繕(수선) 營繕(영선) 弦繕(현선)

뜻풀이
修繕(수선) : 낡고 헌 것을 고침

44 한자능력검정시험 2급

纖

필순
纖纖纖纖纖纖纖纖
纖纖纖纖纖纖纖
纖纖纖纖纖

가늘 섬
糸 총23획

창으로 끊은 부추잎(韱)이 실(糸)처럼 가는 것에서 '가늘다'의 뜻을 가지게 되었다.

纖巧(섬교) 纖刀(섬도) 纖羅(섬라)
纖麗(섬려) 纖眉(섬미) 纖細(섬세)
合纖(합섬)

뜻풀이
合纖(합섬) : 합성섬유의 줄임말
纖纖玉手(섬섬옥수) : 가냘프고 고운 여자의 손

貰

필순
貰貰貰貰貰貰貰貰貰貰
貰貰

세놓을 세:
貝 총12획

일정한 기간(世) 동안 금액(貝)을 정해서 세를 놓는 것을 나타내어 '세놓다'의 뜻을 가지게 되었다.

貰家(세가) 貰畓(세답) 貰房(세방)
貰錢(세전) 房貰(방세) 月貰(월세)
專貰(전세) 傳貰(전세)

뜻풀이
專貰(전세) : 계약을 통해 일정 기간 동안 그 사람에게만 쓰도록 하여 다른 사람의 사용을 금지하는 일
傳貰(전세) : 집이나 건물의 소유자에게 일정 금액을 맡기고 일정 기간 동안 빌려 쓰는 일

紹

필순
紹紹紹紹紹紹紹紹紹
紹紹

이을 소
糸 총11획

실(糸)을 연결시키듯이 사람들을 불러서(召) 서로 연결해서 알게 하는 것을 나타내어 '잇다'의 뜻을 가지게 되었다.

紹介(소개) 紹復(소복) 紹述(소술)
紹承(소승) 紹絶(소절)

뜻풀이
紹介(소개) : 둘 사이에서 서로 알고 지낼 수 있도록 관계를 맺어줌

盾

필순
盾盾盾盾盾盾盾盾盾

방패 순
目 총9획

창이나 도끼(厂)와 같은 무기로부터 눈(目)을 가리어 보호하는 것을 나타내어 몸을 보호하는 '방패'의 뜻을 가지게 되었다.

矛盾(모순) 圓盾(원순)

뜻풀이
矛盾(모순) : 창과 방패
圓盾(원순) : 둥근 방패

升

필순
升升升升

되 승
十 총4획

술이나 기름 등을 풀 때 사용하는 국자로 술이나 기름을 떠올린 모습을 나타내어 용량의 단위인 '되'의 뜻을 가지게 되었다.

升鑑(승감) 升引(승인) 斗升(두승)
新升(신승) 十升(십승)

뜻풀이
升鑑(승감) : 편지를 보낼 때 겉봉의 받는 사람 이름 아래에 쓰는 말
新升(신승) : 새롭게 제정되어서 현재 사용하는 되

屍

필순
屍屍屍屍屍屍屍屍屍

주검 시:
尸 총9획

죽은(死) 사람의 몸(尸)을 나타내어 '주검'의 뜻을 가지게 되었다.

屍首(시수) 屍身(시신) 屍體(시체)
檢屍(검시) 變屍(변시)

뜻풀이
屍身(시신) : 죽은 사람의 몸
檢屍(검시) : 사망의 원인을 밝혀내기 위해 시체를 검사함

人一十之 己讀百之(남보다 몇 배의 노력을 해야 뛰어날 수 있다.)

殖

필순
殖殖殖殖殖殖殖殖殖殖殖殖

불릴 식
歹 총12획

繁殖(번식) 生殖(생식) 養殖(양식)
利殖(이식) 增殖(증식)

사람이 죽은(歹) 직후에 꼿꼿했던(直) 시체가 시간이 지나면서 점점 부어서 불어남을 나타내어 '불리다, 번성하다'는 뜻을 가지게 되었다.

뜻풀이
繁殖(번식) : 불리고 늘어서 많이 퍼짐
養殖(양식) : 물고기나 버섯 같은 이용 가치가 높은 것들을 인공적으로 길러서 번식시키는 일

紳

필순
紳紳紳紳紳紳紳紳紳紳紳

띠 신:
糸 총11획

紳士(신사) 紳商(신상) 高紳(고신)
貴紳(귀신) 鄕紳(향신)

실(糸)을 묶듯이 허리에 매고 남은 부분의 맨 끝을 길게 늘어뜨린(申) 큰 띠로 고귀한 사람의 의관용 띠를 나타냈다. 따라서 紳은 '띠'를 뜻한다.

뜻풀이
紳士(신사) : 예의 바르고 교양 있는 남자
貴紳(귀신) : 지체 높은 신사

腎

필순
腎腎腎腎腎腎腎腎腎腎腎腎

콩팥 신:
肉 총12획

腎杯(신배) 腎臟(신장) 副腎(부신)
腎不全(신부전) 海狗腎(해구신)

다른 신체기관에 비해서 단단한(臤) 신체부위(月 = 肉)인 '콩팥'을 나타낸다.

뜻풀이
腎臟(신장) : 콩팥
腎不全(신부전) : 신장의 기능을 잃어 노폐물이 혈액에 축적되는 상태

握

필순
握握握握握握握握握握握握

쥘 악
手 총12획

握力(악력) 握手(악수) 掌握(장악)
把握(파악)

자신의 손(扌)에 집(屋)안 일이 달려 있음을 나타내어 '쥐다'의 뜻을 가지게 되었다.

뜻풀이
掌握(장악) : 손안에 잡아 쥠, 즉 무엇을 마음대로 할 수 있게 됨을 이르는 말
把握(파악) : 어떤 것을 잘 이해하여 확실하게 앎

癌

필순
癌癌癌癌癌癌癌癌癌癌癌癌癌癌癌癌癌

암 암:
疒 총17획

肝癌(간암) 發癌(발암) 舌癌(설암)
胃癌(위암) 肺癌(폐암)
癌細胞(암세포) 抗癌劑(항암제)

사람의 몸속에 산의 바위(嵒)와 같은 딱딱한 종양이 있는 병(疒)인 '암'을 뜻한다.

뜻풀이
發癌(발암) : 암이 생김
抗癌劑(항암제) : 암세포의 발육이나 증식을 억제하는 물질

礙

필순
礙礙礙礙礙礙礙礙礙礙礙礙礙礙礙礙礙礙礙

거리낄 애:
石 총19획

礙子(애자) 礙滯(애체) 拘礙(구애)
無礙(무애) 妨礙(방애) 障礙(장애)

지팡이를 짚고 길을 가는 사람(矣) 앞이 큰 돌(石)로 가로막혀서 주저하며 그 앞에 계속 서 있는 것에서 어떤 일을 하는데 걸려서 방해가 되는 '거리끼다'를 뜻하게 되었다.

뜻풀이
拘礙(구애) : 거리끼거나 얽매임
障礙(장애) : 어떤 일의 진행을 막아 더디게 하거나 충분한 기능을 하지 못하게 함

惹

필순: 惹 惹 惹 惹 惹 惹 惹 惹 惹 惹 惹 惹 惹

이끌 야:
心　총13획

惹起(야기)　惹端(야단)

다른 사람과 같이 (若) 마음(心)이 강하지 못해서 다른 사람의 말에 이끌리는 것을 나타내어 '이끌다'의 뜻을 가지게 되었다.

뜻풀이
惹起(야기): 어떤 일을 끌어 일으킴
惹端(야단): 떠들썩하고 부산하게 일을 벌임

孃

필순: 孃 孃 孃 孃 孃 孃 孃 孃 孃 孃 孃 孃 孃 孃 孃 孃

아가씨 양
女　총20획

貴孃(귀양)　某孃(모양)　令孃(영양)
李孃(이양)　案內孃(안내양)

襄에 女가 더해진 글자로 여기서 襄(양)은 발음기호의 역할을 한다. 젊은 여자(女)인 '아가씨'를 뜻한다.

뜻풀이
案內孃(안내양): 손님을 안내하는 젊은 여자. 과거 버스의 여차장

硯

필순: 硯 硯 硯 硯 硯 硯 硯 硯 硯 硯 硯 硯

벼루 연:
石　총12획

硯蓋(연개)　硯石(연석)　硯滴(연적)
硯池(연지)　硯海(연해)

石에 見이 더해진 글자로 여기서 見(견)은 발음기호의 역할을 하는데 나중에 음이 견에서 연으로 변하였다. 먹을 가는 돌(石)인 '벼루'를 뜻한다.

뜻풀이
硯滴(연적): 벼루에 먹을 갈 때 쓰는 물을 담아 두는 그릇
筆硯(필연): 붓과 벼루

厭

필순: 厭 厭 厭 厭 厭 厭 厭 厭 厭 厭 厭 厭 厭 厭

싫어할 염:
厂　총14획

厭忌(염기)　厭離(염리)　厭世(염세)
厭惡(염오)　厭症(염증)

음식을 물리도록 (猒) 먹어서 싫증이 나 바위(厂) 아래에 음식을 가려둔 것을 나타내어 '물리다, 싫어하다'의 뜻을 가지게 되었다.

뜻풀이
厭世(염세): 모든 일을 부정적으로 보고 세상을 비관하는 경향이나 태도
厭症(염증): 싫증

預

필순: 預 預 預 預 預 預 預 預 預 預 預 預 預

맡길/미리 예:
頁　총13획

預金(예금)　預買(예매)　預備(예비)
預想(예상)　預言(예언)　預入(예입)
預置(예치)　預託(예탁)　參預(참예)

予와 頁이 더해진 글자로 여기서 予(여)는 발음기호의 역할을 하는데 나중에 음이 여에서 예로 변하였다. 얼굴(頁)에 여유가 있으려면 미리 준비를 해야 하기에 '미리'의 뜻을 가지며 한국에서만 쓰이는 '맡기다'의 뜻으로도 쓰인다.

뜻풀이
預託(예탁): 부탁하여 맡겨 둠
參預(참예): 어떤 일에 끼어들어 관계함

梧

필순: 梧 梧 梧 梧 梧 梧 梧 梧 梧 梧

오동나무 오(:)
木　총11획

梧桐(오동)　梧葉(오엽)　梧秋(오추)
碧梧桐(벽오동)

吾에 木이 더해진 글자로 여기서 吾(오)는 발음기호의 역할을 한다. 木으로써 나무의 일종임을 알 수 있으니 梧는 '오동나무'를 뜻한다.

뜻풀이
梧秋(오추): 음력 7월의 다른 이름

人一十之 己讀百之 (남보다 몇 배의 노력을 해야 뛰어날 수 있다.)

穩

편안할 온
禾　총19획

필순: 穩穩千禾禾禾禾禾 秎秎秎穩穩穩 穩穩穩

穩健(온건)　穩全(온전)　穩和(온화)
不穩(불온)　安穩(안온)　平穩(평온)

곡식(禾)을 조심스럽게(㥯) 수확하여 쌓아둠에 마음이 편안해짐을 나타내어 '편안하다'의 뜻을 가지게 되었다.

뜻풀이
穩全(온전) : 본바탕 그대로 있음
穩和(온화) : 조용하고 평화로움

歪

기울 왜/외
止　총9획

필순: 一丆不不不歪歪歪歪

歪曲(왜곡)　歪力(왜력)　歪形(왜형)
歪調(외조)

바르지(正) 않은(不) 것을 나타내어 '기울다'의 뜻을 가지게 되었다. 왜와 외 두 가지 발음으로 읽는다.

뜻풀이
歪曲(왜곡) : 사실과 다르게 해석함
歪形(왜형) : 비뚤어진 모양

妖

요사할 요
女　총7획

필순: 㚣妖妖妖妖妖妖

妖怪(요괴)　妖鬼(요귀)　妖氣(요기)
妖物(요물)　妖婦(요부)　妖邪(요사)
妖術(요술)　妖精(요정)

고개를 흔들며(夭) 남자들을 꾀어내는 여자(女)를 나타내어 '요사하다'의 뜻을 가지게 되었다.

뜻풀이
妖氣(요기) : 요망하고 간사한 기운
妖精(요정) : 사람의 모양이지만 알 수 없는 매력을 지닌 초자연적 존재

傭

품팔 용
人　총13획

필순: 亻亻伊伊伊伊伊 傭傭傭傭

傭役(용역)　傭賃(용임)　傭作(용작)
雇傭(고용)　日傭(일용)

사람(亻)이 고용되어(庸) 품 파는 것으로 '품 팔다'의 뜻을 가지게 되었다.

뜻풀이
傭兵(용병) : 보수를 받고 병력에 복무하는 병사
雇傭(고용) : 보수를 받고 다른 사람의 일을 해 줌

熔

녹을 용
火　총14획

필순: 熔熔少火火火炒炒炒 炒炒熔熔熔

熔巖(용암)　熔接(용접)　熔解(용해)
熔化(용화)　熔鑛爐(용광로)

금속을 불(火)로 녹여서 붓는 거푸집(容)의 모습을 나타내어 '녹다'의 뜻을 가지게 되었다.

뜻풀이
熔接(용접) : 두 개의 금속을 녹여서 이어 붙임
熔解(용해) : 녹거나 녹이는 일

鬱

답답할 울
鬯　총29획

필순: 鬱鬱鬱鬱鬱鬱鬱鬱鬱 鬱鬱鬱鬱鬱鬱鬱鬱鬱 鬱鬱鬱鬱鬱鬱鬱鬱鬱鬱鬱

鬱憤(울분)　鬱寂(울적)　鬱蒼(울창)
抑鬱(억울)　憂鬱(우울)　沈鬱(침울)

술단지(缶)에 술(鬯)을 담아서 울창한 숲(林) 사이의 땅에 묻어 흙으로 덮은(一) 것으로 '답답하다, 울창하다'의 뜻을 가지게 되었다.

뜻풀이
鬱憤(울분) : 마음에 쌓여 있는 분(憤)
沈鬱(침울) : 걱정이나 근심으로 밝지 못하고 우울함

苑

나라동산 원:
艹 총9획

苑에 艹가 더해진 글자로 여기서 夗(원)은 발음기호의 역할을 한다. 초목(艹)이 가득히 펼쳐진 '나라동산'을 뜻한다.

苑樹(원수) 苑池(원지) 苑花(원화)
故苑(고원) 宮苑(궁원) 鹿苑(녹원)
文苑(문원) 祕苑(비원) 深苑(심원)
御苑(어원) 學苑(학원) 花苑(화원)

뜻풀이
禁苑(금원) : 궁궐 안에 있는 정원
藝苑(예원) : 예술인의 사회

尉

벼슬 위
寸 총11획

본래 불(火→小)에 달군 다리미(尸)를 손(寸)으로 잡고 다림질을 하는 모습이었으나 백성들의 힘든 심신을 잘 어루만지고 위로하는 벼슬아치를 나타내어 '벼슬'의 뜻으로 쓰이게 되었다.

大尉(대위) 都尉(도위) 少尉(소위)
中尉(중위)

뜻풀이
中尉(중위) : 위관 계급의 하나. 대위의 아래, 소위의 위

融

녹을 융
虫 총16획

세 개의 다리를 가진 뜨거운 솥(鬲)에 빠진 벌레(虫)가 녹아버리는 것을 나타내어 '녹다'의 뜻을 가지게 되었다.

融液(융액) 融通(융통) 融合(융합)
融解(융해) 融化(융화) 金融(금융)

뜻풀이
融資(융자) : 자금을 돌려씀
融和(융화) : 서로 어울려서 화합이 됨

貳

두/갖은 두 이:
貝 총12획

를 둘(二)로 나누는 모습을 나타내어 '둘'의 뜻을 가지게 되었다. 또한 二의 갖은자로도 쓰인다.

貳車(이거) 貳相(이상) 貳臣(이신)
貳心(이심) 貳十(이십) 佐貳(좌이)
携貳(휴이)

뜻풀이
貳臣(이신) : 두 가지 마음을 품은 신하
懷貳(회이) : 두 가지 마음을 품음

刃

칼날 인:
刀 총3획

칼(刀)에 점(丶)을 찍어 날을 나타내어 '칼날'의 뜻을 가지게 되었다.

刃傷(인상) 白刃(백인) 兵刃(병인)
霜刃(상인) 自刃(자인)

뜻풀이
刃傷(인상) : 칼날 같은 것에 다침
自刃(자인) : 칼로 스스로의 목숨을 끊음

壹

한/갖은 한 일
士 총12획

술 병(壺) 속에 좋은(吉) 술이 하나 가득 채워진 것을 나타내어 '하나, 오직'의 뜻을 가지게 되었다. 또한 一의 갖은자로도 쓰인다.

壹是(일시) 壹意(일의)

뜻풀이
壹是(일시) : 모두
壹意(일의) : 한 가지에만 정신을 쏟음

人一十之 己讀百之 (남보다 몇 배의 노력을 해야 뛰어날 수 있다.)

妊

아이밸 임:
女 총7획

妊婦(임부) 不妊(불임) 避妊(피임)
懷妊(회임) 妊産婦(임산부)

여자(女)가 몸에 아이를 배어서 배가 불룩한(壬) 상태를 나타내어 '아이 배다'는 뜻을 가지게 되었다.

뜻풀이
懷妊(회임) : 임신
姙娠婦(임신부) : 임신 중에 있는 여자

諮

물을 자:
言 총16획

諮謀(자모) 諮問(자문) 諮議(자의)

궁금한 것을 입(口)을 모아 물음에 차례차례(次) 대답(言)함을 나타내어 '묻다'의 뜻을 가지게 되었다.

뜻풀이
諮問(자문) : 의견을 구함

磁

자석 자
石 총14획

磁極(자극) 磁氣(자기) 磁力(자력)
磁石(자석) 白磁(백자) 靑磁(청자)
電磁波(전자파)

실(玆)이 이어지듯 금속을 끌어당겨 잇는 광물(石)을 나타내어 '자석'의 뜻을 가지게 되었다.

뜻풀이
電磁波(전자파) : 전기장과 자기장이 주기적으로 변화하면서 전달되는 파동

雌

암컷 자
隹 총14획

雌性(자성) 雌雄(자웅) 雌株(자주)
雌花(자화) 雌黃(자황)
雌雄同體(자웅동체)

수컷 새가 암컷(匕) 새(隹) 위에서 발(止)로 누르는 모습을 나타내어 수컷에 제압 당한 '암컷'의 뜻을 가지게 되었다.

뜻풀이
雌雄(자웅) : 암컷과 수컷
雌雄同體(자웅동체) : 동일한 개체 안에 자웅의 두 생식소를 갖춘 것

蠶

누에 잠
虫 총24획

蠶絹(잠견) 蠶薄(잠박) 蠶婦(잠부)
蠶事(잠사) 蠶食(잠식) 養蠶(양잠)

가늘게 입김을 내뿜듯이(朁) 입에서 실을 뽑아내는 벌레(蚰)인 '누에'를 뜻한다.

뜻풀이
蠶食(잠식) : 차츰차츰 먹어 들어감
養蠶(양잠) : 누에를 기름

沮

막을 저:
水 총8획

沮氣(저기) 沮抑(저억) 沮止(저지)
沮澤(저택) 沮害(저해)

물(氵)이 많이 겹쳐(且) 괴어서 사람이 지나다니는 길까지 막게 됨을 나타내어 '막다'의 뜻을 가지게 되었다.

뜻풀이
沮止(저지) : 막아서 그치게 함
沮澤(저택) : 낮고 물기가 많은 곳. 물풀이 무성한 곳

偵

염탐할 정
人　총11획

필순: 偵偵偵偵偵偵偵偵偵偵

偵客(정객)　偵吏(정리)　偵察(정찰)
偵探(정탐)　密偵(밀정)　探偵(탐정)

평소에 바르고 곧은(貞) 사람이 뒤에서도 그러한지 사람(亻)을 보내 몰래 엿보게 하는 것을 나타내어 '염탐하다'의 뜻을 가지게 되었다.

뜻풀이
偵察(정찰) : 살펴서 알아냄
密偵(밀정) : 몰래 염탐함

呈

드릴 정
口　총7획

필순: 呈呈呈呈呈呈呈

呈上(정상)　呈訴(정소)　呈旬(정순)
呈示(정시)　敬呈(경정)　露呈(노정)
拜呈(배정)　奉呈(봉정)　贈呈(증정)
進呈(진정)　獻呈(헌정)

임금(王)의 입(口) 맛에 맞는 음식을 올리는 것을 나타내어 '드리다'는 뜻을 가지게 되었다.

뜻풀이
進呈(진정) : 물건을 자진해서 드림
獻呈(헌정) : 어떤 물품을 올려서 바침

艇

배 정
舟　총13획

필순: 艇艇艇艇艇艇艇艇艇艇艇艇艇

競艇(경정)　漁艇(어정)　釣艇(조정)
快艇(쾌정)　艦艇(함정)

조정(廷)에 신하들이 늘어서 있는 것과 같이 나루터에 배(舟)가 늘어서 있는 것에서 '배'의 뜻을 가지게 되었다.

뜻풀이
艦艇(함정) : 군사용 배
救命艇(구명정) : 인명을 구조하기 위하여 큰 배에 실은 작은 배

劑

약제 제
刀　총16획

필순: 劑劑劑劑劑劑劑劑劑劑劑劑劑劑劑劑

洗劑(세제)　藥劑(약제)　調劑(조제)
湯劑(탕제)　丸劑(환제)
防腐劑(방부제)　營養劑(영양제)
鎭痛劑(진통제)　抗生劑(항생제)

약재를 칼(刂)로 가지런하게(齊) 써는 것을 나타내어 '약제'의 뜻을 가지게 되었나.

뜻풀이
丸劑(환제) : 둥글게 만든 알약
止瀉劑(지사제) : 설사 치료에 쓰이는 약제

彫

새길 조
彡　총11획

필순: 彫彫彫彫彫彫彫彫彫彫彫

彫刻(조각)　彫削(조삭)　彫像(조상)
彫玉(조옥)　彫琢(조탁)　彫弊(조폐)
毛彫(모조)　木彫(목조)　浮彫(부조)

칼로 고루(周) 파서 아름다운 무늬(彡)를 새김을 나타내어 '새기다'의 뜻을 가지게 되었다.

뜻풀이
彫像(조상) : 조각상
彫琢(조탁) : 보석 등을 새기거나 쪼는 일

措

둘 조
手　총11획

필순: 措措措措措措措措措措措

措大(조대)　措辭(조사)　措語(조어)
措定(조정)　措置(조치)　擧措(거조)
罔措(망조)　失措(실조)　刑措(형조)

날이 거듭되듯이(昔) 손(扌)으로 물건 위에 또 다른 물건을 겹쳐서 두는 것을 나타내어 '두다'의 뜻을 가지게 되었다.

뜻풀이
措置(조치) : 일을 정리해서 잘 처리함

人一十之 己讀百之 (남보다 몇 배의 노력을 해야 뛰어날 수 있다.)

釣

낚을/낚시 조:
金　총11획

필순: 釣釣釣釣釣釣釣釣釣釣

釣竿(조간)　釣徒(조도)　釣絲(조사)
釣船(조선)　釣魚(조어)　釣艇(조정)
釣針(조침)

국자(勺)로 음식을 뜨듯 물고기를 떠 올리는 쇠(金)로 만든 낚싯대를 나타내어 '낚다, 낚시'의 뜻을 가지게 되었다.

뜻풀이
釣竿(조간) : 낚싯대
釣絲(조사) : 낚싯줄

綜

모을 종
糸　총14획

필순: 綜綜綜綜綜綜綜綜綜綜綜綜綜綜

綜達(종달)　綜覽(종람)　綜練(종련)
綜理(종리)　綜絲(종사)　綜詳(종상)
綜析(종석)　綜輯(종집)　綜合(종합)
綜核(종핵)

베틀의 날실을 한 칸씩 걸러서 끌어 올리도록 맨 굵은 실인 잉아로 날실의 중심(宗)을 조절하며 씨실(糸)을 쳐 날과 씨를 모으는 것을 나타내어 '모으다'의 뜻을 가지게 되었다.

뜻풀이
綜詳(종상) : 치밀하고 자세함
綜合(종합) : 한데 모아 합함

駐

머무를 주:
馬　총15획

필순: 駐駐駐駐駐駐駐駐駐駐駐駐駐駐駐

駐軍(주군)　駐泊(주박)　駐步(주보)
駐在(주재)　駐車(주차)　駐韓(주한)
常駐(상주)　移駐(이주)

主에 馬가 더해진 글자로 여기서 主(주)는 발음기호의 역할을 한다. 달리던 말(馬)을 주인에게 맡기고 일정기간 머무르는 것을 나타내어 '머무르다'의 뜻을 가지게 되었다.

뜻풀이
駐屯(주둔) : 군대가 일정한 지역에 머무름
駐在(주재) : 직무상 파견되어 그곳에 머물러 있는 것

准

비준 준:
冫　총10획

필순: 准准准准准准准准准准

准尉(준위)　准將(준장)　准行(준행)
批准(비준)　認准(인준)

철새(隹)들이 이동을 하는 기준은 얼음(冫)이 어는 때로 '비준'의 뜻을 가지게 되었다.

뜻풀이
批准(비준) : 조약 체결에 대한 당국의 최종 확인 및 동의 절차

旨

뜻 지
日　총6획

필순: 旨旨旨旨旨旨

論旨(논지)　密旨(밀지)　本旨(본지)
聖旨(성지)　要旨(요지)　主旨(주지)
趣旨(취지)

본래 숟가락(匕)으로 맛있는 음식을 입(日)안에 넣는 모습으로 '맛있다'의 뜻을 가졌으나 나중에 '뜻'의 뜻으로도 쓰이게 되었다.

뜻풀이
論旨(논지) : 논의의 취지
要旨(요지) : 글의 핵심

脂

기름 지
肉　총10획

필순: 脂脂脂脂脂脂脂脂脂脂

脂粉(지분)　脂質(지질)　脂澤(지택)
丹脂(단지)　乳脂(유지)　皮脂(피지)

旨에 月(= 肉)이 더해진 글자로 여기서 旨(지)는 발음기호의 역할을 한다. 맛있는(旨) 고기(月 = 肉)에 기름기가 많은 것에서 '기름'의 뜻을 가지게 되었다.

뜻풀이
乳脂(유지) : 우유에 들어 있는 지방
脫脂(탈지) : 기름을 뺌

塵

티끌 진
土 총 14획

塵塵塵塵塵塵塵塵
塵塵塵塵塵

塵界(진계) 塵露(진로) 落塵(낙진)
蒙塵(몽진) 微塵(미진) 防塵(방진)
風塵(풍진)

사슴(鹿)떼가 마른 땅(土)을 달리면서 일으키는 '티끌'을 뜻한다.

뜻풀이
塵埃(진애) : 티끌. 먼지. 세상에 속된 것
蒙塵(몽진) : 먼지를 뒤집어 씀. 즉 임금이 난을 피해 안전한 곳으로 감

津

나루 진(:)
水 총 9획

津津津津津津津津津

津軍(진군) 津氣(진기) 津渡(진도)
津梁(진량) 津夫(진부) 津岸(진안)
津液(진액) 津驛(진역) 松津(송진)

강(氵)의 배가 나아가기(聿) 위해서 떠나는 곳인 '나루'를 뜻한다.

뜻풀이
松津(송진) : 소나무나 잣나무에서 나오는 끈적거리는 액체

診

진찰할 진
言 총 12획

診診診診診診診診
診診診

診脈(진맥) 診察(진찰) 誤診(오진)
往診(왕진) 特診(특진) 確診(확진)
診療費(진료비) 聽診器(청진기)

환자의 말(言)을 듣고 머리(彡)에 손을 얹어 진찰하는 것으로 '진찰하다'의 뜻을 갖는다.

뜻풀이
誤診(오진) : 잘못 진단함
往診(왕진) : 의사가 직접 병원 밖의 환자가 있는 곳으로 가서 진료함

窒

막힐 질
穴 총 11획

窒窒窒窒窒窒窒窒窒
窒窒

窒急(질급) 窒酸(질산) 窒塞(질색)
窒素(질소) 窒息(질식)

구멍(穴) 속에 무엇인가를 잔뜩 넣어서 막힌데 이른(至) 것을 나타내어 '막히다'의 뜻을 가지게 되었다.

뜻풀이
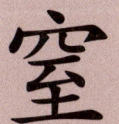(질색) : 놀랄 정도로 몹시 싫어함
徵窒(징질) : 사사로운 감정을 억제함

輯

모을 집
車 총 16획

輯輯輯輯輯輯輯輯
輯輯輯輯輯輯

輯錄(집록) 輯睦(집목) 輯成(집성)
輯要(집요) 輯載(집재) 補輯(보집)
收輯(수집) 完輯(완집) 特輯(특집)
編輯(편집)

수레(車)의 바퀴살이 축 구멍(口)을 향해 귀(耳)를 맞대듯이 모아진 것을 나타내어 '모으다'라는 뜻을 가지게 되었다.

뜻풀이
收輯(수집) : 거두어 모음
編輯(편집) : 여러 가지 자료를 수집하여 책이나 신문 등을 엮음

遮

가릴 차(:)
辶 총 15획

遮遮遮遮遮遮遮遮
遮遮遮遮遮遮

遮斷(차단) 遮路(차로) 遮額(차액)
遮陽(차양) 遮日(차일) 遮止(차지)
遮蔽物(차폐물)

길을 가는데(辶) 많은 사람들(庶)이 있어서 앞으로 나아가는 것을 막음을 나타내어 '가리다'의 뜻을 가지게 되었다.

뜻풀이
遮斷(차단) : 가로막음
遮陽(차양) : 햇빛을 가리고 비를 막기 위해 처마 끝이나 창문 바깥쪽에 덧붙이는 물건

人一十之 己讀百之 (남보다 몇 배의 노력을 해야 뛰어날 수 있다.)

餐

밥 찬
食　총16획

餐食(찬식)　佳餐(가찬)　晩餐(만찬)
常餐(상찬)　聖餐(성찬)　素餐(소찬)
午餐(오찬)　朝餐(조찬)

뼈(歺)를 손(又)에 들고 발라가며 밥(食)을 먹는 것을 나타내어 '밥'의 뜻을 가지게 되었다.

뜻풀이
佳餐(가찬) : 아름답고 훌륭한 요리
朝餐(조찬) : 손님을 초대해서 함께 먹는 아침 식사

刹

절 찰
刀　총8획

刹那(찰나)　刹土(찰토)　古刹(고찰)
名刹(명찰)　佛刹(불찰)　寺刹(사찰)
表刹(표찰)

나무(木) 기둥을 칼(刂)로 잘라 그 위에 깃발(乂)을 세운 것으로 깃발로써 고승이 절에 있음을 나타내어 '절'의 뜻을 가지게 되었다.

뜻풀이
刹那(찰나) : 어떤 현상이 일어나는 아주 짧은 순간
古刹(고찰) : 역사가 깊고 오래된 옛 절

札

편지 찰
木　총5획

簡札(간찰)　開札(개찰)　落札(낙찰)
名札(명찰)　書札(서찰)　入札(입찰)
現札(현찰)

木과 乙(=乚)이 합해진 글자로 조각칼(乚)로 나무(木)를 깎아서 만든 나무패에 쓴 '편지'를 뜻한다.

뜻풀이
改札(개찰) : 승차권 등을 입구에서 확인함
落札(낙찰) : 경매나 경쟁 입찰 등의 물건이나 일이 개인이나 업체에 들어가는 권리를 얻는 일

斬

벨 참(:)
斤　총11획

斬級(참급)　斬殺(참살)　斬首(참수)
斬屍(참시)　斬新(참신)　斬刑(참형)

말이 끄는 수레(車)에 죄인의 사지를 각각 묶고 말을 달리게 하여 여러 갈래로 찢어 죽이고 도끼(斤)로 목을 베어 죽이는 것으로 '베다'를 뜻한다.

뜻풀이
斬首(참수) : 목을 벰
斬新(참신) : 매우 새로움

滄

큰 바다 창
水　총13획

滄江(창강)　滄浪(창랑)　滄茫(창망)
滄桑(창상)　滄然(창연)
滄海一粟(창해일속)

倉에 氵가 더해진 글자로 여기서 倉(창)은 발음기호의 역할을 한다. 물(氵)이 푸른 '큰 바다'를 뜻한다.

뜻풀이
滄海一粟(창해일속) : 큰 바다에 던져진 좁쌀 한 톨이라는 뜻으로, 지극히 작거나 보잘것 없는 존재를 의미함

彰

드러날 창
彡　총14획

彰功(창공)　彰德(창덕)　彰明(창명)
彰善(창선)　彰著(창저)

음악이나 글의 장(章)마다 각각의 빛깔(彡)이 드러남을 나타내어 '드러나다'의 뜻을 가지게 되었다.

뜻풀이
彰明(창명) : 드러내 밝힘
彰著(창저) : 밝혀 드러냄

悽

슬퍼할 처:
心 총11획

悽 悽 悽 悽 悽 悽 悽 悽 悽

悽苦(처고) 悽斷(처단) 悽戀(처련)
悽淚(처루) 悽然(처연) 悽絶(처절)
悽慘(처참) 陵遲處斬(능지처참)

남편을 잃고 과부가 된 아내(妻)의 마음(忄) 상태를 나타내어 '슬퍼하다'의 뜻을 가지게 되었다.

뜻풀이
悽絶(처절) : 매우 처참함
陵遲處斬(능지처참) : 머리, 몸, 손, 발, 사지를 자르는 극형

隻

외짝 척
隹 총10획

隻 隻 隻 隻 隻 隻 隻 隻 隻

隻步(척보) 隻手(척수) 隻身(척신)
隻眼(척안) 隻言(척언) 隻字(척자)

새(隹) 한 마리를 손(又)으로 잡은 모습으로 '외짝'을 뜻한다.

뜻풀이
隻眼(척안) : 한 짝 눈. 외눈
隻言(척언) : 한마디의 말

撤

거둘 철
手 총15획

撤 撤 撤 撤 撤 撤 撤 撤 撤 撤 撤 撤 撤 撤 撤

撤去(철거) 撤軍(철군) 撤兵(철병)
撤職(철직) 撤退(철퇴) 撤廢(철폐)
撤還(철환) 撤回(철회)
不撤晝夜(불철주야)

산모의 몸에서 머리부터 나오는 아이(育)를 손(又)으로 받아 산모에게서 아이를 거두어내는 것으로 '거두다'의 뜻을 가지게 되었다. 여기에 扌를 더해서 아이를 거두어 받는 손의 기능을 강조하였다.

뜻풀이
撤廢(철폐) : 기존에 있던 제도나 규칙을 없앰
不撤晝夜(불철주야) : 밤낮을 가리지 않음. 즉 조금도 쉴 사이 없이 일에 매진함

諜

염탐할 첩
言 총16획

諜 諜 諜 諜 諜 諜 諜 諜 諜 諜 諜 諜 諜 諜 諜 諜

諜報(첩보) 諜人(첩인) 諜者(첩자)
諜知(첩지) 間諜(간첩)

무성한 나무의 잎(枼)처럼 말(言)이 많아 이간질하거나 남의 말을 염탐하는 것을 나타내어 '염탐하다'의 뜻을 가지게 되었다.

뜻풀이
諜報(첩보) : 상대의 정부를 몰래 염탐하여 보고함
諜者(첩자) : 간첩

締

맺을 체
糸 총15획

締 締 締 締 締 締 締 締 締 締 締 締 締 締 締

締結(체결) 締交(체교) 締盟(체맹)
締約(체약) 締姻(체인)

나무를 짜서 묶어 만든 제단(帝)이 풀리지 않도록 끈(糸)으로 단단히 죄는 것을 나타내어 '맺다'의 뜻을 가지게 되었다.

뜻풀이
締結(체결) : 계약이나 조약 등을 맺음
締姻(체인) : 부부의 연을 맺음

哨

망볼 초
口 총10획

哨 哨 哨 哨 哨 哨 哨 哨

哨戒(초계) 哨兵(초병) 哨所(초소)
哨艇(초정) 動哨(동초) 步哨(보초)
複哨(복초) 査哨(사초) 巡哨(순초)
前哨(전초)

입구(口)를 작게(肖) 해 적의 침입에 대비하여 망보는 것을 나타내어 '망보다'의 뜻을 가지게 되었다.

뜻풀이
哨所(초소) : 보초를 서는 장소
巡哨(순초) : 순찰하며 적의 정세를 살핌

人一十之 己讀百之(남보다 몇 배의 노력을 해야 뛰어날 수 있다.)

焦

탈 초
火 총12획

焦急(초급) 焦勞(초로) 焦脣(초순)
焦點(초점) 焦燥(초조)
焦眉之急(초미지급)

새(隹)를 불(灬)에 태우는 것을 나타내어 '타다'의 뜻을 가지게 되었다.

焦土化(초토화) : 불에 검게 그을린 흙처럼 황폐해지고 못쓰게 됨

趨

달아날 추
走 총17획

趨拜(추배) 趨步(추보) 趨勢(추세)
趨迎(추영) 趨進(추진) 歸趨(귀추)

손으로 풀(芻)을 모아서 잡아 뜯어 담은 후 종종걸음을 쳐서 달려(走) 달아나는 모습으로 '달아나다'의 뜻을 가지게 되었다.

趨勢(추세) : 어떤 일이나 현상이 일정한 방향으로 나아가는 경향. 영향력 있는 세력이나 그런 사람을 좇아서 따름

蹴

찰 축
足 총19획

蹴球(축구) 蹴踏(축답) 蹴席(축석)
蹴然(축연) 蹴彫(축조) 失蹴(실축)
一蹴(일축)

어떤 사물에 발(足)을 가까이 가져가서(就) 바로 차는 것을 나타내어 '차다'의 뜻을 가지게 되었다.

失蹴(실축) : 실수로 공을 잘못 참
一蹴(일축) : 상대의 의견이나 요구 등을 단번에 거절함

軸

굴대 축
車 총12획

軸受(축수) 卷軸(권축) 基軸(기축)
主軸(주축) 地軸(지축) 車軸(차축)

수레가 굴러갈 수 있도록 수레(車)바퀴의 한가운데에 뚫린 구멍(由)에 끼우는 긴 나무 막대나 쇠막대인 '굴대'를 뜻한다.

主軸(주축) : 중심이 되어 영향을 미치는 존재
地軸(지축) : 북극과 남극을 연결하는 지구의 자전축

衷

속마음 충
衣 총10획

衷懇(충간) 衷誠(충성) 衷情(충정)
衷懷(충회) 深衷(심충)

안(中)에 입는 속옷(衣)처럼 마음속의 진실한 마음을 나타내어 '속마음'을 뜻한다.

衷心(충심) : 마음속에서 우러나오는 진심
苦衷(고충) : 괴로운 심정

炊

불땔 취:
火 총8획

炊飯(취반) 炊事(취사) 炊煙(취연)
炊湯(취탕) 晩炊(만취) 自炊(자취)
蒸炊(증취)

입을 크게 벌려(欠) 불씨를 불어 불(火)이 일어나게 하는 것을 나타내어 '불 때다'의 뜻을 가지게 되었다.

炊事(취사) : 불을 사용하여 먹을 것을 만듦
自炊(자취) : 혼자 사는 사람이 직접 밥을 지어 먹음

託

부탁할 탁
言　총10획

필순: 託託託託託託託託託託

結託(결탁)　寄託(기탁)　付託(부탁)
豫託(예탁)　依託(의탁)　請託(청탁)
託兒所(탁아소)

뜻풀이
請託(청탁): 남에게 청해서 부탁함
託兒所(탁아소): 부모가 직장에 간 시간 동안 아이들을 맡아서 보호·지도하는 사회적 기관

땅에 뿌리를 내린 식물(乇)이 땅에 의지하듯 다른 사람에게 의지하여 말(言)로 부탁하는 것을 나타내어 '부탁하다'의 뜻을 가지게 되었다.

琢

다듬을 탁
玉　총12획

필순: 琢琢琢琢琢琢琢琢琢琢琢琢

琢句(탁구)　琢器(탁기)　琢磨(탁마)
彫琢(조탁)　追琢(추탁)

뜻풀이
琢器(탁기): 쪼아서 고르게 만든 그릇
彫琢(조탁): 돌이나 보석 등을 쪼거나 새기는 일

옥(王=玉)을 쪼아(豖) 다듬는 것을 나타내어 '다듬다'의 뜻을 가지게 되었다.

胎

아이밸 태
肉　총9획

필순: 胎胎胎胎胎胎胎胎胎

胎敎(태교)　胎氣(태기)　胎夢(태몽)
胎生(태생)　胎葉(태엽)　落胎(낙태)
受胎(수태)　奪胎(탈태)　胞胎(포태)

뜻풀이
胎敎(태교): 임신한 여자가 태아에게 좋은 영향을 주기 위해 마음을 바르게 하고 언행을 조심하는 일
胎動(태동): 자궁 내에서 태아가 움직임

어머니 뱃속(月=肉)에 아이(台)가 생기기 시작한 것을 나타내어 '아이배다'의 뜻을 가지게 되었다.

颱

태풍 태
風　총14획

필순: 颱颱颱颱颱颱颱颱颱颱颱颱颱颱

颱風(태풍)
颱風注意報(태풍주의보)

뜻풀이
颱風(태풍): 비를 동반하여 휘몰아치는 바람

뱃속의 아이(台)에게까지 전해질 정도로 강한 바람(風)인 '태풍'을 뜻한다.

霸

으뜸 패:
雨　총21획

필순: 霸霸霸霸霸霸霸霸霸霸霸霸霸霸霸霸霸霸霸霸霸

霸權(패권)　霸氣(패기)　霸道(패도)
霸王(패왕)　霸者(패자)　連霸(연패)
爭霸(쟁패)　制霸(제패)

뜻풀이
連霸(연패): 계속하여 이김
制霸(제패): 패권을 잡음. 경기에서 우승함

본래 비(雨)를 맞고 얼룩덜룩해진 가죽(革)이 일부분만 빛을 내는 초승달(月)과 같음을 나타내었으나 나중에 '으뜸'의 뜻을 가지게 되었다.

坪

들 평
土　총8획

필순: 坪坪坪坪坪坪坪坪

坪當(평당)　坪數(평수)　建坪(건평)
當坪(당평)　總坪(총평)
延建坪(연건평)

뜻풀이
延建坪(연건평): 건물이 차지한 바닥의 면적을 종합한 평수

평평한(平) 땅(土)인 '들'을 뜻한다.

人一十之 己讀百之 (남보다 몇 배의 노력을 해야 뛰어날 수 있다.)

怖

필순: 怖 怖 怖 怖 怖 怖 怖 怖

두려워할 포
心 총8획

怖苦(포고) 怖懼(포구) 怖伏(포복)
怖畏(포외) 恐怖(공포) 攝怖(섭포)
愁怖(수포) 危怖(위포)

말리려고 걸어둔 천(布)이 비에 젖을까 봐 두려워하는 마음(忄)을 나타내어 '두려워하다'의 뜻을 가지게 되었다.

뜻풀이
怖苦(포고) : 고통을 두려워함
恐怖(공포) : 몹시 두렵고 무서움

抛

필순: 抛 抛 抛 抛 抛 抛 抛

던질 포:
手 총7획

抛車(포거) 抛棄(포기)
抛徹(포철) 抛物線(포물선)

손(扌)에 힘(力)을 줘서 구부러질(九) 듯이 던지는 것을 나타내어 '던지다'의 뜻을 가지게 되었다.

뜻풀이
抛棄(포기) : 하던 일이나 하려던 일을 도중에 그만둠
抛物線(포물선) : 한 정점과 한 직선에 이르는 거리가 같은 곡선

鋪

필순: 鋪 鋪 鋪 鋪 鋪 鋪 鋪 鋪 鋪 鋪 鋪 鋪 鋪 鋪

펼/가게 포
金 총15획

鋪裝(포장) 商鋪(상포) 店鋪(점포)
典當鋪(전당포) 紙物鋪(지물포)

쇠붙이(金)를 넓게(甫) 펼치는 것을 나타내어 '펴다'의 뜻을 가지게 되었다. 또한 쇠붙이를 주조하는 장소에서 '가게'의 뜻으로도 쓰이게 되었다.

뜻풀이
鋪裝(포장) : 아스팔트 등으로 길을 평탄하게 만듦
店鋪(점포) : 물건을 진열하고 파는 가게

虐

필순: 虐 虐 虐 虐 虐 虐 虐 虐

모질 학
虍 총9획

虐待(학대) 虐殺(학살) 虐政(학정)
自虐(자학) 殘虐(잔학) 暴虐(포학)
凶虐(흉학)

虐은 본래 虍으로 나중에 爪人이 彐로 변하였다. 범(虎)이 발톱(彐)으로 사람을 붙잡아서 잔인하게 해친 것을 나타내어 '해치다, 모질다'의 뜻을 가지게 되었다.

뜻풀이
虐待(학대) : 가혹하게 대함
自虐(자학) : 스스로 자기를 학대함

翰

필순: 翰 翰 翰 翰 翰 翰 翰 翰 翰 翰 翰 翰 翰 翰 翰 翰

편지 한:
羽 총16획

翰毛(한모) 翰墨(한묵) 翰飛(한비)
翰札(한찰) 內翰(내한) 書翰(서한)
札翰(찰한) 翰林院(한림원)

본래 해가 떠오름(翰)에 날갯(羽)짓을 하며 날아오르는 새를 나타내었으나 나중에 새의 깃으로 쓴 '편지'를 뜻하게 되었다.

뜻풀이
書翰(서한) : 편지
翰林院(한림원) : 고려 때 임금의 명령으로 문서를 꾸미는 일을 하던 관청

艦

필순: 艦

큰 배 함:
舟 총20획

艦隊(함대) 艦船(함선) 艦長(함장)
艦艇(함정) 巨艦(거함) 敵艦(적함)
戰艦(전함) 潛水艦(잠수함)

적의 화살이나 돌 등을 막기 위해서 보이는(監) 둘레에 판자로 둘러싼 큰 배(舟)를 나타내어 '큰 배'의 뜻을 가지게 되었다.

뜻풀이
艦隊(함대) : 해전을 위한 군함이 두 척 이상으로 편성된 연합 부대
哨艦(초함) : 경계하는 일을 하는 군함

58 한자능력검정시험 2급

弦

필순
弦 弦 弦 弦 弦 弦 弦 弦

시위 현
弓 총8획

弦琴(현금) 弦矢(현시) 弦月(현월)
弓弦(궁현) 上弦(상현) 正弦(정현)
下弦(하현)

활(弓)에 맨 실(玄)인 활의 '시위'를 뜻한다.

뜻풀이
弓弦(궁현): 활시위
下弦(하현): 음력으로 매달 22~23일에 뜨는 달의 형태

峽

필순
峽 峽 峽 峽 峽 峽 峽 峽 峽 峽

골짜기 협
山 총10획

峽谷(협곡) 峽路(협로) 峽灣(협만)
峽邑(협읍) 深峽(심협) 幽峽(유협)
海峽(해협)

산(山)과 산 사이에 끼어있는 (夾) 골짜기를 나타내어 '골짜기'의 뜻을 가진다.

뜻풀이
峽谷(협곡): 매우 험하고 좁은 골짜기
海峽(해협): 육지 사이에 있는 폭이 좁고 긴 바다

型

필순
型 型 型 型 型 型 型 型 型

모형 형
土 총9획

舊型(구형) 模型(모형) 新型(신형)
原型(원형) 定型(정형) 鑄型(주형)
體型(체형) 判型(판형)
血液型(혈액형)

본래 '거푸집'을 뜻하였으나 미리 만들어진 법을 지키지 않아 형벌(刑)로 다스리는 것이 사물의 모형대로 만들어진 거푸집과 같기에 '모형, 본보기'의 뜻으로도 쓰이게 되었다. 土는 거푸집의 재료를 나타낸다.

뜻풀이
類型(유형): 공통적인 것끼리 묶은 하나의 틀
典型(전형): 본보기

濠

필순
濠 濠 濠 濠 濠 濠 濠 濠
濠 濠 濠 濠 濠 濠 濠

호주 호
水 총17획

濠橋(호교) 濠洲(호주) 空濠(공호)
內濠(내호) 雪濠(설호) 城濠(성호)
外濠(외호)

豪에 氵가 더해진 글자로 여기서 豪(호)는 발음기호의 역할을 한다. 태평양의 남쪽에 위치한 오스트레일리아인 '호주'를 뜻한다.

뜻풀이
濠洲(호주): 오스트레일리아
外濠(외호): 성 둘레에 도랑을 파서 물을 괸 곳

酷

필순
酷 酷 酷 酷 酷 酷 酷 酷
酷 酷 酷 酷 酷 酷

심할 혹
酉 총14획

酷毒(혹독) 酷烈(혹렬) 酷吏(혹리)
酷刑(혹형) 冷酷(냉혹) 嚴酷(엄혹)
殘酷(잔혹) 慘酷(참혹)

조상에게 제사를 지내기 위해서 참혹하게 희생된 소(告)와 맛이 독한 술(酉)을 준비하는 것으로 '심하다'의 뜻을 가지게 되었다.

뜻풀이
酷肖(혹초): 분별하기 어려울 정도로 비슷함
冷酷(냉혹): 인정이 없고 혹독함

靴

필순
靴 靴 靴 靴 靴 靴 靴 靴
靴 靴 靴 靴

신 화
革 총13획

靴工(화공) 軍靴(군화) 短靴(단화)
洋靴(양화) 長靴(장화) 製靴(제화)
室內靴(실내화)

化에 革이 더해진 글자로 여기서 化(화)는 발음기호의 역할을 한다. 革으로써 신의 재질이 가죽임을 알 수 있으니 가죽(革)으로 만든 '신'을 뜻한다.

뜻풀이
洋靴(양화): 구두
着靴(착화): 신발을 신음

人一十之 己讀百之 (남보다 몇 배의 노력을 해야 뛰어날 수 있다.)

幻

필순: 幻幻幻幻

헛보일 환:
幺   총4획

염색한 실(幺)을 나뭇가지에 건(亅) 모습으로 염색에 의해서 색깔이 변하여 여러 가지 색이 아른거리는 것에서 '허깨비, 헛보이다'의 뜻을 가지게 되었다.

幻覺(환각) 幻滅(환멸) 幻法(환법)
幻像(환상) 幻想(환상) 幻術(환술)
幻影(환영) 幻聽(환청)

뜻풀이
幻覺(환각): 외부의 자극이 없는데도 자극이 실제로 있는 것처럼 느끼는 감각
幻聽(환청): 실제로 존재하지 않는 소리가 들리는 현상

滑

필순: 滑滑滑滑滑滑滑滑滑滑滑滑滑

미끄러울 활
익살스러울 골
水   총13획

육체 속의 뼈(骨)에 기름기(氵)가 있어 매끄럽게 잘 움직임을 나타내어 '미끄럽다'의 뜻을 가지게 되었다. 또한 말이 매끄럽고 재치가 있다는 '익살스럽다'의 뜻으로도 쓰인다.

滑降(활강) 滑空(활공) 滑面(활면)
滑石(활석) 滑昇(활승) 滑脫(활탈)
手滑(수활) 軟滑(연활) 柔滑(유활)
滑走路(활주로) 潤滑油(윤활유)

뜻풀이
滑降(활강): 미끄러져 내려옴
圓滑(원활): 거침이 없이 순조로움

廻

필순: 廻廻廻廻廻廻廻廻廻

돌 회
廴   총9획

제자리걸음(廴)을 하면서 빙빙 도는(回) 것을 나타내어 '돌다'의 뜻을 가지게 되었다.

廻顧(회고) 廻旋(회선) 廻轉(회전)
廻避(회피) 巡廻(순회) 輪廻(윤회)
下廻(하회)

뜻풀이
巡廻(순회): 여러 곳을 두루 돌아다님
輪廻(윤회): 불교에서 중생이 죽은 후에 업에 따라 또 다른 세계에서 다시 태어난다는 사상

喉

필순: 喉喉喉喉喉喉喉喉喉喉喉喉

목구멍 후
口   총12획

侯에 口가 더해진 글자로 여기서 侯(후)는 발음기호의 역할을 한다. 숨을 통하게 하는 입(口) 안의 구멍인 '목구멍'을 뜻한다.

喉頭(후두) 喉門(후문) 喉佛(후불)
喉舌(후설) 喉聲(후성) 喉症(후증)
喉閉(후폐)

뜻풀이
喉頭(후두): 목구멍
喉聲(후성): 목소리

勳

필순: 勳勳勳勳勳勳勳勳勳勳勳勳勳勳勳勳

공 훈
力   총16획

향기가 높이(熏) 올라가듯이 임금과 나라를 위해서 힘써(力) 싸워 공을 세워 직위와 명성이 높이 올라가는 것을 나타내어 '공'의 뜻을 가지게 되었다.

勳舊(훈구) 勳德(훈덕) 勳勞(훈로)
勳臣(훈신) 勳業(훈업) 勳爵(훈작)
勳章(훈장) 勳績(훈적) 敍勳(서훈)

뜻풀이
勳章(훈장): 나라에서 훈공이 있는 사람에게 내려 주는 휘장
樹勳(수훈): 공로를 세움

噫

필순: 噫噫噫噫噫噫噫噫噫噫噫噫噫噫噫噫

한숨쉴 희
口   총16획

마음(意)속의 답답함을 입(口) 밖으로 내어서 탄식함을 나타내어 '한숨 쉬다'의 뜻을 가지게 되었다.

噫嗚(희오) 噫噫(희희)

뜻풀이
噫嗚(희오): 슬퍼서 탄식하는 모양

姬

姬 姬 姬 姬 姬 姬 姬 姬 姬

계집 희
女 총9획

姬妾(희첩) 佳姬(가희) 舞姬(무희)
美姬(미희) 愛姬(애희) 王姬(왕희)

두 개의 젖(㐬)이 있어 자식을 키울 수 있는 여자(女)로 '계집'을 뜻한다.

佳姬(가희) : 아름다운 여인
舞姬(무희) : 춤을 잘 추거나 춤추는 일이 직업인 여자

熙

熙 熙 熙 熙 熙 熙 熙 熙
熙 熙 熙 熙

빛날 희
火 총13획

熙笑(희소) 熙載(희재) 熙朝(희조)
熙熙(희희) 康熙(강희)

수유(㠯)를 기다리는 태아(巳)가 불빛(灬)과 같이 밝게 빛나는 모습으로 '빛나다'의 뜻을 가지게 되었다.

熙笑(희소) : 기뻐하여 웃음

人一十之 己讀百之(남보다 몇 배의 노력을 해야 뛰어날 수 있다.)

加

5급 / 필순: 加加加加加

더할 가
力 총5획

加減(가감) 加擊(가격) 加納(가납)
加味(가미) 加擔(가담) 加勢(가세)
加飾(가식) 加速度(가속도)

입(口)으로 외치고 힘(力)을 합해서 물리적인 작용을 더하는 것으로 '더하다'라는 뜻을 가지게 되었다.

뜻풀이
加味(가미) : 음식에 다른 양념이나 식료품을 넣어 맛이 나게 함
加擔(가담) : 같은 편이 되어 거들어 도와줌

架

3급Ⅱ / 필순: 架架架架架架架架架

시렁 가:
木 총9획

架空(가공) 架橋(가교) 架構(가구)
架臺(가대) 架尾(가미) 架設(가설)
架版(가판) 十字架(십자가)

물건을 더(加) 얹어 놓기 위하여 방이나 마루 벽에 두 개의 긴 나무(木)를 가로질러 선반처럼 만든 것으로 '시렁'의 뜻을 가지게 되었다.

뜻풀이
架設(가설) : 전선이나 다리를 건너질러 설치함
書架(서가) : 책을 얹을 수 있는 여러 단으로 된 책꽂이

佳

3급Ⅱ / 필순: 佳佳佳佳佳佳佳佳

아름다울 가
人 총8획

佳客(가객) 佳婦(가부) 佳約(가약)
佳意(가의) 佳人(가인) 佳作(가작)
佳節(가절) 佳篇(가편) 佳話(가화)

천자가 영토를 내릴 때 제후에게 하사하는 홀(圭)을 들고 있는 아름다운 사람(亻)을 나타내어 '아름답다, 좋다'라는 뜻을 가지게 되었다.

뜻풀이
佳作(가작) : 잘된 훌륭한 작품
佳節(가절) : 좋은 철

街

4급Ⅱ / 필순: 街街街街街街街街街街街街

거리 가(:)
行 총12획

街談(가담) 街頭(가두) 街燈(가등)
街路(가로) 街上(가상) 街販(가판)
街巷(가항) 商街(상가) 市街(시가)

땅(土)과 땅(土)이 이어지는 네거리(行)로 '거리'를 뜻한다.

뜻풀이
街談(가담) : 아무데서나 논의되는 말. 세상의 풍문
街頭(가두) : 시가지의 길거리

假

4급Ⅱ / 필순: 假假假假假假假假假假假

거짓 가:
人 총11획

假令(가령) 假髮(가발) 假象(가상)
假設(가설) 假笑(가소) 假飾(가식)
假定(가정) 假借(가차) 假稱(가칭)

사람(亻)이 사실이 아닌 것을 사실처럼 빌린(叚) 것에서 '거짓'의 뜻을 가지게 되었다. 빌린(叚) 것은 임시로 쓰고 원래의 사람(亻)에게 돌려주어야 하므로 '임시'라는 뜻으로도 쓰인다.

뜻풀이
假令(가령) : 어떤 일을 가정하고 말할 때 쓰는 말로 예를 들면, 이를테면
假笑(가소) : 거짓 웃음

暇

4급 / 필순: 暇暇暇暇暇暇暇暇暇暇暇暇暇

틈/겨를 가:
日 총13획

暇時(가시) 暇式(가식) 暇日(가일)
病暇(병가) 餘暇(여가) 閑暇(한가)
休暇(휴가)

쉬는 날(日)을 빌리는(叚) 것을 나타내어 시간적인 여유인 '틈, 겨를'의 뜻을 가지게 되었다.

뜻풀이
病暇(병가) : 병으로 인해 얻는 휴가
餘暇(여가) : 남은 시간. 겨를, 틈

可 (5급) — 옳을 가:

필순: 可 可 可 可 可

口 총5획

可決(가결) 可恐(가공) 可觀(가관)
可能(가능) 可當(가당) 可逆(가역)
可憎(가증) 認可(인가) 許可(허가)

입(口) 안에 있던 소리가 기세(丁) 좋게 나오는 것을 나타내어 '옳다'라는 뜻을 가지게 되었다.

뜻풀이
可憎(가증): 얄미움. 밉살
許可(허가): 어떤 행동이나 일을 하도록 허락함

歌 (7급) — 노래 가

필순: 歌 歌 歌 歌 歌 歌 歌 歌 歌 歌 歌 歌 歌 歌

欠 총14획

歌曲(가곡) 歌劇(가극) 歌舞(가무)
歌手(가수) 歌謠(가요) 歌唱(가창)
詩歌(시가) 戀歌(연가) 鄕歌(향가)

입을 벌리고(欠) 큰 목소리를 내어(哥) 노래를 부르는 것을 나타내어 '노래하다'의 뜻을 가지게 되었다.

뜻풀이
歌劇(가극): 음악을 중심으로 무용, 배경, 대사 등을 섞은 연극의 하나

價 (5급II) — 값 가

필순: 價 價 價 價 價 價 價 價 價 價 價 價 價 價 價

人 총15획

價格(가격) 單價(단가) 市價(시가)
廉價(염가) 原價(원가) 眞價(진가)
評價(평가) 價値觀(가치관)

상인(亻)이 가치가 있는 상품(貝)을 상자(襾)에 넣는 것을 나타내어 '값'이라는 뜻을 가지게 되었다.

뜻풀이
單價(단가): 물건 한 단위의 가격
廉價(염가): 매우 싼 값
眞價(진가): 참된 값어치

家 (7급II) — 집 가

필순: 家 家 家 家 家 家 家 家 家 家

宀 총10획

家戒(가계) 家禽(가금) 家垈(가대)
家譜(가보) 家勢(가세) 家乘(가승)
家業(가업) 家畜(가축) 家戶(가호)

돼지(豕)를 집(宀) 안의 신성한 곳에서 제사의 희생으로 올리는 것을 나타내어 '집'을 뜻하게 되었다.

뜻풀이
家禽(가금): 집에서 기르는 날짐승
家寶(가보): 한 집안에서 대대로 물려 전해 오는 보배로운 물건

刻 (4급) — 새길 각

필순: 刻 刻 刻 刻 刻 刻 刻 刻

刀 총8획

刻苦(각고) 刻骨(각골) 刻漏(각루)
刻銘(각명) 刻薄(각박) 刻印(각인)
頃刻(경각) 浮刻(부각) 時刻(시각)
深刻(심각) 陽刻(양각) 彫刻(조각)

딱딱한 멧돼지(亥)의 뼈에 칼(刂)로 조각을 해 장식품으로 만드는 것에서 '새기다'는 뜻을 가지게 되었다.

뜻풀이
刻骨(각골): 고마움이나 원한이 마음속에 깊이 새겨짐
頃刻(경각): 잠시, 잠깐 동안. 매우 짧은 시간

却 (3급) — 물리칠 각

필순: 却 却 却 却 却 却 却

卩 총7획

却說(각설) 却下(각하) 棄却(기각)
冷却(냉각) 忘却(망각) 賣却(매각)
沒却(몰각) 消却(소각) 退却(퇴각)

무릎걸음으로(卩) 뒤로 물러나는(去) 것을 나타내어 '물리치다, 물러나다'는 뜻을 가지게 되었다.

뜻풀이
却說(각설): 화제를 돌릴 때 쓰는 말
忘却(망각): 잊어버림

2급 쓰기한자 익히기

人一十之 己讀百之 (남보다 몇 배의 노력을 해야 뛰어날 수 있다.)

脚 (3급II)

脚脚脚脚脚脚脚脚脚脚脚

다리 각
肉 총11획

무릎걸음으로(卩) 뒤로 물러날(去) 때 사용하는 몸(月)의 일부분이 '다리'를 뜻한다.

脚光(각광) 脚本(각본) 脚色(각색)
脚注(각주) 健脚(건각) 橋脚(교각)
馬脚(마각) 失脚(실각) 立脚(입각)
行脚(행각) 脚氣病(각기병)

뜻풀이
脚光(각광) : 무대에서 배우를 비추어 주는 광선. 사람이나 사물의 등장이 눈부실 만큼 찬란하게 빛남
脚線美(각선미) : 다리 곡선의 아름다움

各 (6급II)

各各各各各各

각각 각
口 총6획

오른발(夂)이 밖에서 문 입구(口)로 들어오는 모습으로 저마다 자기 자신의 집으로 들어감을 나타내어 '각각'의 뜻을 가지게 되었다.

各各(각각) 各個(각개) 各界(각계)
各其(각기) 各論(각론) 各房(각방)
各床(각상) 各位(각위) 各種(각종)
各層(각층) 各派(각파) 各項(각항)

뜻풀이
各界(각계) : 사회의 각 방면
各樣各色(각양각색) : 여러 가지로 각기 다 다름

閣 (3급II)

閣閣閣閣閣閣閣閣閣閣閣閣閣閣

집 각
門 총14획

여러 사람이 각각(各) 찾아드는 문(門)이 달린 다락집으로 '집'을 뜻한다.

閣僚(각료) 閣議(각의) 閣下(각하)
改閣(개각) 巨閣(거각) 內閣(내각)
樓閣(누각) 殿閣(전각) 組閣(조각)
鍾閣(종각) 珠閣(주각)

뜻풀이
閣僚(각료) : 내각을 조직하는 여러 부처의 장관들
巨閣(거각) : 크고 높은 집

覺 (4급)

覺覺覺覺覺覺覺覺覺覺覺覺覺覺覺覺覺覺覺覺

깨달을 각
見 총20획

직접 보고(見) 배워(學) 깨달아야 하는 것에서 '깨닫다'의 뜻을 가지게 되었다.

覺書(각서) 覺悟(각오) 感覺(감각)
妄覺(망각) 味覺(미각) 發覺(발각)
錯覺(착각) 聽覺(청각) 觸覺(촉각)
幻覺(환각) 視聽覺(시청각)

뜻풀이
覺悟(각오) : 앞으로 생길 일을 미리 깨닫고 마음을 작정함
幻覺(환각) : 감각기관을 자극하는 실물이 없는데도 그 실물이 있는 것처럼 일어나는 감각

角 (6급II)

角角角角角角角

뿔 각
角 총7획

짐승의 뿔 모양을 본떠 '뿔, 모서리'라는 뜻을 나타낸다.

角度(각도) 角膜(각막) 角聲(각성)
角錢(각전) 角點(각점) 角質(각질)
角逐(각축) 角戲(각희) 頭角(두각)

뜻풀이
角逐(각축) : 겨루고 쫓는다. 즉 서로 이기려고 세력이나 재능을 다툼
頭角(두각) : 짐승의 뿔. 뛰어난 학식이나 재능을 비유적으로 이르는 말

干 (4급)

干干干

방패 간
干 총3획

손잡이가 달린 방패의 모양을 본떠 '방패'라는 뜻을 나타낸다. 적을 찌르거나 막기도 하는 무기에서 나중에 '범하다, 거스르다'는 뜻으로도 쓰이게 되었다.

干戈(간과) 干滿(간만) 干涉(간섭)
干城(간성) 干與(간여) 干潮(간조)
干證(간증) 干支(간지) 干拓(간척)
欄干(난간) 若干(약간) 天干(천간)

뜻풀이
干戈(간과) : 방패와 창. 즉 전쟁에 쓰는 병기의 총칭
如干(여간) : 보통으로 보고 넘길 만함

刊

3급II

필순: 刊 刊 刊 刊 刊

새길 간
刀   총5획

칼(刂)로 나무를 깎고(干) 어떤 것을 새기는 것으로 '새기다'의 뜻을 가지게 되었다.

刊印(간인)　刊行(간행)　季刊(계간)
續刊(속간)　朝刊(조간)　週刊(주간)
創刊(창간)　初刊(초간)　廢刊(폐간)

뜻풀이
刊行(간행): 책 등을 인쇄하고 발행함
廢刊(폐간): 신문이나 잡지의 간행을 폐지함

肝

3급II

필순: 肝 肝 肝 肝 肝 肝 肝

간 간(:)
肉   총7획

몸(月)에 들어오는 독을 분해하고 방어하는 방패(干) 역할을 하는 곳으로 '간'을 뜻한다.

肝膽(간담)　肝癌(간암)　肝炎(간염)
肝要(간요)　肝腸(간장)　洗肝(세간)
心肝(심간)　肝移植(간이식)

뜻풀이
肝膽(간담): 간과 쓸개. 즉 속마음
肝腸(간장): 간과 창자. 즉 몹시 애타는 마음

幹

3급II

필순: 幹 幹 幹 幹 幹 幹 幹 幹 幹 幹 幹

줄기 간
干   총13획

해가 떠오르듯(倝) 하늘을 향해 자란 나무(木)의 줄기가 두드러진 것에서 '줄기'의 뜻을 가지게 되었다. 줄기가 큰 나무는 마을과 집의 방패 구실을 하기에 나중에 木이 干으로 바뀌었다.

幹部(간부)　幹事(간사)　幹線(간선)
幹枝(간지)　骨幹(골간)　根幹(근간)
基幹(기간)　棟幹(동간)　語幹(어간)
才幹(재간)　主幹(주간)

뜻풀이
幹部(간부): 어떤 단체의 우두머리가 되는 사람
根幹(근간): 뿌리와 줄기. 즉 어떤 사물의 바탕이나 중심 부분

懇

3급II

필순: 懇 懇 懇 懇 懇 懇 懇 懇 懇 懇 懇 懇 懇 懇 懇

간절할 간:
心   총17획

두 손(豸)과 마음(心)을 다하여(艮) 간절히 기도하는 것에서 '간절하다'는 뜻을 가지게 되었다.

懇曲(간곡)　懇求(간구)　懇篤(간독)
懇望(간망)　懇誠(간성)　懇切(간절)
懇請(간청)　懇談會(간담회)

뜻풀이
懇篤(간독): 긴질하고 징이 노타움
懇請(간청): 간절하게 청함

姦

3급

필순: 姦 姦 姦 姦 姦 姦 姦 姦 姦

간음할 간:
女   총9획

여자(女)가 북적거리는 모습에서 '간음하다, 간사하다'는 뜻을 가지게 되었다.

姦夫(간부)　姦婦(간부)　姦所(간소)
姦臣(간신)　姦心(간심)　姦淫(간음)
姦情(간정)　姦通(간통)　姦虐(간학)

뜻풀이
姦臣(간신): 간사한 신하
姦通(간통): 배우자가 있는 사람이 배우자 외의 사람과 정을 통함

看

4급

필순: 看 看 看 看 看 看 看 看 看

볼 간
目   총9획

손(手)을 눈(目) 위에 대어 햇빛을 가리고 보는 것에서 '보다'라는 뜻을 가지게 되었다.

看過(간과)　看病(간병)　看守(간수)
看破(간파)　看板(간판)　看護(간호)
看護師(간호사)

뜻풀이
看過(간과): 예사 일로 보아 넘김
看守(간수): 망을 봄 또는 그런 사람

人一十之 己讀百之 (남보다 몇 배의 노력을 해야 뛰어날 수 있다.)

間

7급II

사이 간(:)
門　총12획

間隔(간격)　間斷(간단)　間接(간접)
間諜(간첩)　間或(간혹)　期間(기간)
幕間(막간)　眉間(미간)　瞬間(순간)
離間(이간)　暫間(잠간)　巷間(항간)

필순: 間間間間門門門門問問間間

닫혀있는 문(門) 틈으로 아침 햇빛(日)이 새어 들어오는 것을 나타내어 '사이, 틈'의 뜻을 가지게 되었다.

뜻풀이
間或(간혹) : 어쩌다가 가끔
眉間(미간) : 두 눈썹의 사이

簡

4급

대쪽/간략할간(:)
竹　총18획

簡潔(간결)　簡單(간단)　簡略(간략)
簡約(간약)　簡要(간요)　簡易(간이)
簡紙(간지)　簡札(간찰)　簡冊(간책)
簡擇(간택)　簡便(간편)

필순: 簡簡簡簡簡簡簡簡簡簡簡簡簡簡簡簡簡

틈(間)이 벌어진 대나무(竹)로 '대쪽'의 뜻이다. 옛날 종이가 만들어지기 전에는 대쪽에 글자를 썼는데 이 대쪽은 여러 가지 장식을 더하지 않은 간단한 것으로 나중에 '간략하다'는 뜻에도 쓰이게 되었다.

뜻풀이
簡易(간이) : 간단하고 쉬움
簡擇(간택) : 여러 무리 중에서 골라냄

渴

3급

목마를 갈
水　총12획

渴急(갈급)　渴望(갈망)　渴愛(갈애)
渴症(갈증)　枯渴(고갈)　苦渴(고갈)
燥渴(조갈)　酒渴(주갈)　焦渴(초갈)
解渴(해갈)　渴水期(갈수기)

필순: 渴渴渴渴渴渴渴渴渴渴渴渴

사람이 목이 말라서 물(氵)을 달라고 입(曰)으로 외치는 모습을 나타내어 '목마르다'의 뜻을 가지게 되었다.

뜻풀이
渴望(갈망) : 갈증 나는 사람이 물을 찾듯이 간절히 바람
燥渴(조갈) : 목이 마름

減

4급II

덜 감:
水　총12획

減免(감면)　減配(감배)　減俸(감봉)
減勢(감세)　減殺(감쇄)　減縮(감축)
減退(감퇴)　激減(격감)　輕減(경감)
節減(절감)　差減(차감)　遞減(체감)

필순: 減減減減減減減減減減減減

물(氵)이 다(咸) 없어지는 것을 나타내어 '덜다, 줄다'의 뜻을 가지게 되었다.

뜻풀이
減俸(감봉) : 봉급을 줄임
減縮(감축) : 덜고 줄여서 적게 함
激減(격감) : 갑자기 줄어 듦

感

6급

느낄 감:
心　총13획

感銘(감명)　感染(감염)　感泣(감읍)
感應(감응)　感歎(감탄)　感懷(감회)
鈍感(둔감)　敏感(민감)　豫感(예감)
侮蔑感(모멸감)

필순: 感感感感感感感感感感感感感

큰 위압 앞에 사람의 마음(心)이 다(咸) 움직이는 것으로 큰 자극에 '움직이다, 느끼다'는 뜻이다.

뜻풀이
鈍感(둔감) : 민첩하지 못한 무딘 감각
敏感(민감) : 무디지 않고 예민한 감각

甘

4급

달 감
甘　총5획

甘瓜(감과)　甘辭(감사)　甘受(감수)
甘食(감식)　甘雨(감우)　甘精(감정)
甘酒(감주)　甘泉(감천)　甘草(감초)
甘湯(감탕)

필순: 甘甘甘甘甘

입 안에 음식물을 머금은 모습을 본떠 '달다'라는 뜻을 가지게 되었다.

뜻풀이
甘受(감수) : 군소리 없이 달게 받음
甘雨(감우) : 가뭄 끝에 오는 반가운 비
甘酒(감주) : 단술. 막걸리

敢

4급

감히/구태여 감:
攴 총12획

본래 손에 칼을 들고 쳐서(攵) 적의 귀(耳)를 베는(工) 것에서 '굳세다, 날래다'는 뜻을 나타내었으나 나중에 이치에 맞지 않는 것을 억지로 한다는 '감히, 구태여'로 쓰이게 되었다.

필순: 敢敢敢敢敢敢敢敢敢敢敢敢

敢犯(감범) 敢死(감사) 敢爲(감위)
敢戰(감전) 敢請(감청) 敢鬪(감투)
敢行(감행) 果敢(과감) 豈敢(기감)
勇敢(용감)

뜻풀이
敢行(감행) : 어려움을 무릅쓰고 용감하게 행함
果敢(과감) : 용감하고 결단력 있는 행동

監

4급Ⅱ

볼 감
皿 총14획

사람(人)이 눈(臣)으로 그릇(皿)에 담긴 물을 들여다보는 모습을 나타내어 '보다'라는 뜻을 가지게 되었다.

필순: 監監監監監監監監監監監監監監

監禁(감금) 監督(감독) 監房(감방)
監査(감사) 監視(감시) 監獄(감옥)
監察(감찰) 警監(경감) 舍監(사감)
收監(수감) 金監院(금감원)

뜻풀이
監修(감수) : 책의 저술이나 편찬 내용을 지도하고 감독함
金監院(금감원) : 금융감독원

鑑

3급Ⅱ

거울 감
金 총22획

자신의 모습을 비춰 볼(監) 수 있는 구리(金) 거울을 나타내어 '거울'이라는 뜻을 가지게 되었다.

필순: 鑑鑑鑑鑑鑑鑑鑑鑑鑑鑑鑑鑑鑑鑑鑑鑑鑑鑑鑑鑑鑑鑑

鑑戒(감계) 鑑別(감별) 鑑賞(감상)
鑑識(감식) 鑑察(감찰) 鑑票(감표)
鏡鑑(경감) 圖鑑(도감) 寶鑑(보감)
印鑑(인감)

뜻풀이
鑑別(감별) : 감정하고 분별함
龜鑑(귀감) : 거북등과 거울. 즉 사물의 본보기

甲

4급

갑옷 갑
田 총5획

거북의 등딱지 모양으로 단단한 '갑옷'을 뜻한다.

필순: 甲甲甲甲甲

甲富(갑부) 甲夜(갑야) 甲宴(갑연)
甲種(갑종) 甲板(갑판) (귀갑)
鐵甲(철갑) 還甲(환갑) 回甲(회갑)

뜻풀이
甲富(갑부) : 으뜸 가는 부자
甲宴(갑연) : 회갑연의 줄임말

剛

3급Ⅱ

굳셀 강
刀 총10획

산등성이(岡)의 바위도 자를 수 있는 강한 칼(刂)을 나타내어 '굳세다'는 뜻을 가지게 되었다.

필순: 剛剛剛剛剛剛剛剛剛剛

剛健(강건) 剛氣(강기) 剛斷(강단)
剛度(강도) 剛烈(강렬) 剛性(강성)
剛柔(강유) 剛志(강지) 剛直(강직)
剛體(강체) 金剛山(금강산)

뜻풀이
剛斷(강단) : 과단성 있게 결단하는 힘
剛性(강성) : 물체의 단단한 성질

綱

3급Ⅱ

벼리 강
糸 총14획

산등성이(岡)의 바위처럼 단단하고 튼튼한 새끼줄(糸)을 나타내어 그물의 위쪽 코를 꿰어 잡아당겨 그물을 오므렸다 폈다 할 수 있는 줄인 '벼리'의 뜻을 가지게 되었다. 일이나 글의 뼈대가 되는 '줄거리'를 뜻하는 말로 쓰인다.

필순: 綱綱綱綱綱綱綱綱綱綱綱綱綱綱

綱領(강령) 綱理(강리) 綱目(강목)
綱常(강상) 綱要(강요) 綱維(강유)
紀綱(기강) 大綱(대강) 三綱(삼강)
要綱(요강) 政綱(정강)

뜻풀이
紀綱(기강) : 으뜸이 되는 규율과 질서
要綱(요강) : 근본이 되는 중요 사항

人一十之 己讀百之(남보다 몇 배의 노력을 해야 뛰어날 수 있다.)

鋼

3급Ⅱ

필순: 鋼鋼鋼鋼鋼鋼鋼鋼 鋼鋼鋼鋼鋼鋼鋼鋼

강철 강
金 총16획

산등성이(岡)의 바위처럼 강한 금속(金)인 '강철'을 뜻한다.

鋼橋(강교) 鋼索(강삭) 鋼線(강선)
鋼船(강선) 鋼鐵(강철) 鋼板(강판)
鍊鋼(연강) 製鋼(제강) 鐵鋼(철강)

뜻풀이
鋼橋(강교): 강철 다리
鋼船(강선): 강철로 만든 배

康

4급Ⅱ

필순: 康康康康康康康康 康康

편안 강
广 총11획

절굿공이를 양손으로 들어 올려 탈곡할(庚) 때 흘러 떨어지는 벼(米)의 모습을 나타내어 결실이 많아 안락하고 '편안하다'를 뜻한다.

康居(강거) 康健(강건) 康國(강국)
康年(강년) 康寧(강녕) 康里(강리)
康福(강복) 健康(건강) 萬康(만강)

뜻풀이
康健(강건): 윗사람의 기력이 무탈하고 튼튼함
康寧(강녕): 몸이 건강하고 마음이 편안함

強

6급

필순: 強強強強強強強強 強強

강할 강(:)
弓 총11획

본래 껍질이 단단하게 굳은 벌레(虫)로 쌀 등의 곡류에 널리 퍼진(弘) 바구미의 뜻을 가졌으나 나중에 '강하다'의 뜻으로 쓰이게 되었다.

強硬(강경) 強烈(강렬) 強壓(강압)
強要(강요) 強制(강제) 強調(강조)
強奪(강탈) 莫強(막강) 列強(열강)

뜻풀이
強硬(강경): 굴하거나 타협함이 없이 힘차고 굳셈
強震(강진): 진도 5의 강한 지진

江

7급Ⅱ

필순: 江江江江江江

강 강
水 총6획

물(氵)이 굽이굽이 흘러 만들어진 강의 모습(工)을 나타내었다. 본래는 중국 남부에 흐르는 '長江(장강)'을 가리켰으나 나중에 '(큰)강'의 뜻으로 쓰이게 되었다.

江郊(강교) 江南(강남) 江陵(강릉)
江邊(강변) 江山(강산) 江心(강심)
江村(강촌) 江幅(강폭) 江湖(강호)
渡江(도강) 漢江(한강)

뜻풀이
江邊(강변): 강물이 흐르는 주변
江幅(강폭): 강 넓이

降

4급

필순: 降降降降降降降降降

내릴 강:
항복할 항
阜 총9획

사다리(阝)에서 두 발짝(夅) 아래로 내려오는 것을 나타내어 '내리다, 항복하다'는 뜻을 가지게 되었다.

降階(강계) 降壇(강단) 降等(강등)
降臨(강림) 降福(강복) 乘降(승강)
降伏(항복) 降書(항서) 投降(투항)

뜻풀이
降臨(강림): 신이 하늘에서 속세로 내려옴
滑降(활강): 비탈진 곳을 미끄러져 내려감

講

4급Ⅱ

필순: 講講講講講講講 講講講講講講講

욀 강:
言 총17획

배우고 익힌 것을 말씀(言)으로 잘 쌓아 얽어서(冓) 구슬하는 것으로 '외다, 풀이하다'를 뜻한다.

講壇(강단) 講讀(강독) 講論(강론)
講師(강사) 講習(강습) 講演(강연)
講義(강의) 補講(보강) 受講(수강)
聽講(청강) 特講(특강) 閉講(폐강)

뜻풀이
聽講(청강): 강의를 들음
閉講(폐강): 강의를 폐지함

介

3급Ⅱ

介 介 介 介

낄 개:
人 총4획

갑옷(丌) 속에 들어가 있는 사람(人)을 본뜬 모습으로 '끼다'는 뜻을 가지게 되었다.

介丘(개구) 介然(개연) 介意(개의)
介入(개입) 介在(개재) 媒介(매개)
一介(일개) 節介(절개) 仲介(중개)

뜻풀이
介入(개입) : 자기와 직접적 관계가 없는 일에 끼어듦
媒介(매개) : 둘 사이에서 양편의 관계를 맺어 줌

個

4급Ⅱ

個 個 個 個 個 個 個 個 個 個

낱 개(:)
人 총10획

죽어서 굳어진(固) 사람(亻)의 몸을 물건을 세듯이 하나하나 세는 것으로 '낱'을 뜻한다.

個當(개당) 個物(개물) 個別(개별)
個性(개성) 個數(개수) 個人(개인)
個體(개체) 各個(각개) 半個(반개)
別個(별개) 個人技(개인기)

뜻풀이
個體(개체) : 전체나 집단에 상대하여 하나하나의 낱개를 이름
個人技(개인기) : 개인의 기술. 특히 운동에서의 개인의 기량

槪

3급Ⅱ

槪 槪 槪 槪 槪 槪 槪 槪 槪 槪 槪 槪 槪 槪 槪

대개 개:
木 총15획

본래 곡식을 말이나 되에 담아 수북한 윗부분을 평평하게 밀어 고르게 하는데 쓰는 방망이 모양의 기구인 '평미레'라는 뜻이었는데 나중에 '대개, 대강'의 뜻으로 쓰이게 되었다.

槪念(개념) 槪略(개략) 槪論(개론)
槪算(개산) 槪說(개설) 槪要(개요)
景槪(경개) 氣槪(기개) 大槪(대개)
疏槪(소개) 節槪(절개)

뜻풀이
槪說(개설) : 어떤 내용을 줄거리만 잡아 내강 설명함
景槪(경개) : 경치(景致)

慨

3급

慨 慨 慨 慨 慨 慨 慨 慨 慨 慨 慨 慨 慨 慨

슬퍼할 개:
心 총14획

이미(旣) 일어난 일을 마음(忄) 속으로 후회하며 슬퍼하는 것에서 '슬퍼하다'는 뜻을 가지게 되었다.

慨世(개세) 慨息(개식) 慨然(개연)
慨歎(개탄) 慨恨(개한) 感慨(감개)
憤慨(분개) 忠慨(충개)

뜻풀이
慨世(개세) : 세상이 형편을 개탄함
感慨(감개) : 감동과 느낌이 마음 깊은 곳에서 배어 나옴

改

5급

改 改 改 改 改 改 改

고칠 개(:)
攴 총7획

무릎 꿇은 아이(己)의 앞에서 손(攴)에 매를 들어 잘못을 바로잡는 것에서 '고치다'의 뜻을 가지게 되었다.

改閣(개각) 改稿(개고) 改良(개량)
改修(개수) 改訂(개정) 改造(개조)
改編(개편) 改廢(개폐) 改標(개표)
改憲(개헌) 改革(개혁)

뜻풀이
改正(개정) : 보통 문서의 내용 등을 고쳐 바르게 함
改編(개편) : 책이나 과정 등을 고쳐 다시 엮음

蓋

3급Ⅱ

蓋 蓋 蓋 蓋 蓋 蓋 蓋 蓋 蓋 蓋 蓋 蓋 蓋 蓋

덮을 개(:)
艸 총14획

물건을 담은 접시의 뚜껑(盍)에 풀(艹)을 엮어 덮개를 만들어 덮는 것에서 '덮다'라는 뜻을 가지게 되었다.

蓋果(개과) 蓋石(개석) 蓋世(개세)
蓋然(개연) 蓋車(개차) 蓋草(개초)
蓋板(개판) 蓋皮(개피) 覆蓋(복개)

뜻풀이
蓋世(개세) : 떨치는 기상이 세상을 뒤엎음
蓋然(개연) : 확실히 단정할 수는 없지만 대게 그럴 것이라고 생각되는 상태

人一十之 己讀百之 (남보다 몇 배의 노력을 해야 뛰어날 수 있다.)

皆 (다 개) — 3급

필순: 皆皆皆皆皆皆皆皆皆

白　총 9획

나란히 늘어선(比) 사람들이 목소리를 맞추어 말하는(白) 것을 나타내어 '모두, 다'라는 뜻을 가지게 되었다.

皆勤(개근)　皆納(개납)　皆勞(개로)
皆無(개무)　皆兵(개병)　皆是(개시)
擧皆(거개)　皆骨山(개골산)

뜻풀이
皆勞(개로) : 모두 다 일함
皆骨山(개골산) : 겨울의 금강산을 달리 이름

開 (열 개) — 6급

필순: 開開開開開開開開開開開

門　총 12획

문(門)에 가로질러 놓은 빗장(一)을 두 손(廾)으로 들어 올리며 문을 밀면서 여는 모습으로 '열다'는 뜻을 가지게 되었다.

開館(개관)　開鑛(개광)　開封(개봉)
開廷(개정)　開陳(개진)　開拓(개척)
開催(개최)　開閉(개폐)　疏開(소개)
續開(속개)　展開(전개)

뜻풀이
開拓(개척) : 새로운 영역, 진로 등을 처음으로 열어 나감
展開(전개) : 시작하여 벌임. 내용을 진전시키고 펴 나감

客 (손 객) — 5급II

필순: 客客客客客客客客客

宀　총 9획

외부에서 집(宀) 문 앞에 발을 들인(各) 사람인 '손님'을 뜻한다.

客觀(객관)　客員(객원)　客地(객지)
劍客(검객)　顧客(고객)　墨客(묵객)
賓客(빈객)　說客(세객)　刺客(자객)
賀客(하객)　來訪客(내방객)

뜻풀이
客員(객원) : 어떤 조직의 구성원이 아니면서 손님 대우를 받으며 일에 참여하는 사람
墨客(묵객) : 먹을 가지고 글씨를 쓰거나 그림을 그리는 사람

去 (갈 거) — 5급

필순: 去去去去去

厶　총 5획

집을 나서서 어디를 향해 가고 있는 사람의 뒷모습으로 '가다, 떠나다'라는 뜻을 가진다.

去冷(거냉)　去毒(거독)　去來(거래)
去聲(거성)　去勢(거세)　去處(거처)
去就(거취)　過去(과거)　屛去(병거)
除去(제거)　撤去(철거)　退去(퇴거)

뜻풀이
去毒(거독) : 약재의 독기를 빼어 없앰
撤去(철거) : 건물이나 시설 등을 무너뜨려 없앰

居 (살 거) — 4급

필순: 居居居居居居居居

尸　총 8획

일정 장소에 오랫동안(古) 사는 사람(尸)을 나타내어 '살다'는 뜻을 가지게 되었다.

居留(거류)　居喪(거상)　居接(거접)
居處(거처)　群居(군거)　寄居(기거)
屛居(병거)　卜居(복거)　隱居(은거)
逸居(일거)　占居(점거)

뜻풀이
居喪(거상) : 초상중에 있음
逸居(일거) : 하는 일 없이 한가로이 지냄

巨 (클 거) — 4급

필순: 巨巨巨巨巨

工　총 5획

손잡이(コ)가 달린 큰 자(工)의 모습을 본떠 '크다'는 뜻을 가진다.

巨閣(거각)　巨盜(거도)　巨物(거물)
巨步(거보)　巨富(거부)　巨事(거사)
巨商(거상)　巨勢(거세)　巨額(거액)
巨漢(거한)　巨艦(거함)

뜻풀이
巨物(거물) : 큰 인물. 학문이나 세력 등이 크게 뛰어난 인물
巨商(거상) : 큰 상인

拒

4급 막을 거: 手 총8획

拒拒拒拒拒拒拒拒

손(扌)을 크게(巨) 움직여 적과 겨루는 것에서 '막다'의 뜻을 가지게 되었다.

拒納(거납) 拒否(거부) 拒守(거수)
拒逆(거역) 拒戰(거전) 拒絕(거절)
抗拒(항거)

뜻풀이
拒納(거납) : 세금 납입을 거절함
抗拒(항거) : 대항하고 버팀

距

3급II 상거할 거: 足 총12획

距距距距距距距距距距距距

닭다리(足)의 뒤쪽에 크게(巨) 붙어있는 며느리발톱은 다른 발톱들과 따로 떨어져 있기에 '상거하다, 떨어지다'의 뜻을 가지게 되었다.

距骨(거골) 距今(거금) 距離(거리)
距躍(거약) 距戰(거전) 距絕(거절)
鷄距(계거) 高距(고거) 相距(상거)
石距(석거) 燒距(소거) 視距(시거)

뜻풀이
距今(거금) : 현재로부터 지나간 어느 때
相距(상거) : 서로 거리가 떨어져 있는 두 곳의 거리나 사이

據

4급 근거 거: 手 총16획

據據據據據據據據據據據據據據據據

호랑이(虍)와 멧돼지(豕)가 뒤엉켜 싸우다가 호랑이가 앞발로 멧돼지를 제압하듯이(豦) 다른 사람과 싸울 때 손(扌)에 의지함을 나타내어 '근거, 의거하다'의 뜻을 가지게 되었다.

據點(거점) 據執(거집) 根據(근거)
論據(논거) 盤據(반거) 雄據(웅거)
依據(의거) 竊據(절거) 占據(점거)
準據(준거) 證據(증거) 割據(할거)

뜻풀이
占據(점거) : 일정한 장소를 점령함
割據(할거) : 땅을 차지하고 지키며 세력을 이룩함

擧

5급 들 거: 手 총18획

擧擧擧擧擧擧擧擧擧擧擧擧擧擧

여러 사람이 더불어(與) 손(手)을 합하여 물건을 들어 올리는 것을 나타내어 '들다'라는 뜻을 가지게 되었다.

擧論(거론) 擧行(거행) 檢擧(검거)
科擧(과거) 選擧(선거) 列擧(열거)
義擧(의거) 薦擧(천거) 稱擧(칭거)
快擧(쾌거) 暴擧(폭거)

뜻풀이
檢擧(검거) : 법이나 질서를 어긴 사람들을 잡아들임
薦擧(천거) : 인재를 어떤 자리에 추천함

車

7급II 수레 거/차: 車 총7획

車車車車車車車

말이 끄는 전차나 수레의 바퀴와 축의 모습으로 '수레'를 뜻한다.

車輛(차량) 車費(차비) 車掌(차장)
車窓(차창) 車軸(차축) 汽車(기차)
洗車(세차) 乘車(승차) 駐車(주차)
停車場(정거장)

뜻풀이
車掌(차장) : 버스의 요금을 받거나 차의 운행과 차 안의 일을 살피는 사람
乘車(승차) : 차를 탐

乾

3급II 하늘/마를 건: 乙 총11획

乾乾乾乾乾乾乾乾乾乾

해가 떠오르듯(倝) 초목이 땅을 뚫고 자라나(乙) 향하는 곳이 하늘이라는 것에서 '하늘'의 뜻을 가진다. 또한 '마르다'의 뜻으로도 쓰인다.

乾固(건고) 乾期(건기) 乾達(건달)
乾畓(건답) 乾德(건덕) 乾杯(건배)
乾性(건성) 乾濕(건습) 乾位(건위)
乾燥(건조) 乾菜(건채)

뜻풀이
乾達(건달) : 하는 일 없이 빈둥거리며 게으름을 부리는 사람
乾性(건성) : 쉽게 건조되는 성질

人一十之 己讀百之 (남보다 몇 배의 노력을 해야 뛰어날 수 있다.)

件 (5급)

件件件件件件

물건 건
人 총6획

농사를 짓는 사람(亻)에게 소(牛)는 가장 중요한 물건이기에 '물건'의 뜻을 가진다.

件數(건수) 物件(물건) 事件(사건)
案件(안건) 與件(여건) 餘件(여건)
要件(요건) 用件(용건) 立件(입건)
條件(조건) 人件費(인건비)

뜻풀이
件數(건수) : 일이나 어떤 사건 등의 가짓수
餘件(여건) : 본래 것 외에 남거나 남긴 물건 또는 일

建 (5급)

建建建建建建建建

세울 건
廴 총9획

곧게 뻗은(廴) 길을 내기 위해서 붓(聿)을 들고 도로나 건물을 세우는 기초인 설계도를 그리는 것으로 '세우다'의 뜻을 가지게 되었다.

建極(건극) 建碑(건비) 建設(건설)
建議(건의) 建造(건조) 建築(건축)
再建(재건) 重建(중건) 創建(창건)
封建的(봉건적)

뜻풀이
建碑(건비) : 비를 세움
再建(재건) : 무너진 건물이나 조직을 다시 세움

健 (5급)

健健健健健健健健健健

굳셀 건:
人 총11획

힘차게 뻗은 붓(建)처럼 굳굳하게 선 사람(亻)을 나타내어 '굳세다'의 뜻을 가지게 되었다.

健脚(건각) 健康(건강) 健婦(건부)
健勝(건승) 健兒(건아) 健胃(건위)
剛健(강건) 強健(강건) 康健(강건)
保健(보건) 穩健(온건)

뜻풀이
健勝(건승) : 아무런 탈 없이 건강함
保健(보건) : 병의 예방이나 치료 등으로 건강을 온전하게 잘 지킴

乞 (3급)

乞乞乞

빌 걸
乙 총3획

본래 운기(雲氣) : 구름기운의 모습을 본떠 기체의 뜻을 나타냈으나 나중에 열망하는 것을 비는 '빌다'의 뜻으로 쓰이게 되었다.

乞暇(걸가) 乞巧(걸교) 乞盟(걸맹)
乞命(걸명) 乞食(걸식) 乞神(걸신)
乞人(걸인) 求乞(구걸)
哀乞伏乞(애걸복걸)

뜻풀이
乞神(걸신) : 빌어먹는 귀신. 굶주려 염치도 모르고 음식을 지나치게 탐냄
哀乞伏乞(애걸복걸) : 애처롭게 하소연하고 엎드려 빌고 또 빎

傑 (4급)

傑傑傑傑傑傑
傑傑傑傑

뛰어날 걸
人 총12획

뛰어나게(桀) 높고 훌륭한 인물(亻)로부터 '뛰어나다'는 뜻을 가지게 되었다.

傑句(걸구) 傑氣(걸기) 傑立(걸립)
傑物(걸물) 傑士(걸사) 傑作(걸작)
傑行(걸행) 怪傑(괴걸) 英傑(영걸)
俊傑(준걸) 夏傑(하걸) 豪傑(호걸)

뜻풀이
傑作(걸작) : 매우 잘된 글이나 작품
英傑(영걸) : 영웅과 호걸. 즉 뛰어난 인물

檢 (4급II)

檢檢檢檢檢檢檢
檢檢檢檢檢檢
檢檢檢

검사할 검:
木 총17획

여러 사람(僉)의 증언이 서로 앞뒤가 맞을 때까지 나무(木)로 만든 수갑을 채워 조사한 것에서 '검사하다, 조사하다'의 뜻을 가진다.

檢擧(검거) 檢督(검독) 檢査(검사)
檢索(검색) 檢案(검안) 檢疫(검역)
檢閱(검열) 檢證(검증) 檢診(검진)
搜檢(수검)

뜻풀이
檢疫(검역) : 해외의 전염병이나 해충이 들어오는 것을 막기 위해 공항이나 항구에서 들어오는 사람의 건강 상태를 검사하는 일

儉 (4급) 검소할 검

人 총15획

儉年(검년) 儉德(검덕) 儉朴(검박)
儉省(검생) 儉素(검소) 儉約(검약)
勤儉(근검) 節儉(절검) 淸儉(청검)

사람(亻)이 일상생활에서 낭비를 하지 않도록 스스로를 죄어(僉=檢) 검소하게 하는 것으로 '검소하다'를 뜻한다.

뜻풀이
儉年(검년): 곡식이 잘 여물지 않아 곡식의 양이 적은 해
儉省(검생): 절약하여 비용을 줄임

劍 (3급Ⅱ) 칼 검

刀 총15획

劍客(검객) 劍道(검도) 劍舞(검무)
劍術(검술) 短劍(단검) 帶劍(대검)
寶劍(보검) 利劍(이검) 着劍(착검)
隻劍(척검) 銃劍(총검)

밑동에서부터 끝까지 모두(僉) 고르고 순수하게 단련된 양날의 칼(刂)로 '칼'을 뜻한다.

뜻풀이
劍舞(검무): 칼을 이용해서 추는 춤
着劍(착검): 검을 몸에 지님

激 (4급) 격할 격

水 총16획

激怒(격노) 激突(격돌) 激勵(격려)
激烈(격렬) 激務(격무) 激變(격변)
激憤(격분) 激增(격증) 激讚(격찬)
激鬪(격투) 過激(과격) 急激(급격)

물(氵)이 바위에 부딪쳐(敫) 물보라를 튀기는 것을 나타내어 '격하다, 거세다'라는 뜻을 가지게 되었다.

뜻풀이
激突(격돌): 세차게 부딪힘
激變(격변): 갑자기 심하게 변함

隔 (3급Ⅱ) 사이뜰 격

 총13획

隔年(격년) 隔離(격리) 隔世(격세)
隔月(격월) 隔意(격의) 隔日(격일)
隔差(격차) 間隔(간격) 遠隔(원격)
懸隔(현격) 橫隔膜(횡격막)

사다리(阝)와 발이 셋 달린 솥(鬲)을 본떠서 바닥에서 떨어져 있음을 나타내어 '사이 뜨다'는 뜻을 가지게 되었다.

뜻풀이
隔日(격일): 하루씩 거름
懸隔(현격): 어떤 사물의 차이가 뚜렷한 상태

擊 (4급) 칠 격

手 총17획

擊滅(격멸) 擊沈(격침) 擊破(격파)
突擊(돌격) 襲擊(습격) 進擊(진격)
追擊(추격) 打擊(타격) 砲擊(포격)
爆擊(폭격) 被擊(피격)

전차를 굴려(軎) 부딪치며 손(手)으로 창(殳)을 잡고 적군을 치는 것을 나타내어 '치다'의 뜻을 가지게 되었다.

뜻풀이
襲擊(습격): 적을 갑자기 엄습하여 침
追擊(추격): 뒤쫓으며 침

格 (5급Ⅱ) 격식 격

木 총10획

格式(격식) 格調(격조) 格差(격차)
格致(격치) 格鬪(격투) 缺格(결격)
規格(규격) 昇格(승격) 嚴格(엄격)
資格(자격) 適格(적격) 破格(파격)

나무(木)의 가지가 제각기(各) 일정한 방식에 따라서 뻗어 있음을 나타내어 격에 맞는 일정한 방식인 '격식'을 뜻한다.

뜻풀이
缺格(결격): 필요한 자격을 갖추고 있지 않음
昇格(승격): 지위나 등급이 오름

人一十之 己讀百之 (남보다 몇 배의 노력을 해야 뛰어날 수 있다.)

堅 (4급)

필순: 堅堅堅堅堅堅堅堅堅堅堅

굳을 견
土　총11획

땅(土)이 굳어 단단해지는(臤) 것을 나타내어 '굳다'의 뜻을 가지게 되었다.

堅甲(견갑)　堅強(견강)　堅決(견결)
堅固(견고)　堅果(견과)　堅氷(견빙)
堅城(견성)　堅守(견수)　堅信(견신)
堅實(견실)　堅約(견약)　堅持(견지)

뜻풀이
堅固(견고): 사상이나 의지 등이 굳고 단단함
堅持(견지): 어떤 의견이나 입장 등을 굳게 지킴

牽 (3급)

필순: 牽牽牽牽牽牽牽牽牽牽牽

이끌/끌 견
牛　총11획

소(牛)의 코청을 꿰뚫어 낀 나무 고리(冖)를 끌어(玄 = 絃) 앞으로 나아가게 함을 나타내어 '이끌다, 끌다'라는 뜻을 가진다.

牽聯(견련)　牽絲(견사)　牽牛(견우)
牽引(견인)　牽制(견제)　拘牽(구견)
連牽(연견)　牽引車(견인차)

뜻풀이
牽引(견인): 끌어당김
牽制(견제): 적에게 일정한 작용을 하여 상대편이 자유롭지 못하게 억누르고 방해함

犬 (4급)

필순: 犬犬犬犬

개 견
犬　총4획

꼬리가 위로 말린 개의 모습을 본뜬 글자로 '개'를 뜻한다.

犬公(견공)　犬馬(견마)　犬齒(견치)
狂犬(광견)　軍犬(군견)　猛犬(맹견)
名犬(명견)　愛犬(애견)　獵犬(엽견)
忠犬(충견)　鬪犬(투견)

뜻풀이
猛犬(맹견): 매우 사나운 개
忠犬(충견): 주인에게 충성을 다한 개

遣 (3급)

필순: 遣遣遣遣遣遣遣遣遣遣遣遣遣遣

보낼 견:
辶　총14획

양손으로 묶은 고기를 들고(𠳋) 원정가는(辶) 군대를 배웅한다는 것에서 '보내다'의 뜻을 가지게 되었다.

遣歸(견귀)　遣唐(견당)　發遣(발견)
分遣(분견)　先遣(선견)　增遣(증견)
差遣(차견)　派遣(파견)

뜻풀이
先遣(선견): 먼저 파견함
派遣(파견): 어떤 임무를 주고 사람을 보냄

絹 (3급)

필순: 絹絹絹絹絹絹絹絹絹絹絹絹

비단 견
糸　총13획

둥근 누에(月) 고치에서 뽑아낸 실(糸)로 짠 명주를 나타내어 '비단'의 뜻을 가지게 되었다.

絹綿(견면)　絹本(견본)　絹絲(견사)
絹衣(견의)　絹織(견직)　絹布(견포)
生絹(생견)　絹織物(견직물)
人造絹(인조견)

뜻풀이
絹絲(견사): 누에고치에서 뽑은 실
絹布(견포): 비단과 포목

肩 (3급)

필순: 肩肩肩肩肩肩肩肩

어깨 견
肉　총8획

신체(月 = 肉)의 일부인 어깻죽지(戶)의 모습으로 '어깨'의 뜻을 가지게 되었다.

肩骨(견골)　肩帶(견대)　肩等(견등)
肩部(견부)　肩輿(견여)　肩章(견장)
肩次(견차)　肩把(견파)　路肩(노견)
比肩(비견)　雙肩(쌍견)

뜻풀이
肩骨(견골): 어깨뼈
比肩(비견): 서로 앞다투지 않고 어깨를 나란히 함

76　한자능력검정시험 2급

見 볼 견 / 뵈올 현

見 총7획

필순: 見見見見見見見

見聞(견문) 見習(견습) 見積(견적)
見執(견집) 見解(견해) 識見(식견)
豫見(예견) 卓見(탁견) 偏見(편견)
謁見(알현)

뜻풀이
見聞(견문): 보고 들어서 깨달은 지식
謁見(알현): 지체 높은 사람을 찾아 뵘

사람(儿) 몸의 가장 위에 큰 눈(目)을 얹어놓은 모습으로 무엇인가를 보는 것을 나타내어 '보다'라는 뜻을 가진다. 나중에 웃어른을 만나 '뵙다'라는 뜻으로도 쓰이게 되었다.

決 결단할 결

水 총7획

필순: 決決決決決決決

決斷(결단) 決裂(결렬) 決意(결의)
決裁(결재) 決鬪(결투) 決行(결행)
否決(부결) 卽決(즉결) 處決(처결)
判決(판결) 解決(해결)

뜻풀이
決裂(결렬): 여러 갈래로 찢어짐. 의견이 맞지 않아 각각 찢어짐
決裁(결재): 부하가 제출한 안건을 상사가 검토하여 승인함

땅을 파서(夬) 물길(氵)을 터뜨려 흐르도록 결단한 것을 나타내어 '결단하다, 터지다'는 뜻을 가진다.

缺 이지러질 결

缶 총10획

필순: 缺缺缺缺缺缺缺缺缺缺

缺講(결강) 缺勤(결근) 缺禮(결례)
缺番(결번) 缺損(결손) 缺如(결여)
缺員(결원) 缺點(결점) 缺陷(결함)
缺航(결항) 病缺(병결) 補缺(보결)

뜻풀이
缺禮(결례): 예의에 어긋나는 짓을 함
缺陷(결함): 완전하지 못하고 흠이 있음

항아리(缶)의 일부가 깨져(夬) 일그러진 것을 나타내어 '이지러지다'라는 뜻을 가지게 되었다.

訣 이별할 결

言 총11획

필순: 訣訣訣訣訣訣訣訣訣訣訣

訣別(결별) 訣要(결요) 道訣(도결)
妙訣(묘결) 祕訣(비결) 辭訣(사결)
生訣(생결) 神訣(신결) 氷訣(병결)
要訣(요결) 引訣(인결) 眞訣(진결)

뜻풀이
訣別(결별): 관계나 교제 등을 끊음
祕訣(비결): 몰래 혼자만 쓰는 비법

서로의 사이가 깨져(夬) 이별의 말(言)을 하고 헤어진 것을 나타내어 '이별하다'의 뜻을 가지게 되었다.

潔 깨끗할 결

水 총15획

필순: 潔潔潔潔潔潔潔潔潔潔潔潔潔潔潔

潔白(결백) 潔身(결신) 簡潔(간결)
介潔(개결) 高潔(고결) 不潔(불결)
純潔(순결) 淨潔(정결) 淸潔(청결)

뜻풀이
潔白(결백): 더러움 없이 깨끗함. 죄가 없음
純潔(순결): 몸과 마음이 깨끗함

뒤섞이기 쉬운 삼(糸)의 묶음을 가지런히 하여 칼(刀)로 자르고(丰) 물(氵)에 깨끗하게 씻은 것에서 '깨끗하다'라는 뜻을 가지게 되었다.

結 맺을 결

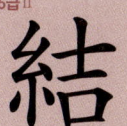

糸 총12획

필순: 結結結結結結結結結結結結

結社(결사) 結束(결속) 結實(결실)
結審(결심) 結緣(결연) 結託(결탁)
凍結(동결) 鬱結(울결) 凝結(응결)
終結(종결) 締結(체결) 妥結(타결)

뜻풀이
結緣(결연): 인연을 맺음
結託(결탁): 서로 마음을 합하여 의탁함

훌륭한 사람(士)이 입(口)으로 했던 말을 실(糸)이나 끈으로 묶어 간직함을 나타내어 '맺다'의 뜻을 가지게 되었다.

人一十之 己讀百之 (남보다 몇 배의 노력을 해야 뛰어날 수 있다.)

兼 겸할 겸
- 3급II
- 八 총10획
- 兼務(겸무) 兼併(겸병) 兼備(겸비)
- 兼床(겸상) 兼愛(겸애) 兼業(겸업)
- 兼用(겸용) 兼任(겸임) 兼職(겸직)

나란히 서 있는 벼(秝)를 합쳐서 손(⺕=又)에 쥐고 있는 모습을 나타내어 '겸하다'는 뜻을 가지게 되었다.

뜻풀이
- 兼床(겸상) : 서로 마주 앉아서 식사를 함
- 兼職(겸직) : 한 사람이 원래의 직무 외에 다른 직무를 겸함

謙 겸손할 겸
- 3급II
- 言 총17획
- 謙恭(겸공) 謙德(겸덕) 謙辭(겸사)
- 謙讓(겸양) 謙語(겸어) 謙稱(겸칭)
- 謙虛(겸허)

단정한 말(言)과 행동을 겸하였음(兼)을 나타낸 글자로 '겸손하다'는 뜻을 가진다.

뜻풀이
- 謙讓(겸양) : 겸손한 마음으로 양보함
- 謙稱(겸칭) : 스스로를 낮추어 겸손하게 칭함

京 서울 경
- 6급
- 亠 총8획
- 京觀(경관) 京劇(경극) 京畿(경기)
- 京畓(경답) 京城(경성) 京田(경전)
- 京制(경제) 京鄕(경향) 歸京(귀경)
- 上京(상경) 京春線(경춘선)

본래 높은 언덕 위에 서 있는 집의 모습을 본뜬 글자이다. 옛날, 높은 곳에 신전을 모시고 그 둘레에 사람들이 모여 살면서 하나의 도시를 이루었기에 이로부터 나중에 '서울'의 뜻을 가지게 되었다.

뜻풀이
- 京鄕(경향) : 서울과 지방
- 上京(상경) : 시골에서 서울로 올라옴

景 볕 경
- 5급
- 日 총12획
- 景槪(경개) 景觀(경관) 景福(경복)
- 景致(경치) 景品(경품) 佳景(가경)
- 光景(광경) 暮景(모경) 背景(배경)

높은 언덕(京)에서 점점 높이 뜨는 햇빛(日)을 나타내어 '볕'의 뜻을 가진다. 또한 햇빛에 비치는 '경치'의 뜻으로도 쓰인다.

뜻풀이
- 景觀(경관) : 경치
- 景品(경품) : 본 상품 외에 곁들여 주는 물품. 제비를 뽑아 선물로 주는 물품

頃 이랑/잠깐 경
- 3급II
- 頁 총11획
- 頃刻(경각) 頃年(경년) 頃步(경보)
- 頃歲(경세) 頃日(경일) 頃者(경자)
- 頃田(경전) 萬頃(만경) 食頃(식경)

한 사람의 머리(匕)가 다른 사람의 머리(頁)쪽으로 기울어진 모습으로 본래 '기울다'라는 뜻이었으나 나중에 '이랑, 잠깐'의 뜻으로 쓰이게 되었다.

뜻풀이
- 頃刻(경각) : 눈 깜빡할 사이
- 頃步(경보) : 반걸음

傾 기울 경
- 4급
- 人 총13획
- 傾庫(경고) 傾國(경국) 傾度(경도)
- 傾倒(경도) 傾斜(경사) 傾性(경성)
- 傾注(경주) 傾差(경차) 傾聽(경청)
- 傾河(경하) 傾向(경향)

사람(亻)이 머리를 기울인(頃) 모습으로 頃이 '잠깐'의 뜻으로 쓰이게 되자 亻을 더하여 본래의 '기울다'의 뜻을 보존하였다.

뜻풀이
- 傾聽(경청) : 주의를 기울여서 들음
- 傾向(경향) : 어떤 형국이나 마음이 한쪽으로 향하여 기울어짐

敬

5급II

공경 경:
攵 총13획

敬禮(경례) 敬老(경로) 敬慕(경모)
敬拜(경배) 敬遠(경원) 敬意(경의)
敬稱(경칭) 敬歎(경탄) 敬賀(경하)
恭敬(공경) 畏敬(외경) 尊敬(존경)

머리를 풀잎으로 치장하고 공손하게 서 있는 사람(苟)을 회초리로 쳐서(攵) 더욱 예의가 바르도록 만드는 것을 나타내어 '삼가다, 공경하다'의 뜻을 가지게 되었다.

뜻풀이
敬賀(경하) : 기쁘고 즐거운 일에 대해 공경하여 축하함
畏敬(외경) : 공경하면서 두려워함

警

4급II

깨우칠 경:
言 총20획

警戒(경계) 警句(경구) 警報(경보)
警備(경비) 警省(경성) 警衛(경위)
警笛(경적) 警察(경찰) 警護(경호)
巡警(순경)

조심하고 삼가서(敬) 말(言)해야 함을 나타내어 '깨우치다, 경계하다'는 뜻을 가지게 되었다.

뜻풀이
警報(경보) : 경계하여 알림
警笛(경적) : 주의나 경계를 알리기 위한 소리 장치

驚

4급

놀랄 경
馬 총23획

驚句(경구) 驚氣(경기) 驚起(경기)
驚異(경이) 驚歎(경탄) 驚風(경풍)
可驚(가경) 勿驚(물경)

공경하는(敬) 어른을 위로 올려다 보듯이 말(馬)이 뒷발로 바로 서서 위를 보고 놀라는 모습으로 '놀라다'의 뜻을 가지게 되었다.

뜻풀이
驚異(경이) : 놀랍고 신기한
可驚(가경) : 가히 놀랄 만함

卿

3급

벼슬 경
卩 총12획

卿懇(경간) 卿校(경교) 卿輩(경배)
卿相(경상) 卿時(경시) 卿尹(경윤)
卿宰(경재) 客卿(객경) 公卿(공경)
綠卿(녹경) 副卿(부경) 亞卿(아경)

두 사람(卯)이 음식(皀)을 사이에 두고 마주 보고 있는 모습으로 본래 '향하다, 대접하다'의 뜻을 가졌으나 나중에 왕이 음식을 시중드는 사람의 뜻으로 쓰이게 되었다. 고대(古代)에 이들은 높은 지위에 있었기 때문에 '벼슬'의 뜻을 가지게 되었다.

뜻풀이
卿相(경상) : 재상
公卿(공경) : 삼공(三公)과 구경(九卿)을 아울러 이름

竟

3급

마침내 경:
立 총11획

竟境(경경) 竟局(경국) 竟案(경안)
竟夜(경야) 究竟(구경) 畢竟(필경)
究竟現觀(구경현관)
籍心無竟(적심무경)

사람(儿 = 人)이 음악(音) 연주를 끝낸 것을 나타내어 '끝나다, 마치다, 마침내'라는 뜻으로 쓰이게 되었다.

뜻풀이
竟夜(경야) : 밤새도록
畢竟(필경) : 결국. 마침내

境

4급II

지경 경
土 총14획

境界(경계) 境遇(경우) 境地(경지)
邊境(변경) 祕境(비경) 死境(사경)
仙境(선경) 逆境(역경) 越境(월경)
接境(접경) 眞境(진경) 環境(환경)

땅(土)의 영역이 끝나는(竟) 곳인 '지경, 경계'를 뜻한다.

뜻풀이
死境(사경) : 죽을 지경
逆境(역경) : 불행한 경우나 환경 또는 그 처지

人一十之 己讀百之 (남보다 몇 배의 노력을 해야 뛰어날 수 있다.)

鏡 [4급]
거울 경 : 金 총19획

鏡鏡鏡鏡鏡鏡鏡鏡鏡鏡鏡鏡鏡鏡鏡鏡鏡鏡鏡

鏡架(경가) 鏡鑑(경감) 鏡臺(경대)
鏡映(경영) 鏡察(경찰) 銅鏡(동경)
眼鏡(안경) 粧鏡(장경) 破鏡(파경)
鏡浦臺(경포대)

모습을 비추어내는 (竟) 구리(金) 거울을 나타내어 '거울'의 뜻을 가진다.

뜻풀이
鏡鑑(경감) : 거울. 즉 본보기
破鏡(파경) : 깨진 거울. 부부가 헤어지는 것을 비유적으로 이름

庚 [3급]
별 경 广 총8획

庚庚庚庚庚庚庚庚

庚癸(경계) 庚方(경방) 庚伏(경복)
庚時(경시) 庚熱(경열) 庚炎(경염)
庚辰(경진) 貴庚(귀경) 同庚(동경)

움집(广)에서 손으로 절굿공이(夫)를 잡고 밤에 별이 뜨기 전까지 곡식을 찧는 것으로 '별'의 뜻을 가지게 되었다. 또한 '일곱째 천간'의 뜻으로도 쓰이게 되었다.

뜻풀이
庚熱(경열) : 삼복더위의 다른 말
貴庚(귀경) : 다른 사람의 나이를 높여 이름

輕 [5급]
가벼울 경 車 총14획

輕輕輕輕輕輕輕輕輕輕輕輕輕輕

輕減(경감) 輕量(경량) 輕妄(경망)
輕蔑(경멸) 輕微(경미) 輕薄(경박)
輕犯(경범) 輕傷(경상) 輕視(경시)
輕油(경유) 輕重(경중) 輕快(경쾌)

곧장(巠) 적진으로 돌진하는 전차(車)의 가벼운 모습을 나타내어 '가볍다'라는 뜻을 가지게 되었다.

뜻풀이
輕薄(경박) : 말과 행동이 경솔하고 천박함
輕視(경시) : 가볍게 여기거나 봄

徑 [3급II]
지름길/길 경 彳 총10획

徑徑徑徑徑徑徑徑徑徑

徑歸(경귀) 徑道(경도) 徑路(경로)
徑輪(경륜) 徑尺(경척) 口徑(구경)
半徑(반경) 直徑(직경)

멀리 도는 길이 아닌 곧게 뻗은(巠) 가까운 길인 지름길로 걸어가는(彳) 것을 나타내어 '지름길, 곧다'는 뜻을 가지게 되었다.

뜻풀이
半徑(반경) : 원의 반지름
直徑(직경) : 원의 지름

經 [4급II]
지날/글 경 糸 총13획

經經經經經經經經經經經經經

經絡(경락) 經歷(경력) 經路(경로)
經理(경리) 經費(경비) 經營(경영)
經緯(경위) 經傳(경전) 經濟(경제)
經驗(경험) 聖經(성경) 誦經(송경)

베틀에 날실이 걸린 모양인 巠에 糸가 더해져 편직물의 날실을 나타내어 '세로, 지나다, 글'의 뜻을 가지게 되었다.

뜻풀이
經路(경로) : 지나는 길. 지내온 순서
經緯(경위) : 직물의 날과 씨. 일이 진행되어 온 전말

慶 [4급II]
경사 경 : 心 총15획

慶慶慶慶慶慶慶慶慶慶慶慶慶

慶事(경사) 慶宴(경연) 慶節(경절)
慶弔(경조) 慶祝(경축) 慶賀(경하)
大慶(대경) 同慶(동경)
國慶日(국경일)

경사스러운 일에 사슴(鹿) 가죽을 선물로 가지고 가서(夂) 진심(心)으로 축하하며 주는 것으로 '경사'의 뜻을 가지게 되었다.

뜻풀이
慶弔(경조) : 경사와 불행. 경축함과 조문함
同慶(동경) : 모두가 함께 축하함

更

4급 | 필순: 更更更更更更更

고칠 경 / 다시 갱:
日　총7획

손에 든 막대기로 시각을 알리는 종(丙)을 치는(攵) 모습을 나타내었다. 종을 칠 때마다 시간이 새로워지기에 '다시, 고치다'의 뜻을 가지게 되었다.

更張(경장)　更點(경점)　更正(경정)
變更(변경)　五更(오경)　追更(추경)
更生(갱생)　更新(갱신)　更紙(갱지)
夜三更(야삼경)　更年期(갱년기)

뜻풀이
三更(삼경): 밤 11시에서 새벽 1시 사이
更新(갱신): 이미 있던 것을 고쳐 새롭게 함

硬

3급Ⅱ | 필순: 硬硬硬硬硬硬硬硬硬硬

굳을 경:
石　총12획

손에 막대기를 잡고 돌(石)처럼 굳고 단단한 종(丙)을 치는(攵) 것에서 '굳다'의 뜻을 가지게 되었다.

硬度(경도)　硬性(경성)　硬水(경수)
硬直(경직)　硬質(경질)　硬化(경화)
硬貨(경화)　強硬(강경)　生硬(생경)

뜻풀이
硬質(경질): 단단하고 굳은 것
硬化(경화): 물건이나 생체 조직 등이 단단하게 굳어짐

競

5급 | 필순: 競競競競競競競競競競競競競競競競競競競競

다툴 경:
立　총20획

몸에 문신(辛)이 새겨진 사람(儿)들이 입(口)으로 고함을 지르며 싸우는 것을 나타내어 '다투다'의 뜻을 가지게 되었다.

競技(경기)　競落(경락)　競買(경매)
競賣(경매)　競步(경보)　競演(경연)
競爭(경쟁)　競走(경주)　競進(경진)
競合(경합)

뜻풀이
競步(경보): 빠르게 걷는 육상 경기의 하나
競進(경진): 앞다투어 나아감

耕

3급Ⅱ | 필순: 耕耕耕耕耕耕耕耕耕耕

밭갈 경:
耒　총10획

쟁기(耒)로 논밭의 모양(井)을 정돈하면서 농지를 가는 것을 나타내어 '밭갈다'는 뜻을 가지게 되었다.

耕作(경작)　耕田(경전)　耕地(경지)
農耕(농경)　冒耕(모경)　水耕(수경)
春耕(춘경)　筆耕(필경)　休耕(휴경)

뜻풀이
耕作(경작): 농사일을 함
春耕(춘경): 봄이 되어 논밭을 갊

系

4급 | 필순: 系系系系系系系

이어맬 계:
糸　총7획

감아놓은 실(糸)과 실의 끝(丿) 모습으로 실을 손에 걸고서 계속해서 감는 것을 나타내어 '이어매다'의 뜻을 가지게 되었다.

系圖(계도)　系譜(계보)　系列(계열)
系統(계통)　家系(가계)　同系(동계)
母系(모계)　傍系(방계)　父系(부계)
世系(세계)　直系(직계)　體系(체계)

뜻풀이
母系(모계): 어머니 쪽의 핏줄 계통
直系(직계): 친자 관계로 직접 연결된 계통

係

4급Ⅱ | 필순: 係係係係係係係係係

맬 계:
人　총9획

사람(亻)과 사람 사이를 이어주는(系) 것을 나타내어 '매다'의 뜻을 가지게 되었다.

係累(계루)　係屬(계속)　係數(계수)
係員(계원)　係長(계장)　係爭(계쟁)
關係(관계)

뜻풀이
係累(계루): 다른 일이나 사물에 얽매임
關係(관계): 둘 이상이 서로 관련이 있음

人一十之 己讀百之 (남보다 몇 배의 노력을 해야 뛰어날 수 있다.)

啓 (3급II)

열 계:
口 총11획

啓告(계고) 啓導(계도) 啓明(계명)
啓蒙(계몽) 啓發(계발) 啓示(계시)
謹啓(근계) 肅啓(숙계) 狀啓(장계)
天啓(천계) 抄啓(초계)

손(攵)으로 문(戶)을 열듯이 입(口)을 열어서 말함을 나타내어 '열다'의 뜻을 가지게 되었다.

뜻풀이
啓蒙(계몽) : 무지한 사람이나 어린아이를 깨우치고 가르침
啓示(계시) : 나아갈 방향을 제시하여 줌. 사람은 절대 모르는 것을 신이 영감으로 알려줌

契 (3급II)

맺을 계:
大 총9획

契機(계기) 契約(계약) 契員(계원)
契錢(계전) 契主(계주) 契合(계합)
默契(묵계) 契約書(계약서)
親睦契(친목계)

사람(大)이 나뭇가지에 칼(刀)로 이리저리 새겨서(丰) 약속의 증표로 주었음을 나타낸 글자로 약속을 '맺다'의 뜻을 가지게 되었다.

뜻풀이
契合(계합) : 반드시 서로 들어맞음
默契(묵계) : 말없이 드러내지 않고 서로 뜻을 결합함

季 (4급)

계절 계:
子 총8획

季刊(계간) 季報(계보) 季氏(계씨)
季節(계절) 冬季(동계) 秋季(추계)
春季(춘계) 夏季(하계)
四季節(사계절)

벼(禾)의 낟알(子)을 거둬들이는 수확의 계절을 나타내어 '계절'의 뜻을 가지게 되었다. 또한 수확을 하는 계절은 농사의 끝이기에 '끝'의 뜻으로도 쓰이게 되었다.

뜻풀이
季刊(계간) : 한 해를 단위로 철마다 책 등을 간행함
秋季(추계) : 가을철

溪 (3급II)

시내 계:
水 총13획

溪谷(계곡) 溪路(계로) 溪流(계류)
溪邊(계변) 溪友(계우) 溪川(계천)
磻溪(반계) 碧溪(벽계) 深溪(심계)
淸溪(청계)

끈(幺)에 매여서 다른 사람의 손(爫)에 끌려 다니던 노예(大)가 시내(氵)를 건너왔음을 나타내어 '시내'의 뜻을 가지게 되었다.

뜻풀이
溪路(계로) : 산골에 난 길
碧溪(벽계) : 푸른빛의 시내

鷄 (4급)

닭 계:
鳥 총21획

鷄冠(계관) 鷄口(계구) 鷄卵(계란)
鷄林(계림) 鷄鳴(계명) 金鷄(금계)
養鷄(양계) 鬪鷄(투계)
蔘鷄湯(삼계탕)

사람을 묶어서 손으로 끌고 다니듯이(奚) 묶어서 잡는 새(鳥)인 '닭'을 뜻한다.

뜻풀이
鷄鳴(계명) : 닭의 울음
鬪鷄(투계) : 닭싸움

階 (4급)

섬돌 계:
阜 총12획

階級(계급) 階段(계단) 階層(계층)
降階(강계) 段階(단계) 位階(위계)
音階(음계) 殿階(전계) 層階(층계)
品階(품계)

언덕(阝)에 여러(皆) 개의 돌을 쌓아서 만든 돌층계인 '섬돌'을 뜻한다.

뜻풀이
階層(계층) : 사회적 위치가 비슷한 사람들의 층
品階(품계) : 벼슬자리에 대해 매기던 등급

82 한자능력검정시험 2급

戒 경계할 계:
戈 총7획

戒戒戒戒戒戒戒

戒告(계고)　戒具(계구)　戒德(계덕)
戒嚴(계엄)　戒律(계율)　戒責(계책)
戒護(계호)　鑑戒(감계)　警戒(경계)
規戒(규계)　懲戒(징계)　破戒(파계)

두 손(廾)으로 창(戈)을 들고 적의 공격에 대비하는 모습을 나타내어 '경계하다'의 뜻을 가지게 되었다.

뜻풀이
戒護(계호): 죄인이나 용의자를 경계하며 지킴
懲戒(징계): 부정한 행위에 대해 제재를 가함

械 기계 계:
木 총11획

械械械械械械械械械械械

械繫(계계)　械用(계용)　械鬪(계투)
器械(기계)　機械(기계)　兵械(병계)

본래 죄인의 잘못을 경계하기(戒) 위해 나무(木)로 만든 형틀을 나타내었으나 나중에 '기계'의 뜻으로 쓰이게 되었다.

뜻풀이
器械(기계): 연장, 그릇, 기구 등의 총칭
機械(기계): 동력으로 일을 하는 장치. 주관 없이 남의 뜻에 따라 행동하는 사람을 비유적으로 이름

桂 계수나무 계:
木 총10획

桂桂桂桂桂桂桂桂桂桂

桂冠(계관)　桂樓(계루)　桂輪(계륜)
桂林(계림)　桂末(계말)　桂樹(계수)
桂皮(계피)　桂香(계향)　月桂(월계)

천자가 영토를 내릴 때 제후에게 하사하는 홀(圭)처럼 빛나고 아름다운 나무(木)인 '계수나무'를 뜻한다.

뜻풀이
桂末(계말): 계핏가루
桂香(계향): 계수나무의 향기

界 지경 계:
田 총9획

界界界界界界界界界

界標(계표)　境界(경계)　魔界(마계)
冥界(명계)　視界(시계)　業界(업계)
臨界(임계)　財界(재계)　他界(타계)
限界(한계)

밭(田)과 밭 사이(介)의 경계를 나타내어 '지경, 경계'의 뜻을 가지게 되었다.

뜻풀이
業界(업계): 같은 업종에 종사하는 사람들의 활동 분야
他界(타계): 다른 세계. 귀인의 죽음을 이름

癸 북방/천간 계:
癶 총9획

癸癸癸癸癸癸癸癸癸

癸期(계기)　癸未(계미)　癸方(계방)
癸水(계수)　癸時(계시)　癸坐(계좌)
癸丑(계축)　癸亥(계해)　庚癸(경계)
壬癸(임계)　癸未字(계미자)

본래 두 개의 나무를 열십자 모양으로 놓아서 해의 움직임을 관찰하여 동서남북 방향을 알았던 기구의 모습으로 '헤아리다'를 뜻하였으나 나중에 '열째 천간, 북방'의 뜻으로 쓰이게 되었다.

뜻풀이
癸時(계시): 오전 0시 반에서 1시 반까지
癸坐(계좌): 묘나 집터가 계방을 등지고 있는 방향

繫 맬 계:
糸 총19획

繫繫繫繫繫繫繫繫繫繫繫繫繫繫繫繫繫

繫留(계류)　繫馬(계마)　繫泊(계박)
繫索(계삭)　繫船(계선)　繫屬(계속)
繫獄(계옥)　拘繫(구계)　連繫(연계)
捕繫(포계)

수레와 수레가 맞닿아 부딪치듯이(毄) 실(糸)과 실을 맞닿게 놓고 묶는 것을 나타내어 '매다'의 뜻을 가지게 되었다.

뜻풀이
繫留(계류): 한 곳을 벗어나지 못하게 붙잡아 매어 놓음
連繫(연계): 일 또는 사람과 관련하여 관계를 맺음

人一十之 己讀百之(남보다 몇 배의 노력을 해야 뛰어날 수 있다.)

繼

4급 繼
이을 계:
糸 총20획

繼繼繼糸繼繼繼繼
繼繼繼繼繼繼繼繼
繼繼

실(糸)을 잇는(㡭) 것을 나타내어 '잇다'의 뜻을 가지게 되었다.

繼母(계모) 繼夫(계부) 繼續(계속)
繼受(계수) 繼承(계승) 繼室(계실)
繼走(계주) 繼投(계투) 承繼(승계)
引繼(인계) 後繼(후계)

뜻풀이
繼母(계모) : 의붓어머니
承繼(승계) : 선임의 뒤를 이어받는 일

計

6급II 計
셀 계:
言 총9획

計計計計計計計計計

큰소리로 말(言)을 하면서 열(十) 개를 한 묶음씩 헤아려 세는 것을 나타내어 '세다'의 뜻을 가지게 되었다.

計較(계교) 計略(계략) 計策(계책)
計測(계측) 計劃(계획) 累計(누계)
妙計(묘계) 設計(설계) 集計(집계)
總計(총계) 推計(추계)

뜻풀이
計測(계측) : 시간이나 물건의 양을 헤아림
集計(집계) : 계산된 것들을 한데 모아 계산함

古

6급 古
예 고:
口 총5획

古古古古古

옛날 군인이 전투할 때 머리를 보호하기 위해서 쓰던 투구의 모습으로 오래되고 딱딱한 투구에서 '예'의 뜻을 가지게 되었다.

古宮(고궁) 古談(고담) 古都(고도)
古墳(고분) 古蹟(고적) 古參(고참)
古鐵(고철) 古稀(고희) 鑑古(감고)
蒙古(몽고) 復古(복고) 懷古(회고)

뜻풀이
古墳(고분) : 고대의 무덤
古稀(고희) : 드문 나이. 일흔 살

固

5급 固
굳을 고(:)
口 총8획

固固固固固固固固

적의 공격에 대비하여 성벽을 에워싸고(口) 굳게 오랫동안(古) 지키는 것을 나타내어 '굳다'의 뜻을 가지게 되었다.

固辭(고사) 固守(고수) 固定(고정)
固執(고집) 固着(고착) 固體(고체)
固形(고형) 乾固(건고) 堅固(견고)
凝固(응고) 確固(확고)

뜻풀이
固執(고집) : 자신의 생각을 고치지 않고 굳게 버팀
固着(고착) : 어떤 상황이나 현상이 굳어져 변함이 없음

故

4급II 故
연고 고(:)
攴 총9획

故故故故故故故故故

손으로 회초리를 들고(攵) 옛날(古)의 잘못을 추궁해서 잘못된 이유를 밝히려고 함을 나타내어 일의 이유와 까닭의 '연고'를 뜻한다.

故意(고의) 故障(고장) 故址(고지)
故鄕(고향) 忌故(기고) 無故(무고)
別故(별고) 緣故(연고) 作故(작고)
疾故(질고)

뜻풀이
故意(고의) : 일부러 하는 행동이나 생각 등
別故(별고) : 특별한 까닭

姑

3급II 姑
시어미 고
女 총8획

姑姑姑姑姑姑姑姑

시집온지가 오래된(古) 여자(女)로, 남편의 어머니인 '시어머니'를 뜻한다.

姑娘(고낭) 姑母(고모) 姑婦(고부)
姑息(고식) 姑姊(고자) 姑從(고종)
小姑(소고) 祖姑(조고)

뜻풀이
姑婦(고부) : 시어머니와 며느리
姑息(고식) : 잠시 쉼. 당장에는 탈이 없고 편안하게 지냄을 이름

枯 (3급)

枯枯枯枯枯枯枯枯

마를 고
木　총9획

오래된(古) 나무(木)가 말라서 굳어진 것을 나타내어 '마르다'의 뜻을 가지게 되었다.

枯渴(고갈)　枯骨(고골)　枯淡(고담)
枯木(고목)　枯死(고사)　枯葉(고엽)
枯旱(고한)　榮枯(영고)

뜻풀이
枯渴(고갈) : 물이 없어짐 또는 어떤 일의 소재 등이 다하여 없어짐
枯木(고목) : 말라 죽은 나무

苦 (6급)

苦苦苦苦苦苦苦苦苦

쓸 고
艹　총9획

오래(古) 묵어서 쓴 풀(艹)의 싹을 나타내어 '쓰다'의 뜻을 가지게 되었다.

苦渴(고갈)　苦難(고난)　苦杯(고배)
苦辱(고욕)　苦楚(고초)　苦衷(고충)
苦痛(고통)　刻苦(각고)　産苦(산고)
獄苦(옥고)　忍苦(인고)　疾苦(질고)

뜻풀이
苦杯(고배) : 쓴 술잔. 쓰린 경험을 비유적으로 이름
苦楚(고초) : 괴로움과 어려움

告 (5급II)

告告告告告告告

고할 고:
口　총7획

제사의 제물로 소(牛)를 바치고 신에게 아뢰는(口) 것을 나타내어 '고하다'의 뜻을 가지게 되었다.

告祀(고사)　告訴(고소)　廣告(광고)
勸告(권고)　密告(밀고)　報告(보고)
宣告(선고)　豫告(예고)　被告(피고)
抗告(항고)

뜻풀이
勸告(권고) : 어떠한 일을 하도록 권장함
宣告(선고) : 선언하여 알림

孤 (4급)

孤孤孤孤孤孤孤

외로울 고
子　총8획

덩굴에서 방치된 상태로 자라는 오이(瓜)처럼 부모님의 보살핌 없이 외롭게 자란 아이(子)를 나타내어 '외롭다'의 뜻을 가지게 되었다.

孤苦(고고)　孤高(고고)　孤單(고단)
孤島(고도)　孤獨(고독)　孤立(고립)
孤城(고성)　(고아)　孤寂(고적)

뜻풀이
孤單(고단) : 단출하고 외로움
孤兒(고아) : 부모 없이 사는 아이

庫 (4급)

庫庫庫庫庫庫庫
庫庫

곳집 고
广　총10획

지붕이 있는 집(广) 아래에 수레(車)가 들어있는 모습으로 무기나 마차를 보관하는 창고인 '곳집'을 뜻한다.

傾庫(경고)　國庫(국고)　文庫(문고)
寶庫(보고)　府庫(부고)　書庫(서고)
在庫(재고)　車庫(차고)　倉庫(창고)
出庫(출고)　格納庫(격납고)

뜻풀이
寶庫(보고) : 귀중하고 값진 물건을 보관하는 창고
在庫(재고) : 창고에 쌓여 있는 물품

考 (5급)

考考考考考考

생각할 고(:)
老　총6획

등이 굽은(丂) 노인이 지팡이를 짚고 있는 모습(耂)으로 연륜이 많아 일을 깊이 생각하기에 '생각하다'의 뜻을 가지게 되었다.

考課(고과)　考究(고구)　考慮(고려)
考試(고시)　考案(고안)　考證(고증)
論考(논고)　備考(비고)　熟考(숙고)
參考(참고)　推考(추고)　顯考(현고)

뜻풀이
考證(고증) : 과거의 물건들의 시대나 가치 등을 옛 문헌이나 문서에 기초하여 증거를 밝힘
熟考(숙고) : 아주 곰곰이 잘 생각함

人一十之 己讀百之 (남보다 몇 배의 노력을 해야 뛰어날 수 있다.)

高 (6급II)

필순: 高高高高高高高高高高

높을 고
高 총10획

높고 큰 성문 위의 망루를 본뜬 모습으로 '높다'를 뜻한다.
※ 망루 : 적이나 주위의 동정을 살피기 위하여 높이 지은 다락집

高價(고가) 高閣(고각) 高貴(고귀)
高麗(고려) 高尙(고상) 高額(고액)
高率(고율) 高潮(고조) 最高(최고)
高句麗(고구려)

뜻풀이
高價(고가) : 비싼 값
高尙(고상) : 몸과 마음이 깨끗하고 비속한 것에 굽히지 아니함. 저속하지 아니함

稿 (3급II)

필순: 稿稿稿稿稿稿稿稿稿稿稿稿稿稿稿

원고/볏짚 고
禾 총15획

크게(高) 자란 벼(禾)의 줄기가 말라서 뻣뻣해진 '볏짚'을 뜻하며 나중에 '원고'의 뜻도 가지게 되었다.

稿料(고료) 稿本(고본) 改稿(개고)
寄稿(기고) 送稿(송고) 玉稿(옥고)
原稿(원고) 遺稿(유고) 拙稿(졸고)
草稿(초고) 脫稿(탈고) 投稿(투고)

뜻풀이
稿料(고료) : 원고료의 줄임말
脫稿(탈고) : 원고 쓰기를 마침

顧 (3급)

필순: 顧顧顧顧顧顧顧顧顧顧顧顧顧顧顧顧顧顧顧顧顧

돌아볼 고
頁 총21획

문(戶) 안에 새(隹)를 가두고 밖으로 날아갈까 자꾸 머리(頁)를 돌려보는 것을 나타내어 '돌아보다'의 뜻을 가지게 되었다.

顧客(고객) 顧慮(고려) 顧問(고문)
顧復(고복) 顧哀(고애) 顧助(고조)
一顧(일고) 回顧(회고)

뜻풀이
顧問(고문) : 어떤 분야에 대해 전문적인 지식이 풍부한 경험으로 자문에 응하여 조언을 해주는 직책
回顧(회고) : 지난 일을 돌이켜 생각함

鼓 (3급II)

필순: 鼓鼓鼓鼓鼓鼓鼓鼓鼓鼓鼓鼓鼓

북 고
鼓 총13획

오른손(又)에 채(十)를 잡고 북(壴)을 치는 것을 나타내어 '북'의 뜻을 가지게 되었다.

鼓角(고각) 鼓動(고동) 鼓膜(고막)
鼓舞(고무) 鼓手(고수) 鼓吹(고취)
法鼓(법고) 小鼓(소고)
勝戰鼓(승전고)

뜻풀이
鼓舞(고무) : 힘을 낼 수 있도록 용기를 북돋움
鼓手(고수) : 북치는 사람

哭 (3급II)

필순: 哭哭哭哭哭哭哭哭哭哭

울 곡
口 총10획

사람이 죽음에 여러 사람들이 입을 모아(吅) 우는 소리가 개(犬)가 짖는 것처럼 큰 것을 나타내어 '울다'의 뜻을 가지게 되었다.

哭聲(곡성) 哭泣(곡읍) 弔哭(조곡)
卒哭(졸곡) 痛哭(통곡) 號哭(호곡)

뜻풀이
哭聲(곡성) : 우는 소리
弔哭(조곡) : 조문의 뜻으로 하는 곡

曲 (5급)

필순: 曲曲曲曲曲曲

굽을 곡
曰 총6획

굽은 자의 모습을 본떠 '굽다'의 뜻을 가지게 되었다.

曲線(곡선) 曲藝(곡예) 曲折(곡절)
曲盡(곡진) 屈曲(굴곡) 盤曲(반곡)
別曲(별곡) 樂曲(악곡) 歪曲(왜곡)
奏曲(주곡) 編曲(편곡) 戱曲(희곡)

뜻풀이
曲盡(곡진) : 간곡히 정성을 다함
歪曲(왜곡) : 얽혀 꼬불꼬불함

穀

4급

곡식 곡
禾　총15획

껍질(殼) 속에 알맹이가 가득 차 있는 벼(禾)를 나타내어 '곡식'의 뜻을 가지게 되었다.

穀價(곡가)　穀氣(곡기)　穀類(곡류)
穀物(곡물)　穀倉(곡창)　斗穀(두곡)
貿穀(무곡)　糧穀(양곡)　雜穀(잡곡)
脫穀(탈곡)

뜻풀이
穀氣(곡기) : 곡식으로 만든 적은 분량의 음식
脫穀(탈곡) : 곡식의 낟알을 떨어내는 일

谷

3급II

골 곡
谷　총7획

계곡의 모습으로 골짜기(口)에서 물이 흘러나오는(仌) 것을 나타내어 '골'을 뜻한다.

谷泉(곡천)　谷風(곡풍)　溪谷(계곡)
陵谷(능곡)　幽谷(유곡)　栗谷(율곡)
峽谷(협곡)

뜻풀이
谷風(곡풍) : 산골짜기에서 불어오는 바람
峽谷(협곡) : 험하고 좁은 골짜기

困

4급

곤할 곤:
囗　총7획

나무(木)가 울타리(囗) 안에 갇혀서 자라지 못하는 곤란한 상황이 된 것을 나타내어 '곤하다'의 뜻을 가지게 되었다.

困境(곤경)　困窮(곤궁)　困難(곤란)
困辱(곤욕)　困惑(곤혹)　見困(견곤)
勞困(노곤)　貧困(빈곤)　春困(춘곤)
疲困(피곤)　食困症(식곤증)

뜻풀이
困辱(곤욕) : 괴로움과 심한 모욕
食困症(식곤증) : 식사 후에 오는 나른하고 졸음이 오는 증세

坤

3급

따 곤
土　총8획

끝없이 뻗어 있는(申) 대지(土)를 나타내어 '따(땅)'의 뜻을 가지게 되었다.

坤宮(곤궁)　坤極(곤극)　坤德(곤덕)
坤方(곤방)　坤時(곤시)　坤殿(곤전)
乾坤(건곤)

뜻풀이
坤時(곤시) : 오후 2시 반부터 3시 반까지
乾坤(건곤) : 하늘과 땅. 온 세상

骨

4급

뼈 골
骨　총10획

살(月 = 肉)이 붙은 뼈(冎)의 모습을 본떠 '뼈'를 뜻한다.

骨格(골격)　骨盤(골반)　骨折(골절)
刻骨(각골)　肩骨(견골)　筋骨(근골)
露骨(노골)　軟骨(연골)　接骨(접골)
鐵骨(철골)　齒骨(치골)

뜻풀이
骨折(골절) : 뼈가 부러짐
筋骨(근골) : 근육과 뼈를 아울러 이름

共

6급II

한가지 공:
八　총6획

본래 정사각의 물건을 양손으로 받드는 모습을 본떠 '바치다'의 뜻을 나타내었으나 나중에 함께한다는 '한가지'의 뜻으로 쓰이게 되었다.

共感(공감)　共鳴(공명)　共犯(공범)
共演(공연)　共營(공영)　共認(공인)
滅共(멸공)　容共(용공)
共産主義(공산주의)

뜻풀이
共犯(공범) : 여러 사람이 공동으로 저지른 범죄
滅共(멸공) : 공산주의를 멸망시킴

人一十之 己讀百之 (남보다 몇 배의 노력을 해야 뛰어날 수 있다.)

供 (3급II) — 이바지할 공:
人　총8획

필순: 供供供供供供供供

供給(공급)　供物(공물)　供需(공수)
供述(공술)　供養(공양)　供與(공여)
供出(공출)　佛供(불공)　提供(제공)

뜻풀이
佛供(불공) : 부처에게 공양하는 일
提供(제공) : 어떤 물건을 내주거나 바침

윗사람(亻)에게 두 손을 모아서(共) 공손히 물건을 바치는 것을 나타내어 '이바지하다'의 뜻을 가지게 되었다.

恭 (3급II) — 공손할 공
心　총10획

필순: 恭恭恭恭恭恭恭恭恭恭

恭敬(공경)　恭待(공대)　恭順(공순)
恭愼(공신)　恭祝(공축)　恭賀(공하)
不恭(불공)

뜻풀이
恭待(공대) : 공손하게 대접함
恭愼(공신) : 공손하고 삼감

윗사람에게 두 손을 모아(共) 물건을 바칠 때의 공손한 마음가짐(心)을 나타내어 '공손하다'의 뜻을 가지게 되었다.

公 (6급II) — 공평할 공
八　총4획

필순: 公公公公

公館(공관)　公論(공론)　公募(공모)
公務(공무)　公社(공사)　公式(공식)
公約(공약)　公益(공익)　公衆(공중)
公債(공채)

뜻풀이
公募(공모) : 두루 알려서 사람을 모음
公益(공익) : 공중의 이익

자신의 몫을 팔에 안고(厶) 있는 것과는 등진(八) 것으로 사사로운 것과 반대인 공적인 것을 나타내어 '공평하다'의 뜻을 가지게 되었다.

工 (7급II) — 장인 공
工　총3획

필순: 工工工

工巧(공교)　工具(공구)　工藝(공예)
工作(공작)　陶工(도공)　沙工(사공)
細工(세공)　施工(시공)　鑄工(주공)
鐵工(철공)　靴工(화공)

뜻풀이
沙工(사공) : 뱃사공
細工(세공) : 손이 많이 가는 수공을 업으로 하는 사람

자 또는 공구의 모습으로 이러한 도구를 사용하여 물건을 만드는 사람인 '장인'을 뜻한다.

功 (6급II) — 공 공
力　총5획

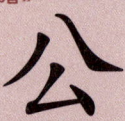

필순: 功功功功功

功過(공과)　功德(공덕)　功勞(공로)
功利(공리)　功績(공적)　功效(공효)
功勳(공훈)　武功(무공)　恩功(은공)
戰功(전공)

뜻풀이
功勞(공로) : 어떤 것을 이루는 데에 들인 노력이나 수고
恩功(은공) : 은혜로운 공로

무기(工)를 들고 힘(力)을 다해 적을 쳐서 공을 이룸을 나타내어 '공'의 뜻을 가지게 되었다.

攻 (4급) — 칠 공:
攴　총7획

필순: 攻攻攻攻攻攻攻

攻擊(공격)　攻略(공략)　攻滅(공멸)
攻勢(공세)　攻守(공수)　強攻(강공)
反攻(반공)　先攻(선공)　速攻(속공)
專攻(전공)　侵攻(침공)

뜻풀이
攻勢(공세) : 공격하는 형세나 힘
先攻(선공) : 먼저 공격을 시도함

손에 무기(工)를 들고 적을 치는(攵) 것을 나타내어 '치다'의 뜻을 가지게 되었다.

空 (빌 공)

- 7급II
- 穴 총8획
- 필순: 空空空空空空空空

구덩이를 파서 만든(工) 구멍(穴)이 텅 비어있음을 나타내어 '비다'의 뜻을 가지게 되었다.

空欄(공란)　空論(공론)　空腹(공복)
空想(공상)　空輸(공수)　空港(공항)
空虛(공허)　領空(영공)　低空(저공)
蒼空(창공)　虛空(허공)

뜻풀이
空論(공론): 헛된 이론
虛空(허공): 텅 빈 공중

貢 (바칠 공)

- 3급II
- 貝 총10획
- 필순: 貢貢貢貢貢貢貢貢貢貢

정성을 다해서 만든(工) 재물(貝)을 나라에 바치는 것으로 '바치다'의 뜻을 가지게 되었다.

貢價(공가)　貢擧(공거)　貢納(공납)
貢女(공녀)　貢吏(공리)　貢物(공물)
貢米(공미)　貢上(공상)　貢魚(공어)
貢獻(공헌)　朝貢(조공)

뜻풀이
貢魚(공어): 꽁치
朝貢(조공): 종속국이 종주국에 바치던 예물

恐 (두려울 공(:))

- 3급II
- 心 총10획
- 필순: 恐恐恐恐恐恐恐恐恐恐

구부리고 앉아서 공구(工)를 두 손으로 잡고(凡) 물건을 만들 때 안전을 염려하는 두려운 마음(心)을 나타내어 '두려워하다'의 뜻을 가지게 되었다.

恐動(공동)　恐龍(공룡)　恐慎(공신)
恐怖(공포)　可恐(가공)　警恐(경공)
善恐(선공)　震恐(진공)
恐妻家(공처가)

뜻풀이
恐慎(공신): 두려워하고 삼감
恐妻家(공처가): 아내에게 꼼짝하지 못하는 남자를 이름

孔 (구멍 공:)

- 4급
- 子 총4획
- 필순: 孔孔孔孔

아기(子)가 엄마 젖(乚)을 빠는 모습으로 젖은 젖꼭지의 구멍으로부터 나오기에 '구멍'의 뜻을 가지게 되었다.

孔劇(공극)　孔孟(공맹)　孔子(공자)
孔穴(공혈)　氣孔(기공)　毛孔(모공)
背孔(배공)　鼻孔(비공)　細孔(세공)
眼孔(안공)

뜻풀이
孔孟(공맹): 공자와 맹자
毛孔(모공): 털구멍

寡 (적을 과:)

- 3급II
- 宀 총14획
- 필순: 寡寡寡寡寡寡寡寡寡寡寡寡寡寡

집(宀) 안에 있던 사람(頁)이 따로따로 나누어져서(分) 그 수가 적어짐을 나타내어 '적다'의 뜻을 가지게 되었다.

寡默(과묵)　寡婦(과부)　寡少(과소)
寡守(과수)　寡慾(과욕)　寡人(과인)
寡占(과점)　寡照(과조)　多寡(다과)
衆寡(중과)

뜻풀이
寡人(과인): 왕이 자신을 낮추어 이름
多寡(다과): 많음과 적음

果 (실과 과:)

- 6급II
- 木 총8획
- 필순: 果果果果果果果果

나무(木)에 열매(田)가 매달린 모습으로 '실과, 과일'을 뜻한다.

果糖(과당)　果樹(과수)　果然(과연)
果核(과핵)　蓋果(개과)　結果(결과)
沙果(사과)　熟果(숙과)　藥果(약과)
因果(인과)　效果(효과)

뜻풀이
果然(과연): 알고보니 참말로
因果(인과): 원인과 결과

2급 쓰기한자 익히기

人一十之 己讀百之 (남보다 몇 배의 노력을 해야 뛰어날 수 있다.)

課 (5급II)

공부할/과정 과(:)
言　　총15획

일을 계획하고 진행하여 그 결과(果)를 말(言)로 평가하는 것을 나타내어 '공부하다, 과정'의 뜻을 가지게 되었다.

필순

課目(과목)　課稅(과세)　課試(과시)
課業(과업)　課外(과외)　課程(과정)
課標(과표)　考課(고과)　放課(방과)
附課(부과)　日課(일과)

뜻풀이
課外(과외) : 정규 과정 외에 하는 공부
放課(방과) : 학교 수업이 끝남

過 (5급II)

지날 과:
辶　　총13획

입이 삐뚤어진(咼) 사람이 말하듯이 말이 잘못 나감(辶)을 나타내어 '지나다, 지나치다'의 뜻을 가지게 되었다.

필순

過激(과격)　過勞(과로)　過敏(과민)
過熱(과열)　過誤(과오)　過慾(과욕)
過程(과정)　過讚(과찬)　經過(경과)
謝過(사과)　罪過(죄과)　超過(초과)

뜻풀이
過誤(과오) : 잘못, 허물
超過(초과) : 어떤 일정한 수를 넘음

科 (6급II)

과목 과
禾　　총9획

곡식(禾)을 담아 분량을 헤아릴 때 쓰는 말(斗)로 곡식을 재어 등급을 나누는 것을 나타내어 '과목'의 뜻을 가지게 되었다.

필순

科擧(과거)　科程(과정)　科學(과학)
單科(단과)　武科(무과)　兵科(병과)
實科(실과)　眼科(안과)　理科(이과)
罪科(죄과)　齒科(치과)

뜻풀이
科落(과락) : 과목 낙제
罪科(죄과) : 죄가 되는 허물

誇 (3급II)

자랑할 과:
言　　총13획

사실보다 더 크게 부풀려서(夸) 과장되게 말(言)하는 것을 나타내어 '자랑하다'의 뜻을 가지게 되었다.

필순

誇大(과대)　誇負(과부)　誇示(과시)
誇飾(과식)　誇言(과언)　誇張(과장)
誇稱(과칭)　虛誇(허과)

뜻풀이
誇示(과시) : 실제보다 크게 자랑하여 보임
誇言(과언) : 자만하며 말함

郭 (3급)

둘레/외성 곽
邑　　총11획

도읍(阝=邑)의 주변을 둘러싼 높은 건물(享)을 나타내어 '둘레, 외성'의 뜻을 가지게 되었다.

필순

郭巨(곽거)　郭氏(곽씨)　郭興(곽여)
船郭(선곽)　城郭(성곽)　外郭(외곽)
一郭(일곽)

뜻풀이
一郭(일곽) : 하나의 담장으로 막은 지역

冠 (3급II)

갓　관
冖　　총9획

사람이 손(寸)으로 모자(冖)를 집어 머리(元)에 쓰는 모습을 나타내어 '갓'의 뜻을 가지게 되었다.

필순

冠帶(관대)　冠禮(관례)　冠冕(관면)
冠詞(관사)　冠絶(관절)　桂冠(계관)
鷄冠(계관)　金冠(금관)　弱冠(약관)
衣冠(의관)　彈冠(탄관)

뜻풀이
弱冠(약관) : 스무 살의 다른 이름
衣冠(의관) : 남성의 웃옷과 갓. 옷차림

官 벼슬 관

4급II
宀 총8획

官官官官官官官官

언덕(阝=阜) 위에 지어진 관청(宀)에서 사무를 보는 관리의 관직으로써 '벼슬'의 뜻을 가지게 되었다.

官祿(관록) 官僚(관료) 官吏(관리)
官署(관서) 官認(관인) 官職(관직)
官廳(관청) 官憲(관헌) 警官(경관)
任官(임관) 法官(법관)

뜻풀이
官認(관인) : 관청의 허가
警官(경관) : 경찰관

管 대롱/주관할 관

4급
竹 총14획

管管管管管管管管管管管管管管

官에 竹이 더해진 글자로 여기서 官(관)은 발음기호의 역할을 한다. 여섯 개의 구멍이 있는 대나무(竹)로 만들어진 피리로 '대롱'을 뜻하며 나중에 '주관하다'의 뜻으로도 쓰이게 되었다.

管理(관리) 管掌(관장) 汽管(기관)
卵管(난관) 雷管(뇌관) 脈管(맥관)
配管(배관) 保管(보관) 移管(이관)
總管(총관) 血管(혈관)

뜻풀이
管理(관리) : 사람을 지휘하고 통제하는 감독의 일
總管(총관) : 전체를 관리함

館 집 관

3급II
食 총17획

관청(官)의 관리들에게 식사(食)를 제공하던 '집'을 뜻한다.

館舍(관사) 館驛(관역) 館長(관장)
開館(개관) 公館(공관) 舊館(구관)
別館(별관) 本館(본관) 新館(신관)
旅館(여관) 入館(입관) 休館(휴관)

뜻풀이
開館(개관) : '관(館)'자가 붙은 기관이나 시설의 업무가 시작됨
別館(별관) : 본관 이외에 따로 지은 건물

寬 너그러울 관

3급II
宀 총15획

긴 뿔을 가진 산양(莧)이 뛰어다녀도 아무런 지장이 없을 정도의 넓은 집(宀)을 나타내어 '너그럽다'의 뜻을 가지게 되었다.

寬大(관대) 寬待(관대) 寬猛(관맹)
寬恕(관서) 寬容(관용) 寬厚(관후)
裕寬(유관)

뜻풀이
寬大(관대) : 마음이 너그럽고 큼
寬容(관용) : 넓은 마음으로 상대방을 용서함

貫 꿸 관(:)

3급II
貝 총11획

貫貫貫貫貫貫貫貫貫貫貫

돈(貝)을 꿰서(毌) 다루는 것을 나타내어 '꿰다, 꿰뚫다'의 뜻을 가지게 되었다.

貫祿(관록) 貫流(관류) 貫目(관목)
貫籍(관적) 貫徹(관철) 貫通(관통)
貫鄕(관향) 本貫(본관) 一貫(일관)

뜻풀이
貫通(관통) : 꿰뚫어 통함
一貫(일관) : 처음부터 끝까지 같은 방법으로 함

慣 익숙할 관

3급II
心 총14획

貫에 忄이 더해진 글자로 여기서 貫(관)은 발음기호의 역할을 한다. 오랫동안 반복된 행동이나 생각(忄)이 습관으로 굳어져 몸에 익숙해짐을 나타내어 '익숙하다'의 뜻을 가지게 되었다.

慣舊(관구) 慣例(관례) 慣面(관면)
慣聞(관문) 慣性(관성) 慣熟(관숙)
慣習(관습) 慣用(관용) 慣行(관행)
習慣(습관)

뜻풀이
慣性(관성) : 외부의 힘이 가해지지 않는 한 모든 물체가 자신의 상태를 유지하려고 하는 성질
慣行(관행) : 예전부터 해 왔던 대로 함

人一十之 己讀百之 (남보다 몇 배의 노력을 해야 뛰어날 수 있다.)

觀

5급Ⅱ

볼 관
見 총25획

눈이 부리부리하고 머리 깃이 뾰족한 황새(雚)의 모습을 사람의 눈으로 보는(見) 것에서 '보다'의 뜻을 가지게 되었다.

필순
觀觀觀觀觀觀觀觀觀觀觀觀觀觀觀觀觀觀觀觀觀觀觀觀觀

觀念(관념)　觀覽(관람)　觀照(관조)
觀察(관찰)　觀測(관측)　景觀(경관)
達觀(달관)　傍觀(방관)　悲觀(비관)
參觀(참관)　價値觀(가치관)

뜻풀이
傍觀(방관) : 어떤 일에 대해 나서지 않고 지켜보기만 함
參觀(참관) : 어떤 자리나 상황에 직접 나가서 봄

關

5급Ⅱ

관계할 관
門 총19획

문(門)에 빗장(絲)을 채운 모습으로 그 빗장을 통해서 서로 관계함을 나타내어 '관계하다'의 뜻을 가지게 되었다.

필순
關關關關關關關關關關關關關關關關關關關

關鍵(관건)　關係(관계)　關聯(관련)
關門(관문)　關稅(관세)　關節(관절)
開關(개관)　機關(기관)　難關(난관)
相關(상관)　稅關(세관)　通關(통관)

뜻풀이
難關(난관) : 어려운 고비
通關(통관) : 물품을 수출, 수입, 반송하는 일

光

6급Ⅱ

빛 광
儿 총6획

무릎 꿇은 사람 머리 위에 불이 빛나고 있는 모습으로 '빛'을 뜻한다.

필순
光光光光光光

光明(광명)　光復(광복)　光線(광선)
光域(광역)　光彩(광채)　光澤(광택)
觀光(관광)　瑞光(서광)　榮光(영광)
遮光(차광)　採光(채광)　燭光(촉광)

뜻풀이
光澤(광택) : 물체의 표면에서 나는 빛
遮光(차광) : 빛을 가림

廣

5급Ⅱ

넓을 광:
广 총15획

많은 사람들(黃)이 모여 살만큼 넓은 집(广)을 나타내어 '넓다'의 뜻을 가지게 되었다.

필순
廣廣廣廣廣廣廣廣廣廣廣廣廣廣廣

廣告(광고)　廣軌(광궤)　廣大(광대)
廣額(광액)　廣野(광야)　廣域(광역)
廣義(광의)　廣場(광장)　深廣(심광)

뜻풀이
廣大(광대) : 크고 넓음
深廣(심광) : 깊고 넓음

鑛

4급

쇳돌 광:
金 총23획

廣에 金이 더해진 글자로 여기서 廣(광)은 발음기호의 역할을 한다. 쇠붙이(金) 성분이 많은 광석인 '쇳돌'을 뜻한다.

필순
鑛鑛鑛鑛鑛鑛鑛鑛鑛鑛鑛鑛鑛鑛鑛鑛鑛鑛鑛鑛鑛鑛鑛

鑛區(광구)　鑛脈(광맥)　鑛物(광물)
鑛業(광업)　鑛泉(광천)　金鑛(금광)
銀鑛(은광)　採鑛(채광)　廢鑛(폐광)
鑛工業(광공업)　鎔鑛爐(용광로)

뜻풀이
採鑛(채광) : 광석을 캠
廢鑛(폐광) : 광산에서 광석을 캐내는 일을 중지함

狂

3급Ⅱ

미칠 광
犬 총7획

미친 개(犭)가 이리저리 뛰어다니는(王=往) 것을 나타내어 '미치다'의 뜻을 가지게 되었다.

필순
狂狂狂狂狂狂狂

狂氣(광기)　狂奔(광분)　狂飮(광음)
狂人(광인)　狂症(광증)　狂態(광태)
狂暴(광폭)　狂風(광풍)　發狂(발광)
熱狂(열광)

뜻풀이
狂氣(광기) : 미친 듯한 기미
熱狂(열광) : 몹시 즐겁고 기뻐서 미친 듯이 날뜀

掛

3급 | 걸 괘 | 手 | 총 11획

필순: 掛掛掛掛掛掛掛掛掛掛掛

점을 보아 나온 점괘(卦)를 손(扌)으로 걸어 두는 것을 나타내어 '걸다'의 뜻을 가지게 되었다.

掛鏡(괘경) 掛冠(괘관) 掛念(괘념)
掛圖(괘도) 掛燈(괘등) 掛曆(괘력)
掛佛(괘불) 掛意(괘의) 掛鍾(괘종)
亡掛(망괘)

뜻풀이
掛念(괘념) : 마음에 담아 두고 걱정하고 잊지 아니함
掛鍾(괘종) : 벽에 거는 시계

塊

3급 | 흙덩이 괴 | 土 | 총 13획

필순: 塊塊塊塊塊塊塊塊塊塊塊

흙(土)이 괴상하게(鬼) 뭉쳐져 있는 '흙덩이'를 뜻한다.

塊鑛(괴광) 塊根(괴근) 塊石(괴석)
塊村(괴촌) 塊炭(괴탄) 金塊(금괴)
銀塊(은괴) 地塊(지괴) 土塊(토괴)

뜻풀이
塊石(괴석) : 자갈보다 큰 돌멩이
金塊(금괴) : 황금 덩어리

愧

3급 | 부끄러울 괴: | 心 | 총 13획

필순: 愧愧愧愧愧愧愧愧愧愧愧愧

마음(忄)에 부끄러운 감정이 생겨 얼굴이 도깨비(鬼) 같이 붉어짐을 나타내어 '부끄럽다'의 뜻을 가지게 되었다.

愧服(괴복) 愧負(괴부) 愧死(괴사)
愧色(괴색) 愧笑(괴소) 愧心(괴심)
愧汗(괴한) 自愧(자괴) 慙愧(참괴)

뜻풀이
愧心(괴심) : 부끄러운 마음
自愧(자괴) : 스스로 부끄러워함

壞

3급Ⅱ | 무너질 괴: | 土 | 총 19획

흙(土)으로 만든 건축물이 무너짐에 눈(目)에 흐르는 눈물(艹)을 옷섶(衣)으로 닦아내는 것으로 '무너지다'의 뜻을 가지게 되었다.

壞亂(괴란) 壞滅(괴멸) 壞裂(괴열)
壞敗(괴패) 倒壞(도괴) 崩壞(붕괴)
損壞(손괴) 破壞(파괴)
壞血病(괴혈병)

뜻풀이
崩壞(붕괴) : 허물어져 무너짐
壞血病(괴혈병) : 비타민 C 결핍으로 잇몸이 붓고 피가 나는 등의 증세가 나타나는 병

怪

3급Ⅱ | 괴이할 괴(:) | 心 | 총 8획

필순: 怪怪怪怪怪怪怪怪

손(又)으로 흙(土)을 받들고 있음에 흙에 깃든 토지신의 힘을 두려워하고 기이하게 여기는 마음(忄)이 생김을 나타내어 '괴이하다'의 뜻을 가지게 되었다.

怪傑(괴걸) 怪奇(괴기) 怪談(괴담)
怪盜(괴도) 怪聞(괴문) 怪變(괴변)
怪獸(괴수) 怪異(괴이) 怪漢(괴한)
奇怪(기괴) 妖怪(요괴)

뜻풀이
怪談(괴담) : 괴상한 이야기
妖怪(요괴) : 요사스럽고 괴상한 마귀

交

6급 | 사귈 교 | 亠 | 총 6획

필순: 交交交交交交

본래 다리를 꼬고 서 있는 사람의 모습으로 교차하다의 뜻을 가졌으나 나중에 '사귀다'의 뜻으로 쓰이게 되었다.

交感(교감) 交流(교류) 交配(교배)
交付(교부) 交涉(교섭) 交易(교역)
交雜(교잡) 交接(교접) 交際(교제)
交着(교착) 交替(교체) 修交(수교)

뜻풀이
交涉(교섭) : 일의 성공을 위하여 서로 의논하고 절충함
交替(교체) : 다른 것으로 대신함

人一十之 己讀百之(남보다 몇 배의 노력을 해야 뛰어날 수 있다.)

郊 [3급]

들 교
邑　총9획

郊祀(교사)　郊野(교야)　郊迎(교영)
郊外(교외)　郊村(교촌)　江郊(강교)
近郊(근교)　遠郊(원교)　荒郊(황교)

고을(阝)과 고을이 서로 인접하여 사귀고(交) 왕래할 수 있는 땅을 나타내어 '들'의 뜻을 가지게 되었다.

뜻풀이
郊外(교외) : 도시의 외곽 지역
近郊(근교) : 도시와 가까운 변두리 마을

校 [8급]

학교 교:
木　총10획

校監(교감)　校旗(교기)　校服(교복)
校舍(교사)　校閱(교열)　校則(교칙)
校訓(교훈)　將校(장교)　閉校(폐교)
學校(학교)　鄕校(향교)

본래 사람의 양쪽 손발을 꼬게 하여(交) 나무(木)로 만든 수갑에 채우는 모습이었는데 나중에 사람을 올바르게 인도하는 곳인 '학교'의 뜻을 가지게 되었다.

뜻풀이
校則(교칙) : 학생이 따라야 할 학교 규칙
校訓(교훈) : 학교의 핵심 목표를 나타낸 표어

較 [3급II]

견줄/비교할 교
車　총13획

較略(교략)　較量(교량)　較藝(교예)
較正(교정)　較準(교준)　較差(교차)
較板(교판)　計較(계교)　比較(비교)

본래 수레(車)에서 사람이 타거나 짐을 싣는 곳의 양옆 판자에 직각으로 교차하는(交) 가로대를 나타내었으나 나중에 가로대가 양쪽에 잇닿아 있기에 '견주다, 비교하다'의 뜻으로 쓰이게 되었다.

뜻풀이
較略(교략) : 대략
日較差(일교차) : 하루 동안의 기온 차

橋 [5급]

다리 교
木　총16획

橋脚(교각)　橋梁(교량)　架橋(가교)
浮橋(부교)　石橋(석교)　陸橋(육교)
弔橋(조교)　鐵橋(철교)　板橋(판교)

물 위를 건널 수 있도록 나무(木)를 엮어 얹은, 수면에서 높게(喬) 세운 '다리'를 뜻한다.

뜻풀이
架橋(가교) : 다리를 놓음
陸橋(육교) : 사람들이 안전하게 건널 수 있도록 공중에 설치해 놓은 다리

矯 [3급]

바로잡을 교:
矢　총17획

矯角(교각)　矯激(교격)　矯導(교도)
矯勵(교려)　矯命(교명)　矯復(교복)
矯詐(교사)　矯僞(교위)　矯正(교정)
矯奪(교탈)

휘어진 화살(矢)을 펴면 길이가 길어진다(喬는 것을 나타내어 '바로잡다'의 뜻을 가지게 되었다.

뜻풀이
矯勵(교려) : 잘못을 고치기 위해 부지런히 힘씀
矯正(교정) : 잘못되고 틀어진 것을 바로잡음

巧 [3급II]

공교할 교:
工　총5획

巧妙(교묘)　巧舌(교설)　巧言(교언)
巧拙(교졸)　計巧(계교)　工巧(공교)
技巧(기교)　精巧(정교)

장인이 끌(工)과 구부러진 조각칼(丂)로 물건을 정교하게 잘 만드는 것을 나타내어 '공교하다'의 뜻을 가지게 되었다.

뜻풀이
巧言(교언) : 교묘히 꾸미는 말
巧拙(교졸) : 교묘하고 졸렬함

教 가르칠 교:

8급 | 攴 총11획

필순: 教 教 教 教 教 教 教 教 教 教 教

敎權(교권) 敎壇(교단) 敎鍊(교련)
敎務(교무) 敎師(교사) 敎唆(교사)
敎授(교수) 敎旨(교지) 敎養(교양)
敎職(교직) 儒敎(유교) 胎敎(태교)

손에 회초리(攵)를 들고서 아이들(子)에게 지식이 될 만한 것(爻)을 가르치는 모습을 나타내어 '가르치다'의 뜻을 가지게 되었다.

뜻풀이
敎權(교권) : 교사의 권위
敎唆(교사) : 남을 부추겨 나쁜 짓을 하게 함

 언덕 구

3급II | 一 총5획

필순: 丘 丘 丘 丘 丘

丘陵(구릉) 丘木(구목) 丘墓(구묘)
丘民(구민) 丘阜(구부) 丘山(구산)
首丘(수구) 阿丘(아구) 靑丘(청구)

두 덩어리의 흙더미 모습으로 한 덩어리의 土보다는 크고 세 덩어리의 山보다는 작은 '언덕'을 뜻한다.

뜻풀이
丘墓(구묘) : 무덤
首丘初心(수구초심) : 여우가 죽을 때 머리를 자신의 살던 굴 쪽으로 둠. 즉 고향을 그리워하는 마음

 오랠 구:

3급II | 丿 총3획

필순: 久 久 久

久遠(구원) 未久(미구) 永久(영구)
悠久(유구) 長久(장구) 持久(지구)
恒久(항구) 耐久性(내구성)

앞서가는 사람(𠂉)을 뒤에서 잡아당기고는(\) 오랫동안 놓지 않는 것에서 '오래다'의 뜻을 가지게 되었다.

뜻풀이
永久(영구) : 끝이 없이 오래 되는 일
耐久性(내구성) : 오래 견디는 성질

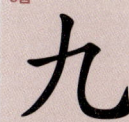 아홉 구

8급 | 乙 총2획

필순: 九 九

九界(구계) 九穀(구곡) 九孔(구공)
九輪(구륜) 九族(구족) 九重(구중)
九鼎(구정) 九尺(구척) 九泉(구천)
九回(구회) 九官鳥(구관조)

본래 구부린 팔의 모습으로 나중에 숫자 '아홉'의 뜻을 가지게 되었다

뜻풀이
九穀(구곡) : 벼, 보리, 콩, 팥, 깨, 수수, 옥수수, 조, 참밀
九重(구중) : 아홉 겹. 구중궁궐

 연구할 구

4급II | 穴 총7획

필순: 究 究 究 究 究 究 究

究竟(구경) 究極(구극) 究明(구명)
講究(강구) 考究(고구) 窮究(궁구)
硏究(연구) 追究(추구) 探究(탐구)
學究(학구)

동굴의 구멍(穴)에 팔을 구부리고(九) 깊숙이 파는 모습으로 오랫동안 어떤 일이나 사물에 대해서 깊이 있게 조사하고 생각하는 '연구하다'의 뜻을 가지게 되었다.

뜻풀이
窮究(궁구) : 자세하게 깊이 연구함
探究(탐구) : 어떤 학문이나 원리에 대해서 집중적으로 파고들어 연구함

 갖출 구(:)

5급II | 八 총8획

필순: 具 具 具 具 具 具 具 具

具象(구상) 具色(구색) 具眼(구안)
具陳(구진) 戒具(계구) 敎具(교구)
器具(기구) 機具(기구) 農具(농구)
道具(도구) 用具(용구) 寢具(침구)

돈(貝)을 두 손(廾)으로 받들고 있는 모습으로 돈은 필요한 물건을 갖추기 위해서 필요하기에 소중히 다루는 것에서 '갖추다'의 뜻을 가지게 되었다.

뜻풀이
具色(구색) : 여러 가지를 고루 갖춤
具陳(구진) : 상세히 진술함

人一十之 己讀百之(남보다 몇 배의 노력을 해야 뛰어날 수 있다.)

俱

3급 | 필수

俱俱俱俱俱俱俱俱
俱俱

함께 구
人 총10획

여러 사람(亻)이 모두 모였음(具)을 나타내어 '함께'의 뜻을 가지게 되었다.

俱沒(구몰) 俱發(구발) 俱舍(구사)
俱失(구실) 俱悅(구열) 俱全(구전)
俱存(구존) 俱唱(구창) 俱現(구현)
俱樂部(구락부)

뜻풀이
俱現(구현) : 내용이 전부 드러남
俱樂部(구락부) : 클럽(club)의 음역어

區

6급 | 필수

區區區區區區區區
區區

구분할/지경 구
匚 총11획

많은 물건(品)을 구분해서 깊숙한 곳에 감추어(匚) 두는 것으로 '구분하다'의 뜻을 가지게 되었다. 또한 여러 부분으로 구분하는 '지경'의 뜻으로도 쓰이게 되었다.

區間(구간) 區內(구내) 區別(구별)
區分(구분) 區域(구역) 區廳(구청)
區劃(구획) 鑛區(광구) 地區(지구)
特區(특구) 蘆原區(노원구)

뜻풀이
區間(구간) : 어떤 지역과 다른 지역의 사이
特區(특구) : 경제, 교육, 관광 등의 시설 개발을 위해 특별히 설치한 구역

驅

3급 | 필수

驅驅驅驅馬馬馬
馬馬驅驅驅驅驅
驅驅驅驅驅

몰 구
馬 총21획

말(馬)을 구분하기(區) 위해서 채찍으로 쳐서 밖으로 몰아내는 것으로 '몰다'의 뜻을 가지게 되었다.

驅迫(구박) 驅步(구보) 驅使(구사)
驅役(구역) 驅除(구제) 驅卒(구졸)
驅逐(구축) 驅蟲(구충) 先驅(선구)
驅蟲劑(구충제)

뜻풀이
驅蟲(구충) : 해충이나 기생충을 없앰
先驅者(선구자) : 다른 사람보다 앞선 사람

口

7급 | 필수

口口口

입 구(:)
口 총3획

입의 모습을 본떠 '입'을 뜻한다.

口訣(구결) 口令(구령) 口辯(구변)
口述(구술) 口承(구승) 口實(구실)
口演(구연) 坑口(갱구) 鷄口(계구)
浦口(포구) 港口(항구) 虎口(호구)

뜻풀이
口號(구호) : 어떤 요구나 주장을 나타내는 간결한 표현의 문구
口舌數(구설수) : 남과 시비가 붙거나 남에게 좋지 못한 소리를 들을 운수

句

4급Ⅱ | 필수

句句句句句

글귀 구
口 총5획

본래 구부러진 갈고리(口 = ㄥ)를 두 가닥의 새끼줄이 감싸고 있는(丿) 모습을 나타내었으나 나중에 입에서 나오는 말을 한 단위씩 끊는 '글귀, 구절'의 뜻을 가지게 되었다.

句文(구문) 句節(구절) 佳句(가구)
傑句(걸구) 結句(결구) 驚句(경구)
聖句(성구) 語句(어구) 聯句(연구)
例句(예구) 絶句(절구)

뜻풀이
語句(어구) : 말의 마디와 구절
絶句(절구) : 한시 형식의 하나로 오언절구, 칠언절구가 있음

拘

3급Ⅱ | 필수

拘拘拘拘拘拘拘拘

잡을 구
手 총8획

구부러진 갈고리(句)를 손(扌)으로 잡는 것을 나타내어 '잡다'의 뜻을 가지게 되었다.

拘牽(구견) 拘禁(구금) 拘忌(구기)
拘留(구류) 拘束(구속) 拘俗(구속)
拘礙(구애) 拘引(구인) 拘置(구치)
不拘(불구)

뜻풀이
拘束(구속) : 개인의 자유를 속박함
拘礙(구애) : 거리끼고 얽매임

狗

3급 | 개 구 | 犬 | 총8획

필순: 狗狗狗狗狗狗狗狗

狗盜(구도) 狗肉(구육) 狗皮(구피)
鷄狗(계구) 水狗(수구) 赤狗(적구)
走狗(주구) 畜狗(축구) 鬪狗(투구)
海狗(해구) 黃狗(황구)

구부러진 갈고리(句)처럼 몸을 구부리고 짖는 개(犭)를 나타내어 '개'의 뜻을 가지게 되었다.

뜻풀이
狗肉(구육) : 개고기
水狗(수구) : 수달

苟

3급 | 진실로/구차할 구 | 艸 | 총9획

필순: 苟苟苟苟苟苟苟苟苟

苟免(구면) 苟生(구생) 苟安(구안)
苟言(구언) 苟容(구용) 苟存(구존)
苟從(구종) 苟且(구차) 苟充(구충)
苟活(구활)

구부려져서(句) 다른 풀을 감싸며 자라나는 풀(艹)과 같이 남에게 매달리는 것에서 '구차하다'라는 뜻을 나타내며 나중에 '진실로'의 뜻으로도 쓰이게 되었다.

뜻풀이
苟免(구면) : 겨우 액운을 벗어남
苟且(구차) : 매우 가난하고 궁핍함

懼

3급 | 두려워할 구 | 心 | 총21획

필순: 懼懼懼懼懼懼懼懼懼懼懼懼懼懼懼懼懼懼懼懼懼

懼然(구연) 恐懼(공구) 兢懼(긍구)
愁懼(수구) 畏懼(외구) 憂懼(우구)
危懼(위구) 疑懼(의구) 怖懼(포구)
喜懼(희구)

놀란 새(隹)가 두려운 마음(忄)에 두 눈(目)을 크게 뜨고 두리번거리며 주위를 경계하는 것에서 '두려워하다'는 뜻을 가지게 되었다.

뜻풀이
恐懼(공구) : 매우 두려워함
疑懼(의구) : 의심하고 두려워함

求

4급II | 구할 구 | 水 | 총7획

필순: 求求求求求求求

求乞(구걸) 求愛(구애) 求職(구직)
求婚(구혼) 渴求(갈구) 祈求(기구)
要求(요구) 慾求(욕구) 請求(청구)
促求(촉구) 探求(탐구) 希求(희구)

본래 짐승의 가죽으로 만든 옷을 나타내었으나 나중에 가죽옷을 구하는 것에서 '구하다'의 뜻을 가지게 되었다.

뜻풀이
求愛(구애) : 이성에게 사랑을 고백하며 구하는 일
促求(촉구) : 재촉하며 요구함

救

5급 | 구원할 구: | 攴 | 총11획

필순: 救救救救救救救救救救救

救國(구국) 救難(구난) 救命(구명)
救援(구원) 救濟(구제) 救助(구조)
救出(구출) 救護(구호) 急救(급구)
自救(자구) 救急車(구급차)

가죽옷(求)을 손(攵)으로 매만져서 부드럽게 만들어 추위에서 사람을 구원함을 나타내어 '구원하다'의 뜻을 가지게 되었다.

뜻풀이
救援(구원) : 어려운 상황의 사람을 도와줌
救護(구호) : 돕고 보호함

球

6급II | 공 구 | 玉 | 총11획

필순: 球球球球球球球球球球球

球技(구기) 球團(구단) 氣球(기구)
籠球(농구) 網球(망구) 排球(배구)
眼球(안구) 電球(전구) 蹴球(축구)
卓球(탁구) 捕球(포구)

가죽옷(求)에 공같이 둥그런 옥(王=玉)이 매달려 있는 것을 나타내어 '공'의 뜻을 가지게 되었다.

뜻풀이
球技(구기) : 공을 이용해서 득점을 다투는 경기 종목을 이르는 말
球團(구단) : 구기 종목 등을 사업으로 하는 단체

人一十之 己讀百之 (남보다 몇 배의 노력을 해야 뛰어날 수 있다.)

構 (4급)

얽을 구
木　총14획

나무(木)를 계속(再) 교차하여 얽어서(井) 쌓아 올린 모습으로 '얽다'를 뜻한다.

構圖(구도)　構文(구문)　構想(구상)
構成(구성)　構造(구조)　構陷(구함)
構禍(구화)　架構(가구)　結構(결구)
機構(기구)　締構(체구)　虛構(허구)

뜻풀이
構文(구문) : 글의 짜임
構陷(구함) : 거짓 사실로 남을 모함함

舊 (5급II)

예　　구:
臼　총18획

본래 머리에 갈대 털(艹)과 같은 털을 가진 새(隹)가 둥지(臼)에 앉아 있는 모습으로 올빼미를 나타내었으나 나중에 오래되었다는 '예'의 뜻을 가지게 되었다.

舊憾(구감)　舊館(구관)　舊敎(구교)
舊記(구기)　舊聞(구문)　舊習(구습)
舊式(구식)　舊派(구파)　舊形(구형)
守舊(수구)　親舊(친구)　勳舊(훈구)

뜻풀이
舊習(구습) : 예로부터 내려오는 낡은 습관
勳舊(훈구) : 대대로 훈공이 있는 가문

龜 (3급)

거북　구/귀
터질　　균
龜　총16획

거북 한 마리의 모습으로 '거북'의 뜻을 가진다. 또한 옛날에는 거북의 배딱지를 태운 후 터져서 나온 결과를 보고 길흉을 점쳤는데 여기에서 '터지다'의 뜻도 가지게 되었다.

龜鑑(귀감)　龜甲(귀갑)　龜鏡(귀경)
龜頭(귀두)　龜卜(귀복)　龜船(귀선)
龜占(귀점)　龜裂(균열)
龜旨歌(구지가)

뜻풀이
龜卜(귀복) : 거북점
龜裂(균열) : 거북 등의 무늬와 같이 갈라지는 것. 가까운 관계에 틈이 생기는 일

國 (8급)

나라　국
囗　총11획

나라(囗)에 대한 외부로부터의 공격을 막기 위해서 장애물(一)을 두르고 긴 창(戈)을 잡고서 에워싸는(口) 것을 나타내어 '나라'의 뜻을 가지게 되었다.

國防(국방)　國喪(국상)　國益(국익)
國籍(국적)　國際(국제)　擧國(거국)
歸國(귀국)　鎖國(쇄국)　殉國(순국)
倭國(왜국)　霸國(패국)　還國(환국)

뜻풀이
國益(국익) : 나라의 이익
殉國(순국) : 자신의 나라를 위해 목숨을 바침

局 (5급II)

판　　국
尸　총7획

길이(尺)를 재서 口 자의 형태로 구획 지은 바둑판이나 장기판 등의 '판'을 나타낸다.

局番(국번)　局部(국부)　開局(개국)
結局(결국)　棋局(기국)　難局(난국)
當局(당국)　時局(시국)　藥局(약국)
終局(종국)　總局(총국)　形局(형국)

뜻풀이
難局(난국) : 어려운 시국
形局(형국) : 일이 벌어진 때의 형편이나 국면

菊 (3급II)

국화　국
艹　총12획

주먹을 쥐었을 때 손가락이 모아진(匊) 것처럼 꽃잎(艹)이 뭉쳐진 '국화'를 뜻한다.

菊月(국월)　菊判(국판)　菊版(국판)
菊花(국화)　霜菊(상국)　賞菊(상국)
小菊(소국)　水菊(수국)　彩菊(채국)
黃菊(황국)　梅蘭菊竹(매난국죽)

뜻풀이
霜菊(상국) : 서리가 올 때 핀 국화
小菊(소국) : 꽃송이가 작은 국화

君 (4급)

임금 군
口　총7획

필순: 君君君君君君君

한 손에 지팡이를 잡고(尹) 하늘의 신을 향해 입(口)으로 기도하며 천하를 다스리는 사람인 '임금'을 뜻한다.

君臨(군림)　君臣(군신)　君主(군주)
郞君(낭군)　檀君(단군)　東君(동군)
夫君(부군)　府君(부군)　聖君(성군)
暗君(암군)　諸君(제군)　暴君(폭군)

뜻풀이
君主(군주): 나라를 통치하는 최고 자리의 사람
夫君(부군): 남의 남편을 높여 이름

郡 (6급)

고을 군:
邑　총10획

필순: 郡郡郡郡郡郡郡郡郡郡

임금(君)이 온 나라의 사람들을 직접 다스릴 수가 없어서 고을(阝)마다 장을 두어서 각 마을을 도맡아 다스리게 한 것을 나타내어 '고을'의 뜻을 가지게 되었다.

郡界(군계)　郡道(군도)　郡面(군면)
郡守(군수)　郡邑(군읍)　郡廳(군청)
郡縣(군현)　州郡(주군)
鬱陵郡(울릉군)

뜻풀이
郡守(군수): 한 군의 행정을 맡아보는 으뜸 직위의 사람
郡廳(군청): 군의 행정을 맡아보는 관청

群 (4급)

무리 군
羊　총13획

필순: 群群群群群群群群群群群群群

백성이 임금(君)의 고마움을 받듯이 복동이 보살핌을 받는 양(羊)의 무리를 나타내어 '무리'의 뜻을 가지게 되었다.

群居(군거)　群島(군도)　群落(군락)
群舞(군무)　群民(군민)　群像(군상)
群生(군생)　群英(군영)　群衆(군중)
拔群(발군)　語群(어군)　學群(학군)

뜻풀이
群舞(군무): 여럿이 어우러져 추는 절도 있는 춤
群衆(군중): 한 곳에 떼 지어 모여 있는 사람들

軍 (8급)

군사 군
車　총9획

필순: 軍軍軍軍軍軍軍軍軍

진지(冖)로 수레를 둘러싸고(一) 싸우는 '군사'를 뜻한다.

軍隊(군대)　軍帽(군모)　軍律(군율)
軍艦(군함)　軍靴(군화)　魔軍(마군)
叛軍(반군)　我軍(아군)　將軍(장군)
駐軍(주군)　撤軍(철군)　回軍(회군)

뜻풀이
軍律(군율): 군인에게 적용되는 규범과 질서
我軍(아군): 우리 편의 군대

屈 (4급)

굽힐 굴
尸　총8획

필순: 屈屈屈屈屈屈屈屈

짐승이 움츠 팬 곳(出)에 꼬리(尾)를 구부려 넣는 모습을 나타내어 '굽히다'의 뜻을 가지게 되었다.

屈强(굴강)　屈曲(굴곡)　屈服(굴복)
屈伏(굴복)　屈伸(굴신)　屈辱(굴욕)
屈折(굴절)　屈從(굴종)　屈指(굴지)
見屈(견굴)　不屈(불굴)　卑屈(비굴)

뜻풀이
屈辱(굴욕): 남에게 억눌려 욕을 보임
屈指(굴지): 손가락을 꼽으며 헤아림. 많은 것 중에 몇째 감

宮 (4급Ⅱ)

집 궁
宀　총10획

필순: 宮宮宮宮宮宮宮宮宮宮

집(宀) 안에 여러 개의 방들이 이어져 있는(呂) 모습으로 궁궐이나 대궐과 같은 큰 '집'을 뜻한다.

宮闕(궁궐)　宮城(궁성)　宮苑(궁원)
宮殿(궁전)　宮庭(궁정)　宮調(궁조)
宮合(궁합)　古宮(고궁)　尙宮(상궁)
龍宮(용궁)　皇宮(황궁)　後宮(후궁)

뜻풀이
宮合(궁합): 결혼할 사람들의 사주로 길흉을 점치는 것
後宮(후궁): 임금의 첩

人一十之 己讀百之 (남보다 몇 배의 노력을 해야 뛰어날 수 있다.)

弓

3급II
활 궁
弓 총3획

필순: 弓弓弓

가운데가 불룩하게 굽은 활의 모습으로 '활'을 뜻한다.

弓道(궁도)　弓師(궁사)　弓術(궁술)
弓矢(궁시)　弓腰(궁요)　弓衣(궁의)
彊弓(강궁)　國弓(국궁)　名弓(명궁)
石弓(석궁)　洋弓(양궁)

뜻풀이
弓術(궁술): 활을 쏘는 기술
洋弓(양궁): 서양 활로 겨루는 경기

窮

4급
다할/궁할 궁
穴 총15획

필순: 窮窮窮窮窮窮窮窮窮窮窮窮窮窮

몸(躬)이 들어갈 만큼 큰 구멍(穴) 안에 빠져서 나올 방법이 없는 것을 나타내어 '다하다, 궁하다'의 뜻을 가지게 되었다.

窮究(궁구)　窮極(궁극)　窮理(궁리)
窮迫(궁박)　窮僻(궁벽)　窮狀(궁상)
窮塞(궁색)　窮巷(궁항)　困窮(곤궁)
無窮(무궁)　貧窮(빈궁)　追窮(추궁)

뜻풀이
窮狀(궁상): 궁핍한 상태
無窮(무궁): 시공간의 끝이 없음

拳

3급II
주먹 권:
手 총10획

필순: 拳拳拳拳拳拳拳拳拳拳

손(手)가락을 말아서(关) 쥔 '주먹'을 뜻한다.

拳固(권고)　拳骨(권골)　拳法(권법)
拳石(권석)　拳術(권술)　拳勇(권용)
拳銃(권총)　拳打(권타)　拳鬪(권투)
空拳(공권)　鐵拳(철권)

뜻풀이
拳法(권법): 주먹으로 하는 운동의 한 가지
拳勇(권용): 힘과 용기가 있음

券

4급
문서 권
刀 총8획

필순: 券券券券券券券券

약속한 것을 나무쪽에 새기고 칼(刀)로 두 쪽으로 나누어 서로 한쪽씩 둘둘 말아서(关) 간직하고 있다가 훗날의 증거로 삼는 '문서'를 뜻한다.

馬券(마권)　發券(발권)　福券(복권)
誓券(서권)　食券(식권)　旅券(여권)
株券(주권)　證券(증권)　地券(지권)
債券(채권)　診療券(진료권)

뜻풀이
發券(발권): 돈이나 물품 등과 교환할 수 있는 증서를 발행함
福券(복권): 제비를 뽑아서 부합되면 상금을 타게 되는 표

卷

4급
책 권(:)
卩 총8획

필순: 卷卷卷卷卷卷卷卷

본래 사람이 무릎을 구부리고(卩) 두 손으로 낱알을 둥글게 뭉치고 있는(关) 모습이다. 옛날의 책들은 대쪽을 가죽끈으로 엮어서 돌돌 말아 보관하였기에 둥글게 뭉쳐진 낱알처럼 말려 있는 '책'을 뜻한다.

卷頭(권두)　卷末(권말)　卷數(권수)
卷置(권치)　卷懷(권회)　單卷(단권)
上卷(상권)　席卷(석권)　壓卷(압권)
通卷(통권)　下卷(하권)

뜻풀이
席卷(석권): 무서운 기세로 세력을 펼침
壓卷(압권): 여러 책 가운데 특별히 잘 된 책. 여럿 중에서 뛰어난 것

勸

4급
권할 권:
力 총20획

필순: 勸勸勸勸勸勸勸勸勸勸勸勸勸勸勸勸勸勸勸勸

雚에 力이 더해진 글자로 여기서 雚(관)은 발음기호의 역할을 하는데 나중에 음이 관에서 권으로 변하였다. 다른 사람에게 힘(力)써서 권함을 나타내어 '권하다'의 뜻을 가지게 되었다.

勸告(권고)　勸農(권농)　勸勉(권면)
勸士(권사)　勸誘(권유)　勸獎(권장)
勸酒(권주)　勸學(권학)　强勸(강권)
激勸(격권)　切勸(절권)

뜻풀이
勸誘(권유): 상대방에게 어떤 일을 하도록 권장함
勸學(권학): 학문에 힘쓰도록 권함

權 (4급II)

필순: 權權權權權權權權權權權權權權權權權權權權權權

권세 권
木 총22획

蘿에 木이 더해진 글자로 여기서 蘿(관)은 발음기호의 역할을 하는데 나중에 음이 관에서 권으로 변하였다. 권력이 있는 집 둘레에 많은 나무(木)를 심은 것을 나타내어 '권세'의 뜻을 가지게 되었다.

權利(권리) 權勢(권세) 權威(권위)
權衡(권형) 棄權(기권) 黨權(당권)
復權(복권) 專權(전권) 執權(집권)
債權(채권) 特權(특권) 霸權(패권)

뜻풀이
棄權(기권): 권리를 포기함
專權(전권): 혼자 권력을 마음대로 휘두를 수 있는 권력

厥 (3급)

필순: 厥厥厥厥厥厥厥厥厥厥厥厥

그 궐
厂 총12획

본래 거꾸로 넘어지고(屰) 숨을 내쉬면서(欠) 낭떠러지(厂) 밑에서 돌을 파내는 것을 나타내었으나 나중에 지시대명사인 '그'의 뜻으로 쓰이게 되었다.

厥角(궐각) 厥公(궐공) 厥女(궐녀)
厥冷(궐랭) 厥尾(궐미) 厥者(궐자)
厥初(궐초) 厥後(궐후) 突厥(돌궐)

뜻풀이
厥女(궐녀): '그 여자'를 낮추어 이름
厥者(궐자): '그 사람'을 낮추어 이름

軌 (3급)

필순: 軌軌軌軌軌軌軌軌軌

바퀴 자국 궤:
車 총9획

굽어진(九) 길에서 수레(車)바퀴 자국이 더욱 선명해지는 것을 나타내어 '바퀴 자국'의 뜻을 가지게 되었다.

軌道(궤도) 軌度(궤도) 軌範(궤범)
軌跡(궤적) 車軌(거궤) 廣軌(광궤)
同軌(동궤) 復軌(복궤) 常軌(상궤)

뜻풀이
軌範(궤범): 본보기가 되는 규범이나 법
車軌(거궤): 수레가 지나간 자국

歸 (4급)

필순: 歸歸歸歸歸歸歸歸歸歸歸歸歸歸歸歸

돌아갈 귀:
止 총18획

신부가 오래동안 머물렀던(止) 시댁에서 처음으로 친정으로 돌아갈 때 빗자루(帚)로 시댁을 깔끔하게 청소하고 고기(𦣻)를 준비함을 나타내어 '돌아가다'의 뜻을 가지게 되었다.

歸結(귀결) 歸省(귀성) 歸屬(귀속)
歸依(귀의) 歸任(귀임) 歸着(귀착)
歸趨(귀추) 歸港(귀항) 歸鄕(귀향)
歸還(귀환) 復歸(복귀)

뜻풀이
歸屬(귀속): 재산이나 권리 등이 특정한 것에 붙거나 딸림
歸趨(귀추): 일이 되어 가는 형국

貴 (5급)

필순: 貴貴貴貴貴貴貴貴貴貴貴

귀할 귀:
貝 총12획

토기의 재료가 되는 흙을 담는 그릇(虫)의 모습과 화폐로 사용되었던 조개(貝)가 더해져 고대에 귀하게 여겨졌던 흙과 조개를 나타내어 '귀하다'의 뜻을 가지게 되었다.

貴賓(귀빈) 貴孃(귀양) 貴族(귀족)
貴重(귀중) 貴誌(귀지) 貴賤(귀천)
貴側(귀측) 富貴(부귀) 尊貴(존귀)
品貴(품귀) 勳貴(훈귀) 稀貴(희귀)

뜻풀이
貴賤(귀천): 귀함과 천함
稀貴(희귀): 드물고 매우 귀함

鬼 (3급II)

필순: 鬼鬼鬼鬼鬼鬼鬼鬼鬼鬼

귀신 귀:
鬼 총10획

무시무시한 머리를 한 사람의 모습으로 죽은 사람의 혼인 '귀신'을 뜻한다.

鬼面(귀면) 鬼神(귀신) 鬼才(귀재)
鬼火(귀화) 客鬼(객귀) 魔鬼(마귀)
餓鬼(아귀) 惡鬼(악귀) 暗鬼(암귀)
妖鬼(요귀) 雜鬼(잡귀)

뜻풀이
鬼面(귀면): 귀신의 얼굴을 상상하여 만든 탈
鬼才(귀재): 보기 드물게 뛰어난 재능

人一十之 己讀百之 (남보다 몇 배의 노력을 해야 뛰어날 수 있다.)

叫

3급 | **필순**: 叫 叫 叫 叫 叫

부르짖을 규
口 총5획

실이 엉키듯이(丩) 상황이 복잡해져서 큰소리(口)로 부르짖음을 나타내어 '부르짖다'의 뜻을 가지게 되었다.

叫苦(규고) 叫曲(규곡) 叫聲(규성)
叫騷(규소) 叫號(규호) 哀叫(애규)
熱叫(열규) 絶叫(절규) 聽叫(청규)

뜻풀이
叫聲(규성) : 부르짖는 소리
絶叫(절규) : 애타게 부르짖음

糾

3급 | **필순**: 糾 糾 糾 糾 糾 糾 糾

얽힐 규
糸 총8획

실(糸)이 엉킨(丩) 것처럼 일이 뒤엉킴을 나타내어 '얽히다'의 뜻을 가지게 되었다.

糾擧(규거) 糾明(규명) 糾紛(규분)
糾正(규정) 糾罪(규죄) 糾錯(규착)
糾察(규찰) 糾彈(규탄) 糾合(규합)
紛糾(분규)

뜻풀이
糾明(규명) : 어떤 일을 상세히 따져 밝힘
糾彈(규탄) : 잘못된 것을 바로잡고 나무람

規

5급 | **필순**: 規 規 規 規 規 規 規 規 規 規

법 규
見 총11획

대상을 관찰하는 한 사람(見)이 다른 사람(夫)의 몸을 천천히 훑어보며 사람을 기준으로 하여 다른 물체의 길이나 높이를 알려고 한 것에서 '법, 본보기'라는 뜻을 가지게 되었다.

規格(규격) 規戒(규계) 規模(규모)
規範(규범) 規約(규약) 規律(규율)
規切(규절) 規程(규정) 規制(규제)
規則(규칙) 法規(법규) 例規(예규)

뜻풀이
規模(규모) : 본보기가 될 만한 틀. 사물이나 현상의 크기나 범위
規約(규약) : 조직 안에서 서로 지키도록 약속해 놓은 규칙

均

4급 | **필순**: 均 均 均 均 均 均 均

고를 균
土 총7획

땅의 흙(土)을 두드려서 고르게(勻) 하는 것을 나타내어 '고르다'의 뜻을 가지게 되었다.

均等(균등) 均排(균배) 均配(균배)
均分(균분) 均熱(균열) 均一(균일)
均調(균조) 均質(균질) 均衡(균형)
平均(평균)

뜻풀이
均配(균배) : 고르게 나눔
均質(균질) : 성분이나 특성 등이 고루 같음

菌

3급Ⅱ | **필순**: 菌 菌 菌 菌 菌 菌 菌 菌 菌 菌 菌

버섯 균
艹 총12획

벼(禾)를 기르듯이 울타리(囗) 안에서 재배하는 식물(艹)인 '버섯'을 뜻한다.

菌類(균류) 滅菌(멸균) 病菌(병균)
保菌(보균) 殺菌(살균) 細菌(세균)
抗菌(항균) 大腸菌(대장균)
乳酸菌(유산균)

뜻풀이
滅菌(멸균) : 세균을 죽임
抗菌(항균) : 균에 저항함

克

3급Ⅱ | **필순**: 克 克 克 克 克 克 克

이길 극
儿 총7획

갑옷을 입고 있는 사람의 모습으로 갑옷의 무게를 견디는 것을 나타내어 '이기다'의 뜻을 가지게 되었다.

克己(극기) 克勵(극려) 克明(극명)
克復(극복) 克服(극복) 克讓(극양)
克定(극정) 克治(극치) 審克(심극)
超克(초극)

뜻풀이
克明(극명) : 속속들이 따져 밝힘
克治(극치) : 개인적인 욕심과 그릇된 생각을 떨쳐버림

劇 (4급) 심할 극
刀 총15획
필순: 劇 劇 劇 劇 劇 劇 劇 劇 劇 劇 劇 劇 劇 劇 劇

격렬하게 뒤엉켜 싸우는 호랑이(虎)와 멧돼지(豕)를 칼(刂)로 찔러서 잡는 것으로 '심하다'의 뜻을 가지게 되었다.

劇團(극단) 劇的(극적) 歌劇(가극)
京劇(경극) 孔劇(공극) 悲劇(비극)
史劇(사극) 樂劇(악극) 演劇(연극)
慘劇(참극) 唱劇(창극) 戱劇(희극)

뜻풀이
史劇(사극): 역사를 바탕으로 만든 연극이나 드라마
慘劇(참극): 슬프고 끔찍한 사건을 비유적으로 이르는 말

極 (4급II) 다할/극진할 극
木 총13획
필순: 極 極 極 極 極 極 極 極 極 極 極 極 極

용마루에서 일을 지시하는 모습이다. 나무(木)로 집을 지을 때 사용하던 재료를 표현하였고 亟은 위아래가 막힌 곳(二)에서 빨리 일을 하라고 말(口)을 하고 손(又)으로 가리키는 것을 나타내어 '다하다, 극진하다'의 뜻을 가지게 되었다.

極端(극단) 極烈(극렬) 極祕(극비)
極貧(극빈) 極甚(극심) 極讚(극찬)
極限(극한) 極刑(극형) 登極(등극)
罔極(망극) 磁極(자극) 積極(적극)

뜻풀이
極祕(극비): 절대 발설해서는 안 되는 중요한 일
登極(등극): 한 분야의 가장 높은 자리나 지위에 오름

勤 (4급) 부지런할 근(:)
力 총13획
필순: 勤 勤 勤 勤 勤 勤 勤 勤 勤 勤 勤 勤 勤

벽에 진흙(堇)을 바르는 데에 온 힘(力)을 다 바쳐 부지런히 일하는 것에서 '부지런하다'의 뜻을 가지게 되었다.

勤儉(근검) 勤勞(근로) 勤勉(근면)
勤務(근무) 勤實(근실) 皆勤(개근)
缺勤(결근) 常勤(상근) 夜勤(야근)
轉勤(전근) 通勤(통근) 退勤(퇴근)

뜻풀이
皆勤(개근): 학교나 직장에서 일정 기간 동안 매일 출석하거나 출근함
缺勤(결근): 출근하지 않고 빠짐

謹 (3급) 삼갈 근:
言 총18획
필순: 謹 謹 謹 謹 謹 謹 謹 謹 謹 謹 謹 謹 謹 謹 謹 謹 謹 謹

벽에 진흙(堇)을 조심스럽게 바르듯 말(言)도 항상 조심스럽게 해야 한다는 것에서 '삼가다'의 뜻을 가지게 되었다.

謹啓(근계) 謹告(근고) 謹拜(근배)
謹身(근신) 謹愼(근신) 謹嚴(근엄)
謹呈(근정) 謹弔(근조) 謹識(근지)
謹賀(근하)

뜻풀이
謹嚴(근엄): 점잖고 엄숙함
謹弔(근조): 죽은 사람에 대하여 삼가 조상함

僅 (3급) 겨우 근:
人 총13획
필순: 僅 僅 僅 僅 僅 僅 僅 僅 僅 僅 僅

堇에 亻이 더해진 글자로 여기서 堇(근)은 발음기호의 역할을 한다. 사람(亻)이 벽에 진흙(堇)을 바를 힘밖에 없음을 나타내어 '겨우, 적다'의 뜻을 가지게 되었다.

僅僅(근근) 僅少(근소)
僅具人形(근구인형) 僅僅圖生(근근도생)
僅僅得生(근근득생) 僅僅扶持(근근부지)
僅保家聲(근보가성) 幾死僅生(기사근생)

뜻풀이
僅僅(근근): 겨우
僅僅得生(근근득생): 간신히 생을 이어 나감

斤 (3급) 근/날 근
斤 총4획
필순: 斤 斤 斤 斤

자루 끝에 날을 단 도끼 모습으로 '날'을 뜻하며 지금은 주로 '무게단위'로 쓰인다.

斤兩(근량) 斤量(근량) 斤數(근수)
斤正(근정) 斤重(근중) 百斤(백근)
作斤(작근) 千斤(천근) 解斤(해근)

뜻풀이
斤兩(근량): 무게 단위의 근과 냥
斤數(근수): 저울에 단 무게의 수

人一十之 己讀百之 (남보다 몇 배의 노력을 해야 뛰어날 수 있다.)

近 (6급) 가까울 근:
辶 총8획

近刊(근간) 近似(근사) 近影(근영)
近接(근접) 近處(근처) 迫近(박근)
附近(부근) 遠近(원근) 隣近(인근)
接近(접근) 側近(측근) 親近(친근)

斤에 辶이 더해진 글자로 여기서 斤(근)은 발음기호의 역할을 한다. 도끼질을 할 수 있는 거리만큼 가까이 간(辶) 것을 나타내어 '가깝다'의 뜻을 가지게 되었다.

뜻풀이
近影(근영) : 최근에 찍은 인물 사진
側近(측근) : 곁에 가까운 사람

根 (6급) 뿌리 근
木 총10획

根幹(근간) 根據(근거) 根本(근본)
根源(근원) 根絶(근절) 根治(근치)
葛根(갈근) 球根(구근) 菌根(균근)
蓮根(연근) 齒根(치근) 禍根(화근)

뒤에 시선이 고정되어(艮) 있는 것처럼 나무(木)가 지탱할 수 있게 고정시켜주는 '뿌리'를 뜻한다.

뜻풀이
根絶(근절) : 소생할 수 없도록 뿌리째 없애 버림
禍根(화근) : 재앙의 근원

筋 (4급) 힘줄 근
竹 총12획

筋骨(근골) 筋根(근근) 筋度(근도)
筋力(근력) 筋肉(근육) 屈筋(굴근)
心筋(심근) 轉筋(전근) 主筋(주근)
鐵筋(철근)

사람이 몸(月=肉)에 힘(力)을 주면 대나무(竹)의 마디처럼 힘줄이 보이는 것을 나타내어 '힘줄'의 뜻을 가지게 되었다.

뜻풀이
筋力(근력) : 근육의 힘과 지속성
心筋(심근) : 심장을 이루는 근육

今 (6급II) 이제 금
人 총4획

今時(금시) 今週(금주) 今號(금호)
今回(금회) 今後(금후) 古今(고금)
方今(방금) 尙今(상금) 至今(지금)
只今(지금) 現今(현금)

본래 청동기를 만드는 거푸집에서 구리 용액이 흘러오는 모습을 나타내었으나 나중에 세월이 흘러 지금에 이르렀다는 '지금'의 뜻을 가지게 되었다.

뜻풀이
今時(금시) : 바로 지금
現今(현금) : 현재 가지고 있는 돈

琴 (3급II) 거문고 금
玉 총12획

琴歌(금가) 琴道(금도) 琴書(금서)
琴線(금선) 琴瑟(금슬) 琴心(금심)
心琴(심금) 洋琴(양금) 彈琴(탄금)
風琴(풍금) 奚琴(해금)

줄의 소리를 고르는 기러기발(珏)과 거문고의 줄(人), 틀(丂)의 모습을 본떠 '거문고'를 뜻한다.

뜻풀이
琴瑟(금슬) : 거문고와 비파. 부부간의 사랑
心琴(심금) : 외부의 자극으로 움직이는 마음을 거문고에 비유함

禽 (3급II) 새 금
内 총13획

禽獸(금수) 禽鳥(금조) 禽獲(금획)
家禽(가금) 德禽(덕금) 猛禽(맹금)
鳴禽(명금) 放禽(방금) 仙禽(선금)

본래 긴 자루와 그 자루 끝에 달린 그물의 모습으로 새를 잡는 그물을 나타내었으나 나중에 '날짐승, 새'의 뜻을 가지게 되었다.

뜻풀이
家禽(가금) : 식용을 위해 집에서 기르는 짐승
猛禽(맹금) : 사납고 몸이 굳센 날짐승

禁 (4급II)

필순: 禁禁禁禁禁禁禁禁禁禁禁禁禁

금할 금:
示 총13획

禁忌(금기) 禁獵(금렵) 禁煙(금연)
禁慾(금욕) 禁婚(금혼) 監禁(감금)
勿禁(물금) 嚴禁(엄금) 軟禁(연금)
通禁(통금) 販禁(판금) 解禁(해금)

수풀(林)로 덮인 귀신을 모시는 곳(示=神)의 출입을 막은 것을 나타내어 '금하다'의 뜻을 가지게 되었다.

뜻풀이
禁婚(금혼): 결혼을 금함
監禁(감금): 몸을 가두어 구속함

金 (8급)

필순: 金金金金金金金金

쇠 금
성(姓) 김
金 총8획

金庫(금고) 金塊(금괴) 金融(금융)
金錢(금전) 金塔(금탑) 募金(모금)
罰金(벌금) 料金(요금) 資金(자금)
貯金(저금) 積金(적금) 獻金(헌금)

본래 쇳물(丶)이 떨어지는 거푸집의 모습이다. 거푸집은 쇠에 녹지 않는 가는 모래나 흙으로 만들기에 土가 쓰였는데 나중에 거푸집으로 만들어내는 대표적 금속이 쇠나 금이기에 '쇠'의 뜻을 가지게 되었다. '성씨'의 하나로도 쓰인다.

뜻풀이
金塊(금괴): 금덩이
募金(모금): 기부금을 모음

錦 (3급II)

필순: 錦錦錦錦錦錦錦錦錦錦錦錦錦錦錦錦

비단 금:
金 총16획

錦鷄(금계) 錦歸(금귀) 錦端(금단)
錦紋(금문) 錦山(금산) 錦營(금영)
錦衣(금의) 錦帳(금장) 錦地(금지)
錦還(금환)

금(金)이 빛나듯이 고운 빛깔이 나는 비단(帛)을 나타내어 '비단'의 뜻을 가지게 되었다.

뜻풀이
錦鷄(금계): 꿩과에 속하는 화려한 새
金殿(금전): 금으로 만든 전당, 화려한 전당

及 (3급II)

필순: 及及及及

미칠 급
又 총4획

及其(급기) 及落(급락) 及第(급제)
及逮(급체) 論及(논급) 未及(미급)
普及(보급) 言及(언급) 波及(파급)

又와 人이 합쳐진 글자로 앞서 가는 사람(人)에게 손(又)이 닿을 수 있을 정도로 따라 붙음을 나타내어 '미치다'의 뜻을 가지게 되었다.

뜻풀이
言及(언급): 그 일과 관련하여 말함
波及(파급): 어떤 일의 여파나 영향이 점차 다른 곳으로 미침

級 (6급)

필순: 級級級級級級級級級級

등급 급
糸 총10획

級友(급우) 階級(계급) 等級(등급)
首級(수급) 低級(저급) 職級(직급)
進級(진급) 斬級(참급) 體級(체급)
初級(초급) 特級(특급) 勳級(훈급)

실을 꼴 때 앞의 실(糸)에 이어 다음 실이 따라붙듯이(及) 순서가 있다는 것에서 '등급'의 뜻을 가지게 되었다.

뜻풀이
首級(수급): 적장에서 베어 온 적군의 머리
體級(체급): 운동 경기에서 선수의 체중에 따른 등급

急 (6급II)

필순: 急急急急急急急急急

급할 급
心 총9획

急激(급격) 急變(급변) 急速(급속)
急錢(급전) 急造(급조) 急增(급증)
急進(급진) 緊急(긴급) 緩急(완급)
危急(위급) 焦急(초급) 促急(촉급)

본래 及과 心이 합쳐진 글자로 앞서 가는 사람이 멀어짐에 따라 그 사람에게 다가가기(及) 위해 급해진 마음(心)을 나타내었으나 나중에 及이 이으로 변하였고 '급하다'의 뜻을 가지게 되었다.

뜻풀이
急錢(급전): 급하게 필요한 돈
促急(촉급): 촉박하여 매우 급함

人一十之 己讀百之(남보다 몇 배의 노력을 해야 뛰어날 수 있다.)

給

5급 | 필순: 給給給給給給給給給給給給

줄 급
糸 총12획

給料(급료) 給仕(급사) 給與(급여)
供給(공급) 都給(도급) 班給(반급)
發給(발급) 配給(배급) 俸給(봉급)
需給(수급) 支給(지급) 還給(환급)

실(糸)을 모아 이어서(合) 줄을 만드는 것처럼 물건을 계속 공급하는 것을 나타내어 '주다, 보태다'는 뜻을 가지게 되었다.

뜻풀이
日給(일급) : 하루 단위로 지급하는 급료
還給(환급) : 다시 돌려줌

肯

3급 | 필순: 肯肯肯肯肯肯肯肯

즐길 긍:
肉 총8획

肯可(긍가) 肯諾(긍낙) 肯謝(긍사)
肯意(긍의) 肯定(긍정) 肯從(긍종)
肯志(긍지) 不肯(불긍) 首肯(수긍)

뼈(骨→止)에 딱 붙어 있는 살(月)을 맛있게 먹는 것을 나타내어 '즐기다'의 뜻을 가지게 되었다.

뜻풀이
肯諾(긍낙) : 기꺼이 허락함
肯志(긍지) : 찬성의 뜻

企

3급Ⅱ | 필순: 企企企企企企

꾀할 기
人 총6획

企及(기급) 企待(기대) 企圖(기도)
企望(기망) 企業(기업) 企投(기투)
企劃(기획) 仰企(앙기) 意企(의기)
鶴企(학기)

사람(人)이 발돋움(止)하고 먼 곳을 바라보는 것을 나타내어 어떤 일을 이루려고 힘을 쓰는 '꾀하다'의 뜻을 가지게 되었다.

뜻풀이
企及(기급) : 뜻하는 것을 이루고자 도모함
企圖(기도) : 어떤 일을 이루려는 계획이나 행동

其

3급Ⅱ | 필순: 其其其其其其其其

그 기
八 총8획

其間(기간) 其先(기선) 其實(기실)
其餘(기여) 其人(기인) 其中(기중)
其他(기타) 其後(기후) 各其(각기)
及其(급기)

본래 곡식의 티나 검불 등을 까부는 키의 모습으로 '키'를 뜻하였으나 나중에 대명사인 '그'의 뜻으로 쓰이게 되었다.

뜻풀이
其餘(기여) : 그 나머지
其後(기후) : 그 뒤

基

5급Ⅱ | 필순: 基基基基基基基基基基基

터 기
土 총11획

基盤(기반) 基本(기본) 基數(기수)
基因(기인) 基底(기저) 基點(기점)
基調(기조) 基準(기준) 基礎(기초)
基軸(기축) 基層(기층) 鴻基(홍기)

키(其)를 사용해서 땅 위의 흙(土)에 빈틈이 없도록 평평하게 흙을 뿌리고 다져 집을 만들 수 있는 기초를 마련한 것을 나타내어 '터'의 뜻을 가지게 되었다.

뜻풀이
基因(기인) : 기초가 되는 까닭
基層(기층) : 기초를 이루는 층

期

5급 | 필순: 期期期期期期期期期期期期

기약할 기
月 총12획

期待(기대) 期必(기필) 期限(기한)
佳期(가기) 乾期(건기) 納期(납기)
豫期(예기) 任期(임기) 早期(조기)
週期(주기) 次期(차기)

한 바퀴를 돌고 다시 돌아오는 달(月)처럼 다시 돌아올 그(其) 때를 기다림을 나타내어 '기약하다'의 뜻을 가지게 되었다.

뜻풀이
期必(기필) : 반드시 이루기를 기약함
期限(기한) : 미리 언제까지라고 정한 시기

欺

3급 | 속일 기 | 欠 | 총12획

欺欺欺欺欺欺欺欺欺欺欺欺

입을 크게 벌리고(欠) 그럴듯한 말을 하여 사람들에게 큰 기대(其)를 갖게 하는 것을 나타내어 '속이다'의 뜻을 가지게 되었다.

欺弄(기롱) 欺陵(기릉) 欺罔(기망)
欺冒(기모) 欺隱(기은) 欺情(기정)
欺惑(기혹) 詐欺(사기) 誕欺(탄기)

뜻풀이
欺罔(기망) : 남을 속여 넘김
欺惑(기혹) : 남을 속여 미혹하게 함

旗

7급 | 기 기 | 方 | 총14획

旗旗旗旗旗旗旗旗旗旗旗旗旗旗

其에 㫃이 더해진 글자로 여기서 其(기)는 발음기호의 역할을 한다. 휘날리는 깃발(㫃)로 '기'를 뜻한다.

旗手(기수) 旗幅(기폭) 校旗(교기)
國旗(국기) 軍旗(군기) 團旗(단기)
反旗(반기) 叛旗(반기) 白旗(백기)
赤旗(적기) 旌旗(정기) 弔旗(조기)

뜻풀이
校旗(교기) : 학교를 나타내는 깃발
赤旗(적기) : 위험함을 알리는 붉은 기

奇

4급 | 기특할 기 | 大 | 총8획

奇奇奇奇奇奇奇奇

사람들(大)이 놀랍고 기이한 것을 발견하면 입에서 탄성(可)을 내는 것을 나타내어 '기이하다, 기특하다'의 뜻을 가지게 되었다.

奇談(기담) 奇妙(기묘) 奇薄(기박)
奇僻(기벽) 奇襲(기습) 奇巖(기암)
奇緣(기연) 奇異(기이) 奇蹟(기적)
奇智(기지) 獵奇(엽기) 珍奇(진기)

뜻풀이
奇襲(기습) : 꾀를 부려 불시에 적을 공격함
奇智(기지) : 놀랍고 기발한 지혜

寄

4급 | 부칠 기 | 宀 | 총11획

寄寄寄寄寄寄寄寄寄寄寄

집(宀) 안에서 균형을 잃고 한쪽에 기대 있는 사람의 모습(奇)으로 타인의 집에 몸을 위탁하는 '부치다(寓)'의 뜻을 가지게 되었다. 또한 편지나 물건을 보낸다고 할 때의 '부치다'의 뜻으로도 쓰인다.

寄居(기거) 寄稿(기고) 寄留(기류)
寄附(기부) 寄生(기생) 寄宿(기숙)
寄食(기식) 寄與(기여) 寄贈(기증)
寄託(기탁) 寄港(기항)

뜻풀이
寄生(기생) : 혼자서는 살지 못하고 남에게 붙어 삶
寄宿(기숙) : 남의 집에 얹혀 숙식함

騎

3급Ⅱ | 말탈 기 | 馬 | 총18획

騎馬(기마) 騎兵(기병) 騎士(기사)
騎手(기수) 騎乘(기승) 騎御(기어)
單騎(단기) 銳騎(예기) 隻騎(척기)

옛날 전차를 타지 않고 말(馬)을 타고 싸우기 시작한 것은 기이하고(奇) 색다른 것이었음을 나타내어 '말 타다'의 뜻을 가지게 되었다.

뜻풀이
騎御(기어) : 말을 몲
銳騎(예기) : 굳세고 날렵한 기병

器

4급Ⅱ | 그릇 기 | 口 | 총16획

器器器器器器器器器器器器器器器器

제사의 희생으로 썼던 개(犬)를 나누어 먹기 위해 벌여놓은 여러 개의 그릇(㗊)의 모습으로 '그릇'을 뜻한다.

器械(기계) 器具(기구) 陶器(도기)
鈍器(둔기) 牙器(아기) 甕器(옹기)
磁器(자기) 臟器(장기) 祭器(제기)
銃器(총기) 漆器(칠기)

뜻풀이
祭器(제기) : 제사에 쓰이는 그릇
漆器(칠기) : 옻칠과 같이 잿물을 입혀 만든 그릇

人一十之 己讀百之 (남보다 몇 배의 노력을 해야 뛰어날 수 있다.)

技 재주 기
- 5급
- 手 총7획
- 技能(기능) 技法(기법) 技術(기술)
- 技藝(기예) 技指(기지) 競技(경기)
- 妙技(묘기) 餘技(여기) 演技(연기)
- 雜技(잡기) 珍技(진기) 鬪技(투기)

뜻풀이
- 餘技(여기): 전문적으로 하는 것이 아니라 취미로 하는 기술
- 珍技(진기): 진귀한 기술

손에 나뭇가지를 잡고 있는 모습(支)에 扌를 더해서 손의 기능을 강조하여 손을 다양한 곳에 활용할 수 있는 '재주'를 뜻한다.

己 몸 기
- 5급Ⅱ
- 己 총3획
- 克己(극기) 愛己(애기) 爲己(위기)
- 利己(이기) 一己(일기) 自己(자기)
- 切己(절기) 知己(지기) 行己(행기)

뜻풀이
- 愛己(애기): 자신을 사랑함
- 一己(일기): 내 한 몸

사람이 무릎을 꿇는 모습 또는 실 끝이 꼬부라진 모습으로 본래 '실마리'를 나타내었으나 나중에 '몸, 여섯째 천간'의 뜻으로 쓰이게 되었다.

忌 꺼릴 기
- 3급
- 心 총7획
- 忌故(기고) 忌日(기일) 忌祭(기제)
- 忌中(기중) 忌避(기피) 家忌(가기)
- 禁忌(금기) 相忌(상기) 厭忌(염기)
- 週忌(주기) 嫌忌(혐기)

뜻풀이
- 忌日(기일): 매년 돌아오는 제삿날
- 厭忌(염기): 싫어하고 꺼림

마음(心)이 끈(己)으로 묶이듯이 매이는 것을 꺼림을 나타내어 '꺼리다'의 뜻을 가지게 되었다.

紀 벼리 기
- 4급
- 糸 총9획
- 紀念(기념) 紀錄(기록) 紀元(기원)
- 紀律(기율) 紀傳(기전) 軍紀(군기)
- 檀紀(단기) 黨紀(당기) 世紀(세기)
- 紀念館(기념관) 新紀元(신기원)

뜻풀이
- 軍紀(군기): 군대의 기강
- 新紀元(신기원): 새로운 기원으로 인해 시작된 새로운 시대

본래 몇 군데 매듭을 지어놓은 새끼줄(己)의 모습에 糸가 더해져 그물을 오므렸다 폈다 할 수 있는 줄인 '벼리'의 뜻을 가지게 되었다. 일이나 글의 뼈대가 되는 줄거리를 가리킬 때 쓰인다.

記 기록할 기
- 7급Ⅱ
- 言 총10획
- 記念(기념) 記錄(기록) 記述(기술)
- 記號(기호) 謄記(등기) 銘記(명기)
- 倂記(병기) 暗記(암기) 誤記(오기)
- 轉記(전기) 追記(추기)

뜻풀이
- 銘記(명기): 가슴 속 깊이 새겨 둠
- 誤記(오기): 잘못된 기록

흩어져 있는 실 가닥을 가지런히 하는 실패(己)처럼 말(言)의 내용을 정리하여 기록하는 것으로 '기록하다'의 뜻을 가지게 되었다.

起 일어날 기
- 4급Ⅱ
- 走 총10획
- 起伏(기복) 起訴(기소) 起點(기점)
- 起寢(기침) 驚起(경기) 突起(돌기)
- 倂起(병기) 奮起(분기) 想起(상기)
- 惹起(야기) 隆起(융기) 提起(제기)

뜻풀이
- 想起(상기): 지난 일을 돌이켜 생각하여 냄
- 惹起(야기): 어떤 일이나 사건을 끌어다 일으킴

사람이 무릎을 꿇고(己) 있다가 일어나서 팔을 흔들며 달려가는(走) 모습으로 '일어나다'를 뜻한다.

3급 幾

필순
幾 幾 幾 幾 幾 幾 幾 幾 幾 幾 幾

몇 기
幺 총12획

幾年(기년) 幾微(기미) 幾百(기백)
幾日(기일) 幾何(기하) 幾許(기허)
庶幾(서기)

실 다발(幺幺)이 걸려있는 베틀의 모습으로 베틀을 여러 번 사용하다 보면 숙련이 되어 감으로 작업을 할 수 있기에 '기미'의 뜻을 가지게 되었으며 나중에 '몇'의 뜻으로도 쓰이게 되었다.

뜻풀이
幾微(기미) : 예상하거나 짐작할 수 있는 현상. 김새
幾日(기일) : 며칠

4급 機

필순
機 機 機 機 機 機 機 機 機 機 機 機 機 機 機 機

틀 기
木 총16획

機械(기계) 機構(기구) 機微(기미)
機密(기밀) 機智(기지) 契機(계기)
勝機(승기) 乘機(승기) 危機(위기)
投機(투기) 偵察機(정찰기)

베틀(幾)을 만든 재료가 나무(木)임을 나타내어 '베틀'의 뜻을 강조하였다.

뜻풀이
契機(계기) : 일이 발생하게 되는 결정적인 원인
危機(위기) : 위험한 고비나 경우

3급II 畿

필순
畿 畿 畿 畿 畿 畿 畿 畿 畿 畿 畿 畿 畿 畿 畿

경기 기
田 총15획

畿內(기내) 畿府(기부) 畿營(기영)
畿邑(기읍) 畿察(기찰) 畿湖(기호)
京畿(경기) 王畿(왕기) 帝畿(제기)

밭(田)에서 뽕을 기르고 베를 짜는(幾) 일이 성과 가까운 곳에서 이루어졌기에 서울 주위의 지역인 '경기'의 뜻을 갖는다.

뜻풀이
畿湖(기호) : 경기도와 충청도
京畿道(경기도) : 우리나라 중서부에 위치함

7급II 氣

필순
氣 氣 氣 氣 氣 氣 氣 氣 氣 氣

기운 기
气 총10획

氣勢(기세) 氣壓(기압) 氣候(기후)
感氣(감기) 濕氣(습기) 傲氣(오기)
精氣(정기) 蒸氣(증기) 醉氣(취기)
胎氣(태기) 霸氣(패기) 換氣(환기)

창공에 길게 펼쳐진 새털구름의 모습으로 본래 气로 쓰였다. 나중에 米가 더해져서 지금의 모습으로 변하였고 '기운'의 뜻을 가지게 되었다.

뜻풀이
傲氣(오기) : 능력 부족임에도 지기 싫어하는 마음
醉氣(취기) : 술이 취한 기운

5급 汽

필순
汽 汽 汽 汽 汽 汽 汽

물끓는김 기
水 총7획

汽管(기관) 汽機(기기) 汽力(기력)
汽船(기선) 汽水(기수) 汽室(기실)
汽笛(기적) 汽艇(기정) 汽車(기차)

물(氵)을 끓일 때 나오는 김(气)을 나타내어 '물 끓는 김'의 뜻을 가지게 되었다.

뜻풀이
汽力(기력) : 증기의 힘
汽笛(기적) : 기차나 배에서 증기의 힘으로 나오는 경적 소리

3급II 祈

필순
祈 祈 祈 祈 祈 祈 祈 祈

빌 기
示 총9획

祈穀(기곡) 祈官(기관) 祈求(기구)
祈望(기망) 祈報(기보) 祈福(기복)
祈雨(기우) 祈願(기원) 祈祝(기축)

제단(示) 앞에서 두 손을 도끼날(斤)처럼 세우고 복을 비는 것을 나타내어 '빌다'라는 뜻을 가지게 되었다.

뜻풀이
祈求(기구) : 소원이 이루어지도록 빌고 바람
祈雨(기우) : 가뭄 때 비가 오기를 빎

人一十之 己讀百之 (남보다 몇 배의 노력을 해야 뛰어날 수 있다.)

旣

3급 | 이미 기 | 无 | 총11획

旣望(기망) 旣成(기성) 旣遂(기수)
旣述(기술) 旣約(기약) 旣往(기왕)
旣定(기정) 旣存(기존) 旣婚(기혼)

뜻풀이
旣往(기왕) : 이미 그렇게 된 바에
旣得權(기득권) : 특정한 개인이나 법인, 국가 등이 정당한 과정을 밟아 이미 차지한 권리

그릇에 수북이 담긴(皀) 맛있는 음식을 배부르게 다 먹고 고개를 돌리고 있는 사람(旡)의 모습으로 이미 실컷 먹은 것을 나타내어 '이미'의 뜻을 가지게 되었다.

棄

3급 | 버릴 기 | 木 | 총12획

棄却(기각) 棄權(기권) 棄世(기세)
棄兒(기아) 委棄(위기) 遺棄(유기)
投棄(투기) 破棄(파기) 廢棄(폐기)
抛棄(포기)

뜻풀이
遺棄(유기) : 내다 버림
破棄(파기) : 조약이나 약속을 깨뜨림

갓난아기(厶)가 들어있는 삼태기(丗)를 두 손으로 들어서(廾→八) 버리는 모습을 나타내어 '버리다'의 뜻을 가지게 되었다.

豈

3급 | 어찌 기 | 豆 | 총10획

豈可(기가) 豈敢(기감) 豈不(기불)

뜻풀이
豈敢(기감) : 어찌 감히

본래 윗부분에 장식을 한 북의 모습을 나타내었으나 나중에 의문을 나타내는 어조사인 '어찌'의 뜻으로 쓰이게 되었다.

飢

3급 | 주릴 기 | 食 | 총11획

飢渴(기갈) 飢民(기민) 飢死(기사)
飢色(기색) 飢餓(기아) 飢因(기인)
飢調(기조) 飢寒(기한) 療飢(요기)
虛飢(허기)

뜻풀이
飢餓(기아) : 굶주림
虛飢(허기) : 매우 배고픈 느낌

먹을(皀) 것이 부족하여(几) 굶주리는 것으로 '주리다'의 뜻을 가지게 되었다.

緊

3급II | 긴할 긴 | 糸 | 총14획

緊急(긴급) 緊密(긴밀) 緊迫(긴박)
緊束(긴속) 緊要(긴요) 緊張(긴장)
緊切(긴절) 緊着(긴착) 緊縮(긴축)
緊託(긴탁) 要緊(요긴)

뜻풀이
緊縮(긴축) : 바짝 줄임
緊託(긴탁) : 꼭 들어 달라고 긴하게 하는 부탁

실(糸)이 팽팽해질 정도로 단단하게(臤) 묶은 것을 나타내어 '팽팽하다'의 뜻을 가지게 되었다. 또한 꼭 필요하다는 의미의 '긴하다'의 뜻으로도 쓰인다.

吉

5급 | 길할 길 | 口 | 총6획

吉夢(길몽) 吉祥(길상) 吉瑞(길서)
吉運(길운) 吉兆(길조) 吉鳥(길조)
吉凶(길흉) 大吉(대길) 不吉(불길)

뜻풀이
吉祥(길상) : 운수가 좋을 징조
吉運(길운) : 아주 좋은 운수

선비(士)의 입(口)에서는 항상 참되고 좋은 말만 나오는 것에서 '길하다'의 뜻을 가지게 되었다.

那

3급 | 어찌 나:
邑 | 총7획

那那那那那那那

那間(나간) 那落(나락) 那邊(나변)
那術(나술) 那威(나위) 那何(나하)
規那(규나) 禪那(선나) 支那(지나)
刹那(찰나)

수염을 길게 늘어뜨린(冄) 사람들이 사는 땅(阝=邑)을 나타내었으나 나중에 의문을 나타내는 어조사인 '어찌'의 뜻으로 쓰이게 되었다.

뜻풀이
那何(나하) : 어찌
刹那(찰나) : 바로 그때. 그 순간

諾

3급II | 허락할 낙
言 | 총16획

諾諾諾諾諾諾諾
諾諾諾諾諾諾諾

諾約(낙약) 內諾(내락) 受諾(수락)
承諾(승낙) 應諾(응낙) 認諾(인락)
卽諾(즉낙) 快諾(쾌락) 許諾(허락)
歡諾(환락)

원하는 일을 할 수 있도록 말(言)로 승낙하는(若) 것을 나타내어 '허락하다'의 뜻을 가지게 되었다.

뜻풀이
應諾(응낙) : 응하여 수락함
歡諾(환낙) : 흔쾌히 승낙함

暖

4급II | 따뜻할 난:
日 | 총13획

暖暖暖暖暖暖暖暖
暖暖暖暖

暖帶(난대) 暖冬(난동) 暖流(난류)
暖房(난방) 暖色(난색) 暖衣(난의)
暖波(난파) 寒暖(한난)

햇볕(日)처럼 따뜻한 화로를 잡고 다른 사람의 손과 내 손 사이에 끌어당겨서(爰) 몸을 따뜻하게 하는 것을 나타내어 '따뜻하다'의 뜻을 가지게 되었다.

뜻풀이
暖色(난색) : 따뜻한 느낌의 색
暖衣(난의) : 따뜻한 옷

難

4급II | 어려울 난(:)
隹 | 총19획

難難難難難難難
難難難難難難難
難難難

難關(난관) 難易(난이) 難處(난처)
難治(난치) 難解(난해) 論難(논란)
盜難(도난) 受難(수난) 甚難(심난)
危難(위난) 險難(험난) 患難(환난)

새(隹)가 진흙(菫=堇)에 빠져서 나오기 어려운 것을 나타내어 '어렵다'의 뜻을 가지게 되었다.

뜻풀이
難解(난해) : 풀기 어려움
甚難(심난) : 몹시 어려움

南

8급 | 남녘 남
十 | 총9획

南南南南南南南南南

南極(남극) 南端(남단) 南部(남부)
南進(남진) 南侵(남침) 南派(남파)
南韓(남한) 南向(남향) 嶺南(영남)
越南(월남) 以南(이남) 湖南(호남)

줄에 걸린 종 모양을 본뜬 글자로 南이라는 종은 남쪽에 위치했다고 한다. 이로부터 나중에 '남쪽'의 뜻으로 쓰이게 되었다.

뜻풀이
南派(남파) : 남쪽으로 보냄
越南(월남) : 남쪽으로 넘어감

男

7급II | 사내 남
田 | 총7획

男男男男男男男

男妹(남매) 男性(남성) 男優(남우)
男爵(남작) 男裝(남장) 男便(남편)
得男(득남) 丁男(정남) 次男(차남)

밭(田)에서 힘써(力) 일하는 '사내'를 뜻한다.

뜻풀이
男優(남우) : 남자 배우
得男(득남) : 아들을 낳음

人一十之 己讀百之(남보다 몇 배의 노력을 해야 뛰어날 수 있다.)

納 (4급)

필순: 納納納納納納納納納

들일 납
糸 총10획

納期(납기) 納付(납부) 納稅(납세)
檢納(검납) 歸納(귀납) 受納(수납)
豫納(예납) 完納(완납) 容納(용납)
呈納(정납) 畢納(필납) 獻納(헌납)

물 안(內)에 넣은 실(糸)이 물을 흡수하여 축축해진 것에서 '들이다'의 뜻을 가지게 되었다.

뜻풀이
納期(납기) : 세금이나 공과금 등을 내는 기한
畢納(필납) : 납세를 끝냄

娘 (3급II)

필순: 娘娘娘娘娘娘娘娘娘娘

계집 낭
女 총10획

娘家(낭가) 娘娘(낭낭) 娘子(낭자)
娘蟲(낭충) 娘核(낭핵) 姑娘(고낭)
小娘(소랑) 女娘(여랑) 令娘(영랑)

어진(良) 품성을 지닌 시집가기 전의 젊은 여자(女)로 '아가씨(계집)'를 뜻한다.

뜻풀이
娘家(낭가) : 어머니의 친정
小娘(소랑) : 어린 낭자

乃 (3급)

필순: 乃乃

이에 내:
丿 총2획

乃公(내공) 乃女(내녀) 乃東(내동)
乃父(내부) 乃孫(내손) 乃子(내자)
乃祖(내조) 乃至(내지) 乃妻(내처)
終乃(종내) 人乃天(인내천)

본래 여자의 젖을 본뜬 글자로 여자를 옆에서 보았기에 하나의 젖을 나타내었으나 나중에 앞의 말을 받아서 뒤의 말을 이어주는 조사로써 '이에'의 뜻을 가지게 되었다.

뜻풀이
乃子(내자) : 그 아들
乃至(내지) : 얼마에서 얼마까지

內 (7급II)

필순: 內內內內

안 내:
入 총4획

內閣(내각) 內勤(내근) 內賓(내빈)
內申(내신) 內容(내용) 內臟(내장)
內通(내통) 闕內(궐내) 案內(안내)
營內(영내) 宇內(우내) 胎內(태내)

집(冂) 안으로 들어가는(入) 것을 나타내어 '안'의 뜻을 가지게 되었다.

뜻풀이
內賓(내빈) : 여기 오신 손님
闕內(궐내) : 대궐 안

奈 (3급)

필순: 奈奈奈奈奈奈奈奈

어찌 내/나
大 총8획

奈末(내말) 奈邊(내변) 奈率(내솔)
奈乙(내을) 奈何(내하) 治奈(치내)
奈落(나락) 莫無可奈(막무가내)

본래 木과 示가 합쳐진 글자로 신에게 제사를 지낼 때 쓰이던 과일나무를 나타내었으나 木이 大로 변형되었다. 나중에 의문사인 '어찌'의 뜻으로 쓰이게 되었다.

뜻풀이
奈落(나락) : 불교에서 지옥을 이름. 벗어날 수 없는 최악의 상황을 비유하여 이름
莫無可奈(막무가내) : 도저히 어찌할 수 없음

耐 (3급II)

필순: 耐耐耐耐耐耐耐耐耐

견딜 내:
而 총9획

耐空(내공) 耐性(내성) 耐壓(내압)
耐熱(내열) 耐震(내진) 耐寒(내한)
耐火(내화) 忍耐(인내)
耐久性(내구성) 耐火性(내화성)

손(寸)으로 수염의 털(而)을 깎는 모습이다. 옛날에 가벼운 죄는 그 벌로 수염을 깎았기에 가벼운 형벌은 참을 수 있다는 것에서 '견디다'의 뜻을 가지게 되었다.

뜻풀이
耐性(내성) : 약물의 반복적인 복용으로 약효가 떨어지는 현상
耐久性(내구성) : 어떤 물질의 상태가 변형됨이 없이 오래 견디는 성질

女

8급 | 필수: 人女女

계집 녀
女 총3획

두 손을 모으고 꿇어앉아 있는 여자의 모습을 본떠 '계집, 여자'를 뜻한다.

女僧(여승) 女息(여식) 女優(여우)
魔女(마녀) 修女(수녀) 淑女(숙녀)
烈女(열녀) 熊女(웅녀) 織女(직녀)
處女(처녀) 醜女(추녀)

뜻풀이
女息(여식) : 여자로 태어난 자식
醜女(추녀) : 얼굴이 못생긴 여자

年

8급 | 필수: 年年年年年年

해 년
干 총6획

본래 사람(人)이 수확한 벼(禾)를 짊어지고 가는 모습을 나타내었으나 나중에 곡식이 여무는 '해'의 뜻으로 쓰이게 되었다.

年輩(연배) 年譜(연보) 年俸(연봉)
年歲(연세) 年號(연호) 頃年(경년)
往年(왕년) 停年(정년) 編年(편년)
豊年(풍년)

뜻풀이
年輩(연배) : 비슷한 또래의 나이
往年(왕년) : 지나간 해

念

5급Ⅱ | 필수: 念念念念念念念念

생각 념:
心 총8획

마음(心) 속에 지니고(今=含) 있는 '생각'을 뜻한다.

念珠(염주) 概念(개념) 觀念(관념)
斷念(단념) 默念(묵념) 餘念(여념)
寅念(인념) 雜念(잡념) 專念(전념)
縶念(절념) 滯念(체념) 追念(추념)

뜻풀이
觀念(관념) : 어떤 일에 대한 견해나 생각
餘念(여념) : 어떤 일에 대하여 생각하고 있는 것 외에 다른 생각

寧

3급Ⅱ | 필수: 寧寧寧寧寧寧寧寧寧寧寧寧寧寧

편안 녕
宀 총14획

집(宀)에서 그릇(皿)에 물을 담아놓고 신(丁=示)에게 소원을 빌어 마음(心)을 편안하게 하는 것에서 '편안하다'의 뜻을 가지게 되었다.

寧暇(영가) 寧居(영거) 寧陵(영릉)
寧邊(영변) 寧日(영일) 寧親(영친)
康寧(강녕) 歸寧(귀녕) 安寧(안녕)
休寧(휴녕)

뜻풀이
康寧(강녕) : 몸의 건강과 마음의 평안
休寧(휴녕) : 걱정 없이 마음을 편히 놓음

奴

3급Ⅱ | 필수: 奴奴奴奴奴

종 노
女 총5획

전쟁에서 포로로 잡혀(又) 종이 된 여자(女)를 나타내어 '종'의 뜻을 가지게 되었다.

奴婢(노비) 奴隷(노예) 家奴(가노)
監奴(감노) 官奴(관노) 農奴(농노)
雁奴(안노) 驛奴(역노) 倭奴(왜노)
忠奴(충노) 匈奴(흉노)

뜻풀이
監奴(감노) : 노비의 우두머리
倭奴(왜노) : 과거에, 일본 사람을 얕잡아 이르던 말

努

4급Ⅱ | 필수: 努努努努努努努

힘쓸 노
力 총7획

노예(奴)가 있는 힘(力)을 다해 일하는 것을 나타내어 '힘쓰다'의 뜻을 가지게 되었다.

努力(노력) 努目(노목) 努肉(노육)
努責(노책)

뜻풀이
努目(노목) : 성질을 내며 눈을 노려봄

人一十之 己讀百之 (남보다 몇 배의 노력을 해야 뛰어날 수 있다.)

怒 (4급II)
성낼 노:
心 총9획

필순: 怒怒怒怒怒怒怒怒怒

怒氣(노기) 怒聲(노성) 怒號(노호)
激怒(격노) 大怒(대노) 憤怒(분노)
奮怒(분노) 鬱怒(울노) 震怒(진노)
觸怒(촉노) 喜怒(희로)

학대받는 노예(奴)가 주인을 향해 지니고 있는 마음(心)으로 '성내다'의 뜻을 갖는다.

뜻풀이
怒氣(노기) : 성난 기색
怒號(노호) : 성내어 소리를 지름

農 (7급II)
농사 농
辰 총13획

필순: 農農農農農農農農農農農農農

農樂(농악) 農藥(농약) 農謠(농요)
農園(농원) 農政(농정) 勸農(권농)
歸農(귀농) 篤農(독농) 富農(부농)
貧農(빈농) 榮農(영농) 廢農(폐농)

예전에는 대합조개(辰)로 농기구를 만들어 농사를 지었다. 농사철에 밭(曲=田)에 나가서 농사를 짓는 것을 나타내어 '농사'의 뜻을 가지게 되었다.

뜻풀이
農謠(농요) : 농부들이 농사를 지으며 부르는 노래
勸農(권농) : 농사를 장려함

惱 (3급)
번뇌할 뇌
心 총12획

필순: 惱惱惱惱惱惱惱惱惱惱惱惱

惱覺(뇌각) 惱客(뇌객) 惱亂(뇌란)
惱殺(뇌쇄) 惱神(뇌신) 惱心(뇌심)
苦惱(고뇌) 困惱(곤뇌) 煩惱(번뇌)
病惱(병뇌)

마음(忄)에 시달리는 일로 머리(腦)가 아프고 괴로움을 나타내어 '번뇌하다'의 뜻을 가지게 되었다.

뜻풀이
惱殺(뇌쇄) : 애타게 몹시 괴로움
苦惱(고뇌) : 괴로워하며 번뇌함

腦 (3급II)
골/뇌수 뇌
肉 총13획

필순: 腦腦腦腦腦腦腦腦腦腦腦腦

腦裏(뇌리) 腦死(뇌사) 腦炎(뇌염)
腦波(뇌파) 大腦(대뇌) 頭腦(두뇌)
洗腦(세뇌) 首腦(수뇌)
腦卒中(뇌졸중)

신체(月=肉)의 부위 중 머리털(巛)이 붙어있는 머리의 두개골(囟) 모습으로 '골, 뇌수'를 뜻한다.

뜻풀이
腦裏(뇌리) : 머릿속. 뇌 속
洗腦(세뇌) : 어떤 사상을 개조함

能 (5급II)
능할 능
肉 총10획

필순: 能能能能能能能能能能

能熟(능숙) 官能(관능) 權能(권능)
技能(기능) 機能(기능) 性能(성능)
良能(양능) 藝能(예능) 全能(전능)
知能(지능) 職能(직능) 效能(효능)

곰의 머리와 몸(月), 발바닥(匕)의 모습으로 곰이 재주가 많기에 '능하다'의 뜻을 가지게 되었다.

뜻풀이
藝能(예능) : 예술과 관련된 능력을 통틀어 이름
全能(전능) : 모든 일에 능함

泥 (3급II)
진흙 니
水 총8획

필순: 泥泥泥泥泥泥泥泥

泥丘(이구) 泥路(이로) 泥線(이선)
泥水(이수) 泥田(이전) 泥醉(이취)
泥炭(이탄) 泥土(이토) 塗泥(도니)
途泥(도니) 雲泥(운니)

두 사람(尸·匕)이 들러붙은 것처럼 물기(氵) 많은 흙이 들러붙은 '진흙'을 뜻한다.

뜻풀이
泥土(이토) : 진흙
泥田鬪狗(이전투구) : 진흙탕에서 비열하게 싸우는 개. 즉 자신이 유리하도록 볼썽사납게 싸움

6급 多

多多多多多多

많을 다
夕 총6획

많을 다

본래 여기에서 夕은 저녁(夕)이 아닌 고기의 모습으로 두 개의 고기가 놓여 있는 것을 나타내었다. 동일한 글자를 두 개 이상 쓰면 많다는 것을 나타내었기에 '많다'를 뜻하게 되었다.

多寡(다과) 多極(다극) 多端(다단)
多辯(다변) 多濕(다습) 多額(다액)
多樣(다양) 多彩(다채) 繁多(번다)
雜多(잡다) 頗多(파다) 許多(허다)

뜻풀이
多辯(다변) : 말이 많음
許多(허다) : 매우 많음

3급II 茶

茶茶茶茶茶茶茶茶茶茶

차 다/차
艹 총10획

사람(人)이 풀(艹)이나 나무(木) 열매의 잎을 달여서 마시는 '차'를 뜻한다. 다와 차 두 가지 발음으로 읽는다.

茶菓(다과) 茶器(다기) 茶道(다도)
茶禮(다례/차례) 茶房(다방)
綠茶(녹차) 葉茶(엽차) 紅茶(홍차)

뜻풀이
茶器(다기) : 차와 관련된 기물
茶道(다도) : 차를 만드는 방법. 차를 마시는 예의

3급II 丹

丹丹丹丹

붉을 단
丶 총4획

광산에서 사람이 드나들도록 뚫어놓은 길 안에 광석이 있음을 나타낸 글자로 붉은색 광석을 으뜸으로 여겼기에 '붉다'의 뜻을 가지게 되었다.

丹誠(단성) 丹心(단심) 丹藥(단약)
丹粧(단장) 丹田(단전) 丹脂(단지)
丹靑(단청) 丹楓(단풍) 牧丹(목단)
仙丹(선단) 煉丹(연단) 朱丹(주단)

뜻풀이
丹心(단심) : 마음속에서 우러나오는 참된 마음
丹田(단전) : 배꼽 아래의 아랫배

3급II 旦

旦旦旦旦旦

아침 단
日 총5획

해(日)가 지평선(一) 위로 솟아 밝아져 가는 '아침'을 뜻한다.

旦望(단망) 旦明(단명) 旦暮(단모)
旦夕(단석) 歲旦(세단) 元旦(원단)
月旦(월단) 一旦(일단) 早旦(조단)
平旦(평단)

뜻풀이
旦明(단명) : 새벽. 여명
平旦(평단) : 동 틀 무렵

3급II 但

但但但但但但但

다만 단:
人 총7획

본래 지평선 위로 태양이 나타나듯이(旦) 사람(亻)이 어깨를 드러낸 것을 나타내었으나 나중에 '다만'의 뜻으로 쓰이게 되었다.

但空(단공) 但書(단서) 但只(단지)
非但(비단) 不但空(부단공)

뜻풀이
但只(단지) : 다만, 겨우
非但(비단) : 부정의 뜻으로 다만, 오직

4급II 單

單單單單單單單單單
單單單

홑 단
口 총12획

본래 끝에 두 갈래로 갈라진 원시적인 활의 모습을 나타내었으나 나중에 하나의 의미를 가진 '홑'으로 쓰이게 되었다.

單價(단가) 單獨(단독) 單利(단리)
單複(단복) 單純(단순) 單語(단어)
單元(단원) 單位(단위) 單音(단음)
單層(단층) 孤單(고단) 傳單(전단)

뜻풀이
單獨(단독) : 단 한 사람
單純(단순) : 복잡하지 않고 간단함

人一十之 己讀百之 (남보다 몇 배의 노력을 해야 뛰어날 수 있다.)

團

5급Ⅱ

둥글 단
囗　총14획

둥근(囗) 실패(叀)를 손(寸)으로 잡고 있는 것을 나타내어 '둥글다'의 뜻을 가지게 되었다.

團旗(단기)　團束(단속)　團員(단원)
團體(단체)　團合(단합)　社團(사단)
師團(사단)　樂團(악단)　旅團(여단)
財團(재단)　宗團(종단)　集團(집단)

뜻풀이
團合(단합) : 단결함
宗團(종단) : 종교나 종파의 단체

壇

5급

단 단
土　총16획

제사를 지낼 수 있도록 흙(土)으로 한 층 더 두툽게(亶) 만든 평지인 '단'을 뜻한다.

壇上(단상)　講壇(강단)　教壇(교단)
論壇(논단)　登壇(등단)　文壇(문단)
樂壇(악단)　演壇(연단)　祭壇(제단)
杏壇(행단)　花壇(화단)

뜻풀이
教壇(교단) : 교사가 강의할 때 올라서는 단
登壇(등단) : 어떤 분야에 처음 등장함. 보통 문단(文壇)에 처음 등장함을 이름

檀

4급Ⅱ

박달나무 단
木　총17획

크기가 크고 단단한(亶) 나무(木)인 '박달나무'를 뜻한다.

檀君(단군)　檀紀(단기)　檀度(단도)
檀頭(단두)　檀木(단목)　檀施(단시)
檀園(단원)　檀香(단향)　震檀(진단)
黑檀(흑단)

뜻풀이
檀紀(단기) : 기원전 2,333년을 원년으로 하는 기원
震檀(진단) : 우리나라의 예스러운 표현

端

4급Ⅱ

끝 단
立　총14획

어린 싹(耑)이 지면(一)을 뚫고 막 돋아나(山) 끝까지 자라서 서게(立) 됨을 나타내어 '끝'의 뜻을 가지게 되었다.

端緖(단서)　端雅(단아)　端役(단역)
端然(단연)　端午(단오)　端裝(단장)
極端(극단)　發端(발단)　惹端(야단)
異端(이단)　尖端(첨단)　弊端(폐단)

뜻풀이
惹端(야단) : 소란스럽고 떠들썩하게 일을 벌임
尖端(첨단) : 사물의 뾰족한 끝. 학문이나 유행 등의 선두

斷

4급Ⅱ

끊을 단:
斤　총18획

이어진(㡭) 실을 도끼(斤)로 끊는 것을 나타내어 '끊다'의 뜻을 가지게 되었다.

斷髮(단발)　斷續(단속)　斷腸(단장)
斷絕(단절)　斷乎(단호)　剛斷(강단)
禁斷(금단)　裁斷(재단)　診斷(진단)
遮斷(차단)　處斷(처단)　判斷(판단)

뜻풀이
斷腸(단장) : 창자가 끊어지는 듯한 슬픔
斷乎(단호) : 어떤 결심이나 태도가 결단성있고 엄격함

段

4급

층계 단
殳　총9획

높은 벼랑을 손(殳)으로 잡고 오르내리기 편리하게 구획을 (耳) 지어 만든 '층계'를 뜻한다.

段階(단계)　段落(단락)　段步(단보)
段數(단수)　階段(계단)　文段(문단)
分段(분단)　手段(수단)　昇段(승단)
一段(일단)　全段(전단)　初段(초단)

뜻풀이
分段(분단) : 몇 개의 단으로 나눔
手段(수단) : 어떤 목적을 달성하기 위해 하는 행동

116　한자능력검정시험 2급

短 (6급II)

짧을 단(:)
矢 총12획

短劍(단검) 短期(단기) 短命(단명)
短髮(단발) 短信(단신) 短點(단점)
短調(단조) 短縮(단축) 短打(단타)
短波(단파) 短篇(단편) 短靴(단화)

긴 화살(矢) 옆에 작은 제기(豆)를 두어서 상대적으로 작은 것을 나타내어 '짧다'의 뜻을 가지게 되었다.

뜻풀이
短命(단명) : 명이 짧음
短信(단신) : 간략하게 쓴 편지

達 (4급II)

통달할 달
辶 총13획

達觀(달관) 達磨(달마) 達辯(달변)
達筆(달필) 乾達(건달) 配達(배달)
熟達(숙달) 傳達(전달) 綜達(종달)
奏達(주달) 暢達(창달) 曉達(효달)

새끼 양(羊)이 수월하게 태어나는 것처럼 사람(大→土)이 아무런 장애 없이 길을 수월하게 가는(辶) 것을 나타내어 '통달하다'의 뜻을 가지게 되었다.

뜻풀이
達觀(달관) : 사소한 일에 얽매이지 않고 사물에 통달한 식견이나 관찰
暢達(창달) : 의견이나 주장 등을 막힘없이 자유롭게 표현함

擔 (4급II)

멜 담
手 총16획

擔當(담당) 擔保(담보) 擔稅(담세)
擔任(담임) 加擔(가담) 負擔(부담)
分擔(분담) 自擔(자담) 全擔(전담)

詹에 扌가 더해진 글자로 여기서 詹(첨)은 발음기호의 역할을 하는데 나중에 음이 첨에서 담으로 변하였다. 들 것을 손(扌)으로 둘러메는 것을 나타내어 '메다'의 뜻을 가지게 되었다.

뜻풀이
擔保(담보) : 빚을 대신할 수 있는 것을 맡아서 보증함
專擔(전담) : 혼자서 담당하거나 전문적으로 함

淡 (3급II)

맑을 담
水 총11획

淡潔(담결) 淡淡(담담) 淡泊(담박)
淡白(담백) 淡水(담수) 淡食(담식)
冷淡(냉담) 濃淡(농담) 雅淡(아담)

본래 활활 타오르는 불꽃(炎)처럼 물(氵)을 끓일 때 피어오르는 김을 나타내었으니 나중에 '맑다'는 뜻을 가지게 되었다.

뜻풀이
淡食(담식) : 싱겁게 먹음
冷淡(냉담) : 마음이나 태도가 차가움

談 (5급)

말씀 담
言 총15획

款談(관담) 弄談(농담) 漫談(만담)
俗談(속담) 餘談(여담) 雜談(잡담)
壯談(장담) 筆談(필담) 巷談(항담)
險談(험담) 婚談(혼담) 歡談(환담)

활활 타오르는 불꽃(炎) 앞에서 이야기(言)를 주고받는 것을 나타내어 '말씀'의 뜻을 가지게 되었다.

뜻풀이
餘談(여담) : 말하는 과정에서 그 이야기와 관계없이 흥미로 하는 다른 이야기
險談(험담) : 남의 흠을 꺼내어 헐뜯음

畓 (3급)

논 답
田 총9획

畓結(답결) 畓穀(답곡) 畓農(답농)
乾畓(건답) 京畓(경답) 公畓(공답)
舊畓(구답) 起畓(기답) 墓畓(묘답)
沃畓(옥답) 田畓(전답)

우리나라에서 만든 한자로 밭(田) 위에 물(水)이 있는 수전(水田)인 '논'을 뜻한다.

뜻풀이
畓農(답농) : 논농사
沃畓(옥답) : 기름진 논

人一十之 己讀百之 (남보다 몇 배의 노력을 해야 뛰어날 수 있다.)

踏 (3급II)

밟을 답
足 총15획

발(足)로 계속해서 논(沓)을 밟는 것을 나타내어 '밟다'의 뜻을 가지게 되었다.

踏橋(답교) 踏步(답보) 踏査(답사)
踏襲(답습) 踏至(답지) 踏靑(답청)
踏破(답파) 高踏(고답) 未踏(미답)
遍踏(편답)

뜻풀이
踏襲(답습) : 옛날부터 행해져 오던 방식과 수법을 그대로 행함
未踏(미답) : 아직 아무도 밟지 않음

答 (7급II)

대답 답
竹 총12획

죽간(竹)에다가 보내온 편지 내용에 맞게(合) 회답함을 나타내어 '대답하다'는 뜻을 가지게 되었다.

答禮(답례) 答訪(답방) 答辯(답변)
答辭(답사) 答申(답신) 答案(답안)
答狀(답장) 誤答(오답) 應答(응답)
筆答(필답) 解答(해답) 確答(확답)

뜻풀이
應答(응답) : 어떤 물음이나 부름에 응하여 답함
筆答(필답) : 글로 써서 대답함

唐 (3급II)

당나라/당황할당(:)
口 총10획

본래 절굿공이로 찧은 곡식을 먹는 것을 나타내었으나 나중에 왕조 이름인 '당나라'의 뜻으로 쓰이게 되었다. 또한 '당황하다, 황당하다'의 뜻으로도 쓰이게 되었다.

唐琴(당금) 唐突(당돌) 唐書(당서)
唐手(당수) 唐詩(당시) 唐衣(당의)
羅唐(나당) 隋唐(수당) 荒唐(황당)

뜻풀이
唐突(당돌) : 꺼리거나 어려워하는 마음이 없고 다부짐
荒唐(황당) : 행동이 터무니없음

糖 (3급II)

엿 당
사탕 탕
米 총16획

唐에 米가 더해진 글자로 여기서 唐(당)은 발음기호의 역할을 한다. 엿이나 사탕을 만드는 재료인 米를 더해서 '엿, 사탕'의 뜻을 가지게 되었고 '사탕'의 뜻으로 쓰일 때는 탕이라고 읽는다.

糖尿(당뇨) 糖度(당도) 糖蜜(당밀)
糖分(당분) 糖質(당질) 果糖(과당)
製糖(제당) 血糖(혈당) 沙糖(사탕)
雪糖(설탕) 麥芽糖(맥아당)

뜻풀이
糖尿(당뇨) : 소변에 당분이 섞여 나옴
製糖(제당) : 설탕을 만듦

堂 (6급II)

집 당
土 총11획

흙(土)을 높이 쌓아올린(尙) 그 위에 건물을 지은 것으로 '집'의 뜻을 가지게 되었다.

堂堂(당당) 堂叔(당숙) 堂姪(당질)
講堂(강당) 廟堂(묘당) 佛堂(불당)
書堂(서당) 聖堂(성당) 雁堂(안당)
殿堂(전당) 政堂(정당) 椿堂(춘당)

뜻풀이
堂叔(당숙) : 종숙. 아버지의 사촌 형제
佛堂(불당) : 부처를 모시는 당

當 (5급II)

마땅 당
田 총13획

이쪽 밭(田)과 이어져있는 저쪽 밭이 서로 포개어 맞추듯이(尙) 꼭 들어맞으며 그렇게 되어야 옳다는 것을 나타내어 '마땅하다'의 뜻을 가지게 되었다.

當局(당국) 當番(당번) 當惑(당혹)
可當(가당) 配當(배당) 相當(상당)
穩當(온당) 應當(응당) 適當(적당)
至當(지당) 割當(할당) 該當(해당)

뜻풀이
當惑(당혹) : 어떤 일을 당하여 정신이 없고 어찌할 바를 몰라 어리둥절함
可當(가당) : 대체적으로 사리에 맞음

黨 (무리 당)

4급II · 黑 · 총20획

필순: 黨黨黨黨黨黨黨黨黨黨黨黨黨黨黨黨黨黨黨黨

黨論(당론) 黨閥(당벌) 黨派(당파)
徒黨(도당) 朋黨(붕당) 惡黨(악당)
野黨(야당) 與黨(여당) 殘黨(잔당)
脫黨(탈당) 偏黨(편당)

높은(尙) 뜻을 품고 어두운(黑) 현실을 혁신하기 위해서 모인 무리를 나타내어 '무리'의 뜻을 가지게 되었다.

뜻풀이
殘黨(잔당): 공격하여 없애고 남은 도둑이나 악당들
脫黨(탈당): 당원이 당적을 떠남

大 (큰 대(:))

8급 · 大 · 총3획

필순: 大大大

大綱(대강) 大凡(대범) 大赦(대사)
大賞(대상) 大勢(대세) 大破(대파)
大艦(대함) 誇大(과대) 寬大(관대)
膽大(담대) 甚大(심대) 壯大(장대)

사람이 정면을 보고 양팔과 양다리를 크게 벌리고 서 있는 모습으로 '크다'를 뜻한다.

뜻풀이
誇大(과대): 사실 이상으로 크게 떠벌림
膽大(담대): 겁이 없이 담력이 큼

 (대신할 대:)

6급II · 人 · 총5획

필순: 代代代代代

代納(대납) 代理(대리) 代案(대안)
代役(대역) 代錢(대전) 代替(대체)
代播(대파) 累代(누대) 當代(당대)
歷代(역대) 遞代(체대) 稀代(희대)

푯말(弋)을 세워서 사람(亻)이 안내하던 것을 대신하게 하여 '대신하다, 바뀌다'는 뜻을 가지게 되었다.

뜻풀이
代替(대체): 다른 것으로 바꿈
歷代(역대): 대대로 이어져 온 그 동안

貸 (빌릴/뀔 대:)

3급II · 貝 · 총12획

필순: 貸貸貸貸貸貸貸貸貸貸貸貸

貸金(대금) 貸物(대물) 貸付(대부)
貸損(대손) 貸與(대여) 貸越(대월)
貸切(대절) 貸借(대차) 貸出(대출)
先貸(선대) 賃貸(임대) 轉貸(전대)

나중에 돌려줄(代) 것을 약속하고 재물(貝)을 빌리는 것을 나타내어 '빌리다, 뀌다'의 뜻을 가지게 되었다.

뜻풀이
貸與(대여): 빌려줌
貸借(대차): 꾸어 줌과 꾸어 옴

對 (대할 대:)

6급II · 寸 · 총14획

필순: 對對對對對對對對對對對對對對

對決(대결) 對談(대담) 對等(대등)
對聯(대련) 對譯(대역) 對偶(대우)
對替(대체) 對峙(대치) 對稱(대칭)
對話(대화) 應對(응대)

한 손(寸)에 불타는 촛대(丵)를 잡고 있는 모습으로 촛대를 잡고 어두운 곳으로 향하기에 '대하다'의 뜻을 가지게 되었다.

뜻풀이
對等(대등): 서로 견주어 낫고 못함이 없이 양쪽이 서로 비슷함
對峙(대치): 서로 맞서서 버팀

帶 (띠 대(:))

4급II · 巾 · 총11획

필순: 帶帶帶帶帶帶帶帶帶帶帶

帶劍(대검) 冠帶(관대) 暖帶(난대)
聲帶(성대) 眼帶(안대) 連帶(연대)
熱帶(열대) 溫帶(온대) 腰帶(요대)
戰帶(전대) 革帶(혁대) 橫帶(횡대)

연결되어 있는 허리띠(卌)와 두 개의 巾을 겹쳐서 허리띠 아래로 늘어진 천(巾)을 나타내어 '띠'의 뜻을 가지게 되었다.

뜻풀이
眼帶(안대): 눈병이 났을 때 눈을 가리게 만든 것
携帶(휴대): 물건을 손에 들거나 몸에 지님

人一十之 己讀百之 (남보다 몇 배의 노력을 해야 뛰어날 수 있다.)

待

6급 | 필순: 待待待待待待待待待

기다릴 대:
彳 총9획

손(寸)에 물건을 가지고 止(→止) 있듯이 자신의 능력을 쌓아가며 행동으로 실천하기(彳) 위한 때를 기다리고 있음을 나타내어 '기다리다'의 뜻을 가지게 되었다.

待接(대접) 待避(대피) 恭待(공대)
歡待(관대) 期待(기대) 企待(기대)
薄待(박대) 應待(응대) 賤待(천대)
招待(초대) 虐待(학대) 忽待(홀대)

뜻풀이
待避(대피) : 위험을 피하여 기다림
忽待(홀대) : 소홀히 대접함

隊

4급II | 필순: 隊隊隊隊隊隊隊隊隊隊隊隊

무리 대
阜 총12획

언덕(阝)에 있는 멧돼지(豕)들이 둘로 나누어져(八) 무리 지어 다니는 것을 나타내어 '무리'의 뜻을 가지게 되었다.

隊商(대상) 隊員(대원) 隊長(대장)
軍隊(군대) 部隊(부대) 入隊(입대)
除隊(제대) 編隊(편대) 艦隊(함대)
橫隊(횡대) 派遣隊(파견대)

뜻풀이
入隊(입대) : 군대에 들어감
後發隊(후발대) : 다른 무리보다 뒤늦게 출발한 무리나 그 소속원

臺

3급II | 필순: 一十士吉吉吉吉臺臺臺臺臺臺

대 대
至 총14획

흙이나 돌 따위를 높이(高) 쌓아 올린(一) 곳으로 사람이 이르러서(至) 사방을 바라볼 수 있게 만든 '대'를 뜻한다.

臺灣(대만) 臺帳(대장) 臺地(대지)
臺紙(대지) 架臺(가대) 鏡臺(경대)
燈臺(등대) 望臺(망대) 舞臺(무대)
釣臺(조대) 燭臺(촉대) 寢臺(침대)

뜻풀이
望臺(망대) : 주위를 살피려고 세운 높은 대
釣臺(조대) : 낚시터

德

5급II | 필순: 彳彳彳彳彳徳徳徳徳徳徳徳徳

큰 덕
彳 총15획

행하는(彳) 것이 올바르고 인격과 마음(心)이 곧음(直)을 나타내어 '덕, 큰 은혜'의 뜻을 가지게 되었다.

德澤(덕택) 乾德(건덕) 謙德(겸덕)
薄德(박덕) 變德(변덕) 碩德(석덕)
淑德(숙덕) 惡德(악덕) 俊德(준덕)
彰德(창덕) 厚德(후덕) 勳德(훈덕)

뜻풀이
惡德(악덕) : 악날한 품성
厚德(후덕) : 두터운 덕행

刀

3급II | 필순: 刀刀

칼 도
刀 총2획

칼날이 구부정한 칼의 모습으로 '칼'을 뜻한다.

刀劍(도검) 戒刀(계도) 亂刀(난도)
短刀(단도) 面刀(면도) 纖刀(섬도)
竹刀(죽도) 執刀(집도) 快刀(쾌도)

뜻풀이
亂刀(난도) : 칼을 함부로 사용하며 마구 벰
執刀(집도) : 수술을 하기 위해 수술칼을 잡음

到

5급II | 필순: 到到到到到到到到

이를 도:
刀 총8획

刂(=刀)에 至가 더해진 글자로, 여기서 刂(도)는 발음 기호의 역할을 한다. 목적지에 도착하는(至) 것을 나타내어 '이르다'의 뜻을 가지게 되었다.

到達(도달) 到來(도래) 到宿(도숙)
到着(도착) 到處(도처) 給到(급도)
來到(내도) 當到(당도) 相到(상도)
殺到(쇄도) 周到(주도)

뜻풀이
到來(도래) : 어떤 기회가 닥쳐옴
殺到(쇄도) : 전화나 주문 등이 갑자기 몰려듦

倒

3급II

넘어질 도 : 人　총10획

사람(亻)이 땅바닥에 이르러(到) 넘어진 것을 나타내어 '넘어지다'의 뜻을 가지게 되었다.

倒戈(도과)　倒壞(도괴)　倒立(도립)
倒産(도산)　倒着(도착)　倒錯(도착)
倒置(도치)　傾倒(경도)　壓倒(압도)
卒倒(졸도)　打倒(타도)

뜻풀이
倒産(도산) : 재산을 모두 탕진하고 망함
卒倒(졸도) : 갑자기 정신을 잃고 쓰러짐

圖

6급II

그림 도 : 囗　총14획

창고에 쌓을 곡식(啚)을 경작하는 땅을 경계 지은(囗) 모습으로 경계지은 땅을 그림으로 나타냈기에 '그림'의 뜻을 가지게 되었다.

圖鑑(도감)　圖錄(도록)　圖式(도식)
圖案(도안)　圖表(도표)　掛圖(괘도)
構圖(구도)　企圖(기도)　略圖(약도)
製圖(제도)　縮圖(축도)　版圖(판도)

뜻풀이
圖鑑(도감) : 그림이나 사진들을 수록하여 실물 대신 볼 수 있게 만든 책
縮圖(축도) : 원래 모형보다 줄여서 그린 그림

途

3급II

길 도 : 辵　총11획

남아있는(余) 길을 천천히 걸어가는(辶) 것을 나타내어 '길'의 뜻을 가지게 되었다.

途上(도상)　方途(방도)　別途(별도)
用途(용도)　雄途(웅도)　長途(장도)
壯途(장도)　前途(전도)　征途(정도)
中途(중도)

뜻풀이
別途(별도) : 다른 방면. 다른 용도
中途(중도) : 일이 되어 가는 동안

塗

3급

칠할 도 : 土　총13획

개천의 물(氵)이 넘쳐(余) 흐르고 난 바닥의 진흙(土)으로 벽을 칠하는 것을 나타내어 '칠하다'의 뜻을 가지게 되었다.

塗車(도거)　塗工(도공)　塗泥(도니)
塗路(도로)　塗料(도료)　塗壁(도벽)
塗裝(도장)　塗炭(도탄)　塗布(도포)
廻塗(회도)

뜻풀이
塗壁(도벽) : 벽에 종이나 흙을 바름
塗炭(도탄) : 진흙탕에 빠지고 숯불에 탐. 즉 생활이 몹시 궁핍하고 괴로운 지경에 이름

道

7급II

길 도 : 辵　총13획

사람(首)이 목적지에 나아감(辶) 수 있도록 인도하는 '길'을 뜻한다.

道理(도리)　道術(도술)　道通(도통)
坑道(갱도)　權道(권도)　尿道(요도)
索道(삭도)　王道(왕도)　鐵道(철도)
治道(치도)　彈道(탄도)

뜻풀이
劍道(검도) : 검술로 심신을 단련하여 인격 수양을 꾀하는 일
片道(편도) : 가고 오는 길 가운데 어느 한쪽

導

4급II

인도할 도 : 寸　총16획

다른 사람의 손(寸)을 끌고 길(道)을 가도록 인도하는 것을 나타내어 '인도하다'의 뜻을 가지게 되었다.

啓導(계도)　敎導(교도)　矯導(교도)
補導(보도)　先導(선도)　誤導(오도)
誘導(유도)　引導(인도)　傳導(전도)
主導(주도)　指導(지도)　唱導(창도)

뜻풀이
先導(선도) : 앞장서서 이끌거나 안내함
唱導(창도) : 솔선수범하여 외침

人一十之 己讀百之(남보다 몇 배의 노력을 해야 뛰어날 수 있다.)

島 (5급)

섬 도
山 총10획

필순: 島島島島島島島島島島

- 賈島(가도) 間島(간도) 孤島(고도)
- 群島(군도) 獨島(독도) 半島(반도)
- 屬島(속도) 列島(열도) 莞島(완도)
- 海島(해도)

강이나 바다 위를 날던 새(鳥)가 잠시 날개를 쉬는 곳(山)인 '섬'을 뜻한다.

뜻풀이
- 半島(반도) : 삼면이 바다로 둘러싸이고 한 면은 육지에 이어진 땅
- 列島(열도) : 길게 줄을 지은 모양으로 늘어서 있는 여러 개의 섬

度 (6급)

법도 도(:)
헤아릴 탁
广 총9획

필순: 度度度度度度度度度

- 軌度(궤도) 濃度(농도) 頻度(빈도)
- 速度(속도) 純度(순도) 緯度(위도)
- 程度(정도) 態度(태도) 限度(한도)
- 規度(규탁) 預度(예탁)

여러 사람들(庶=席)이 손(又)으로 헤아려 표준 단위를 정한 것에서 '헤아리다'의 뜻을 가지게 되었다. 또한 한번 정한 기준은 누구나 지키고 잘 따라야 하는 법도가 되기에 '법도'의 뜻으로도 쓰이게 되었다.

뜻풀이
- 頻度(빈도) : 일이 반복되는 도수
- 純度(순도) : 순수한 정도

渡 (3급Ⅱ)

건널 도
水 총12획

필순: 渡渡渡渡渡渡渡渡渡渡渡渡

- 渡江(도강) 渡來(도래) 渡美(도미)
- 渡河(도하) 渡航(도항) 賣渡(매도)
- 明渡(명도) 讓渡(양도) 津渡(진도)
- 過渡期(과도기) 讓渡人(양도인)

물(氵)의 깊이를 대략 눈으로 재어서 度(도) 반대편으로 건너는 것을 나타내어 '건너다'의 뜻을 가지게 되었다.

뜻풀이
- 渡美(도미) : 미국으로 건너 감
- 賣渡(매도) : 팔아 넘김

徒 (4급)

무리 도
彳 총10획

필순: 徒徒徒徒徒徒徒徒徒徒

- 徒輩(도배) 敎徒(교도) 叛徒(반도)
- 佛徒(불도) 匪徒(비도) 生徒(생도)
- 聖徒(성도) 信徒(신도) 逆徒(역도)
- 賊徒(적도) 卒徒(졸도) 學徒(학도)

길을 갈 때(彳) 수레를 타지 않고 땅(土)을 밟고(止) 걸어가는 여러 '무리'를 뜻한다.

뜻풀이
- 徒輩(도배) : 서로 어울려 같은 짓으로 하는 패나 무리
- 信徒(신도) : 어떤 일정한 종교를 믿는 사람

挑 (3급)

돋울 도
手 총9획

필순: 挑挑挑挑挑挑挑挑挑

- 挑燈(도등) 挑發(도발) 挑選(도선)
- 挑戰(도전) 挑出(도출) 挑禍(도화)
- 金挑(금도)

거북 배딱지의 갈라진 금(兆)을 손(扌)으로 더욱 갈라지도록 한 것을 나타내어 '돋우다'의 뜻을 가지게 되었다.

뜻풀이
- 挑發(도발) : 상대를 자극하여 전쟁이나 분쟁을 일어나게 함
- 挑戰(도전) : 싸움을 걺. 어려운 것에 맞섬

桃 (3급Ⅱ)

복숭아 도
木 총10획

필순: 桃桃桃桃桃桃桃桃桃桃

- 桃李(도리) 桃園(도원) 桃仁(도인)
- 桃花(도화) 天桃(천도) 胡桃(호도)
- 紅桃(홍도) 黃桃(황도)

거북 배딱지의 갈라진 금(兆)처럼 쪼개지는 나무(木)의 열매인 '복숭아'를 뜻한다.

뜻풀이
- 桃花(도화) : 복숭아꽃

跳 [3급]

필순: 跳跳跳跳跳跳跳跳跳跳跳跳跳

뜀 도
足 총13획

힘차게 발(足)로 뛰어오름에 거북 배딱지가 갈라져 금(兆)이 생긴 것처럼 땅에 금이 난 것을 나타내어 '뛰다'의 뜻을 가지게 되었다.

跳騰(도등) 跳梁(도량) 跳馬(도마)
跳躍(도약) 跳丸(도환) 高跳(고도)
廣跳(광도) 反跳(반도) 幅跳(폭도)

뜻풀이
跳梁(도량) : 함부로 마구 날뜀
跳躍(도약) : 사람 또는 단체가 능력이나 수준 등에 있어 한걸음 발전함

逃 [4급]

필순: 逃逃逃逃逃逃逃逃逃

도망할 도
辶 총10획

거북 배딱지의 갈라진 금(兆)에 액운이 있어 피해 달아나는(辶) 것을 나타내어 '도망하다'의 뜻을 가지게 되었다.

逃去(도거) 逃歸(도귀) 逃亡(도망)
逃命(도명) 逃散(도산) 逃失(도실)
逃隱(도은) 逃走(도주) 逃避(도피)
逃河(도하)

뜻풀이
逃去(도거) : 도망하여 물러감
逃散(도산) : 도망하여 흩어짐

都 [5급]

필순: 都都都都都都都都都都都

도읍 도
邑 총12획

사람(者)이 많이 모여서 사는 고을(阝=邑)인 '도읍'을 뜻한다.

都給(도급) 都農(도농) 都賣(도매)
都城(도성) 都數(도수) 都市(도시)
都邑(도읍) 古都(고도) 首都(수도)
遷都(천도) 港都(항도) 還都(환도)

뜻풀이
都賣(도매) : 물건을 낱개로 팔지 않고 도거리로 팖
遷都(천도) : 도읍을 옮김

陶 [3급II]

필순: 陶陶陶陶陶陶陶陶陶陶陶

질그릇 도
阜 총11획

언덕(阝) 위의 가마터(勹)에서 흙으로 빚은 질그릇(缶)을 굽는 것을 나타내어 '질그릇'의 뜻을 가지게 되었다.

陶工(도공) 陶器(도기) 陶業(도업)
陶然(도연) 陶藝(도예) 陶人(도인)
陶磁(도자) 陶潛(도잠) 陶製(도제)
陶醉(도취)

뜻풀이
陶然(도연) : 술이 거나하게 취한 모양
陶醉(도취) : 술이 얼큰히 취함. 어떤 일에 열중함

盜 [4급]

필순: 盜盜盜盜盜盜盜盜盜盜盜盜

도둑 도(:)
皿 총12획

그릇(皿) 속에 담긴 음식이 먹고 싶어 입을 벌리고(欠) 침(氵)을 흘리다가 결국 훔치게 됨을 나타내어 '도둑'의 뜻을 가지게 되었다.

盜掘(도굴) 盜難(도난) 盜伐(도벌)
盜殺(도살) 盜賊(도적) 盜聽(도청)
盜汗(도한) 強盜(강도) 界盜(계도)
怪盜(괴도) 捕盜(포도)

뜻풀이
盜聽(도청) : 몰래 엿들음
界盜(계도) : 국경 지대의 도둑

稻 [3급]

필순: 稻稻稻稻稻稻稻稻稻稻稻稻稻

벼 도
禾 총15획

곡식을 빻은 절구(臼)에서 손(爫)으로 벼(禾)를 꺼내는 것을 나타내어 '벼'의 뜻을 가지게 되었다.

稻苗(도묘) 稻植(도식) 稻作(도작)
稻花(도화) 晩稻(만도) 陸稻(육도)
立稻(입도) 早稻(조도) 旱稻(한도)

뜻풀이
稻作(도작) : 벼농사
晩稻(만도) : 늦게 여무는 벼

2급 쓰기한자 익히기 123

人一十之 己讀百之 (남보다 몇 배의 노력을 해야 뛰어날 수 있다.)

獨 [5급II]

홀로 독
犬 총16획

개(犭=犬)는 서로 만나기만 하면 싸우므로 따로 떨어뜨려 놓기에 '홀로'의 뜻을 가지게 되었다. 여기서 蜀(촉)은 발음기호의 역할을 하는데 나중에 음이 촉에서 독으로 변하였다.

獨斷(독단) 獨房(독방) 獨床(독상)
獨食(독식) 獨逸(독일) 獨裁(독재)
獨占(독점) 獨走(독주) 獨唱(독창)
獨特(독특) 孤獨(고독) 惟獨(유독)

뜻풀이
獨斷(독단) : 다른 사람과 상의하지도 않고 혼자서 결정함
獨裁(독재) : 특정한 개인이나 단체 등이 모든 권력을 차지하여 독단으로 처리함

毒 [4급II]

독 독
毋 총9획

사람의 삶(生)을 방해하는(毋), 몸에 해로운 '독'을 뜻한다.

毒杯(독배) 毒蛇(독사) 毒殺(독살)
毒性(독성) 毒素(독소) 毒蟲(독충)
猛毒(맹독) 消毒(소독) 惡毒(악독)
胎毒(태독) 解毒(해독) 酷毒(혹독)

뜻풀이
毒殺(독살) : 독약을 써서 사람을 죽임
酷毒(혹독) : 매우 모질고 악함

督 [4급II]

감독할 독
目 총13획

손으로 쥐어(叔) 잘 습득하듯이 눈(目)을 고정하여 잘 살펴봄을 나타내어 '감독하다'의 뜻을 가지게 되었다.

督納(독납) 督勵(독려) 督促(독촉)
監督(감독) 檢督(검독) 基督(기독)
都督(도독) 提督(제독) 總督(총독)

뜻풀이
督勵(독려) : 감독하여 격려함
督促(독촉) : 빨리 빨리 서둘러 하도록 재촉함

篤 [3급]

도타울 독
竹 총16획

대나무(竹)로 만든 말(馬)을 함께 타고 놀던 친구와의 사이가 두터움을 나타내어 '도탑다'의 뜻을 가지게 되었다.

篤農(독농) 篤性(독성) 篤信(독신)
篤實(독실) 篤志(독지) 懇篤(간독)
謹篤(근독) 敦篤(돈독) 危篤(위독)

뜻풀이
篤志(독지) : 뜻이 돈독함
敦篤(돈독) : 인정이 도타움

讀 [6급II]

읽을 독
구절 두
言 총22획

상인이 파는(賣) 책을 사서 말(言)소리를 내며 읽는 것을 나타내어 '읽다'의 뜻을 가지게 되었다.

讀經(독경) 讀奏(독주) 購讀(구독)
誦讀(송독) 精讀(정독) 耽讀(탐독)
通讀(통독) 判讀(판독) 解讀(해독)
句讀(구두) 吏讀(이두)

뜻풀이
耽讀(탐독) : 어떤 글이나 책 등을 유난히 즐겨 읽음
判讀(판독) : 난해한 문장이나 암호, 고서 등의 뜻을 헤아려 읽음

敦 [3급]

도타울 돈
攴 총12획

조상을 모시는 높은 건물(亨)에서 제사 그릇을 양손으로 잡고(攵) 정성을 다해 제사를 올려 조상과 후손의 관계를 두텁게 하는 것에서 '도탑다'의 뜻을 가지게 되었다.

敦篤(돈독) 敦勉(돈면) 敦睦(돈목)
敦迫(돈박) 敦定(돈정) 敦行(돈행)
敦厚(돈후) 困敦(곤돈)
敦化門(돈화문)

뜻풀이
敦迫(돈박) : 자주 재촉함
敦定(돈정) : 자리를 잡고 확실히 정함

124 한자능력검정시험 2급

豚 (3급)

豚 豚 豚 豚 豚 豚 豚 豚 豚 豚 豚

돼지 돈
豕　총11획

살(月=肉)이 찐 돼지(豕)를 나타내어 '돼지'의 뜻을 가지게 되었다.

豚拍(돈박)　豚舍(돈사)　豚兒(돈아)
豚肉(돈육)　豚皮(돈피)　家豚(가돈)
鷄豚(계돈)　迷豚(미돈)　養豚(양돈)
種豚(종돈)

뜻풀이
家豚(가돈) : 다른 사람에게 자기의 아들을 낮추어 이르는 말
養豚(양돈) : 돼지를 먹여 기름

突 (3급II)

突 突 突 突 突 突 突 突 突

갑자기 돌
穴　총9획

개(犬)가 갑자기 구멍(穴)에서 뛰어나오는 모습으로 '갑자기'를 뜻한다.

突擊(돌격)　突厥(돌궐)　突起(돌기)
突變(돌변)　突然(돌연)　突進(돌진)
突破(돌파)　激突(격돌)　唐突(당돌)
煙突(연돌)　追突(추돌)　衝突(충돌)

뜻풀이
突進(돌진) : 거침없이 곧장 나아감
突破(돌파) : 정해진 기준이나 기록 등을 넘어섬

冬 (7급)

冬 冬 冬 冬 冬

겨울 동(:)
冫　총5획

본래 실의 마지막 매듭(夂) 부분의 모습으로 끝을 나타내고 있는데 나중에 계절의 끝인 '겨울'을 뜻하게 되었다. 겨울은 얼음의 계절이기에 점 두 개를 더해서 겨울의 뜻을 강조하였다.

冬季(동계)　冬眠(동면)　冬柏(동백)
冬服(동복)　冬至(동지)　客冬(객동)
暖冬(난동)　孟冬(맹동)　三冬(삼동)
越冬(월동)　立冬(입동)

뜻풀이
冬眠(동면) : 겨울잠
越冬(월동) : 겨울을 남

東 (8급)

東 東 東 東 東 東 東 東

동녘 동
木　총8획

본래 양 끝을 묶은 자루의 모습으로 '자루'를 뜻하였으나 나중에 해 뜨는 곳인 '동녘'의 뜻으로 쓰이게 되었다.

東廟(동묘)　東洋(동양)　東濊(동예)
東夷(동이)　東晋(동진)　東窓(동창)
東學(동학)　東海(동해)　東向(동향)
關東(관동)　極東(극동)　中東(중동)

뜻풀이
東問西答(동문서답) : 동쪽을 묻는 데 서쪽을 대답함. 즉 묻는 말에 전혀 상관없는 엉뚱한 대답을 함

凍 (3급II)

凍 凍 凍 凍 凍 凍 凍 凍 凍

얼 동:
冫　총10획

東에 冫이 더해진 글자로 여기서 東(동)은 발음기호의 역할을 한다. 얼음(冫)이 언 것으로 '얼다'를 뜻한다.

凍結(동결)　凍氷(동빙)　凍死(동사)
凍傷(동상)　凍土(동토)　凍破(동파)
凍寒(동한)　冷凍(냉동)　不凍(부동)
解凍(해동)

뜻풀이
凍傷(동상) : 심한 추위로 살이 얼어 피부가 상하는 증상
凍屍(동시) : 얼어 죽은 시체

動 (7급II)

動 動 動 動 動 動 動 動 動 動

움직일 동:
力　총11획

무거운(重) 물건을 힘써서(力) 움직이는 것에서 '움직이다'는 뜻을 가지게 되었다.

感動(감동)　激動(격동)　起動(기동)
微動(미동)　變動(변동)　使動(사동)
騷動(소동)　躍動(약동)　搖動(요동)
策動(책동)　衝動(충동)　胎動(태동)

뜻풀이
起動(기동) : 몸을 일으켜 움직임
胎動(태동) : 모태 안에서 태아의 움직임

人一十之 己讀百之 (남보다 몇 배의 노력을 해야 뛰어날 수 있다.)

同

7급 필순
同同同同同同

한가지 동
口　　총6획

同感(동감)　同軌(동궤)　同僚(동료)
同盟(동맹)　同伴(동반)　同腹(동복)
同乘(동승)　同調(동조)　同胞(동포)
帶同(대동)　贊同(찬동)　協同(협동)

본래 몸체와 뚜껑이 하나로 잘 맞는 원통의 그릇 모습으로 '한가지'의 뜻을 가지게 되었다.

뜻풀이
同感(동감) : 어떤 의견에 같은 생각을 가짐
同乘(동승) : 차, 배, 비행기 등의 교통수단을 같이 탐

洞

7급 필순
洞洞洞洞洞洞洞洞洞

골　　　동:
밝을　　통:
水　　총9획

洞口(동구)　洞窟(동굴)　洞里(동리)
洞長(동장)　洞穴(동혈)　空洞(공동)
洞達(통달)　洞然(통연)　洞察(통찰)
洞燭(통촉)

산과 산 사이에 움푹 패어 들어간 곳에 물(氵)이 흐르는 '골(골짜기)'의 뜻을 가지게 되었다. 또한 '밝다'의 뜻으로도 쓰이게 되었고 이때는 통이라고 읽는다. 여기서 同(동)은 발음기호의 역할을 한다.

뜻풀이
洞里(동리) : 마을
洞燭(통촉) : 윗사람이 아랫사람의 사정을 깊이 헤아려 살핌

銅

4급Ⅱ 필순
銅銅銅銅銅銅銅銅
銅銅銅銅銅

구리 동
金　　총14획

銅鏡(동경)　銅鑛(동광)　銅鉢(동발)
銅像(동상)　銅賞(동상)　銅線(동선)
銅錢(동전)　銅製(동제)　銅版(동판)
金銅(금동)　靑銅(청동)

金으로써 금속의 일종임을 알 수 있는데 몸체와 뚜껑이 하나로 잘 맞는 원통의 그릇을 만들기 위해 사용하는 금속(金)인 '구리'를 뜻한다. 여기서 同(동)은 발음기호의 역할을 한다.

뜻풀이
銅鉢(동발) : 놋쇠에 금을 입혀 만든 그릇
銅製(동제) : 구리로 만든 물건

童

6급Ⅱ 필순
童童童童童童童童童
童童童

아이 동(:)
立　　총12획

童詩(동시)　童心(동심)　童顔(동안)
童謠(동요)　童貞(동정)　童話(동화)
牧童(목동)　使童(사동)　神童(신동)
兒童(아동)　惡童(악동)　奚童(해동)

마을(里) 어귀에 서서(立) 노는 아이를 나타내어 '아이'의 뜻을 가지게 되었다.

뜻풀이
童顔(동안) : 어린아이의 얼굴. 어린아이처럼 보이는 얼굴
惡童(악동) : 언행이 나쁜 아이. 장난이 심한 아이

斗

4급Ⅱ 필순
斗斗斗斗

말 두
斗　　총4획

斗穀(두곡)　斗起(두기)　斗落(두락)
斗量(두량)　斗城(두성)　斗升(두승)
斗然(두연)　斗屋(두옥)　斗護(두호)
尉斗(위두)　泰斗(태두)

물건의 양을 재기 위한 자루가 달린 국자의 모습으로 열 되인 '말'을 뜻한다.

뜻풀이
斗然(두연) : 문득, 왈칵
泰斗(태두) : 태산북두. 세상 사람들에게 존경을 받는 사람

豆

4급Ⅱ 필순
豆豆豆豆豆豆豆

콩 두
豆　　총7획

豆類(두류)　豆腐(두부)　豆乳(두유)
豆油(두유)　豆太(두태)　綠豆(녹두)
大豆(대두)　赤豆(적두)　太豆(태두)
豆滿江(두만강)

본래 뚜껑(一)이 있고 몸체 부분(口)이 볼록하고 다리 부분(丷)이 긴 제기(祭器)를 본뜬 글자이나 나중에 '콩'의 뜻으로 쓰이게 되었다.

뜻풀이
豆油(두유) : 콩기름
赤豆(적두) : 붉은팥

頭

6급 | 머리 두 | 頁 총16획

필순: 頭頭頭頭頭頭頭頭頭頭頭頭頭頭頭頭

豆에 頁이 더해진 글자로 여기서 豆(두)는 발음기호의 역할을 한다. 사람의 머리(頁) 모습으로 '머리'를 뜻한다.

頭角(두각) 頭腦(두뇌) 頭髮(두발)
頭緖(두서) 卷頭(권두) 冒頭(모두)
迫頭(박두) 念頭(염두) 斬頭(참두)
枕頭(침두) 軒頭(헌두) 喉頭(후두)

뜻풀이
冒頭(모두) : 말이나 글의 첫머리
迫頭(박두) : 시기가 가까이 닥쳐옴

屯

3급 | 진칠 둔 | 屮 총4획

필순: 屯屯屯屯

본래 초목의 싹(屮)이 땅(一)을 뚫고 간신히 돋아난 모습으로 더디게 돋아난 싹처럼 오랫동안 머물러 있는 '진 치다'의 뜻을 가지게 되었다.

屯畓(둔답) 屯防(둔방) 屯兵(둔병)
屯守(둔수) 屯營(둔영) 屯衛(둔위)
屯田(둔전) 屯陣(둔진) 駐屯(주둔)

뜻풀이
屯防(둔방) : 진을 치고 적을 막음
駐屯(주둔) : 군대가 한 지역에서 머무름

鈍

3급 | 둔할 둔: | 金 총12획

필순: 鈍鈍鈍鈍鈍鈍鈍鈍鈍鈍鈍鈍

屯에 金이 더해진 글자로 여기서 屯(둔)은 발음기호의 역할을 한다. 쇠(金)로 만든 칼이 잘 들지 않고 무딘 것을 나타내어 '둔하다'의 뜻을 가지게 되었다.

鈍感(둔감) 鈍器(둔기) 鈍才(둔재)
鈍重(둔중) 鈍濁(둔탁) 鈍筆(둔필)
鈍化(둔화) 魯鈍(노둔) 肥鈍(비둔)
愚鈍(우둔)

뜻풀이
鈍器(둔기) : 무뎌서 잘 들지 않는 연장
愚鈍(우둔) : 어리석고 둔함

得

4급Ⅱ | 얻을 득 | 彳 총11획

필순: 得得得得得得得得得得得

돈(貝→旦)을 손(寸)에 얻기 위해서 열심히 돌아다닌(彳) 것을 나타내어 '얻다'라는 뜻을 가지게 되었다.

得道(득도) 得音(득음) 得點(득점)
得票(득표) 納得(납득) 說得(설득)
所得(소득) 習得(습득) 拾得(습득)
取得(취득) 解得(해득) 獲得(획득)

뜻풀이
習得(습득) : 배워서 터득함
拾得(습득) : 물건을 주워서 얻음

登

7급 | 오를 등 | 癶 총12획

필순: 登登登登登登登登登登登登

제사 그릇(豆)을 양손으로 들고 양 발(癶)로 제단에 오르는 것을 나타내어 '오르다'의 뜻을 가지게 되었다.

登科(등과) 登校(등교) 登極(등극)
登壇(등단) 登錄(등록) 登院(등원)
登場(등장) 登載(등재) 登程(등정)
登頂(등정) 登板(등판) 咸登(함등)

뜻풀이
登頂(등정) : 산 정상에 오름
登程(등정) : 길을 떠남

燈

4급Ⅱ | 등 등 | 火 총16획

필순: 燈燈燈燈燈燈燈燈燈燈燈燈燈燈燈

登에 火가 더해진 글자로 여기서 登(등)은 발음기호의 역할을 한다. 火가 더해져 불을 켜서 어두운 곳을 밝히는 '등, 등불'의 뜻을 가지게 되었다.

燈臺(등대) 燈籠(등롱) 燈油(등유)
街燈(가등) 角燈(각등) 觀燈(관등)
石燈(석등) 消燈(소등) 燒燈(소등)
燃燈(연등) 電燈(전등) 點燈(점등)

뜻풀이
消燈(소등) : 등불을 끔
點燈(점등) : 등에 불을 켬

人一十之 己讀百之 (남보다 몇 배의 노력을 해야 뛰어날 수 있다.)

騰 (3급)

오를 등
馬 총20획

말(馬)의 등 위에 밀어 올려서(朕) 말에 오르는 것을 나타내어 '오르다'의 뜻을 가지게 되었다.

필수
騰貴(등귀) 騰極(등극) 騰落(등락)
急騰(급등) 反騰(반등) 飛騰(비등)
續騰(속등) 漸騰(점등) 暴騰(폭등)

뜻풀이
騰落(등락) : 물가의 오름과 내림
飛騰(비등) : 날아오름. 공중으로 떠오름

等 (6급Ⅱ)

무리 등:
竹 총12획

관청(寺)의 관리가 대나무(竹)로 만든 흩어진 서류를 한 곳으로 가지런히 모아서 분류함을 나타내어 '무리'의 뜻을 가지게 되었다.

필수
等溫(등온) 等位(등위) 減等(감등)
無等(무등) 余等(여등) 汝等(여등)
吾等(오등) 優等(우등) 越等(월등)
差等(차등) 下等(하등) 勳等(훈등)

뜻풀이
越等(월등) : 수준의 차이가 크고 정도 이상으로 뛰어남
下等(하등) : 낮은 등급의 수준이나 정도

羅 (4급Ⅱ)

벌릴 라
网 총19획

실(糸)로 짠 그물(罒)을 벌려 새(隹)를 잡는 것을 나타내어 '벌리다'의 뜻을 가지게 되었다.

필수
羅城(나성) 羅列(나열) 羅王(나왕)
羅漢(나한) 加羅(가라) 網羅(망라)
新羅(신라) 耽羅(탐라)

뜻풀이
網羅(망라) : 널리 빠짐없이 모음
耽羅(탐라) : 제주도의 옛 이름

樂 (6급Ⅱ)

즐길 락/노래 악
좋아할 요
木 총15획

나무(木) 받침대 위에 북(鼓)을 올려놓은 모습으로 糸로 북에 맨 줄을, 白로 북통을 나타내었다. 악기 중의 하나인 북으로 '음악'의 뜻을 가지게 되었고 음악을 '좋아한다'는 뜻과 듣고 '즐긴다'는 뜻으로도 쓰이게 되었다.

필수
樂觀(낙관) 苦樂(고락) 娛樂(오락)
快樂(쾌락) 樂隊(악대) 樂譜(악보)
器樂(기악) 聲樂(성악) 雅樂(아악)
風樂(풍악) 鄕樂(향악)

뜻풀이
苦樂(고락) : 괴로움과 즐거움
聲樂(성악) : 사람의 목소리로 하는 음악

落 (5급)

떨어질 락
艸 총13획

강(洛)에 풀(艹)이나 나뭇잎이 떨어짐을 나타내어 '떨어지다'의 뜻을 가지게 되었다.

필수
落膽(낙담) 落傷(낙상) 落選(낙선)
落照(낙조) 落札(낙찰) 落薦(낙천)
漏落(누락) 沒落(몰락) 衰落(쇠락)
聚落(취락) 墮落(타락) 陷落(함락)

뜻풀이
落膽(낙담) : 너무 놀라 간이 떨어지는 듯함. 바라던 일이 실패하여 마음이 매우 상함

絡 (3급Ⅱ)

이을/얽을 락
糸 총12획

사람들이 저마다(各) 집으로 돌아가서 떨어진 옷가지를 실(糸)로 이어지게 만드는 것을 나타내어 '잇다, 얽다'의 뜻을 가지게 되었다.

필수
絡車(낙거) 絡頭(낙두) 經絡(경락)
羅絡(나락) 籠絡(농락) 短絡(단락)
脈絡(맥락) 連絡(연락) 聯絡(연락)
中絡(중락)

뜻풀이
絡車(낙거) : 실을 감은 물레
籠絡(농락) : 사람을 교묘히 꾀어 마음대로 이용함

亂

4급

亂亂亂亂亂亂亂亂亂亂亂亂亂

어지러울 란:
乙   총13획

양손으로 헝클어진 실을 위아래로 잡고 풀면서 정리함(𤔔)을 나타내어 '어지럽다'의 뜻을 가지게 되었다. 乚(=乙)을 더하여 헝클어진 실의 모습을 강조하였다.

亂麻(난마) 亂射(난사) 亂刺(난자)
亂鬪(난투) 紊亂(문란) 叛亂(반란)
倭亂(왜란) 淫亂(음란) 錯亂(착란)
避亂(피란) 胡亂(호란) 混亂(혼란)

뜻풀이
亂刺(난자) : 마구 찌름
錯亂(착란) : 뒤섞여서 혼란스러움

卵

4급

卵卵卵卵卵卵卵

알   란:
卩   총7획

양서류나 어류의 알이 얇은 막에 싸여 있는 모습으로 '알'을 뜻한다.

卵巢(난소) 卵子(난자) 檢卵(검란)
鷄卵(계란) 累卵(누란) 明卵(명란)
排卵(배란) 産卵(산란) 熟卵(숙란)
土卵(토란)

뜻풀이
産卵(산란) : 알을 낳음
排卵(배란) : 성숙한 난자가 난소에서 떨어져 나오는 일

欄

3급Ⅱ

欄欄欄欄欄欄欄欄欄欄欄欄欄欄欄欄欄欄欄欄欄

난간   란
木   총21획

闌에 木이 더해진 글자로 여기서 闌(란)은 발음기호의 역할을 한다. 사람이 떨어지는 것을 막기 위해 일정한 높이로 나무(木)를 막아 세운 '난간'을 뜻한다.

欄干(난간) 欄外(난외) 空欄(공란)
本欄(본란) 絲欄(사란) 石欄(석란)
危欄(위란) 懸欄(현란)

뜻풀이
欄干(난간) : 누각이나 층계 등에서 추락하지 않도록 가장자리를 막은 부분
空欄(공란) : 빈칸

蘭

3급Ⅱ

蘭蘭蘭蘭蘭蘭蘭蘭蘭蘭蘭蘭蘭蘭蘭蘭蘭蘭蘭蘭蘭

난초   란
艸   총21획

闌에 艹가 더해진 글자로 여기서 闌(란)은 발음기호의 역할을 한다. 향기가 강한 풀(艹)인 '난초'를 뜻한다.

蘭室(난실) 蘭草(난초) 建蘭(건란)
金蘭(금란) 芝蘭(지란) 春蘭(춘란)
風蘭(풍란) 和蘭(화란)
佛蘭西(불란서)

뜻풀이
和蘭(화란) : 네덜란드
佛蘭西(불란서) : 프랑스

濫

3급

濫濫濫濫濫濫濫濫濫濫濫濫濫濫濫

넘칠   람:
水   총17획

홍수로 물(氵)이 넘치는 것을 바라볼(監) 수밖에 없는 것을 나타내어 '넘치다'의 뜻을 가지게 되었다.

濫掘(남굴) 濫讀(남독) 濫發(남발)
濫伐(남벌) 濫劣(남렬) 濫用(남용)
濫獲(남획) 過濫(과람) 冒濫(모람)

뜻풀이
濫用(남용) : 정해진 규정이나 범위를 함부로 쓰거나 행사함
濫獲(남획) : 짐승이나 물고기 등을 마구 잡음

覽

4급

覽覽覽覽覽覽覽覽覽覽覽覽覽覽覽覽覽覽覽覽覽

볼   람
見   총21획

살펴보고(監) 또 보는(見) 것을 나타내어 '보다'의 뜻을 가지게 되었다.

觀覽(관람) 閱覽(열람) 要覽(요람)
遊覽(유람) 綜覽(종람) 便覽(편람)
回覽(회람) 博覽(박람)

뜻풀이
要覽(요람) : 중요한 것만을 뽑아서 보게 한 책
回覽(회람) : 여러 사람이 차례로 돌려봄

人一十之 己讀百之(남보다 몇 배의 노력을 해야 뛰어날 수 있다.)

浪 (3급II)

물결 랑(:)
水　총10획

구불거리며(良) 사납게 일어나는 큰 물결(氵)을 나타내어 '물결'의 뜻을 가지게 되었다.

浪漫(낭만)　浪費(낭비)　浪說(낭설)
浪人(낭인)　激浪(격랑)　孟浪(맹랑)
放浪(방랑)　浮浪(부랑)　流浪(유랑)
滄浪(창랑)　波浪(파랑)　風浪(풍랑)

뜻풀이
浪說(낭설) : 헛 소문
孟浪(맹랑) : 우습게 볼 수 없을 만큼 똘똘하고 깜찍함

朗 (5급II)

밝을 랑:
月　총11획

달(月)빛이 좋아(良) 아름답고 밝게 비춤을 나타내어 '밝다'의 뜻을 가지게 되었다.

朗讀(낭독)　朗朗(낭랑)　朗報(낭보)
朗色(낭색)　朗誦(낭송)　朗月(낭월)
朗話(낭화)　明朗(명랑)　淸朗(청랑)

뜻풀이
朗讀(낭독) : 소리 높여 밝게 읽음
朗月(낭월) : 맑고 밝은 달

郞 (3급II)

사내 랑
邑　총10획

고을(阝)의 좋은(良) 남자를 나타내어 '사내'의 뜻을 가지게 되었다.

郞官(낭관)　郞君(낭군)　郞子(낭자)
佳郞(가랑)　妙郞(묘랑)　武郞(무랑)
侍郞(시랑)　新郞(신랑)　花郞(화랑)

뜻풀이
佳郞(가랑) : 재주가 있는 훌륭한 신랑
妙郞(묘랑) : 스무 살 전후의 청년

廊 (3급II)

사랑채/행랑 랑
广　총13획

집(广)의 본채와 따로 떨어져서 사내(郞)들이 거처했던 곁채인 '사랑채, 행랑'을 뜻한다.

廊屬(낭속)　廊底(낭저)　舍廊(사랑)
翼廊(익랑)　殿廊(전랑)　柱廊(주랑)
行廊(행랑)　畫廊(화랑)　回廊(회랑)
廻廊(회랑)　舍廊房(사랑방)

뜻풀이
舍廊(사랑) : 한옥에서 안채와 떨어져 있어 바깥주인이 머물며 손님을 접대하는 곳
畫廊(화랑) : 미술품 등을 진열하고 전람하도록 만든 방

來 (7급)

올 래(:)
人　총8획

본래 보리의 모습을 본떠 '보리'를 뜻하는 글자였는데 옛날에 보리는 귀한 곡식으로 하늘에서 온다고 믿었기에 '오다'라는 뜻으로 쓰이게 되었다.

來歷(내력)　來臨(내림)　來訪(내방)
來襲(내습)　來診(내진)　來侵(내침)
到來(도래)　往來(왕래)　由來(유래)
將來(장래)　傳來(전래)　從來(종래)

뜻풀이
來診(내진) : 의사가 환자의 집으로 찾아와 진찰함
由來(유래) : 사물의 내력

冷 (5급)

찰 랭:
冫　총7획

명령(令)은 언제나 얼음(冫)처럼 차고 냉정함을 나타내어 '차다'는 뜻을 가지게 되었다.

冷待(냉대)　冷濕(냉습)　冷藏(냉장)
冷戰(냉전)　冷靜(냉정)　冷湯(냉탕)
冷血(냉혈)　冷酷(냉혹)　急冷(급랭)
寒冷(한랭)

뜻풀이
冷待(냉대) : 아무렇게 하는 대접. 홀대
冷血(냉혈) : 차가운 피

略 간략할/약할 략
4급 | 田 총11획

필순: 略略略略略略略略略略略

略圖(약도) 略歷(약력) 略述(약술)
簡略(간략) 槪略(개략) 膽略(담략)
倂略(병략) 智略(지략) 策略(책략)
侵略(침략) 脫略(탈략) 霸略(패략)

본래 밭(田)에 발을 이르게(各) 하여서 농작물을 정리하는 것을 나타내어 '다스리다'의 뜻을 가지게 되었다. 나중에 '간략하다'의 뜻으로 쓰이게 되었다.

뜻풀이
槪略(개략) : 대강 줄임
智略(지략) : 슬기로운 계략

掠 노략질할 략
3급 | 手 총11획

필순: 掠掠掠掠掠掠掠掠掠掠掠

掠奪(약탈) 抄掠(초략) 侵掠(침략)
奪掠(탈략)

옛날 부유한 집은 높은데 위치했기 때문에 높은 집(京)을 노리는 도적들이 많았다. 손(扌)으로 물건을 훔쳐 가지고 나오기 때문에 '노략질하다'의 뜻을 가지게 되었다.

뜻풀이
掠奪(약탈) : 폭력을 써서 강제로 빼앗음
侵掠(침략) : 강제로 침입하여 약탈하는 것

涼 서늘할 량
3급Ⅱ | 水 총11획

필순: 涼涼涼涼涼涼涼涼涼涼涼

涼爐(양로) 涼陰(양음) 涼風(양풍)
納涼(납량) 微涼(미량) 細涼(세량)
炎涼(염량) 淸涼(청량) 荒涼(황량)

물 가(氵)의 높은 집(京)은 바람이 불면 무척이나 시원하기에 '서늘하다'의 뜻을 가지게 되었다.

뜻풀이
納涼(납량) : 더위를 피하여 서늘함을 맛봄
淸涼(청량) : 맑고 서늘함

諒 살펴알/믿을 량
3급 | 言 총15획

필순: 諒諒諒諒諒諒諒諒諒諒諒諒諒諒諒

諒恕(양서) 諒陰(양음) 諒知(양지)
諒察(양찰) 諒燭(양촉) 諒解(양해)
照諒(조량) 體諒(체량) 海諒(해량)
惠諒(혜량)

임금이나 귀한 신분의 사람들이 사는 높고 큰 집(京)에서 나오는 말(言)은 백성들의 말을 살핀 후 나오는 것이기에 믿을 수 있다는 것을 나타내어 '살펴 알다, 믿다'의 뜻을 가지게 되었다.

뜻풀이
諒解(양해) : 사정을 헤아려 너그럽게 이해함
海諒(해량) : 바다처럼 넓은 도량

兩 두 량
4급Ⅱ | 入 총8획

필순: 兩兩兩兩兩兩兩兩

兩脚(양각) 兩極(양극) 兩端(양단)
兩論(양론) 兩立(양립) 兩面(양면)
兩班(양반) 兩分(양분) 兩性(양성)
兩側(양측) 兩親(양친) 斤兩(근량)

저울에 저울추 두 개가 매달려 있는 모습으로 '두, 둘'의 뜻을 가지게 되었다.

뜻풀이
兩論(양론) : 두 가지의 서로 대립되는 논의
兩分(양분) : 둘로 나눔

梁 들보/돌다리 량
3급Ⅱ | 木 총11획

필순: 梁梁梁梁梁梁梁梁梁梁梁

繫梁(계량) 橋梁(교량) 露梁(노량)
跳梁(도량) 棟梁(동량) 鳴梁(명량)
鼻梁(비량) 上梁(상량) 魚梁(어량)
陸梁(육량) 津梁(진량)

돌이나 나무(木)를 칼(刀)로 잘라 생기는 조각들(氵)을 연결해서 강물(氵)에 띄워 만든 다리로 '돌다리, 들보'를 뜻한다.

뜻풀이
橋梁(교량) : 시내나 강을 사람이나 차량이 건널 수 있도록 만든 다리
棟梁(동량) : 기둥과 들보

2급 쓰기한자 익히기 131

人一十之 己讀百之 (남보다 몇 배의 노력을 해야 뛰어날 수 있다.)

量 (5급) 헤아릴 량
里　총12획

필순: 量量量量量量量量量量量量

假量(가량)　局量(국량)　權量(권량)
微量(미량)　雅量(아량)　載量(재량)
積量(적량)　質量(질량)　測量(측량)
稱量(칭량)　含量(함량)　刑量(형량)

日은 물건의 모습을 나타내고 日을 제외한 나머지 부분은 重이 변형된 모습으로 물건의 부피나 무게 등을 헤아리는 것에서 '헤아리다'의 뜻을 가지게 되었다.

뜻풀이
量産(양산) : 많이 만들어냄
含量(함량) : 어떤 성분이 들어있는 분량

糧 (4급) 양식 량
米　총18획

필순: 糧糧糧糧糧糧糧糧糧糧糧糧糧糧糧糧糧糧

糧穀(양곡)　糧道(양도)　糧食(양식)
糧政(양정)　繼糧(계량)　軍糧(군량)
食糧(식량)　絶糧(절량)
軍糧米(군량미)

쌀(米) 등의 양식을 헤아리며(量) 먹는 것을 나타내어 '양식'의 뜻을 가지게 되었다.

뜻풀이
繼糧(계량) : 그 해에 농사지은 곡식으로 한 해 동안의 양식을 죽 이어감
軍糧(군량) : 군대에서 사용하는 양식

良 (5급II) 어질 량
艮　총7획

필순: 良良良良良良良

良書(양서)　良識(양식)　良藥(양약)
良質(양질)　良妻(양처)　良好(양호)
良貨(양화)　佳良(가량)　善良(선량)
駿良(준량)　閑良(한량)

중간에 네모난 정자가 있고 그 정자의 위아래로 복도가 연결되어 있는 모습에서 나온 글자이다. 복도가 연결된 집은 좋은 집이기에 '좋다, 어질다'의 뜻을 가지게 되었다.

뜻풀이
佳良(가량) : 아름답고 착함
閑良(한량) : 일정한 직업이 없이 놀고 먹던 양반 계층

勵 (3급II) 힘쓸 려:
力　총17획

필순: 勵勵勵勵勵勵勵勵勵勵勵勵勵勵勵勵勵

勵精(여정)　勵行(여행)　刻勵(각려)
激勵(격려)　勸勵(권려)　克勵(극려)
督勵(독려)　勉勵(면려)　獎勵(장려)
策勵(책려)

산비탈(厂)을 힘써서(力) 기어오르는 전갈(萬)의 모습으로 '힘쓰다'를 뜻한다.

뜻풀이
激勵(격려) : 기운을 북돋아 주고 장려함
策勵(책려) : 채찍질하듯 격려함

慮 (4급) 생각할 려:
心　총15획

필순: 慮慮慮慮慮慮慮慮慮慮慮慮慮慮慮

客慮(객려)　考慮(고려)　顧慮(고려)
短慮(단려)　無慮(무려)　配慮(배려)
思慮(사려)　深慮(심려)　念慮(염려)
預慮(예려)　憂慮(우려)　遠慮(원려)

마음(心)을 돌려서(盧) 깊이 생각하는 것으로 '생각하다'의 뜻을 가지게 되었다.

뜻풀이
無慮(무려) : 그 수가 예상보다 상당히 많음을 나타냄
深慮(심려) : 마음속으로 걱정함

旅 (5급II) 나그네 려
方　총10획

필순: 旅旅旅旅旅旅旅旅旅旅

旅客(여객)　旅館(여관)　旅券(여권)
旅團(여단)　旅毒(여독)　旅路(여로)
旅費(여비)　旅愁(여수)　旅裝(여장)
旅情(여정)　旅程(여정)

사람(宀=人)이 나아가야 할 방향(方)을 지시하는 깃발 아래에 있는 두 사람(氏=从)의 모습으로 깃발 아래에 모인 사람들이 정벌을 위해서 고향을 떠나 전쟁터를 떠돌아다니기에 '나그네'의 뜻을 가지게 되었다.

뜻풀이
旅費(여비) : 여행할 때 들어가는 비용
旅程(여정) : 여행길이나 여행의 일정

麗 (4급II) 고울 려 — 鹿, 총19획

필순: 麗麗麗麗麗麗麗麗麗麗麗麗麗麗麗麗麗

麗謠(여요) 麗人(여인) 高麗(고려)
端麗(단려) 美麗(미려) 纖麗(섬려)
秀麗(수려) 流麗(유려) 華麗(화려)
高句麗(고구려)

鹿보다 더 크고 고운 뿔을 가진 사슴의 모습으로 '곱다'를 뜻한다.

뜻풀이
秀麗(수려): 빼어나게 아름다움
華麗(화려): 환히 빛나며 곱고 아름다움

力 (7급II) 힘 력 — 力, 총2획

필순: 力力

力量(역량) 權力(권력) 筋力(근력)
能力(능력) 膽力(담력) 魔力(마력)
魅力(매력) 握力(악력) 磁力(자력)
底力(저력) 盡力(진력) 彈力(탄력)

농기구인 쟁기의 모습을 본뜬 글자로 쟁기를 사용하려면 힘이 필요하기에 '힘'의 뜻을 가지게 되었다.

뜻풀이
力量(역량): 어떤 일을 해낼 수 있는 힘
膽力(담력): 겁을 내지 않고 용기를 낼 수 있는 힘

曆 (3급II) 책력 력 — 日, 총16획

필순: 曆曆曆曆曆曆曆曆曆曆曆曆曆曆曆曆

曆法(역법) 曆書(역서) 寶曆(보력)
西曆(서력) 陽曆(양력) 月曆(월력)
陰曆(음력) 冊曆(책력) 編曆(편력)

산기슭(厂)에 벼(禾)가 늘어져 있듯이 날(日)의 경과를 순서대로 배열한 것을 나타내어 달력과 같은 '책력'을 뜻한다.

뜻풀이
陽曆(양력): 지구가 태양의 둘레를 한 바퀴 도는 시간을 1년으로 정한 역법
冊曆(책력): 일년 동안 월일, 월식과 일식, 절기 등을 날의 순서대로 적은 책

歷 (5급II) 지날 력 — 止, 총16획

필순: 歷歷歷歷歷歷歷歷歷歷歷歷歷歷歷歷

歷代(역대) 歷訪(역방) 歷史(역사)
歷然(역연) 歷任(역임) 歷程(역정)
經歷(경력) 病歷(병력) 略歷(약력)
履歷(이력) 踐歷(천력) 遍歷(편력)

산기슭(厂)에 줄 이은 벼(禾) 사이를 걸으면서 지나는(止) 것을 나타내어 '지나다'의 뜻을 가지게 되었다.

뜻풀이
歷任(역임): 여러 직위를 두루 거침
踐歷(천력): 여러 곳을 돌아다님

憐 (3급) 불쌍히여길 련 — 心, 총15획

필순: 憐憐憐憐憐憐憐憐憐憐憐憐憐憐憐

憐憫(연민) 憐惜(연석) 憐察(연찰)
可憐(가련) 垂憐(수련) 哀憐(애련)
愛憐(애련) 優憐(우련)

어려운 처지에 있는 이웃(粦)을 불쌍하게 여기는 마음(忄)으로 '불쌍히 여기다'를 뜻한다.

뜻풀이
憐憫(연민): 불쌍하고 가련하게 여김
可憐(가련): 가엾고 불쌍함

連 (4급II) 이을 련 — 辶, 총11획

필순: 連連連連連連連連連連連

連結(연결) 連累(연루) 連發(연발)
連續(연속) 連鎖(연쇄) 連日(연일)
連任(연임) 連作(연작) 連打(연타)
連霸(연패) 連行(연행) 連休(연휴)

사람이 쭉 늘어서서 수레(車)를 끌고 길에 나아가는(辶) 것을 나타내어 '잇다'의 뜻을 가지게 되었다.

뜻풀이
連繫(연계): 일이나 사람과 관련된 것들을 서로 이어서 관계를 맺음
連載(연재): 신문이나 잡지에 글이나 만화 등을 계속해서 실음

人一十之 己讀百之 (남보다 몇 배의 노력을 해야 뛰어날 수 있다.)

蓮

3급 II
연꽃 련
艹 총15획

뿌리가 길게 이어진(連) 화초(艹)인 '연꽃'을 뜻한다.

蓮根(연근) 蓮葉(연엽) 蓮池(연지)
蓮花(연화) 金蓮(금련) 木蓮(목련)
白蓮(백련) 睡蓮(수련)

▶ 뜻풀이
蓮葉(연엽) : 연잎
蓮花(연화) : 연꽃

戀

3급 II
그리워할/그릴 련:
心 총23획

말(言)이 실(絲)처럼 계속 이어져 나오듯이 마음(心)이 계속 이어지고 끌리는 것을 나타내어 '그리워하다'의 뜻을 가지게 되었다.

戀歌(연가) 戀慕(연모) 戀愛(연애)
戀戀(연연) 戀敵(연적) 戀情(연정)
悲戀(비련) 失戀(실연) 愛戀(애련)

▶ 뜻풀이
戀敵(연적) : 연애를 방해하는 경쟁자
戀情(연정) : 이성을 그리워하는 마음

練

5급 II
익힐 련:
糸 총15획

좋은 실을 만들기 위해서 실(糸)을 삶아서 불순물을 가려내는(柬) 것을 나타내어 '익히다'의 뜻을 가지게 되었다.

練磨(연마) 練武(연무) 練習(연습)
練染(연염) 練日(연일) 未練(미련)
修練(수련) 熟練(숙련) 訓練(훈련)

▶ 뜻풀이
練武(연무) : 무예를 단련함
未練(미련) : 잊지 못하고 남아 있는 끌림

鍊

3급 II
쇠불릴/단련할 련:
金 총17획

금속(金)을 가려(柬) 녹여서 불리는 것을 나타내어 '쇠불리다, 단련하다'의 뜻을 가지게 되었다.

鍊鋼(연강) 鍊鍛(연단) 鍊磨(연마)
鍊武(연무) 鍛鍊(단련) 洗鍊(세련)
修鍊(수련) 試鍊(시련) 調鍊(조련)

▶ 뜻풀이
洗鍊(세련) : 어색함 없이 능숙하고 부드럽게 갈고 닦음
調鍊(조련) : 훈련을 거듭하여 쌓음

聯

3급 II
연이을 련
耳 총17획

귀(耳)에 귀걸이(幺)가 매달린 모습으로 쓰는 고리에 달린 실을, 幺 밑에 실에 매달려 있는 장식물을 나타내었다. 귀걸이는 장식물들이 이어져 만들어 졌기에 '연잇다'의 뜻을 가지게 되었다.

聯句(연구) 聯絡(연락) 聯立(연립)
聯盟(연맹) 聯邦(연방) 聯想(연상)
聯政(연정) 關聯(관련) 對聯(대련)

▶ 뜻풀이
聯盟(연맹) : 공동의 목적으로 모인 단체나 국가가 서로 같이 할 것을 약속함
聯想(연상) : 하나의 생각이 다른 생각을 불러일으키는 현상

列

4급 II
벌릴 렬
刀 총6획

살을 발라 놓은 뼈(歹)를 칼(刂)로 쪼개서 늘어놓은 것을 나타내어 '벌리다'의 뜻을 가지게 되었다.

列擧(열거) 列傳(열전) 隊列(대열)
配列(배열) 竝列(병렬) 序列(서열)
整列(정렬) 陳列(진열) 齒列(치열)

▶ 뜻풀이
列傳(열전) : 여러 사람의 전기를 벌여 기록한 책
齒列(치열) : 이가 박혀 있는 열의 생김새

烈 (4급)

매울 렬
火 총10획

필순: 烈 烈 烈 烈 烈 烈 烈 烈 烈 烈

烈婦(열부) 烈士(열사) 烈傳(열전)
極烈(극렬) 熱烈(열렬) 壯烈(장렬)
忠烈(충렬) 痛烈(통렬) 酷烈(혹렬)

불(灬=火)길이 세차서 물건이 갈라지며(列) 타는 것을 나타내어 '맵다, 사납다'의 뜻을 가지게 되었다.

뜻풀이
烈婦(열부) : 절개가 굳은 여자
烈傳(열전) : 열사의 전기

裂 (3급 II)

찢어질 렬
衣 총12획

필순: 裂 裂 裂 裂 裂 裂 裂 裂 裂 裂 裂 裂

裂開(열개) 裂傷(열상) 裂片(열편)
決裂(결렬) 龜裂(균열) 滅裂(멸렬)
分裂(분열) 震裂(진열) 破裂(파열)

옷(衣)을 만들기 위해 옷감을 나누어(列) 찢는 것을 나타내어 '찢어지다'의 뜻을 가지게 되었다.

뜻풀이
裂片(열편) : 찢어진 조각들
震裂(진열) : 흔들리고 찢어짐

劣 (3급)

못할 렬
力 총6획

필순: 劣 劣 劣 劣 劣 劣

劣等(열등) 劣性(열성) 劣勢(열세)
劣惡(열악) 卑劣(비열) 庸劣(용렬)
愚劣(우열) 優劣(우열) 拙劣(졸렬)

힘(力)이 적어서(少) 주어진 일을 해결 못한다는 것을 나타내어 '못하다'의 뜻을 가지게 되었다.

뜻풀이
劣等(열등) : 보통 수준이나 등급보다 낮음
劣勢(열세) : 상대보다 세력이 약함

廉 (3급)

청렴할 렴
广 총13획

필순: 廉 廉 廉 廉 廉 廉 廉 廉 廉 廉 廉

廉價(염가) 廉客(염객) 廉問(염문)
廉恥(염치) 廉探(염탐) 勿廉(물렴)
低廉(저렴) 淸廉(청렴)

집(广) 벽의 두 면이 만나는 모서리를 겸하고(兼) 있는 직선을 나타내어 이 직선이 곧다는 것에서 '청렴하다'의 뜻을 가지게 되었다.

뜻풀이
廉價(염가) : 매우 싼 가격
廉恥(염치) : 체면을 차릴 줄 알고 부끄러움을 아는 마음

獵 (3급)

사냥 렵
犬 총18획

필순: 獵 獵 獵 獵 獵 獵 獵 獵 獵 獵 獵 獵 獵 獵 獵

獵車(엽거) 獵犬(엽견) 獵奇(엽기)
獵夫(엽부) 獵師(엽사) 獵銃(엽총)
禁獵(금렵) 密獵(밀렵) 涉獵(섭렵)

개(犭)가 긴 갈기가 있는 짐승(巤)을 물어서 잡음을 나타내어 '사냥'의 뜻을 가지게 되었다.

뜻풀이
獵夫(엽부) : 사냥꾼
密獵(밀렵) : 허가를 받지 않고 몰래 사냥함

令 (5급)

하여금 령(:)
人 총5획

필순: 令 令 令 令 令

令監(영감) 令狀(영장) 令節(영절)
假令(가령) 戒令(계령) 設令(설령)
守令(수령) 指令(지령) 訓令(훈령)

윗사람이 사람들을 불러 모아(스) 굴복하도록(卩) 명령한다 하여 '명령하다'의 뜻을 가지게 되었다. 또한 명령을 받들도록 한다 하여 '하여금, 부리다'는 뜻으로 쓰이기도 한다.

뜻풀이
令監(영감) : 나이가 많은 중년 남자를 이르는 말
設令(설령) : 가정해서 말하여

人一十之 己讀百之(남보다 몇 배의 노력을 해야 뛰어날 수 있다.)

領 (5급)
거느릴 령
頁　총14획

필순: 領領領領領領領領領領領領領領

領空(영공)　領導(영도)　領事(영사)
領域(영역)　領置(영치)　受領(수령)
要領(요령)　占領(점령)　項領(항령)

명령(令)을 내리는 우두머리(頁)를 나타내어 '거느리다, 우두머리'의 뜻을 가지게 되었다.

뜻풀이
領域(영역) : 활동, 기능, 효과, 관심 등이 미치는 일정한 범위
占領(점령) : 어떤 장소를 차지하여 자리를 잡음

嶺 (3급II)
고개 령
山　총17획

필순: 嶺嶺嶺嶺嶺嶺嶺嶺嶺嶺嶺嶺嶺嶺

嶺南(영남)　嶺東(영동)　嶺雲(영운)
主嶺(주령)　峻嶺(준령)　太嶺(태령)
海嶺(해령)　險嶺(험령)

산(山)을 거느리는(領) 우두머리인 봉우리를 가리킨다. 봉우리에는 고개가 있기 때문에 嶺은 '고개'를 뜻한다.

뜻풀이
主嶺(주령) : 이어져 있는 고개 가운데 가장 높은 고개
險嶺(험령) : 험한 고개

零 (3급)
떨어질/영 령
雨　총13획

필순: 零零零零零零零零零零零零零

零度(영도)　零落(영락)　零上(영상)
零細(영세)　零時(영시)　零在(영재)
零敗(영패)　零下(영하)

빗방울(雨)이 떨어지는 것처럼 윗사람의 명령(令)이 내려지는 것을 나타내어 '떨어지다'는 뜻을 가지게 되었다. 또한 빗방울의 둥근 모양이 숫자 0과 같아서 '영'의 뜻으로도 쓰이게 되었다.

뜻풀이
零時(영시) : 24시부터 1시까지
零敗(영패) : 경기나 시합 등에서 점수를 얻지 못하고 짐

靈 (3급II)
신령 령
雨　총24획

필순: 靈靈靈靈靈靈靈靈靈靈靈靈靈靈靈靈靈靈

靈感(영감)　靈物(영물)　靈芝(영지)
靈魂(영혼)　妄靈(망령)　聖靈(성령)
神靈(신령)　幽靈(유령)　魂靈(혼령)

제물(口口口)을 차려놓고 신에게 비(雨)를 내려주길 비는 무당(巫)의 모습으로 '신령'의 뜻을 가지게 되었다.

뜻풀이
靈感(영감) : 신령스런 예감이나 느낌
靈物(영물) : 신령스런 물건이나 짐승

例 (6급)
법식 례:
人　총8획

필순: 例例例例例例例例

例事(예사)　例示(예시)　比例(비례)
實例(실례)　類例(유례)　依例(의례)
異例(이례)　次例(차례)　判例(판례)

일정한 규칙에 따라 사람(亻)이 나란히 줄을 지어 정렬되어(列) 있는 것을 나타내어 '법식'의 뜻을 가지게 되었다.

뜻풀이
類例(유례) : 비슷한 예
判例(판례) : 법원에서 비슷한 소송 사건에 대하여 행한 재판의 선례

禮 (6급)
예도 례:
示　총18획

필순: 禮禮禮禮禮禮禮禮禮禮禮禮禮禮

禮拜(예배)　禮式(예식)　禮遇(예우)
禮儀(예의)　禮節(예절)　禮讚(예찬)
洗禮(세례)

제사 음식을 풍성하게(豊) 올려놓고 제사를 지내(示) 예의를 다하는 것을 나타내어 '예도'의 뜻을 가지게 되었다.

뜻풀이
禮遇(예우) : 예의를 갖추어 정중히 대우함
洗禮(세례) : 기독교에서 입교하는 사람들에게 베푸는 의식

3급 隷

隷隷隷隷隷隷隷隷
隷隷隷隷隷隷隷隷

종 례 :
隶　총16획

죄인을 양손으로 잡아(隶) 제사(示)를 담당하는 관원(士)의 종이 되게 함을 나타내어 '종'이라는 뜻을 가지게 되었다.

필순

隷書(예서)　隷屬(예속)　隷臣(예신)
隷役(예역)　奴隷(노예)　同隷(동례)
賤隷(천례)

뜻풀이

隷屬(예속) : 윗사람에게 매여 있는 아랫사람

5급II 勞

勞勞勞勞勞勞勞勞
勞勞勞

일할 로
力　총12획

두 개의 횃불을 엇걸어 세운 화톳불(熒)을 밤새도록 밝히고 힘써(力) 일을 하는 것을 나타내어 '일하다'의 뜻을 가지게 되었다.

필순

勞苦(노고)　勞困(노곤)　勞務(노무)
勞使(노사)　勞役(노역)　過勞(과로)
勤勞(근로)　慰勞(위로)　疲勞(피로)

뜻풀이

勞困(노곤) : 나른하고 피곤함
慰勞(위로) : 따뜻한 말과 행동으로 슬픔을 달래줌

3급II 爐

爐爐爐爐爐爐爐爐
爐爐爐爐爐爐爐
爐爐爐爐

화로 로
火　총20획

불씨(火)를 담아 두었던 큰 그릇(盧)인 '화로'를 뜻한다.

필순

爐邊(노변)　暖爐(난로)　香爐(향로)
火爐(화로)　鎔鑛爐(용광로)

뜻풀이

爐邊(노변) : 화롯가
香爐(향로) : 향을 피우는 자그마한 화로

7급 老

老老老老老老

늙을 로 :
老　총6획

머리카락이 길고 허리가 굽은 노인이 지팡이를 짚고 서 있는 모습으로 '늙다'의 뜻을 가지게 되었다.

필순

老妄(노망)　老眼(노안)　老翁(노옹)
老幼(노유)　老將(노장)　老莊(노장)
老患(노환)　老後(노후)　養老(양로)

뜻풀이

老眼(노안) : 늙어 시력이 나빠짐
老後(노후) : 늙어진 후

6급 路

路路路路路路路
路路路路路

길 로 :
足　총13획

사람들이 각각(各) 발(足)로 걸어 다니며 만들어진 '길'을 뜻한다.

필순

路邊(노변)　路線(노선)　路資(노자)
路程(노정)　歸路(귀로)　岐路(기로)
迷路(미로)　進路(진로)　退路(퇴로)
險路(험로)

뜻풀이

歸路(귀로) : 돌아오는 길
退路(퇴로) : 물러날 길

3급II 露

露露露露露露露露
露露露露露露露露
露露露

이슬 로(:)
雨　총21획

새벽 길(路)가의 풀잎에 맺히는 빗방울(雨)과 같은 '이슬'을 뜻한다.

필순

露骨(노골)　露宿(노숙)　露店(노점)
露地(노지)　發露(발로)　進路(진로)
草路(초로)　暴露(폭로)

뜻풀이

露骨(노골) : 숨김없이 있는 그대로 드러냄
發露(발로) : 숨은 것이 드러나거나 또는 그것을 드러냄

人一十之 己讀百之 (남보다 몇 배의 노력을 해야 뛰어날 수 있다.)

綠

6급

푸를 록
糸 총14획

綠色(녹색) 綠陰(녹음) 綠地(녹지)
綠茶(녹차) 綠草(녹초) 常綠(상록)
新綠(신록) 葉綠素(엽록소)

彔에 糸가 더해진 글자로 여기서 彔(록)은 발음기호의 역할을 한다. 푸른 빛으로 물들인 실(糸)로 '푸르다'의 뜻을 가지게 되었다.

뜻풀이
新綠(신록) : 초여름에 새로 나온 잎의 푸른빛

錄

4급II

기록할 록
金 총16획

記錄(기록) 登錄(등록) 附錄(부록)
收錄(수록) 實錄(실록) 語錄(어록)
輯錄(집록) 採錄(채록) 抄錄(초록)

彔에 金이 더해진 글자로 여기서 彔(록)은 발음기호의 역할을 한다. 금속(金)이나 청동의 표면에 글이나 그림을 기록하는 것을 나타내어 '기록하다'의 뜻을 가지게 되었다.

뜻풀이
實錄(실록) : 사실 그대로 적은 기억
抄錄(초록) : 필요한 부분만 뽑아서 적음

祿

3급II

녹 록
示 총13획

祿俸(녹봉) 官祿(관록) 貫祿(관록)
俸祿(봉록) 爵祿(작록)

彔에 示가 더해진 글자로 여기서 彔(록)은 발음기호의 역할을 한다. 제사 지내는 (示) 사당을 돌보는 관리에게 주는 금품이나 물품의 '녹'을 뜻한다.

뜻풀이
官祿(관록) : 관원에게 주던 봉급
貫祿(관록) : 어떤 일에 대한 상당한 경력으로 생긴 위엄이나 권위

鹿

3급

사슴 록
鹿 총11획

鹿角(녹각) 鹿苑(녹원) 鹿皮(녹피)
鹿血(녹혈) 逐鹿(축록)
白鹿潭(백록담)

뿔이 있는 한 마리 사슴의 모습으로 '사슴'을 뜻한다.

뜻풀이
逐鹿(축록) : 사슴을 뒤쫓는다는 뜻으로, 정권을 놓고 다투는 일을 이르는 말

論

4급II

논할 론
言 총15획

論述(논술) 論爭(논쟁) 論旨(논지)
講論(강론) 談論(담론) 緒論(서론)
輿論(여론) 推論(추론) 評論(평론)

죽간(冊)을 가지런히 모아놓듯이(스) 말(言)을 조리 있게 하는 것을 나타내어 '논하다'의 뜻을 가지게 되었다.

뜻풀이
論旨(논지) : 말하는 글의 취지
談論(담론) : 서로 이야기를 주고받으며 논의함

弄

3급II

희롱할 롱:
廾 총7획

弄談(농담) 弄瓦(농와) 弄月(농월)
弄調(농조) 愚弄(우롱) 才弄(재롱)
戲弄(희롱)

두 손(廾)으로 구슬(王=玉)을 가지고 노는 것을 나타내어 '희롱하다'의 뜻을 가지게 되었다.

뜻풀이
弄調(농조) : 농담조, 놀리며 장난하는 말투
愚弄(우롱) : 사람을 어리석게 보고 함부로 대하여 웃음거리로 만듦

賴

3급II
의뢰할 **뢰:**
貝　총16획

필순
賴賴賴賴賴賴賴賴
賴賴賴賴賴賴賴

無賴(무뢰)　信賴(신뢰)　依賴(의뢰)
資賴(자뢰)　無賴漢(무뢰한)

둘둘 말아 묶은(束) 칼(刀)과 돈(貝)을 다른 사람에게 주면서 중대한 일을 부탁함을 나타내어 '의뢰하다'의 뜻을 가지게 되었다.

뜻풀이
無賴(무뢰) : 성품이 막되고 예의와 염치를 몰라 함부로 행하는 사람
依賴(의뢰) : 다른 사람에게 부탁함

雷

3급II
우레 **뢰**
雨　총13획

필순
雷雷雷雷雷雷雷雷
雷雷雷雷

雷同(뇌동)　雷聲(뇌성)　雷雨(뇌우)
落雷(낙뢰)　魚雷(어뢰)　地雷(지뢰)
避雷(피뢰)

電과 같이 비(雨) 내리고 번개(申) 치는 모습이나 아랫부분이 변화되었다. 똑같이 번개(申)를 나타내나 소리까지 표현하기 위해 電에서 꼬리부분을 제거하고 '우레'의 뜻을 가지게 되었다.

뜻풀이
雷聲(뇌성) : 천둥소리
避雷(피뢰) : 벼락을 피함

了

3급
마칠 **료:**
　총2획

필순
了了

了結(요결)　了解(요해)　滿了(만료)
魅了(매료)　修了(수료)　完了(완료)
終了(종료)

子에 양팔이 없는 모습이다. 양팔(一)을 포대기로 꼭꼭 감싸서 아이가 다치지 않게 한 것으로 감싸는 하나의 일이 끝났음을 나타내어 '마치다'의 뜻을 가지게 되었다.

뜻풀이
滿了(만료) : 기한이 차서 끝남
魅了(매료) : 사람의 마음을 사로잡아 홀리게 함

僚

3급
동료 **료**
人　총14획

필순
僚僚僚僚僚僚僚
僚僚僚僚僚僚

僚友(요우)　閣僚(각료)　官僚(관료)
同僚(동료)　幕僚(막료)　朋僚(붕료)
臣僚(신료)

일하는 모습이 빛나도록(尞) 잘생긴 사람(亻)을 나타내어 함께 일하는 '동료'의 뜻을 가지게 되었다.

뜻풀이
僚友(요우) : 같은 곳에서 일하는 같은 계급의 친구
同僚(동료) : 같은 직장에서 함께 일하는 사람

料

5급
헤아릴 **료(:)**
　총10획

필순
料料料料料料料料料料

肥料(비료)　飼料(사료)　史料(사료)
燃料(연료)　資料(자료)　香料(향료)

쌀(米)의 양을 말(斗)로 헤아리는 모습으로 '헤아리다'를 뜻한다.

뜻풀이
史料(사료) : 역사 연구에 필요한 유물, 문서, 조각 등의 각종 자료
燃料(연료) : 연소하며 에너지를 얻을 수 있는 물질

龍

4급
용 **룡**
龍　총16획

필순
龍龍龍龍龍龍龍龍
龍龍龍龍龍龍龍

龍宮(용궁)　龍顔(용안)　龍王(용왕)
臥龍(와룡)　靑龍(청룡)
龍頭蛇尾(용두사미)

머리를 처들고 하늘로 오르는 '용'의 모습이다.

뜻풀이
龍顔(용안) : 임금의 얼굴을 높여 이르는 말
龍頭蛇尾(용두사미) : 용의 머리와 뱀의 꼬리라는 뜻으로, 처음은 왕성하지만 끝이 부진함을 이르는 말

人一十之 己讀百之 (남보다 몇 배의 노력을 해야 뛰어날 수 있다.)

屢 (3급)
여러 루:
尸　총14획

屢年(누년)　屢代(누대)　屢朔(누삭)
屢世(누세)　屢月(누월)　屢日(누일)
屢次(누차)

사람(尸)이 똑같은 일을 여러 번 계속(婁) 하는 것을 나타내어 '여러'의 뜻을 가지게 되었다.

뜻풀이
屢次(누차) : 여러 차례에 걸쳐

樓 (3급II)
다락 루:
木　총15획

樓閣(누각)　樓臺(누대)　樓上(누상)
望樓(망루)　城樓(성루)　玉樓(옥루)
摩天樓(마천루)

나무(木)를 여러(婁) 개 이어 짜서 높이 세운 망루인 '다락'을 뜻한다.

뜻풀이
樓閣(누각) : 사방을 바라보도록 문과 벽 없이 높이 지은 집
摩天樓(마천루) : 하늘에 닿을 듯이 높이 솟은 고층 건물

淚 (3급)
눈물 루:
水　총11획

淚水(누수)　落淚(낙루)　悲淚(비루)
催淚(최루)　血淚(혈루)

문(戶) 밑으로 억지로 나오려다가 문에 끼어버린 개(犬)의 눈에서 흐르는 눈물(氵)을 나타내어 '눈물'의 뜻을 가지게 되었다.

뜻풀이
催淚(최루) : 눈물샘을 자극하여 눈물을 흘리게 함
血淚(혈루) : 피눈물

漏 (3급II)
샐 루:
水　총14획

漏落(누락)　漏電(누전)　漏出(누출)
早漏(조루)　燭漏(촉루)　浸漏(침루)
脫漏(탈루)

집(尸=戶)의 지붕에서 빗물(雨)이 새는 것을 나타내어 '새다'의 뜻이 되었다. 여기에 氵가 더해져 물이 새는 것을 강조하였다.

뜻풀이
漏電(누전) : 전기가 전깃줄 밖으로 새어 흐름
脫漏(탈루) : 밖으로 빠져 샘

累 (3급II)
여러/자주 루:
糸　총11획

累計(누계)　累代(누대)　累卵(누란)
累名(누명)　累積(누적)　累進(누진)
連累(연루)

본래 畾와 糸가 합쳐진 글자로 田은 畾가 생략된 것이다. 실(糸)을 여러 번 겹쳐서 포개는 (田=畾) 것을 나타내어 '여러, 자주'의 뜻을 가지게 되었다.

뜻풀이
累進(누진) : 가격, 수량 등이 더해짐에 따라 상대적으로 그에 대한 비율이 점점 높아짐

留 (4급II)
머무를 류:
田　총10획

留念(유념)　繫留(계류)　保留(보류)
押留(압류)　抑留(억류)　殘留(잔류)
停留(정류)

여기서 㐬는 卯가 변한 것으로 집의 양쪽 문을 열고(卯=㐬) 밭(田)에 나가 오랫동안 머무르며 일하는 것을 나타내어 '머무르다'의 뜻을 가지게 되었다.

뜻풀이
抑留(억류) : 억지로 머무르게 함
殘留(잔류) : 뒤에 남아 있음. 남음

流 (5급II)

流流流流流流流流流流

흐를 류
水　총10획

流配(유배)　流暢(유창)　激流(격류)
亞流(아류)　潮流(조류)　濁流(탁류)
漂流(표류)

태아가 양수(氵)를 타고 몸 밖으로 거꾸로 흘러나오는(㐬) 모습을 본떠 '흐르다'의 뜻을 가지게 되었다.

뜻풀이
流暢(유창) : 말하거나 글을 읽을 때 청산유수로 거침이 없음
亞流(아류) : 둘째가는 것

柳 (4급)

柳柳柳柳柳柳柳柳柳

버들 류(:)
木　총9획

路柳(노류)　楊柳(양류)

가지가 토끼(卯)털처럼 부드럽게 늘어진 나무(木)인 '버드나무'를 뜻한다.

뜻풀이
路柳(노류) : 길가의 버들. 누구나 쉽게 만질 수 있는 것이어서 기생을 의미함

類 (5급II)

類類類類類類類類類類類類類類類類類類類

무리 류(:)
頁　총19획

類似(유사)　類推(유추)　類型(유형)
穀類(곡류)　菌類(균류)　部類(부류)
分類(분류)　鳥類(조류)　種類(종류)

쌀(米)이나 머리(頁)는 둥근 것이 서로 비슷하고 개(犬)과에 속하는 짐승들도 서로 비슷하여 구분하기가 어려운 것을 나타내어 비슷한 '무리'를 뜻한다.

뜻풀이
分類(분류) : 종류에 따라서 나눔
種類(종류) : 사물의 부문을 나누는 갈래

六 (8급)

六六六六

여섯 륙
八　총4획

六甲(육갑)　六禮(육례)　六法(육법)
六書(육서)　六旬(육순)　六日(육일)

본래 집의 모습을 본뜬 글자로 나중에 '여섯'의 뜻을 가지게 되었다.

뜻풀이
六甲(육갑) : '육십갑자'의 줄임말
六旬(육순) : 예순 살

陸 (5급II)

陸陸陸陸陸陸陸陸陸陸陸

뭍 륙
阜　총11획

陸橋(육교)　陸梁(육량)　陸路(육로)
陸送(육송)　陸運(육운)　陸地(육지)
離陸(이륙)　着陸(착륙)

언덕(阝)과 매우 큰 흙덩이(坴)들이 이어진 '뭍'을 뜻한다.

뜻풀이
陸路(육로) : 뭍 위로 난 길
離陸(이륙) : 비행기가 땅 위로 떠오름

倫 (3급II)

倫倫倫倫倫倫倫倫倫

인륜 륜
人　총10획

倫綱(윤강)　倫理(윤리)　不倫(불륜)
人倫(인륜)　天倫(천륜)　三綱五倫(삼강오륜)

사람(亻)으로서 마땅히 해야 할 일을 밝혀놓은 책(冊)들을 모아(亼) 놓은 것을 나타내어 '인륜'의 뜻을 가지게 되었다.

뜻풀이
倫理(윤리) : 사람으로서 마땅히 해야 할 도리
三綱五倫(삼강오륜) : 유교의 기본이 되는 세 가지 강령과 다섯 가지의 도리

人一十之 己讀百之 (남보다 몇 배의 노력을 해야 뛰어날 수 있다.)

輪

4급 필순
輪輪輪輪輪輪輪
輪輪輪輪輪輪輪

바퀴 륜
車 총15획

輪姦(윤간) 輪番(윤번) 輪作(윤작)
輪回(윤회) 輪禍(윤화) 輪廻(윤회)
五輪旗(오륜기)

여러 개의 바퀴살이 뭉쳐진(侖) 수레(車)의 바퀴를 나타내어 '바퀴'의 뜻을 가지게 되었다.

뜻풀이
輪作(윤작) : 같은 주제 또는 소재로 많은 작가가 서로 돌아가며 글을 쓰는 일
輪禍(윤화) : 자동차와 같은 육상 교통 기관에 의해 입는 재해

律

4급II 필순
律律律律律律律律

법칙 률
彳 총9획

律呂(율려) 律法(율법) 律詩(율시)
戒律(계율) 規律(규율) 法律(법률)
韻律(운율) 調律(조율) 他律(타율)

사람이 가야할 길(彳)을 붓(聿)으로 새겨서 법이나 규범으로 삼음을 나타내어 '법칙'의 뜻을 가지게 되었다.

뜻풀이
律法(율법) : 종교적 생활과 행동에 신의 이름으로 규정한 규범
調律(조율) : 어떤 문제를 그 대상에 알맞도록 조절함을 이르는 말

栗

3급II 필순
栗栗栗栗栗栗栗栗
栗栗

밤 률
木 총10획

栗谷(율곡) 栗園(율원) 甘栗(감률)
乾栗(건율) 生栗(생률) 黃栗(황률)

나무(木) 위에 두 세 개의 열매가 들어있는 밤송이(覀)가 달려 있는 것을 본떠 '밤'을 뜻한다.

뜻풀이
生栗(생률) : 익히지 않은 날밤

率

3급II 필순
率率率率率率率率
率率

비율 률
거느릴 솔
玄 총11획

倍率(배율) 比率(비율) 勝率(승률)
確率(확률) 率直(솔직) 輕率(경솔)
食率(식솔) 引率(인솔) 眞率(진솔)

양 끝에서 줄을 당기고 있는 모습으로 힘껏 당겨서 팽팽해지면 먼지가 떨어지는 모습을 네 개의 점(丶)으로 나타냈다. 끌어당기는 데서 '거느리다'의 뜻을 가지게 되었고 나중에 '비율'의 뜻으로도 쓰이게 되었다.

뜻풀이
勝率(승률) : 경기 등에서 이긴 비율
食率(식솔) : 한 집에 딸린 식구

隆

3급II 필순
隆隆隆隆隆隆隆隆
隆隆隆

높을 륭
阜 총12획

隆起(융기) 隆盛(융성) 隆崇(융숭)
隆恩(융은) 隆昌(융창) 隆替(융체)
隆興(융흥)

높은 언덕(阝)에서 땅 위로 돌아 나온 싹(生) 주변의 흙을 발로 밟으며(夂) 봄을 맞이하는 의식을 행한 것에서 '높다'의 뜻을 가지게 되었다.

뜻풀이
隆崇(융숭) : 대접을 극진히 함
隆興(융흥) : 형세가 급격히 일어남

陵

3급II 필순
陵陵陵陵陵陵陵陵
陵陵

언덕 릉
阜 총11획

陵谷(능곡) 陵蔑(능멸) 陵寢(능침)
丘陵(구릉) 王陵(왕릉)
鬱陵郡(울릉군)

흙(土)을 지고 언덕(阝)을 내려오는(夊) 사람(儿)의 모습을 나타내어 '언덕'의 뜻을 가지게 되었다.

뜻풀이
丘陵(구릉) : 비탈진 언덕
陵寢(능침) : 임금이나 왕비의 무덤

利

6급 II

이할 리 :
刂 총7획

연장(刂)을 사용하기에 벼(禾)를 벨 때 편리한 것에서 '이롭다'의 뜻을 가지게 되었다.

필순
利利利利利利利

利殖(이식) 利潤(이윤) 利率(이율)
利益(이익) 權利(권리) 薄利(박리)
福利(복리) 勝利(승리) 銳利(예리)

뜻풀이
利潤(이윤) : 장사 등으로 남긴 돈
薄利(박리) : 적은 이익

梨

3급

배 리
木 총11획

이로움(利)이 많은 과일나무(木)인 배나무를 나타내어 '배'의 뜻을 가지게 되었다.

필순
梨梨梨梨梨梨梨梨梨梨梨

梨果(이과) 梨樹(이수) 梨園(이원)
梨花(이화) 山梨(산리) 生梨(생리)
烏飛梨落(오비이락)

뜻풀이
梨花(이화) : 배꽃

吏

3급 II

벼슬아치/관리 리 :
口 총6획

장식이 달린 붓대를 잡고 공적인 일을 기록하던 '관리, 벼슬아치'를 뜻한다.

필순
吏吏吏吏吏吏

吏道(이도) 吏讀(이두) 警吏(경리)
官吏(관리) 汚吏(오리) 酷吏(혹리)

뜻풀이
吏讀(이두) : 한자의 음과 뜻을 빌려 우리말을 적은 표기법
酷吏(혹리) : 혹독한 관리

履

3급 II

밟을 리 :
尸 총15획

본래 사람(尸)이 길을 걸어갈(彳·夂) 때 신는 나막신(舟 = 舟)의 모습으로 '신발'을 뜻하였으나 나중에 '밟다'의 뜻으로 쓰이게 되었다.

필순
履履履履履履履履履履履履履

履歷(이력) 履修(이수) 履新(이신)
履行(이행) 廢履(폐리)

뜻풀이
履歷(이력) : 지금까지의 학업, 직업, 경험
履行(이행) : 약속이나 계약 등을 실제로 행함

李

6급

오얏/성(姓) 리 :
木 총7획

나무(木)에 많은 열매(子)가 열리는 '오얏(자두)'을 뜻한다. 또한 '성'의 하나로도 쓰인다.

필순
李李李李李李李

李氏(이씨) 李珥(이이) 李朝(이조)
李下(이하) 李花(이화) 李滉(이황)
桃李(도리) 行李(행리)

뜻풀이
李下(이하) : 이하부정관. 자두나무 밑에서는 갓을 바로 고쳐 쓰지 않는다는 뜻으로, 남에게 의심 살 만한 일은 피하는 것이 좋음

里

7급

마을 리 :
里 총7획

밭(田)이 있고 토지(土)가 있어 사람이 거주할 수 있는 곳인 '마을'을 뜻한다.

필순
里里里里里里里

里長(이장) 里程(이정) 洞里(동리)
萬里(만리) 十里(십리) 千里(천리)
鄕里(향리) 里程標(이정표)

뜻풀이
里長(이장) : 행정 구역인 마을의 대표로서 일을 맡아보는 사람
里程標(이정표) : 도로 위에서 거리나 방향을 알려 주는 표시

人一十之 己讀百之 (남보다 몇 배의 노력을 해야 뛰어날 수 있다.)

理 (6급II)

理理理理理理理
理理理

다스릴 리:
玉　총11획

옥(玉=王)을 갈아서 무늬가 아름답게 보이듯이 마을(里)을 다스리는 것에서 '다스리다'의 뜻을 가지게 되었다.

필수
理想(이상)　理解(이해)　經理(경리)
管理(관리)　論理(논리)　處理(처리)
總理(총리)　推理(추리)

뜻풀이
經理(경리) : 어떤 단체나 회사의 물품 관리나 금전 출납 등을 맡아보는 사무
推理(추리) : 어떤 사실을 전제로 미루어 생각함

裏 (3급II)

裏裏裏裏裏裏裏裏
裏裏裏裏

속 리:
衣　총13획

발음기호인 里(리)가 옷을 나타내는 衣의 속으로 들어가 있는 모습으로 옷의 안쪽인 '속'을 뜻한다.

필수
裏面(이면)　腦裏(뇌리)　表裏(표리)
祕密裏(비밀리)
表裏不同(표리부동)

뜻풀이
腦裏(뇌리) : 사람의 생각, 의식 등이 들어 있는 영역
表裏不同(표리부동) : 겉과 속이 같지 않음

離 (4급)

離離離離離離離
離離離離離離
離離

떠날 리:
隹　총19획

날짐승(隹) 중 봄과 여름에 찾아왔다가 가을과 겨울에 떠나는 철새(隹)인 꾀꼬리를 나타내어 '떠나다'의 뜻을 가지게 되었다.

필수
離散(이산)　離籍(이적)　離職(이직)
離脫(이탈)　距離(거리)　亂離(난리)
遊離(유리)

뜻풀이
離散(이산) : 헤어져 흩어짐
離籍(이적) : 호적에서 떼어 냄

隣 (3급)

隣隣隣隣隣隣隣
隣隣隣隣隣

이웃 린:
阜　총15획

언덕(阝) 아래 나란히 잇닿아 있는(㷠) '이웃'을 뜻한다.

필수
隣近(인근)　隣接(인접)　交隣(교린)
近隣(근린)　比隣(비린)　善隣(선린)

뜻풀이
比隣(비린) : 가까이 사는 이웃
善隣(선린) : 이웃하는 나라와 좋게 지냄

林 (7급)

林林林林林林林林

수풀 림:
木　총8획

木이 두 개 쓰여 나무가 늘어서 있는 숲의 모습을 나타내어 '숲'의 뜻을 가지게 되었다.

필수
鷄林(계림)　農林(농림)　茂林(무림)
密林(밀림)　森林(삼림)　儒林(유림)
翰林院(한림원)

뜻풀이
密林(밀림) : 나무가 빽빽한 숲
森林(삼림) : 나무가 많이 우거진 숲

臨 (3급II)

臨臨臨臨臨臨臨臨
臨臨臨臨臨臨臨臨臨

임할 림:
臣　총17획

세 개의 상자(品)에 가까이 다가가 위에서 들여다보는 사람(𠂉=人 눈(臣))의 모습으로 '임하다'를 뜻한다.

필수
臨機(임기)　臨迫(임박)　臨時(임시)
臨戰(임전)　臨終(임종)　降臨(강림)
辱臨(욕림)　再臨(재림)

뜻풀이
臨終(임종) : 부모가 돌아가실 때 그 곁에 지키고 있음
再臨(재림) : 다시 옴

立 (7급II)

필순: 立立立立立

설 립
立 총5획

立案(입안) 立證(입증) 竝立(병립)
設立(설립) 成立(성립) 樹立(수립)
積立(적립) 鼎立(정립) 確立(확립)

한 사람이 땅 위에 서 있는 모습으로 '서다'를 뜻한다.

뜻풀이
立證(입증): 증거를 내세워 증명함
竝立(병립): 나란히 섬. 함께 섬

麻 (3급II)

필순: 麻麻麻麻麻麻麻麻麻麻

삼 마(:)
麻 총11획

麻衣(마의) 麻布(마포) 亂麻(난마)
大麻(대마) 菜麻田(채마전)

집(广)안에서 줄기가 긴 삼의 껍질(朩)을 벗기는 모습으로 '삼'을 뜻한다.

뜻풀이
亂麻(난마): 어지럽게 얽힌 삼 가닥이라는 뜻으로, 일의 갈피를 잡기 어렵게 얽힌 것을 비유하여 이름

磨 (3급II)

필순: 磨磨磨磨磨磨磨磨磨磨磨磨磨磨磨磨

갈 마
石 총16획

磨滅(마멸) 磨耗(마모) 達磨(달마)
硏磨(연마) 琢磨(탁마)
磨硏材(마연재)

삼 껍질(麻)을 돌(石)로 문질러 갈아서 으깨는 것을 나타내어 '갈다'의 뜻을 가지게 되었다.

뜻풀이
磨滅(마멸): 갈려서 다 닳아 없어짐
磨耗(마모): 마찰 부분이 닳아 없어짐

馬 (5급)

필순: 馬馬馬馬馬馬馬馬馬馬

말 마:
馬 총10획

馬匹(마필) 競馬(경마) 騎馬(기마)
乘馬(승마) 驛馬(역마) 河馬(하마)
車馬費(거마비)

말의 머리와 갈기, 꼬리와 네 다리의 모습으로 '말'을 뜻한다.

뜻풀이
競馬(경마): 말을 타고 빠르게 달리기를 겨루는 경기
車馬費(거마비): 수레와 말을 타는 비용. 즉 교통비

莫 (3급II)

필순: 莫莫莫莫莫莫莫莫莫莫莫

없을 막
艹 총11획

莫强(막강) 莫及(막급) 莫論(막론)
莫上(막상) 莫甚(막심) 莫逆(막역)
莫重(막중) 索莫(삭막) 寂莫(적막)

艹(艸)와 日이 합해진 글자이나 아랫부분이 大로 변화하였다. 본래 풀숲(艹=艸) 사이로 해(日)가 지는 모습으로 '저물다'를 뜻하였으나 나중에 해가 져서 깜깜하기에 보이는 것이 없다는 것에서 '없다'의 뜻으로 쓰이게 되었다.

뜻풀이
莫甚(막심): 더할 나위 없이 심함
莫逆(막역): 허물없이 친함

漠 (3급II)

필순: 漠漠漠漠漠漠漠漠漠漠漠漠漠漠

넓을 막
水 총14획

漠漠(막막) 漠然(막연) 廣漠(광막)
茫漠(망막) 沙漠(사막) 暗漠(암막)

莫에 氵가 더해진 글자로 여기서 莫(막)은 발음기호의 역할을 한다. 물(氵)이 없는 사막에 넓은 모래벌판만 있는 것을 나타내어 '넓다'의 뜻을 가지게 되었다.

뜻풀이
漠然(막연): 갈피를 잡을 수 없도록 아득함
暗漠(암막): 방 안을 어둡게 하기 위해 두르는 검은 막

人一十之 己讀百之 (남보다 몇 배의 노력을 해야 뛰어날 수 있다.)

幕

3급Ⅱ 필순
幕幕幕幕幕幕幕幕幕幕幕幕幕幕

장막 막
巾　총14획

천(巾)으로 안을 볼 수 없게(莫) 만든 '장막'을 뜻한다.

幕府(막부)　幕舍(막사)　序幕(서막)
煙幕(연막)　字幕(자막)　酒幕(주막)
閉幕(폐막)　園頭幕(원두막)
懸垂幕(현수막)

뜻풀이
序幕(서막) : 어떤 일의 시작
煙幕(연막) : 어떤 사물을 숨기기 위해 쓰는 능청스러운 수단

晚

3급Ⅱ 필순
晚晚晚晚晚晚晚晚晚晚

늦을 만:
日　총11획

아기가 산모의 몸에서 벗어나듯(免) 해(日)가 지상으로부터 빠져나가는 해질 녘으로 해질 녘은 하루의 늦은 때이기에 '늦다'의 뜻을 가지게 되었다.

晚年(만년)　晚成(만성)　晚時(만시)
晚鍾(만종)　晚秋(만추)　晚學(만학)
晚婚(만혼)　早晚間(조만간)
大器晚成(대기만성)

뜻풀이
晚秋(만추) : 늦가을
大器晚成(대기만성) : 큰 그릇은 늦게 이루어짐

慢

3급 필순
慢慢慢慢慢慢慢慢慢慢慢慢慢慢

거만할 만:
心　총14획

마음(忄)이 늘어져서 게을러지고 결국 거만해짐을 나타내어 '거만하다'의 뜻을 가지게 되었다.

慢性(만성)　傲慢(오만)　緩慢(완만)
自慢(자만)　怠慢(태만)

뜻풀이
慢性(만성) : 버릇처럼 되버려 쉽게 고쳐지지 않는 상태
怠慢(태만) : 할일을 미루고 게으름을 피움

漫

3급 필순
漫漫漫漫漫漫漫漫漫漫漫漫漫漫

흩어질 만:
水　총14획

물(氵)이 끝없이 퍼지는(曼) 것을 나타내어 '흩어지다'의 뜻을 가지게 되었다.

漫談(만담)　漫然(만연)　漫評(만평)
漫筆(만필)　漫畫(만화)　爛漫(난만)
浪漫(낭만)　散漫(산만)

뜻풀이
漫談(만담) : 익살스러운 말로 세태를 비판, 풍자하는 이야기
漫然(만연) : 특별한 목적없이 되는대로 하는 태도

滿

4급Ⅱ 필순
滿滿滿滿滿滿滿滿滿滿滿滿滿滿

찰 만(:)
水　총14획

물(氵)을 그릇에 채우면 평평한(㒼) 상태가 됨을 나타내어 '가득차다'의 뜻을 가지게 되었다.

滿期(만기)　滿朔(만삭)　滿員(만원)
滿潮(만조)　干滿(간만)　肥滿(비만)
圓滿(원만)　充滿(충만)　飽滿(포만)

뜻풀이
滿員(만원) : 인원이 다 참
圓滿(원만) : 일이 결함없이 순조롭게 되어감

萬

8급 필순
萬萬萬萬萬萬萬萬萬萬萬萬

일만 만:
艸　총13획

본래 가위나 꼬리를 번쩍 든 전갈의 모습을 나타내었으나 나중에 알을 많이 낳는 전갈로 인해 수사인 '일만'의 뜻으로 쓰이게 되었다.

萬感(만감)　萬能(만능)　萬無(만무)
萬邦(만방)　萬福(만복)　萬歲(만세)
萬若(만약)　萬不當(만부당)

뜻풀이
萬感(만감) : 복잡한 온갖 감정
萬不當(만부당) : 매우 부당함

末 [5급]

필순: 末末末末末

끝 말
木　총5획

末期(말기)　末端(말단)　末路(말로)
末尾(말미)　末伏(말복)　結末(결말)
終末(종말)　週末(주말)

木의 위에 한 획(一)을 더해 나무의 '끝'을 뜻한다.

뜻풀이
末路(말로) : 막바지
末尾(말미) : 어느 기간 동안의 끝 부분

亡 [5급]

필순: 亡亡亡

망할 망
亠　총3획

亡靈(망령)　亡命(망명)　亡兆(망조)
滅亡(멸망)　死亡(사망)　脣亡(순망)
敗亡(패망)　未亡人(미망인)

칼날이 끊어진 모습으로 칼날이 끊어져 쓸 수 없게 된 것을 나타내어 '잃다, 망하다'의 뜻을 가지게 되었다.

뜻풀이
亡兆(망조) : 망할 징조
未亡人(미망인) : 과부가 스스로를 겸손하게 일컬음

忙 [3급]

필순: 忙忙忙忙忙忙

바쁠 망
心　총6획

多忙(다망)　煩忙(번망)　奔忙(분망)
閑忙(한망)　忙中閑(망중한)

여러 가지 일에 마음(忄)을 써서 여유가 없음(亡)을 나타내어 '바쁘다'의 뜻을 가지게 되었다.

뜻풀이
忙中閑(망중한) : 바쁜 가운데에서도 한가로울 때

忘 [3급]

필순: 忘忘忘忘忘忘忘

잊을 망
心　총7획

忘却(망각)　忘年(망년)　忘失(망실)
不忘(불망)　健忘症(건망증)
勿忘草(물망초)　備忘錄(비망록)

마음(心) 속에서 사라짐(亡)을 나타내어 '잊다'의 뜻을 가지게 되었다.

뜻풀이
忘失(망실) : 잊어버림
備忘錄(비망록) : 잊지 않기 위해 기록하는 책자

妄 [3급Ⅱ]

필순: 妄妄妄妄妄妄

망령될 망:
女　총6획

妄覺(망각)　妄靈(망령)　妄發(망발)
妄想(망상)　妄言(망언)　輕妄(경망)
妖妄(요망)　虛妄(허망)

도리에 어둡고(亡) 이치를 거스르는 여자(女)를 나타내어 '망령되다'의 뜻을 가지게 되었다.

뜻풀이
妄發(망발) : 자신과 조상에게 욕되는 말이나 행동
妄想(망상) : 이치에 맞지 않는 헛되고 망령된 생각

望 [5급Ⅱ]

필순: 望望望望望望望望望望

바랄 망:
月　총11획

望鄕(망향)　渴望(갈망)　觀望(관망)
企望(기망)　怨望(원망)　責望(책망)
希望(희망)　有望株(유망주)

서 있는 한 사람(壬)이 하늘의 달(月)을 바라보며 곁에 없는(亡) 임이 돌아오기를 간절히 바라는 것을 나타내어 '바라다'의 뜻을 가지게 되었다.

뜻풀이
觀望(관망) : 멀리 바라다 봄
有望株(유망주) : 어떤 분야에서 꾸준히 발전 가능성이 있는 사람

人一十之 己讀百之 (남보다 몇 배의 노력을 해야 뛰어날 수 있다.)

茫 아득할 망

3급 | 艹 | 총10획

필순: 茫茫茫茫茫茫茫茫茫

茫漠(망막) 茫茫(망망) 茫洋(망양)
茫然(망연) 滄茫(창망) 蒼茫(창망)
茫然自失(망연자실)

강(氵) 건너편의 숲(艹)이 보이지 않을(亡) 정도로 아득한 것을 나타내어 '아득하다'의 뜻을 가지게 되었다.

뜻풀이
茫然自失(망연자실) : 멍하니 어리둥절하게 정신을 잃음

罔 없을 망

3급 | 网 | 총8획

필순: 罔罔罔罔罔罔罔罔

罔極(망극) 罔然(망연) 罔措(망조)
罔測(망측) 欺罔(기망) 侵罔(침망)
昊天罔極(호천망극)

본래 새나 짐승을 덮어 가리는(冖) 그물(网 = 罓)을 나타내었으나 나중에 잡으려 했던 새나 짐승이 그물 안에 아무것도 없기에 '없다'의 뜻으로 쓰이게 되었다.

뜻풀이
罔極(망극) : 임금이나 어버이의 은혜가 끝이 없음
罔測(망측) : 정상적이지 않아 차마 보기 어려움

埋 묻을 매

3급 | 土 | 총10획

필순: 埋埋埋埋埋埋埋埋埋埋

埋立(매립) 埋沒(매몰) 埋伏(매복)
埋葬(매장) 埋藏(매장) 暗埋(암매)

마을(里) 주변의 흙(土) 속에 물건을 묻는 것을 나타내어 '묻다'의 뜻을 가지게 되었다.

뜻풀이
埋葬(매장) : 어떤 사람을 사회적으로 활동하지 못하게 함
埋藏(매장) : 묻어서 감춤

妹 누이 매

4급 | 女 | 총8획

필순: 妹妹妹妹妹妹妹妹

妹夫(매부) 妹弟(매제) 妹兄(매형)
男妹(남매) 姉妹(자매)

나이가 아직(未) 어린 누이(女)동생으로 '손아래 누이'를 뜻한다.

뜻풀이
妹弟(매제) : 손 아래 누이의 남편
妹兄(매형) : 손 위 누이의 남편

媒 중매 매

3급Ⅱ | 女 | 총12획

필순: 媒媒媒媒媒媒媒媒媒媒媒媒

媒介(매개) 媒體(매체) 靈媒(영매)
溶媒(용매) 仲媒(중매) 觸媒(촉매)

남녀(女)의 혼인을 꾀하는(某 = 謀) '중매'를 뜻한다.

뜻풀이
媒介(매개) : 둘 사이의 관계를 맺어 줌
靈媒(영매) : 죽은 사람과 의사가 통하여 혼령과 인간을 매개하는 사람

每 매양 매(:)

7급Ⅱ | 母 | 총7획

필순: 每每每每每每每

每年(매년) 每番(매번) 每事(매사)
每時(매시) 每樣(매양) 每月(매월)
每日(매일) 每週(매주) 每回(매회)

본래 비녀 같은 머리꾸미개(亠)로 머리를 꾸민 여자(母)의 모습이었는데 나중에 '매번, 매양'의 뜻으로 쓰이게 되었다.

뜻풀이
每事(매사) : 모든 일마다
每樣(매양) : 항상 그 모양

梅

3급Ⅱ

梅梅梅梅梅梅梅梅梅梅梅

매화 매
木 총11획

梅實(매실) 梅雨(매우) 梅花(매화)
雪中梅(설중매) 梅蘭菊竹(매란국죽)

매번(每) 아름다운 꽃이 피는 나무(木)인 '매화'를 뜻한다.

뜻풀이
梅雨(매우) : 매화 열매가 떨어질 때 지는 장마라는 뜻으로, 6월 중순에서 7월 초순까지의 장마를 일컬음

買

5급

買買買買買買買買買買買買

살 매:
貝 총12획

買收(매수) 買食(매식) 買占(매점)
買票(매표) 強買(강매) 競買(경매)
購買(구매) 不買(불매) 豫買(예매)

그물질하듯이(罒) 물건(貝)을 사 모으는 것을 나타내어 '사다'의 뜻을 가지게 되었다.

뜻풀이
不買(불매) : 사지 않음
豫買(예매) : 정해진 때 전에 미리 삼

賣

5급

賣賣賣賣賣賣賣賣賣賣賣賣賣

팔 매(:)
貝 총15획

賣却(매각) 賣盡(매진) 賣票(매표)
競賣(경매) 都賣(도매) 先賣(선매)
專賣(전매) 販賣(판매)
賣國奴(매국노)

賣의 士는 出이 변한 글자로 샀던(買) 물건을 다시 내놓아(士→出) 파는 것을 나타내어 '팔다'의 뜻을 가지게 되었다.

뜻풀이
賣却(매각) : 돈을 받고 물건을 팔아 버림
賣國奴(매국노) : 특정 물건을 독점하여 팖

脈

4급Ⅱ

脈脈脈脈脈脈脈脈脈脈

줄기 맥
肉 총10획

脈絡(맥락) 動脈(동맥) 命脈(명맥)
文脈(문맥) 水脈(수맥) 人脈(인맥)
靜脈(정맥) 診脈(진맥)

몸(月=肉) 안에서 갈라져 흐르는(厎) 줄기인 혈관을 나타내어 '줄기'의 뜻을 가지게 되었다.

뜻풀이
命脈(닝맥) : 어떤 일이 이어져 가는 근본
診脈(진맥) : 맥박을 짚어 병을 진찰함

麥

3급Ⅱ

麥麥麥麥麥麥麥麥麥麥麥

보리 맥
麥 총11획

麥類(맥류) 麥芽(맥아) 麥酒(맥주)
麥秋(맥추) 小麥(소맥)
麥芽糖(맥아당)

米와 夂가 합쳐진 글자로 보리의 이삭(米)과 땅속 깊이 내려진 뿌리(夂)의 모습을 나타내어 '보리'의 뜻을 가지게 되었다.

뜻풀이
麥秋(맥추) : 익은 보리를 거두어들이는 철
麥芽糖(맥아당) : 엿당

孟

3급Ⅱ

맏 맹(:)
子 총8획

孟軻(맹가) 孟冬(맹동) 孟浪(맹랑)
孟母(맹모) 孟子(맹자) 孟秋(맹추)
孟春(맹춘) 孟夏(맹하)

갓 태어난 아이(子)의 몸에 묻은 양수를 대야(皿) 물로 깨끗이 씻는 모습을 나타내어 맨 처음 낳은 자식인 '맏, 첫째'의 뜻을 가지게 되었다.

뜻풀이
孟軻(맹가) : 맹자의 본명
孟秋(맹추) : 초가을

人一十之 己讀百之 (남보다 몇 배의 노력을 해야 뛰어날 수 있다.)

猛

3급II

사나울 맹:
犬　총11획

猛猛猛猛猛猛猛猛
猛猛猛

맏이(孟)에게 거는 기대가 지나쳐 개(犭)가 짖듯이 사납게 잔소리하는 것을 나타내어 '사납다'의 뜻을 가지게 되었다.

猛禽(맹금)　猛毒(맹독)　猛烈(맹렬)
猛暑(맹서)　猛獸(맹수)　猛將(맹장)
猛打(맹타)　猛虎(맹호)　勇猛(용맹)

뜻풀이
猛毒(맹독) : 매우 심한 독
猛獸(맹수) : 육식을 주로 하는 사나운 짐승

盟

3급II

맹세 맹
皿　총13획

盟盟盟盟盟盟盟盟
盟盟盟盟

옛날 제후들이 희생된 짐승의 피(血)를 번갈아 마시며 분명하게(明) 약속한 것을 나타내어 '맹세'의 뜻을 가지게 되었다.

盟誓(맹서)　盟約(맹약)　加盟(가맹)
同盟(동맹)　聯盟(연맹)　血盟(혈맹)

뜻풀이
加盟(가맹) : 어떤 동맹이나 연맹 단체에 가입함
血盟(혈맹) : 피로 맹세한 관계

盲

3급II

소경/눈 멀 맹
目　총8획

盲盲盲盲盲盲盲盲

시력(目)을 잃은(亡) 것을 나타내어 '눈 멀다, 소경'의 뜻을 가지게 되었다.

盲目(맹목)　盲信(맹신)　盲兒(맹아)
盲人(맹인)　盲從(맹종)　文盲(문맹)
色盲(색맹)　夜盲症(야맹증)

뜻풀이
盲信(맹신) : 시비를 가리지 않고 무조건 믿음
夜盲症(야맹증) : 비타민 A의 결핍으로 밤에 사물이 잘 보이지 않는 증상

面

7급

낯　면:
面　총9획

面面面面面面面面面

머리털이 없는 사람 머리의 앞 얼굴 모습을 나타내어 '낯, 얼굴'의 뜻을 가지게 되었다.

面談(면담)　面識(면식)　面接(면접)
假面(가면)　斷面(단면)　斜面(사면)
兩面(양면)　裏面(이면)　側面(측면)

뜻풀이
面識(면식) : 얼굴을 알 정도의 관계
裏面(이면) : 겉으로 나타나지 않는 부분

免

3급II

면할 면:
儿　총7획

免免免免免免免

산모의 몸에서 아기가 나온 모습으로 아기가 산모에게서 벗어난 것을 나타내어 '면하다'의 뜻을 가지게 되었다.

免疫(면역)　免除(면제)　免職(면직)
免許(면허)　謀免(모면)　赦免(사면)
罷免(파면)　解免(해면)

뜻풀이
免疫(면역) : 몸속에 병균이 침입해도 발병하지 않을 정도의 저항력
謀免(모면) : 어떤 일로부터 죄를 써서 벗어남

勉

4급

힘쓸 면:
力　총9획

勉勉勉勉勉勉勉勉勉

산모가 아이를 낳을(免) 때 힘(力)을 쓰는 것을 나타내어 '힘쓰다'의 뜻을 가지게 되었다.

勉勵(면려)　勉從(면종)　勉學(면학)
勉行(면행)　勸勉(권면)　勤勉(근면)
勞勉(노면)　力勉(역면)

뜻풀이
勉勵(면려) : 스스로 노력함
勸勉(권면) : 알아듣도록 타일러 힘쓰게 함

眠

3급Ⅱ

필수
眠眠眠眠眠眠眠眠眠眠

잘 면
目 총 10획

눈(目)을 감고 자는 사람(民)의 모습을 나타내어 '자다'의 뜻을 가지게 되었다.

冬眠(동면) 不眠(불면) 睡眠(수면)
熟眠(숙면) 安眠(안면) 永眠(영면)
催眠(최면) 休眠(휴면)

뜻풀이
冬眠(동면) : 겨울잠
永眠(영면) : 영원히 잠듦. 죽음

綿

3급Ⅱ

필수
綿綿綿綿綿綿綿綿綿
綿綿綿綿綿

솜 면
糸 총 14획

비단(帛)을 짜는데 사용하는 실(糸)의 원재료인 '솜'을 뜻한다.

綿綿(면면) 綿密(면밀) 綿絲(면사)
純綿(순면) 連綿(연면)
脫脂綿(탈지면)

뜻풀이
綿密(면밀) : 자세하고 빈틈이 없음
脫脂綿(탈지면) : 지방을 제거하고 소독한 솜

滅

3급Ⅱ

필수
滅滅滅滅滅滅滅滅滅
滅滅滅滅

꺼질/멸할 멸
水 총 13획

성장을 그친 무성한 초목(戌)에 불(火)이 나서 물(氵)로써 그 불을 끄는 것으로 '꺼지다, 멸하다'의 뜻을 가지게 되었다.

滅菌(멸균) 滅族(멸족) 滅種(멸종)
擊滅(격멸) 壞滅(괴멸) 燒滅(소멸)
點滅(점멸) 破滅(파멸) 幻滅(환멸)

뜻풀이
滅菌(멸균) : 세균을 줄임. 살균
點滅(점멸) : 등불이 켜졌다 꺼졌다 함

名

7급Ⅱ

필수
名名名名名名

이름 명
口 총 6획

저녁(夕)에 아직 돌아오지 않은 자식을 찾기 위해서 자식의 이름을 입(口)으로 부르는 것을 나타내어 '이름'의 뜻을 가지게 되었다.

名簿(명부) 名聲(명성) 名醫(명의)
佳名(가명) 藝名(예명) 著名(저명)
借名(차명) 呼名(호명)

뜻풀이
著名(저명) : 이름이 세상에 높이 드러남
借名(차명) : 남의 이름을 빌림

銘

3급Ⅱ

필수
銘銘銘銘銘銘銘銘
銘銘銘銘銘

새길 명
金 총 14획

오랫동안 이름을 남기기 위해서 금속(金)에 이름(名)을 새겨 '새기다'의 뜻을 가지게 되었다.

銘記(명기) 銘文(명문) 銘心(명심)
銘誌(명지) 感銘(감명) 碑銘(비명)
座右銘(좌우명)

뜻풀이
銘記(명기) : 마음에 새기고 기억해 둠
銘誌(명지) : 비석 등에 새긴 글

命

7급

필수
命命命命命命命命

목숨 명ː
口 총 8획

임금이 입(口)으로 내리는 명령(令)을 나타내었다. 한 나라의 권력자인 임금의 말에 생명이 좌우지되었기 때문에 命은 '목숨'의 뜻을 가지게 되었다.

命脈(명맥) 復命(복명) 召命(소명)
壽命(수명) 嚴命(엄명) 任命(임명)
殘命(잔명) 絶命(절명) 革命(혁명)
美人薄命(미인박명)

뜻풀이
殘命(잔명) : 죽음이 다가오는 쇠잔한 목숨
美人薄命(미인박명) : 미인은 병약하여 일찍 죽는 일이 많음

人一十之 己讀百之 (남보다 몇 배의 노력을 해야 뛰어날 수 있다.)

鳴

4급

필순: 鳴鳴鳴鳴鳴鳴鳴鳴鳴鳴鳴鳴鳴鳴

울 명
鳥　총14획

共鳴(공명)　悲鳴(비명)　耳鳴(이명)
自鳴鍾(자명종)

새(鳥)가 주둥이(口)로 지저귀며 우는 것을 나타내어 '울다'의 뜻을 가지게 되었다.

뜻풀이
耳鳴(이명) : 외부 소리가 없어도 귀에서 연속적으로 울리는 것처럼 느껴지는 병적 증상

明

6급 II

필순: 明明明明明明明明

밝을 명
日　총8획

明哲(명철)　糾明(규명)　昭明(소명)
幽明(유명)　照明(조명)　證明(증명)
聰明(총명)　透明(투명)
決明子(결명자)

낮에는 해(日)가 밤에는 달(月)이 밝게 빛나는 것을 나타내어 '밝다'의 뜻을 가지게 되었다.

뜻풀이
昭明(소명) : 사물을 분별함에 밝고 똑똑함
決明子(결명자) : 눈을 맑고 밝게 하는 약재

冥

3급

필순: 冥冥冥冥冥冥冥冥冥冥

어두울 명
冖　총10획

冥感(명감)　冥界(명계)　冥鬼(명귀)
冥冥(명명)　冥福(명복)　冥府(명부)
冥想(명상)

음력 십육일(六日)에는 달이 이지러져 어둠에 덮여(冖) 어두워짐을 나타내어 '어둡다'의 뜻을 가지게 되었다.

뜻풀이
冥福(명복) : 죽은 후 저승에서 받는 복

母

8급

필순: 母母母母母

어미 모ː
母　총5획

母乳(모유)　母胎(모태)　母艦(모함)
繼母(계모)　姑母(고모)　聘母(빙모)
乳母(유모)　丈母(장모)
代理母(대리모)

女에 젖을 표시하는 두 점을 더해서 아기에게 젖을 먹이는 여자인 어머니를 나타내었다. 따라서 '어머니, 어미'의 뜻을 가지게 되었다.

뜻풀이
聘母(빙모) : 다른 사람의 장모
代理母(대리모) : 불임 부부 의뢰로 아기를 대신 낳아 주는 여자

侮

3급

필순: 侮侮侮侮侮侮侮侮侮

업신여길 모(ː)
人　총9획

侮慢(모만)　侮蔑(모멸)　侮笑(모소)
侮視(모시)　侮言(모언)　侮辱(모욕)
受侮(수모)　自侮(자모)

옛날 남존여비 사상이 강하던 때 남자(亻)가 여자(每)를 깔보고 업신여기는 경향이 강했음을 보여주는 글자로 '업신여기다'를 뜻한다.

뜻풀이
侮言(모언) : 업신여기며 하는 말
受侮(수모) : 모욕을 당함

冒

3급

필순: 冒冒冒冒冒冒冒冒冒

무릅쓸 모
冂　총9획

冒頭(모두)　冒雨(모우)　冒險(모험)
侵冒(침모)

눈(目)을 눈가리개(冃)로 가린 모습으로 눈을 가렸음에도 불구하고 무릅쓰고 나아가려 함을 나타내어 '무릅쓰다'의 뜻을 가지게 되었다.

뜻풀이
冒頭(모두) : 글의 첫머리
冒雨(모우) : 비를 무릅씀

募

3급 募

모을/뽑을 모
力　총13획

힘(力)을 더하여 없는(莫) 인원을 널리 구하는 것으로 '모으다, 뽑다'의 뜻을 가지게 되었다.

필순
募募募募募募募募
募募募募

募軍(모군)　募金(모금)　募兵(모병)
募集(모집)　公募(공모)　急募(급모)
應募(응모)　徵募(징모)

뜻풀이
公募(공모): 널리 알려서 사람을 모음
徵募(징모): 나라에서 특정한 일에 필요한 사람을 모음

暮

3급 暮

저물 모:
日　총15획

'저물다'의 원뜻을 가진 莫이 '없다'의 뜻으로 쓰이게 되면서 본래의 뜻을 보존하기 위해서 日을 더해 '저물다'의 뜻을 가지게 되었다.

필순
暮暮暮暮暮暮暮
暮暮暮暮暮暮

旦暮(단모)　歲暮(세모)　日暮(일모)
朝三暮四(조삼모사)

뜻풀이
歲暮(세모): 한 해가 끝날 무렵
日暮(일모): 날이 저묾

慕

3급II 慕

그릴 모:
心　총15획

날이 저물어(莫 = 暮) 적막함에 마음(心)속에서 그리워하는 마음이 일어나는 것을 나타내어 '그리다, 그리워하다'의 뜻을 가지게 되었다.

필순
慕慕慕慕慕慕慕
慕慕慕慕慕慕

慕情(모정)　敬慕(경모)　思慕(사모)
愛慕(애모)　戀慕(연모)　追慕(추모)
欽慕(흠모)

뜻풀이
戀慕(연모): 이성을 사랑하여 그리워 함
欽慕(흠모): 기쁘고 즐겁게 사모함

模

4급 模

본뜰 모
木　총15획

실제의 모습과 똑같은 것을 구하기 위해서(莫 = 謨) 사물을 본떠 나무(木)를 깎아 만듦을 나타내어 '본뜨다'의 뜻을 가지게 되었다.

필순
模模模模模模模模
模模模模模模模

模倣(모방)　模範(모범)　模寫(모사)
模樣(모양)　模作(모작)　模造(모조)
模唱(모창)　模型(모형)　規模(규모)

뜻풀이
模造(모조): 본떠 만듦
模唱(모창): 남의 노래를 그대로 흉내내는 일

某

3급 某

아무 모:
木　총9획

본래 甘과 木이 합쳐진 글자로 아들을 가질 수 있도록 비는(甘)데 쓰이는 나무(木)인 '매화나무'를 뜻하였으나 나중에 甘이 甘으로 변하였고 대명사인 '아무'의 뜻을 가지게 되었다.

필순
某某某某某某某某某

某年(모년)　某某(모모)　某時(모시)
某氏(모씨)　某月(모월)　某種(모종)
某處(모처)

뜻풀이
某月(모월): 아무 달
某處(모처): 아무 곳

謀

3급II 謀

꾀 모
言　총16획

某에 言이 더해진 글자로 여기서 某(모)는 발음기호의 역할을 한다. 말(言)로 의논하여 생각해내는 '꾀'를 뜻한다.

필순
謀謀謀謀謀謀謀謀
謀謀謀謀謀謀

謀略(모략)　謀免(모면)　謀士(모사)
謀議(모의)　共謀(공모)　權謀(권모)
圖謀(도모)　逆謀(역모)　陰謀(음모)
參謀(참모)

뜻풀이
圖謀(도모): 어떤 일을 이루기 위해 수단과 방법을 꾀함
逆謀(역모): 반역을 꾀함

人一十之 己讀百之 (남보다 몇 배의 노력을 해야 뛰어날 수 있다.)

毛
4급Ⅱ
필순: 毛 毛 毛 毛

터럭 모
毛 총4획

毛根(모근) 毛髮(모발) 毛織(모직)
毛布(모포) 毛皮(모피) 毛筆(모필)
純毛(순모) 脫毛(탈모) 鴻毛(홍모)
不毛地(불모지)

사람이나 짐승의 털 모습을 본떠 '터럭'의 뜻을 가지게 되었다.

뜻풀이
毛根(모근) : 털뿌리
不毛地(불모지) : 아무 식물도 나지 않는 척박한 땅. 즉 문화적으로 개발되지 않은 곳

貌
3급Ⅱ
필순: 貌 貌 貌 貌 貌 貌 貌 貌 貌 貌 貌 貌 貌 貌

모양 모
豸 총14획

貌樣(모양) 面貌(면모) 美貌(미모)
變貌(변모) 外貌(외모) 容貌(용모)
全貌(전모) 體貌(체모) 風貌(풍모)

짐승(豸)의 탈을 쓴 사람(兒)의 모습을 본떠 '모양'의 뜻을 가지게 되었다.

뜻풀이
面貌(면모) : 사람이나 사물의 겉모습 또는 됨됨이
風貌(풍모) : 풍채와 용모

木
8급
필순: 木 木 木 木

나무 목
木 총4획

木脚(목각) 木蓮(목련) 木彫(목조)
木枕(목침) 巨木(거목) 枯木(고목)
伐木(벌목) 原木(원목) 木瓜(모과)

나무의 줄기에 가지와 뿌리가 있는 모습으로 나무 전체를 그려 '나무'를 뜻한다.

뜻풀이
伐木(벌목) : 숲의 나무를 벰
原木(원목) : 벤 상태에서 가공하지 않은 나무

牧
4급Ⅱ
필순: 牧 牧 牧 牧 牧 牧 牧 牧

칠 목
牛 총8획

牧丹(목단) 牧童(목동) 牧民(목민)
牧師(목사) 牧牛(목우) 牧者(목자)
牧場(목장) 牧會(목회) 放牧(방목)

소(牛)를 한 곳으로 몰기 위해서 손에 막대기를 들고 치는(攵) 것을 나타내어 '치다'의 뜻을 가지게 되었다.

뜻풀이
牧會(목회) : 목사가 교회에서 하는 모든 공식적인 활동
放牧(방목) : 가축을 놓아 기름

目
6급
필순: 目 目 目 目 目

눈 목
目 총5획

目擊(목격) 目錄(목록) 目次(목차)
目標(목표) 德目(덕목) 眼目(안목)
條目(조목) 種目(종목) 指目(지목)
項目(항목)

사람 눈의 흰자위와 검은자위의 모습을 본뜬 글자로 '눈'을 뜻한다.

뜻풀이
眼目(안목) : 사물을 보고 분별하는 견식
指目(지목) : 사람이나 사물이 이러하다고 가리켜 정함

睦
3급Ⅱ
필순: 睦 睦 睦 睦 睦 睦 睦 睦 睦 睦 睦 睦 睦

화목할 목
目 총13획

敦睦(돈목) 不睦(불목) 親睦(친목)
和睦(화목) 親睦契(친목계)

눈(目)가의 주름이 언덕져서(坴) 인자한 인상을 만드는 것을 나타내어 '화목하다'는 뜻을 가지게 되었다.

뜻풀이
親睦契(친목계) : 서로 간의 친목을 나누기 위한 계모임

沒 (빠질 몰)
3급II | 水 | 총7획

필순: 沒沒沒沒沒沒沒

沒頭(몰두) 沒落(몰락) 沒殺(몰살)
沒收(몰수) 沒我(몰아) 沒入(몰입)
埋沒(매몰) 出沒(출몰) 沈沒(침몰)
陷沒(함몰)

손(又)에서 놓친 물건이 소용돌이치는(勹) 물(氵) 속에 빠져 가라앉음을 나타내어 '빠지다'의 뜻을 가지게 되었다.

뜻풀이
沒頭(몰두): 어떤 일에 온 정성을 쏟음
埋沒(매몰): 보이지 않도록 파묻음

夢 (꿈 몽)
3급II | 夕 | 총14획

필순: 夢夢夢夢夢夢夢夢夢夢夢夢夢夢

夢想(몽상) 夢幻(몽환) 吉夢(길몽)
瑞夢(서몽) 惡夢(악몽) 胎夢(태몽)
解夢(해몽) 現夢(현몽) 凶夢(흉몽)
胡蝶夢(호접몽)

어두운(苎) 저녁(夕)에 잠을 잘 때 나타나는 환상인 '꿈'을 뜻한다.

뜻풀이
胎夢(태몽): 아이를 밸 징조의 꿈
現夢(현몽): 좋은 사람 또는 신령이 꿈에 나타남

蒙 (어두울 몽)
3급II | 艹 | 총14획

필순: 蒙蒙蒙蒙蒙蒙蒙蒙蒙蒙蒙蒙蒙

蒙古(몽고) 蒙然(몽연) 蒙塵(몽진)
啓蒙(계몽) 童蒙(동몽) 訓蒙(훈몽)
童蒙先習(동몽선습)

돼지(豕)가 숲에서 풀(艹)에 덮여(冖) 어두워서 나오지 못하는 것을 나타내어 '어둡다'의 뜻을 가지게 되었다.

뜻풀이
啓蒙(계몽): 무지한 사람 또는 아이들을 깨우쳐 가르침
童蒙(동몽): 남자 아이

卯 (토끼 묘)
3급 | 卩 | 총5획

필순: 卯卯卯卯卯

卯時(묘시) 卯日(묘일) 卯正(묘정)
癸卯(계묘) 己卯(기묘) 乙卯(을묘)

본래 문의 양쪽 문짝을 여는 모습을 나타내었으나 나중에 12지의 하나인 '넷째지지(토끼)'의 뜻으로 쓰이게 되었다.

뜻풀이
卯時(묘시): 오전 5시부터 7시까지의 동안

墓 (무덤 묘:)
4급 | 土 | 총14획

필순: 墓墓墓墓墓墓墓墓墓墓墓墓墓墓

墓木(묘목) 墓碑(묘비) 墓域(묘역)
墓地(묘지) 墳墓(분묘) 省墓(성묘)

해(日)가 지는 풀숲(艹(艸)) 사이에 죽은 사람을 흙(土)으로 덮어서 감춘 '무덤'을 뜻한다.

뜻풀이
墓域(묘역): 묘소로 경계를 정한 구역
省墓(성묘): 조상의 묘에 인사를 드리고 살피고 돌보는 일

妙 (묘할 묘:)
4급 | 女 | 총7획

필순: 妙妙妙妙妙妙妙

妙技(묘기) 妙味(묘미) 妙案(묘안)
妙策(묘책) 巧妙(교묘) 奇妙(기묘)
微妙(미묘) 絶妙(절묘) 玄妙(현묘)

젊은(少) 여자(女)가 아름답다는 것에서 '묘하다'의 뜻을 가지게 되었다.

뜻풀이
妙案(묘안): 아주 뛰어난 방안
微妙(미묘): 뚜렷하지 않고 야릇하고 묘함

人一十之 己讀百之 (남보다 몇 배의 노력을 해야 뛰어날 수 있다.)

廟 (3급)

사당 묘:
广 / 총15획

조상을 모셔 두고 아침(朝)마다 예를 행하는 집(广)인 '사당'을 뜻한다.

廟堂(묘당) 東廟(동묘) 廟意(묘의)
文廟(문묘) 謁廟(알묘) 宗廟(종묘)
宗廟社稷(종묘사직)

뜻풀이
廟意(묘의) : 조정의 회의
宗廟社稷(종묘사직) : 왕실과 나라를 함께 이름

苗 (3급)

모 묘:
艹 / 총9획

苗木(묘목) 苗板(묘판) 稻苗(도묘)
桑苗(상묘) 種苗(종묘)

밭(田)에 심은 작은 풀(艹)인 '모'를 뜻한다.

뜻풀이
苗木(묘목) : 옮겨 심는 어린 나무

務 (4급Ⅱ)

힘쓸 무:
力 / 총11획

勤務(근무) 勞務(노무) 庶務(서무)
任務(임무) 殘務(잔무) 職務(직무)
執務(집무) 公務員(공무원)

창(矛)을 잡고 힘(力)을 써서 찌르고 내리치는(攵) 것을 나타내어 '힘쓰다'의 뜻을 가지게 되었다.

뜻풀이
殘務(잔무) : 다 못하고 남은 업무
執務(집무) : 사무를 행함

霧 (3급)

안개 무:
雨 / 총19획

霧散(무산) 霧塞(무색) 濃霧(농무)
雲霧(운무) 曉霧(효무)
五里霧中(오리무중)

務에 雨가 더해진 글자로 여기서 務(무)는 발음기호의 역할을 한다. 지표면 가까이에 비(雨)가 내린 것처럼 아주 작은 물방울이 부옇게 떠 있는 '안개'를 뜻한다.

뜻풀이
霧散(무산) : 안개가 흩어져 없어짐. 즉 그렇게 흐지부지 취소됨
五里霧中(오리무중) : 어떤 일에 대하여 방향이나 갈피를 잡을 수 없음을 이름

戊 (3급)

천간 무:
戈 / 총5획

戊戌(무술) 戊申(무신) 戊夜(무야)
戊午(무오) 戊日(무일) 戊辰(무진)

본래 도끼같이 넓은 날이 달린 창의 모습을 나타내었으나 나중에 '다섯째 천간'의 뜻으로 쓰이게 되었다.

뜻풀이
戊午(무오) : 육십갑자의 쉰다섯째
戊辰(무진) : 육십갑자의 다섯째

茂 (3급Ⅱ)

무성할 무:
艹 / 총9획

茂林(무림) 茂盛(무성) 茂樹(무수)
茂才(무재) 暢茂(창무) 茂學(무학)

戊에 艹가 더해진 글자로 여기서 戊(무)는 발음기호의 역할을 한다. 풀(艹)이 '무성하다'는 뜻을 가지게 되었다.

뜻풀이
茂林(무림) : 나무가 무성한 숲
茂學(무학) : 학문에 열과 힘을 다함

武 [4급II]

호반 무:
止 총8회

필순: 武武武武武武武武

止와 戈가 합쳐진 글자로 창(戈)과 같은 무기를 잡고 싸우러 나아가는(止) 무인인 '호반'을 뜻한다.

武官(무관) 武器(무기) 武班(무반)
武術(무술) 武藝(무예) 武勇(무용)
武將(무장) 文武(문무)

뜻풀이
武將(무장): 무술이 출중하고 군대를 거느리는 우두머리
文武(문무): 문관과 무관

無 [5급]

없을 무:
火 총12회

필순: 無無無無無無無無無無無無

본래 사람이 두 손으로 깃털이나 솔 등을 쥐고서 춤추는 모습으로 '춤추다'를 뜻했으나 나중에 '없다'는 뜻을 가지게 되었다.

無窮(무궁) 無斷(무단) 無謀(무모)
無妨(무방) 無識(무식) 無賃(무임)
無賴漢(무뢰한)

뜻풀이
無謀(무모): 앞뒤를 생각함이 없음
無賃(무임): 값을 치르지 않음

舞 [4급]

춤출 무:
舛 총14회

필순: 舞舞舞舞舞舞舞舞舞舞舞舞舞

'춤추다'의 원뜻을 가진 無가 '없다'의 뜻으로 쓰이게 되면서 본래의 뜻을 보존하기 위해서 양쪽 발의 모습인 舛를 더해 '춤추다'의 뜻을 가지게 되었다.

舞臺(무대) 舞姬(무희) 歌舞(가무)
劍舞(검무) 鼓舞(고무) 群舞(군무)
亂舞(난무) 獨舞(독무) 僧舞(승무)

뜻풀이
舞姬(무희): 춤추는 일을 업으로 삼는 여자
鼓舞(고무): 북을 쳐 춤을 추게 함. 격려하여 용기가 생기게 함

貿 [3급II]

무역할 무:
貝 총12회

필순: 貿貿貿貿貿貿貿貿貿貿貿

여기서 卯는 卯가 변한 것으로 다른 곳에 문을 개방하고 (卯) 물건(貝)을 바꾸는 것을 나타내어 '무역하다'의 뜻을 가지게 되었다.

貿穀(무곡) 貿來(무래) 貿買(무매)
貿米(무미) 貿易(무역) 公貿(공무)
別貿(별무)

뜻풀이
貿來(무래): 다른 나라에서 물품을 사들임
貿易(무역): 나라 사이에서 물품을 서로 사고팔거나 교환하는 일

墨 [3급II]

먹 묵
土 총15회

필순: 墨墨墨墨墨墨墨墨墨墨墨墨墨墨

흙(土)을 반죽하듯 검은(黑) 그을음을 이겨서 만든 '먹'을 뜻한다.

墨客(묵객) 墨子(묵자) 墨香(묵향)
墨刑(묵형) 白墨(백묵) 筆墨(필묵)
水墨畵(수묵화)

뜻풀이
墨客(묵객): 먹으로 글씨를 쓰고 그림을 그리는 사람
墨香(묵향): 향긋한 먹 냄새

默 [3급II]

잠잠할 묵
黑 총16회

필순: 默默默默默默默默默默默默默默默默

개(犬)가 얼굴에 먹으로 문신을 새긴 사람(黑)을 짖지 않고 조용히 따라가는 것을 나타내어 '잠잠하다'의 뜻을 가지게 되었다.

默過(묵과) 默念(묵념) 默殺(묵살)
默想(묵상) 默認(묵인) 寡默(과묵)
沈默(침묵) 默祕權(묵비권)

뜻풀이
默過(묵과): 잘못을 알고도 그대로 넘김
默認(묵인): 모른체 내버려 두며 슬며시 인정함. 알고도 그냥 넘김

人一十之 己讀百之(남보다 몇 배의 노력을 해야 뛰어날 수 있다.)

門 (8급)

필순: 丨 冂 冂 冃 門 門 門 門

문 문
門 총8획

門閥(문벌) 關門(관문) 釋門(석문)
專門(전문) 窓門(창문) 鐵門(철문)
破門(파문) 閉門(폐문)
登龍門(등용문)

뜻풀이
登龍門(등용문) : 용문에 오른다는 뜻으로, 어려운 관문을 통과하여 크게 출세함

두 개의 문짝이 있는 문의 모습으로 '문'을 뜻한다.

問 (7급)

필순: 問 問 問 問 問 問 問 問 問 問 問

물을 문:
口 총11획

問喪(문상) 問議(문의) 問診(문진)
檢問(검문) 訪問(방문) 審問(심문)
慰問(위문) 疑問(의문) 諮問(자문)
探問(탐문)

뜻풀이
問診(문진) : 의사가 환자에게 가족의 병력 등에 대해 묻는 일
諮問(자문) : 효율적인 일처리를 위해 그 방면 전문가에게 의견을 들음

門에 口가 더해진 글자로 여기서 門(문)은 발음기호의 역할을 한다. 입(口)으로 무엇인가를 묻는 것을 나타내어 '묻다'의 뜻을 가지게 되었다.

聞 (6급II)

필순: 聞 聞 聞 聞 聞 聞 聞 聞 聞 聞 聞 聞 聞 聞

들을 문(:)
耳 총14획

見聞(견문) 未聞(미문) 新聞(신문)
聽聞(청문) 風聞(풍문) 後聞(후문)
前代未聞(전대미문)

뜻풀이
風聞(풍문) : 바람처럼 떠도는 소문
前代未聞(전대미문) : 지금까지 들어 본 적이 없음

사람이 문(門)에 귀(耳)를 대고 듣는 것을 나타내어 '듣다'의 뜻을 가지게 되었다.

文 (7급)

필순: 文 文 文 文

글월 문
文 총4획

文盲(문맹) 文藝(문예) 文彩(문채)
誓文(서문) 例文(예문) 韻文(운문)
祝文(축문) 不文律(불문율)

뜻풀이
祝文(축문) : 제사 때 신에게 고하는 글
不文律(불문율) : 문서로 갖추어진 법이 아닌 것

본래 몸에 문신을 새긴 사람의 모습으로 '무늬'를 뜻하였으나 문신으로 그림이나 글자를 새겼기에 나중에 '글월'의 뜻으로도 쓰이게 되었다.

紋 (3급II)

필순: 紋 紋 紋 紋 紋 紋 紋

무늬 문
糸 총10획

指紋(지문) 細紋(세문)

뜻풀이
細紋(세문) : 어떤 일이 다른 곳에 미치는 영향
指紋(지문) : 손가락 끝마디 안쪽의 살갗에 있는 무늬

견직물에 수놓은 무늬를 나타내기 위해 文에 糸를 더하여 견직물의 '무늬'를 뜻하게 되었다.

勿 (3급II)

필순: 勿 勿 勿 勿

말 물
勹 총4획

勿驚(물경) 勿論(물론)
勿忘草(물망초)

뜻풀이
勿驚(물경) : 놀랍게도. 놀라지 말라
勿論(물론) : 말할 것도 없음

본래 칼로 나무의 껍질이나 뿌리를 잘라내는 모습을 나타내었으나 나중에 '~하지 마라'는 금지의 뜻으로 쓰이게 되었다.

物 물건 물

7급 II
牛 총8획

필순: 物 物 物 物 物 物 物 物

物慾(물욕) 物議(물의) 穀物(곡물)
貢物(공물) 鑛物(광물) 寶物(보물)
汚物(오물) 妖物(요물) 臟物(장물)

나무의 껍질이나 뿌리를 잘라내던 칼(勿)로 소(牛)에 피를 내서 제물로 바친 것을 나타내어 제물로 바친 '물건'의 뜻을 가지게 되었다.

뜻풀이
物議(물의): 한 사람의 나쁜 태도에 많은 사람들이 이러쿵 저러쿵 논하는 상태
妖物(요물): 요망하고 간사한 것

未 아닐 미(:)

4급 II
木 총5획

필순: 未 未 未 未 未

未開(미개) 未決(미결) 未納(미납)
未達(미달) 未練(미련) 未滿(미만)
未詳(미상) 未遂(미수)

본래 木의 위에 짧은 한 획(一)을 더해 가지가 많은 나무의 모습을 나타내었으나 나중에 부정의 의미인 '아니다'의 뜻으로 쓰이게 되었다.

뜻풀이
未開(미개): 사회가 발전되지 않고 문화 수준이 낮은 상태
未遂(미수): 목적한 것을 이루지 못함

味 맛 미:

4급 II
口 총8획

필순: 味 味 味 味 味 味 味 味

甘味(감미) 妙味(묘미) 吟味(음미)
意味(의미) 珍味(진미) 眞味(진미)
趣味(취미) 耽味(탐미) 興味(흥미)

덜(未) 익은 과일을 입(口)으로 맛보는 것에서 '맛'을 뜻한다.

뜻풀이
妙味(묘미): 미묘한 재미와 흥미
吟味(음미): 어떤 사물의 내용을 되새기며 느끼거나 생각함

尾 꼬리 미:

3급 II
尸 총7획

필순: 尾 尾 尾 尾 尾 尾 尾

尾行(미행) 末尾(말미) 語尾(어미)
燕尾服(연미복) 接尾辭(접미사)
龍頭蛇尾(용두사미)

짐승 엉덩이(尸)의 털(毛)이 있는 꼬리를 나타내어 '꼬리'의 뜻으로 쓰이게 되었다.

뜻풀이
尾行(미행): 다른 사람을 감시하거나 증거를 잡기 위하여 뒤를 밟음
末尾(말미): 어떤 기간의 끝 부분. 겨를

微 작을 미

3급 II
彳 총13획

필순: 微 微 微 微 微 微 微 微 微 微 微 微 微

微動(미동) 微微(미미) 微細(미세)
微弱(미약) 微熱(미열) 微賤(미천)
輕微(경미) 幾微(기미) 稀微(희미)

가느다란 끝(耑=耑)을 치니(攵) 그 움직임(彳)이 빨라서 보일 듯 말 듯 희미하기에 '작다'의 뜻을 가지게 되었다.

뜻풀이
輕微(경미): 매우 작고 가벼움
幾微(기미): 어떤 일을 알아차릴 수 있는 낌새

米 쌀 미

6급 II
米 총6획

필순: 米 米 米 米 米 米

米壽(미수) 米飮(미음) 精米(정미)
玄米(현미) 供養米(공양미)

벼의 낟알이 벼 대에 달려 있는 모습으로 '쌀'을 뜻한다.

뜻풀이
米壽(미수): 88살을 달리 이름
供養米(공양미): 공양에 쓰는 쌀

人一十之 己讀百之(남보다 몇 배의 노력을 해야 뛰어날 수 있다.)

迷

3급
필순: 迷迷迷米米米米迷迷迷

미혹할 미(:)
辶 총10획

迷宮(미궁) 迷路(미로) 迷夢(미몽)
迷信(미신) 迷兒(미아) 迷惑(미혹)
昏迷(혼미)

벼의 많은 낱알(米) 하나하나는 작아서 알기 어렵듯이 많은 갈림길에서 어디로 나가야할지(辶) 몰라서 헤매는 것을 나타내어 '미혹하다'의 뜻을 가지게 되었다.

뜻풀이
迷宮(미궁) : 어떤 사건이 얽혀서 쉽게 해결하지 못하는 상태
迷兒(미아) : 길을 잃은 아이

眉

3급
필순: 眉眉眉眉眉眉眉眉眉

눈썹 미
目 총9획

眉間(미간) 眉目(미목) 眉月(미월)
白眉(백미) 霜眉(상미) 纖眉(섬미)
焦眉之急(초미지급)

눈(目) 위에 있는 눈썹 털(尸)의 모습으로 '눈썹'의 뜻을 가지게 되었다.

뜻풀이
眉間(미간) : 눈썹과 눈썹 사이
焦眉之急(초미지급) : 눈썹에 불이 붙는 것 같이 매우 긴박함을 비유함

美

6급
필순: 美美美美美美美美美

아름다울 미(:)
羊 총9획

美觀(미관) 美談(미담) 美德(미덕)
美貌(미모) 美術(미술) 美容(미용)
讚美(찬미) 耽美(탐미)
審美眼(심미안)

새의 깃털을 머리에 꽂아서 아름답게 장식한 사람(大)의 모습으로 '아름답다'를 뜻한다.

뜻풀이
美談(미담) : 감동적이고 아름다운 이야기
審美眼(심미안) : 아름다움을 살펴 찾는 안목

民

8급
필순: 民民民民民

백성 민
氏 총5획

民權(민권) 民亂(민란) 民泊(민박)
民俗(민속) 民謠(민요) 民衆(민중)
難民(난민) 牧民(목민) 庶民(서민)
逸民(일민) 賤民(천민)

왼쪽 눈을 예리한 침으로 찌른 모습으로 본래 노예 집단을 나타냈다. 죄인이나 포로로서 눈에 상해를 입고 노예가 되었던 民은 나중에 '백성'의 뜻으로 쓰이게 되었다.

뜻풀이
民泊(민박) : 여행 시 일반 가정집에서 묵음
牧民(목민) : 백성을 다스림

憫

3급
필순: 憫憫憫憫憫憫憫憫憫憫憫憫憫憫憫

민망할 민
心 총15획

憫惘(민망) 憫然(민연) 憫情(민정)
愛憫(애민) 憐憫(연민)

집 안(門)에서 세상과 단절된 채 글(文)만 읽는 것을 사람들이 마음(忄) 속으로 불쌍하게 여기는 것을 나타내어 '민망하다'의 뜻을 가지게 되었다.

뜻풀이
憫惘(민망) : 답답하고 딱하여 안타까움
憐憫(연민) : 가여워 불쌍히 여김

敏

3급
필순: 敏敏敏敏敏敏敏敏敏敏敏

민첩할 민
攴 총11획

敏感(민감) 過敏(과민) 機敏(기민)
不敏(불민) 銳敏(예민) 英敏(영민)
聰敏(총민) 慧敏(혜민)

비녀로 머리를 꾸민 여자(每)가 재빠르게 손작업(攵)을 하는 것을 나타내어 '민첩하다'의 뜻을 가지게 되었다.

뜻풀이
過敏(과민) : 과하게 예민함
英敏(영민) : 영특하고 민첩함

密 (4급II)

密密密密密密密密密 密密

빽빽할 밀
宀 총11획

密封(밀봉) 密輸(밀수) 密接(밀접)
密旨(밀지) 機密(기밀) 緊密(긴밀)
綿密(면밀) 嚴密(엄밀) 隱密(은밀)
精密(정밀)

나무가 빽빽한(必) 산(山) 속에 신이 모셔져 있는 것을 나타내어 '빽빽하다, 비밀'의 뜻을 가지게 되었다.

뜻풀이
密旨(밀지) : 임금이 내리던 비밀 명령
綿密(면밀) : 자세하고 꼼꼼하여 빈틈이 없음

蜜 (3급)

蜜蜜蜜蜜蜜蜜蜜蜜蜜 蜜蜜蜜蜜

꿀 밀
虫 총14획

蜜蜂(밀봉) 蜜語(밀어) 蜜月(밀월)
蜂蜜(봉밀)

빽빽한(必) 벌집에 벌(虫)이 꿀을 저장해 두는 것을 나타내어 '꿀'의 뜻을 가지게 되었다.

뜻풀이
蜜語(밀어) : 남녀 사이의 달콤하고 사랑스러운 이야기
蜜月(밀월) : 꿀같이 달콤한 달이라는 뜻으로, 결혼 직후의 달콤한 시기를 이름

博 (4급II)

博博博博博博博博 博博博

넓을 박
十 총12획

博覽(박람) 博物(박물) 博士(박사)
博識(박식) 博愛(박애) 博學(박학)
該博(해박)

다양한(十) 분야에서 자신의 능력을 넓히는(尃) 것을 나타내어 '넓다'의 뜻을 가지게 되었다.

뜻풀이
博愛(박애) : 모든 것을 널리 평등하게 사랑함
該博(해박) : 여러 방면을 널리 앎

薄 (3급II)

薄薄薄薄薄薄薄薄 薄薄薄薄薄薄薄

엷을 박
艹 총17획

薄福(박복) 薄俸(박봉) 薄氷(박빙)
輕薄(경박) 奇薄(기박) 野薄(야박)
淺薄(천박) 厚薄(후박) 稀薄(희박)

물(氵)이 얇게 퍼져(尃) 물 안의 풀(艹)이 보일 정도임을 나타내어 '엷다, 얇다'의 뜻을 가지게 되었다.

뜻풀이
薄氷(박빙) : 살짝 언 얼음. 근소한 차이
野薄(야박) : 자기만 생각하고 인정이 없음

拍 (4급)

拍拍拍拍拍拍拍拍

칠 박
手 총8획

拍動(박동) 拍賣(박매) 拍手(박수)
拍子(박자) 拍掌(박장) 拍車(박차)
半拍(반박)

손바닥(扌)을 서로 마주쳤을 때 나는 소리(白)를 나타내어 손바닥을 '치다'의 뜻을 가지게 되었다.

뜻풀이
拍賣(박매) : 물건을 사겠다는 사람이 여럿일 때 가장 높은 값을 부르는 사람에게 팖
拍車(박차) : 어떤 일을 촉구하려고 더하는 힘

泊 (3급)

泊泊泊泊泊泊泊泊

머무를/배댈 박
水 총8획

憩泊(게박) 淡泊(담박) 民泊(민박)
宿泊(숙박) 外泊(외박) 駐泊(주박)

물(氵) 위에 하얀(白) 돛을 단 커다란 배를 머무르게 함을 나타내어 '머무르다, 배대다'의 뜻을 가지게 되었다.

뜻풀이
宿泊(숙박) : 여관이나 호텔 등에서 잠자고 머무름
淡泊(담박) : 욕심이 없고 깨끗함

人一十之 己讀百之 (남보다 몇 배의 노력을 해야 뛰어날 수 있다.)

迫 (3급II)

핍박할 박
辶 총9획

迫迫迫迫迫迫迫迫

迫頭(박두) 迫害(박해) 驅迫(구박)
急迫(급박) 緊迫(긴박) 壓迫(압박)
切迫(절박) 促迫(촉박) 脅迫(협박)

어떤 상황이 분명하게(白) 다가오는(辶) 것을 나타내어 '핍박하다'의 뜻을 가지게 되었다.

뜻풀이
迫頭(박두) : 어떤 시기가 가까이 닥침
壓迫(압박) : 상대방에게 정신적·심리적으로 겁을 줌

朴 (6급)

성(姓) 박
木 총6획

朴朴朴朴朴朴

朴氏(박씨) 儉朴(검박) 素朴(소박)
淳朴(순박) 質朴(질박)

卜에 木이 더해진 글자로 여기서 卜(복)은 발음기호의 역할을 하는데 나중에 음이 복에서 박으로 변하였다. '성씨'의 하나로 쓰인다.

뜻풀이
素朴(소박) : 거짓없이 순수함
質朴(질박) : 꾸밈이 없고 수수함

半 (6급II)

반 반:
十 총5획

半半半半半

半減(반감) 半島(반도) 半裸(반라)
半熟(반숙) 半額(반액) 半折(반절)
太半(태반) 殆半(태반)

소(牛)를 반으로 나누듯이(八) 사물의 중심을 반으로 나누는 것을 나타내어 '반'의 뜻을 가지게 되었다.

뜻풀이
半減(반감) : 반으로 줄임
半裸(반라) : 반나체

伴 (3급)

짝 반:
人 총7획

伴伴伴伴伴伴伴

伴友(반우) 伴奏(반주) 伴行(반행)
同伴(동반) 隨伴(수반)
伴侶者(반려자)

사람(亻)의 반쪽(半)인 '짝'을 뜻한다.

뜻풀이
伴奏(반주) : 노래, 악기 연주를 돕기 위해 옆에서 다른 악기를 연주함
伴侶者(반려자) : 짝이 되는 사람. 배우자

反 (6급II)

돌이킬/돌아올 반:
又 총4획

反反反反

反擊(반격) 反射(반사) 反省(반성)
反應(반응) 反轉(반전) 反抗(반항)
違反(위반) 如反掌(여반장)

손(又)에 의지해서 언덕(厂)을 오르며 언덕 아래를 뒤돌아보는 것에서 '돌이키다, 돌아오다'의 뜻을 가지게 되었다.

뜻풀이
反轉(반전) : 일의 형세가 확 바뀜
如反掌(여반장) : 손바닥을 뒤집는 것처럼 쉬움

返 (3급)

돌이킬 반:
辶 총8획

返返返返返返返返

返却(반각) 返納(반납) 返路(반로)
返送(반송) 返品(반품) 返還(반환)

갔던(辶) 길에서 되돌아(反)옴을 나타내어 '돌이키다'의 뜻을 가지게 되었다.

뜻풀이
返却(반각) : 물건을 받지 않고 다시 되돌려 보냄
返品(반품) : 받은 상품을 되돌려 보냄

叛

3급

배반할 반 :
又   총9획

필순: 叛 叛 叛 叛 叛 叛 叛 叛 叛

叛軍(반군) 叛起(반기) 叛徒(반도)
叛亂(반란) 叛心(반심) 叛逆(반역)
謀叛(모반) 背叛(배반) 離叛(이반)

마음이 반(半)으로 나누어져 반대로 돌아서게(反) 됨을 나타내어 '배반하다'의 뜻을 가지게 되었다.

뜻풀이
叛起(반기) : 배반하여 일어남
叛逆(반역) : 나라를 배반함

飯

3급Ⅱ

밥 반
食   총13획

필순: 飯 飯 飯 飯 飯 飯 飯 飯 飯 飯 飯 飯 飯

飯店(반점) 飯酒(반주) 白飯(백반)
殘飯(잔반) 朝飯(조반) 餐飯(찬반)
茶飯事(다반사)

그릇에 가득 담겨 있는 밥(食)을 입에 넣고 입안에서 왔다갔다(反) 굴리며 먹는 것을 나타내어 '밥'의 뜻을 가지게 되었다.

뜻풀이
飯酒(반주) : 식사 때 곁들여 마시는 술
茶飯事(다반사) : 차를 마시고 밥먹는 일처럼 예사로운 일

般

3급Ⅱ

가지/일반 반
舟   총10획

필순: 般 般 般 般 般 般 般 般 般 般

各般(각반) 今般(금반) 一般(일반)
全般(전반) 諸般(제반)

본래 큰 배(舟)에 물건을 싣고 노(殳)를 저어서 움직이는 것을 나타내어 '옮기다'의 뜻을 가졌으나 나중에 누구나 마찬가지라는 '일반, 가지'의 뜻으로 쓰이게 되었다.

뜻풀이
全般(전반) : 어떤 일과 관계되는 전부
諸般(제반) : 어떤 것과 관련된 모든 것

盤

3급Ⅱ

소반 반
皿   총15획

필순: 盤 盤 盤 盤 盤 盤 盤 盤 盤 盤 盤 盤 盤 盤 盤

盤石(반석) 盤桓(반환) 基盤(기반)
旋盤(선반) 原盤(원반) 初盤(초반)
胎盤(태반) 羅針盤(나침반)

음식을 담아 옮기는(般) 그릇(皿)으로 '소반'을 뜻한다.

뜻풀이
盤石(반석) : 사물·사상·기틀 등이 매우 견고함을 비유함
羅針盤(나침반) : 항해에 사용되는 지리적 방향 지시기

班

6급Ⅱ

나눌 반
玉   총10획

필순: 班 班 班 班 班 班 班 班 班 班

班常(반상) 班長(반장) 武班(무반)
文班(문반) 首班(수반) 兩班(양반)
越班(월반) 合班(합반)

쌍 구슬(珏)을 둘로 나누는(刂) 것에서 '나누다'의 뜻을 가지게 되었다.

뜻풀이
班常(반상) : 양반과 상놈
越班(월반) : 성적이 뛰어나 상급 학년으로 건너뜀

拔

3급Ⅱ

뽑을 발
手   총8획

필순: 拔 拔 拔 拔 拔 拔 拔 拔

拔劍(발검) 拔群(발군) 拔本(발본)
拔取(발취) 拔齒(발치) 奇拔(기발)
選拔(선발) 卓拔(탁발)

개(犬)의 털을 손(丿=又)으로 뽑는 모습으로 '뽑다'의 뜻을 가지게 되었다. 여기에 扌가 더해져 털을 뽑는 손의 기능을 강조하였다.

뜻풀이
拔本(발본) : 좋지 않은 것의 근본 요소를 없애 버림
拔齒(발치) : 치아를 뽑음

人一十之 己讀百之 (남보다 몇 배의 노력을 해야 뛰어날 수 있다.)

髮

4급

터럭 **발**
髟 총15획

結髮(결발) 斷髮(단발) 削髮(삭발)
散髮(산발) 洗髮(세발) 握髮(악발)
理髮(이발) 長髮(장발)

길게 자란 머리카락과 수염(髟)을 가위로 제거하는(犮) 것을 나타내어 '터럭'의 뜻을 가지게 되었다.

뜻풀이
洗髮(세발) : 머리를 감음
理髮(이발) : 머리를 깎음

發

6급 II

필 **발**
癶 총12획

發刊(발간) 發端(발단) 發射(발사)
發芽(발아) 發揮(발휘) 濫發(남발)
挑發(도발) 突發(돌발) 妄發(망발)
偶發(우발) 誘發(유발)

본래 양발을 벌리고(癶) 앞으로 나아가면서 손에 창(殳)을 잡고 활(弓)을 쏘듯이 던지는 것을 나타내어 '쏘다'는 뜻을 가졌으나 나중에 '피다'의 뜻으로 쓰이게 되었다.

뜻풀이
濫發(남발) : 말과 행동을 마구 함부로 함
偶發(우발) : 우연히 발생함

方

7급 II

모 **방**
方 총4획

方途(방도) 方席(방석) 方案(방안)
方針(방침) 方便(방편) 邊方(변방)
祕方(비방) 雙方(쌍방) 處方(처방)
向方(향방)

양쪽에 손잡이가 달린 쟁기의 모습으로 쟁기로 땅을 파거나 갈아서 모나게 만들었기에 '모, 모나다'의 뜻을 가지게 되었다.

뜻풀이
方便(방편) : 경우에 따른 쉬운 수단과 방법
向方(향방) : 향해 나가는 방법

妨

4급

방해할 **방**
女 총7획

妨礙(방애) 妨電(방전) 妨碍(방애)
妨害(방해) 妨蔽(방폐) 無妨(무방)

方에 女가 더해진 글자로 여기서 方(방)은 발음기호의 역할을 한다. 여자(女)의 힘으로는 쟁기질(方)을 하기가 어렵기 때문에 일을 하는데 방해가 되므로 '방해하다'의 뜻을 가지게 되었다.

뜻풀이
妨電(방전) : 전파를 방해함
無妨(무방) : 방해될 것 없이 괜찮음

防

4급 II

막을 **방**
阜 총7획

防犯(방범) 防壁(방벽) 防備(방비)
防衛(방위) 防除(방제) 防諜(방첩)
防彈(방탄) 攻防(공방) 豫防(예방)

方에 阝(=阜)가 더해진 글자로 여기서 方(방)은 발음기호의 역할을 한다. 인위적으로 만든 언덕(阝)인 둑으로 물을 막는 것을 나타내어 '막다'의 뜻을 가지게 되었다.

뜻풀이
防彈(방탄) : 날아오는 총알을 막음
攻防(공방) : 서로 공격하고 방어함

訪

4급 II

찾을 **방**:
言 총11획

訪問(방문) 訪韓(방한) 來訪(내방)
答訪(답방) 巡訪(순방) 尋訪(심방)
探訪(탐방)

方에 言이 더해진 글자로 여기서 方(방)은 발음기호의 역할을 한다. 널리 말(言)로 물어서 방법을 찾는 것을 나타내어 '찾다'의 뜻을 가지게 되었다.

뜻풀이
訪韓(방한) : 한국을 방문함
答訪(답방) : 상대방의 방문에 대한 답례로 방문함

放

6급 II

놓을 방(:)
攴 총8획

放放放放放放放放

放尿(방뇨) 放浪(방랑) 放牧(방목)
放映(방영) 放恣(방자) 放置(방치)
奔放(분방) 釋放(석방) 解放(해방)
豪放(호방)

뜻풀이
放恣(방자): 어렵거나 삼가지 않고 건방짐
放置(방치): 내버려 둠

方에 攵이 더해진 글자로 여기서 方(방)은 발음기호의 역할을 한다. 소에 매어두었던 쟁기를 풀어놓고 손(攵)으로 잡고 있는 것을 나타내어 '놓다'의 뜻을 가지게 되었다.

倣

3급

본뜰 방
人 총10획

倣倣倣倣倣倣倣倣倣倣

倣似(방사) 模倣(모방) 比倣(비방)
依倣(의방) 臨倣(임방)

뜻풀이
倣似(방사): 매우 유사함

다른 사람(亻)을 흉내 내고 본떠서 자신의 본성을 버리게(放) 됨을 나타내어 '본뜨다'의 뜻을 가지게 되었다.

房

4급 II

방 방
戶 총8획

房房房房房房房房

房貰(방세) 監房(감방) 閨房(규방)
冷房(냉방) 茶房(다방) 獨房(독방)
冊房(책방)

뜻풀이
監房(감방): 죄수를 가두어 두는 방
閨房(규방): 부녀자가 거처하는 방

方에 戶가 더해진 글자로 여기서 方(방)은 발음기호의 역할을 한다. 외짝문(戶)이 있는 작은방으로 '방'을 뜻한다.

芳

3급 II

꽃다울 방
艸 총8획

芳芳芳芳芳芳芳芳

芳年(방년) 芳信(방신) 芳緣(방연)
芳草(방초) 芬芳(분방)
芳名錄(방명록) 芳香劑(방향제)

뜻풀이
芳年(방년): 스무 살 전후의 젊은 꽃다운 나이
芳信(방신): 꽃이 피는 소식. 봄소식

方에 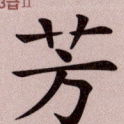가 더해진 글자로 여기서 方(방)은 발음기호의 역할을 한다. 풀꽃의 향기가 사방으로 퍼지는 것을 나타내어 '꽃답다'의 뜻을 가지게 되었다.

傍

3급

 방:
人 총12획

傍傍傍傍傍傍傍傍傍傍傍

傍系(방계) 傍觀(방관) 傍助(방조)
傍證(방증) 傍聽客(방청객)

뜻풀이
傍觀(방관): 직접 나서지 않고 곁에서 보기만 함
傍證(방증): 간접적인 증거

쟁기의 바닥에 끼우는 넓적한 삽 모양의 보습 위에 비스듬하게 볏을 덧댄 쟁기(旁)를 사람(亻)이 몰고 가는 쟁기가 흙을 갈아서 양 옆으로 밀어내기 때문에 '곁'의 뜻을 가지게 되었다.

邦

3급

나라 방
邑 총7획

邦邦邦邦邦邦邦

東邦(동방) 萬邦(만방) 友邦(우방)
劉邦(유방) 合邦(합방)
異邦人(이방인)

뜻풀이
友邦(우방): 가까이 사귀며 좋은 관계를 맺고 있는 나라
異邦人(이방인): 다른 나라, 다른 곳에서 온 사람

나라 안의 고을(阝=邑)마다 초목(丰)을 심어서 경계를 지음을 나타내어 '나라'의 뜻을 가지게 되었다.

人一十之 己讀百之 (남보다 몇 배의 노력을 해야 뛰어날 수 있다.)

倍 (5급)

곱 배(:)
人 총10획

필수: 倍倍倍倍倍倍倍倍倍倍

倍加(배가) 倍達(배달) 倍騰(배등)
倍數(배수) 倍勝(배승) 倍額(배액)
倍率(배율) 倍出(배출)

사람(亻)과 사람이 서로 갈라져(咅) 둘이 된 것을 나타내어 '곱'의 뜻을 가지게 되었다.

뜻풀이
倍加(배가) : 갑절로 늘어남
倍數(배수) : 어떤 수의 갑절이 되는 수

培 (3급II)

북돋울 배:
土 총11획

필수: 培培培培培培培培培

培根(배근) 培植(배식) 培養(배양)
肥培(비배) 栽培(재배)
培養土(배양토)

초목의 뿌리를 흙(土)으로 싸고 불필요한 부분을 제거해서(咅) 북돋아 기르도록 하는 것을 나타내어 '북돋다'의 뜻을 가지게 되었다.

뜻풀이
培養(배양) : 식물의 세포 조직이나 미생물을 인공적으로 가꾸어 기름
栽培(재배) : 식물을 심어서 기름

排 (3급II)

밀칠 배
手 총11획

필수: 排排排排排排排排排排

排擊(배격) 排尿(배뇨) 排卵(배란)
排便(배변) 排律(배율) 排除(배제)
排斥(배척) 排出(배출) 排他(배타)

좌우로 나누어진(非) 문을 손(扌)으로 양쪽으로 밀어서 연 것을 나타내어 '밀치다'의 뜻을 가지게 되었다.

뜻풀이
排尿(배뇨) : 오줌 눈 것을 빠지게 함
排他(배타) : 상대를 배척함

輩 (3급II)

무리 배:
車 총15획

필수: 輩輩輩輩輩輩輩輩輩輩輩輩輩輩輩

卿輩(경배) 先輩(선배) 若輩(약배)
汝輩(여배) 年輩(연배) 雜輩(잡배)
後輩(후배)

전쟁 시 좌우로 나눠서(非) 벌여 놓은 수레(車)를 나타내어 '무리'의 뜻을 가지게 되었다.

뜻풀이
若輩(약배) : 젊은 나이의 경험이 적은 사람
年輩(연배) : 비슷한 또래의 사람

拜 (4급II)

절 배:
手 총9획

필수: 拜拜拜拜拜拜拜拜拜

拜禮(배례) 拜上(배상) 拜謁(배알)
敬拜(경배) 歲拜(세배) 肅拜(숙배)
禮拜(예배) 參拜(참배)

액운을 제거하기 위해서 잎이 우거진 나뭇가지(手)를 손(手)에 들고 절함을 나타내어 '절'의 뜻을 가지게 되었다.

뜻풀이
拜上(배상) : 절하여 올림
拜謁(배알) : 지위가 높고 존경하는 사람을 찾아가 뵘

杯 (3급)

잔 배
木 총8획

필수: 杯杯杯杯杯杯杯杯

杯盤(배반) 苦杯(고배) 勸杯(권배)
答杯(답배) 毒杯(독배) 銀杯(은배)
祝杯(축배)

옛날에는 술잔을 나무(木)로 만들었기에 술잔의 재료인 나무를 써서 '잔'의 뜻을 나타내었고 不(불은 여기서 발음기호의 역할을 하는데 나중에 음이 불에서 배로 변하였다.

뜻풀이
苦杯(고배) : 쓰라린 경험을 비유함
勸杯(권배) : 술잔을 권함

背

4급II 필수
背背背背背背背背背

등 배 :
肉　총9획

背景(배경) 背反(배반) 背信(배신)
背泳(배영) 背恩(배은) 背後(배후)
違背(위배) 背恩忘德(배은망덕)

등의 원뜻을 가진 北이 '북녘'의 뜻으로 쓰이게 되면서 본래의 뜻을 보존하기 위해서 月(= 肉)을 더해 '등'의 뜻을 가지게 되었다.

뜻풀이
背恩(배은) : 은혜를 저버림
違背(위배) : 법이나 명령 등을 어김

配

4급II 필수
配配配配配配配配配配

나눌/짝 배 :
酉　총10획

配管(배관) 配給(배급) 配達(배달)
配色(배색) 配列(배열) 配置(배치)
流配(유배) 集配(집배)
配偶者(배우자) 支配人(지배인)

혼례 시 술(酉)을 나누어 먹은 자신의 반쪽 사람(己)을 나타내어 '나누다, 짝'의 뜻을 가지게 되었다.

뜻풀이
配色(배색) : 두 가지 이상의 색을 잘 어울리도록 배치함
流配(유배) : 죄인을 귀향 보내던 형벌

白

8급 필수
白白白白白

흰 백
白　총5획

白鷺(백로) 白墨(백묵) 白飯(백반)
白丁(백정) 潔白(결백) 獨白(독백)
傍白(방백) 純白(순백) 蒼白(창백)
白鹿潭(백록담)

손톱의 모습으로 손톱이 희기 때문에 '희다'의 뜻을 가지게 되었다.

뜻풀이
獨白(독백) : 상대 없이 혼자 말하는 대사
傍白(방백) : 관객은 들리지만 상대는 틀리지 않는 것으로 혼자서 하는 말

伯

3급II 필수
伯伯伯伯伯伯伯

맏 백
人　총7획

伯母(백모) 伯父(백부) 伯爵(백작)
伯仲(백중) 伯兄(백형) 畫伯(화백)

많은 형제 가운데 가장 머리가 하얀(白) 사람(亻)인 '맏'을 뜻한다.

뜻풀이
伯父(배부) : 큰아버지
畫伯(화백) : 화가를 높여 이름

百

7급 필수
百百百百百百

일백 백
白　총6획

百穀(백곡) 百科(백과) 百方(백방)
百姓(백성) 百歲(백세) 百戰(백전)
百合(백합) 百花(백화)
百貨店(백화점)

일(一)부터 백까지 하나하나 분명하게 (白) 숫자를 셈을 나타내어 '일백'의 뜻을 가지게 되었다.

뜻풀이
百方(백방) : 온갖 방법
百花(백화) : 온갖 꽃

煩

3급 필수
煩煩煩煩煩煩煩煩煩煩煩煩

번거로울 번
火　총13획

煩惱(번뇌) 煩雜(번잡) 頻煩(빈번)
食少事煩(식소사번)

머리(頁)가 불(火)처럼 뜨겁게 열이 있어서 괴로운 것을 나타내어 '번거롭다'의 뜻을 가지게 되었다.

뜻풀이
食少事煩(식소사번) : 먹을 것은 적고 할 일은 많음. 즉 수고는 많이 하나 얻는 것이 적음을 말함

人一十之 己讀百之(남보다 몇 배의 노력을 해야 뛰어날 수 있다.)

番 (6급) — 차례 번

필순: 番番番番番番采采采番番番

田 총12획

番外(번외) 番地(번지) 番號(번호)
缺番(결번) 局番(국번) 軍番(군번)
每番(매번) 非番(비번) 順番(순번)
週番(주번)

논밭(田)에 짐승의 발자국(釆)이 순차적으로 나 있는 것을 나타내어 '차례'의 뜻을 가지게 되었다.

뜻풀이
缺番(결번) : 번을 거름
非番(비번) : 당번이 아님

飜 (3급) — 번역할 번

필순: 飜飜飜飜飜飜飜飜飜飜飜飜飜飜飜飜飜飜飜飜飜

飛 총21획

飜曲(번곡) 飜案(번안) 翻揚(번양)
飜覆(번복) 飜譯(번역) 新飜(신번)

새가 두 날개를 차례(番)로 퍼덕이며 날아 가다가(飛) 뒤집어서 되돌아 오는 것처럼 한 언어의 글을 다른 언어의 글로 바꿔서 옮기는 '번역하다'의 뜻을 가지게 되었다.

뜻풀이
飜覆(번복) : 이리저리 뒤집어서 고침
飜案(번안) : 원작의 내용은 최대한 살리고 인명, 지명, 풍속 등을 시대에 맞게 바꾸어 고침

繁 (3급II) — 번성할 번

필순: 繁繁繁繁繁繁繁繁繁繁繁繁繁繁繁繁

糸 총17획

繁多(번다) 繁盛(번성) 繁榮(번영)
繁雜(번잡) 繁昌(번창) 繁華(번화)
頻繁(빈번) 繁殖率(번식률)

비녀로 매만진 머리(敏)에 비단실(糸)로 한 번 더 치장을 하여 화려하고 성대함을 나타내었다. 따라서 '번성하다'의 뜻을 가지게 되었다.

뜻풀이
繁多(번다) : 번거롭게 많음
繁昌(번창) : 번화하게 창성함

伐 (4급II) — 칠 벌

필순: 伐伐伐伐伐伐

人 총6획

伐木(벌목) 伐採(벌채) 北伐(북벌)
殺伐(살벌) 征伐(정벌) 採伐(채벌)
討伐(토벌)

달아나는 적(亻)을 꺾창(戈)으로 내려찍는 모습을 본떠 '치다'를 뜻한다.

뜻풀이
殺伐(살벌) : 분위기가 거칠고 삼엄함
討伐(토벌) : 무력으로 침

罰 (4급II) — 벌할 벌

필순: 罰罰罰罰罰罰罰罰罰罰罰罰罰罰

网 총14획

罰則(벌칙) 賞罰(상벌) 嚴罰(엄벌)
重罰(중벌) 處罰(처벌) 天罰(천벌)
體罰(체벌) 刑罰(형벌)

죄인을 법의 그물(罒)로 잡아서 말(言)로 꾸짖고 날카로운 도구(刂)로 벌을 줌을 나타내어 '벌하다'의 뜻을 가지게 되었다.

뜻풀이
賞罰(상벌) : 잘한 것에 상을 주고 그렇지 않은 것에 벌을 줌
體罰(체벌) : 몸에 고통을 주어 벌함

凡 (3급II) — 무릇 범(:)

필순: 凡凡凡

几 총3획

凡例(범례) 凡常(범상) 凡人(범인)
大凡(대범) 非凡(비범) 平凡(평범)

본래 바람에 펄럭이는 돛의 모습을 나타내었으나 나중에 본 의미를 잃고 '무릇'의 뜻으로 쓰이게 되었다.

뜻풀이
凡人(범인) : 평범함 사람
非凡(비범) : 보통과 달리 뛰어남

168 한자능력검정시험 2급

犯

4급 犯

필순: 犯犯犯犯犯

범할 범 :
犬　총5획

개(犭)가 무릎 꿇고 있는 사람(㔾)에게 달려드는 것을 나타내어 '범하다'의 뜻을 가지게 되었다.

犯罪(범죄)　輕犯(경범)　共犯(공범)
防犯(방범)　初犯(초범)　侵犯(침범)
拉致犯(납치범)

뜻풀이
輕犯(경범) : 가벼운 위법 행위
共犯(공범) : 서로 공모하며 공동으로 행한 범죄

範

4급 範

필순: 範範範範範範範範範範範範範範範

법 범 :
竹　총15획

사람이 무릎을 꿇고서 대나무(竹) 틀을 사용해 수레(車)를 만드는 것으로 수레를 만드는 일정한 법칙이 있음을 나타내어 '법'의 뜻을 가지게 되었다.

範圍(범위)　範疇(범주)　廣範(광범)
規範(규범)　模範(모범)　師範(사범)
示範(시범)　典範(전범)　洪範(홍범)

뜻풀이
廣範(광범) : 대상 범위가 넓음
示範(시범) : 모범을 보임

法

5급Ⅱ 法

필순: 法法法法法法法法

법 법
水　총8획

법의 공정함이 물(氵)처럼 맑고 깨끗해야 하며 죄가 밝혀지면 죄지은 자를 제거해야(去) 함을 나타내어 '법'의 뜻을 가지게 되었다.

法規(법규)　法認(법인)　法廷(법정)
法則(법칙)　拳法(권법)　技法(기법)
違法(위법)　適法(적법)　解法(해법)
憲法(헌법)

뜻풀이
法認(법인) : 법이 인정함
拳法(권법) : 주먹을 써서 하는 운동의 한 가지

壁

4급Ⅱ 壁

필순: 壁壁壁壁壁壁壁壁壁壁壁壁壁壁壁壁

벽 벽
土　총16획

방의 가장 치우친(辟) 쪽에 흙(土)으로 만든 '벽'을 뜻한다.

壁報(벽보)　壁紙(벽지)　塗壁(도벽)
城壁(성벽)　巖壁(암벽)　胃壁(위벽)
腸壁(장벽)　絶壁(절벽)

뜻풀이
塗壁(도벽) : 벽에 종이나 흙을 바름
胃壁(위벽) : 위를 이루고 있는 벽

碧

3급Ⅱ

필순: 碧碧碧碧碧碧碧碧碧碧碧碧

푸를 벽
石　총14획

하얀(白) 빛을 띠는 푸른 옥(王=玉)돌(石)을 나타내어 '푸르다'의 뜻을 가지게 되었다.

碧溪(벽계)　碧眼(벽안)
碧昌牛(벽창우)
桑田碧海(상전벽해)

뜻풀이
碧眼(벽안) : 푸른 눈. 서양사람
碧昌牛(벽창우) : 고집이 세고 우둔하여 도통 말이 통하지 않는 사람

邊

4급Ⅱ 邊

필순: 邊邊邊邊邊邊邊邊邊邊邊邊邊邊邊

가 변
辵　총19획

코의 양쪽에 불쑥 내밀어서 보이지 않는(𥐮) 콧방울은 중심에서 나아갈수록(辶) 가장자리가 되므로 '가'의 뜻을 가지게 되었다.

邊境(변경)　路邊(노변)　對邊(대변)
等邊(등변)　身邊(신변)　沿邊(연변)
底邊(저변)　周邊(주변)

뜻풀이
邊境(변경) : 나라의 경계인 변두리 지역
身邊(신변) : 몸과 몸 주변

人一十之 己讀百之 (남보다 몇 배의 노력을 해야 뛰어날 수 있다.)

變 [5급II]
변할 변: 言 총23획

變更(변경) 變德(변덕) 變貌(변모)
變造(변조) 變遷(변천) 變態(변태)
變通(변통) 激變(격변) 急變(급변)
突變(돌변) 慘變(참변)

뜻풀이
變貌(변모) : 모양이나 모습이 달라짐
變通(변통) : 상황에 맞게 일을 잘 처리함

실(絲)이 길게 이어지듯 말(言)로 계속해서 타이르고 회초리로 종아리를 치면서(攵) 가르쳐 잘못을 뉘우치고 달라지게 됨을 나타내어 '변하다'의 뜻을 가지게 되었다.

辨 [3급]
분별할 변: 辛 총16획

辨明(변명) 辨別(변별) 辨償(변상)
辨理士(변리사)
魚魯不辨(어로불변)

뜻풀이
辨明(변명) : 자신의 잘못이나 실수에 대한 구실을 대면서 그 이유를 말함
辨償(변상) : 다른 사람에게 입힌 손해를 물어 줌

두 명의 죄인(辛辛)이 다투어서 옳은지 그른지를 칼(刂)로 나누듯이 명확하게 하는 것으로 '분별하다'의 뜻을 가지게 되었다.

辯 [4급]
말씀 변: 辛 총21획

辯論(변론) 辯士(변사) 辯護(변호)
口辯(구변) 達辯(달변) 答辯(답변)
言辯(언변) 熱辯(열변) 雄辯(웅변)
抗辯(항변) 辯護士(변호사)

뜻풀이
辯護(변호) : 다른 사람의 이익을 위해서 변명하고 도와줌
熱辯(열변) : 열렬하게 사리를 밝혀서 옳고 그름을 가리는 말

두 명의 죄인(辛辛)이 서로 다투는 말을 듣고 옳고 그름을 가려서 설명(言)을 해주는 것을 나타내어 '말씀'의 뜻을 가지게 되었다.

別 [6급]
다를/나눌 별: 刀 총7획

別途(별도) 別莊(별장) 鑑別(감별)
辨別(변별) 惜別(석별) 選別(선별)
識別(식별) 離別(이별) 差別(차별)
判別(판별)

뜻풀이
惜別(석별) : 서로 이별을 아쉬워함
識別(식별) : 어떤 것을 분별하여 알아봄

칼(刂)로 뼈(冎 = 另)에 붙어있는 살을 발라내어 뼈와 살을 나누어 구분한 것으로 '나누다, 다르다'의 뜻을 가지게 되었다.

丙 [3급II]
남녘 병: 一 총5획

丙科(병과) 丙亂(병란) 丙夜(병야)
丙子(병자) 丙丁(병정) 丙辰(병진)
丙子胡亂(병자호란)

뜻풀이
丙子胡亂(병자호란) : 1636년 조선에 청나라가 침입해서 일어난 난리

본래 다리가 바깥쪽으로 뻗어있는 상의 모습을 나타내었으나 나중에 '셋째 천간, 남녘'의 뜻으로 쓰이게 되었다.

病 [6급]
병 병: 疒 총10획

病暇(병가) 病菌(병균) 病棟(병동)
病魔(병마) 病席(병석) 病勢(병세)
病院(병원) 病蟲(병충) 病患(병환)
熱病(열병) 持病(지병) 鬪病(투병)

뜻풀이
持病(지병) : 잘 낫지 않고 오랫동안 가지고 있는 병
鬪病(투병) : 병을 고치기 위하여 적극적으로 자신의 병과 싸움

병(疒)이 든 사람이 침대(丙)에 누워있는 모습으로 '병'을 뜻한다.

170 한자능력검정시험 2급

竝

3급 | 나란히 병: | 立 | 총10획

두 사람이 땅 위에 나란히 서 있는 모습으로 '나란히'를 뜻한다.

竝竝竝竝竝竝竝竝竝竝

竝肩(병견) 竝列(병렬) 竝立(병립)
竝設(병설) 竝用(병용) 竝進(병진)
竝稱(병칭) 竝行(병행)

뜻풀이
竝設(병설): 함께 설치하여 둠
竝行(병행): 둘 이상의 일을 한번에 행함

屛

3급 | 병풍 병(:) | 尸 | 총11획

사람을 나란히(幷=竝) 늘어세운 것처럼 집(尸)에 세워놓는 가리개를 나타내어 '병풍'을 뜻한다.

屛屛屛屛屛屛屛屛屛屛

屛居(병거) 屛氣(병기) 屛門(병문)
屛風(병풍) 金屛(금병)

뜻풀이
屛居(병거): 세상에서 물러나 집에서만 거처함

兵

5급Ⅱ | 병사 병 | 八 | 총7획

兵兵兵兵兵兵兵

兵科(병과) 兵役(병역) 兵營(병영)
兵丁(병정) 騎兵(기병) 伏兵(복병)
傭兵(용병) 義兵(의병) 將兵(장병)
徵兵(징병) 兵務廳(병무청)

뜻풀이
伏兵(복병): 적이 다니는 요긴한 곳에 숨어 있다가 물씨에 덮치는 군사
徵兵(징병): 국가가 일정한 기간 동안 병역 의무자를 강제로 징집해 병역에 복무시킴

保

4급Ⅱ | 지킬 보(:) | 人 | 총9획

어른(亻)이 아기(呆)를 손으로 감싸 안고 보호하며 기르는 것을 나타내어 '보호하다'의 뜻을 가지게 되었다.

保保保保保保保保

保管(보관) 保菌(보균) 保留(보류)
保養(보양) 保溫(보온) 保佑(보우)
保障(보장) 保佐(보좌) 保證(보증)
保險(보험) 保護(보호) 確保(확보)

뜻풀이
保佐(보좌): 보조하여 도와줌
確保(확보): 확실히 가지고 있음

報

4급Ⅱ | 갚을/알릴 보: | 土 | 총12획

報報報報報報報報報報報

報復(보복) 報償(보상) 報恩(보은)
報勳(보훈) 警報(경보) 壁報(벽보)
悲報(비보) 豫報(예보) 誤報(오보)
弘報(홍보) 諜報網(첩보망)

뜻풀이
報恩(보은): 은혜를 되갚음
報勳(보훈): 공적에 감사하여 보답함

寶

4급Ⅱ | 보배 보: | 宀 | 총20획

집(宀) 안에 보석(玉)과 속이 꽉 찬 도자기(缶)와 재물(貝)로 가득 찬 모습으로 '보배'의 뜻을 가지게 되었다.

寶寶寶寶寶寶寶寶寶寶寶寶寶寶寶寶寶

寶鑑(보감) 寶劍(보검) 寶庫(보고)
寶物(보물) 寶石(보석) 寶藏(보장)
寶貨(보화) 多寶塔(다보탑)

뜻풀이
寶鑑(보감): 보배로운 거울로 사람들에게 본보기나 모범이 될 만한 귀중한 것
寶藏(보장): 보배처럼 여기고 잘 간직함

人一十之 己讀百之(남보다 몇 배의 노력을 해야 뛰어날 수 있다.)

普 (4급)

필순: 普普普普普普普普普普普普

넓을 보:
日　총12획

普及(보급)　普通(보통)　普遍(보편)
普賢(보현)　普信閣(보신각)

竝과 日이 합쳐진 글자로 구름이 해(日)와 나란히(竝) 하늘에 넓게 펼쳐져 있음을 나타내어 '넓다'의 뜻을 가지게 되었다.

뜻풀이
普及(보급) : 널리 펴서 많은 사람들에게 고루 미치게 함
普遍(보편) : 모든 것에 해당되는 공통적인 것

譜 (3급II)

필순: 譜譜譜譜譜譜譜譜譜譜譜譜譜譜譜譜譜譜譜

족보 보:
言　총19획

譜表(보표)　家譜(가보)　系譜(계보)
樂譜(악보)　年譜(연보)　族譜(족보)
殉愛譜(순애보)

普에 言이 더해진 글자로 여기서 普(보)는 발음기호의 역할을 한다. 말(言)로 전해져 내려오는 한 가문의 계통과 혈통 관계를 글로 적어 기록한 책인 '족보'를 뜻한다.

뜻풀이
系譜(계보) : 이어져 내려오는 집안의 계통을 보여주는 책
樂譜(악보) : 음악의 곡조를 일정한 기호로써 기록한 것

步 (4급II)

필순: 步步步步步步步

걸음 보:
止　총7획

步調(보조)　步哨(보초)　步幅(보폭)
競步(경보)　徒步(도보)　散步(산보)
讓步(양보)　進步(진보)　退步(퇴보)

止 두 개를 포갠 글자로 좌우 두 개의 발이 한 번씩 나간 모습을 나타내어 '걸음, 걷다'의 뜻을 가지게 되었다.

뜻풀이
步調(보조) : 걸음걸이의 속도나 모양 등의 상태
競步(경보) : 일정한 거리를 걸어서 빠르기를 겨루는 경기

補 (3급II)

필순: 補補補補補補補補補補補

기울 보:
衣　총12획

補講(보강)　補缺(보결)　補闕(보궐)
補給(보급)　補償(보상)　補修(보수)
補完(보완)　補助(보조)　補佐(보좌)
補職(보직)　增補(증보)

옷(衤)의 떨어진 부분을 기워 수선하는 것처럼 다른 사람의 부족함을 채워서 큰(甫) 사람이 되도록 도움을 나타내어 '기울다, 돕다'의 뜻을 가지게 되었다.

뜻풀이
補講(보강) : 휴강으로 빠진 강의를 보충함
補闕(보궐) : 비어있는 자리를 채움

伏 (4급)

필순: 伏伏伏伏伏伏

엎드릴 복
人　총6획

伏兵(복병)　伏線(복선)　屈伏(굴복)
埋伏(매복)　三伏(삼복)　潛伏(잠복)
降伏(항복)

개(犬)가 땅바닥에 납작 엎드려 있듯이 사람(亻)이 땅에 엎드려 있는 모습으로 '엎드리다'의 뜻을 갖는다.

뜻풀이
伏線(복선) : 뒤에 일어날 사건을 앞에서 미리 암시함
潛伏(잠복) : 드러나지 않게 숨음

卜 (3급)

필순: 卜卜

점 복
卜　총2획

卜居(복거)　卜師(복사)　卜術(복술)
卜日(복일)　卜債(복채)

거북의 배딱지를 태웠을 때 나타나는 갈라진 금의 모습으로 옛날에는 이 금을 보고 점을 쳤기에 '점'의 뜻을 가지게 되었다.

뜻풀이
卜師(복사) : 점치는 사람을 높여서 이름
卜債(복채) : 점을 친 대가로 내는 돈

複 [4급]

複 複 複 複 複 複 複 複 複 複 複 複 複 複

겹칠 복
衣 총14획

옷(衤)을 입고 한 번 더 되풀이하여 (复) 겹쳐 입은 것을 나타내어 '겹치다'의 뜻을 가지게 되었다.

필순
複道(복도) 複利(복리) 複寫(복사)
複線(복선) 複數(복수) 複式(복식)
複雜(복잡) 複製(복제) 複合(복합)
重複(중복)

뜻풀이
複雜(복잡): 여럿이 겹치고 뒤섞여 있음
複製(복제): 본래의 것을 그대로 본떠서 똑같은 것을 만듦

腹 [3급II]

腹 腹 腹 腹 腹 腹 腹 腹 腹 腹 腹

배 복
肉 총13획

구불구불하게 도는(复) 내장을 싸고 있는 신체(月=肉)의 부분인 '배'를 뜻한다.

필순
腹部(복부) 腹痛(복통) 空腹(공복)
心腹(심복) 異腹(이복) 抱腹(포복)
割腹(할복)

뜻풀이
抱腹(포복): 배를 끌어안음
割腹(할복): 배를 가름

復 [4급II]

復 復 復 復 復 復 復 復 復 復 復 復

회복할 복
다시 부:
彳 총12획

갔던(彳) 길을 되돌아오는(复) 것을 나타내어 '회복하다, 다시'의 뜻을 가지게 되었고 '다시'의 뜻으로 쓰일 때는 부라고 읽는다.

필순
復舊(복구) 復權(복권) 復歸(복귀)
復習(복습) 復原(복원) 復職(복직)
克復(극복) 報復(보복) 修復(수복)
回復(회복) 復活(부활) 復興(부흥)

뜻풀이
復職(복직): 물러났던 직업에 다시 종사함
復興(부흥): 쇠퇴하였다가 다시 일어남

覆 [3급II]

覆 覆 覆 覆 覆 覆 覆 覆 覆 覆 覆 覆 覆 覆 覆

다시 복
덮을 부
襾 총18획

뚜껑(襾)을 뒤집어서(复) 덮는 것을 나타내어 '다시, 덮다'의 뜻을 가지게 되었고 '덮다'의 뜻으로 쓰일 때는 부라고 읽는다.

필순
覆蓋(복개) 飜覆(번복) 覆育(부육)
覆翼(부익) 天覆(천부)

뜻풀이
覆蓋(복개): 덮개 구조물을 하천에 씌어서 보이지 않도록 함
覆翼(부익): 감싸 안아서 도와줌

服 [6급]

服 服 服 服 服 服 服

옷 복
月 총8획

손(又)으로 무릎 꿇은 사람(卩)을 눌러 굴복시켜 다스리듯이 몸(月=肉)을 다스려 보호하기 위해서 입는 '옷'을 뜻한다.

필순
服飾(복식) 服裝(복장) 官服(관복)
校服(교복) 屈服(굴복) 克服(극복)
素服(소복) 制服(제복) 歎服(탄복)
降服(항복) 旣成服(기성복)

뜻풀이
服飾(복식): 옷을 꾸민 모양새
服裝(복장): 옷차림

福 [5급II]

福 福 福 福 福 福 福 福 福 福 福 福 福 福

복 복
示 총14획

제단(示)에서 신에게 술이 든 술통(畐)을 바쳐 복을 비는 것을 나타내어 '복'의 뜻을 가지게 되었다.

필순
福券(복권) 福祿(복록) 福音(복음)
冥福(명복) 薄福(박복) 五福(오복)
裕福(유복) 祝福(축복) 幸福(행복)
禍福(화복)

뜻풀이
福祿(복록): 녹과 녹봉으로 복을 받고 영화롭게 사는 것
裕福(유복): 넉넉하고 부유함

人一十之 己讀百之 (남보다 몇 배의 노력을 해야 뛰어날 수 있다.)

本

6급
근본 본
木 총5획

필순: 本 十 木 木 本

本格(본격) 本貫(본관) 本論(본론)
本然(본연) 本籍(본적) 本錢(본전)
脚本(각본) 資本(자본) 製本(제본)
拓本(탁본) 標本(표본)

나무(木)의 아래에 一을 더하여 나무의 뿌리를 나타내어 '근본'의 뜻을 가지게 되었다.

뜻풀이
謄本(등본) : 문서의 원본을 베낀 문서
抄本(초본) : 문서의 일부만 베낀 문서

奉

5급Ⅱ
받들 봉:
大 총8획

필순: 奉 奉 奉 奉 奉 奉 奉 奉

奉事(봉사) 奉仕(봉사) 奉養(봉양)
奉唱(봉창) 奉祝(봉축) 奉獻(봉헌)
信奉(신봉)

양 손(手)을 모아 (丰) 물건을 받들어(廾) 드리는 것을 나타내어 '받들다'의 뜻을 가지게 되었다.

뜻풀이
奉仕(봉사) : 사회나 다른 사람을 위하여 자신을 돌보지 않고 힘을 바침
信奉(신봉) : 사상이나 학설 등을 옳다고 믿고 받듦

峯

3급Ⅱ
봉우리 봉
山 총10획

필순: 峯 峯 峯 峯 峯 峯 峯 峯 峯 峯

峰雲(봉운) 巨峯(거봉) 高峯(고봉)
靈峯(영봉) 雙峯(쌍봉)
最高峯(최고봉)

산(山) 봉우리에서 초목(丰)을 심고 발(夂)로 다지는 것을 나타내어 '봉우리'의 뜻을 가지게 되었다.

뜻풀이
巨峯(거봉) : 크고 높은 봉우리 뛰어난 인물
雙峯(쌍봉) : 나란히 솟아있는 두 개의 봉우리

蜂

3급
벌 봉
虫 총13획

필순: 蜂 蜂 蜂 蜂 蜂 蜂 蜂 蜂 蜂 蜂 蜂 蜂 蜂

蜂起(봉기) 蜂蜜(봉밀) 蜂針(봉침)
養蜂(양봉) 雄蜂(웅봉) 盜蜂(도봉)
職蜂(직봉)

무성하게 자란 초목(夆)에 벌(虫)이 많은 것을 나타내어 '벌'의 뜻을 가지게 되었다.

뜻풀이
蜂蜜(봉밀) : 벌꿀
養蜂(양봉) : 꿀을 얻을 목적으로 벌을 기름

逢

3급Ⅱ
만날 봉
辶 총11획

필순: 逢 逢 逢 逢 逢 逢 逢 逢 逢 逢

逢變(봉변) 逢迎(봉영) 逢辱(봉욕)
逢遇(봉우) 逢着(봉착) 相逢(상봉)
暫逢(잠봉)

초목(夆)이 무성한 길을 가다가(辶) 서로 만난 것을 나타내어 '만나다'의 뜻을 가지게 되었다.

뜻풀이
逢變(봉변) : 뜻밖의 변을 당함
逢着(봉착) : 어떤 문제를 만나서 부딪침

封

3급Ⅱ
봉할 봉
寸 총9획

필순: 封 封 封 封 封 封 封 封 封

封建(봉건) 封鎖(봉쇄) 封印(봉인)
封爵(봉작) 封紙(봉지) 開封(개봉)
密封(밀봉) 冊封(책봉)
金一封(금일봉)

흙(土)을 모아서 식물(出→土)을 손(寸)으로 심는 모습으로 고대에는 흙을 모아서 식물을 심어 나라의 경계로 삼았다. 경계를 정해서 영토를 주어 제후로 봉했기에 '봉하다'의 뜻을 가지게 되었다.

뜻풀이
封鎖(봉쇄) : 굳게 봉해 버리거나 잠금
封爵(봉작) : 제후로 봉하고 관작을 줌

鳳 (3급II)

필순: 鳳 鳳 鳳 鳳 鳳 鳳 鳳 鳳 鳳 鳳 鳳 鳳 鳳 鳳

봉새 봉:
鳥 총14획

鳳尾(봉미) 鳳翼(봉익) 龍鳳(용봉)
鳳仙花(봉선화)
彩鳳(채봉) 龍鳳湯(용봉탕)

凡과 鳥가 합해진 글자로 바람에 펄럭이는 돛(凡)처럼 바람에 날개를 펄럭이는 거대한 새(鳥)인 '봉새(봉황새)'를 뜻한다.

뜻풀이
龍鳳湯(용봉탕) : 잉어와 닭을 함께 넣고 끓여낸 죽

付 (3급II)

필순: 付 付 付 付 付

부칠 부:
人 총5획

付託(부탁) 結付(결부) 交付(교부)
納付(납부) 當付(당부) 發付(발부)
配付(배부) 送付(송부) 還付(환부)

한 사람이 손(寸)으로 물건을 집어서 다른 사람(亻)에게 건네주는 것을 나타내어 '주다, 부치다'는 뜻을 가지게 되었다.

뜻풀이
結付(결부) : 사물이나 현상을 서로 연관시킴
送付(송부) : 편지나 물품 등을 부침

附 (3급II)

필순: 附 附 附 附 附 附 附 附

붙을 부(:)
阜 총8획

附錄(부록) 附設(부설) 附屬(부속)
附隨(부수) 附與(부여) 附着(부착)
附則(부칙) 寄附(기부) 阿附(아부)
添附(첨부) 期限附(기한부)

큰 산 옆에 작은 언덕(阝)들이 몸을 맡긴 채(付) 덧붙어 있는 것을 나타내어 '붙다'는 뜻을 가지게 되었다.

뜻풀이
附則(부칙) : 부족한 규칙의 보충을 위해 본문 위에 덧붙인 규칙
寄附(기부) : 돈이나 물건 등을 자선 사업이나 공공사업을 위해서 아무런 대가 없이 내놓음

符 (3급II)

필순: 符 符 符 符 符 符 符 符 符 符 符

부호 부(:)
竹 총11획

符信(부신) 符籍(부적) 符節(부절)
符合(부합) 符號(부호)
終止符(종지부)

글을 새긴 대쪽(竹)을 반으로 쪼개서 서로 주고(付)받아 뒷날의 증표로 삼는 것을 '부절, 부호'라고 한다.

뜻풀이
符信(부신) : 하나의 조각을 두 개로 쪼개어 둘이 서로 주고받아서 뒷날의 증표로 삼은 물건
符籍(부적) : 악귀를 쫓기 위해서 붉은 글씨를 쓰거나 그림을 그린 종이

府 (4급II)

필순: 府 府 府 府 府 府 府 府

마을 부(:)
广 총8획

府使(부사) 幕府(막부) 上府(상부)
臟府(장부) 政府(정부) 學府(학부)
春府丈(춘부장) 司法府(사법부)

곡식 같은 재물을 보관하였다가 필요할 때 내어주는(付) 곳집(广)이나 그 곳집이 있는 관청을 나타낸다. 그러므로 '곳집, 관청, 마을'의 뜻을 가지게 되었다.

뜻풀이
幕府(막부) : 대장군이 변방에 장막을 치고 군사를 지휘하던 곳
春府丈(춘부장) : 남의 아버지를 높이는 말

腐 (3급II)

필순: 腐 腐 腐 腐 腐 腐 腐 腐 腐 腐 腐 腐 腐

썩을 부:
肉 총14획

腐亂(부란) 腐心(부심) 腐敗(부패)
豆腐(두부) 陳腐(진부)
防腐劑(방부제)

곳집(府)에 오래 보관해 둔 고기(肉)가 썩은 것을 나타내어 '썩다'는 뜻을 가지게 되었다.

뜻풀이
腐亂(부란) : 썩어서 문드러짐
防腐劑(방부제) : 미생물이 활동하는 것을 막아서 물건이 썩지 않게 하는 약

人一十之 己讀百之 (남보다 몇 배의 노력을 해야 뛰어날 수 있다.)

簿

3급II
문서 부:
竹 총19획

簿記(부기) 名簿(명부) 帳簿(장부)
置簿(치부) 出納簿(출납부)
學籍簿(학적부)

넓게(溥) 펼친 대쪽(竹)에 수입과 지출 내용을 기록하는 장부나 문서를 나타내어 '장부, 문서'의 뜻을 가지게 되었다.

뜻풀이
帳簿(장부) : 돈의 수입이나 지출이 기록되어지는 책
置簿(치부) : 마음속으로 그러하다고 여김

副

4급II
버금 부:
刀 총11획

副官(부관) 副詞(부사) 副賞(부상)
副食(부식) 副業(부업) 副長(부장)
副葬(부장) 副題(부제) 副次(부차)
副産物(부산물) 副作用(부작용)

畐에 刂가 더해진 글자로 여기서 畐(복)은 발음기호의 역할을 하는데 나중에 음이 복에서 부로 변하였다. 칼(刂)로 베어 반으로 쪼개어진 것 중 으뜸이 되는 것 다음인 '버금'을 뜻한다.

뜻풀이
副詞(부사) : 다른 말 앞에 쓰여 그 뜻을 돕는 품사
副題(부제) : 서적이나 작품 등의 제목에 덧붙여서 보충하는 제목

富

4급II
부자 부:
宀 총12획

富強(부강) 富貴(부귀) 富農(부농)
富裕(부유) 富者(부자) 富豪(부호)
甲富(갑부) 國富(국부) 貧富(빈부)
致富(치부) 豊富(풍부)

집(宀) 안에 술통(畐)이 있는 모습으로 재산이 풍족함을 나타내어 '부자'의 뜻을 가지게 되었다.

뜻풀이
富農(부농) : 농토의 규모가 크고 수입이 많은 농가
致富(치부) : 재물을 많이 모아서 부(富)를 이룸

否

4급
아닐 부:
口 총7획

否決(부결) 否認(부인) 否定(부정)
可否(가부) 拒否(거부) 安否(안부)
與否(여부) 曰可曰否(왈가왈부)

不에 口를 더하여 아니다(不)라고 말하는(口) 것으로 不의 의미를 더 강조하여 '아니다'의 뜻을 가지게 되었다.

뜻풀이
拒否(거부) : 다른 사람의 요구를 승낙하지 않고 물리침
與否(여부) : 그러함과 그렇지 아니함

夫

7급
지아비 부
大 총4획

坑夫(갱부) 鑛夫(광부) 農夫(농부)
漁夫(어부) 獵夫(엽부) 丈夫(장부)
征夫(정부) 望夫石(망부석)
令夫人(영부인)

장가든 뒤에 상투틀고 동곳(一)을 꽂은 사람(大)의 모습으로 장가를 든 어른이 된 남자인 '지아비'의 뜻을 가지게 되었다.

뜻풀이
獵夫(엽부) : 사냥꾼
令夫人(영부인) : 남의 아내를 높이는 말

扶

3급II
도울 부
手 총7획

扶老(부로) 扶養(부양) 扶翼(부익)
扶助(부조) 扶支(부지)
扶持(부지) 相扶相助(상부상조)

손(扌)으로 다른 사람(夫)을 도와주는 모습으로 '돕다'의 뜻을 가지게 되었다.

뜻풀이
扶持(부지) : 어렵게 잡고 있거나 유지하여 나감
相扶相助(상부상조) : 서로서로 도움

婦 [4급II]

필순: 婦 婦 婦 婦 婦 婦 婦 婦 婦 婦 婦

며느리 부
女　총11획

婦德(부덕)　姑婦(고부)　寡婦(과부)
新婦(신부)　妖婦(요부)　妊婦(임부)
節婦(절부)　主婦(주부)　孝婦(효부)

시집에 가서 빗자루(帚)를 들고 청소하는 여자(女)인 '며느리'를 뜻한다.

뜻풀이
妖婦(요부) : 요사스러운 여자
妊婦(임부) : 아이를 밴 여자

浮 [3급II]

필순: 浮 浮 浮 浮 浮 浮 浮 浮 浮 浮

뜰 부
水　총10획

浮刻(부각)　浮橋(부교)　浮浪(부랑)
浮薄(부박)　浮揚(부양)　浮雲(부운)
浮沈(부침)　浮漂(부표)　浮黃(부황)

물(氵)에 몸이 잠기면 새가 알을 품은(孚) 것처럼 둥둥 떠 있게 되는 모습을 나타내어 '뜨다'의 뜻을 가지게 되었다.

뜻풀이
浮黃(부황) : 굶주림이 오래되어 살가죽이 붓고 누렇게 되는 병
浮浪者(부랑자) : 일정하게 거처하는 집과 하는 일 없이 떠도는 사람

部 [6급II]

필순: 部 部 部 部 部 部 部 部 部 部 部

떼 부
邑　총11획

部隊(부대)　部落(부락)　部類(부류)
部署(부서)　部屬(부속)　部族(부족)
部處(부처)　局部(국부)　腹部(복부)
患部(환부)　胸部(흉부)

여러 사람들이 사는 마을(阝=邑)을 다스리는 것에서 사람들의 무리인 '떼'의 뜻을 가지게 되었다. 여기서 咅(부)는 발음기호의 역할을 한다.

뜻풀이
幹部(간부) : 단체의 우두머리
恥部(치부) : 다른 사람에게 드러내지 않고 숨기고 싶은 부끄러운 부분

父 [8급]

필순: 父 父 父 父

아비 부
父　총4획

父系(부계)　父母(부모)　父親(부친)
父兄(부형)　繼父(계부)　伯父(백부)
師父(사부)　叔父(숙부)　神父(신부)
家父長(가부장)

又와 이 합해진 글자로 오른손(又)에 회초리(丨)를 들고 자식을 훈계하는 아버지의 모습을 나타내어 '아버지, 아비'의 뜻을 가지게 되었다.

뜻풀이
父系(부계) : 아버지 쪽 혈연 계통
家父長(가부장) : 봉건 사회에서 가장 권한의 주체가 되는 사람

負 [4급]

필순: 負 負 負 負 負 負 負 負 負

질 부:
貝　총9획

負擔(부담)　負傷(부상)　負役(부역)
負債(부채)　勝負(승부)　自負(자부)
請負(청부)　抱負(포부)

사람(勹)이 재물(貝)을 등에 짊어지고 있는 것을 나타내어 '지다'의 뜻을 가지게 되었다. 또한 싸움에서 '지다'의 뜻으로도 쓰이게 되었다.

뜻풀이
請負(청부) : 일정한 보수를 받기로 약속하고 일을 맡음
抱負(포부) : 개개인이 마음에 지닌 미래의 계획이나 희망

賦 [3급II]

필순: 賦 賦 賦 賦 賦 賦 賦 賦 賦 賦 賦 賦 賦 賦 賦

부세 부:
貝　총15획

賦課(부과)　賦與(부여)　賦役(부역)
賦租(주조)　詞賦(사부)　割賦(할부)
天賦的(천부적)

군사(武) 비용을 위해 나라에서 백성들에게 세금을 매겨서 재물(貝)을 거두어들이는 '부세'의 뜻을 가지게 되었다.

뜻풀이
賦課(부과) : 세금 등을 매겨서 부담하게 함. 일정한 책임을 부담하여 맡도록 함
割賦(할부) : 돈을 여러 번에 걸쳐 나누어서 냄

人一十之 己讀百之 (남보다 몇 배의 노력을 해야 뛰어날 수 있다.)

赴 (3급)

필순: 赴赴赴赴赴赴赴赴赴

다다를 갈 부:
走 총9획

赴擧(부거) 赴召(부소) 赴役(부역)
赴援(부원) 赴任(부임) 走赴(주부)

뜻풀이
赴役(부역): 부여된 병역이나 부역(賦役)을 치르기 위하여 나감
赴任(부임): 발령을 받은 근무지로 감

거북의 배딱지로 점을 칠 때 순식간에 갈라지는 금(卜)처럼 빠르게 달려가서(走) 이르는 것을 나타내어 '다다르다, 가다'의 뜻을 가지게 되었다.

北 (8급)

필순: 北北北北北

북녘 북 / 달아날 배
匕 총5획

北極(북극) 北斗(북두) 北伐(북벌)
北宋(북송) 北魚(북어) 北緯(북위)
北進(북진) 北韓(북한) 拉北(납북)
越北(월북) 以北(이북) 敗北(패배)

뜻풀이
越北(월북): 38선의 북쪽으로 넘어감
北極星(북극성): 북극 가까이 있고 방위의 지침이 되는 별

두 사람이 등지고 앉아 있는 모습으로 뒤쪽은 북쪽이기에 '북녘'의 뜻을 가지게 되었다. 또한, 싸움에 지고 등을 보이며 도망치기에 '달아나다'의 뜻도 쓰인다.

分 (6급II)

필순: 分分分分

나눌 분(:)
刀 총4획

分類(분류) 分娩(분만) 分析(분석)
分讓(분양) 分裂(분열) 分割(분할)
分解(분해) 配分(배분) 積分(적분)
職分(직분) 處分(처분) 充分(충분)

뜻풀이
分讓(분양): 토지나 건물 등을 나누어서 팖
分岐點(분기점): 나뉘어져서 여러 갈래로 갈라지기 시작하는 지점

칼(刀)로 사물을 나누는(八) 것을 나타내어 '나누다'의 뜻을 가지게 되었다.

粉 (4급)

필순: 粉粉粉粉粉粉粉粉粉粉

가루 분(:)
米 총10획

粉末(분말) 粉食(분식) 粉塵(분진)
粉筆(분필) 白粉(백분) 製粉(제분)
花粉(화분)

뜻풀이
粉末(분말): 가루
製粉(제분): 곡식의 알맹이를 빻아서 가루로 만듦

쌀(米)을 잘게 나누어서(分) 만든 '가루'를 뜻한다.

紛 (3급II)

필순: 紛紛紛紛紛紛紛紛紛紛

어지러울 분
糸 총10획

紛糾(분규) 紛亂(분란) 紛紛(분분)
紛失(분실) 紛爭(분쟁) 紛然(분연)
內紛(내분)

뜻풀이
紛糾(분규): 양측의 주장이 뒤얽혀서 문제가 되고 시끄러움
紛紛(분분): 떠들썩하고 어수선함

실(糸)이 여러 갈래로 갈라져(分) 헝클어져서 어지러움을 나타내어 '어지럽다'의 뜻을 가지게 되었다.

墳 (3급)

필순: 墳墳墳墳墳墳墳墳墳墳墳墳墳墳墳

무덤 분
土 총15획

墳墓(분묘) 古墳(고분) 丘墳(구분)
封墳(봉분) 掃墳(소분) 雙墳(쌍분)

뜻풀이
墳墓(분묘): 무덤
封墳(봉분): 흙을 쌓아서 무덤을 만듦

흙(土)을 높이 쌓아 올려서 크게(賁) 만들어진 '무덤'을 뜻한다.

憤

4급 憤憤憤憤憤憤憤憤憤憤憤憤憤

분할 분:
心 총15획

분하여 마음(忄) 속에서 화가 크게(賁) 치밀어 오르는 것을 나타내어 '분하다'의 뜻을 가지게 되었다.

憤慨(분개) 憤怒(분노) 憤然(분연)
憤痛(분통) 激憤(격분) 發憤(발분)
悲憤(비분) 鬱憤(울분)

뜻풀이
憤慨(분개): 몹시 분하게 느끼는 것
鬱憤(울분): 답답하고 분한 마음이 가득함

奔

3급II 奔奔奔奔奔奔奔奔

달릴 분
大 총8획

사람(大)이 두 팔을 힘차게 저으며 후다닥 내달리는(止 + 止 + 止 → 卉) 모습을 나타내어 '달리다'라는 뜻을 가지게 되었다.

奔競(분경) 奔告(분고) 奔忙(분망)
奔放(분방) 奔散(분산) 奔走(분주)
奔趨(분추) 狂奔(광분)

뜻풀이
奔忙(분망): 매우 바쁨
狂奔(광분): 어떤 목적을 성취하기 위해서 미친듯이 날뜀

奮

3급II 奮奮奮奮奮奮奮奮奮奮奮奮奮奮奮奮

떨칠 분:
大 총16획

사람(大)이 밭(田)에서 새(隹)를 쫓자 새가 날개를 퍼덕이며 날아가는 것을 나타내어 '떨치다'의 뜻을 가지게 되었다.

奮起(분기) 奮發(분발) 奮鬪(분투)
感奮(감분) 激奮(격분) 發奮(발분)
興奮(흥분)

뜻풀이
奮鬪(분투): 지니고 있는 힘을 다하여 싸우거나 노력함
激奮(격분): 매우 흥분한 상태

不

7급II 不不不不

아닐 불
一 총4획

본래 땅의 아래에서 씨가 발아하여 자란 씨방의 모습을 나타내었으나 씨방 것으로 보이지 않고 땅 속에 숨어있기에 나중에 부정의 말인 '아니다'의 뜻으로 쓰이게 되었다.

不潔(불결) 不拘(불구) 不屈(불굴)
不滅(불멸) 不純(불순) 不穩(불온)
不遇(불우) 不惑(불혹) 不況(불황)
不當(부당) 不德(부덕) 不渡(부도)

뜻풀이
不屈(불굴): 온갖 고난과 역경 속에서도 굽히지 않음
不景氣(불경기): 경제 활동이 침체되는 상태

佛

4급II 佛佛佛佛佛佛

부처 불
人 총7획

사람(亻)은 아니되(弗) 사람과 비슷한 존재인 '부처'를 뜻한다.

佛經(불경) 佛堂(불당) 佛像(불상)
佛殿(불전) 成佛(성불) 念佛(염불)
禮佛(예불) 佛蘭西(불란서)

뜻풀이
佛供(불공): 부처에게 음식물이나 재물을 바쳐 공양을 드림
念佛(염불): 부처의 공덕을 생각하며 아미타불을 부름

拂

3급II 拂拂拂拂拂拂拂拂

떨칠 불
手 총8획

손(扌)으로 먼지를 털어내는(弗) 것을 나타내어 '떨치다'의 뜻을 가지게 되었다.

假拂(가불) 未拂(미불) 先拂(선불)
完拂(완불) 支拂(지불) 還拂(환불)
後拂(후불)

뜻풀이
假拂(가불): 정해진 날짜가 되기 전 봉급을 지불하거나 지불받음
還拂(환불): 지불한 돈을 되돌려 줌

人一十之 己讀百之(남보다 몇 배의 노력을 해야 뛰어날 수 있다.)

朋

3급 | 필순: 朋朋朋朋朋朋朋朋

벗 봉
月 총8획

朋黨(붕당) 朋僚(붕료) 朋輩(붕배)
朋友(붕우) 朋知(붕지) 交朋(교붕)
信朋(신붕) 朋友有信(붕우유신)

본래 달(月)의 모습이 아닌 조개의 모습으로 몇 개의 조개를 실로 꿰어서 두 줄로 늘어놓은 것을 나타내었는데 나중에 한 무리의 '벗'을 뜻하게 되었다.

뜻풀이
朋黨(붕당) : 이해나 주의를 함께하는 사람들의 모임
朋友有信(붕우유신) : 오륜의 하나로, 벗과 벗 사이에는 믿음이 있음

崩

3급 | 필순: 崩崩崩崩崩崩崩崩崩

무너질 붕
山 총11획

崩壞(붕괴) 崩裂(붕렬) 崩御(붕어)
崩解(붕해) 土崩(토붕)

朋에 山이 더해진 글자로 여기서 朋(붕)은 발음기호의 역할을 한다. 산(山)이 무너진 것을 나타내어 '무너지다'의 뜻을 가지게 되었다.

뜻풀이
崩御(붕어) : 임금이 세상을 떠나는 것

備

4급Ⅱ | 필순: 備備備備備備備備備備備

갖출 비:
人 총12획

備蓄(비축) 備置(비치) 兼備(겸비)
警備(경비) 具備(구비) 常備(상비)
裝備(장비) 豫備(예비) 準備(준비)

사람(亻)이 언제나 화살을 뽑아서 쓸 수 있도록 화살통과 화살통에 거꾸로 꽂혀 있는 화살(𤰑)을 갖추고 다님을 나타내어 '갖추다'의 뜻을 가지게 되었다.

뜻풀이
警備(경비) : 여러 가지가 겸하여 갖춰짐
常備(상비) : 늘 준비해 둠

非

4급Ⅱ | 필순: 非非非非非非非非

아닐 비(:)
非 총8획

非難(비난) 非番(비번) 非凡(비범)
非常(비상) 非運(비운) 非行(비행)
是非(시비) 非賣品(비매품)

좌우로 벌린 새의 날개 모습으로 새의 왼쪽 날개와 오른쪽 날개가 같지 않기에 '아니다'의 뜻을 가지게 되었다.

뜻풀이
非番(비번) : 번을 설 때가 아님
非凡(비범) : 평범하지 않고 뛰어남

悲

4급Ⅱ | 필순: 悲悲悲悲悲悲悲悲悲悲悲

슬플 비:
心 총12획

悲觀(비관) 悲劇(비극) 悲戀(비련)
悲鳴(비명) 悲報(비보) 悲哀(비애)
悲痛(비통) 慈悲(자비) 喜悲(희비)

마음(心)대로 되지 않아서(非) 슬픈 것을 나타내어 '슬프다'의 뜻을 가지게 되었다.

뜻풀이
悲報(비보) : 슬픈 소식
慈悲(자비) : 사랑하고 가엾게 여김

卑

3급Ⅱ | 필순: 卑卑卑卑卑卑卑卑

낮을 비:
十 총8획

卑屈(비굴) 卑俗(비속) 卑劣(비열)
卑賤(비천) 卑下(비하) 野卑(야비)

손으로 종교 의식에서 사용하는 도구를 들고 있는 모습으로 그 일은 지위가 낮은 사람이 하는 일이었기에 '낮다'는 뜻을 가지게 되었다.

뜻풀이
卑俗(비속) : 낮고 천한 풍속
卑下(비하) : 지위가 낮음. 또는 스스로를 낮춤

婢

3급II

계집종 비:
女　총11획

필순: 婢 婢 婢 婢 婢 婢 婢 婢 婢 婢 婢

신분이 낮은(卑) 천한 여자(女)인 '계집종'을 뜻한다.

婢妾(비첩)　官婢(관비)　宮婢(궁비)
奴婢(노비)　侍婢(시비)　從婢(종비)
賤婢(천비)

뜻풀이
婢妾(비첩) : 종으로 첩이 된 여자
奴婢(노비) : 사내종과 계집종

碑

4급

비석 비
石　총13획

필순: 碑 碑 碑 碑 碑 碑 碑 碑 碑 碑 碑 碑 碑

돌(石)에 글자를 새겨서 무덤 앞에 낮게(卑) 세운 '비석'을 뜻한다.

碑銘(비명)　碑文(비문)　碑石(비석)
建碑(건비)　陵碑(능비)　墓碑(묘비)
記念碑(기념비)

뜻풀이
碑銘(비명) : 비석에 새긴 글
墓碑(묘비) : 죽은 사람의 신분이나 행적 등을 새긴 비석

妃

3급II

왕비 비
女　총6획

필순: 妃 妃 妃 妃 妃 妃

본래 자기(己)의 여자(女)인 '아내'를 뜻하였으나 나중에 임금의 아내인 '왕비'의 뜻을 가지게 되었다.

宮妃(궁비)　大妃(대비)　王妃(왕비)
廢妃(폐비)　賢妃(현비)　皇妃(황비)
楊貴妃(양귀비)

뜻풀이
廢妃(폐비) : 왕비의 자리에서 물러앉게 함. 또는 그 왕비

比

5급

견줄 비:
比　총4획

필순: 比 比 比 比

두 사람이 같은 방향을 보고 있는 모습이다. 같은 방향으로 나란히 세워놓은 것에서 '나란하다'를 뜻했다. 나란하게 세워놓아야 제대로 비교할 수 있었기에 나중에 '견주다'의 뜻으로 쓰이게 되었다.

比肩(비견)　比較(비교)　比等(비등)
比例(비례)　比率(비율)　比重(비중)
對比(대비)

뜻풀이
比等(비등) : 견주어 보기에 서로 비등함
比重(비중) : 다른 물건과 견주어지는 물건의 중요성

批

4급

비평할 비:
手　총7획

필순: 批 批 批 批 批 批 批

比에 扌가 더해진 글자로 여기서 比(비)는 발음기호의 역할을 한다. 손(扌)으로 사물을 나란히(比) 세워놓고 옳고 그름을 분석하여 가치를 논하는 '비평하다'를 뜻한다.

批答(비답)　批點(비점)　批准(비준)
批判(비판)　批評(비평)　批下(비하)

뜻풀이
批答(비답) : 상소를 한 것에 대한 임금의 대답
批評(비평) : 옳고 그름과 좋고 나쁨에 대해 갈라 말함

祕

4급

숨길 비:
示　총10획

필순: 祕 祕 祕 祕 祕 祕 祕 祕 祕 祕

제물을 차려 놓은 제단(示)에 귀신이 피를 흘리고(必) 있는 모습으로 귀신은 보이지 않기에 '숨기다'의 뜻을 가지게 되었다.

祕密(비밀)　祕方(비방)　祕法(비법)
祕書(비서)　祕策(비책)　極祕(극비)
神祕(신비)　默祕權(묵비권)

뜻풀이
祕方(비방) : 비밀스러운 방법
默祕權(묵비권) : 자신에게 불리한 진술을 거부하고 침묵할 수 있는 권리

2급 쓰기한자 익히기　181

人一十之 己讀百之 (남보다 몇 배의 노력을 해야 뛰어날 수 있다.)

肥

3급II

살찔 비:
肉 총8획

筆順: 肥肥肥肥肥肥肥肥

필수:
肥大(비대) 肥滿(비만) 肥料(비료)
肥培(비배) 肥沃(비옥)
天高馬肥(천고마비)

살이 쪄서 몸(月=肉)이 풍풍한 사람이 앉아 있는(巴) 모습으로 '살찌다'의 뜻을 가지게 되었다.

뜻풀이:
肥沃(비옥) : 땅이 기름짐
天高馬肥(천고마비) : 하늘은 높고 말이 살찜. 즉 독서하기 좋은 계절

鼻

5급

코 비:
鼻 총14획

筆順: 鼻鼻鼻鼻鼻鼻鼻鼻鼻鼻鼻鼻鼻

필수:
鼻孔(비공) 鼻聲(비성) 鼻笑(비소)
鼻炎(비염) 鼻祖(비조)
耳目口鼻(이목구비)

본래 자가 '코'를 뜻하는 글자였는데 '스스로'의 뜻으로 쓰이게 되면서 본래의 뜻을 보존하기 위해서 공기를 통과시키기 위한 畀를 더해 '코'의 뜻을 가지게 되었다.

뜻풀이:
鼻炎(비염) : 콧속에 생기는 염증
鼻祖(비조) : 어떤 일의 창시자

飛

4급II

날 비
飛 총9획

筆順: 飛飛飛飛飛飛飛飛飛

필수:
飛騰(비등) 飛報(비보) 飛上(비상)
飛躍(비약) 飛行(비행) 飛虎(비호)
飛花(비화) 雄飛(웅비) 翰飛(한비)

새가 날개를 펴고 창공을 나는 모습으로 '날다'의 뜻을 가지게 되었다.

뜻풀이:
飛上(비상) : 날아오름
飛花(비화) : 바람에 날리는 꽃잎

費

5급

쓸 비:
貝 총12획

筆順: 費費費費費費費費費費費費

필수:
費用(비용) 經費(경비) 私費(사비)
消費(소비) 旅費(여비) 虛費(허비)
診療費(진료비)

가지고 있는 재물(貝)을 써서 남아 있지 않은(弗) 것을 나타내어 '쓰다'의 뜻을 가지게 되었다.

뜻풀이:
旅費(여비) : 여행하는 데에 드는 비용
虛費(허비) : 헛되게 쓰는 비용

貧

4급II

가난할 빈
貝 총11획

筆順: 貧貧貧貧貧貧貧貧貧貧

필수:
貧困(빈곤) 貧窮(빈궁) 貧農(빈농)
貧富(빈부) 貧弱(빈약) 貧血(빈혈)
極貧(극빈) 淸貧(청빈)
活貧黨(활빈당)

재물(貝)이 나누어져서(分) 적어짐을 나타내어 '가난하다'의 뜻을 가지게 되었다.

뜻풀이:
貧血(빈혈) : 피 속의 적혈구와 혈색소가 적어지는 현상
淸貧(청빈) : 성품이 깨끗하여 가난함

賓

3급

손 빈
貝 총14획

筆順: 賓賓賓賓賓賓賓賓賓賓賓賓賓賓

필수:
賓客(빈객) 國賓(국빈) 貴賓(귀빈)
內賓(내빈) 來賓(내빈) 迎賓(영빈)
外賓(외빈) 接賓(접빈)

밖에서 집(宀) 안으로 발(止)을 들여놓은 사람인 손님에게 재물(貝)을 써서 잘 대접하는 것을 나타내어 '손'의 뜻을 가지게 되었다.

뜻풀이:
賓客(빈객) : 귀한 손님
迎賓(영빈) : 귀한 손님을 맞이함

頻

3급

자주 빈
頁   총16획

필순: 頻 頻 頻 頻 頻 頻 頻 頻 頻 頻 頻 頻 頻 頻

頻度(빈도) 頻發(빈발) 頻繁(빈번)
頻數(빈삭) 頻出(빈출)
頻尿症(빈뇨증)

배를 타고 물을 건널(步) 때마다 생기는 물결처럼 얼굴(頁)을 자주 찡그려 주름이 지는 것에서 '자주'의 뜻을 가지게 되었다.

뜻풀이
頻發(빈발) : 자주 발생함
頻尿症(빈뇨증) : 소변이 지나치게 자주 마려운 증세

氷

5급

얼음 빙
水   총5획

필순: 氷 氷 氷 氷 氷

氷菓(빙과) 氷壁(빙벽) 氷山(빙산)
氷點(빙점) 氷板(빙판) 氷河(빙하)
薄氷(박빙) 結氷(결빙) 解氷(해빙)

冫과 水가 합해진 글자로 물(水)이 얼어서 (冫) 만들어진 '얼음'을 뜻한다.

뜻풀이
氷點(빙점) : 물이 얼기 시작하거나 얼음이 녹기 시작할 때의 온도
解氷(해빙) : 대립하던 세력 사이의 긴장이 완화됨

聘

3급

부를 빙
耳   총13획

필순: 聘 聘 聘 聘 聘 聘 聘 聘 聘 聘 聘 聘

聘母(빙모) 聘問(빙문) 來聘(내빙)
招聘(초빙)

물건을 가득 채운 바구니를 메고 있는 사람(甹)이 자신을 부르는 소리에 한쪽 귀(耳)가 크게 부각된 모습으로 '부르다'의 뜻을 가지게 되었다.

뜻풀이
聘母(빙모) : 아내의 친정 어머니
聘問(빙문) : 예를 더하여 찾아 뵘

事

7급II

일 사:
亅   총8획

필순: 事 事 事 事 事 事 事 事

事變(사변) 事項(사항) 幹事(간사)
監事(감사) 舉事(거사) 慶事(경사)
議事(의사) 處事(처사) 炊事(취사)

吏→彐로 변형된 글자로 吏가 일을 기록하는 사람이라면 事는 기록하는 일 자체로 손에 장식이 달린 붓대를 집고 공석인 일을 기록하는 것에서 '일'의 뜻을 가지게 되었다.

뜻풀이
幹事(간사) : 어떤 단체나 기관의 사무를 담당하고 처리하는 직무
處事(처사) : 일을 처리함

士

5급II

선비 사:
士   총3획

필순: 士 士 士

講士(강사) 棋士(기사) 武士(무사)
博士(박사) 辯士(변사) 碩士(석사)
紳士(신사) 烈士(열사) 壯士(장사)
辯護士(변호사)

본래 청동으로 만든 도끼의 모습이나 나중에 학식은 있으나 벼슬을 하지 않은 '선비'의 뜻으로 쓰이게 되었다.

뜻풀이
棋士(기사) : 바둑이나 장기를 두는 사람
辯士(변사) : 무성 영화의 내용을 설명하던 사람

仕

5급II

섬길 사(:)
人   총5획

필순: 仕 仕 仕 仕 仕

仕路(사로) 奉仕(봉사) 出仕(출사)
致仕(치사) 强仕(강사)

선비(士) 중에 학문과 덕을 쌓은 사람(亻)은 벼슬에 나아가 일을 하거나 임금을 섬기게 됨을 나타내어 '섬기다'의 뜻을 가지게 되었다.

뜻풀이
强仕(강사) : 마흔에 처음으로 벼슬을 한다는 뜻으로, 마흔 살을 이름
致仕(치사) : 나이가 많아 벼슬을 사양하고 물러남

人一十之 己讀百之 (남보다 몇 배의 노력을 해야 뛰어날 수 있다.)

似 (3급)

似似似似似似

닮을 사 :
人 총7획

近似(근사) 類似(유사) 酷似(혹사)
似而非(사이비)

사람(亻)이 쟁기를 써서(以) 수확한 작물이 비슷함을 나타내어 '닮다'의 뜻을 가지게 되었다.

뜻풀이
近似(근사) : 거의 비슷함
似而非(사이비) : 겉으로는 비슷하지만 속은 완전히 다름

史 (5급Ⅱ)

史史史史史

사기 사 :
口 총5획

史觀(사관) 史劇(사극) 史記(사기)
史料(사료) 史實(사실) 史籍(사적)
歷史(역사) 通史(통사)
三國史記(삼국사기)

손(又)으로 붓의 가운데(中)를 곧게 세워서 잡고 나랏일을 공정하게 기록하는 것을 나타내어 역사적 사실을 기록한 책인 '사기'를 뜻한다.

뜻풀이
史料(사료) : 역사 연구에 필요한 문헌이나 기록, 문서 등
通史(통사) : 시대와 지역을 한정하지 않고, 전 시대와 전 지역에 걸쳐 역사적 줄거리를 서술하는 것

使 (6급)

使使使使使使使

하여금/부릴 사 :
人 총8획

使命(사명) 使臣(사신) 使役(사역)
勞使(노사) 牧使(목사) 密使(밀사)
特使(특사)

윗사람(亻)이 아래 관리(吏)로 하여금 어떤 일을 하도록 시키거나 아래 관리를 부리는 것을 나타내어 '하여금, 부리다'의 뜻을 가지게 되었다.

뜻풀이
使命(사명) : 맡겨진 임무
密使(밀사) : 몰래 보내는 사신

司 (3급Ⅱ)

司司司司司

맡을 사 :
口 총5획

司徒(사도) 司法(사법) 司祭(사제)
上司(상사) 司憲府(사헌부)

임금의 뜻을 가진 后를 좌우 반대로 돌린 모습으로 안에 있는 임금을 대신하여 밖에서 일을 맡아서 하는 신하나 벼슬아치들을 나타내어 '맡다'의 뜻을 가지게 되었다.

뜻풀이
司憲府(사헌부) : 고려·조선 시대에 정사를 논의하고 관리의 비리를 찾아내어 그 책임을 묻는 일을 하던 관아

詞 (3급Ⅱ)

詞詞詞詞詞詞詞詞詞詞詞詞

말/글 사
言 총12획

詞賦(사부) 歌詞(가사) 臺詞(대사)
動詞(동사) 副詞(부사) 作詞(작사)
助詞(조사) 品詞(품사)
形容詞(형용사)

맡은(司) 일에 대한 의견을 말(言)하는 것으로 '말, 글'의 뜻을 가지게 되었다.

뜻풀이
臺詞(대사) : 연극·영화 등에서 배우가 하는 말
形容詞(형용사) : 사물의 상태를 나타내는 품사

四 (8급)

四四四四四

넉 사 :
口 총5획

四季(사계) 四端(사단) 四方(사방)
四書(사서) 四聲(사성) 四時(사시)
四柱(사주) 四寸(사촌) 四通(사통)

본래 입 안의 이와 혀가 보이는 모습을 나타내었으나 나중에 본 의미를 잃고 숫자 '넷(녁)'의 뜻으로 쓰이게 되었다.

뜻풀이
四書(사서) : 유교의 경전인 논어·맹자·중용·대학
四柱(사주) : 사람이 태어난 날과 시간에 근거하여 길흉화복을 알아보는 점

5급 寫

필순: 寫寫寫寫寫寫寫寫寫寫寫寫寫寫

베낄 사
宀 총15획

寫本(사본) 寫眞(사진) 複寫(복사)
試寫(시사) 映寫(영사) 筆寫(필사)
靑寫眞(청사진)

집(宀) 안으로 들어온 까치(寫)의 모습을 종이에 베끼는 것에서 '베끼다'의 뜻을 가지게 되었다.

뜻풀이
筆寫(필사) : 베껴서 씀
靑寫眞(청사진) : 미래에 대한 희망적 계획이나 구상

4급II 寺

필순: 寺寺寺寺寺寺

절 사
寸 총6획

寺院(사원) 寺刹(사찰) 孤寺(고사)
佛寺(불사) 山寺(산사)

손(寸)을 움직여가며 일을 처리하기 위해서 머물러있던 (止→土) '관청'을 나타내었는데 나중에 '절'의 뜻으로도 쓰이게 되었다.

뜻풀이
孤寺(고사) : 마을에서 멀리 떨어져 있는 외딴 절
佛寺(불사) : 절

6급II 社

필순: 社社社社社社社

모일 사
示 총8획

社員(사원) 社稷(사직) 社會(사회)
結社(결사) 神社(신사) 支社(지사)
退社(퇴사) 會社(회사)
宗廟社稷(종묘사직)

토지(土)를 수호하는 신에게 제사(示)를 지낼 때 많은 사람들이 모이는 것을 나타내어 '모임, 모이다'의 뜻을 가지게 되었다.

뜻풀이
社員(사원) : 회사에 근무하는 사람
結社(결사) : 공동의 목표를 성취하기 위하여 단체를 조직함

4급 射

필순: 射射射射射射射射射射

쏠 사(:)
寸 총10획

射殺(사살) 射手(사수) 亂射(난사)
反射(반사) 發射(발사) 注射(주사)
放射能(방사능)

활시위를 손(寸)으로 당겨서 쏘니 화살이 내 몸(身)에서 떠나는 것을 나타내어 '쏘다'의 뜻을 가지게 되었다.

뜻풀이
放射能(방사능) : 원자핵이 붕괴하며 방사선을 방출하는 일

4급II 謝

필순: 謝謝謝謝謝謝謝謝謝謝謝謝謝謝謝謝謝

사례할 사:
言 총17획

謝過(사과) 謝禮(사례) 謝恩(사은)
謝意(사의) 謝絶(사절) 謝罪(사죄)
感謝(감사) 厚謝(후사)

다른 사람에게 고마운 말(言)을 쏟아내는(射) 것을 나타내어 '사례하다'의 뜻을 가지게 되었다.

뜻풀이
謝恩(사은) : 받은 은혜에 대하여 감사히 여겨 사례함
厚謝(후사) : 상을 후하게 내려 줌. 또는 남이 무엇을 줌을 높여 이르는 말

3급 巳

필순: 巳巳巳

뱀 사:
己 총3획

癸巳(계사) 己巳(기사) 辛巳(신사)
乙巳條約(을사조약)

뱀이 몸을 사리고, 꼬리를 드리우고 있는 모습을 본떠 '뱀'의 뜻을 가지게 되었다.

뜻풀이
乙巳條約(을사조약) : 일본이 한국의 외교권을 빼앗기 위해 강제로 맺은 조약

2급 쓰기한자 익히기 185

人一十之 己讀百之 (남보다 몇 배의 노력을 해야 뛰어날 수 있다.)

祀 (3급II)

祀 祀 祀 祀 祀 祀 祀 祀

제사 사
示　총8획

告祀(고사)　祭祀(제사)　享祀(향사)

제단(示) 옆에서 무릎을 꿇고 앉은 사람(巳)이 제사를 지내는 모습으로 '제사'의 뜻을 가지게 되었다.

뜻풀이
告祀(고사) : 액운을 없애고 풍요와 행운이 오도록 음식을 차려 놓고 비는 제사

師 (4급II)

師 師 師 師 師 師 師 師 師 師

스승 사
巾　총10획

師道(사도)　師弟(사제)　講師(강사)
教師(교사)　藥師(약사)　恩師(은사)
醫師(의사)　出師表(출사표)

언덕(自 = 阜)의 많은 사람들에게 둘러싸여서(帀) 사람들을 가르치는 '스승'을 뜻한다.

뜻풀이
出師表(출사표) : 출병할 때 뜻을 적어 임금에게 올리던 글로, 그 의미가 확대되어 중요한 일에 임하여 심경을 발표하는 일로 쓰이기도 함

舍 (4급II)

舍 舍 舍 舍 舍 舍 舍 舍

집 사
舌　총8획

舍監(사감)　館舍(관사)　幕舍(막사)
驛舍(역사)　獄舍(옥사)　畜舍(축사)
舍廊房(사랑방)　寄宿舍(기숙사)

집의 지붕과 외기둥과 벽의 모습을 본떠 '집'을 뜻한다.

뜻풀이
驛舍(역사) : 역으로 쓰는 건물
畜舍(축사) : 가축을 기르는 건물

捨 (3급)

捨 捨 捨 捨 捨 捨 捨 捨 捨 捨 捨

버릴 사:
手　총11획

捨家(사가)　捨離(사리)　捨施(사시)
捨身(사신)　捨撤(사철)　姑捨(고사)
用捨(용사)　淨捨(정사)　取捨(취사)

집(舍)을 손질(扌)하지 않고 그대로 내버려 두는 것을 나타내어 '버리다'는 뜻을 가지게 되었다.

뜻풀이
捨施(사시) : 불교에서 시주하는 일
取捨(취사) : 쓸 것은 취하고 버릴 것은 버림

沙 (3급II)

沙 沙 沙 沙 沙 沙 沙

모래 사
水　총7획

沙工(사공)　沙漠(사막)　沙鉢(사발)
沙柱(사주)　白沙(백사)　黃沙(황사)
白沙場(백사장)

물(氵)이 줄어들면 (少) 드러나는 '모래'를 뜻한다.

뜻풀이
沙工(사공) : 배를 부리는 일을 하는 사람
白沙場(백사장) : 강가나 바닷가에 흰 모래가 깔려 있는 곳

邪 (3급II)

邪 邪 邪 邪 邪 邪 邪

간사할 사
邑　총7획

邪氣(사기)　邪心(사심)　邪惡(사악)
妖邪(요사)　酒邪(주사)　斥邪(척사)
衛正斥邪(위정척사)

본래 고을 이름을 나타내었는데 그 고을 사람들이 믿음직하지 못했기 때문에 '간사하다'의 뜻을 가지게 되었다.

뜻풀이
妖邪(요사) : 요망하고 간사함
酒邪(주사) : 술을 마신 후에 나오는 못된 버릇이나 행동

思 [5급] 생각 사(:)
心 총9획

필순: 思思思思思思思思思

思考(사고) 思慮(사려) 思料(사료)
思慕(사모) 思想(사상) 思索(사색)
思惟(사유) 思鄕(사향) 意思(의사)

옛 사람들은 머리나 가슴으로 사물을 생각한다고 믿었다. 머리를 나타내는 田(囟→田)과 마음을 나타내는 心이 합해져 '생각'의 뜻을 가지게 되었다.

뜻풀이
思索(사색) : 깊이 생각하고 이치를 따짐
思鄕(사향) : 고향을 그리워함

斜 [3급II] 비낄 사
斗 총11획

필순: 斜斜斜斜斜斜斜斜斜斜斜

斜面(사면) 斜線(사선) 斜視(사시)
傾斜(경사) 傾斜度(경사도)

곡식을 말(斗)에 담으면 채우고 남은(余) 부분이 비스듬하게 흘러내리라는 것에서 '비끼다'라는 뜻을 가지게 되었다.

뜻풀이
斜視(사시) : 양쪽 눈의 방향이 달라서 정면을 볼 때 양쪽 눈의 시선이 평행하게 되지 않는 상태
傾斜度(경사도) : 기울어진 정도

斯 [3급] 이 사
斤 총12획

필순: 斯斯斯斯斯斯斯斯斯斯斯斯

斯界(사계) 斯文亂賊(사문난적)

본래 키(其)를 만들기 위해서 나무를 도끼(斤)로 쪼개는 것을 나타내었으나 나중에 지시대명사인 '이'의 뜻을 가지게 되었다.

뜻풀이
斯界(사계) : 해당 분야

查 [5급] 조사할 사
木 총9획

필순: 查查查查查查查查查

監査(감사) 檢査(검사) 考査(고사)
踏査(답사) 搜査(수사) 審査(심사)
調査(조사) 探査(탐사)

조상을 위한 고기(且)가 놓여진 제단 앞에 나무(木)로 팻말을 만들고 통행하는 사람들을 조사하는 것에서 '조사하다'의 뜻을 가지게 되었다.

뜻풀이
踏査(답사) : 현장에 가서 직접 보고 조사함
探査(탐사) : 알려지지 않은 것에 대한 조사를 함

死 [6급] 죽을 사:
歹 총6획

필순: 死死死死死死

死境(사경) 死滅(사멸) 死藏(사장)
死鬪(사투) 枯死(고사) 腦死(뇌사)
獄死(옥사) 溺死(익사) 戰死(전사)

사람(匕)이 죽어 목숨이 다하여 앙상한 뼈(歹)가 됨을 나타내어 '죽다'의 뜻을 가지게 되었다.

뜻풀이
死藏(사장) : 어떤 물건을 활용하지 않고 썩힘
枯死(고사) : 나무·풀 등이 말라 죽음

私 [4급] 사사 사
禾 총7획

필순: 私私私私私私私

私見(사견) 私談(사담) 私利(사리)
私服(사복) 私費(사비) 私設(사설)
私意(사의) 私財(사재) 私債(사채)

수확한 벼(禾) 중에서 자신의 몫을 팔에 안고(厶) 있는 모습으로 자기 것에 관계됨을 나타내는 '사사'의 뜻을 가지게 되었다.

뜻풀이
私財(사재) : 개인의 재산
私債(사채) : 개인이 사사롭게 진 빚

2급 쓰기한자 익히기 187

人一十之 己讀百之 (남보다 몇 배의 노력을 해야 뛰어날 수 있다.)

絲 (4급)

필순: 絲 絲 絲 絲 絲 絲 絲 絲 絲 絲 絲

실 사
糸 총12획

絹絲(견사) 金絲(금사) 生絲(생사)
鐵絲(철사)

糸가 두 개 쓰여 누에에게서 끊임없이 나오는 '실'을 뜻한다.

뜻풀이
金絲(금사) : 금실
生絲(생사) : 삶아서 익히지 않는 명주실

蛇 (3급Ⅱ)

필순: 蛇 蛇 蛇 蛇 蛇 蛇 蛇 蛇 蛇 蛇 蛇

긴뱀 사
虫 총11획

蛇足(사족) 毒蛇(독사) 白蛇(백사)
長蛇陣(장사진)
龍頭蛇尾(용두사미)

虫이 벌레의 뜻으로 쓰이자 대가리를 쳐들고 꼬리를 늘어뜨린 뱀의 모습인 它를 더해서 벌레와 구분하여 '긴뱀'의 뜻을 가지게 되었다.

뜻풀이
蛇足(사족) : 뱀의 발을 그린다는 뜻으로, 쓸데없는 일을 하다가 오히려 망침
長蛇陣(장사진) : 많은 사람들이 줄지어서 길게 늘어선 모습을 이름

詐 (3급)

필순: 詐 詐 詐 詐 詐 詐 詐 詐 詐 詐

속일 사
言 총12획

詐欺(사기) 詐稱(사칭)

남을 속이기 위해서 지어내는(乍 = 作) 말(言)을 나타내어 '속이다'의 뜻을 가지게 되었다.

뜻풀이
詐稱(사칭) : 이름, 직업, 나이 등을 남의 것으로 하거나 지어내어 속여 씀

賜 (3급)

필순: 賜 賜 賜 賜 賜 賜 賜 賜 賜 賜 賜 賜 賜

줄 사:
貝 총15획

賜額(사액) 賜藥(사약) 答賜(답사)
下賜(하사) 厚賜(후사)
賜額書院(사액서원)

윗사람이 아랫사람에게 팔을 내밀어(昜) 재물(貝)을 내려주는 것을 나타내어 '주다'의 뜻을 가지게 되었다.

뜻풀이
答賜(답사) : 올렸던 물건에 대하여 답례로 물건값을 주던 일
賜額書院(사액서원) : 임금이 이름을 지어서 새겨놓은 편액을 내린 서원

辭 (4급)

필순: 辭 辭 辭 辭 辭 辭 辭 辭 辭 辭 辭

말씀 사
辛 총19획

辭讓(사양) 辭任(사임) 辭職(사직)
辭退(사퇴) 固辭(고사) 修辭(수사)
讚辭(찬사)

실을 헝클어지지 않게 손으로 가지런히 정리하듯이(𤔔) 죄인의 죄목(辛)을 정리하여 나무랄 때 하는 말을 나타내어 '말씀'의 뜻을 가지게 되었다.

뜻풀이
辭任(사임) : 맡아보던 일자리를 그만 두고 물러남
固辭(고사) : 굳이 사양함

削 (3급Ⅱ)

필순: 削 削 削 削 削 削 削 削 削

깎을 삭
刀 총9획

削減(삭감) 削髮(삭발) 削除(삭제)
添削(첨삭)

칼(刂)을 사용하여 깎아서(肖) 작게 만드는 것을 나타내어 '깎다'의 뜻을 가지게 되었다.

뜻풀이
削除(삭제) : 깎아 없애거나 지움
添削(첨삭) : 어떤 문자를 보태거나 뺌

朔

3급 | 필순: 朔朔朔朔朔朔朔朔朔朔

초하루 삭
月 총10획

朔望(삭망) 朔方(삭방) 朔風(삭풍)
滿朔(만삭)

보름달(月)에서 다시 거꾸로(屰) 초승달로 돌아가는 것을 나타내어 매달 첫째 날인 '초하루'의 뜻을 가지게 되었다.

뜻풀이
朔風(삭풍) : 겨울에 불어오는 찬 바람
滿朔(만삭) : 해산할 달이 다참

山

8급 | 필순: 山山山

메 산
山 총3획

山脈(산맥) 山蔘(산삼) 山岳(산악)
山莊(산장) 山賊(산적) 山菜(산채)
鑛山(광산) 野山(야산)

산의 봉우리가 이어지는 모습을 본떠 '메(산)'를 뜻한다.

뜻풀이
山賊(산적) : 산 속에 살며 사람들의 재물을 뺏는 도적
山菜(산채) : 산나물

散

4급 | 필순: 散散散散散散散散散散散散

흩을 산:
攴 총12획

散漫(산만) 散髮(산발) 發散(발산)
奔散(분산) 陰散(음산) 離散(이산)
閑散(한산) 解散(해산) 擴散(확산)

왼쪽 月을 뺀 나머지는 林의 변형이다. 나무를 손(攴)으로 따로 흩어지게 하듯이(木 木) 고기(月=肉)를 손으로 토막 내어 흩어지게 함을 나타내어 '흩다'의 뜻을 가지게 되었다.

뜻풀이
散髮(산발) : 머리를 풀어 헤쳐 엉클어뜨림
離散(이산) : 헤어짐

産

5급Ⅱ | 필순: 産産産産産産産産産産産

낳을 산:
生 총11획

産卵(산란) 順産(순산) 量産(양산)
流産(유산) 資産(자산) 財産(재산)
早産(조산) 破産(파산) 解産(해산)

彦의 생략형인 产과 生이 합쳐져 두드러지게 뛰어난 아들(彦)을 낳는(生) 것을 나타내어 '낳다'의 뜻을 가지게 되었다.

뜻풀이
量産(양산) : 물건을 대량으로 생산하는 것
早産(조산) : 해산달이 차기 전에 아이를 낳음

算

7급 | 필순: 算算算算算算算算算算算算算算

셈 산:
竹 총14획

算術(산술) 決算(결산) 計算(계산)
勝算(승산) 暗算(암산) 豫算(예산)
誤算(오산) 珠算(주산) 淸算(청산)
換算(환산)

竹과 具가 더해져 만들어진 글자로 대나무(竹)로 만든 수를 세는 산가지를 갖추어서 具) 셈하는 것을 나타내어 '셈'의 뜻을 가지게 되었다.

뜻풀이
勝算(승산) : 꼭 이길 만한 좋은 꾀
誤算(오산) : 그릇된 계산

殺

4급Ⅱ | 필순: 殺殺殺殺殺殺殺殺殺殺殺

죽일 살
감할/빠를 쇄:
殳 총11획

殺菌(살균) 殺傷(살상) 絞殺(교살)
盜殺(도살) 沒殺(몰살) 默殺(묵살)
被殺(피살) 虐殺(학살) 惱殺(뇌쇄)
殺人犯(살인범)

멧돼지 등의 동물(朮) 머리를 창(殳)으로 찔러에 꼬리를 늘어뜨린 채 죽는 것에서 '죽이다'의 뜻을 가지게 되었다. 또한 동물을 무작위로 죽이면 동물의 수가 빠르게 감소하기에 '감하다, 빠르다'의 뜻도 가진다.

뜻풀이
絞殺(교살) : 목을 매어 죽임
惱殺(뇌쇄) : 애가 타도록 몹시 괴롭힘

人一十之 己讀百之 (남보다 몇 배의 노력을 해야 뛰어날 수 있다.)

三

8급

석 　 삼
一　　총3획

세 개의 선을 그려 '셋'을 뜻한다.

필순
三 三 三

三綱(삼강)　三經(삼경)　三流(삼류)
三災(삼재)　三族(삼족)
三次元(삼차원)

뜻풀이
三災(삼재) : 사람에게 닥치는 세 가지 재해. 도병, 기근, 질역 등
三次元(삼차원) : 공간을 세 개의 실수로 표현할 수 있음을 이름

森

3급Ⅱ

수풀 　 삼
木　　총12획

木이 세 개 모여 나무가 빽빽하게 많은 '수풀'을 뜻한다.

필순
森 森 森 森 森 森 森 森 森 森 森

森羅(삼라)　森林(삼림)　森嚴(삼엄)
森然(삼연)　森羅萬象(삼라만상)

뜻풀이
森嚴(삼엄) : 무섭도록 증세가 바로 서고 엄숙함
森羅萬象(삼라만상) : 우주의 온갖 사물과 현상

上

7급Ⅱ

윗 　 상:
一　　총3획

기준선 一 위에 짧은 가로획을 그어 '위'의 뜻을 가지게 되었는데 나중에 二와 구별하기 위해서 上으로 변하였다.

필순
上 上 上

上納(상납)　上達(상달)　上梁(상량)
上船(상선)　上篇(상편)　壇上(단상)
拜上(배상)　飛上(비상)　零上(영상)

뜻풀이
上船(상선) : 배에 올라탐
拜上(배상) : 편지글에 쓰이는 말로, 절하여 올림

傷

4급

다칠 　 상
人　　총13획

傷은 矢와 昜이 합쳐진 글자로 矢가 생략이 되어 ㄱ이 되었다. 사람(亻)이 화살(矢)에 의해 몸에 상처가 나서(昜) 다친 것을 나타내어 '다치다'의 뜻을 가지게 되었다.

필순
傷 傷 傷 傷 傷 傷 傷 傷 傷 傷 傷

傷處(상처)　傷害(상해)　輕傷(경상)
凍傷(동상)　負傷(부상)　殺傷(살상)
損傷(손상)　刺傷(자상)　銃傷(총상)

뜻풀이
輕傷(경상) : 가벼운 상처
刺傷(자상) : 칼과 같은 뾰족한 것에 찔린 상처

象

4급

코끼리 　 상
豕　　총12획

코끼리가 서 있는 모습으로 '코끼리'를 뜻한다.

필순
象 象 象 象 象 象 象 象 象 象 象

象形(상형)　觀象(관상)　具象(구상)
氣象(기상)　對象(대상)　抽象(추상)
現象(현상)　形象(형상)
象牙塔(상아탑)　氣象廳(기상청)

뜻풀이
象牙塔(상아탑) : 속세를 떠나 학문이나 예물에만 잠기는 경지
氣象廳(기상청) : 중앙 행정 기관의 하나로, 기상 상태를 관측하고 예보함

像

3급Ⅱ

모양 　 상
人　　총14획

사람(亻)의 모습(象)으로 '모양'을 뜻한다.

필순
像 像 像 像 像 像 像 像 像 像 像

假像(가상)　銅像(동상)　佛像(불상)
想像(상상)　映像(영상)　虛像(허상)
畫像(화상)

뜻풀이
假像(가상) : 객관적이지 못한 주관적인 환상
畫像(화상) : 얼굴의 속된 말

尚

3급II 오히려 상(:)
小 총8획

尚尚尚尚尚尚尚尚

尙古(상고) 尙宮(상궁) 尙存(상존)
高尙(고상) 崇尙(숭상)

신을 모신 건물 모습(向)에 하늘의 기운과 소통하는 집(八)의 모습이 더해져 신전에서 신을 숭상하는 것을 나타내었다. 여기에서 '숭상하다'의 뜻이 나왔고 나중에 '오히려'의 뜻으로도 쓰이게 되었다.

뜻풀이
高尙(고상): 몸가짐과 뜻이 맑아 세속적인 비천한 것에 급하지 않음
崇尙(숭상): 높이어 소중히 여김

常

4급II 떳떳할 상
巾 총11획

常常常常常常常常常常常

常勤(상근) 常設(상설) 常識(상식)
常駐(상주) 殊常(수상) 尋常(심상)
異常(이상) 恒常(항상)

본래 아랫도리의 속바지 위에 더하여(尙) 입는 긴 치마(巾)를 뜻하는 글자였다. 나중에 '항상'의 뜻으로 쓰이게 되었다.

뜻풀이
常勤(상근): 매일 일정 시간 근무함
尋常(심상): 예사로움

裳

3급II 치마 상
衣 총14획

裳裳裳裳裳裳裳裳裳裳裳裳裳裳

垂裳(수상) 衣裳(의상)
同價紅裳(동가홍상)

신체의 부끄러운 부분을 가려 고상함(尙)을 유지할 수 있게 하는 아랫도리 옷(衣)인 '치마'를 뜻한다.

뜻풀이
同價紅裳(동가홍상): 같은 값이면 다홍치마라는 뜻으로, 같은 조건이면 좀 더 편리한 것을 취함

嘗

3급 맛볼 상
口 총14획

嘗嘗嘗嘗嘗嘗嘗嘗嘗嘗嘗嘗嘗嘗

嘗膽(상담) 嘗試(상시) 嘗藥(상약)
備嘗(비상) 未嘗不(미상불)

맛있는 음식(旨)은 그 평이 좋아(尙) 누구나 맛보고 싶어하기에 '맛보다'의 뜻을 가지게 되었다.

뜻풀이
未嘗不(미상불): 아닌게 아니라. 아마도. 과연

賞

5급 상줄 상
貝 총15획

賞賞賞賞賞賞賞賞賞賞賞賞賞賞賞

賞罰(상벌) 賞狀(상장) 鑑賞(감상)
副賞(부상) 受賞(수상) 授賞(수상)
施賞(시상) 賞與金(상여금)

공을 세운 사람의 공적을 높이기(尙) 위해서 재물(貝)을 주는 것을 나타내어 '상주다'의 뜻을 가지게 되었다.

뜻풀이
施賞(시상): 상을 줌
賞與金(상여금): 회사 등에서 업무 성과에 대하여 주는 보너스

償

3급II 갚을 상
人 총17획

償償償償償償償償償償償償償償償償

償却(상각) 償還(상환) 賠償(배상)
辨償(변상) 報償(보상) 補償(보상)

사람(亻)은 받은(賞) 것이 있다면 보답해야 함을 나타내어 '갚다'의 뜻을 가지게 되었다.

뜻풀이
償還(상환): 정신적으로나 신체적으로 열등감을 가질 때 그것을 보충하기 위한 마음 작용
補償(보상): 대상으로 돌려주거나 공채를 갚음

人一十之 己讀百之 (남보다 몇 배의 노력을 해야 뛰어날 수 있다.)

商 (5급II) — 장사 상
口 총11획
商商商产产产商商商商商

商街(상가) 商權(상권) 商店(상점)
商標(상표) 商號(상호) 商會(상회)
都賣商(도매상)

본래 술을 담은 용기를 낮은 받침대 위에 놓은 모습으로 상으로 받은 물건을 뜻하였으나 나중에 물건들을 파는 '장사'의 뜻으로 쓰이게 되었다.

뜻풀이
商權(상권) : 특정 상업 중심지와 물자의 직접적인 거래가 이루어지는 지역
商標(상표) : 사업자가 경쟁 업체와 구별을 하기 위하여 사용하는 기호, 문자 등의 일정한 표지

喪 (3급II) — 잃을 상(:)
口 총12획
喪喪喪喪喪喪喪喪喪喪喪喪

喪禮(상례) 喪服(상복) 喪輿(상여)
問喪(문상) 弔喪(조상) 初喪(초상)
冠婚喪祭(관혼상제)

본래 다른 사람의 죽음에 입(口)을 벌리고 우는 사람의 모습을 나타내었으나 나중에 물건을 잃는 것을 의미하여 '잃다'의 뜻으로 쓰이게 되었다.

뜻풀이
喪輿(상여) : 시신을 싣고 묘지까지 나르는 가마
問喪(문상) : 죽음을 슬퍼하며 상주를 위문함

床 (4급II) — 상 상
广 총7획
床床床床床床床

病床(병상) 龍床(용상) 臨床(임상)
着床(착상) 冊床(책상) 卓床(탁상)
交子床(교자상)

집(广) 안에 있는 나무(木)로 만든 침대인 평상을 나타내어 '상'의 뜻을 가지게 되었다.

뜻풀이
病床(병상) : 병자가 눕거나 누워있는 그 자리
龍床(용상) : 임금이 앉는 평상

祥 (3급) — 상서 상
示 총11획
祥祥祥祥祥祥祥祥祥

祥瑞(상서) 祥雲(상운) 吉祥(길상)
大祥(대상) 瑞祥(서상) 小祥(소상)

양(羊)을 제물로 하여 제단(示)에 차려 놓고 신에게 복되고 길한 일이 일어나기를 비는 것으로 '상서'를 뜻한다.

뜻풀이
祥雲(상운) : 복되고 좋은 조짐이 보이는 구름
瑞祥(서상) : 길한 조짐

詳 (3급II) — 자세할 상
言 총13획
詳詳詳詳詳詳詳詳詳詳詳詳

詳細(상세) 詳述(상술) 未詳(미상)
昭詳(소상)

양(羊)과 같은 사물의 모습을 자세하게 말하는(言) 것을 나타내어 '자세하다'의 뜻을 가지게 되었다.

뜻풀이
未詳(미상) : 자세하지 않음
昭詳(소상) : 분명하고 자세함

相 (5급II) — 서로 상
目 총9획
相相相相相相相相相

相逢(상봉) 相續(상속) 相殺(상쇄)
相乘(상승) 相應(상응) 相從(상종)
相互(상호) 卿相(경상) 樣相(양상)
宰相(재상)

나무(木)에 올라가 눈(目)으로 멀리 바라볼 때 상대방도 마주 바라봄을 나타내어 '서로'의 뜻을 가지게 되었다.

뜻풀이
相應(상응) : 서로 응하고 통함
相從(상종) : 서로 따르며 친하게 지냄

想

4급Ⅱ

想想想想想想想想
想想想想

생각 상:
心 총13획

想起(상기) 想念(상념) 構想(구상)
夢想(몽상) 思想(사상) 樂想(악상)
聯想(연상) 幻想(환상)
理想的(이상적)

서로(相) 상대방을 마음(心) 속으로 생각하는 것에서 '생각'의 뜻을 가지게 되었다.

뜻풀이
想起(상기) : 지나간 일을 다시 생각하여 냄
夢想(몽상) : 현실성이 없는 헛된 생각

霜

3급Ⅱ

霜霜霜霜霜霜霜霜
霜霜霜霜霜霜霜

서리 상
雨 총17획

霜菊(상국) 霜露(상로) 星霜(성상)
秋霜(추상) 風霜(풍상)

대기 중의 수증기(雨)가 지상의 물체 표면에 얼어붙어(相) 생긴 서리를 나타내어 '서리'의 뜻을 가지게 되었다.

뜻풀이
霜露(상로) : 서리와 이슬
風霜(풍상) : 바람과 서리. 즉 세상의 어려움과 고생을 비유적으로 이름

桑

3급Ⅱ

桑桑桑桑桑桑桑
桑桑

뽕나무 상
木 총10획

桑根(상근) 桑碧(상벽) 桑葉(상엽)
扶桑(부상) 桑田碧海(상전벽해)

뽕나무의 모습으로 나무의 줄기와 가지(木), 세 개의 잎(叒)으로써 누에를 기르는데 쓰는 '뽕나무'를 나타내었다.

뜻풀이
桑田碧海(상전벽해) : 뽕나무 밭이 변하여 푸른 바다가 된다는 뜻으로, 세상 일의 변천이 심함을 이름

狀

4급Ⅱ

狀狀狀狀狀狀狀狀

**형상 상
문서 장:**
犬 총8획

狀態(상태) 狀況(상황) 窮狀(궁상)
罪狀(죄상) 症狀(증상) 險狀(험상)
現狀(현상) 答狀(답장) 令狀(영장)

나무 조각(爿)으로 만들어진 대문 옆에 서 있는 개(犬)의 모습으로 '형상'의 뜻을 가지게 되었다. 또한, '문서'의 뜻으로도 쓰이며 이때는 장이라고 읽는다.

뜻풀이
窮狀(궁상) : 어렵고 궁한 상태
險狀(험상) : 거칠고 험하게 생긴 상태

塞

3급Ⅱ

塞塞塞塞塞塞塞塞塞
塞塞塞塞

**막힐 색
변방 새**
土 총13획

窮塞(궁색) 語塞(어색) 窒塞(질색)
閉塞(폐색) 塞翁(새옹) 要塞(요새)
塞翁之馬(새옹지마)

양손(廾)으로 풀(井)과 흙(土)을 섞어서 만든 집(宀)으로 적군을 막는 것을 나타내어 '막히다'의 뜻을 가지게 되었다. 또한 적군을 막기 위해서 만든 요새가 국경 주변에 있기에 '변방'의 뜻으로도 쓰이게 되었다.

뜻풀이
語塞(어색) : 자연스럽지 못함
窒塞(질색) : 몹시 싫어하여 꺼림

索

3급Ⅱ

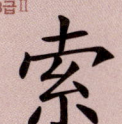

索索索索索索索索
索索

**찾을 색
노새끼줄 삭**
糸 총10획

索引(색인) 索出(색출) 檢索(검색)
思索(사색) 搜索(수색) 探索(탐색)
索莫(삭막)

두 손으로(廾→一) 초목의 잎이나 줄기의 끝(一)을 잡고 새끼(糸)를 꼬는 것을 나타내어 '동아줄'의 뜻을 가지게 되었다. 또한 초목의 잎이나 줄기를 찾아서 새끼를 꼬아 나갔기에 '찾다'의 뜻으로도 쓰인다.

뜻풀이
索出(색출) : 낱낱이 뒤져 찾아냄
索莫(삭막) : 쓸쓸하고 막막함

人一十之 己讀百之(남보다 몇 배의 노력을 해야 뛰어날 수 있다.)

色

7급 色
빛 색
色 총6획

필순: 色色色色色色

色盲(색맹) 色調(색조) 窮色(궁색)
難色(난색) 配色(배색) 顔色(안색)
染色(염색) 原色(원색) 着色(착색)

무릎을 꿇고 앉아 있는 사람(巴)이 고개를 들고 서 있는 사람(⺈)의 낯빛을 살피는 모습으로 '빛'의 뜻을 가지게 되었다.

뜻풀이
難色(난색) : 꺼리는 기색
顔色(안색) : 얼굴빛

生

8급 生
날 생
生 총5획

필순: 生生生生生

生産(생산) 生辰(생신) 生捕(생포)
生還(생환) 更生(갱생) 儒生(유생)
誕生(탄생) 胎生(태생) 派生(파생)
還生(환생) 誕生日(탄생일)

어린싹이 땅 위에 돋아 나오는 모습을 본떠 '낳다, 살다'의 뜻을 가지게 되었다.

뜻풀이
生捕(생포) : 산 채로 붙잡음
更生(갱생) : 죽을 뻔 하다 다시 살아남

序

5급 序
차례 서:
广 총7획

필순: 序序序序序序序

序曲(서곡) 序頭(서두) 序論(서론)
序文(서문) 序詩(서시) 序言(서언)
序列(서열) 庠序(상서) 順序(순서)

予에 广이 더해진 글자로 여기서 予(여)는 발음기호의 역할을 하는데 나중에 음이 여에서 서로 변하였다. 집(广)의 옆으로 차례로 펼쳐져 있는 부속 건물을 나타내어 '차례'의 뜻을 가지게 되었다.

뜻풀이
序曲(서곡) : 가극이나 성극 등의 막을 열기 전에 연주하는 곡
序列(서열) : 일정 기준으로 순서에 따라 늘어섬

庶

3급 庶
여러 서:
广 총11획

필순: 庶庶庶庶庶庶庶庶庶庶庶

庶幾(서기) 庶務(서무) 庶民(서민)
庶子(서자)

집(广) 안에 여러 사람들(卄)이 모여서 불(灬=火)을 쬐는 것을 나타내어 '여러'의 뜻을 가지게 되었다.

뜻풀이
庶子(서자) : 본처가 아닌 다른 여자가 낳은 자식

徐

3급Ⅱ 徐
천천히할서(:)
彳 총10획

필순: 徐徐徐徐徐徐徐徐徐徐

徐來(서래) 徐緩(서완) 徐行(서행)
徐羅伐(서라벌)

여유 있게(余) 천천히 걸어감(彳)을 나타내어 '천천히 하다'는 뜻을 가지게 되었다.

뜻풀이
徐行(서행) : 천천히 감
徐羅伐(서라벌) : 신라의 옛 이름

敍

3급 敍
펼 서:
攴 총11획

필순: 敍敍敍敍敍敍敍敍敍敍

敍事(서사) 敍說(서설) 敍述(서술)
敍情(서정) 自敍(자서)
自敍傳(자서전) 平敍文(평서문)

나무로 지붕을 받친 작은 집(余)에서 막대기를 들고(攴) 가르침을 펼치는 것을 나타내어 '펴다'의 뜻을 가지게 되었다.

뜻풀이
自敍(자서) : 자신에 관한 일을 자신이 서술함
平敍文(평서문) : 화자가 사건에 대하여 객관적으로 진술하는 문장

恕

3급II

용서할 서:
心　총10획

恕恕恕恕恕恕恕恕恕恕

恕免(서면)　寬恕(관서)　容恕(용서)
忠恕(충서)

다른 사람의 입장과 같은(如) 마음(心)을 가져 헤아려볼 줄 알아야 함을 나타내어 '용서하다'의 뜻을 가지게 되었다.

뜻풀이
寬恕(관서) : 죄를 너그럽게 용서함
容恕(용서) : 잘못에 대하여 꾸짖거나 덮어줌

暑

3급

더울 서:
日　총13획

暑暑暑暑暑暑暑暑暑暑暑暑暑

大暑(대서)　小暑(소서)　處暑(처서)
避暑(피서)　酷暑(혹서)
避暑地(피서지)

사람(者)의 머리 바로 위로 해(日)가 떠 있어 따가운 햇볕을 곧바로 받아 더움을 나타내어 '덥다'의 뜻을 가지게 되었다.

뜻풀이
處暑(처서) : 입추와 백로 사이에 드는 절기로 더위가 한풀 꺾이며 선선한 바람이 불어옴
避暑地(피서지) : 더위를 피할만한 좋은 곳

署

3급II

마을·관청 서:
网　총14획

署署署署署署署署署署署署署署

署名(서명)　官署(관서)　部署(부서)
支署(지서)　警察署(경찰서)
官公署(관공서)

그물(网)이 촘촘하게 얽혀져 있는 것처럼 얽혀 있는 일을 정리하는 업무를 맡은 사람(者)이 근무하는 '관청'을 뜻한다.

뜻풀이
部署(부서) : 기업이나 조직 등의 체계에 따라 나뉘어져 있는 각 부문
官公署(관공서) : 관서와 공서를 아울러 이름

緖

3급II

실마리 서:
糸　총15획

緖緖緖緖緖緖緖緖緖緖緖緖緖緖緖

緖論(서론)　端緖(단서)　頭緖(두서)
由緖(유서)　情緖(정서)

사람(者)이 바느질을 하려고 엉켜있는 실(糸)의 처음 부분을 찾아내는 것에서 어떠한 일이나 사건을 풀어나가는 첫머리인 '실마리'를 뜻한다.

뜻풀이
頭緖(두서) : 일의 차례
由緖(유서) : 예로부터 내려오던 까닭과 내력

書

6급II

글 서:
日　총10획

書書書書書書書書書書

書庫(서고)　書籍(서적)　書札(서찰)
覺書(각서)　經書(경서)　禁書(금서)
願書(원서)　證書(증서)

전 시대 현인들의 말(曰)을 붓(聿)으로 옮겨 적은 것을 나타내어 '글'의 뜻을 가지게 되었다.

뜻풀이
禁書(금서) : 출판 또는 독서를 법적으로 금지한 책
證書(증서) : 증거 문서

西

8급

서녘 서:
襾　총6획

西西西西西西

西歐(서구)　西紀(서기)　西獨(서독)
西曆(서력)　西洋(서양)　西風(서풍)
西海(서해)　關西(관서)　嶺西(영서)

본래 새의 둥지 모습을 나타내었으나 새가 둥지로 돌아오는 것은 해가 서쪽으로 질 때이기에 나중에 해가 지는 방향인 '서녘'의 뜻을 가지게 되었다.

뜻풀이
西歐(서구) : 서양을 이루는 유럽과 북아메리카를 통틀어 이르는 말
嶺西(영서) : 강원도 대관령의 서쪽 지역

人一十之 己讀百之 (남보다 몇 배의 노력을 해야 뛰어날 수 있다.)

逝

3급 | 필순: 逝逝逝逝逝逝逝逝逝逝逝

갈 서:
辶 총11획

逝去(서거) 逝川(서천) 夭逝(요서)
流逝(유서) 早逝(조서) 卒逝(졸서)

목숨이 꺾여(折) 이 승을 떠나 저승으로 가는(辶) 것을 나타 내어 '가다'의 뜻을 가지게 되었다.

뜻풀이
逝去(서거) : 죽어서 세상을 떠남. '죽음'의 높임말
早逝(조서) : 젊은 나이에 죽음

誓

3급 | 필순: 誓誓誓誓誓誓誓誓誓誓誓誓誓誓

맹세할 서:
言 총14획

誓詞(서사) 誓約(서약) 誓言(서언)
盟誓(맹서) 宣誓(선서)

서로 말(言)로 약 속한 내용을 나무 조각에 새겨서 반 으로 꺾어(折) 나 누어 가지면서 굳 게 다짐한 것으로 '맹세하다'의 뜻을 가지게 되었다.

뜻풀이
誓言(서언) : 맹세의 말
盟誓(맹서) : 맹세

夕

7급 | 필순: 夕夕夕

저녁 석
夕 총3획

夕刊(석간) 夕食(석식) 夕陽(석양)
朝夕(조석) 秋夕(추석) 七夕(칠석)

달이 반쯤 보이는 모습으로 '저녁'을 뜻한다.

뜻풀이
夕刊(석간) : 저녁에 발행되는 신문
夕陽(석양) : 저녁 무렵의 해

席

6급 | 필순: 席席席席席席席席席席

자리 석
巾 총10획

席卷(석권) 席次(석차) 缺席(결석)
病席(병석) 私席(사석) 案席(안석)
卽席(즉석) 着席(착석) 參席(참석)

여러 사람들(庶=炗) 이 앉을 수 있도록 풀을 엮어서 만든 깔개(巾)를 나타내 어 '자리'의 뜻을 가지게 되었다.

뜻풀이
案席(안석) : 자리에 앉음
着席(착석) : 몸을 기대는 방석

昔

3급 | 필순: 昔昔昔昔昔昔昔昔

예 석
日 총8획

昔年(석년) 昔人(석인) 昔日(석일)
昔時(석시) 今昔之感(금석지감)

많이 포개어 쌓은 고깃점(芔=灻)을 햇볕(日)에 말린지 오래 되었음을 나 타내어 '예, 옛날'의 뜻을 가지게 되 었다.

뜻풀이
昔年(석년) : 여러 해 전
今昔之感(금석지감) : 지금과 옛날을 비 교할 때 차이가 심하게 느껴지는 감정

惜

3급II | 필순: 惜惜惜惜惜惜惜惜惜惜惜

아낄 석
心 총11획

惜別(석별) 哀惜(애석)
惜別歌(석별가)
買占賣惜(매점매석)

옛날(昔)을 소중히 여기는 마음(忄)으 로 '아끼다'를 뜻한 다.

뜻풀이
哀惜(애석) : 슬프고 아까움
買占賣惜(매점매석) : 물건을 한꺼번에 샀다가 팔기를 꺼려해서 쌓아둠

析

3급
쪼갤 석
木 총8획

도끼(斤)로 나무(木)를 쪼개는 것을 나타내어 '쪼개다'의 뜻을 가지게 되었다.

필순: 析析析析析析析析

分析(분석) 解析(해석)
分析的(분석적)

뜻풀이
分析(분석): 얽히고 복잡한 것을 풀어 개별적 요소와 성질로 나눔

石

6급
돌 석
石 총5획

언덕(厂) 아래에서 굴러다니는 돌(口)의 모습으로 '돌'을 뜻한다.

필순: 石石石石石

石炭(석탄) 石灰(석회) 鑛石(광석)
寶石(보석) 碑石(비석) 巖石(암석)
磁石(자석) 礎石(초석) 齒石(치석)

뜻풀이
礎石(초석): 어떤 사물의 기초. 추춧돌
齒石(치석): 이 표면에 엉겨 붙어 굳은 물질

釋

3급II
풀 석
采 총20획

하나하나 분해하고(采) 덩어리로 된 것을 분류하여(睪) 뒤섞인 사물을 풀어내는 '풀다'의 뜻을 가지게 되었다.

필순: 釋釋釋釋釋釋釋釋釋釋釋釋釋釋釋釋釋釋釋釋

釋門(석문) 釋放(석방) 釋然(석연)
解釋(해석) 稀釋(희석)

뜻풀이
釋然(석연): 의혹이나 꺼림칙함이 없음
稀釋(희석): 용액의 농도를 묽게 함

仙

5급II
신선 선
人 총5획

산(山)에 사는 사람(亻)인 '신선'을 뜻한다.

필순: 仙仙仙仙仙

仙女(선녀) 仙丹(선단) 仙人(선인)
仙鶴(선학) 詩仙(시선) 神仙(신선)
仙人掌(선인장) 鳳仙花(봉선화)

뜻풀이
仙鶴(선학): 두루미
詩仙(시선): 세상일을 잊고 시 짓기에만 몰두하는 천재적인 시인을 이르는 말로 '이백'을 이름

先

8급
먼저 선
儿 총6획

之와 儿이 합쳐진 글자로 사람(儿) 위에 발(之)을 그려 사람의 머리 부분보다 먼저 내디딘 발자국의 모습을 나타내었다. 남보다 앞서서 나가기에 '먼저'의 뜻을 가지게 되었다.

필순: 先先先先先先

先導(선도) 先輩(선배) 先唱(선창)
先賢(선현) 先覺者(선각자)

뜻풀이
先唱(선창): 노래나 구호 등을 먼저 부름
先覺者(선각자): 다른 사람들보다 먼저 세상일을 깨달은 사람

善

5급
착할 선:
口 총12획

착한 사람은 양(羊)처럼 순하게 말함(口)을 나타내어 '착하다'의 뜻을 가지게 되었다.

필순: 善善善善善善善善善善善

善處(선처) 改善(개선) 獨善(독선)
僞善(위선) 慈善(자선) 積善(적선)
次善(차선) 性善說(성선설)

뜻풀이
積善(적선): 동냥질을 좋게 이르는 말
次善(차선): 최선의 마음

人一十之 己讀百之 (남보다 몇 배의 노력을 해야 뛰어날 수 있다.)

宣

4급 | 필순: 宣宣宣宣宣宣宣宣宣

베풀 선:
宀 총9획

宣告(선고)　宣敎(선교)　宣明(선명)
宣誓(선서)　宣揚(선양)　宣言(선언)
宣傳(선전)　宣布(선포)

본래 구름(亘)이 걸릴 정도로 거대한 궁궐(宀)을 나타내어 고대 제왕의 큰 '궁궐'을 뜻했으나 나중에 임금이 궁궐에서 정사를 '베풀다'라는 뜻을 가지게 되었다.

뜻풀이
宣告(선고) : 선언하여 널리 알림
宣揚(선양) : 명성·권위 등을 널리 떨치게 함

旋

3급Ⅱ | 필순: 旋旋旋旋旋旋旋旋旋旋旋

돌 선
方 총11획

旋風(선풍)　旋回(선회)
急旋回(급선회)

사람(𠂉 = 人)이 나아가야 할 방향(方)을 지시하는 깃발 아래에 발(疋)이 있는 모습으로 깃발을 흔들며 정벌을 위해서 돌아다니는 것을 나타내어 '돌다'의 뜻을 가지게 되었다.

뜻풀이
旋回(선회) : 둘레를 빙글빙글 돎. 항공기가 곡선을 그리듯 진로를 바꿈

選

5급 | 필순: 選選選選選選選選選選選選選選選選

가릴 선:
辶 총16획

選擧(선거)　選拔(선발)　選別(선별)
選任(선임)　選擇(선택)　決選(결선)
當選(당선)　嚴選(엄선)　豫選(예선)

꿇어앉은 두 사람(巳巳) 중 제물로 바쳐지(共) 나아갈(辶) 사람을 가려 뽑음을 나타내어 '가리다'의 뜻을 가지게 되었다.

뜻풀이
選任(선임) : 여러 사람들 중 임무 맡을 사람을 뽑음
嚴選(엄선) : 엄격하고 공정하게 뽑음

禪

3급Ⅱ | 필순: 禪禪禪禪禪禪禪禪禪禪禪禪禪禪

선 선
示 총17획

禪師(선사)　禪讓(선양)　禪位(선위)
禪宗(선종)　坐禪(좌선)　參禪(참선)

제물을 차려 놓은 제단(示)에서 땅을 판판하게 닦고 깨끗이 하여 제사를 지내듯 마음을 한 곳에 모아서(單) 고요히 생각해야 함을 나타내어 불교에서의 '선'을 뜻한다.

뜻풀이
禪師(선사) : '승려'의 높임말
禪位(선위) : 임금의 자리를 물려줌

線

6급Ⅱ | 필순: 線線線線線線線線線線線線線線線

줄 선
糸 총15획

幹線(간선)　斷線(단선)　複線(복선)
接線(접선)　脫線(탈선)　混線(혼선)
境界線(경계선)

泉에 糸가 더해진 글자로 여기서 泉(천)은 발음기호의 역할을 하는데 나중에 음이 천에서 선으로 변하였다. 가느다란 실(糸)에서 '줄'의 뜻을 가지게 되었다.

뜻풀이
接線(접선) : 어떤 목적을 위해 비밀리에 만남
混線(혼선) : 말이나 일이 다르게 파악되어 혼란이 발생함

船

5급 | 필순: 船船船船船船船船船船船

배 선
舟 총11획

船舶(선박)　船員(선원)　滿船(만선)
乘船(승선)　艦船(함선)
造船所(조선소)

늪(㕣)이나 강을 건너기 위해서는 배(舟)를 사용하기에 '배'의 뜻을 가지게 되었다.

滿船(만선) : 사람이나 짐을 가득 실은 배
造船所(조선소) : 배를 만들거나 고치는 곳

鮮

5급II
고울 **선**
魚 총17획

필순: 鮮鮮鮮鮮鮮鮮鮮鮮鮮鮮鮮鮮鮮鮮鮮鮮

鮮明(선명) 鮮血(선혈) 生鮮(생선)
新鮮(신선) 朝鮮(조선)

본래 맥국(貊國)에서 나는 물고기의 이름이나 나중에 물고기의 빛이 곱고 싱싱함을 나타내어 '곱다, 싱싱하다'의 뜻으로 쓰이게 되었다.

뜻풀이
鮮明(선명): 뚜렷하여 다른 것과 전혀 혼동되지 않음
鮮血(선혈): 생생한 피

舌

4급
혀 **설**
舌 총6획

필순: 舌舌舌舌舌舌

舌端(설단) 舌癌(설암) 舌音(설음)
口舌(구설) 毒舌(독설) 妄舌(망설)

입에서 길게 내민 혀의 모습을 본떠 '혀'의 뜻을 가지게 되었다.

뜻풀이
口舌(구설): 시비나 헐뜯는 말
妄舌(망설): 거짓말

設

4급II
베풀 **설**
言 총11획

필순: 設設設設設設設設設設設

設備(설비) 設置(설치) 假設(가설)
改設(개설) 建設(건설) 敷設(부설)
施設(시설) 增設(증설) 創設(창설)

잘못된 일을 함에 몽둥이(殳)를 손에 들고 때리면서 말(言)로 잘못된 점을 나열하여 지적하는 것에서 '베풀다'의 뜻을 가지게 되었다.

뜻풀이
敷設(부설): 다리나 철도 등을 설치함
增設(증설): 더 늘려 설치함

說

5급II
말씀 **설**
달랠 **세:**
言 총14획

필순: 說說說說說說說說說說說說說說

說破(설파) 浪說(낭설) 塗說(도설)
辭說(사설) 逆說(역설) 辱說(욕설)
通說(통설) 解說(해설) 遊說(유세)

기쁜(兌) 마음을 말(言)로 드러내는 것에서 '말씀'의 뜻을 가지게 되었다. 또한 기쁜(兌) 마음을 가시도록 밀(言)로 달래는 것에서 '달래다'의 뜻으로도 쓰이게 되었다.

뜻풀이
浪說(낭설): 터무니없는 헛소문
遊說(유세): 자기의 의견 또는 소속 정당의 주장을 선전하며 돌아다님

雪

6급II
눈 **설**
雨 총11획

필순: 雪雪雪雪雪雪雪雪雪雪

雪景(설경) 雪原(설원) 雪糖(설탕)
積雪(적설) 除雪(제설) 暴雪(폭설)
螢雪(형설) 積雪量(적설량)

손(⺕)에 빗자루를 잡고 비(雨)가 얼어서 내리는 하얀 눈을 쓰는 것을 나타내어 '눈'의 뜻을 가지게 되었다.

뜻풀이
除雪(제설): 쌓인 눈을 치우는 일
積雪量(적설량): 땅 위에 쌓인 눈의 양

攝

3급
다스릴/잡을 **섭**
手 총21획

필순: 攝攝攝攝攝攝攝攝攝攝攝攝攝攝攝攝攝

攝理(섭리) 攝政(섭정) 攝取(섭취)
包攝(포섭)

손(扌)으로 귀(耳) 세 개를 한 번에 잡는 것에서 '잡다'의 뜻을 가지게 되었다. 세 개의 귀를 한 번에 잡으려면 잘 모아서 잡아야 하는데 이것이 일을 잘 다스리는 것과 같아 '다스리다'의 뜻을 가지게 되었다.

뜻풀이
攝政(섭정): 군주의 통치가 불가능할 때 군주를 대신하여 나라를 다스리는 일
攝取(섭취): 생물체가 양분 등을 몸속으로 빨아들이는 것

人一十之 己讀百之 (남보다 몇 배의 노력을 해야 뛰어날 수 있다.)

涉 (3급) 필순
涉涉涉涉涉涉涉涉涉涉

건널 섭
水 총10획

涉獵(섭렵) 涉外(섭외) 干涉(간섭)
交涉(교섭)

물(氵)길을 걸어서(步) 건너는 것을 나타내어 '건너다'의 뜻을 가지게 되었다.

뜻풀이
涉獵(섭렵) : 물을 건너 찾아다닌다는 뜻으로, 많은 책을 널리 읽고 많은 것을 경험함을 이름
涉外(섭외) : 연락을 취해 의논함

成 (6급Ⅱ) 필순
成成成成成成成

이룰 성
戈 총7획

成熟(성숙) 成就(성취) 結成(결성)
晩成(만성) 熟成(숙성) 集成(집성)
贊成(찬성) 編成(편성) 混成(혼성)

큰 날이 달린 도끼(戊)로 적을 치고 적진에 못(丁)을 박아서 소유하여 승리를 이루었음을 나타내어 '이루다'의 뜻을 가지게 되었다.

뜻풀이
集成(집성) : 여러 가지를 모아 하나를 이룸
編成(편성) : 예산·조직 등을 짜서 이룸

城 (4급Ⅱ) 필순
城城城城城城城城城城

재 성
土 총10획

城郭(성곽) 城樓(성루) 城壁(성벽)
宮城(궁성) 籠城(농성) 都城(도성)
牙城(아성) 築城(축성)

적군으로부터 나라와 백성을 지키기 위해서 흙(土)을 높이 쌓아 만든(成) 담을 나타내어 '재'의 뜻을 가지게 되었다.

뜻풀이
籠城(농성) : 어떤 목적을 위해 한자리에서 시위함
牙城(아성) : 아주 중요한 근거지

誠 (4급Ⅱ) 필순
誠誠誠誠誠誠誠誠誠誠誠誠誠

정성 성
言 총14획

誠金(성금) 誠實(성실) 誠意(성의)
精誠(정성) 至誠(지성) 忠誠(충성)
孝誠(효성) 至極精誠(지극정성)

참되고 성실함을 증명하는 것이 행동뿐만이 아니라 말(言)로써 이루어짐(成)을 나타내어 '정성'의 뜻을 가지게 되었다.

뜻풀이
誠意(성의) : 정성스러운 마음이나 뜻
至極精誠(지극정성) : 더할 수 없을 정도로 지극한 정성

盛 (4급Ⅱ) 필순
盛盛盛盛盛盛盛盛盛盛盛盛

성할 성:
皿 총12획

盛德(성덕) 盛況(성황) 茂盛(무성)
繁盛(번성) 旺盛(왕성) 隆盛(융성)
昌盛(창성) 豊盛(풍성)
全盛期(전성기)

신에게 바칠 음식을 그릇(皿)에 높이 쌓아올려 만들었음을(成) 나타내어 '성하다'의 뜻을 가지게 되었다.

뜻풀이
盛況(성황) : 사람이 많이 모여 활기찬 분위기
全盛期(전성기) : 세력이나 형세가 한창 왕성한 시기

姓 (7급Ⅱ) 필순
姓姓姓姓姓姓姓姓

성(姓氏) 성:
女 총8획

姓名(성명) 姓氏(성씨) 百姓(백성)
本姓(본성) 稀姓(희성)
通姓名(통성명)
同姓同本(동성동본)

여자(女)가 낳은(生) 아이들의 성이 같다는 것에서 조상이 같음을 나타내는 '성'을 뜻한다.

뜻풀이
稀姓(희성) : 매우 드문 성
通姓名(통성명) : 처음 인사할 때 서로의 이름을 알려 주는 것

性

5급Ⅱ

필순: 性 性 性 性 性 性 性 性

성품 성 :
心   총8획

사람이 태어날(生) 때부터 가지고 있는 마음(心)을 나타내어 '성품'의 뜻을 가지게 되었다.

性格(성격) 性情(성정) 個性(개성)
變性(변성) 酸性(산성) 屬性(속성)
劣性(열성) 優性(우성) 適性(적성)
妥當性(타당성)

뜻풀이
性情(성정) : 성질과 심정. 타고난 본성
適性(적성) : 어떤 일에 알맞은 성질이나 적용 능력

星

4급Ⅱ

필순: 星 星 星 星 星 星 星 星 星

별 성
日   총9획

어두운 밤에 가장 밝게(日) 빛이 나는 (生) '별'을 뜻한다.

星宿(성수) 星座(성좌) 衛星(위성)
遊星(유성) 惑星(혹성)

뜻풀이
星宿(성수) : 모든 별자리의 별들
星座(성좌) : 별자리

省

6급Ⅱ

필순: 省 省 省 省 省 省 省 省 省

살필 성
덜 생
目   총9획

아주 작은(少) 것까지 눈(目)으로 보려면 자세히 살펴 보아야 하기에 '살피다'의 뜻을 가지게 되었다. 또한 '덜다'의 뜻으로도 쓰이게 되었는데 이때는 생으로 읽는다.

省墓(성묘) 省察(성찰) 歸省(귀성)
反省(반성) 自省(자성) 省略(생략)
歸省客(귀성객)

뜻풀이
自省(자성) : 자신의 태도와 행동을 스스로 반성함
歸省客(귀성객) : 부모를 뵙기 위하여 고향으로 돌아가거나 돌아오는 여객

聖

4급Ⅱ

필순: 聖 聖 聖 聖 聖 聖 聖 聖 聖 聖 聖

성인 성 :
耳   총13획

언덕 위에 똑바로 서있는 사람(王)이 다른 사람의 말을 귀(耳)로 듣고 입(口)으로 말씀을 전하는 것으로 그러한 일을 하며 모든 것을 다 알고 있는 '성인'을 뜻한다.

聖歌(성가) 聖經(성경) 聖靈(성령)
聖旨(성지) 聖職(성직) 聖餐(성찬)
聖賢(성현) 詩聖(시성) 亞聖(아성)

뜻풀이
聖歌(성가) : 찬송가 또는 복음 성가
亞聖(아성) : '공자' 다음가는 성인인 '맹자'를 이르는 말

聲

4급Ⅱ

필순: 聲 聲 聲 聲 聲 聲 聲 聲 聲 聲 聲 聲 聲 聲 聲 聲 聲

소리 성
耳   총17획

한 손에 경쇠(声)를 잡고 다른 손으로 막대기(殳)를 들고 쳐서 경쇠 소리를 귀(耳)로 듣는 것을 나타내어 '소리'의 뜻을 가지게 되었다.

聲樂(성악) 聲優(성우) 聲討(성토)
哭聲(곡성) 變聲(변성) 銃聲(총성)
歎聲(탄성) 砲聲(포성)
擴聲器(확성기) 歡呼聲(환호성)

뜻풀이
聲討(성토) : 여러 사람이 모여 국가나 사회에 끼친 잘못을 규탄함
變聲(변성) : 목소리가 변함

世

7급Ⅱ

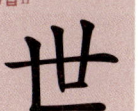

인간 세 :
一   총5획

한 세대는 대략 30년으로 세 개의 十을 이어서 한 세대를 나타내어 '인간'의 뜻을 가지게 되었다.

世紀(세기) 世襲(세습) 亂世(난세)
處世(처세) 濁世(탁세) 惑世(혹세)
世紀末(세기말) 處世術(처세술)

뜻풀이
世襲(세습) : 어떤 집안의 재산이나 신분, 직업 등을 대대로 물려주고 물려받음
處世術(처세술) : 사람들과 사귀면서 세상을 사는 방법이나 수단

人一十之 己讀百之 (남보다 몇 배의 노력을 해야 뛰어날 수 있다.)

勢 (4급II)

필순: 勢勢勢勢勢勢勢勢勢勢勢勢勢

형세 세 : 力　총13획

權勢(권세)　弱勢(약세)　優勢(우세)
運勢(운세)　姿勢(자세)　症勢(증세)
趨勢(추세)　態勢(태세)　虛勢(허세)

손에 흙덩이를 잡은(埶) 것처럼 자신의 손에 강력한 권력과 권세와 같은 힘(力)을 갖게 됨을 나타내어 '형세'의 뜻을 가지게 되었다.

뜻풀이
趨勢(추세): 어떤 현상이 일정한 곳으로 나아가는 경향
虛勢(허세): 실속이 없이 겉으로만 드러나 보이는 기세

洗 (5급II)

필순: 洗洗洗洗洗洗洗洗洗

씻을 세 : 水　총9획

洗腦(세뇌)　洗鍊(세련)　洗禮(세례)
洗面(세면)　洗手(세수)　洗眼(세안)
洗劑(세제)　洗車(세차)　洗濯(세탁)
洗面臺(세면대)

물(氵)로 발을 먼저(先) 씻는 것을 나타내어 '씻다'의 뜻을 가지게 되었다.

뜻풀이
洗腦(세뇌): 사람의 본래 의식을 바꾸게 하거나 특정한 사상을 따르도록 주입시키는 일
洗面臺(세면대): 세면이 가능하도록 시설을 갖춘 대

歲 (5급II)

필순: 歲歲歲歲歲歲歲歲歲歲歲歲歲

해 세 : 止　총13획

歲拜(세배)　歲時(세시)　歲月(세월)
萬歲(만세)　百歲(백세)　年歲(연세)

戌과 步가 더해진 글자로 큰 도끼(戌)로 희생물을 죽여서 제사에 올려 한 해가 무사히 다음 해로 옮겨지기(步)를 바라는 것을 나타내어 '해'의 뜻을 가지게 되었다.

뜻풀이
歲時(세시): 설
年歲(연세): '나이'의 높임말

稅 (4급II)

필순: 稅稅稅稅稅稅稅稅稅稅稅稅

세금 세 : 禾　총12획

稅關(세관)　稅率(세율)　稅制(세제)
稅則(세칙)　課稅(과세)　納稅(납세)
租稅(조세)　免稅點(면세점)

풍년이 들어 수확한 곡식(禾)이 많은 것을 기뻐하기도(兌) 전에 나라의 세금으로 바쳐야 하는 것을 근심함을 나타내어 '세금'의 뜻을 가지게 되었다.

뜻풀이
稅制(세제): 세금을 매겨 거두어들이는 것에 관한 제도
課稅(과세): 세금을 정하고 내도록 의무를 지움

細 (4급II)

필순: 細細細細細細細細細細細

가늘 세 : 糸　총11획

細菌(세균)　細密(세밀)　細則(세칙)
細胞(세포)　微細(미세)　詳細(상세)
纖細(섬세)

糸와 囟이 합쳐진 글자로 囟이 田으로 잘못 변하였다. 숫구멍(囟)이 아직 닫히지 않은 어린 아이의 머리에 있는 핏줄이 실(糸)처럼 가는 것을 나타내어 '가늘다'의 뜻을 가지게 되었다.

뜻풀이
細菌(세균): 생물체 중 가장 미세하고 하등의 단세포 생활체
細則(세칙): 기본이 되는 규칙을 다시 나누어 자세하게 만든 규칙

召 (3급)

필순: 召召召召召

부를 소 : 口　총5획

召命(소명)　召集(소집)　召還(소환)
號召(호소)

본래 술그릇(口) 위에 놓인 칼(刀)을 두 손으로 들고 있는 모습으로 신을 부르는 의식을 나타내어 '부르다'의 뜻을 가지게 되었다.

뜻풀이
召命(소명): 사람이 하나님의 일을 하도록 하나님의 부르심을 받는 일

昭

3급

밝을 소
日　총9획

昭 昭 昭 昭 昭 昭 昭 昭 昭

昭明(소명) 昭詳(소상)

더운 여름에 태양(日)의 밝고 더운 기운이 손짓하는(召) 것처럼 흔들리는 것에서 '밝다'의 뜻을 가지게 되었다.

뜻풀이

昭詳(소상) : 분명하고 자세함

小

8급

작을 소:
小　총3획

小 小 小

小康(소강) 小盤(소반) 小說(소설)
小銃(소총) 小幅(소폭) 小型(소형)
極小(극소) 微小(미소) 縮小(축소)

작은 점 세 개를 나타내어 '작다'의 뜻을 가지게 되었다.

뜻풀이

小康(소강) : 소란이나 분란, 혼란 등이 조금 잠잠해짐
小幅(소폭) : 좁은 폭과 범위

少

7급

적을 소:
小　총4획

少 少 少 少

少量(소량) 少論(소론) 少額(소액)
少尉(소위) 減少(감소) 極少(극소)
僅少(근소) 微少(미소) 最少(최소)

작은(小) 물체를 잘라(丿) 더 작아짐을 나타내어 '적다'의 뜻을 가지게 되었다.

뜻풀이

少論(소론) : 조선 시대에 사색당파의 하나
少尉(소위) : 위관 장교의 세 계급 가운데 맨 아래

掃

4급Ⅱ

쓸 소(:)
手　총11획

掃 掃 掃 掃 掃 掃 掃 掃 掃 掃

掃地(소지) 淸掃(청소)

손(扌)에 빗자루(帚)를 들고 쓰는 것을 나타내어 '쓸다'의 뜻을 가지게 되었다.

뜻풀이

掃地(소지) : 땅을 쓺

消

6급Ⅱ

사라질 소
水　총10획

消 消 消 消 消 消 消 消 消

消毒(소독) 消燈(소등) 消防(소방)
消費(소비) 消息(소식) 消失(소실)
消音(소음) 消盡(소진) 消化(소화)

물(氵)이 줄어(肖) 결국 없어짐을 나타내어 '사라지다'의 뜻을 가지게 되었다.

뜻풀이

消防(소방) : 화재를 진압하거나 예방함
消盡(소진) : 점점 줄어들어 다 없어짐

所

7급

바 소:
戶　총8획

所 所 所 所 所 所 所 所

所望(소망) 所屬(소속) 所謂(소위)
所藏(소장) 所持(소지) 墓所(묘소)
處所(처소) 所以然(소이연)

집의 문(戶) 앞에서 도끼(斤)로 장작을 패는 것을 나타내어 장작을 패는 장소인 '곳, 바'의 뜻을 가지게 되었다.

뜻풀이

所持(소지) : 가지고 있는 것
所以然(소이연) : 그렇게 된 까닭

人一十之 己讀百之(남보다 몇 배의 노력을 해야 뛰어날 수 있다.)

訴

3급II
호소할 소
言 총12획

訴願(소원) 訴請(소청) 起訴(기소)
免訴(면소) 提訴(제소) 敗訴(패소)
被訴(피소) 抗訴(항소) 呼訴(호소)
訴追案(소추안)

억울한 누명을 벗기(斥) 위해서 관아에 호소하며 말하는(言) 것을 나타내어 '호소하다'의 뜻을 가지게 되었다.

뜻풀이
提訴(제소) : 소송을 제기함
被訴(피소) : 소송 제기를 당함

燒

3급II
사를 소(:)
火 총16획

燒却(소각) 燒燈(소등) 燒滅(소멸)
燒失(소실) 燒酒(소주) 燃燒(연소)

두어 덩어리의 흙을 이고 있는 사람(堯)이 불(火)을 놓아 높게 타오르는 것에서 '사르다'의 뜻을 가지게 되었다.

뜻풀이
燒却(소각) : 불에 태워 버림
燒燈(소등) : 횃불

疏

3급II
소통할 소
疋 총12획

疏外(소외) 疏遠(소원) 疏脫(소탈)
疏通(소통) 疏忽(소홀) 上疏(상소)
奏疏(주소)

태아가 산모의 배 속에서 발길질(疋)하며 양수와 함께 거꾸로 흘러나오는(㐬) 것으로 태아가 나오는 길이 잘 통함을 나타내어 '소통하다'의 뜻을 가지게 되었다.

뜻풀이
疏遠(소원) : 서로 지내는 사이가 서먹서먹함
上疏(상소) : 임금에게 글을 올리던 일

蔬

3급
나물 소
艹 총16획

蔬果(소과) 蔬飯(소반) 蔬店(소점)
菜蔬(채소) 春蔬(춘소) 香蔬(향소)

몸속에서 매끄럽게 소화가 잘되는(疏) 사람이 먹을 수 있는 풀(艹)인 '나물'을 뜻한다.

뜻풀이
蔬飯(소반) : 소박하고 변변하지 않은 음식
蔬店(소점) : 채소 가게

蘇

3급II
되살아날 소
艹 총20획

蘇復(소복) 蘇生(소생) 蘇息(소식)
蘇軾(소식) 蘇葉(소엽) 蘇子(소자)
假蘇(가소) 骨蘇(골소)

죽어가던 사람이 약초(艹)와 곡식(禾)과 물고기(魚)를 먹고 다시 살아난 것을 나타내어 '되살아나다'의 뜻을 가지게 되었다.

뜻풀이
蘇息(소식) : 막혔던 숨통이 트이고 숨을 쉼
蘇軾(소식) : 중국의 시인 당송 팔대가의 한 사람으로 호는 동파

笑

4급II
웃음 소:
竹 총10획

可笑(가소) 苦笑(고소) 冷笑(냉소)
談笑(담소) 微笑(미소) 失笑(실소)
爆笑(폭소)

대나무(竹)가 바람에 흔들리듯이 몸을 흔들면서(夭) 웃는 모습을 나타내어 '웃다'의 뜻을 가지게 되었다.

뜻풀이
冷笑(냉소) : 쌀쌀하게 비웃음
失笑(실소) : 어이가 없어 자기도 모르게 터져 나오는 웃음

素

4급II 素
본디/흴 소(:)
糸 총10획

素 素 素 素 素 素 素 素 素 素

素琴(소금) 素朴(소박) 素養(소양)
素材(소재) 素餐(소찬) 儉素(검소)
酸素(산소) 要素(요소) 窒素(질소)

본래 아무것도 물들이지 않은 본디 그대로의 하얀 실(糸)이 아래로 드리워져(垂→主) 있는 모습을 나타내어 '본디, 희다'의 뜻을 가지게 되었다.

뜻풀이
素琴(소금) : 수수한 거문고
素養(소양) : 평소 쌓은 학문이나 지식

騷

3급 騷
떠들 소
馬 총20획

騷 騷 騷 騷 騷 騷 騷 騷 騷 騷 騷 騷 騷 騷 騷 騷 騷 騷

騷客(소객) 騷壇(소단) 騷動(소동)
騷亂(소란) 騷離(소리) 騷音(소음)
騷人(소인) 叫騷(규소)

벼룩(蚤)에 물린 말(馬)이 몸을 문지르며 시끄럽게 날뛰는 것을 나타내어 '떠들다'의 뜻을 가지게 되었다.

뜻풀이
騷客(소객) : 시인과 문사. 소인(騷人)
騷動(소동) : 사람들이 시끄럽게 떠들어 대는 일

俗

풍속 속
人 총9획

俗 俗 俗 俗 俗 俗 俗 俗 俗

俗談(속담) 俗說(속설) 俗世(속세)
俗語(속어) 俗謠(속요) 俗稱(속칭)
野俗(야속) 禮俗(예속) 低俗(저속)
脫俗(탈속) 通俗(통속) 還俗(환속)

사람들(亻)이 골짜기(谷)에 모여 살면서 자신들만의 문화를 형성함을 나타내어 '풍속'의 뜻을 가지게 되었다.

뜻풀이
俗稱(속칭) : 세속에서 보통 이르는 말
野俗(야속) : 인정 없게 행동한 사람에게 섭섭한 마음이 생겨 언짢음

屬

4급 屬
붙일 속
尸 총21획

屬 屬 屬 屬 屬 屬 屬 屬 屬 屬 屬 屬 屬 屬 屬 屬 屬

屬國(속국) 歸屬(귀속) 專屬(전속)
轉屬(전속) 族屬(족속) 從屬(종속)

벌레(蜀)의 꼬리(尾)가 등뼈에 이어져 있음을 나타내어 '붙다, 붙이다'의 뜻을 가지게 되었다.

뜻풀이
屬國(속국) : 법적으로는 독립국가지만 실제로 지배되고 있는 나라
族屬(족속) : 같은 무리의 사람들을 낮잡아 이르는 말

束

묶을 속
木 총7획

束 束 束 束 束 束 束

檢束(검속) 結束(결속) 拘束(구속)
團束(단속) 約束(약속)

땔나무(木)를 묶은(口) 모습으로 '묶다'의 뜻을 가지게 되었다.

뜻풀이
結束(결속) : 뜻이 같은 사람끼리 단결함
拘束(구속) : 행동이나 의사의 자유를 속박함

速

6급 速
빠를 속
辶 총11획

速 速 速 速 速 速 速 速 速 速

速記(속기) 速決(속결) 速達(속달)
速讀(속독) 速報(속보) 速寫(속사)
減速(감속) 過速(과속) 急速(급속)
變速(변속) 超音速(초음속)

길을 갈 때 시간을 줄여서(束) 빨리 가는(辶) 것을 나타내어 '빠르다'의 뜻을 가지게 되었다.

뜻풀이
速記(속기) : 속기법으로 빨리 적음
速讀(속독) : 책을 빠른 속도로 읽음

人一十之 己讀百之(남보다 몇 배의 노력을 해야 뛰어날 수 있다.)

粟 (3급)

粟粟粟粟粟粟粟粟粟粟粟粟

조 속
米 총12획

곡식(m)의 낱알(米)이 껍질째 많이 달려 늘어져 있는 것을 나타내었으나 나중에 곡식의 하나인 '조'의 뜻을 가지게 되었다.

粟麥(속맥) 粟米(속미) 粟飯(속반)
粟田(속전) 穀粟(곡속) 納粟(납속)
滄海一粟(창해일속)

뜻풀이
滄海一粟(창해일속) : 넓고 큰 바다 속의 좁쌀 한 알이라는 뜻으로, 많은 것 가운데 하찮고 작은 것을 이르는 말

續 (4급Ⅱ)

續續續續續續續續續續續續續續續續續續續續續

이을 속
糸 총21획

실(糸)이 길게 이어지듯이 먹고 살기 위해 물건을 파는(賣) 일이 계속 이어지는 것에서 '잇다'의 뜻을 가지게 되었다.

續篇(속편) 繼續(계속) 勤續(근속)
斷續(단속) 相續(상속) 連續(연속)
接續(접속) 存續(존속)

뜻풀이
勤續(근속) : 한 곳에서 오래 근무함
存續(존속) : 계속 존재함

孫 (6급)

孫孫孫孫孫孫孫孫孫孫

손자 손(:)
子 총10획

자식(子)이 이어지는(系) 것을 나타내어 대를 계속 잇는 '손자'의 뜻을 가지게 되었다.

孫子(손자) 世孫(세손) 王孫(왕손)
外孫(외손) 子孫(자손) 宗孫(종손)
曾孫(증손) 後孫(후손)
孫悟空(손오공)

뜻풀이
世孫(세손) : 임금의 맏손자
外孫(외손) : 딸이 낳은 자식

損 (4급)

損損損損損損損損損損損損

덜 손:
手 총13획

아직 손질이 안 된 사물을 손(扌)으로 문질러 모난 부분을 동그랗게(員) 만드는 것으로 '덜다'의 뜻을 가지게 되었다.

損傷(손상) 損失(손실) 損益(손익)
損害(손해) 缺損(결손) 破損(파손)
毁損(훼손)

뜻풀이
損益(손익) : 손실과 이익
缺損(결손) : 축나거나 손해가 남

松 (4급)

松松松松松松松松

소나무 송
木 총8획

나무(木) 중에서 늘 변함없이 공(公) 푸른 '소나무'를 뜻한다.

松柏(송백) 松葉(송엽) 松竹(송죽)
松津(송진) 老松(노송) 靑松(청송)
松竹梅(송죽매)

뜻풀이
松津(송진) : 소나무 줄기에서 나오는 끈끈한 액체
老松(노송) : 늙은 소나무

訟 (3급Ⅱ)

訟訟訟訟訟訟訟訟訟訟訟

송사할 송:
言 총11획

서로 자신이 공정함(公)을 주장하는 (言) 것을 나타내어 '송사하다'의 뜻을 가지게 되었다.

訟案(송안) 訟事(송사) 決訟(결송)
競訟(경송) 對訟(대송) 得訟(득송)
詞訟(사송) 相訟(상송) 訴訟(소송)
爭訟(쟁송)

뜻풀이
訟事(송사) : 소송하는 일
訴訟(소송) : 어떤 사건에 대해 재판을 걺

頌 (4급) 기림/칭송할 송

頌頌頌頌頌頌頌頌頌頌頌頌

頁　총13획

頌德(송덕)　雅頌(아송)　讚頌(찬송)
稱頌(칭송)

다른 사람들에게 항상 공정한(公) 얼굴(頁)로 대하는 사람을 칭찬함을 나타내어 '기리다, 칭송하다'의 뜻을 가지게 되었다.

뜻풀이
雅頌(아송): 시경에 들어 있는 '아'와 '송'
讚頌(찬송): 덕을 기리고 찬양함

送 (4급II) 보낼 송

送送送送送送送送送送

辶　총10획

送稿(송고)　送達(송달)　送別(송별)
送迎(송영)　押送(압송)　郵送(우송)
捉送(착송)　虛送(허송)　護送(호송)
還送(환송)

火와 廾과 辶이 합쳐져 이루어진 글자로 두 손(廾)에 불씨(火)를 받들고 길을 나아가는(辶) 것에서 '보내다'의 뜻을 가지게 되었다.

뜻풀이
押送(압송): 죄인을 잡아 보냄
虛送(허송): 때를 헛되게 보냄

誦 (3급) 욀 송

誦誦誦誦誦誦誦誦誦誦誦誦誦

言　총14획

誦經(송경)　誦讀(송독)　講誦(강송)
口誦(구송)　記誦(기송)　朗誦(낭송)
拜誦(배송)　暗誦(암송)

말(言)이 입에서 튀어나오는(甬) 것으로 문장을 입으로 따라가면서 말하며 외는 것을 나타내어 '외다'의 뜻을 가지게 되었다.

뜻풀이
朗誦(낭송): 소리내어 글을 욈
暗誦(암송): 글을 보지 않고 외움

刷 (3급II) 인쇄할 쇄

刷刷刷刷刷刷刷刷

刀　총8획

刷新(쇄신)　假刷(가쇄)　督刷(독쇄)
別刷(별쇄)　印刷(인쇄)　增刷(증쇄)
縮刷(축쇄)　印刷所(인쇄소)

본래 사람(尸)이 수건(巾)이나 칼(刂) 등으로 더러워진 목판을 깨끗하게 청소하는 것을 나타내었는데 나중에 '인쇄하다'의 뜻으로 쓰이게 되었다.

뜻풀이
刷新(쇄신): 폐단을 술이고 좋게 함. 묵은 것을 없애고 새롭게 함
印刷所(인쇄소): 인쇄 설비를 두고 인쇄를 하는 장소

 (3급II) 쇠사슬 쇄

鎖鎖鎖鎖鎖鎖鎖鎖鎖鎖鎖鎖鎖鎖鎖鎖

金　총18획

鎖國(쇄국)　封鎖(봉쇄)　連鎖(연쇄)
足鎖(족쇄)　閉鎖(폐쇄)

자잘한(肖) 금속(金)을 이어서 만든 '쇠사슬'을 뜻한다.

뜻풀이
連鎖(연쇄): 서로 잇대어 관련을 맺음
足鎖(족쇄): 죄인의 발에 채우는 쇠사슬

 (3급II) 쇠할 쇠

衰衰衰衰衰衰衰衰衰衰

衣　총10획

衰落(쇠락)　衰亡(쇠망)　衰弱(쇠약)
衰殘(쇠잔)　衰退(쇠퇴)　老衰(노쇠)
盛衰(성쇠)

옷깃의 가장자리가 해진 옷(衣)의 모습으로 오랜 시간이 지나 해졌기에 '쇠하다'의 뜻을 가지게 되었다.

뜻풀이
衰亡(쇠망): 쇠퇴하여 멸망함
老衰(노쇠): 늙어서 쇠약해짐

人一十之 己讀百之(남보다 몇 배의 노력을 해야 뛰어날 수 있다.)

修 (4급II)

닦을 수 / 人 / 총 10획

필순: 修修修修修修修修修修

修練(수련) 修了(수료) 修辭(수사)
修飾(수식) 監修(감수) 補修(보수)
嚴修(엄수) 硏修(연수) 必修(필수)

사람(亻)이 손(攵)으로 긴 머리카락(彡)을 잡고 흐르는 물(丨=水)에 담가서 씻는 것을 나타내어 '닦다'의 뜻을 가지게 되었다.

뜻풀이
修了(수료) : 일정 기간 동안 정해진 학과를 다 마침
監修(감수) : 책의 저술이나 편찬을 지도 감독하는 사람

受 (4급II)

받을 수(:) / 又 / 총 8획

필순: 受受受受受受受受

受講(수강) 受給(수급) 受諾(수락)
受領(수령) 受容(수용) 受益(수익)
受驗(수험) 甘受(감수) 傳受(전수)

뚜껑이 잘 덮여 있는(冖) 그릇을 건네주는 손(爫)과 그것을 받는 손(又)을 나타내어 '받다'의 뜻을 가지게 되었다.

뜻풀이
受容(수용) : 다른 사람의 의견을 인정하고 받아들임
甘受(감수) : 군말 없이 달게 받음

授 (4급II)

줄 수 / 手 / 총 11획

필순: 授授授授授授授授授授授

授賞(수상) 授業(수업) 授與(수여)
授乳(수유) 敎授(교수) 傳授(전수)
除授(제수)

受가 '물건을 주고 받다'라는 뜻을 같이 가지고 있는데 여기에 扌가 더해져 다른 사람에게 주는 것을 강조하여 '주다'의 뜻을 가지게 되었다.

뜻풀이
傳授(전수) : 차례로 전하여 줌
除授(제수) : 추천을 통해서가 아닌 임금이 직접 관리를 임명함

囚 (3급)

가둘 수 / 囗 / 총 5획

필순: 囚囚囚囚囚

囚役(수역) 囚衣(수의) 囚人(수인)
繫囚(계수) 拘囚(구수) 在囚(재수)
罪囚(죄수) 執囚(집수) 捉囚(착수)
脫獄囚(탈옥수)

사람(人)이 감옥(囗)에 갇힌 모습으로 '가두다'의 뜻을 가지게 되었다.

뜻풀이
囚衣(수의) : 죄수가 입는 옷
脫獄囚(탈옥수) : 감옥에서 몰래 나와서 도망간 죄수

垂 (3급II)

드리울 수 / 土 / 총 8획

필순: 垂垂垂垂垂垂垂垂

垂敎(수교) 垂髮(수발) 垂範(수범)
垂裳(수상) 垂楊(수양) 垂直(수직)
竝垂(병수) 懸垂(현수)

초목의 꽃이나 잎이 늘어진 모습으로 '드리우다'의 뜻을 가지게 되었다.

뜻풀이
垂範(수범) : 스스로 본보기가 되도록 함
垂直(수직) : 수평에 대하여 직각을 이룬 상태

睡 (3급)

졸음 수 / 目 / 총 13획

필순: 睡睡睡睡睡睡睡睡睡睡睡睡

睡眠(수면) 睡臥(수와) 假睡(가수)
半睡(반수) 午睡(오수) 寢睡(침수)
昏睡(혼수)

눈꺼풀(目)이 내려와서(垂) 조는 것을 나타내어 '졸음'의 뜻을 가지게 되었다.

뜻풀이
假睡(가수) : 거짓으로 잠이 든 척을 함
午睡(오수) : 낮잠. 낮에 자는 잠

壽

3급II | 목숨 수 | 士 총14획

필순: 壽壽壽壽壽壽壽壽壽壽壽壽壽壽

壽命(수명) 壽衣(수의) 長壽(장수)
天壽(천수)

老의 생략형인 耂와 훀가 합쳐진 글자로 늙을(士=老) 때까지 손(寸)으로 농기구(工)를 사용해 농사를 지어 식구(口)를 먹여 살리며 목숨을 길게 이어가는 것에서 '목숨'의 뜻을 가지게 되었다.

뜻풀이
壽衣(수의) : 염습할 때 시체에 입히는 옷
天壽(천수) : 타고난 수명

守

4급II | 지킬 수 | 宀 총6획

필순: 守守守守守守

守舊(수구) 守備(수비) 守勢(수세)
守衛(수위) 守護(수호) 看守(간수)
固守(고수) 嚴守(엄수)

집(宀)을 자신의 손(寸)으로 지키는 것에서 '지키다'의 뜻을 가지게 되었다.

뜻풀이
守護(수호) : 지키고 보호함
看守(간수) : 보살피고 지킴

帥

3급II | 장수 수 | 巾 총9획

필순: 帥帥帥帥帥帥帥帥帥

帥長(수장) 巨帥(거수) 軍帥(군수)
副帥(부수) 旅帥(여수) 元帥(원수)
長帥(장수) 總帥(총수) 統帥(통수)

언덕(自=阜) 위에서 천(巾)으로 만든 깃발을 앞세우고 군사들을 거느리는 '장수'를 뜻한다.

뜻풀이
長帥(장수) : 군사의 우두머리
總帥(총수) : 어떤 집단의 우두머리

搜

3급 | 찾을 수 | 手 총13획

필순: 搜搜搜搜搜搜搜搜搜搜搜搜

搜訪(수방) 搜査(수사) 搜索(수색)
搜所聞(수소문)

집 안에서 햇불을 밝혀 한 손으로 들고(叜) 다른 한 손(扌)으로 무언가를 찾고 있는 모습을 나타내어 '찾다'의 뜻을 가지게 되었다.

뜻풀이
搜訪(수방) : 찾아가 봄
搜所聞(수소문) : 세상에 떠도는 소문을 두루 찾아 살핌

殊

3급II | 다를 수 | 歹 총10획

필순: 殊殊殊殊殊殊殊殊殊殊

殊常(수상) 殊俗(수속) 殊勝(수승)
殊域(수역) 殊異(수이) 殊才(수재)
特殊(특수) 特殊性(특수성)

朱에 歹이 더해진 글자로 여기서 朱(주)는 발음기호의 역할을 하는데 음이 주에서 수로 변하였다. 歹로써 '죽이다'의 뜻을 나타내었으나 나중에 '다르다'의 뜻을 가지게 되었다.

뜻풀이
殊才(수재) : 특히 빼어난 재주
特殊(특수) : 특별히 다름

隨

3급II | 따를 수 | 阜 총16획

필순: 隨隨隨隨隨隨隨隨隨隨隨隨隨隨隨

隨伴(수반) 隨勢(수세) 隨順(수순)
隨時(수시) 隨意(수의) 隨筆(수필)
隨行(수행) 附隨(부수) 常隨(상수)
追隨(추수)

다른 사람들보다 뒤쳐져서(隋) 쫓아가는(辶) 것을 나타내어 '따르다'의 뜻을 가지게 되었다.

뜻풀이
隨伴(수반) : 어떤 일과 함께 생김
隨行(수행) : 어떤 임무를 안고 가는 사람을 따라감

人一十之 己讀百之 (남보다 몇 배의 노력을 해야 뛰어날 수 있다.)

愁 (3급Ⅱ)

필순: 愁愁愁愁愁愁愁愁愁愁愁愁愁

근심 수
心 총13획

愁傷(수상) 愁色(수색) 愁心(수심)
悲愁(비수) 哀愁(애수) 旅愁(여수)
憂愁(우수) 鄕愁(향수)

가을(秋)이 되면 초목이 시드는 것과 같이 마음(心)도 슬퍼지고 근심이 많아지기에 '근심'의 뜻을 가지게 되었다.

뜻풀이
哀愁(애수) : 마음을 아프게 하는 슬픔
鄕愁(향수) : 고향을 그리워하는 마음

手 (7급Ⅱ)

필순: 手手手手

손 수(:)
手 총4획

擧手(거수) 拍手(박수) 雙手(쌍수)
握手(악수) 應手(응수) 助手(조수)
隻手(척수) 觸手(촉수)

다섯 손가락을 펼치고 있는 손의 모습을 본떠 '손'을 뜻한다.

뜻풀이
雙手(쌍수) : 양손
應手(응수) : 바둑이나 장기 등에서 상대편이 놓는 수에 대응하는 수를 둠

收 (4급Ⅱ)

필순: 收收收收收收

거둘 수
攴 총6획

收拾(수습) 收益(수익) 收集(수집)
收穫(수확) 買收(매수) 沒收(몰수)
押收(압수) 撤收(철수) 吸收(흡수)

두 개의 줄로 단단히 묶어서(丩) 가져온 곡식의 이삭을 도리깨를 이용해서 떨어내어(攵) 그 낟알을 거두는 것에서 '거두다'의 뜻을 가지게 되었다.

뜻풀이
買收(매수) : 물건을 사들임
沒收(몰수) : 범죄 행위로 얻은 결과물을 국가가 강제로 빼앗는 것

數 (7급)

필순: 數數數數數數數數數數數數數數數

셈 수:
攴 총15획

數値(수치) 枚數(매수) 變數(변수)
術數(술수) 額數(액수) 運數(운수)
點數(점수) 總數(총수) 坪數(평수)
虛數(허수) 劃數(획수)

여자가 머리에 이고 두 손으로 잡고 있던 물건(婁)을 내려놓고 막대기로 하나하나 치면서(攵) 그 수를 헤아리는 것에서 '셈, 세다'의 뜻을 가지게 되었다.

뜻풀이
變數(변수) : 변화 가능성이 있는 요인
術數(술수) : 일을 꾸미는 꾀나 방법

樹 (6급)

필순: 樹樹樹樹樹樹樹樹樹樹樹樹樹樹樹樹

나무 수
木 총16획

樹液(수액) 桂樹(계수) 果樹(과수)
植樹(식수) 街路樹(가로수)
常綠樹(상록수)

세워서(尌) 심어놓은 나무(木)를 나타내어 '나무'의 뜻을 가지게 되었다.

뜻풀이
植樹(식수) : 나무를 심음
常綠樹(상록수) : 사계절 내내 잎이 푸른 나무를 통틀어 이르는 말

水 (8급)

필순: 水水水水

물 수
水 총4획

水脈(수맥) 水壓(수압) 水晶(수정)
漏水(누수) 貯水(저수) 浸水(침수)
脫水(탈수) 廢水(폐수)

시냇물이 흐르고 있는 모습으로 '물'을 뜻한다.

뜻풀이
水脈(수맥) : 땅속을 흐르는 지하수의 줄기
漏水(누수) : 물이 샘

獸

3급II

짐승 수
犬 총19획

필순: 獸獸獸獸獸獸獸獸獸獸獸獸獸獸獸獸獸獸獸

獸心(수심) 怪獸(괴수) 禽獸(금수)
猛獸(맹수) 百獸(백수) 野獸(야수)
鳥獸(조수) 獸醫師(수의사)

네모나게 함정(凵)을 파고 활(單)로 새나 짐승을 쏘아 사냥개(犬)로 하여금 가져오게 하는 것을 나타내어 사냥해서 잡은 '짐승'을 뜻한다.

뜻풀이
禽獸(금수) : 날짐승과 길짐승. 온갖 짐승
猛獸(맹수) : 육식을 주로 하는 사나운 짐승

遂

3급

드디어 수
辶 총13획

필순: 遂遂遂遂遂遂遂遂遂遂遂遂遂

遂道(수도) 遂事(수사) 遂行(수행)
旣遂(기수) 未遂(미수) 成遂(성수)
完遂(완수)

도망가려는(辶) 멧돼지(豕)를 양쪽에서(八) 몰아서 드디어 잡은 것을 나타내어 '드디어'의 뜻을 가지게 되었다.

뜻풀이
遂事(수사) : 이미 다 이루어진 일
未遂(미수) : 죄를 저지르려고 했으나 그 목적을 이루지 못함

秀

4급

빼어날 수
禾 총7획

필순: 秀秀秀秀秀秀秀

秀麗(수려) 秀作(수작) 秀才(수재)
閨秀(규수) 優秀(우수) 俊秀(준수)

벼(禾)가 잘 익어서 알맹이가 꽉 차(乃) 아래로 늘어진 모습으로 알맹이가 많이 틀린 벼가 품질이 좋으므로 '빼어나다'의 뜻을 가지게 되었다.

뜻풀이
秀作(수작) : 우수한 작품
閨秀(규수) : 남의 집 처녀를 정중히 이르는 말

誰

3급

누구 수
言 총15획

필순: 誰誰誰誰誰誰誰誰誰誰誰誰誰誰

誰某(수모) 誰何(수하) 孰誰(숙수)

隹에 言이 더해진 글자로 여기서 隹(추)는 발음기호의 역할을 하는데 나중에 음이 추에서 수로 변하였다. 누구냐고 말(言)로 물어보는 것을 나타내어 '누구'의 뜻을 가지게 되었다.

뜻풀이
誰某(수모) : 아무개
誰何(수하) : 누구냐고 물어봄

雖

3급

비록 수
隹 총17획

필순: 雖雖雖雖雖雖雖雖雖雖雖雖雖雖雖雖雖

雖然(수연)

虫과 唯가 합해진 글자로 본래 큰 도마뱀(虫)을 나타냈으나 나중에 본 의미를 잃고 '비록'의 뜻으로 쓰이게 되었다. 여기서 唯(유)는 발음기호의 역할을 하는데 나중에 음이 유에서 수로 변하였다.

뜻풀이
雖然(수연) : 비록 ~라 하더라도

輸

3급II

보낼 수
車 총16획

필순: 輸輸輸輸輸輸輸輸輸輸輸輸輸輸輸輸

輸納(수납) 輸送(수송) 輸入(수입)
輸出(수출) 輸血(수혈) 禁輸(금수)
密輸(밀수) 運輸(운수) 傳輸(전수)

수레(車)에 물건을 실어서 보내는 것(兪)을 나타내어 '보내다'라는 뜻을 가지게 되었다.

뜻풀이
密輸(밀수) : 몰래 숨겨 들여옴
運輸(운수) : 규모가 큰 여객이나 화물 등을 나름

人一十之 己讀百之 (남보다 몇 배의 노력을 해야 뛰어날 수 있다.)

3급II 需

需需需需需需需需
需需需需

쓰일/쓸 수
雨 총14획

需給(수급) 需要(수요) 軍需(군수)
祭需(제수) 必需(필수) 婚需(혼수)
非需期(비수기)

수염(而)을 기른 무당이 하늘에서 비(雨)가 오기를 구하는 것을 나타내어 '구하다, 쓰이다, 쓰다'의 뜻을 가지게 되었다.

뜻풀이
需給(수급) : 수요와 공급
非需期(비수기) : 상품의 수요가 많지 않은 시기

3급 須

須須須須須須須須
須須須

모름지기 수
頁 총12획

公須(공수) 必須(필수)
必須的(필수적)

얼굴(頁)에서 뻗쳐 나온 수염의 털(彡) 모습으로 본래 수염을 나타냈다. 남자는 나이가 들면서 얼굴에 수염이 나기 마련이기에 나중에 '모름지기'의 뜻으로 쓰이게 되었다.

뜻풀이
公須(공수) : 공적으로 쓰임
必須(필수) : 반드시 있어야 하거나 해야 함

5급II 首

首首首首首首首首首

머리 수
首 총9획

首肯(수긍) 首都(수도) 首領(수령)
首尾(수미) 首相(수상) 首席(수석)
絞首(교수) 黨首(당수) 部首(부수)
元首(원수) 自首(자수) 斬首(참수)

사람의 머리카락과 눈을 본떠 '머리'를 뜻한다.

뜻풀이
首肯(수긍) : 옳다고 고개를 끄덕이며 인정함
首領(수령) : 한 무리의 우두머리

4급 叔

叔叔叔叔叔叔叔叔

아재비 숙
又 총8획

叔季(숙계) 叔母(숙모) 叔父(숙부)
叔姪(숙질) 叔行(숙항) 堂叔(당숙)
外叔(외숙) 從叔(종숙)

본래 한 손(又)으로 콩나무 아래에 떨어진 콩(尗)을 줍는 모습으로 콩을 줍다의 뜻을 가졌으나 나중에 한 부모의 몸에서 떨어져 나온 형제로써 작은아버지인 '아재비'의 뜻으로 쓰이게 되었다.

뜻풀이
叔母(숙모) : 작은어머니
堂叔(당숙) : 아버지의 사촌 형제

3급II 淑

淑淑淑淑淑淑淑淑
淑淑淑

맑을 숙
水 총11획

淑潔(숙결) 淑女(숙녀) 淑德(숙덕)
淑淸(숙청) 私淑(사숙) 貞淑(정숙)
賢淑(현숙)

콩(尗)이 맑은 물(氵)에서 싹트는 것을 나타내어 '맑다'의 뜻을 가지게 되었다.

뜻풀이
私淑(사숙) : 직접 가르침을 받지 않았으나 그 사람을 본받아서 도나 학문을 배움
貞淑(정숙) : 여자의 태도가 조용하고 마음이 맑음

3급 孰

孰孰孰孰孰孰孰
孰孰

누구 숙
子 총11획

孰能(숙능) 孰誰(숙수) 孰尤(숙우)
孰若(숙약) 孰哉(숙재) 孰知(숙지)

본래 제사를 올리는 집(亭) 앞에서 팔을 내밀어(丸) 제물을 바치는 것을 나타내었으나 나중에 의문대명사로 쓰이게 되어 '누구'의 뜻을 가지게 되었다.

뜻풀이
孰能(숙능) : 누가 감히 할 수 있느냐
孰誰(숙수) : 누구

熟

3급Ⅱ

익을 숙
火 총15획

본래 제사를 올리는 집에 제물을 바치는 것을 나타낸 孰이 의문대명사인 '누구'의 뜻으로 쓰이게 되자 灬를 더해서 불(灬)에 익힌(孰) 제물의 의미를 보존하여 '익다'의 뜻을 가지게 되었다.

필순
熟熟熟熟熟熟熟熟熟熟熟熟熟熟熟

熟考(숙고) 熟達(숙달) 熟讀(숙독)
熟練(숙련) 熟語(숙어) 熟議(숙의)
熟知(숙지) 能熟(능숙) 未熟(미숙)
圓熟(원숙) 親熟(친숙)

뜻풀이
熟達(숙달): 익숙하게 통달함
圓熟(원숙): 매우 노련하고 숙련됨

宿

5급Ⅱ

잘   숙
별자리 수:
宀 총11획

집(宀) 안에서 사람(亻)이 돗자리(百)를 깔고 누워있는 모습으로 '자다'의 뜻을 가지게 되었다. 또한 '별자리'의 뜻으로도 쓰이며 이때는 수라고 읽는다.

필순
宿宿宿宿宿宿宿宿宿宿宿

宿泊(숙박) 宿所(숙소) 宿怨(숙원)
宿敵(숙적) 宿題(숙제) 寄宿(기숙)
露宿(노숙) 留宿(유숙) 混宿(혼숙)
星宿(성수) 寄宿舍(기숙사)

뜻풀이
宿醉(숙취): 다음날까지 술기운이 남아서 깨지 않고 취함
寄宿舍(기숙사): 학교나 회사 등에 딸려서 싼 값으로 숙식이 제공되는 시설

肅

4급

엄숙할 숙
聿 총13획

고요한 연못(淵)에서 마음을 가라앉히고 붓(聿)을 잡고 글을 쓰는 것에서 분위기나 이시 등이 장엄하고 정숙한 '엄숙하다'의 뜻을 가지게 되었다.

필순
肅肅肅肅肅肅肅肅肅肅肅肅

肅然(숙연) 肅淸(숙청) 嚴肅(엄숙)
自肅(자숙) 靜肅(정숙)

뜻풀이
肅淸(숙청): 어지러운 세상을 바로잡아서 깨끗하게 만듦. 정치적인 입장이 반대되는 세력을 제거함
嚴肅(엄숙): 분위기가 장엄하고 정숙함

巡

3급Ⅱ

돌/순행할 순
 총7획

물이 흘러가듯이(巛) 길을 가는(辶) 것을 나타내어 '돌다, 순행하다'의 뜻을 가지게 되었다.

필순
巡巡巡巡巡巡巡

巡警(순경) 巡禮(순례) 巡訪(순방)
巡視(순시) 巡察(순찰) 巡航(순항)
巡行(순행) 巡廻(순회)

뜻풀이
巡視(순시): 돌아다니며 실제의 사정이나 형편을 살펴봄
巡廻(순회): 여러 곳을 돌아다님

循

3급

돌   순
彳 총12획

적을 방어하기 위해 방패(盾)를 들고 순회함(彳)을 나타내어 '돌다'라는 뜻을 가지게 되었다.

필순
循循循循循循循循循循循

循俗(순속) 循守(순수) 循次(순차)
循行(순행) 循環(순환) 因循(인순)

뜻풀이
循行(순행): 이곳저곳으로 돌아다님
循環(순환): 쉬지 않고 반복적으로 돎

旬

3급Ⅱ

열흘 순
日 총6획

하나에서 열까지를 한 바퀴로 하여 이것을 하나로 묶은 (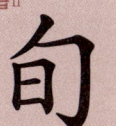) 날(日)로 '열흘'을 뜻한다.

필순
旬旬旬旬旬旬

六旬(육순) 中旬(중순) 初旬(초순)
七旬(칠순) 八旬(팔순) 下旬(하순)

뜻풀이
七旬(칠순): 일흔 살
下旬(하순): 한 달 중 21일에서 말일까지의 기간

人一十之 己讀百之 (남보다 몇 배의 노력을 해야 뛰어날 수 있다.)

殉 (3급)

따라죽을 순
歹 총10획

필순: 殉殉殉殉殉殉殉殉殉殉

殉敎(순교) 殉國(순국) 殉死(순사)
殉義(순의) 殉葬(순장) 殉節(순절)
殉職(순직) 殉愛譜(순애보)

句에 歹이 더해진 글자로 여기서 句(순)은 발음기호의 역할을 한다. 죽은 사람(歹)의 뒤를 따라 죽는 것을 나타내어 '따라 죽다'의 뜻을 가지게 되었다.

뜻풀이
殉葬(순장) : 고대의 장례 방법으로 사람이 죽으면 가까이 지냈던 사람을 산 채로 죽은 사람과 함께 묻음
殉職(순직) : 맡은 직무를 다하다가 목숨을 잃게 됨

瞬 (3급Ⅱ)

눈깜짝일 순
目 총17획

필순: 瞬瞬瞬瞬瞬瞬瞬瞬瞬瞬瞬瞬瞬瞬瞬瞬瞬

瞬間(순간) 瞬視(순시) 瞬時(순시)
一瞬(일순) 瞬發力(순발력)
瞬息間(순식간)

눈(目)을 깜박거리며 빨리(舜) 움직이는 것을 나타내어 '눈 깜짝이다'의 뜻을 가지게 되었다.

뜻풀이
瞬發力(순발력) : 순간적인 판단으로 말하거나 행동하는 능력
瞬息間(순식간) : 눈 한 번 깜짝이거나 숨 한 번 쉬는 아주 잠깐 동안

純 (4급Ⅱ)

순수할 순
糸 총10획

필순: 純純純純純純純純純純

純潔(순결) 純金(순금) 純度(순도)
純白(순백) 純益(순익) 純情(순정)
純化(순화) 單純(단순) 不純(불순)
淸純(청순)

땅을 뚫고 막 돋아난 새싹(屯)처럼 아직 삶아서 익히지 않은 생실(糸)에 다른 것이 섞이지 않아서 순수함을 나타내어 '순수하다'의 뜻을 가지게 되었다.

뜻풀이
純眞(순진) : 세속에 물든 것 없이 순박하고 진실함
單純(단순) : 복잡한 것이 없이 간단함

脣 (3급)

입술 순
肉 총11획

필순: 脣脣脣脣脣脣脣脣脣脣

脣舌(순설) 脣音(순음) 紅脣(홍순)
脣亡齒寒(순망치한)
丹脣皓齒(단순호치)

신체(月=肉)의 부위 중 조개(辰)처럼 벌렸다 닫았다 하는 '입술'을 뜻한다.

뜻풀이
脣音(순음) : 두 입술이 맞닿아서 나는 소리
丹脣皓齒(단순호치) : 붉은 입술과 하얀 치아라는 뜻으로, 아름다운 여자의 얼굴을 이르는 말

順 (5급Ⅱ)

순할 순:
頁 총12획

필순: 順順順順順順順順順順順順

順理(순리) 順番(순번) 順序(순서)
順應(순응) 順從(순종) 順次(순차)
逆順(역순) 溫順(온순) 筆順(필순)

물이 위에서 아래로 순리에 따라 흐르듯이(川) 사람의 몸도 머리(頁)에서 발끝까지 순리에 따르는 것에서 '순하다'의 뜻을 가지게 되었다.

뜻풀이
順番(순번) : 차례대로 매겨지는 번호
歸順(귀순) : 반항하는 마음을 버리고 돌아와서 순종하는 것

戌 (3급)

개 술
戈 총6획

필순: 戌戌戌戌戌戌

戌年(술년) 戌生(술생) 戌時(술시)
甲戌(갑술) 庚戌(경술) 戊戌(무술)
壬戌(임술)

戊와 一이 합해진 글자로 무성한(戊=茂) 초목이 성장하는 것을 멈추는(一) 음력 9월을 가리킨다. 음력 9월은 12지의 하나인 열한째 지지에 해당하므로 '열한째 지지(개)'의 뜻을 가지게 되었다.

뜻풀이
戌生(술생) : 술년(戌年)에 태어남

述 (3급II) 펼 술 — 辵 총9획

필순: 述 述 述 述 述 述 述 述 述

述語(술어) 述懷(술회) 口述(구술)
記述(기술) 論述(논술) 詳述(상술)
敍述(서술) 略述(약술) 著述(저술)
陳述(진술)

찰기가 있는 조의 열매(朮)가 죽 이어져 있는 것처럼 옛 선인들의 언행을 이어받아서 후세에 펼쳐 나가는(辶) 것을 나타내어 '펴다'의 뜻을 가지게 되었다.

뜻풀이
述懷(술회): 마음에 품은 자신의 생각을 말함
陳述(진술): 어떤 일이나 상황에 대하여 자세히 이야기함

術 (6급II) 재주 술 — 行 총11획

필순: 術 術 術 術 術 術 術 術 術 術 術

術策(술책) 劍術(검술) 技術(기술)
魔術(마술) 武術(무술) 施術(시술)
藝術(예술) 妖術(요술) 醫術(의술)
戰術(전술) 占術(점술) 幻術(환술)

찰기가 있는 조의 열매(朮)가 죽 이어져 있는 것처럼 어떤 일을 계속해서 이어서 해나가기(行) 위한 방법이나 기술인 '재주'를 뜻한다.

뜻풀이
戰術(전술): 전투에 대처하기 위한 기술
幻術(환술): 괴이한 것을 보이게 하여 남의 눈을 속이는 기술

崇 (4급) 높을 숭 — 山 총11획

필순: 崇 崇 崇 崇 崇 崇 崇 崇 崇 崇 崇

崇高(숭고) 崇拜(숭배) 崇奉(숭봉)
崇仰(숭앙) 崇尙(숭상) 隆崇(융숭)
(숭례문)

산(山)이 크고 높음(宗)을 나타내어 '높다'는 뜻을 가지게 되었다.

뜻풀이
崇拜(숭배): 높여서 공경함
隆崇(융숭): 높이어 존중함

拾 (3급II) 주울 습 / 열 십 — 手 총9획

필순: 拾 拾 拾 拾 拾 拾 拾 拾 拾

拾得(습득) 拾遺(습유) 收拾(수습)
採拾(채습) 拾萬(십만)

손(扌)으로 흩어진 것들을 모아서(合) 줍는 것을 나타내어 '줍다'의 뜻을 가지게 되었다. 또한 물건을 주울 때는 열 개의 손가락을 사용하기에 숫자 10을 대신해서 쓰이기도 한다.

뜻풀이
收拾(수습): 어수선한 상황을 거두어서 바로잡음
採拾(채습): 버려진 것들을 주워서 모음

濕 (3급II) 젖을 습 — 水 총17획

필순: 濕 濕 濕 濕 濕 濕 濕 濕 濕 濕 濕 濕 濕 濕 濕 濕 濕

濕氣(습기) 濕度(습도) 濕潤(습윤)
濕地(습지) 乾濕(건습) 多濕(다습)
陰濕(음습) 除濕(제습)
除濕機(제습기)

물(氵)에 젖은 실(絲)을 햇빛(日) 아래에서 말리고 있는 모습으로 '젖다'의 뜻을 가지게 되었다.

뜻풀이
濕度(습도): 공기 중에 수증기가 포함된 정도
除濕機(제습기): 실내의 공기를 냉각시켜서 습도를 낮추는 장치

習 (6급) 익힐 습 — 羽 총11획

필순:  習 習 習 習 習 習 習 習 習 習

習慣(습관) 習得(습득) 講習(강습)
慣習(관습) 復習(복습) 修習(수습)
實習(실습) 練習(연습) 豫習(예습)
因習(인습) 風習(풍습)

어린 새가 나는 것을 익히기 위해 날갯짓(羽)을 하면서 소리를 내는(白) 것으로 '익히다'의 뜻을 가지게 되었다.

뜻풀이
講習(강습): 일정 기간 내에 학문이나 실무 등을 배우고 익히도록 지도함
修習(수습): 학업이나 실무 등을 배워서 익힘

人一十之 己讀百之 (남보다 몇 배의 노력을 해야 뛰어날 수 있다.)

襲

3급Ⅱ

엄습할 습
衣　총22획

옷(衣)을 입을 새도 없이 갑작스럽게 습격하여 두려워함(龍)을 나타내어 '엄습하다'의 뜻을 가지게 되었다.

攻襲(공습)　急襲(급습)　奇襲(기습)
踏襲(답습)　世襲(세습)　逆襲(역습)
因襲(인습)　被襲(피습)

뜻풀이
襲擊(습격) : 갑자기 적을 공격함
踏襲(답습) : 예전부터 해 오던 방식을 좇아서 그대로 행함

乘

3급Ⅱ

탈 승
丿　총10획

사람(大)이 두 발(北)로 나무(木) 위에 올라서 있음을 나타내어 '타다'의 뜻을 가지게 되었다.

乘降(승강)　乘客(승객)　乘船(승선)
乘勝(승승)　乘車(승차)　階乘(계승)
同乘(동승)　試乘(시승)　便乘(편승)
乘務員(승무원)

뜻풀이
便乘(편승) : 남의 세력을 이용하여 자신의 이익을 거둠
乘勝長驅(승승장구) : 싸움에서 이긴 형세를 타고 계속해서 몰아침

僧

3급Ⅱ

중 승
人　총14획

부처의 가르침을 믿고 불도를 실천하는 사람들(亻)이 모인(曾) 집단인 Samgha(僧伽)의 약어로 '중'을 뜻한다.

僧舞(승무)　僧服(승복)　僧籍(승적)
高僧(고승)　禪僧(선승)　女僧(여승)
破戒僧(파계승)

뜻풀이
僧籍(승적) : 승려의 신분을 등록함
破戒僧(파계승) : 계율을 깨뜨린 승려

勝

6급

이길 승
力　총12획

여기에서의 月은 舟(배 주)의 변형이다. 본래 도구를 사용해서 두 손의 힘(力)으로 배(月=舟)를 상류로 밀어 올리는(关) 것을 나타내었으나 나중에 力의 뜻을 강조하여 '이기다'의 뜻을 가지게 되었다.

勝率(승률)　勝利(승리)　勝負(승부)
勝勢(승세)　勝訴(승소)　勝敗(승패)
健勝(건승)　壓勝(압승)　連勝(연승)
優勝(우승)　必勝(필승)

뜻풀이
勝訴(승소) : 소송에서 이김
名勝地(명승지) : 경치가 좋기로 이름난 장소

昇

3급Ⅱ

오를 승
日　총8획

해(日)가 떠오르는(升) 것을 나타내어 '오르다'의 뜻을 가지게 되었다.

昇降(승강)　昇格(승격)　昇級(승급)
昇進(승진)　昇天(승천)　昇華(승화)
上昇(상승)　昇降機(승강기)

뜻풀이
昇格(승격) : 지위나 등급 등이 오름
昇華(승화) : 한 단계 더 높게 발전함

承

4급Ⅱ

이을 승
手　총8획

두 손(八)으로 몸을 굽힌 한 사람(了)을 받드는 모습으로 '받다, 잇다'의 뜻을 가지게 되었다. 나중에 한 손(扌=手)이 더 해져 承의 완전한 모습이 되었다.

承諾(승낙)　承恩(승은)　承認(승인)
繼承(계승)　傳承(전승)

뜻풀이
繼承(계승) : 뒤를 이어받음
傳承(전승) : 전통을 전수받아서 이어나감

216　한자능력검정시험 2급

時

7급Ⅱ

필순: 時時時時時時時時時時

때 시
日　총10획

하루(日) 동안 손(寸)과 발(止→土)을 움직이는 시간을 나타내어 '때'의 뜻을 가지게 되었다.

時論(시론)　時勢(시세)　時宜(시의)
時效(시효)　常時(상시)　歲時(세시)
隨時(수시)　臨時(임시)　暫時(잠시)
適時(적시)　戰時(전시)　恒時(항시)

뜻풀이
時勢(시세) : 당시의 형세. 어느 한 때의 시장 가격
適時(적시) : 가장 알맞은 시기

詩

4급Ⅱ

필순: 詩詩詩詩詩詩詩詩詩詩詩詩詩

시 시
言　총13획

자신의 정서나 감정을 손(寸)과 발(止→土)을 통해서 드러내는데 그치지 않고 입으로 나오는 말(言)을 시로 표현하는 것에서 '시'의 뜻을 가지게 되었다.

詩歌(시가)　詩經(시경)　詩論(시론)
詩想(시상)　詩仙(시선)　詩聖(시성)
詩的(시적)　詩題(시제)　詩集(시집)
詩篇(시편)　序詩(서시)　律詩(율시)

뜻풀이
詩想(시상) : 시를 짓기 위한 구상
詩仙(시선) : 신선의 기상을 지닌 시의 천재

侍

3급Ⅱ

필순: 侍侍侍侍侍侍侍侍

모실 시:
人　총8획

윗사람(亻)의 손(寸)과 발(止→土)이 되어서 모시는 것을 나타내어 '모시다'의 뜻을 가지게 되었다.

侍女(시녀)　侍衛(시위)　侍醫(시의)
侍從(시종)　內侍(내시)

뜻풀이
侍衛(시위) : 곁에서 임금을 모시고 호위함

始

6급Ⅱ

필순: 始始始始始始始始

비로소 시:
女　총8획

엄마(女)의 뱃속에서 아이(台)가 막 생기기 시작했음을 나타내어 '비로소 처음'의 뜻을 가지게 되었다.

始動(시동)　始發(시발)　始作(시작)
始祖(시조)　始初(시초)　開始(개시)
原始(원시)　爲始(위시)　創始(창시)
始發點(시발점)

뜻풀이
創始(창시) : 어떤 일을 처음으로 만들거나 시작함
始發點(시발점) : 일이 처음으로 시작되는 계기

市

7급Ⅱ

필순: 市市市市市

저자 시:
巾　총5획

수건(巾)과 같은 물건을 구입하기 위해서 사람들이 가는(亠=之) 장소인 '시장'을 뜻한다.

市價(시가)　市內(시내)　市勢(시세)
市場(시장)　市政(시정)　市廳(시청)
都市(도시)　證市(증시)
暗市場(암시장)

뜻풀이
市廳(시청) : 시의 행정 사무를 맡아보는 기관
證市(증시) : 증권 시장

施

4급Ⅱ

필순: 施施施施施施施施施

베풀 시:
方　총9획

뱀처럼(也) 말려있는 깃발(㫃)을 펼치는 것을 나타내어 '펴다, 베풀다'의 뜻을 가지게 되었다.

施賞(시상)　施設(시설)　施術(시술)
施政(시정)　施主(시주)　施行(시행)
施惠(시혜)　實施(실시)

뜻풀이
施術(시술) : 의술이나 최면술 등의 술법을 베푸는 일
施主(시주) : 중이나 절에 물건을 베풂

人一十之 己讀百之 (남보다 몇 배의 노력을 해야 뛰어날 수 있다.)

是 [4급II]

필순: 是是是是是是是是是

이/옳을 시 : 日　총9획

是非(시비)　是認(시인)　是日(시일)
國是(국시)　亦是(역시)　必是(필시)
或是(혹시)　是是非非(시시비비)

아침 일찍 뜨는 태양(日)을 향해 발걸음(疋=止)을 옮기는 것이 '옳음'을 뜻한다. 또한 지시대명사인 '이'의 뜻으로도 쓰이게 되었다.

뜻풀이
是認(시인) : 어떤 사실이 옳다고 인정함
是是非非(시시비비) : 여러 가지의 잘잘못

矢 [3급]

필순: 矢矢矢矢矢

화살 시 : 矢　총5획

矢言(시언)　弓矢(궁시)　流矢(유시)

화살촉과 화살 끝 깃의 모습으로 '화살'을 뜻한다.

뜻풀이
弓矢(궁시) : 활과 화살을 아울러 이름
流矢(유시) : 빗나간 화살. 어디선가 날아온 화살

示 [5급]

필순: 示示示示示

보일 시 : 示　총5획

示範(시범)　示唆(시사)　示威(시위)
揭示(게시)　啓示(계시)　誇示(과시)
默示(묵시)　表示(표시)

제물을 차려 놓은 제단의 모습으로 신에게 제사를 지낼 때 신이 암시를 보임을 나타내어 '보이다'는 뜻을 가지게 되었다.

뜻풀이
示範(시범) : 모범을 보임
揭示(게시) : 많은 사람들에게 어떤 일을 알리기 위하여 내걸어 보게 함

視 [4급II]

필순: 視視視視視視視視視視視視

볼 시 : 見　총12획

視線(시선)　視野(시야)　亂視(난시)
蔑視(멸시)　斜視(사시)　遠視(원시)
凝視(응시)　錯視(착시)　透視(투시)
度外視(도외시)

잘 차려놓은 제단(示)을 사람이 지켜보는(見) 것으로 '보다'의 뜻을 가지게 되었다.

뜻풀이
錯視(착시) : 시각적인 착각 현상
度外視(도외시) : 상관을 하지 않거나 무시함

試 [4급II]

필순: 試試試試試試試試試試試試試

시험 시(:) : 言　총13획

試鍊(시련)　試料(시료)　試藥(시약)
試演(시연)　試飮(시음)　試驗(시험)
考試(고시)　應試(응시)　殿試(전시)
試金石(시금석)

일정한 규칙(式)에 따라 말(言)로 시험하는 것을 나타내어 '시험'의 뜻을 가지게 되었다.

뜻풀이
應試(응시) : 시험에 응함
試金石(시금석) : 금의 품질을 판단하는 돌로 사물의 가치나 역량을 판단하는 기준

式 [6급]

필순: 式式式式式式

법 식 : 弋　총6획

式辭(식사)　格式(격식)　舊式(구식)
圖式(도식)　複式(복식)　書式(서식)
略式(약식)　樣式(양식)　禮式(예식)
儀式(의식)

공구(工)를 가지고 줄이 달린 화살인 주살(弋)을 만들 때는 일정한 법식이 있어야 함을 나타내어 '법'의 뜻을 가지게 되었다.

뜻풀이
略式(약식) : 정식의 절차를 갖추지 않은 간추린 의식
儀式(의식) : 어떤 행사를 진행하는 일정한 방식

息

4급II
쉴 식
心 총10획

息息息息息息息息息息

코(自)와 가슴(心) 사이를 드나드는 '숨'을 뜻한다. 또한 이로부터 나중에 '쉬다'의 뜻으로도 쓰이게 되었다.

필순

姑息(고식) 消息(소식) 安息(안식)
燕息(연식) 窒息(질식) 歎息(탄식)
休息(휴식)

뜻풀이

姑息(고식): 우선 숨을 돌리는 것으로 임시로 일을 처리하여 당장은 아무 일 없이 편안한 것
窒息(질식): 산소가 부족해 숨을 쉴 수 없게 됨

植

7급
심을 식
木 총12획

植植植植植植植植植植植植

나무(木)를 곧게(直) 세워 심는 것을 나타내어 '심다'는 뜻을 가지게 되었다.

필순

植物(식물) 植民(식민) 利植(이식)
植木日(식목일)

뜻풀이

植民(식민): 다른 나라의 지배를 받고 있는 나라에 정착하여 살 목적으로 자국의 국민을 이주시키는 것
利植(이식): 옮겨 심음

識

5급II
알 식
기록할 지
言 총19획

識識識識識識識識識識識識

옛날에는 말(言)을 하거나 소리(音)로 낸 것을 창칼(戈)로 새겨서 후대 사람들이 알 수 있도록 기록하였으니 '알다, 기록하다'의 뜻을 가지게 되었고 기록하다의 뜻으로 쓰일 때는 지라고 읽는다.

필순

鑑識(감식) 面識(면식) 博識(박식)
常識(상식) 意識(의식) 認識(인식)
知識(지식) 卓識(탁식) 標識(표지)
鑑識眼(감식안)

뜻풀이

標識(표지): 다른 사물과 구별할 수 있도록 만든 표시
鑑識眼(감식안): 사물의 가치나 진위 등을 구별해내는 눈

食

7급II
밥/먹을 식
食 총9획

食食食食食食食食食

음식을 그릇에 담아 놓은 모습을 본떠 '밥'을 뜻한다. 또한 입으로 그릇에 담긴 음식을 먹는 모습으로 '먹다'는 뜻으로도 쓰이게 되었다.

필순

食糧(식량) 食率(식솔) 食蟲(식충)
食貪(식탐) 缺食(결식) 穀食(곡식)
斷食(단식) 配食(배식) 飮食(음식)
飽食(포식)

뜻풀이

食率(식솔): 한 집안의 식구
食貪(식탐): 음식을 탐냄

飾

3급II
꾸밀 식
食 총14획

飾飾飾飾飾飾飾飾飾飾飾

사람(𠆢=人)이 손님 대접할 음식(食) 주변을 천(巾)으로 꾸미는 것을 나타내어 '꾸미다'의 뜻을 가지게 되었다.

필순

假飾(가식) 服飾(복식) 修飾(수식)
緣飾(연식) 裝飾(장식) 彫飾(조식)
虛飾(허식) 虛禮虛飾(허례허식)

뜻풀이

假飾(가식): 말이나 행동 등을 거짓으로 꾸밈
虛禮虛飾(허례허식): 형편에 맞지 않게 겉만 그럴듯하게 꾸밈

申

4급II
납 신
田 총5획

申申申申申

본래 번개가 치는 모습으로 '펴다, 뻗다'의 뜻이었으나 나중에 12지의 하나인 '납(원숭이)'의 뜻을 가지게 되었다.

필순

申告(신고) 上申(상신)
申申當付(신신당부)

뜻풀이

上申(상신): 어떤 일에 대한 의견을 윗사람에게 말이나 글로 올려서 보고함

人一十之 己讀百之 (남보다 몇 배의 노력을 해야 뛰어날 수 있다.)

伸 — 펼 신

3급 / 人 / 총7획
필순: 伸伸伸伸伸伸伸

伸張(신장)　伸縮(신축)　追伸(추신)
伸縮性(신축성)

뜻풀이
追伸(추신) : 편지의 내용을 다 쓰고 하고 싶은 말이 더 있을 경우 그 다음에 덧붙여 쓰는 말
伸縮性(신축성) : 물체의 늘어나고 줄어드는 성질

번갯불이 뻗어나가듯이 사람(亻)이 몸을 펴고(申) 서 있는 것을 나타내어 '펴다'의 뜻을 가지게 되었다.

神 — 귀신 신

6급Ⅱ / 示 / 총10획
필순: 神神神神神神神神神

神奇(신기)　神童(신동)　神靈(신령)
神祕(신비)　神社(신사)　神聖(신성)
神殿(신전)　神通(신통)　鬼神(귀신)
疫神(역신)　精神(정신)

뜻풀이
神社(신사) : 일본의 신을 모시고 제사를 지내는 사당
神通力(신통력) : 어떤 일이라도 해낼 수 있는 불가사의한 능력

옛사람들이 두려워했던 번갯불(申)을 지닌 하늘의 신(示)으로 '귀신'을 뜻한다.

信 — 믿을 신:

6급Ⅱ / 人 / 총9획
필순: 信信信信信信信信信

信賴(신뢰)　信仰(신앙)　信條(신조)
信託(신탁)　信號(신호)　篤信(독신)
盲信(맹신)　符信(부신)　威信(위신)
確信(확신)

뜻풀이
篤信(독신) : 믿음이 두터움
盲信(맹신) : 옳고 그름을 가리지 않고 믿는 일

윗사람(亻)의 말씀(言)은 마음에서 우러나와 거짓이 배제되었기에 믿을만 함을 나타내어 '믿다'는 뜻을 가지게 되었다.

愼 — 삼갈 신:

3급Ⅱ / 心 / 총13획
필순: 愼愼愼愼愼愼愼愼愼愼愼愼

愼獨(신독)　愼重(신중)　謹愼(근신)

뜻풀이
愼獨(신독) : 보는 사람 없이 혼자 있어도 항상 조심하고 언행을 삼가서 해야 함
愼重(신중) : 매우 조심스러움

조심스러운 마음(忄)으로 언행을 참(眞)되게 해야 함을 나타내어 '삼가다'라는 뜻을 가지게 되었다.

辛 — 매울 신

3급 / 辛 / 총7획
필순: 辛辛辛辛辛辛辛

辛苦(신고)　辛酸(신산)
香辛料(향신료)

뜻풀이
辛苦(신고) : 어렵고 힘든 일을 당하여 고생함
香辛料(향신료) : 맵거나 향기로운 맛을 음식에 더하는 조미료

문신을 새기던 칼의 모습을 본뜬 글자로 문신을 하면 괴롭고 고통스럽기에 '맵다'의 뜻을 가지게 되었다.

新 — 새 신

6급Ⅱ / 斤 / 총13획
필순: 新新新新新新新新新新新

新規(신규)　新羅(신라)　新婦(신부)
新鮮(신선)　新銳(신예)　新參(신참)
新築(신축)　新型(신형)　斬新(참신)
革新(혁신)　新造語(신조어)

뜻풀이
新規(신규) : 새롭게 어떤 일을 함. 또는 새로운 규칙이나 규정
新型(신형) : 새로운 유형

나무(木)를 도끼(斤)로 쪼개면 살이 새롭게 드러나는 것을 나타내어 '새롭다'의 뜻을 가지게 되었다. 여기서 辛(신)은 발음기호의 역할을 한다.

3급 晨

晨晨晨晨晨晨晨晨晨晨

새벽 신
日　총11획

별(辰) 위로 해(日)가 뜨는 '새벽'을 뜻한다.

필수
晨明(신명)　晨鍾(신종)
昏定晨省(혼정신성)

뜻풀이
晨明(신명) : 새벽녘
昏定晨省(혼정신성) : 저녁에는 잠자리를 살피고 이른 아침에는 문안을 드린다는 뜻으로, 부모에게 효도함을 이르는 말

5급II 臣

臣臣臣臣臣臣

신하 신
臣　총6획

납작 엎드린 신하의 눈을 본떠 '신하'를 뜻한다.

필수
臣下(신하)　姦臣(간신)　功臣(공신)
使臣(사신)　戚臣(척신)　忠臣(충신)
勳臣(훈신)

뜻풀이
戚臣(척신) : 임금과 외척 관계인 신하
勳臣(훈신) : 나라에 공로가 있는 신하

6급II 身

身身身身身身身

몸 신
身　총7획

임신하여 배가 볼록한 여자 몸의 옆모습으로 '몸'을 뜻한다.

필수
身邊(신변)　謹身(근신)　獨身(독신)
補身(보신)　屍身(시신)　操身(조신)
處身(처신)　隻身(척신)　投身(투신)
避身(피신)　獻身(헌신)

뜻풀이
操身(조신) : 자신의 몸가짐을 조심히 함
獻身(헌신) : 몸과 마음을 바쳐서 가지고 있는 힘을 다함

6급 失

失失失失失

잃을 실
大　총5획

손(手)에서 물건을 떨어뜨리는(\) 모습으로 가지고 있던 물건을 잃어버렸음을 나타내어 '잃다'의 뜻을 가지게 되었다.

필수
失戀(실연)　失策(실책)　失蹴(실축)
失效(실효)　紛失(분실)　喪失(상실)
消失(소실)　損失(손실)

뜻풀이
失效(실효) : 효력을 잃음
消失(소실) : 사라져 없어짐

8급 室

室室室室室室室室室

집 실
宀　총9획

사람이 이르러서(至) 머무르는 집(宀)을 나타내어 '집'의 뜻을 가지게 되었다.

필수
居室(거실)　密室(밀실)　産室(산실)
暗室(암실)　溫室(온실)　浴室(욕실)
蠶室(잠실)　寢室(침실)　畵室(화실)
皇室(황실)　休憩室(휴게실)

뜻풀이
産室(산실) : 어떤 일을 이루어 내는 곳
暗室(암실) : 빛이 밖에서 안으로 들어오지 못하도록 꾸민 방

5급II 實

實實實實實實實實
實實實實實

열매 실
宀　총14획

집(宀) 안에 끈으로 꿴 돈 꾸러미(貫)가 가득한 모습으로 그 모습이 나무에 주렁주렁 열린 열매와 같아 '열매'의 뜻을 가지게 되었다.

필수
實績(실적)　實證(실증)　實踐(실천)
實吐(실토)　篤實(독실)　梅實(매실)
査實(사실)　切實(절실)　着實(착실)
充實(충실)　確實(확실)

뜻풀이
實吐(실토) : 거짓됨이 없이 사실대로 모두 말함
着實(착실) : 허튼 데가 없이 알차고 성실함

人一十之 己讀百之 (남보다 몇 배의 노력을 해야 뛰어날 수 있다.)

審 [3급II]

살필 심(:)
宀 총15획

審審審審審審審審
審審審審審審

집(宀)에 난 짐승 발자국(番)을 살피는 것을 나타내어 '살피다'의 뜻을 가지게 되었다.

필순
審問(심문) 審査(심사) 審議(심의)
審判(심판) 結審(결심) 豫審(예심)
誤審(오심) 原審(원심)
抗訴審(항소심)

뜻풀이
審問(심문) : 깊이 따져서 물어 봄
誤審(오심) : 잘못 심판함

尋 [3급]

찾을 심
寸 총12획

尋尋尋尋尋尋尋尋
尋尋尋

본래 왼팔(ヨ)과 오른팔(彐) 양팔을 벌리고 길이를 재는 모습으로 측량 단위를 나타내었으나 나중에 '찾다'의 뜻으로 쓰이게 되었다. 여기에 寸을 더해 길이를 재는 손을 강조하였다.

필순
尋究(심구) 尋問(심문) 尋訪(심방)
尋常(심상) 尋思(심사) 尋討(심토)
根尋(근심) 研尋(연심) 千尋(천심)

뜻풀이
尋訪(심방) : 방문하여 찾아봄
尋常(심상) : 대수롭지 않고 예사로움

深 [4급II]

깊을 심
水 총11획

深深深深深深深深
深深深

罙은 본래 炗이 변한 글자로 구멍(穴)에 두 손(ナ)을 집어넣은 모습이다. 여기에 氵가 더해져 깊은 물 속에 두 손을 집어넣은 것을 나타내어 '깊다'의 뜻을 가지게 되었다.

필순
深刻(심각) 深度(심도) 深夜(심야)
深淵(심연) 深遠(심원) 深趣(심취)
深層(심층) 深化(심화) 水深(수심)
深思熟考(심사숙고)

뜻풀이
深度(심도) : 깊은 정도
深層(심층) : 겉으로 드러나지 않는 사물이나 사건의 내부 깊은 곳

心 [7급]

마음 심
心 총4획

心心心心

사람 몸 안에 있는 심장의 모습을 본뜬 글자로 '마음'을 뜻한다.

필순
心琴(심금) 心慮(심려) 心證(심증)
心醉(심취) 銘心(명심) 變心(변심)
邪心(사심) 傷心(상심) 愁心(수심)
慾心(욕심) 恒心(항심) 核心(핵심)

뜻풀이
心琴(심금) : 외부의 자극에 따라 변하는 마음
恒心(항심) : 항상 가지는 떳떳한 마음

甚 [3급II]

심할 심:
甘 총9획

甚甚甚甚甚甚甚甚甚

맛있는(甘) 음식을 먹으며 즐기는 한 쌍(匹)의 남녀가 매우 즐거워하는 것에서 '심하다'의 뜻을 가지게 되었다.

필순
甚難(심난) 甚暑(심서) 激甚(격심)
極甚(극심) 莫甚(막심) 殊甚(수심)
已甚(이심) 太甚(태심)
甚至於(심지어)

뜻풀이
甚難(심난) : 매우 어려움
莫甚(막심) : 아주 심함

十 [8급]

열 십
十 총2획

十十

남북의 丨과 동서의 一이 합쳐져 모두 갖추어졌음을 나타내어 수에서 모두 갖춘 수인 '열'의 뜻을 가지게 되었다.

필순
十干(십간) 十戒(십계) 十常(십상)
十億(십억) 十二支(십이지)
十長生(십장생) 數十萬(수십만)
赤十字(적십자)

뜻풀이
十常(십상) : 대부분 그러함
數十萬(수십만) : 십만의 두서너 배인 수

雙

3급Ⅱ

두/쌍 **쌍**
隹　총18획

새(隹) 두 마리를 손(又)으로 잡은 모습으로 '둘, 쌍'을 뜻한다.

필순
雙 雙 雙 雙 雙 雙 雙 雙
雙 雙 雙 雙 雙 雙 雙 雙

雙方(쌍방)　雙壁(쌍벽)　雙墳(쌍분)
無雙(무쌍)　雙曲線(쌍곡선)
雙眼鏡(쌍안경)　雙和湯(쌍화탕)
變化無雙(변화무쌍)

뜻풀이
雙方(쌍방) : 이쪽저쪽 또는 이편저편
無雙(무쌍) : 대적할 만한 것이 없음

氏

4급

각시/성씨(姓氏) **씨**
氏　총4획

땅 속으로 뻗어 내린 뿌리와 땅 위로 머리를 내민 줄기의 모습으로 같은 뿌리에서 나와 뻗어가는 '성씨'의 뜻을 가지게 되었다.

필순
氏 氏 氏 氏

氏族(씨족)　季氏(계씨)　某氏(모씨)
姓氏(성씨)　沈氏(심씨)　宗氏(종씨)
無名氏(무명씨)

뜻풀이
氏族(씨족) : 공동의 조상을 가진 혈연 공동체
無名氏(무명씨) : 이름을 알 수 없는 사람

亞

3급Ⅱ

버금 **아(:)**
二　총8획

고대에 동서남북으로 방을 낸 무덤을 위에서 본 모습으로 선조의 무덤에서 제사 지내는 선조의 다음 세대를 나타내어 '버금'의 뜻을 가지게 되었다.

필순
亞 亞 亞 亞 亞 亞 亞 亞

亞流(아류)　亞聖(아성)　亞鉛(아연)
亞細亞(아세아)　亞熱帶(아열대)
亞黃酸(아황산)　東南亞(동남아)
亞窒酸鹽(아질산염)

뜻풀이
亞流(아류) : 둘째가는 것. 다른 것을 모방하는 일이나 그렇게 한 것
亞熱帶(아열대) : 열대와 온대의 중간 지대

兒

5급Ⅱ

아이 **아**
儿　총8획

갓난아기(儿)가 숨을 쉴 때마다 뛰는 숫구멍(囟)이 아직 닫히지 않는 모습으로 '아이'의 뜻을 가지게 되었다.

필순
兒 兒 兒 兒 兒 兒 兒 兒

兒童(아동)　健兒(건아)　孤兒(고아)
棄兒(기아)　盲兒(맹아)　迷兒(미아)
幼兒(유아)　育兒(육아)　胎兒(태아)
風雲兒(풍운아)

뜻풀이
健兒(건아) : 건강하고 씩씩한 사나이
風雲兒(풍운아) : 좋은 때를 타고 태어나서 세상에 두각을 나타내는 사람

3급Ⅱ

언덕 **아**
阜　총8획

구부러진(可) 언덕(阝)으로 언덕의 굽혀 들어간 곳을 나타내어 '언덕'의 뜻을 가지게 되었다.

필순
阿 阿 阿 阿 阿 阿 阿 阿

阿膠(아교)　阿丘(아구)　阿附(아부)
阿世(아세)　阿房宮(아방궁)
阿修羅場(아수라장)
曲學阿世(곡학아세)

뜻풀이
阿附(아부) : 다른 사람의 비위를 맞추기 위해서 아첨함
阿世(아세) : 세상에 아첨함

3급Ⅱ

나 **아:**
戈　총7획

본래 날 끝이 톱니 모양처럼 들쭉날쭉한 창의 모습을 나타내었으나 나중에 손(手)에 창(戈)을 들고 자신을 방어한다는 것에서 '나'의 뜻으로 쓰이게 되었다.

필순
我 我 我 我 我 我 我

我國(아국)　我軍(아군)　我執(아집)
沒我(몰아)　無我(무아)　自我(자아)
彼我(피아)　我田引水(아전인수)
唯我獨尊(유아독존)

뜻풀이
我執(아집) : 자신의 의견만을 고집함
沒我(몰아) : 자기를 잊고 있는 상태

人一十之 己讀百之(남보다 몇 배의 노력을 해야 뛰어날 수 있다.)

餓

3급 | 필순: 餓餓餓餓餓餓餓餓餓餓餓餓餓餓餓餓

주릴 아:
食　총16획

밥(食)을 먹지 못해 야위어서 뼈가 드러난 것이 마치 이 빠진 창(我)의 모습과 같다하여 '주리다'의 뜻을 가지게 되었다.

餓鬼(아귀)　餓死(아사)　餓殺(아살)
餓色(아색)　飢餓(기아)

뜻풀이
餓死(아사) : 굶어 죽음
餓色(아색) : 굶기어 죽임

牙

3급II | 필순: 牙牙牙牙

어금니 아
牙　총4획

입 안의 위아래로 난 어금니가 맞물려 있는 모습으로 '어금니'의 뜻을 가지게 되었다.

牙輪(아륜)　牙城(아성)　象牙(상아)
齒牙(치아)　虎牙(호아)
象牙塔(상아탑)

뜻풀이
牙城(아성) : 아주 중요한 근거지
虎牙(호아) : 호랑이의 이빨. 장수나 용사의 다른 이름

芽

3급II | 필순: 芽芽芽芽芽芽芽芽

싹 아
艸　총8획

어금니(牙)가 솟아나오듯이 돋아나는 풀(艹)의 싹을 나타내어 '싹'의 뜻을 가지게 되었다.

芽生(아생)　發芽(발아)　出芽(출아)
麥芽糖(맥아당)

뜻풀이
發芽(발아) : 씨앗에서 싹이 틈

雅

3급II | 필순: 雅雅雅雅雅雅雅雅雅雅雅雅

맑을 아(:)
隹　총12획

어금니(牙)가 부딪칠 때 나는 소리처럼 맑은 소리를 내는 새(隹)를 나타내어 '맑다'의 뜻을 가지게 되었다.

雅頌(아송)　雅樂(아악)　端雅(단아)
優雅(우아)　淸雅(청아)

뜻풀이
雅樂(아악) : 우리나라의 의식 등에 정식으로 사용하였던 음악
淸雅(청아) : 속됨이 없이 맑고 아름다움

岳

3급 | 필순: 岳岳岳岳岳岳岳岳

큰 산 악
山　총8획

산(山) 위에 또 언덕(丘)이 있는 높고 큰 산을 나타내어 '큰 산'의 뜻을 가지게 되었다.

山岳(산악)　五岳(오악)　峻岳(준악)
冠岳山(관악산)　山岳會(산악회)

뜻풀이
峻岳(준악) : 아주 높고 험한 산
山岳會(산악회) : 등산하는 사람들이 모여서 이루어진 단체

惡

5급II | 필순: 惡惡惡惡惡惡惡惡惡惡惡

악할 악/미워할 오
心　총12획

무덤(亞)을 임했을 때의 좋지 않은 마음(心)을 나타내어 '악하다, 미워하다'의 뜻을 가지게 되었고 '미워하다'의 뜻으로 쓰일 때는 오라고 읽는다.

惡魔(악마)　惡緣(악연)　邪惡(사악)
劣惡(열악)　殘惡(잔악)　醜惡(추악)
暴惡(포악)　險惡(험악)　凶惡(흉악)
惡寒(오한)　憎惡(증오)　嫌惡(혐오)

뜻풀이
醜惡(추악) : 더럽고 흉악함
惡寒(오한) : 몸이 춥고 떨리는 증상

安 (7급II) 편안 안
宀 총6획

安安安安安安

安寧(안녕) 安否(안부) 安危(안위)
安易(안이) 安葬(안장) 安靜(안정)
安着(안착) 安置(안치) 慰安(위안)

여자(女)가 집(宀) 안에서 편안하게 앉아 있는 모습으로 '편안하다'의 뜻을 가지게 되었다.

뜻풀이
安寧(안녕): 어떤 문제나 걱정 없이 편안함
慰安(위안): 위로하여 마음을 편안하게 함

案 (5급) 책상 안
木 총10획

案案案案案案案案案案

考案(고안) 起案(기안) 對案(대안)
圖案(도안) 妙案(묘안) 飜案(번안)
提案(제안) 創案(창안) 懸案(현안)

편안하게(安) 사용할 수 있도록 나무(木)로 만든 '책상'을 뜻한다.

뜻풀이
提案(제안): 의견을 내놓음
懸案(현안): 이전부터 의논되었으나 해결되지 않고 남아있는 문제

岸 (3급II) 언덕 안
山 총8획

岸岸岸岸岸岸岸岸

岸曲(안곡) 岸壁(안벽) 沿岸(연안)
津岸(진안) 彼岸(피안) 海岸(해안)

높은 산(山)의 깎아지른(干)듯한 낭떠러지(厂)인 '언덕'을 뜻한다.

뜻풀이
沿岸(연안): 강이나 바다를 따라서 잇어져 있는 땅
津岸(진안): 나루터

眼 (4급II) 눈 안
目 총11획

眼眼眼眼眼眼眼眼眼眼眼

眼鏡(안경) 眼球(안구) 眼帶(안대)
眼藥(안약) 義眼(의안) 血眼(혈안)

오른쪽으로 팔을 내밀고 왼쪽 뒤를 보고 있는 사람의 모습(艮)에 보고 있는 그 사람의 눈을 강조하기 위해 目을 더한 글자로 '눈'을 뜻한다.

뜻풀이
義眼(의안): 인공 눈알
血眼(혈안): 기를 쓰고 달려들어 독이 오른 눈

雁 (3급) 기러기 안
隹 총12획

雁雁雁雁雁雁雁雁雁雁雁

雁奴(안노) 雁堂(안당) 雁報(안보)
鴻雁(홍안) 雁陣(안진) 雁札(안찰)
鴻雁(홍안)

언덕(厂) 위에서 사람(亻)처럼 떼를 지어 날아가는 새(隹)의 모습으로 '기러기'를 뜻한다.

뜻풀이
雁行(안항): 기러기의 행렬로, 남의 형제를 높여 이르는 말
鴻雁(홍안): 기러기

顔 (3급II) 낯 안
頁 총18획

顔面(안면) 顔色(안색) 童顔(동안)
無顔(무안) 容顔(용안) 紅顔(홍안)
厚顔(후안) 破顔大笑(파안대소)

彦은 화장할 때 사용하는 화장 도구를 의미한다. 頁이 더해져 머리에서 화장하는 부분인 '얼굴'을 나타낸다.

뜻풀이
無顔(무안): 창피하여 남을 볼 낯이 없음
容顔(용안): 얼굴

人一十之 己讀百之 (남보다 몇 배의 노력을 해야 뛰어날 수 있다.)

謁

3급 | 필순
謁謁謁謁謁謁謁
謁謁謁謁謁謁

뵐 알
言 총16획

謁廟(알묘) 謁見(알현) 拜謁(배알)
謁聖及第(알성급제)

축문을 높이 들고 말(言)로써 신에게 기도하는 제사장을 뵙고서 개인의 행복을 비는 것(曷)을 나타내어 '뵙다'의 뜻을 가지게 되었다.

뜻풀이
謁見(알현) : 지체 높으신 분을 찾아가 뵘

巖

3급Ⅱ | 필순
巖巖巖巖巖巖巖
巖巖巖巖巖巖巖
巖巖巖巖

바위 암
山 총23획

巖窟(암굴) 巖盤(암반) 巖壁(암벽)
巖石(암석) 鎔巖(용암)
巖刻畫(암각화)

험한(嚴) 산(山)에 버티고 서 있는 큰 '바위'를 뜻한다.

뜻풀이
巖壁(암벽) : 벽 모양의 높이 솟은 바위
鎔巖(용암) : 화산에서 분출된 마그마

暗

4급Ⅱ | 필순
暗暗暗暗暗暗暗
暗暗暗暗

어두울 암:
日 총13획

暗算(암산) 暗殺(암살) 暗誦(암송)
暗示(암시) 暗室(암실) 暗鬱(암울)
暗黑(암흑) 明暗(명암)
暗行御史(암행어사)

해(日)가 지고 나니 어두워져서 보이는 것은 없고 소리(音)만 들리는 것을 나타내어 '어둡다'의 뜻을 가지게 되었다.

뜻풀이
暗鬱(암울) : 절망적이며 침울함
暗示(암시) : 넌지시 알림

壓

4급Ⅱ | 필순
壓壓壓壓壓壓壓
壓壓壓壓壓壓壓

누를 압
土 총17획

壓卷(압권) 壓迫(압박) 壓勝(압승)
壓縮(압축) 抑壓(억압) 制壓(제압)
鎭壓(진압) 高壓線(고압선)
變壓器(변압기)

땅(土)을 누르는(厭) 것을 나타내어 '누르다'의 뜻을 가지게 되었다.

뜻풀이
壓縮(압축) : 글이나 문장 등을 요약하여 짧게 함
制壓(제압) : 위력이나 위엄으로 남을 눌러서 통제함

押

3급 | 필순
押押押押押押押押

누를 압
手 총8획

押留(압류) 押送(압송) 押收(압수)
押韻(압운) 押印(압인) 押針(압침)
差押(차압)

손(扌)으로 거북의 등딱지(甲)를 누르는 것을 나타내어 '누르다'의 뜻을 가지게 되었다.

뜻풀이
押送(압송) : 죄인을 다른 곳으로 호송하는 일
押印(압인) : 도장을 찍음

仰

3급Ⅱ | 필순
仰仰仰仰仰仰

우러를 앙:
人 총6획

仰騰(앙등) 仰望(앙망) 仰天(앙천)
信仰(신앙) 推仰(추앙)

서 있는 사람(亻)을 무릎 꿇고 앉아 있는 사람(卩)이 고개를 들고 우러러 봄을 나타내어 '우러르다'의 뜻을 가지게 되었다.

뜻풀이
信仰(신앙) : 믿고 받듦
推仰(추앙) : 높이 받들어 우러러봄

央

3급II
가운데 앙
大 총5획

央央央央央

中央(중앙) 震央(진앙)

뜻풀이
震央(진앙): 지진의 진원 바로 위에 있는 지점

목에 널빤지 가운데 구멍을 뚫은 형구를 쓰고 있는 사람의 모습으로 '가운데'의 뜻을 가지게 되었다.

殃

3급
재앙 앙
歹 총9획

殃殃殃殃殃殃殃殃

殃禍(앙화) 災殃(재앙)
殃及池魚(앙급지어)

뜻풀이
殃禍(앙화): 죄를 짓고 그 앙갚음으로 돌려받는 재앙
災殃(재앙): 뜻하지 않게 발생한 온갖 불행한 일

죽음(歹)이 몸 한 가운데(央)에 이르렀음을 나타내어 '재앙'의 뜻을 가지게 되었다.

哀

3급II
슬플 애
口 총9획

哀哀哀哀哀哀哀
哀哀

哀悼(애도) 哀憐(애련) 哀惜(애석)
哀願(애원) 哀切(애절) 哀痛(애통)
哀歡(애환) 哀乞伏乞(애걸복걸)

뜻풀이
哀悼(애도): 사람의 죽음을 슬퍼함
哀切(애절): 몹시 애처롭고 슬픔

웃옷(衣)으로 입(口)을 가리고 슬프게 우는 것을 나타내어 '슬프다'의 뜻을 가지게 되었다.

涯

3급
물가 애
水 총11획

涯涯涯涯涯涯涯涯
涯涯

境涯(경애) 無涯(무애) 生涯(생애)

뜻풀이
生涯(생애): 살아 있는 평생의 기간

흙이 쌓여있는(圭) 벼랑(厂)과 물(氵)이 만나는 '물가'를 뜻한다.

愛

6급
사랑 애(:)
心 총13획

愛愛愛愛愛愛愛
愛愛愛愛

愛國(애국) 愛惜(애석) 愛人(애인)
愛情(애정) 愛憎(애증) 愛着(애착)
愛稱(애칭) 戀愛(연애) 偏愛(편애)

뜻풀이
愛着(애착): 몹시 사랑하거나 끌려서 떨어지지 않음
偏愛(편애): 어느 한쪽을 치우치게 사랑함

본래 㤅자로 썼다. 어떤 대상에 머리를 돌려서 돌아다보는(旡) 마음(心)이 생겨 발걸음(夂)을 그 대상으로 향한다는 것에서 '사랑'의 뜻을 가지게 되었다.

厄

3급
액 액
厂 총4획

厄厄厄厄

厄運(액운) 困厄(곤액) 災厄(재액)
橫來之厄(횡래지액)

뜻풀이
困厄(곤액): 딱한 사정에 재앙이 겹친 불운
災厄(재액): 재앙과 액운

좁은 낭떠러지(厂) 아래로 떨어져 주저앉아 있는 사람(㔾)의 모습을 나타내어 '재앙, 액'의 뜻을 가지게 되었다.

人一十之 己讀百之 (남보다 몇 배의 노력을 해야 뛰어날 수 있다.)

額 (4급)

이마 액
頁　총18획

額數(액수)　額子(액자)　巨額(거액)
金額(금액)　殘額(잔액)　差額(차액)
總額(총액)　扁額(편액)

집에 방문한 손님(客)의 머리(頁) 앞부분인 이마가 넓은 것을 나타내어 '이마'의 뜻을 가지게 되었다.

뜻풀이
差額(차액) : 기본 액수에서 다른 액수를 제외하고 남은 액수
扁額(편액) : 종이나 널빤지 위에 그림이나 글씨를 남겨 방 안이나 문 위에 거는 액자

液 (4급II)

진 액
水　총11획

液狀(액상)　液體(액체)　樹液(수액)
溶液(용액)　融液(융액)　津液(진액)
血液(혈액)

생물체의 몸 안에서 생겨나 겉으로 보이지 않는(夜) 액체(氵)를 나타내어 '진, 진액'의 뜻을 가지게 되었다.

뜻풀이
融液(융액) : 고체가 녹아 액체가 됨
津液(진액) : 생물의 몸에서 나오는 액체

夜 (6급)

밤 야:
夕　총8획

夜景(야경)　夜勤(야근)　夜深(야심)
深夜(심야)　除夜(제야)　徹夜(철야)
夜尿症(야뇨증)　夜三更(야삼경)

夕과 亦이 합쳐진 글자로 달이 사람의 겨드랑이(亦) 아래로 떨어지면 저녁(夕)이 되는 것을 나타내어 '밤'의 뜻을 가지게 되었다.

뜻풀이
除夜(제야) : 섣달 그믐날 밤
夜尿症(야뇨증) : 밤에 자다가 소변을 자주 보는 증상

也 (3급)

이끼/어조사 야:
乙　총3획

及其也(급기야)
言則是也(언즉시야)

본래 뱀의 모습을 나타내었으나 나중에 '어조사'의 뜻으로 쓰이게 되었다. 또한 입에서 나오는 기운이라는 입기(口氣)의 잘못된 표현인 '이끼'의 뜻으로도 쓰인다.

뜻풀이
及其也(급기야) : 마지막에 가서는
言則是也(언즉시야) : 말인즉. 옳음

耶 (3급)

어조사 야
耳　총9획

有耶無耶(유야무야)

실질적인 뜻이 없이 다른 글자를 보조하여 주는 '어조사'를 나타내며 邪와 같은 글자이다.

뜻풀이
有耶無耶(유야무야) : 있는 듯 없는 듯 흐지부지함

野 (6급)

들 야:
里　총11획

野球(야구)　野談(야담)　野蠻(야만)
野薄(야박)　野卑(야비)　野獸(야수)
野營(야영)　野慾(야욕)　視野(시야)
荒野(황야)

予에 里가 더해진 글자로 여기서 予(여)는 발음기호의 역할을 하는데 나중에 음이 여에서 야로 변하였다. 마을(里)에서 멀리 떨어진 넓고 넓은 '들'을 뜻한다.

뜻풀이
野談(야담) : 알려지지 않은 민간 설화
視野(시야) : 시력이 미치는 범위

若 (3급II) 같을 약/반야 야

艹 총9획

필순: 若若若若若若若若若

若干(약간) 萬若(만약) 自若(자약)
傍若無人(방약무인)
般若心經(반야심경)

크기가 비슷하고 어린 나물(艹)을 오른손(右)으로 골라 캐는 것으로 '같다, 만약'의 뜻을 가진다. 불교에서 사용하는 '반야'의 뜻으로 쓰일 때는 야라고 읽는다.

뜻풀이
若干(약간) : 얼마 되지 않음
自若(자약) : 큰일에도 놀라지 않고 침착함

藥 (6급II) 약 약

 총19획

필순: 藥藥藥藥藥藥藥藥藥藥藥藥藥藥藥藥藥藥

藥劑(약제) 痲藥(마약) 妙藥(묘약)
試藥(시약) 靈藥(영약) 製藥(제약)
彈藥(탄약) 湯藥(탕약) 爆藥(폭약)
丸藥(환약) 醫藥品(의약품)

풀(艹)을 재료로 해서 병을 낫게 하여 즐겁게(樂) 해주는 '약'을 뜻한다.

뜻풀이
試藥(시약) : 물질의 성분을 검출하거나 정량하는데 쓰는 약품
湯藥(탕약) : 달여서 마시는 한약

弱 (6급II) 약할 약

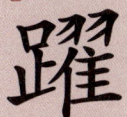 총10획

필순: 弱弱弱弱弱弱弱弱弱弱

弱冠(약관) 弱點(약점) 弱質(약질)
微弱(미약) 薄弱(박약) 貧弱(빈약)
軟弱(연약) 柔弱(유약) 虛弱(허약)

오래되어서 끝이 헤져 너덜너덜해진 활(弓) 두 개를 겹쳐놓은 모습으로 두 개의 헤진 활이 하나의 좋은 활보다 약하기에 '약하다'의 뜻을 가지게 되었다.

뜻풀이
弱冠(약관) : 스무 살
薄弱(박약) : 의지나 체력 등이 굳세지 못하고 여림

約 (5급II) 맺을 약

糸 총9획

필순: 約約約約約約約約約

約束(약속) 契約(계약) 盟約(맹약)
誓約(서약) 豫約(예약) 違約(위약)
制約(제약) 條約(조약) 鄕約(향약)
協約(협약)

실(糸)로 물건(丶)을 단단히 싸매듯이(勹) 굳게 맺은 약속을 나타내어 '맺다'의 뜻을 가지게 되었다.

뜻풀이
制約(제약) : 조건을 두어 내용에 제한을 둠
協約(협약) : 협상에 의하여 조약을 맺음

躍 (3급) 뛸 약

足 총21획

필순: 躍躍躍躍躍躍躍躍躍躍躍躍躍躍躍躍躍躍躍躍躍

躍起(약기) 躍進(약진) 跳躍(도약)
飛躍(비약) 一躍(일약) 活躍(활약)

꿩(翟)처럼 발(足)로 높이 뛰어오르는 것을 나타내어 '뛰다'의 뜻을 가지게 되었다.

뜻풀이
躍進(약진) : 빠르게 발전하거나 진보함
飛躍(비약) : 지위나 수준이 빠르게 높아지거나 향상됨

壤 (3급II) 흙덩이 양:

土 총20획

필순: 壤壤壤壤壤壤壤壤壤壤壤壤壤壤壤壤

壤地(양지) 天壤(천양) 土壤(토양)
平壤(평양) 擊壤歌(격양가)

襄에 土가 더해진 글자로 여기서 襄(양)은 발음기호의 역할을 한다. 부드러운 흙(土)으로 된 '흙덩이'를 뜻한다.

뜻풀이
天壤(천양) : 하늘과 땅
擊壤歌(격양가) : 중국의 요임금 때, 태평한 세월을 즐거워하며 부른 노래

人一十之 己讀百之 (남보다 몇 배의 노력을 해야 뛰어날 수 있다.)

讓

3급Ⅱ

사양할 양:
言　총24획

襄에 言이 더해진 글자로 여기서 襄(양)은 발음기호의 역할을 한다. 상대방의 도움을 말(言)로 거절하는 것을 나타내어 '사양하다'의 뜻을 가지게 되었다.

필순

讓讓讓讓讓讓讓讓讓讓讓讓讓讓讓讓讓讓讓

讓步(양보)　讓位(양위)　謙讓(겸양)
分讓(분양)　辭讓(사양)　禪讓(선양)
移讓(이양)

뜻풀이
謙讓(겸양) : 겸손한 태도로 남에게 양보하거나 사양함
移讓(이양) : 다른 사람에게 양보하여 넘겨줌

揚

3급Ⅱ

날릴 양
手　총12획

해가 떠올라 그 빛을 비추듯이(昜) 자신의 솜씨(扌)로 세상에 알려지게 됨을 나타내어 '날리다'의 뜻을 가지게 되었다.

필순

揚揚揚揚揚揚揚揚揚揚揚

揭揚(게양)　高揚(고양)　浮揚(부양)
宣揚(선양)　抑揚(억양)　止揚(지양)
讚揚(찬양)　立身揚名(입신양명)

뜻풀이
抑揚(억양) : 말소리의 높낮이
止揚(지양) : 더 높은 단계로 오르기 위해 해당되는 일을 하지 않음

陽

6급

볕 양
阜　총12획

언덕(阝=阜)에 시간을 표시하기 위해 꽂아 둔 나뭇가지(一) 위로 해(日)가 떠올라 그 빛을 비춤(勿)을 나타내어 '볕'의 뜻을 가지게 되었다.

필순

陽陽陽陽陽陽陽陽陽陽

陽刻(양각)　陽極(양극)　陽氣(양기)
陽傘(양산)　陽性(양성)　陽地(양지)
陰陽(음양)　遮陽(차양)　漢陽(한양)

뜻풀이
陽極(양극) : 두 개의 전극 사이에 전류가 흐를 때 전위가 높은 극
遮陽(차양) : 햇볕이나 비를 막기 위해 처마 끝에 덧붙이는 좁은 지붕

楊

3급

버들 양
木　총13획

길게 뻗어 올라(昜) 자라며 가지가 바람에 흔들리는 나무(木)인 '버드나무'를 뜻한다.

필순

楊楊楊楊楊楊楊楊楊楊楊楊

楊柳(양류)　楊枝(양지)　綠楊(녹양)
垂楊(수양)　楊貴妃(양귀비)

뜻풀이
楊柳(양류) : 버드나무
綠楊(녹양) : 잎이 푸르게 우거진 버드나무

羊

4급Ⅱ

양　양
羊　총6획

정면에서 본 양 머리의 모습으로 '양'을 뜻한다.

필순

羊羊羊羊羊羊

羊毛(양모)　羊腸(양장)　羊皮(양피)
牧羊(목양)　山羊(산양)
羊頭狗肉(양두구육)

뜻풀이
羊頭狗肉(양두구육) : 양의 머리를 걸어 놓고 개고기를 판다. 즉 겉은 그럴듯하나 속은 변변치 않거나 또는 겉과 속이 서로 다름을 이르는 말

洋

6급

큰바다 양
水　총9획

羊에 氵가 더해진 글자로 여기서 羊(양)은 발음기호의 역할을 한다. 여러 갈래에서 들어온 물(氵)이 모여 있는 '큰바다'를 뜻한다.

필순

洋洋洋洋洋洋洋洋洋

洋弓(양궁)　洋式(양식)　洋藥(양약)
洋屋(양옥)　洋銀(양은)　洋裝(양장)
芒洋(망양)　遠洋(원양)　海洋(해양)

뜻풀이
芒洋(망양) : 끝이 보이지 않는 넓은 바다
遠洋(원양) : 육지와 멀리 떨어진 큰 바다

養 (5급II)

기를 양:
食　총15획

養 養 養 養 養 養 養 養 養 養 養 養 養 養 養

養豚(양돈)　養蜂(양봉)　養分(양분)
養育(양육)　養蠶(양잠)　教養(교양)
培養(배양)　奉養(봉양)　扶養(부양)
素養(소양)　療養(요양)　滋養(자양)

한 손에 채찍을 잡고 양(羊)에게 먹을(食) 것을 주면서 기르는 것을 나타내어 '기르다'의 뜻을 가지게 되었다.

뜻풀이
療養(요양): 휴양하면서 병을 치료함
滋養(자양): 영양을 주어 기능을 회복함

樣 (4급)

모양 양
木　총15획

樣 樣 樣 樣 樣 樣 樣 樣 樣 樣 樣 樣 樣 樣 樣

樣相(양상)　樣式(양식)　樣態(양태)
各樣(각양)　多樣(다양)　每樣(매양)
模樣(모양)　文樣(문양)

본래 잎이 양(羊)의 창자처럼 구불구불 갔(永) 나무(木)의 모습이나 나중에 '모양'의 뜻을 가지게 되었다.

뜻풀이
樣相(양상): 모양이나 상태
樣態(양태): 사물이 존재하는 모습

魚 (5급)

고기/물고기 어
魚　총11획

魚 魚 魚 魚 魚 魚 魚 魚 魚 魚 魚

魚梁(어량)　魚雷(어뢰)　魚類(어류)
魚網(어망)　大魚(대어)　長魚(장어)
銀魚(은어)　人魚(인어)　活魚(활어)
乾魚物(건어물)

물고기의 머리와 몸통, 꼬리지느러미의 모습으로 '물고기'를 뜻한다.

뜻풀이
魚雷(어뢰): 잠수함, 군함, 비행기 등에서 발사하는 물고기 모양의 수중 폭발물
乾魚物(건어물): 생선이나 조개류 등을 말린 식품

漁 (5급)

고기잡을 어
水　총14획

漁 漁 漁 漁 漁 漁 漁 漁 漁 漁 漁 漁 漁 漁

漁網(어망)　漁夫(어부)　漁船(어선)
漁業(어업)　漁場(어장)　漁村(어촌)
漁港(어항)　漁獲(어획)　出漁(출어)
漁父之利(어부지리)

물(氵) 속에 사는 물고기(魚)를 잡는 것을 나타내어 '고기잡다'의 뜻을 가지게 되었다.

뜻풀이
漁場(어장): 풍부한 수산 자원이 있고 어업이 가능한 곳
漁獲(어획): 수산물을 잡거나 채취함

於 (3급)

어조사 어/탄식할 오
方　총8획

於 於 於 於 於 於 於 於

於呼(오호)　於戲(오희)
於是乎(어시호)　於焉間(어언간)
於中間(어중간)　於此彼(어차피)
青出於藍(청출어람)

본래 까마귀가 나는 모습을 나타내었으나 까마귀의 울음소리에서 '오'의 감탄사로 쓰이게 되어 '탄식하다'의 뜻을 가지게 되었다. 또한 '어조사'의 뜻으로도 쓰이게 되었다.

뜻풀이
於呼(오호): 슬플 때 또는 탄식할 때 내는 소리
於焉間(어언간): 알지 못하는 동안에 어느덧

語 (7급)

말씀 어:
言　총14획

語 語 語 語 語 語 語 語 語 語 語 語 語 語

語幹(어간)　語錄(어록)　敬語(경어)
熟語(숙어)　述語(술어)　略語(약어)
隱語(은어)　標語(표어)
新造語(신조어)

吾에 言이 더해진 글자로 여기서 吾(오)는 발음기호의 역할을 하는데 나중에 음이 오에서 어로 변하였다. 言으로써 말과 관련됨을 알 수 있으니 語는 '말씀'을 뜻한다.

뜻풀이
標語(표어): 주장 등을 간결하게 나타낸 짧은 어구
新造語(신조어): 새로 생긴 말

人一十之 己讀百之 (남보다 몇 배의 노력을 해야 뛰어날 수 있다.)

御

3급Ⅱ

필순: 御御御御御御御御御御御

거느릴 어:
彳 총11획

御命(어명) 御使(어사) 御殿(어전)
制御(제어) 御史花(어사화)

마차를 몰고 가다가(彳) 멈추고 메었던 멍에를 푸는(卸) 것을 나타내어 마차를 '거느리다'의 뜻을 가지게 되었다.

뜻풀이
制御(제어) : 억눌러서 다스림
御賜花(어사화) : 조선 시대에 과거 급제자에게 임금이 하사하던 종이꽃

抑

3급Ⅱ

필순: 抑抑抑抑抑抑抑

누를 억
手 총7획

抑留(억류) 抑壓(억압) 抑揚(억양)
抑鬱(억울) 抑制(억제) 抑止(억지)
沮抑(저억) 抑何心情(억하심정)

여기서 卬은 印이 변한 것으로, 손(扌)으로 도장(印)을 누르는 것을 나타내어 '누르다'의 뜻을 가지게 되었다.

뜻풀이
抑留(억류) : 잡아 둠
抑制(억제) : 어떤 현상의 정도가 성해지지 않도록 억눌러서 제지함

億

5급

필순: 億億億億億億億億億億億億億億億

억 억
人 총15획

億臺(억대) 億丈(억장)
億萬長者(억만장자)
億兆蒼生(억조창생)

본래 일이 사람(亻)의 뜻(意)대로 잘 이루어져 마음이 편안함을 나타내었으나 나중에 수사로 쓰여 '억'을 뜻하게 되었다.

뜻풀이
億丈(억장) : 썩 높은 것
億兆蒼生(억조창생) : 수많은 백성

憶

3급Ⅱ

필순: 憶憶憶憶憶憶憶憶憶憶憶憶憶憶憶憶

생각할 억
心 총16획

憶昔(억석) 記憶(기억) 追憶(추억)

마음(忄)에 간직했던 뜻(意)을 항상 생각함을 나타내어 '생각하다'의 뜻을 가지게 되었다.

뜻풀이
追憶(추억) : 이미 지나간 일을 돌이켜서 생각함

焉

3급

필순: 焉焉焉焉焉焉焉焉焉焉焉

어찌 언
火 총11획

終焉(종언) 於焉間(어언간)
焉敢生心(언감생심)

본래 새의 모습으로 노랑까마귀를 나타내었으나 나중에 의문을 나타내는 어조사인 '어찌'의 뜻으로 쓰이게 되었다.

뜻풀이
終焉(종언) : 없어지거나 죽어서 존재가 사라지게 됨
焉敢生心(언감생심) : 어찌 감히 그런 마음이 생길 수 있겠느냐는, 즉 전혀 그런 마음이 없음을 이르는 말

言

6급

필순: 言言言言言言言

말씀 언
言 총7획

言及(언급) 言論(언론) 言文(언문)
言辯(언변) 言辭(언사) 宣言(선언)
豫言(예언) 名言(명언) 遺言(유언)
提言(제언) 證言(증언) 暴言(폭언)

입에서 길게 내민 혀와 입의 모습을 나타내어 '말씀'의 뜻을 가지게 되었다.

뜻풀이
言及(언급) : 어떤 문제에 관하여 말함
言辭(언사) : 말이나 말씨

嚴 (4급)

필순: 嚴嚴嚴嚴嚴嚴嚴嚴嚴嚴嚴嚴嚴嚴嚴

엄할 엄
口 총20획

嚴禁(엄금) 嚴密(엄밀) 嚴罰(엄벌)
嚴選(엄선) 嚴守(엄수) 嚴肅(엄숙)
戒嚴(계엄) 謹嚴(근엄) 威嚴(위엄)
尊嚴(존엄) 峻嚴(준엄)

감히(敢) 우러러볼 수 없을 정도로 높은 산의 언덕(厂)에 바위(吅)들이 많은 모습으로 그 위엄이 엄한 것을 나타내어 '엄하다'의 뜻을 가지게 되었다.

뜻풀이
嚴密(엄밀) : 조금의 잘못이라도 용납이 되지 않을 정도로 엄격하고 세밀함
戒嚴(계엄) : 국가의 비상사태에 일정한 지역을 병력으로 경계하여 군이 다스리는 것

業 (6급II)

필순: 業業業業業業業業業業業業業

업 업
木 총13획

業績(업적) 企業(기업) 營業(영업)
家業(가업) 轉業(전업) 職業(직업)
創業(창업) 罷業(파업) 霸業(패업)
協業(협업) 公企業(공기업)

본래 무성한 풀과 같은 장식을 한 종이나 경쇠를 거는 널빤지의 모습을 나타냈다. 나중에 널빤지에 무늬 새기는 일을 의미하여 '일'의 뜻으로 쓰이게 되었다.

뜻풀이
轉業(전업) : 본래의 직업을 바꿈
公企業(공기업) : 사회 공공복리의 증진을 위하여 국가나 지방 자치 단체가 경영하는 기업

予 (3급)

필순: 予予予予

나 여
亅 총4획

予曰(여왈) 予奪(여탈)
欲取先予(욕취선여)

본래 베틀의 부속품인 북의 모습으로 베틀의 씨실을 자유로이 왔다 갔다 하게 하기 위한 기구이다. 씨실을 끼는 북을 오른쪽에서 왼편으로 보내기에 '주다'의 뜻을 가지게 되었고 나중에 '나'의 뜻으로도 쓰이게 되었다.

뜻풀이
予奪(여탈) : 주는 것과 빼앗는 것
欲取先予(욕취선여) : 얻으려면 먼저 주어야 함

余 (3급)

필순: 余余余余余余余

나 여
人 총7획

余等(여등) 余輩(여배)

본래 나무로 지붕을 받친 작은 집의 모습을 본뜬 것이나, 일인칭 대명사인 '나'의 뜻으로 쓰이게 되었다.

뜻풀이
余等(여등) : 우리
余輩(여배) : 우리 무리

餘 (4급II)

남을 여
食 총16획

餘暇(여가) 餘念(여념) 餘談(여담)
餘力(여력) 餘分(여분) 餘生(여생)
餘勢(여세) 餘韻(여운) 餘裕(여유)
餘波(여파) 餘恨(여한) 殘餘(잔여)

밥(食)이 남에게 줄 수 있을 만큼 남음(余)을 나타내어 '남다'는 뜻을 가지게 되었다.

뜻풀이
餘念(여념) : 생각하고 있는 일 이외의 다른 생각
餘韻(여운) : 아직 없어지지 않고 남아 있는 운치

如 (4급II)

필순: 如如如如如如

같을 여
女 총6획

如干(여간) 如斯(여사) 如前(여전)
如此(여차) 如何(여하) 缺如(결여)
何如(하여) 如反掌(여반장)

본래 여자(女)가 다른 사람의 말(口)에 순종하는 것을 나타내었으나 나중에 다른 사람의 뜻과 같게 한다는 것에서 '같다'의 뜻으로 쓰이게 되었다.

뜻풀이
如干(여간) : 보통이 아님
如反掌(여반장) : 일이 매우 쉬움

人一十之 己讀百之 (남보다 몇 배의 노력을 해야 뛰어날 수 있다.)

汝 (3급)

너 여: 水 총6획

필순: 汝汝汝汝汝汝

汝等(여등) 汝輩(여배)
汝矣島(여의도)

본래 중국에 있는 강 이름으로 나중에 '너'라는 2인칭 대명사로 쓰이게 되었다.

뜻풀이:
汝等(여등) : 너희
汝矣島(여의도) : 서울특별시 영등포구에 속해 있는 한강 가운데의 섬

與 (4급)

더불/줄 여: 臼 총14획

필순: 與與與與與與與與與與與與與與

與黨(여당) 與否(여부) 關與(관여)
寄與(기여) 貸與(대여) 附與(부여)
贈與(증여) 參與(참여) 許與(허여)

맞물려 있는 코끼리 상아(牙)를 위에서 양손(臼)으로 집어올리고 아래에서 양손(廾)으로 끌어올리면서 서로 건네주는 것을 나타내어 '더불다. 주다'의 뜻을 가지게 되었다.

뜻풀이:
關與(관여) : 어떤 일에 관계하여 참여함
贈與(증여) : 물품 등을 선물로 줌

輿 (3급)

수레 여: 車 총17획

필순: 輿輿輿輿輿輿輿輿輿輿輿輿輿輿輿輿輿

輿論(여론) 藍輿(남여) 喪輿(상여)
大東輿地圖(대동여지도)

물건을 위에서 양손(臼)으로 집어올리고 아래에서 양손(廾)으로 끌어올려 수레(車)에 싣는 것을 나타내어 '수레'의 뜻을 가지게 되었다.

뜻풀이:
輿論(여론) : 대중의 공통된 의견
喪輿(상여) : 죽은 사람의 시체를 실어서 묘지까지 운반하는 가마와 같은 것

亦 (3급II)

또 역: 亠 총6획

필순: 亦亦亦亦亦亦

亦是(역시) 亦然(역연)
吾亦不知(오역부지)

사람의 양쪽 겨드랑이를 본뜬 글자로 양쪽의 두 점은 양쪽 겨드랑이를 가리킨다. 한쪽이 아닌 양쪽이기에 '또'의 뜻을 가지게 되었다.

뜻풀이:
亦是(역시) : 또한. 생각했던 것과 같이
亦然(역연) : 또한 그러함

役 (3급II)

부릴 역: 彳 총7획

필순: 役役役役役役役

役割(역할) 苦役(고역) 雇役(고역)
勞役(노역) 端役(단역) 服役(복역)
傭役(용역) 轉役(전역) 懲役(징역)
荷役(하역)

무기(殳)를 손에 잡고 변방을 지키러 가는(彳) 것을 나타내어 일을 시키는 '부리다'의 뜻을 가지게 되었다.

뜻풀이:
苦役(고역) : 매우 힘들고 고된 일
懲役(징역) : 죄인을 교도소로 불러 공공의 일을 시킴

疫 (3급II)

전염병 역: 疒 총9획

필순: 疫疫疫疫疫疫疫疫疫

疫鬼(역귀) 疫病(역병) 疫神(역신)
疫疾(역질) 檢疫(검역) 免疫(면역)
防疫(방역) 紅疫(홍역)

창(殳)을 들고 빠른 속도로 쳐들어오는 적과 같이 빠르게 침투되는 병(疒)인 '전염병'을 뜻한다.

뜻풀이:
疫疾(역질) : 천연두
防疫(방역) : 전염병이 발생하지 않도록 미리 막음

易

4급 바꿀 역/쉬울 이:
日 총8획

易易易易易易易易

필수
易經(역경) 易學(역학) 交易(교역)
貿易(무역) 周易(주역) 簡易(간이)
安易(안이) 容易(용이) 便易(편이)
平易(평이) 易地思之(역지사지)

뜻풀이
交易(교역): 서로 물건을 사고파는 일
安易(안이): 너무 쉽게 여기는 태도나 경향이 있음

도마뱀의 머리와 네 발의 모습으로 도마뱀은 주위의 환경에 따라서 몸의 색이 변하기에 '바꾸다'의 뜻을 가지게 되었다. 또한 색이 쉽게 바뀌기에 '쉽다'의 뜻으로도 쓰이게 되었고 이때는 이라고 읽는다.

逆

4급Ⅱ 거스를 역
辶 총10획

逆逆逆逆逆逆逆逆逆逆

필수
逆境(역경) 逆流(역류) 逆謀(역모)
逆順(역순) 逆襲(역습) 逆賊(역적)
逆轉(역전) 逆戰(역전) 拒逆(거역)
莫逆(막역) 叛逆(반역)

뜻풀이
逆境(역경): 일이 순조롭지 않아서 어렵게 된 처지
逆轉(역전): 일의 형세가 뒤집힘

거꾸로 서서(屰) 천천히 가는(辶) 모습으로 바로 가는 것을 거슬렀음을 나타내어 '거스르다'의 뜻을 가지게 되었다.

譯

3급Ⅱ 번역할 역
言 총20획

譯譯譯譯譯譯譯譯譯譯譯譯譯譯譯譯譯

필수
譯者(역자) 飜譯(번역) 完譯(완역)
意譯(의역) 直譯(직역) 抄譯(초역)
通譯(통역)

뜻풀이
意譯(의역): 원문의 단어에 얽매이지 않고 전체의 뜻을 살려서 번역함
通譯(통역): 말이 서로 통하지 않는 사람들 사이에서 뜻이 통하도록 말을 옮김

다른 나라의 말(言)을 자국의 말로 바꾸는(睪) 것을 나타내어 '번역하다'의 뜻을 가지게 되었다.

驛

3급Ⅱ 역 역
馬 총23획

驛驛驛驛驛驛驛驛驛驛驛驛驛驛驛驛驛驛驛

필수
驛館(역관) 驛馬(역마) 驛舍(역사)
驛長(역장) 驛前(역전)
驛務員(역무원) 驛勢圈(역세권)

뜻풀이
驛舍(역사): 역으로 사용하는 건물
驛勢圈(역세권): 기차나 지하철역을 이용하는 주변 거주자의 분포 범위

말(馬)을 갈아(睪) 타는 곳인 '역'을 뜻한다.

##

4급 지경 역
土 총11획

域域域域域域域域域域

필수
疆域(강역) 廣域(광역) 區域(구역)
權域(근역) 聖域(성역) 領域(영역)
流域(유역) 音域(음역) 異域(이역)
地域(지역)

뜻풀이
廣域(광역): 넓은 구역이나 범위
流域(유역): 강물이 흐르는 언저리

외부의 공격으로부터 나라(口)를 지키기 위해서 장애물(一)을 두르고 긴 창(戈)을 잡고서 경계가 되는 땅(土) 위에 서 있는 것을 나타내어 '지경'의 뜻을 가지게 되었다.

##

4급Ⅱ 갈 연:
石 총11획

研研研研研研研研研研

필수
研究(연구) 研磨(연마) 研修(연수)
研鑽(연찬) 磨研材(마연재)

뜻풀이
研磨(연마): 학문 등을 배우고 닦음
研鑽(연찬): 학문 등을 깊이 연구함

방패 두 개(幵)를 나란히 세운 면이 평평하듯이 돌(石)을 평평하게 가는 것을 나타내어 '갈다'의 뜻을 가지게 되었다.

人一十之 己讀百之 (남보다 몇 배의 노력을 해야 뛰어날 수 있다.)

宴

3급Ⅱ 필순: 宴宴宴宴宴宴宴宴宴宴

잔치 연:
宀 총10획

宴會(연회) 甲宴(갑연) 慶宴(경연)
酒宴(주연) 祝賀宴(축하연)

여자(女)가 집(宀)에서 해(日)처럼 둥근 쟁반을 들고 편안하게 잔치를 즐기는 것을 나타내어 '잔치'의 뜻을 가지게 되었다.

뜻풀이
宴會(연회) : 축하, 환영, 이별 등을 위하여 여러 사람이 모여서 베푸는 잔치
酒宴(주연) : 술을 마시며 즐기는 잔치

延

4급 필순: 延延延延延延延

늘일 연
廴 총7획

延期(연기) 延命(연명) 延長(연장)
延接(연접) 延着(연착) 延滯(연체)
遲延(지연)

발을 질질 끌면서 (丿) 길(廴)을 천천히 걷고(止) 있는 것을 나타내어 '늘이다'의 뜻을 가지게 되었다.

뜻풀이
延命(연명) : 목숨을 겨우 이어가며 삶
遲延(지연) : 일을 더디게 끌어서 시간을 늦춤

沿

3급Ⅱ 필순: 沿沿沿沿沿沿沿沿

물따라갈/따를 연(:)
水 총8획

沿邊(연변) 沿岸(연안) 沿海(연해)
沿革(연혁)

물(氵)이 움푹 팬 산 속의 늪(㕣)을 지나 내려가는 것을 나타내어 '물 따르다, 따르다'의 뜻을 가지게 되었다.

뜻풀이
沿邊(연변) : 철도나 도로 등을 끼고 따라가는 언저리 일대
沿革(연혁) : 지금까지 발전해 온 과정

鉛

4급 필순: 鉛鉛鉛鉛鉛鉛鉛鉛鉛鉛鉛鉛鉛

납 연
金 총13획

鉛毒(연독) 鉛筆(연필) 鉛丸(연환)
亞鉛(아연) 黑鉛(흑연)

산 속 늪(㕣)과 같이 검푸른 금속(金)인 '납'의 뜻을 가지게 되었다.

뜻풀이
鉛丸(연환) : 납으로 만든 총알
黑鉛(흑연) : 순수한 탄소로 구성된 광물의 하나

演

4급Ⅱ 필순: 演演演演演演演演演演演演演演

펼 연:
水 총14획

演劇(연극) 演技(연기) 演士(연사)
演說(연설) 演藝(연예) 演義(연의)
演奏(연주) 講演(강연) 競演(경연)
試演(시연) 協演(협연)

물(氵)이 동방(寅)에 널리 흐르듯이 자신이 생각한 것을 널리 펼치는 것을 나타내어 '펴다'의 뜻을 가지게 되었다.

뜻풀이
演說(연설) : 여러 사람 앞에서 자기의 의견을 진술함
演義(연의) : 어떤 사실을 이해하기 쉽도록 설명을 덧붙여서 재미있게 진술함

煙

4급Ⅱ 필순: 煙煙煙煙煙煙煙煙煙煙煙煙煙

연기 연
火 총13획

煙氣(연기) 煙突(연돌) 煙草(연초)
禁煙(금연) 吸煙(흡연)

불(火)을 피움에 아궁이가 막혀서(垔) 연기가 자욱이 퍼짐을 나타내어 '연기'의 뜻을 가지게 되었다.

뜻풀이
禁煙(금연) : 담배 피우는 것을 금함
吸煙(흡연) : 담배를 피움

然

7급

그럴 연
火　총12획

본래 개(犬)의 고기(月 = 肉)를 불(灬)에 태우는 모습으로 '타다'를 뜻하였으나 나중에 '그러하다'의 뜻으로 쓰이게 되었다.

필순
然然然然然然然然然然然然

當然(당연) 突然(돌연) 漠然(막연)
釋然(석연) 雖然(수연) 肅然(숙연)
鬱然(울연) 隱然(은연) 悽然(처연)
超然(초연)

뜻풀이
突然(돌연) : 예상하지 못한 사이에 급히
釋然(석연) : 의심 없이 분명함

燃

4급

탈 연
火　총16획

타다의 원뜻을 가진 然이 '그러하다'의 뜻으로 쓰이게 되면서 본래의 뜻을 보존하기 위해서 火를 더해 '타다'의 뜻을 가지게 되었다.

필순
燃燃燃燃燃燃燃燃燃燃燃燃燃燃燃燃

燃燈(연등) 燃爐(연로) 燃料(연료)
燃費(연비) 燃燒(연소)
可燃性(가연성)

뜻풀이
燃燈(연등) : 석가모니의 탄신일을 축하하는 의미로 만든 등
燃費(연비) : 자동차가 단위 주행 거리 당 소비하는 연료의 양

燕

3급Ⅱ

제비 연(ː)
火　총16획

제비가 나는 모습으로 '제비'를 뜻한다.

필순
燕燕燕燕燕燕燕燕燕燕燕燕燕

燕京(연경) 燕尾服(연미복)

뜻풀이
燕尾服(연미복) : 남자용 서양 예복

緣

4급

인연 연
糸　총15획

옷 가장자리에 실(糸)로 선을 둘러서 옷감(彖)이 서로 연결되도록 한 깃처럼 인연이 맺어짐을 나타내어 '인연'의 뜻을 가지게 되었다.

필순
緣緣緣緣緣緣緣緣緣緣緣緣緣緣緣

緣故(연고) 緣由(연유) 結緣(결연)
惡緣(악연) 因緣(인연) 絶緣(절연)
血緣(혈연)

뜻풀이
緣故(연고) : 어떠한 인연을 통해서 맺어진 관계
緣由(연유) : 일의 까닭

軟

3급Ⅱ

연할 연ː
車　총11획

부드럽게(欠) 움직이는 수레(車)를 나타내어 '연하다'의 뜻을 가지게 되었다.

필순
軟軟軟軟軟軟軟軟軟

軟骨(연골) 軟弱(연약) 軟質(연질)
軟化(연화) 柔軟(유연)
柔軟性(유연성)

뜻풀이
軟弱(연약) : 무르고 약함
柔軟性(유연성) : 딱딱하지 않고 부드러운 성질

悅

3급Ⅱ

기쁠 열
心　총10획

큰소리를 지르며 기쁨의 기를 발산하는 사람(兌)의 기쁜 마음(忄)을 나타내어 '기쁘다'의 뜻을 가지게 되었다.

필순
悅悅悅悅悅悅悅悅悅悅

悅口(열구) 悅樂(열락) 悅色(열색)
法悅(법열) 悟悅(오열) 喜悅(희열)

뜻풀이
悅口(열구) : 음식이 입에 맞음
喜悅(희열) : 기뻐하고 즐거워함

人一十之 己讀百之 (남보다 몇 배의 노력을 해야 뛰어날 수 있다.)

閱

3급

필순: 閱閱閱閱閱門門門門門門門門閱閱

볼 열
門 총15획

閱讀(열독) 閱覽(열람) 檢閱(검열)
校閱(교열)

대문(門) 앞에서 자식을 기다리던 어머니가 자식이 들어오는 것을 보고 기뻐하는(兌) 모습을 나타내어 '보다'의 뜻을 가지게 되었다.

뜻풀이
閱覽(열람): 책이나 문서 등을 죽 훑어봄
檢閱(검열): 하나하나 살펴봄

熱

5급

필순: 熱熱熱熱熱熱熱熱熱熱熱熱熱熱熱

더울 열
火 총15획

熱狂(열광) 熱帶(열대) 熱望(열망)
熱誠(열성) 熱演(열연) 熱意(열의)
熱戰(열전) 耐熱(내열) 斷熱(단열)
微熱(미열) 斷熱材(단열재)

심은 초목(埶)을 불태워서(灬 = 火) 뜨거움을 나타내어 '덥다'의 뜻을 가지게 되었다.

뜻풀이
熱意(열의): 어떤 일을 이루기 열정을 다함
斷熱材(단열재): 보온이나 열을 차단할 목적으로 사용하는 재료

染

3급Ⅱ

필순: 染染染染染染染染染

물들 염:
木 총9획

染料(염료) 染色(염색) 感染(감염)
汚染(오염) 傳染(전염)

옷감을 물들이기 위해서 나무(木)나 그 나무 열매의 즙(氵)에 몇 번씩이나(九) 되풀이해서 넣음을 나타내어 '물들이다'의 뜻을 가지게 되었다.

뜻풀이
漸染(점염): 조금씩 번져서 물듦
染着性(염착성): 실이나 천에 물이 잘 드는 성질

炎

3급Ⅱ

필순: 炎炎炎炎炎炎炎炎

불꽃 염
火 총8획

炎症(염증) 肝炎(간염) 腦炎(뇌염)
鼻炎(비염) 胃炎(위염) 肺炎(폐렴)
暴炎(폭염)

火가 두 개 쓰여(炎) 火보다 더 활활 타오르는 불길의 모습을 나타내어 타는 불에서 일어나는 '불꽃'의 뜻을 가지게 되었다.

뜻풀이
炎蒸(염증): 찌는 듯한 더위
炎天(염천): 몹시 더운 날씨

鹽

3급Ⅱ

필순: 鹽鹽鹽鹽鹽鹽鹽鹽鹽鹽鹽鹽鹽鹽鹽鹽鹽鹽鹽鹽鹽鹽鹽鹽

소금 염
鹵 총24획

鹽度(염도) 鹽酸(염산) 鹽素(염소)
鹽田(염전) 竹鹽(죽염)
食鹽水(식염수)

소금밭(鹵)에 바닷물을 끌어와서 잘 관리하고 살펴서(監) 만들어낸 '소금'을 나타내는 글자이다.

뜻풀이
鹽化(염화): 다른 물질이 염소와 화합하는 현상
巖鹽(암염): 지하에서 천연으로 나는 소금

葉

5급

필순: 葉葉葉葉葉葉葉葉葉葉葉葉葉

잎 엽
艸 총13획

葉書(엽서) 葉錢(엽전) 枯葉(고엽)
落葉(낙엽) 松葉(송엽) 枝葉(지엽)
葉綠素(엽록소)

나무(木)에 달린 나뭇잎(艹)의 모습을 나타내어 '잎'의 뜻을 가지게 되었다.

뜻풀이
枯葉(고엽): 마른 잎
葉綠素(엽록소): 엽록체 안의 녹색 색소로 광합성 작용을 함

影

3급Ⅱ
그림자 영
彡 총15획

필수: 影影影影影影影影影影影影影影影

影像(영상) 影響(영향) 陰影(음영)
殘影(잔영) 眞影(진영) 投影(투영)
幻影(환영)

높은 건물(京) 위에 떠있는 해(日)의 빛이 퍼져서(彡) 건물 아래로 그림자가 생기는 것을 나타내어 '그림자'의 뜻을 가지게 되었다.

뜻풀이
影響(영향): 어떤 사물이나 사람의 성질이 다른 사물이나 사람에 미쳐 반응이나 변화를 주는 일

永

6급
길 영
水 총5획

필수: 永永永永永

永久(영구) 永眠(영면) 永世(영세)
永續(영속) 永永(영영) 永遠(영원)
永住(영주)

여러 갈래로 흐르는 물줄기의 모습이다. 水 위의 꺾어진 부분과 丶가 물줄기가 갈라지는 부분으로 이 부분의 길이가 길기에 '길다'의 뜻을 가지게 되었다.

뜻풀이
永世(영세): 오래된 세월
永續(영속): 영원토록 계속됨

泳

3급
헤엄칠 영
水 총8획

필수: 泳泳泳泳泳泳泳泳

背泳(배영) 水泳(수영) 遊泳(유영)
潛泳(잠영) 蝶泳(접영) 平泳(평영)
混泳(혼영)

永에 氵가 더해진 글자로 여기서 永(영)은 발음기호의 역할을 한다. 물(氵)에서 헤엄치는 것으로 '헤엄치다'의 뜻을 가지게 되었다.

뜻풀이
競泳(경영): 수영 실력을 겨룸
遊泳(유영): 헤엄치며 놂

詠

3급
읊을 영
言 총12획

필수: 詠詠詠詠詠詠詠詠詠詠詠詠

詠歌(영가) 詠詩(영시) 詠唱(영창)
詠懷(영회) 吟詠(음영)

永에 言이 더해진 글자로 여기서 永(영)은 발음기호의 역할을 한다. 말소리(言)를 길게(永) 빼서 읊는 것을 나타내어 '읊다'의 뜻을 가지게 되었다.

뜻풀이
詠懷(영회): 마음속으로 생각하고 있던 것을 시가로 읊음
吟詠(음영): 시가를 읊음

英

6급
꽃부리 영
艸 총9획

필수: 英英英英英英英英英

英傑(영걸) 英敏(영민) 英詩(영시)
英雄(영웅) 英材(영재) 英特(영특)

화초(艹)에서 가장 아름답게 보이는 중심부(央)인 '꽃부리'를 뜻한다.

뜻풀이
英敏(영민): 영특하고 민첩함
英特(영특): 특별히 뛰어나고 훌륭함

映

4급
비칠 영(:)
日 총9획

필수: 映映映映映映映映映

映寫(영사) 映窓(영창) 映畫(영화)
反映(반영) 放映(방영) 上映(상영)
終映(종영) 透映(투영)
動映像(동영상)

해(日)가 하늘 한 가운데(央)에서 밝게 비추고 있음을 나타내어 '비치다'의 뜻을 가지게 되었다.

뜻풀이
映窓(영창): 방과 마루 사이에 낸 미닫이 문
透映(투영): 속이 환하게 비쳐 보임

人一十之 己讀百之(남보다 몇 배의 노력을 해야 뛰어날 수 있다.)

榮 (4급II)

영화 영
木 총14획

榮光(영광) 榮達(영달) 榮譽(영예)
榮辱(영욕) 榮轉(영전) 榮華(영화)
繁榮(번영) 虛榮(허영)

두 개의 햇불을 엇걸어 세운 화톳불(熒)에 땔감으로 사용되는 나무(木)를 넣어서 불길이 더욱 세차게 일어나게 함을 나타내어 '영화'의 뜻을 가지게 되었다.

뜻풀이
榮達(영달) : 지위가 높고 귀하게 됨
榮轉(영전) : 이전보다 더 좋은 자리로 옮김

營 (4급)

경영할 영
火 총17획

營業(영업) 官營(관영) 運營(운영)
直營(직영) 陣營(진영) 脫營(탈영)

여러 개의 방들이 이어져 있는 집(宮) 주위에 화톳불(火)을 밝히고 집안을 다스리는 것을 나타내어 '경영하다'의 뜻을 가지게 되었다.

뜻풀이
營爲(영위) : 어떤 일을 해 나감
經營(경영) : 기업이나 사업을 꾸려 운영함

迎 (4급)

맞을 영
辶 총8획

迎卜(영복) 迎聘(영빙) 迎入(영입)
迎接(영접) 迎合(영합) 歡迎(환영)

길에 나아가서(辶) 찾아오는 손님을 우러러(卬) 맞이하는 것을 나타내어 '맞다'의 뜻을 가지게 되었다.

뜻풀이
迎接(영접) : 손님을 맞아서 대접하는 것
迎合(영합) : 개인의 이익을 위하여 아첨하며 따름

藝 (4급II)

재주 예
艹 총19획

藝能(예능) 藝術(예술) 曲藝(곡예)
技藝(기예) 陶藝(도예) 武藝(무예)
書藝(서예) 演藝(연예) 園藝(원예)

손에 나무를 심기 위한 토양을 쥔 모습의 埶와 김매다의 뜻을 가진 芸이 더해져 만들어진 글자로 원예 기술을 나타내어 '재주'의 뜻을 가지게 되었다.

뜻풀이
曲藝(곡예) : 줄타기, 재주넘기 등 고도의 훈련을 통해 익힌 여러 가지 재주의 총칭
技藝(기예) : 갈고 닦아 예술이라 볼 수 있는 재주

譽 (3급II)

기릴/명예 예:
言 총21획

譽聲(예성) 譽言(예언) 名譽(명예)
榮譽(영예)

양손을 모아 물건을 위에서 집어 올리고 아래에서 끌어올리는(舁) 것처럼 말(言)로써 사람을 들어 올려 칭찬하는 '기리다, 명예'의 뜻을 가지게 되었다.

뜻풀이
譽言(예언) : 남을 칭송하여 기리는 말
榮譽(영예) : 영화로운 명예

豫 (4급)

미리 예:
豕 총16획

豫買(예매) 豫防(예방) 豫備(예비)
豫選(예선) 豫習(예습) 豫審(예심)
豫約(예약) 豫程(예정) 豫測(예측)
豫託(예탁)

코끼리(象)는 자신이 죽을 때를 미리 알고 죽을 자리를 찾아간 후 편안해지는(予) 것에서 '미리'의 뜻을 가지게 되었다.

뜻풀이
豫報(예보) : 앞으로의 일을 추측하여 미리 알림
豫測(예측) : 앞으로의 일을 미리 추측함

銳 (3급)

銳銳銳銳銳銳銳銳銳銳銳銳銳銳銳

날카로울 예:
金　총15획

銳角(예각)　銳利(예리)　銳敏(예민)
銳智(예지)　新銳(신예)　精銳(정예)
尖銳(첨예)

쇠(金)의 끝을 깎아서 날카롭게(兌) 만드는 것을 나타내어 '날카롭다'의 뜻을 가지게 되었다.

뜻풀이
銳敏(예민): 분석과 판단 능력이 빠르고 뛰어남
新銳(신예): 새로 나타나서 기세나 힘이 뛰어남

五 (8급)

五五五五

다섯 오:
二　총4획

五經(오경)　五戒(오계)　五穀(오곡)
五倫(오륜)　五輪(오륜)　五福(오복)
五帝(오제)　五霸(오패)

천지(二)간에 번갈아(乂) 작용하는 木·火·土·金·水 다섯 가지를 나타내어 '다섯'의 뜻을 가지게 되었다. 다섯 가지가 교차하기에 乂의 모습이었으나 나중에 五로 변화하였다.

뜻풀이
五常(오상): 인, 의, 예, 지, 신의 다섯 가지 덕
五體(오체): 사람의 온몸

吾 (3급)

吾吾吾吾吾吾吾

나 오:
口　총7획

吾家(오가)　吾君(오군)　吾等(오등)
吾門(오문)　吾兄(오형)　眞吾(진오)

다섯(五) 손가락이 있는 한 손으로 자기를 가리키며 말하는(口) 것을 나타내어 '나'라는 1인칭 대명사로 쓰이게 되었다.

뜻풀이
吾等(오등): 우리
眞吾(진오): 참된 나의 모습

悟 (3급Ⅱ)

悟悟悟悟悟悟悟悟悟

깨달을 오:
心　총10획

悟達(오달)　悟得(오득)　覺悟(각오)
大悟(대오)　頓悟(돈오)　悔悟(회오)

吾에 忄이 더해진 글자로 여기서 吾(오)는 발음기호의 역할을 한다. 忄으로써 마음의 상태와 관련됨을 알 수 있으니 마음으로 깨달음을 얻은 상태인 '깨닫다'를 뜻한다.

뜻풀이
頓悟(돈오): 문득 깨닫게 됨
悔悟(회오): 잘못을 뉘우치고 깨달음

傲 (3급)

傲傲傲傲傲傲傲傲傲傲傲傲

거만할 오:
人　총13획

傲氣(오기)　傲慢(오만)　傲色(오색)
傲視(오시)　傲然(오연)

밖으로 나가서(土) 다른 일은 제쳐두고(放) 자유로이 노는 사람(亻)을 나타내어 '거만하다'의 뜻을 가지게 되었다.

뜻풀이
傲色(오색): 거만한 기색
傲然(오연): 거만하게 보일 정도로 담담함

午 (7급Ⅱ)

午午午午

낮 오:
十　총4획

午前(오전)　午餐(오찬)　午後(오후)
端午(단오)　正午(정오)

쌀을 빻는 절굿공이의 모습으로 절굿공이를 세워서 그 해 그림자로 낮임을 알아 '낮'의 뜻을 가지게 되었다.

뜻풀이
午餐(오찬): 손님을 대접하기 위해 평소보다 잘 차린 점심 식사
端午(단오): 음력 5월 5일에 지내는 우리나라 명절의 하나

人一十之 己讀百之(남보다 몇 배의 노력을 해야 뛰어날 수 있다.)

娛 (3급)

娛 娛 娛 娛 娛 娛 娛 娛 娛 娛

즐길 오:
女 총10획

娛樂(오락) 娛遊(오유) 娛嬉(오희)
歡娛(환오) 娛樂(오락)
娛樂室(오락실)오락실

고개를 살짝 기울이고 사뿐히 걷는 (吳) 여자(女)의 모습을 보면서 즐거워함을 나타내어 '즐기다'의 뜻을 가지게 되었다.

뜻풀이
娛遊(오유) : 즐기며 놂
娛嬉(오희) : 즐거워하고 기뻐함

誤 (4급II)

誤 誤 誤 誤 誤 誤 誤 誤 誤 誤 誤 誤 誤 誤

그르칠 오:
言 총14획

誤謬(오류) 誤報(오보) 誤算(오산)
誤審(오심) 誤認(오인) 誤診(오진)
誤差(오차) 誤判(오판) 誤解(오해)

바르게 서서 윗사람의 말(言)을 듣지 못하고 고개를 삐딱하게 기울인 (吳) 것이 잘못된 것임을 나타내어 '그르치다'의 뜻을 가지게 되었다.

뜻풀이
誤診(오진) : 진단을 잘못함
錯誤(착오) : 착각을 하여 잘못함

烏 (3급II)

烏 烏 烏 烏 烏 烏 烏 烏 烏 烏

까마귀 오
火 총10획

烏有(오유) 烏合(오합) 烏呼(오호)
金烏(금오) 烏骨鷄(오골계)
烏竹軒(오죽헌) 烏合之卒(오합지졸)

까마귀는 몸이 검기에 눈을 구분하기 어려워 鳥에서 한 획을 생략하여 '까마귀'를 나타내었다.

뜻풀이
烏有(오유) : 있던 것이 없던 것으로 됨
烏竹軒(오죽헌) : 강원도 강릉시에 있는 이율곡의 생가

嗚 (3급)

嗚 嗚 嗚 嗚 嗚 嗚 嗚 嗚 嗚 嗚 嗚 嗚 嗚

슬플 오
口 총13획

嗚泣(오읍) 嗚呼(오호)
嗚呼哀哉(오호애재)
嗚呼痛哉(오호통재)

입(口)으로 탄식하며 내는 소리(烏)가 슬픈 것을 나타내어 '슬프다'의 뜻을 가지게 되었다.

뜻풀이
嗚泣(오읍) : 목이 메이게 욺
嗚呼(오호) : 슬플 때나 탄식할 때 내는 소리

汚 (3급)

汚 汚 汚 汚 汚 汚

더러울 오:
水 총6획

汚名(오명) 汚物(오물) 汚染(오염)
汚辱(오욕) 汚點(오점) 汚池(오지)
貪官汚吏(탐관오리)

움푹 파인(亏) 웅덩이에 고인 물(氵)은 더러워지기에 '더럽다'의 뜻을 가지게 되었다.

뜻풀이
汚點(오점) : 불명예스러운 흠이나 결점
汚名(오명) : 더렵혀진 명예

玉 (4급II)

玉 玉 玉 玉 玉

구슬 옥
玉 총5획

玉帶(옥대) 玉樓(옥루) 玉顏(옥안)
玉體(옥체) 玉篇(옥편) 瑞玉(서옥)
珠玉(주옥)

세 개(三)의 구슬을 끈으로 꿴(丨) 모습을 본떠 '구슬'을 뜻한다. 여기에 점(ヽ)이 더해져 王(임금 왕)과 구분하게 되었다.

뜻풀이
玉稿(옥고) : 훌륭한 원고
玉顏(옥안) : 아름다운 여자의 얼굴

屋 (5급)

屋屋屋屋屋屋屋屋屋

집 옥
尸 총9획

사람(尸)이 이르러(至) 머물 수 있는 곳으로 '집'을 뜻한다.

屋内(옥내) 屋上(옥상) 社屋(사옥)
洋屋(양옥) 墻屋(장옥) 草屋(초옥)
韓屋(한옥)

뜻풀이
屋宇(옥우) : 여러 집채들
屋號(옥호) : 손님이 드나드는 가게의 이름

獄 (3급II)

獄獄獄獄獄獄獄獄
獄獄獄獄獄獄

옥 옥
犬 총14획

서로 상대방이 죄인이라며 말다툼(言)하는 자들을 감옥에 가두고 두 마리의 개(犭)에게 지키게 하는 것을 나타내어 '옥'의 뜻을 가지게 되었다.

獄具(옥구) 獄死(옥사) 獄事(옥사)
獄中(옥중) 獄則(옥칙) 監獄(감옥)
脫獄(탈옥)

뜻풀이
獄則(옥칙) : 감옥 안의 규칙
繫獄(계옥) : 감옥에 가두어 둠

溫 (6급)

溫溫溫溫溫溫溫溫溫
溫溫溫溫

따뜻할 온
水 총13획

커다란 대야(皿)에 따뜻한 물(氵)을 받아서 목욕하는 사람(囚)의 모습으로 '따뜻하다'의 뜻을 가지게 되었다.

溫暖(온난) 溫帶(온대) 溫突(온돌)
溫順(온순) 溫泉(온천) 溫和(온화)
溫厚(온후) 保溫(보온) 低溫(저온)
溫故知新(온고지신)

뜻풀이
溫柔(온유) : 온화하고 부드러움
溫故知新(온고지신) : 옛것을 익히고 그것을 미루어 새것을 앎

擁 (3급)

擁擁擁擁擁擁擁擁
擁擁擁擁擁擁擁

낄 옹:
手 총16획

雍에 扌가 더해진 글자로 여기서 雍(옹)은 발음기호의 역할을 한다. 손(扌)으로 사람을 에워싸거나 안거나 팔짱을 끼는 것을 나타내어 '끼다'의 뜻을 가지게 되었다.

擁立(옹립) 擁壁(옹벽) 擁衛(옹위)
擁護(옹호) 抱擁(포옹)

뜻풀이
擁壁(옹벽) : 쌓은 흙이 무너지지 않도록 만든 벽
擁護(옹호) : 편을 들어서 보호함

翁 (3급)

翁翁翁翁翁翁翁翁翁

늙은이 옹
羽 총10획

깃(羽)이 고르게(公) 난 새 목 아래의 깃털처럼 턱수염이 하얗게 늘어져 있는 노인에서 '늙은이'의 뜻을 가지게 되었다.

翁姑(옹고) 翁錢(옹전) 老翁(노옹)
尊翁(존옹) 塞翁之馬(새옹지마)

뜻풀이
翁姑(옹고) : 시부모
尊翁(존옹) : 남의 아버지를 높여 이르는 말

瓦 (3급II)

瓦瓦瓦瓦瓦

기와 와:
瓦 총5획

진흙을 기와 모양으로 구부려서 약한 불에 구운 것으로 '기와'를 뜻한다.

瓦器(와기) 瓦當(와당) 瓦全(와전)
瓦解(와해) 煉瓦(연와)
靑瓦臺(청와대) 弄瓦之慶(농와지경)

뜻풀이
瓦全(와전) : 보잘것없이 목숨만 이어감
瓦解(와해) : 계획 등에 차질이 생겨 산산이 흩어짐

人一十之 己讀百之 (남보다 몇 배의 노력을 해야 뛰어날 수 있다.)

臥 (3급)

누울 와:
臣 총8획

사람(人)이 누워서 위나 아래를 쳐다 보는(臣) 모습을 나타내어 '눕다'의 뜻을 가지게 되었다.

필순: 臥臥臥臥臥臥臥臥

臥具(와구) 臥龍(와룡) 臥病(와병)
臥席(와석) 臥室(와실)

뜻풀이
臥食(와식) : 하는 일 없이 놀고먹음
臥席(와석) : 병으로 누워 있음

完 (5급)

완전할 완
宀 총7획

한 부족의 우두머리(元)가 거처하는 집(宀)으로 우두머리의 집에는 모든 것이 완전히 갖추어졌기에 '완전하다'를 뜻한다.

필순: 完完完完完完完

完結(완결) 完納(완납) 完了(완료)
完拂(완불) 完備(완비) 完成(완성)
完遂(완수) 完勝(완승) 完治(완치)

뜻풀이
完遂(완수) : 목표한 바를 이루어 냄
完拂(완불) : 남기지 않고 모두 지불함

緩 (3급II)

느릴 완:
糸 총15획

사람과 사람이 먼 거리에서 실을 잡고 있어서(爰) 실(糸)이 팽팽하지 못하고 느슨해져 실을 감는 속도가 느림을 나타내어 '느리다'의 뜻을 가지게 되었다.

필순: 緩緩緩緩緩緩緩緩緩緩緩緩緩緩緩

緩曲(완곡) 緩急(완급) 緩慢(완만)
緩衝(완충) 緩刑(완형) 緩和(완화)

뜻풀이
緩衝(완충) : 대립하여 일어나는 충돌을 완화시킴
緩刑(완형) : 형벌을 너그럽게 함

曰 (3급)

가로 왈
曰 총4획

말을 할 때 입에서 입김이 나오는 모습을 본떠 말한다는 '가로다'의 뜻을 가지게 되었다.

필순: 曰曰曰曰

子曰(자왈) 或曰(혹왈)
曰可曰否(왈가왈부)

뜻풀이
所曰(소왈) : 이른바
曰可曰否(왈가왈부) : 어떤 일에 대하여 이러쿵 저러쿵 말이 많음

王 (8급)

임금 왕
玉 총4획

하늘, 땅, 인간(三)을 두루 꿰뚫어(丨) 볼 수 있는 통치자를 '임금'이라고 한다.

필순: 王王王王

王冠(왕관) 王權(왕권) 王陵(왕릉)
王妃(왕비) 王政(왕정) 王統(왕통)
魔王(마왕) 龍王(용왕) 帝王(제왕)
霸王(패왕)

뜻풀이
王朝(왕조) : 왕국에서 왕들의 계열
霸王(패왕) : 춘추전국시대에 제후들을 거느리고 천하를 다스린 사람

往 (4급II)

갈 왕:
彳 총8획

초목의 싹이 무성하게 나와서(主) 뻗어 나가는(彳) 것을 나타내어 '가다'의 뜻을 가지게 되었다.

필순: 往往往往往往往往

往年(왕년) 往來(왕래) 往復(왕복)
往往(왕왕) 往診(왕진) 既往(기왕)
來往(내왕) 已往(이왕)

뜻풀이
往往(왕왕) : 때때로
既往(기왕) : 이미, 벌써

外 (8급)

필순: 外 外 外 外 外

바깥 외:
夕 총 5획

外貌(외모) 外賓(외빈) 外叔(외숙)
外債(외채) 外換(외환) 涉外(섭외)
疏外(소외) 除外(제외)

아침이 아닌 저녁(夕)에 점(卜)을 치는 것은 예외적인 일이기에 안에서 벗어났음을 나타내어 '바깥'의 뜻을 가지게 되었다.

뜻풀이
外換(외환) : 국제간에 거래를 할 때 사용하는 환어음
番外(번외) : 계획에 들어 있지 않음

畏 (3급)

필순: 畏 畏 畏 畏 畏 畏 畏 畏 畏

두려워할 외:
田 총 9획

畏敬(외경) 畏懼(외구) 畏伏(외복)
畏事(외사) 畏友(외우) 敬畏(경외)

사람이 악귀를 쫓을 때 쓰는 탈을 얼굴에 쓰고 손에 갈고리가 달린 창을 들고 있는 모습으로 그 모습이 무섭기에 '두려워하다'의 뜻을 가지게 되었다.

뜻풀이
畏敬(외경) : 공경하고 두려워함
畏懼(외구) : 무서워하고 두려워함

搖 (3급)

필순: 搖 搖 搖 搖 搖 搖 搖 搖 搖 搖 搖 搖 搖

흔들 요:
手 총 13획

搖亂(요란) 搖落(요락) 搖動(요동)
招搖(초요) 搖之不動(요지부동)

䍃에 扌가 더해진 글자로 여기서 䍃(요)는 발음기호의 역할을 한다. 손(扌)으로 흔들어 움직이게 하는 것을 나타내어 '흔들다'의 뜻을 가지게 되었다.

뜻풀이
搖動(요동) : 심하게 흔들려 움직임
搖亂(요란) : 떠들썩하여 시끄러움

遙 (3급)

필순: 遙 遙 遙 遙 遙 遙 遙 遙 遙 遙 遙 遙 遙 遙

멀 요:
辶 총 14획

遙望(요망) 遙昔(요석) 遙遙(요요)
遙遠(요원) 遙天(요천) 逍遙(소요)

䍃에 辶이 더해진 글자로 여기서 䍃(요)는 발음기호의 역할을 한다. 아무런 목적도 없이 흔들흔들 계속 걸으며 멀리 가는(辶) 것을 나타내어 '멀다'의 뜻을 가지게 되었다.

뜻풀이
遙望(요망) : 먼 곳을 바라봄
遙遠(요원) : 아득히 멂

謠 (4급II)

필순: 謠 謠 謠 謠 謠 謠 謠 謠 謠 謠 謠 謠 謠 謠 謠 謠 謠

노래 요:
言 총 17획

謠言(요언) 歌謠(가요) 農謠(농요)
童謠(동요) 民謠(민요) 俗謠(속요)

䍃에 言이 더해진 글자로 여기서 䍃(요)는 발음기호의 역할을 한다. 말(言)을 천천히 늘여서 고저장단이 있게 노래하는 것을 나타내어 '노래'의 뜻을 가지게 되었다.

뜻풀이
謠言(요언) : 터무니없는 소문
俗謠(속요) : 민간에서 불리던 속된 노래

曜 (5급)

필순: 曜 曜 曜 曜 曜 曜 曜 曜 曜 曜 曜 曜 曜 曜 曜 曜 曜 曜

빛날 요:
日 총 18획

月曜日(월요일) 火曜日(화요일)
水曜日(수요일) 木曜日(목요일)
金曜日(금요일) 土曜日(토요일)
日曜日(일요일)

해(日)가 높이 떠서(翟) 환하게 비치는 것을 나타내어 '빛나다'의 뜻을 가지게 되었다.

뜻풀이
曜靈(요령) : 태양

人一十之 己讀百之 (남보다 몇 배의 노력을 해야 뛰어날 수 있다.)

要 [5급II] 필수

要要要要要要要要要

요긴할 요(:)
襾　총9획

要件(요건) 要領(요령) 要塞(요새)
要約(요약) 要點(요점) 要旨(요지)
要職(요직) 緊要(긴요)

허리부분에 양 손을 대고 서있는 여자의 모습으로 허리는 신체의 중요한 부분이기에 '요긴하다'의 뜻을 가지게 되었다.

뜻풀이
要塞(요새) : 중요한 곳에 구축한 성채나 방어 시설
要旨(요지) : 중요한 취지

腰 [3급] 필수

腰腰腰腰腰腰腰腰
腰腰腰腰

허리 요
肉　총13획

腰帶(요대) 腰痛(요통) 纖腰(섬요)
折腰(절요) 腰折腹痛(요절복통)

허리의 원뜻을 가진 要가 '요긴하다'의 뜻으로 쓰이게 되면서 본래의 뜻을 보존하기 위해서 月(=肉)을 더해 '허리'의 뜻을 가지게 되었다.

뜻풀이
腰帶(요대) : 허리띠
折腰(절요) : 허리를 굽혀 남에게 굽실거림

浴 [5급] 필수

浴浴浴浴浴浴浴浴
浴浴

목욕할 욕
水　총10획

浴室(욕실) 乾浴(건욕) 沐浴(목욕)
入浴(입욕) 足浴(족욕) 混浴(혼욕)
日光浴(일광욕) 海水浴(해수욕)

움푹 들어간 대야(谷)에 뜨거운 물(氵)을 받아서 목욕하는 것을 나타내어 '목욕하다'의 뜻을 가지게 되었다.

뜻풀이
乾浴(건욕) : 온 몸을 맨손으로 문지름
沐浴(목욕) : 머리와 몸을 씻음

欲 [3급II] 필수

欲欲欲欲欲欲欲
欲欲欲欲

하고자 할 욕
欠　총11획

欲去(욕거) 欲求(욕구) 欲氣(욕기)
欲心(욕심) 欲望(욕망) 欲情(욕정)
欲求不滿(욕구불만)

입을 크게 벌리고(欠) 무언가를 입에 넣길(谷) 원함을 나타내어 '하고자 하다'의 뜻을 가지게 되었다.

뜻풀이
欲氣(욕기) : 욕심
欲情(욕정) : 충동적으로 일어나는 욕심

慾 [3급II] 필수

慾慾慾慾慾慾慾
慾慾慾慾慾慾

욕심 욕
心　총15획

慾求(욕구) 慾心(욕심) 過慾(과욕)
禁慾(금욕) 邪慾(사욕) 野慾(야욕)
意慾(의욕) 情慾(정욕) 貪慾(탐욕)

무엇인가를 하고자 하는(欲) 마음(心)으로 '욕심'을 뜻한다.

뜻풀이
過慾(과욕) : 지나친 욕심
禁慾(금욕) : 욕망을 억제함

辱 [3급II] 필수

辱辱辱辱辱辱辱
辱辱

욕될 욕
辰　총10획

辱說(욕설) 困辱(곤욕) 屈辱(굴욕)
侮辱(모욕) 雪辱(설욕) 榮辱(영욕)
汚辱(오욕) 恥辱(치욕)

본래 손(寸)으로 조개(辰)를 줍는 것을 나타내었으나 나중에 조개를 줍게 하여 수치스럽게 한다는 것에서 '욕되다'의 뜻이 파생되었다.

뜻풀이
困辱(곤욕) : 참기 어려운 아주 심한 모욕
榮辱(영욕) : 영예와 치욕

用

6급II | 필수
用用用用用

쓸 용:
用 총5획

濫用(남용) 費用(비용) 運用(운용)
應用(응용) 適用(적용) 徵用(징용)
借用(차용) 採用(채용) 混用(혼용)

본래 나무통의 모습으로 나무통이 다양한 용도로 자주 사용되었기에 '쓰다'의 뜻을 가지게 되었다.

뜻풀이
遵用(준용) : 그대로 따라 씀
採用(채용) : 인재를 채택함

勇

6급II | 필수
勇勇勇勇勇勇勇勇勇

날랠 용:
力 총9획

勇敢(용감) 勇氣(용기) 勇猛(용맹)
勇兵(용병) 勇士(용사) 勇壯(용장)
義勇(의용)

무거운 종(甬)을 들어 올릴만한 기력(力)으로, 씩씩하고 용맹한 것을 나타내어 '날래다'의 뜻을 가지게 되었다.

뜻풀이
勇退(용퇴) : 용감하고 시원스럽게 물러남
義勇(의용) : 정의로운 용기

庸

3급 | 필수
庸庸庸庸庸庸庸庸庸庸

떳떳할 용
广 총11획

庸劣(용렬) 庸人(용인) 庸弱(용약)
庸愚(용우) 庸品(용품) 登庸(등용)
凡庸(범용) 中庸(중용)

양손으로 무거운 절굿공이를 당당하게 들어 올려(庚) 사용하는(用) 것을 나타내어 '떳떳하다'의 뜻을 가지게 되었다.

뜻풀이
庸劣(용렬) : 변변치 못하고 어리석음
庸才(용재) : 평범한 재주

容

4급II | 필수
容容容容容容容容容容

얼굴 용
 총10획

容貌(용모) 容恕(용서) 容易(용이)
容認(용인) 寬容(관용) 受容(수용)
儀容(의용) 包容(포용) 許容(허용)

본래 집(宀) 안에 그릇 따위의 많은 물건들(谷)이 놓여 있는 모습을 나타내었으나 나중에 많은 표정을 담을 수 있는 '얼굴'의 뜻으로 쓰이게 되었다.

뜻풀이
容認(용인) : 다른 사람의 말이나 행동을 용납하여 인정함
包容(포용) : 도량이 넓어서 남의 허물을 이해하고 감싸 줌

右

7급II | 필수
右右右右右

오를/오른(쪽) 우:
 총5획

右邊(우변) 右翼(우익) 右側(우측)
右便(우편) 左右(좌우)
座右銘(좌우명)

오른손(又)으로 음식을 집어서 입(口)으로 넣는 것을 나타내어 '오른쪽'의 뜻을 가지게 되었다.

뜻풀이
右文(우문) : 무예보다 학문을 높이 여김
極右(극우) : 극단적인 우익 사상

于

3급 | 필수
于于于

어조사 우
 총3획

于歸(우귀) 于先(우선)
于山國(우산국) 至于今(지우금)

丂에 一이 더해져 만들어진 글자로 막혔던 숨(丂)이 다시 퍼져 나가는 (一) 것을 나타내어 다음 말을 잇기 위해 잠시 쉬어주는 '어조사'를 뜻한다.

뜻풀이
于歸(우귀) : 신부가 처음 시집에 들어감
至于今(지우금) : 옛날부터 지금까지

人一十之 己讀百之 (남보다 몇 배의 노력을 해야 뛰어날 수 있다.)

宇
3급Ⅱ
必순: 宇宇宇宇宇宇

집 우:
宀 총6획

숨을 쉬면서(于) 사는 집(宀)을 나타내어 '집'의 뜻을 가지게 되었다.

宇內(우내) 宇宙(우주) 宇下(우하)
氣宇(기우) 屋宇(옥우)

뜻풀이
宇內(우내) : 온 세계
氣宇(기우) : 기개와 도량

愚
3급Ⅱ
必순: 愚愚愚愚愚愚愚愚愚愚愚愚愚

어리석을 우
心 13획

다른 사람을 원숭이(禺)처럼 어리석다고 느끼는 마음(心)을 나타내어 '어리석다'의 뜻을 가지게 되었다.

愚鈍(우둔) 愚弄(우롱) 愚問(우문)
愚惡(우악) 愚劣(우열) 愚直(우직)
賢愚(현우)

뜻풀이
愚弄(우롱) : 사람을 바보 취급하여 놀림
愚問(우문) : 어리석은 질문

偶
3급Ⅱ
必순: 偶偶偶偶偶偶偶偶偶偶

짝 우:
人 총11획

원숭이(禺)가 사람(亻)의 모습과 비슷하여 사람과는 포유류의 짝이 됨을 나타내어 '짝'을 뜻한다.

偶發(우발) 偶像(우상) 偶然(우연)
木偶(목우) 配偶者(배우자)
偶人劇(우인극)

뜻풀이
偶數(우수) : 짝수
對偶(대우) : 둘이 짝이 되는 것

遇
4급
必순: 遇遇遇遇遇遇遇遇遇遇遇遇

만날 우:
辶 총13획

길을 가다가(辶) 뜻하지 않게 원숭이(禺)를 만난 것을 나타내어 '만나다'의 뜻을 가지게 되었다.

遇害(우해) 奇遇(기우) 境遇(경우)
待遇(대우) 不遇(불우) 禮遇(예우)
處遇(처우)

뜻풀이
境遇(경우) : 그러한 형편이나 사정
禮遇(예우) : 예의로 정중히 맞음

憂
3급Ⅱ
必순: 憂憂憂憂憂憂憂憂憂憂憂憂憂憂憂

근심 우
心 총15획

사람(頁)의 마음(心)에 근심·걱정이 가득 차 발걸음이 무거워 천천히 걷는(夂) 것을 나타내어 '근심'의 뜻을 가지게 되었다.

憂哭(우곡) 憂國(우국) 憂慮(우려)
憂愁(우수) 憂愁(우수) 憂心(우심)
憂鬱(우울) 憂恨(우한) 憂患(우환)

뜻풀이
憂慮(우려) : 일이 잘못되지 않을까 걱정함
憂患(우환) : 근심걱정되는 일

優
4급
必순: 優優優優優優優優優優優優優優優優優

넉넉할 우
人 총17획

마음에 근심·걱정이 가득 차 천천히 걸으니(憂) 다른 사람(亻)은 그 모습을 여유 있게 보는 것에서 '넉넉하다'의 뜻을 가지게 되었다.

優待(우대) 優等(우등) 優良(우량)
優秀(우수) 優勝(우승) 優雅(우아)
優越(우월) 優位(우위) 優柔(우유)
俳優(배우) 聲優(성우)

뜻풀이
優勢(우세) : 상대보다 조건이 더 나음
優位(우위) : 남보다 유리한 위치나 입장

又 (3급)

필순: 又 又

또 우:
又 총2획

본래 오른손의 모습을 본떠 '오른쪽'을 나타내었으나 나중에 중복의 '또'라는 뜻으로 쓰이게 되었다.

又曰(우왈) 又賴(우뢰) 又況(우황)
又重之(우중지)

뜻풀이
又賴(우뢰) : 의뢰받은 것을 또 다른 사람에게 의뢰함
又況(우황) : 하물며

友 (5급Ⅱ)

필순: 友 友 友 友

벗 우:
又 총4획

오른손(又) 두 개가 겹쳐진 글자로 손과 손을 서로 맞잡고 친하게 지내는 '벗'을 뜻한다.

友愛(우애) 友情(우정) 交友(교우)
級友(급우) 朋友(붕우) 戰友(전우)
諸友(제우) 親友(친우) 賢友(현우)

뜻풀이
友邦(우방) : 서로 좋은 관계를 맺고 있는 나라
僚友(요우) : 같은 일자리에서 일하는 같은 계급의 벗

尤 (3급)

필순: 尤 尤 尤 尤

더욱 우
尢 총4획

오른손(ナ) 끝에 가로(乚)로 점(丶)만한 상처가 나도 다른 곳에 상처가 나는 것보다 더욱 아픈 것에서 '더욱'의 뜻을 가지게 되었다.

尤極(우극) 尤妙(우묘) 尤物(우물)
尤甚(우심) 尤悔(우회)
怨天尤人(원천우인)

뜻풀이
尤物(우물) : 뛰어난 사람이나 물건
尤甚(우심) : 더욱 심함

郵 (4급)

필순: 郵 郵 郵 郵 郵 郵 郵 郵 郵 郵 郵

우편 우
邑 총11획

垂에 阝이 더해진 글자로 여기서 垂(수)는 발음기호의 역할을 하는데 나중에 음이 수에서 우로 변하였다. 멀리 있는 변방과 마을(阝) 사이에 연락을 전해주는 '우편'을 뜻한다.

郵料(우료) 郵書(우서) 郵信(우신)
郵便(우편) 郵票(우표) 郵便(우편)
郵遞局(우체국) 郵便番號(우편번호)

뜻풀이
郵送(우송) : 우편으로 보냄
郵政(우정) : 우편에 관한 행정

牛 (5급)

필순: 牛 牛 牛 牛

소 우
牛 총4획

정면에서 바라본 소의 머리 모습으로 '소'를 뜻한다.

牛契(우계) 牛乳(우유) 牛皮(우피)
牽牛(견우) 農牛(농우) 牧牛(목우)
畜牛(축우) 鬪牛(투우)

뜻풀이
牧牛(목우) : 소를 먹여 기름
畜牛(축우) : 집에서 기르는 소

羽 (3급Ⅱ)

필순: 羽 羽 羽 羽 羽 羽

깃 우:
羽 총6획

새의 양 날개 모습으로 '깃'을 뜻한다.

羽傑(우걸) 羽隊(우대) 羽毛(우모)
羽書(우서) 羽音(우음) 羽衣(우의)
羽翼(우익) 羽傳(우전)

뜻풀이
羽傑(우걸) : 새 중에서 가장 뛰어난 새
羽翼(우익) : 윗사람을 도와 일하는 사람

人一十之 己讀百之 (남보다 몇 배의 노력을 해야 뛰어날 수 있다.)

雨

5급II

필순: 雨雨雨雨雨雨雨雨

비 우:
雨 총8획

하늘의 구름에서 물 방울이 떨어지는 모습으로 '비'를 뜻한다.

雨期(우기) 雨備(우비) 雨傘(우산)
雨中(우중) 雨天(우천) 甘雨(감우)
祈雨(기우) 陰雨(음우)

뜻풀이
雨期(우기) : 한 해 동안 비가 가장 많이 오는 시기
甘雨(감우) : 가뭄 끝에 오는 반가운 비

云

3급

필순: 云云云云

이를 운
二 총4획

본래 하늘에 떠있는 구름을 본떠 '구름'을 뜻하였으나 나중에 '이르다'의 뜻으로 쓰이게 되었다.

云云(운운) 云爲(운위) 云謂(운위)
或云(혹운)

뜻풀이
云云(운운) : 말을 인용, 생략할 때 이러하다고 말함
或云(혹운) : 어떤 사람이 말하기를

雲

5급II

필순: 雲雲雲雲雲雲雲雲 雲雲雲

구름 운
雨 총12획

雲刻(운각) 雲霧(운무) 雲房(운방)
雲集(운집) 浮雲(부운) 祥雲(상운)
戰雲(전운) 青雲(청운)
籠鳥戀雲(농조연운)

구름의 원뜻을 가진 云이 '이르다'의 뜻으로 쓰이게 되면서 본래의 뜻을 보존하기 위해서 雨를 더해 '구름'의 뜻을 가지게 되었다.

뜻풀이
雲集(운집) : 구름처럼 사람이 몰려듦
浮雲(부운) : 뜬구름

運

6급II

필순: 運運運運運運運 運運運運運

옮길 운:
 총13획

運搬(운반) 運勢(운세) 運輸(운수)
運營(운영) 運轉(운전) 運河(운하)
運航(운항) 悲運(비운) 厄運(액운)
幸運(행운)

군사들(軍)을 움직이게 하여 적군이 있는 다른 곳으로 옮겨 감(辶)을 나타내어 '옮기다'의 뜻을 가지게 되었다.

뜻풀이
運賃(운임) : 운송의 대가로 지불하는 돈
氣運(기운) : 어떤 일이 일어나려고 하는 분위기

韻

3급II

필순: 韻韻韻韻韻韻韻韻韻 韻韻韻韻韻韻韻韻韻韻

운 운:
音 총19획

韻文(운문) 韻人(운인) 韻律(운율)
韻字(운자) 韻致(운치) 押韻(압운)
餘韻(여운) 音韻(음운)

소리(音)가 둥글고(員) 고르게 울리는 '운, 울림'의 뜻을 가지게 되었다.

뜻풀이
韻致(운치) : 우아하고 품격이 있는 멋
餘韻(여운) : 아직 남아 있는 느낌

雄

5급

필순: 雄雄雄雄雄雄雄雄 雄雄雄雄

수컷 웅
隹 총12획

雄大(웅대) 雄圖(웅도) 雄力(웅력)
雄拔(웅발) 雄辯(웅변) 雄壯(웅장)
英雄(영웅) 雌雄(자웅)
大雄殿(대웅전)

사람의 팔뚝(厷) 역할을 하는 날개가 넓은 수컷의 새(隹)를 나타내어 '수컷'의 뜻을 가지게 되었다.

뜻풀이
雄辯(웅변) : 조리 있고 거침없이 당당하게 말함
雄壯(웅장) : 규모가 크고도 성대함

元 (5급II)

필순: 元元元元

으뜸 원 — 儿 총4획

元氣(원기) 元旦(원단) 元老(원로)
元素(원소) 元首(원수) 元帥(원수)
元祖(원조) 紀元(기원) 單元(단원)
壯元(장원) 次元(차원) 還元(환원)

사람(儿)의 머리(二) 모습으로 인체의 가장 처음 부분이 머리이므로 '으뜸'의 뜻을 가지게 되었다.

뜻풀이
元老(원로): 오랫동안 한 가지 일을 하여 공로가 큰 사람
次元(차원): 사물을 보거나 생각하는 처지

院 (5급)

필순: 院院院院院院院院院院

집 원 — 阜 총10획

開院(개원) 棋院(기원) 法院(법원)
病院(병원) 本院(본원) 寺院(사원)
書院(서원) 醫院(의원) 退院(퇴원)

사람이 사는 집(完) 주위에 담(阝)을 두른 것을 나타내어 '집'의 뜻을 가지게 되었다.

뜻풀이
監院(감원): 절의 재산과 관련된 일을 하는 승려
議院(의원): 나라의 정치를 심사하는 곳

原 (5급)

필순: 原原原原原原原原原

언덕 원 — 厂 총10획

原理(원리) 原始(원시) 原案(원안)
原因(원인) 原作(원작) 原點(원점)
原則(원칙) 原版(원판) 原型(원형)
復原(복원)

厂과 泉이 더해진 글자로 언덕(厂)에서 샘(泉)이 솟기 시작함을 나타내어 '언덕'을 뜻한다.

뜻풀이
原稿(원고): 펴내기 위해 쓴 글이나 그림
原論(원론): 근본이 되는 이론

源 (4급)

필순: 源源源源源源源源源源源源源

근원 원 — 水 총13획

源流(원류) 根源(근원) 語源(어원)
淵源(연원) 資源(자원) 財源(재원)
電源(전원) 拔本塞源(발본색원)

原이 '언덕'의 뜻으로 쓰이게 되자 氵를 더해서 물이 흘러내리는 '근원'의 뜻을 강조하였다.

뜻풀이
淵源(연원): 사물의 근원
財源(재원): 재화나 자금의 원천

願 (5급)

필순: 願願願願願願願願願願願願願願願願願

원할 원: — 頁 총19획

願望(원망) 祈願(기원) 所願(소원)
宿願(숙원) 念願(염원) 志願(지원)
請願(청원) 歎願(탄원) 祝願(축원)

가뭄에 물이 샘솟기(原)를 바라며 사람의 머리(頁)가 샘솟는 쪽으로 향해 있음을 나타내어 '원하다'의 뜻을 가지게 되었다.

뜻풀이
宿願(숙원): 오랫동안 바란 소망
歎願(탄원): 사정을 알려 도움을 청함

員 (4급II)

필순: 員員員員員員員員員員

인원 원 — 口 총10획

團員(단원) 黨員(당원) 隊員(대원)
要員(요원) 議員(의원) 任員(임원)
增員(증원) 職員(직원) 總員(총원)
充員(충원)

貝는 세 발이 달린 솥의 모습이다. 그 솥을 위에서 봤을 때 동그란 모습이 口의 모습으로 변해 '동글다'는 뜻이었으나 후에 둥근(口) 돈(貝)을 받고 일하는 '인원'을 뜻하게 되었다.

뜻풀이
要員(요원): 어떤 일을 하는 데 필요한 인원
增員(증원): 인원을 늘림

2급 쓰기한자 익히기

人一十之 己讀百之 (남보다 몇 배의 노력을 해야 뛰어날 수 있다.)

圓 (4급II)

필순: 圓圓圓圓圓圓圓圓圓圓圓圓圓

둥글 원
口 총13획

圓境(원경) 圓滿(원만) 圓盤(원반)
圓熟(원숙) 圓柱(원주) 圓卓(원탁)
圓塔(원탑) 圓形(원형)

員이 '인원'의 뜻으로 쓰이게 되자 口을 더해서 '둥글다'의 뜻을 보존했다.

뜻풀이
圓滿(원만) : 모난 데 없이 부드러움
圓熟(원숙) : 지식 정도가 깊고 농익음

園 (6급)

필순: 園園園園園園園園園園園園園

동산 원
口 총13획

園藝(원예) 樂園(낙원) 農園(농원)
遊園(유원) 莊園(장원) 庭園(정원)
後園(후원) 園頭幕(원두막)
幼稚園(유치원)

袁에 口가 더해진 글자로 여기서 袁(원)은 발음기호의 역할을 한다. 열매가 많이 매달린 과일나무들이 울타리에 에워싸여(口) 있는 '동산'을 뜻한다.

뜻풀이
園丁(원정) : 정원을 관리하는 사람
後園(후원) : 뒤뜰에 있는 정원

遠 (6급)

필순: 遠遠遠遠遠遠遠遠遠遠遠遠遠遠

멀 원:
辶 총14획

遠隔(원격) 遠近(원근) 遠人(원인)
遠征(원정) 遠祖(원조) 深遠(심원)
永遠(영원) 遙遠(요원)

袁에 辶이 더해진 글자로 여기서 袁(원)은 발음기호의 역할을 한다. 길게 늘어진 옷을 입고 먼 길을 가는(辶) 것을 나타내어 '멀다'의 뜻을 가지게 되었다.

뜻풀이
遠隔(원격) : 멀리 떨어져 있음
敬遠(경원) : 공경하는 체하지만 속으로는 멀리함

援 (4급)

필순: 援援援援援援援援援援援援

도울 원:
手 총12획

援軍(원군) 援助(원조) 救援(구원)
聲援(성원) 應援(응원) 支援(지원)
請援(청원) 後援(후원)

물에 빠진 사람의 손(友)과 내 손(爫)을 나무 막대기(一)로 연결하여 물에서 나올 수 있도록 도와주는 것에서 '돕다'의 뜻을 가지며 扌를 더해 도와주는 손의 기능을 강조하였다.

뜻풀이
救援(구원) : 어려운 상황에서 구해 줌
聲援(성원) : 잘되도록 응원함

怨 (4급)

필순: 怨怨怨怨怨怨怨怨怨

원망할 원(:)
心 총9획

怨忌(원기) 怨聲(원성) 怨心(원심)
怨恨(원한) 閨怨(규원) 民怨(민원)
宿怨(숙원) 哀怨(애원)

다른 사람을 원망하는 마음(心)이 가득하여 밤중(夕)에 바로 눕지 못하고 몸을 굽힌(㔾) 모습으로 '원망하다'의 뜻을 가지게 되었다.

뜻풀이
怨聲(원성) : 원망의 소리
閨怨(규원) : 버림받은 여자의 원한

月 (8급)

필순: 月月月月

달 월
月 총4획

月光(월광) 月貰(월세) 月次(월차)
隔月(격월) 蜜月(밀월) 歲月(세월)
閏月(윤월) 吟風弄月(음풍농월)

달이 이지러진 초승달의 모습으로 '달'을 뜻한다.

뜻풀이
月光(월광) : 달빛
月次(월차) : 달마다 주어지는 휴가

越

3급II
넘을 월
走 총12획

필순: 越越越越越越越越越越越越

越權(월권) 越等(월등) 越班(월반)
越尺(월척) 優越(우월) 移越(이월)
超越(초월) 卓越(탁월)

큰 도끼(戈)와 같이 두려운 통치자의 위엄이 멀리까지 넘어가(走) 알려진 것을 나타내어 '넘다'의 뜻을 가지게 되었다.

뜻풀이
越權(월권) : 자신의 권한이 아닌 일에 관여함
追越(추월) : 앞지름

位

5급
자리 위
人 총7획

필순: 位位位位位位位

位階(위계) 位相(위상) 位置(위치)
部位(부위) 優位(우위) 爵位(작위)
帝位(제위) 卽位(즉위) 職位(직위)

사람(亻)이 서(立) 있는 '자리'를 뜻한다.

뜻풀이
位階(위계) : 위아래의 등급
卽位(즉위) : 왕이 될 사람이 왕의 자리에 오름

偉

5급II
클 위
人 총11획

필순: 偉偉偉偉偉偉偉偉偉

偉擧(위거) 偉力(위력) 偉名(위명)
偉容(위용) 偉大(위대) 偉業(위업)
偉人(위인) 偉才(위재)

보통 사람들과 다른(韋) 뛰어난 사람(亻)을 나타내어 '크다'의 뜻을 가지게 되었다.

뜻풀이
偉業(위업) : 위대한 업적
偉容(위용) : 뛰어나게 훌륭한 용모나 모양

圍

4급
에워쌀 위
囗 총12획

필순: 圍圍圍圍圍圍圍圍圍圍圍

圍棋(위기) 圍立(위립) 圍網(위망)
範圍(범위) 周圍(주위) 包圍(포위)
廣範圍(광범위)

아군과는 다른(韋) 적군을 둘러싼(囗) 것을 나타내어 '에워싸다'의 뜻을 가지게 되었다.

뜻풀이
圍立(위립) : 빙 둘러 에워쌈
範圍(범위) : 어떤 것이 미치는 한계

違

3급
어긋날 위
辵 총13획

필순: 違違違違違違違違違違

違令(위령) 違例(위례) 違反(위반)
違背(위배) 違法(위법) 違約(위약)
違和(위화) 非違(비위)

예전의 길(辶)과 달라져서(韋) 만나지 못하고 어긋났음을 나타내어 '어긋나다'의 뜻을 가지게 되었다.

뜻풀이
違反(위반) : 정해 놓은 것을 지키지 않음
非違(비위) : 법에 어긋남

緯

3급
씨 위
糸 총15획

필순: 緯緯緯緯緯緯緯緯緯緯緯緯緯

緯度(위도) 緯兵(위병) 緯絲(위사)
緯書(위서) 緯線(위선) 緯割(위할)
經緯(경위)   北緯(북위)

베를 짤 때 씨실(糸)이 엇갈리게(韋) 좌우로 왔다 갔다 하는 것을 나타내어 가로로 난 줄인 '씨줄, 씨'의 뜻을 가지게 되었다.

뜻풀이
緯度(위도) : 지구상 위치를 나타낼 때 가로축
經緯(경위) : 직물의 날과 씨. 일의 경과

人一十之 己讀百之(남보다 몇 배의 노력을 해야 뛰어날 수 있다.)

衛

4급Ⅱ

지킬 위
行 총15획

衛國(위국) 衛內(위내) 衛兵(위병)
衛星(위성) 警衛(경위) 防衛(방위)
擁衛(옹위) 護衛(호위)

에워싼(韋=圍) 적군의 주위를 돌며 (行) 도망가지 못하도록 지키는 것을 나타내어 '지키다'의 뜻을 가지게 되었다.

뜻풀이
警衛(경위) : 주변을 경계하여 보호함
擁衛(옹위) : 특정 대상을 좌우에서 부축하며 지키고 보호함

爲

4급Ⅱ

하/할 위(:)
爪 총12획

爲國(위국) 爲己(위기) 爲力(위력)
爲始(위시) 爲我(위아) 爲政(위정)
當爲(당위) 作爲(작위) 行爲(행위)

손으로 코끼리를 길들이는 모습으로 서 있는 코끼리를 나타내었다. 인위적으로 코끼리를 서게 한다하여 '하다'의 뜻을 가지게 되었다.

뜻풀이
爲始(위시) : 특정 대상을 대표로 삼아서 어떤 일을 시작함
當爲(당위) : 마땅히 그렇게 되어야 하는 것

僞

3급Ⅱ

거짓 위
人 총14획

僞哭(위곡) 僞名(위명) 僞善(위선)
僞作(위작) 僞裝(위장) 僞造(위조)
僞證(위증) 眞僞(진위) 虛僞(허위)

사람(亻)이 일부러 거짓말을 하는(爲) 것을 나타내어 '거짓'의 뜻을 가지게 되었다.

뜻풀이
僞善(위선) : 겉으로 착한 체함
僞證(위증) : 허위로 진술함

危

4급

위태할 위
卩 총6획

危急(위급) 危機(위기) 危篤(위독)
危亡(위망) 危重(위중) 危害(위해)
危險(위험) 孤危(고위) 安危(안위)

낭떠러지(厂) 위에 서 있는 사람(ク)과 낭떠러지 아래로 떨어져 주저앉아 있는 사람(卩)의 모습을 나타내어 '위태하다'의 뜻을 가지게 되었다.

뜻풀이
危機(위기) : 위험한 상황
危重(위중) : 병세가 위태롭고 중함

委

4급

맡길 위
女 총8획

委去(위거) 委命(위명) 委付(위부)
委信(위신) 委託(위탁) 委化(위화)
委任(위임) 委託(위탁)

벼(禾)가 익어서 고개를 숙이듯 남편을 받들어 고개를 숙이고 몸을 남편에게 맡기는 여자(女)를 나타내어 '맡기다'의 뜻을 가지게 되었다.

뜻풀이
委任(위임) : 어떤 일을 다른 사람에게 책임 지워서 맡김
委託(위탁) : 다른 사람에게 어떤 사물이나 사무를 부탁하여 맡김

慰

4급

위로할 위
心 총15획

慰靈(위령) 慰勞(위로) 慰留(위류)
慰問(위문) 慰釋(위석) 慰安(위안)
慰悅(위열) 慰曉(위효)

다리미(尉)로 옷의 주름을 펴듯이 마음(心)의 근심을 펴 편안하게 만드는 것에서 '위로하다'의 뜻을 가지게 되었다.

뜻풀이
慰靈(위령) : 세상을 떠난 사람의 영혼을 위로 함
慰安(위안) : 위로하여 마음을 편하게 함

胃 (밥통 위)

3급II | 肉 | 총9획

필순: 胃胃胃胃胃胃胃胃胃

胃氣(위기) 胃壁(위벽) 胃酸(위산)
胃癌(위암) 胃液(위액) 胃炎(위염)
胃腸(위장) 健胃(건위)

몸(月=肉) 안의 음식물을 저장하는 위(田)를 나타내어 '위'의 뜻을 가지게 되었다.

뜻풀이
胃腸(위장): 위와 창자
健胃(건위): 위를 튼튼하게 함

謂 (이를 위)

3급II | 言 | 총16획

필순: 謂謂謂謂謂謂謂謂謂謂謂謂謂謂謂謂

可謂(가위) 所謂(소위) 云謂(운위)

음식물을 저장하는 위(胃)처럼 마음속에 담아두고 생각해 본 후에 입으로 말하는(言) 것을 나타내어 '이르다'의 뜻을 가지게 되었다.

뜻풀이
可謂(가위): 한마디로 이르자면
所謂(소위): 이른바

威 (위엄 위)

4급 | 女 | 총9획

필순: 威威威威威威威威威

威光(위광) 威勢(위세) 威信(위신)
威嚴(위엄) 威容(위용) 威脅(위협)
權威(권위) 示威(시위)

戌과 女가 합해진 글자로 큰 도끼(戌)로 여자(女)를 위협하는 모습을 나타내어 '위엄'의 뜻을 가지게 되었다.

뜻풀이
示威(시위): 많은 사람들이 무리 지어서 공개적으로 자신들의 의사를 표시해 위력을 드러내 보임

乳 (젖 유)

4급 | 乙 | 총8획

필순: 乳乳乳乳乳乳乳乳

乳頭(유두) 乳母(유모) 乳房(유방)
乳業(유업) 乳脂(유지) 豆乳(두유)
粉乳(분유) 煉乳(연유) 牛乳(우유)
乳酸菌(유산균)

엄마가 아기(子)를 손(爫)으로 끌어안고 젖(乚)을 물리는 모습을 나타내어 '젖'의 뜻을 가지게 되었다.

뜻풀이
乳兒(유아): 젖먹이
授乳(수유): 젖먹이에게 젖을 먹임

儒 (선비 유)

4급 | 人 | 총16획

필순: 儒儒儒儒儒儒儒儒儒儒儒儒儒儒

儒敎(유교) 儒林(유림) 儒佛(유불)
儒先(유선) 儒宗(유종) 儒學(유학)
儒賢(유현) 坑儒(갱유) 巨儒(거유)

덕을 가지고 사람들이 필요(需)로 하는 은덕을 베푸는 사람(亻)인 '선비'를 뜻한다.

뜻풀이
儒林(유림): 유학을 따르는 학자들
儒宗(유종): 유학에 통달한 학자

愈 (나을 유)

3급 | 心 | 총13획

필순: 愈愈愈愈愈愈愈愈愈愈愈愈愈

愈盛(유성) 愈愚(유우) 愈愈(유유)
愈甚(유심)

통나무배(兪)를 타고 의원을 찾아가 마음(心)의 병을 치료하여 나음을 나타내어 '낫다'는 뜻을 가지게 되었다.

뜻풀이
愈盛(유성): 더욱 성함
愈甚(유심): 더욱 심함

人一十之 己讀百之 (남보다 몇 배의 노력을 해야 뛰어날 수 있다.)

唯 (3급)

필순: 唯唯唯唯唯唯唯唯唯唯唯

오직 유
口　총11획

唯獨(유독)　唯物(유물)　唯美(유미)
唯心(유심)　唯一(유일)
唯我獨尊(유아독존)

佳에 口가 더해진 글자로 여기서 佳(추)는 발음기호의 역할을 하는데 나중에 음이 추에서 유로 변하였고 '오직'의 뜻을 가지게 되었다.

뜻풀이
唯物(유물) : 물질을 근본적인 실재라고 생각하는 것
唯一(유일) : 오직 그것 하나뿐임

惟 (3급)

필순: 惟惟惟惟惟惟惟惟惟惟惟

생각할 유
心　총11획

惟獨(유독)　惟一(유일)　惟靜(유정)
思惟(사유)　竊惟(절유)

佳에 忄이 더해진 글자로 여기서 佳(추)는 발음기호의 역할을 하는데 나중에 음이 추에서 유로 변하였다. 한 가지 일에 마음(忄)을 두고 생각하는 것을 나타내어 '생각하다'의 뜻을 가지게 되었다.

뜻풀이
思惟(사유) : 생각함
竊惟(절유) : 혼자 이리저리 생각함

維 (3급Ⅱ)

필순: 維維維維維維維維維維維維維維

벼리 유
糸　총14획

維那(유나)　維新(유신)　維持(유지)
維舟(유주)　四維(사유)　纖維(섬유)
維歲次(유세차)

佳에 糸가 더해진 글자로 여기서 佳(추)는 발음기호의 역할을 하는데 나중에 음이 추에서 유로 변하였다. 糸로써 실이나 줄과 관계있음을 알 수 있으니 維는 밧줄인 '벼리'를 뜻한다.

뜻풀이
維新(유신) : 낡은 제도를 새롭게 고침
纖維(섬유) : 실 모양으로 된 고분자 물질

幼 (3급Ⅱ)

필순: 幼幼幼幼幼

어릴 유
幺　총5획

幼年(유년)　幼兒(유아)　幼弱(유약)
幼帝(유제)　幼蟲(유충)　幼稚(유치)
老幼(노유)　長幼(장유)

가는 실(幺)처럼 약한 힘(力)을 가진 어린아이를 나타내어 '어리다'의 뜻을 가지게 되었다.

뜻풀이
幼年(유년) : 어린 나이
幼稚(유치) : 수준이 낮거나 미숙함

有 (7급)

필순: 有有有有有有

있을 유:
月　총6획

有識(유식)　有益(유익)　有終(유종)
據有(거유)　兼有(겸유)　固有(고유)
專有(전유)　含有(함유)　享有(향유)

오른손(又)에 고기(月=肉)를 가지고 있는 모습을 나타내어 '있다'의 뜻을 가지게 되었다.

뜻풀이
有故(유고) : 특별한 사유가 있음
有望(유망) : 앞으로 잘 될 듯함

幽 (3급Ⅱ)

필순: 幽幽幽幽幽幽幽幽幽

그윽할 유
幺　총9획

幽客(유객)　幽谷(유곡)　幽靈(유령)
幽冥(유명)　幽夜(유야)　幽人(유인)
幽閉(유폐)　幽峽(유협)

등잔불의 모습으로 등잔불의 불꽃(山)과 두 개의 등잔불 심지(幺)를 나타내어 어두운 곳에 켜 놓은 등잔불이 '그윽하다'는 것을 뜻한다.

뜻풀이
幽靈(유령) : 죽은 사람의 혼령
幽閉(유폐) : 어떤 곳에 깊숙이 가둠

由 말미암을 유
田 총5획

필순: 由 由 由 由 由

由來(유래) 由緒(유서) 經由(경유)
事由(사유) 緣由(연유) 理由(이유)
自由(자유)

본래 바닥이 깊은 술 단지의 모습을 나타내었으나 나중에 '말미암다'의 뜻을 가지게 되었다.

뜻풀이
由來(유래): 사물이나 일이 생겨남
經由(경유): 어떤 곳을 거쳐서 감

油 기름 유
水 총8획

필순: 油 油 油 油 油 油 油 油

油壓(유압) 油脂(유지) 油畫(유화)
燈油(등유) 原油(원유) 注油(주유)
廢油(폐유) 産油國(산유국)
潤滑油(윤활유)

술 단지(由) 속의 액체(氵)인 '기름'을 뜻한다.

뜻풀이
油壓(유압): 기름에 가하여지는 압력
油脂(유지): 동물 또는 식물에서 채취한 기름

酉 닭 유
酉 총7획

필순: 酉 酉 酉 酉 酉 酉 酉

酉時(유시) 酉月(유월) 酉日(유일)
酉初(유초) 酉坐(유좌) 己酉(기유)
卯酉(묘유) 辛酉(신유)

본래 술을 보관하는 술 단지의 모습으로 '술'의 뜻을 나타내었으나 나중에 12지의 하나인 '열째 지지(닭)'의 뜻으로 쓰이게 되었다.

뜻풀이
己酉(기유): 육십갑자의 마흔여섯째
卯酉(묘유): 동쪽과 서쪽

猶 오히려 유
犬 총12획

필순: 猶 猶 猶 猶 猶 猶 猶 猶 猶 猶

猶女(유녀) 猶孫(유손) 猶豫(유예)
猶惑(유혹) 猶太教(유태교)
執行猶豫(집행유예)

술 단지에 오랫동안 담겨져 좋은 향기를 발산하는 술(酋)과 개(犭)를 제사의 제물로 바치는 것을 나타내었으나 나중에 '오히려'의 뜻으로 쓰이게 되었다.

뜻풀이
猶豫(유예): 본래 실행하려던 일의 날짜나 시간을 미룸
猶父猶子(유부유자): 삼촌과 조카

悠 멀 유
心 총11획

필순: 悠 悠 悠 悠 悠 悠 悠 悠 悠 悠 悠

悠久(유구) 悠揚(유양) 悠然(유연)
悠遠(유원) 悠悠(유유) 悠長(유장)
悠忽(유홀)

자식을 먼 곳으로 보냄에 자식의 발을 물(丨=水)에 담그고 손(攵)으로 잡아서 씻어주는 부모(亻)의 마음(心)을 나타내어 '멀다'의 뜻을 가지게 되었다.

뜻풀이
悠久(유구): 연대가 길고 오래됨
悠然(유연): 침착하고 여유가 있음

柔 부드러울 유
木 총9획

필순: 柔 柔 柔 柔 柔 柔 柔 柔 柔

柔道(유도) 柔順(유순) 柔弱(유약)
溫柔(온유) 優柔(우유)
柔軟性(유연성) 外柔內剛(외유내강)

탄력이 있는 나무(木)로 창(矛)의 자루를 만들어야 부드럽고 유연하기에 '부드럽다'의 뜻을 가지게 되었다.

뜻풀이
柔順(유순): 본래 지닌 마음이 부드럽고 순함
優柔(우유): 마음이 약하여 맺고 끊음이 없음

人一十之 己讀百之 (남보다 몇 배의 노력을 해야 뛰어날 수 있다.)

遊 (4급)

필순: 遊遊遊遊遊遊遊遊遊遊遊遊

놀 유
辶 총13획

遊動(유동) 遊覽(유람) 遊牧(유목)
遊兵(유병) 遊人(유인) 遊回(유회)
夢遊病(몽유병) 遊休地(유휴지)

아이들(子)이 사람(宀=人)이 나아가야 할 방향(方)을 지시하는 깃발을 들고 길에 나아가서 (辶) 노는 것을 나타내어 '놀다'의 뜻을 가지게 되었다.

뜻풀이
遊覽(유람) : 돌아다니며 구경함
遊休地(유휴지) : 쓰지 않고 놀리는 땅

遺 (4급)

필순: 遺遺遺遺遺遺遺遺遺遺遺遺遺遺遺遺

남길 유
辶 총16획

遺稿(유고) 遺棄(유기) 遺事(유사)
遺産(유산) 遺書(유서) 遺跡(유적)
遺蹟(유적) 遺傳(유전) 遺恨(유한)
拾遺(습유)

평소에 귀중하게(貴) 여겼던 물건을 남기고 돌아가신(辶) 것을 나타내어 '남기다'의 뜻을 가지게 되었다.

뜻풀이
遺憾(유감) : 섭섭한 마음이 남음
遺訓(유훈) : 죽은 사람이 남긴 충고

裕 (3급Ⅱ)

필순: 裕裕裕裕裕裕裕裕裕裕

넉넉할 유:
衣 총12획

裕隔(유격) 裕寬(유관) 裕福(유복)
裕足(유족) 富裕(부유) 餘裕(여유)

골짜기(谷)에 물이 많이 채워지듯 몸을 채울 만큼 옷(衤)이 넉넉한 것을 나타내어 '넉넉하다'의 뜻을 가지게 되었다.

뜻풀이
裕隔(유격) : 기계 작동 장치의 헐거운 정도
裕寬(유관) : 마음이 크고 넓음

誘 (3급Ⅱ)

필순: 誘誘誘誘誘誘誘誘誘誘誘誘誘

꾈 유
言 총14획

誘導(유도) 誘引(유인) 誘入(유입)
誘出(유출) 誘致(유치) 誘惑(유혹)
勸誘(권유) 和誘(화유)

말(言)을 빼어나게(秀) 잘해서 다른 사람이 어떤 일을 하도록 유혹하는 것을 나타내어 '꾀다'의 뜻을 가지게 되었다.

뜻풀이
誘導(유도) : 목적한 방향으로 이끎
和誘(화유) : 부드럽게 꾀어 냄

肉 (4급Ⅱ)

필순: 肉肉肉肉肉肉

고기 육
肉 총6획

肉聲(육성) 肉刺(육자) 肉親(육친)
肉彈(육탄) 骨肉(골육) 筋肉(근육)
血肉(혈육) 精肉店(정육점)

크게 썬 고기 덩어리를 본떠 '고기'를 뜻한다.

뜻풀이
肉刺(육자) : 티눈
肉薄戰(육박전) : 직접 치고받는 싸움

育 (7급)

필순: 育育育育育育育育

기를 육
肉 총8획

育兒(육아) 敎育(교육) 發育(발육)
保育(보육) 飼育(사육) 養育(양육)
體育(체육) 訓育(훈육)

산모가 낳은 아이(云)의 몸(月=肉)이 잘 자라도록 기르는 것을 나타내어 '기르다'의 뜻을 가지게 되었다.

뜻풀이
保育(보육) : 어린 아이를 돌보아 기름
訓育(훈육) : 가르치고 기름

閏

3급 / 필수

閏閏閏閏閏閏閏閏閏 閏閏

윤달 윤:
門 총12획

閏年(윤년) 閏朔(윤삭) 閏餘(윤여)
閏月(윤월) 閏位(윤위) 閏集(윤집)
閏統(윤통)

윤달은 달력의 계절과 실제 계절과의 차이를 조절하는 것으로 이때에 임금(王)은 대궐의 문(門)밖 출입을 하지 않았다고 한다. 따라서 閏은 '윤달'을 뜻한다.

뜻풀이
閏朔(윤삭) : 음력의 윤달
閏統(윤통) : 정통이 아닌 계통

潤

3급Ⅱ / 필수

潤潤潤潤潤潤潤潤潤 潤潤潤潤潤潤

불을 윤:
水 총15획

潤氣(윤기) 潤色(윤색) 潤澤(윤택)
富潤(부윤) 濕潤(습윤) 利潤(이윤)
潤滑油(윤활유)

閏에 氵가 더해진 글자로 여기서 閏(윤)은 발음기호의 역할을 한다. 물(氵)이 불어나는 것을 나타내어 '불다'의 뜻을 가지게 되었다.

뜻풀이
潤氣(윤기) : 반질반질하고 매끄러움
富潤(부윤) : 재물이 넉넉하고 풍요로움

銀

6급 / 필수

銀銀銀銀銀銀銀銀銀 銀銀銀銀銀

은 은
金 총14획

銀價(은가) 銀刀(은도) 銀盤(은반)
銀髮(은발) 銀錢(은전) 銀漢(은한)
銀行(은행) 銀河水(은하수)

사람이 앞으로 나아가면서도 계속 뒤를 돌아보게(艮) 만들 정도로 희고 깨끗한 금속(金)인 '은'을 뜻한다.

뜻풀이
銀盤(은반) : 은으로 만든 쟁반
銀漢(은한) : 은하수

隱

4급 / 필수

隱隱隱隱隱隱隱隱隱 隱隱隱隱隱隱

숨을 은
阜 총17획

隱居(은거) 隱密(은밀) 隱然(은연)
隱人(은인) 隱逸(은일) 隱者(은자)
隱退(은퇴) 隱蔽(은폐)

언덕(阝) 아래에서 조심스럽게(㥯) 숨어 사는 것을 나타내어 '숨다'의 뜻을 가지게 되었다.

뜻풀이
隱逸(은일) : 세상을 등지고 숨음
隱退(은퇴) : 직위에서 물러남. 세속을 떠남

恩

4급Ⅱ / 필수

恩恩恩恩恩恩恩恩恩恩

은혜 은
心 총10획

恩德(은덕) 恩師(은사) 恩惠(은혜)
忘恩(망은) 背恩(배은) 報恩(보은)
謝恩(사은) 聖恩(성은) 承恩(승은)

다른 사람이 베풀어 준 은혜로 마음(心)에 의지(囚)가 됨을 나타내어 '은혜'의 뜻을 가지게 되었다.

뜻풀이
背恩(배은) : 은혜를 저버림
聖恩(성은) : 임금의 큰 은혜

乙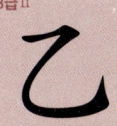

3급Ⅱ / 필수

乙

새 을
乙 총1획

乙科(을과) 乙覽(을람) 乙坐(을좌)
乙巳條約(을사조약)
甲男乙女(갑남을녀)

본래 새의 모습으로 '새'의 뜻을 나타내었다. 또한 나중에 '둘째 천간'의 뜻으로도 쓰이게 되었다.

뜻풀이
乙科(을과) : 과거에서 세 번째 중 두 번째 등급
乙覽(을람) : 임금이 밤에 독서하는 일

人一十之 己讀百之(남보다 몇 배의 노력을 해야 뛰어날 수 있다.)

吟 (3급)

읊을 음
口　총7획

필순: 吟吟吟吟吟吟吟

吟客(음객)　吟味(음미)　吟聲(음성)
吟詠(음영)　吟遊(음유)　朗吟(낭음)
吟風弄月(음풍농월)

입(口) 속에 목소리를 머금고(今 = 含) 낮은 소리로 읊조리는 것을 나타내어 '읊다'의 뜻을 가지게 되었다.

뜻풀이
吟遊(음유) : 시를 지어 읊으며 떠돌아다님
朗吟(낭음) : 시조에 음률을 넣어서 읊조림

陰 (4급II)

그늘 음
阜　총11획

필순: 陰陰陰陰陰陰陰陰陰陰

陰刻(음각)　陰德(음덕)　陰曆(음력)
陰謀(음모)　陰散(음산)　陰沈(음침)
陰凶(음흉)　綠陰(녹음)　寸陰(촌음)

구름(云 = 雲)이 해를 가려서(今 = 含) 흐려져 언덕(阝) 위에 그늘이 생긴 것을 나타내어 '그늘'의 뜻을 가지게 되었다.

뜻풀이
陰德(음덕) : 남몰래 좋은 일을 함
陰凶(음흉) : 마음이 음침하고 흉악함

淫 (3급II)

음란할 음
水　총11획

필순: 淫淫淫淫淫淫淫淫淫淫淫

淫亂(음란)　淫談(음담)　淫婦(음부)
淫事(음사)　淫書(음서)　淫心(음심)
姦淫(간음)

남녀가 손(爫)을 잡는 것에서 나아가 관계(氵)를 맺어 아이를 배게(壬) 됨을 나타내어 '음란하다'는 뜻을 가지게 되었다.

뜻풀이
淫談(음담) : 음란하고 방탕한 이야기
淫亂(음란) : 음탕하고 난잡함

音 (6급II)

소리 음
音　총9획

필순: 音音音音音音音音音

音盤(음반)　音聲(음성)　音域(음역)
音標(음표)　音響(음향)　發音(발음)
騷音(소음)　脣音(순음)　雜音(잡음)

言의 口 속에 一을 더해서 말이 입 밖으로 나올 때 울려서 소리가 나는 것을 나타내어 '소리'의 뜻을 가지게 되었다.

뜻풀이
音階(음계) : 음의 높낮이의 순서대로 배열한 것
雜音(잡음) : 시끄러운 소리

飮 (6급II)

마실 음(:)
食　총13획

필순: 飮飮飮飮飮飮飮飮飮飮飮飮飮

飮料(음료)　飮毒(음독)　飮福(음복)
飮食(음식)　飮酒(음주)　米飮(미음)
試飮(시음)　暴飮(폭음)

입을 크게 벌리고(欠) 물을 마시는(食) 것을 나타내어 '마시다'의 뜻을 가지게 되었다.

뜻풀이
試飮(시음) : 술이나 음료를 맛봄
飮福(음복) : 제사를 지내고 난 뒤 제사 음식을 나눠 먹음

泣 (3급)

울 읍
水　총8획

필순: 泣泣泣泣泣泣泣泣

泣感(읍감)　泣訴(읍소)　泣眼(읍안)
哭泣(곡읍)　悲泣(비읍)　哀泣(애읍)
號泣(호읍)

서서(立) 남몰래 눈물(氵)을 흘리며 흐느껴 우는 것을 나타내어 '울다'의 뜻을 가지게 되었다.

뜻풀이
泣哭(읍곡) : 소리 내어 울음
泣眼(읍안) : 우는 얼굴

邑 (7급)

필순: 邑邑邑邑邑邑邑

고을 읍
邑 총7획

邑內(읍내) 邑吏(읍리) 邑民(읍민)
邑俗(읍속) 邑人(읍인) 邑長(읍장)
邑村(읍촌) 都邑(도읍) 食邑(식읍)

사람이 무리지어 편안히 앉아서(巴=卩) 사는 곳(口)인 '고을'을 뜻한다.

뜻풀이
邑俗(읍속) : 읍의 풍속
邑村(읍촌) : 읍에 속한 마을

凝 (3급)

필순: 凝凝凝凝凝凝凝凝凝凝凝凝凝凝凝凝

엉길 응:
冫 총16획

凝結(응결) 凝固(응고) 凝望(응망)
凝視(응시) 凝集(응집) 凝縮(응축)
凝血(응혈)

갈림길을 만나 가만히 서서 어디로 갈지 생각하는 사람(疑)처럼 물이 얼어붙어(冫) 움직이지 않음을 나타내어 '엉기다'의 뜻을 가지게 되었다.

뜻풀이
凝結(응결) : 뭉쳐 덩어리가 됨
凝視(응시) : 한 곳을 뚫어지게 쳐다봄

應 (4급II)

필순: 應應應應應應應應應應應應應應應應應

응할 응:
心 총17획

應當(응당) 應募(응모) 應試(응시)
應援(응원) 感應(감응) 對應(대응)
順應(순응) 適應(적응) 呼應(호응)

주인의 요구에 호응하는 사냥용 매(雁=鷹)를 가슴팍(心)에 안고 있는 모습으로 '응하다'의 뜻을 가지게 되었다.

뜻풀이
感應(감응) : 어떤 느낌을 받아 그에 응함
對應(대응) : 어떤 상황에 따라 행동함

衣 (6급)

필순: 衣衣衣衣衣衣

옷 의
衣 총6획

衣冠(의관) 衣類(의류) 衣鉢(의발)
衣裳(의상) 衣制(의제) 葛衣(갈의)
錦衣(금의) 麻衣(마의) 囚衣(수의)
着衣(착의) 脫衣(탈의) 布衣(포의)

윗옷의 모습을 본떠 '옷'을 뜻한다.

뜻풀이
衣鉢(의발) : 승려의 의복과 식기
衣制(의제) : 의복에 관한 제도

依 (4급)

필순: 依依依依依依依依

의지할 의
人 총8획

依據(의거) 依例(의례) 依賴(의뢰)
依命(의명) 依法(의법) 依然(의연)
依存(의존) 依託(의탁) 歸依(귀의)

사람(亻)이 옷(衣)에 의지하여 자신의 몸을 보호하는 것을 나타내어 '의지하다'의 뜻을 가지게 되었다.

뜻풀이
依據(의거) : 근거에 따름
依然(의연) : 전과 다름없이 여전함

義 (4급II)

필순: 義義義義義義義義義義義義

옳을 의:
羊 총13획

義理(의리) 義務(의무) 義賊(의적)
義絶(의절) 結義(결의) 廣義(광의)
信義(신의) 意義(의의)

본래 날 끝이 톱니 모양처럼 들쭉날쭉한 창을 새의 깃털로 장식한 모습이었으나 나중에 '옳다'의 뜻으로 쓰이게 되었다.

뜻풀이
義絶(의절) : 결의한 것을 끊어버림
廣義(광의) : 넓은 의미

人一十之 己讀百之 (남보다 몇 배의 노력을 해야 뛰어날 수 있다.)

儀
거동 의
人 총15획

儀儀儀儀儀儀儀儀
儀儀儀儀儀

儀式(의식) 威儀(위의) 虛儀(허의)
葬儀社(장의사) 祝儀金(축의금)
地球儀(지구의)

사람(亻)이 올바르게(義) 해야 할 행동을 나타내어 '거동'의 뜻을 가지게 되었다.

뜻풀이
儀禮(의례) : 일정한 차례에 따라 치르는 의식
儀容(의용) : 몸가짐

議
의논할 의(:)
言 총20획

議議議議議議議議
議議議議議議議
議議

建議(건의) 論議(논의) 熟議(숙의)
審議(심의) 提議(제의) 討議(토의)
抗議(항의) 協議(협의)

올바른(義) 길을 찾기 위해서 말(言)로써 논의하는 것을 나타내어 '의논하다'의 뜻을 가지게 되었다.

뜻풀이
熟議(숙의) : 깊이 생각하고 충분히 논의함
抗議(항의) : 반박하는 의견을 제시함

宜
마땅 의
宀 총8획

宜宜宜宜宜宜宜宜

宜當(의당) 宜德(의덕) 宜人(의인)
宜土(의토) 宜合(의합) 宜乎(의호)
時宜(시의) 便宜(편의)

집(宀) 안에서 조상에게 그릇에 담긴 고기(且)를 바치고 제사를 지냄은 후손으로서 마땅히 해야 할 일임을 나타내어 '마땅'의 뜻을 가지게 되었다.

뜻풀이
宜當(의당) : 마땅히
時宜(시의) : 시기가 적절함

意
뜻 의:
心 총13획

意意意意意意意意意
意意意

意思(의사) 意識(의식) 意慾(의욕)
意志(의지) 故意(고의) 謝意(사의)
誠意(성의) 熱意(열의) 底意(저의)
創意(창의)

마음(心)에 가지고 있는 뜻은 말로 소리(音)가 되어 밖으로 나오게 됨을 나타내어 '뜻'이라는 뜻을 가지게 되었다.

뜻풀이
意思(의사) : 마음먹은 생각
底意(저의) : 마음속에 작정한 뜻

疑
의심할 의
疋 총14획

疑疑疑疑疑疑疑疑
疑疑疑疑疑

疑懼(의구) 疑問(의문) 疑惑(의혹)
質疑(질의) 嫌疑(혐의) 懷疑(회의)
疑妻症(의처증) 被疑者(피의자)

지팡이를 짚고 길을 가는 사람(矢)이 갈림길을 만나 지팡이를 세워 놓고 어디로 갈지 두리번거리는(疋) 모습을 나타내어 '의심하다'의 뜻을 가지게 되었다.

뜻풀이
疑惑(의혹) : 의심함
容疑(용의) : 범죄의 혐의

矣
어조사 의
矢 총7획

矣矣矣矣矣矣矣

矣夫(의부) 矣任(의임) 矣哉(의재)
矣乎(의호) 前矣(전의)
汝矣島(여의도)

실질적인 뜻이 없이 다른 글자를 보조하여 주는 '어조사'를 나타낸다.

뜻풀이
矣哉(의재) : ~이런가
前矣(전의) : 이전의

醫

6급 / 의원 의 / 酉 총18획

필순: 醫醫醫醫醫醫醫醫醫醫醫

醫療(의료) 醫師(의사) 醫術(의술)
醫藥(의약) 醫院(의원) 醫學(의학)
名醫(명의) 洋醫(양의) 韓醫(한의)
獸醫師(수의사)

뜻풀이
醫療(의료) : 병을 치료함
名醫(명의) : 이름난 의원

화살 맞은 부위의 화살(矢)을 도구(殳)를 사용해서 빼내 상자(匚)에 담고 술(酉)로 상처가 난 부위에 뿌려서 상처를 치료하는 사람인 '의원'을 뜻한다.

二

8급 / 두 이: / 二 총2획

필순: 二 二

二輪(이륜) 二分(이분) 二世(이세)
二乘(이승) 二心(이심) 二重(이중)
二次(이차) 二八(이팔)

두 개의 선을 그려 '둘'을 뜻한다.

뜻풀이
二分(이분) : 둘로 나눔
二世(이세) : 현세와 내세

以

5급II / 써 이: / 人 총5획

필순: 以 以 以 以 以

以南(이남) 以內(이내) 以來(이래)
以北(이북) 以上(이상) 以外(이외)
以爲(이위) 以前(이전) 以下(이하)
以後(이후) 所以然(소이연)

사람(人)이 쟁기(㠯)를 사용해서 밭을 가는 것을 나타내어 '~로써'의 뜻을 가지게 되었다.

뜻풀이
以外(이외) : 그것을 제외한 다른 것
所以然(소이연) : 그렇게 된 이유

夷

3급 / 오랑캐 이 / 大 총6획

夷界(이계) 夷國(이국) 夷俗(이속)
夷齊(이제) 夷險(이험) 陵夷(능이)
東夷(동이)

사람(大)이 활(弓)을 들고 있는 모습을 본떠 활을 가지고 다니는 '오랑캐'를 뜻한다.

뜻풀이
夷界(이계) : 오랑캐가 사는 땅
夷國(이국) : 오랑캐 나라

已

3급II / 이미 이: / 己 총3획

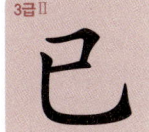

已決(이결) 已久(이구) 已事(이사)
已甚(이심) 已往(이왕) 已知(이지)
已盡(이진) 不得已(부득이)

본래 쟁기의 모습을 본뜬 글자로 쟁기를 뜻했으나 나중에 '이미'의 뜻으로 쓰이게 되었다.

뜻풀이
已甚(이심) : 지나치게 심함
不得已(부득이) : 어찌할 도리가 없이

耳

5급 / 귀 이: / 耳 총6획

耳科(이과) 耳鳴(이명) 耳目(이목)
耳孫(이손) 耳順(이순) 耳學(이학)
馬耳東風(마이동풍)

귀의 윤곽과 귓구멍의 모습을 본떠 '귀'를 뜻한다.

뜻풀이
耳順(이순) : 예순 살
馬耳東風(마이동풍) : 남의 의견을 귀담아 듣지 않고 흘려버림

人一十之 己讀百之(남보다 몇 배의 노력을 해야 뛰어날 수 있다.)

異 (4급)

필순: 異異異異異異異異異異

다를 이:
田　　총11획

異腹(이복)　異稱(이칭)　怪異(괴이)
變異(변이)　判異(판이)
異質化(이질화)　驚異的(경이적)

사람이 악귀를 쫓을 때 쓰는 탈을 얼굴에 쓰고 두 손을 들고 있는 모습으로 그 탈을 쓰면 무서운 얼굴의 다른 사람이 되기에 '다르다'의 뜻을 가지게 되었다.

뜻풀이
異端(이단) : 정통이 아닌 주장이나 이론
異域(이역) : 다른 나라의 땅

移 (4급Ⅱ)

필순: 移移移移移移移移移移移

옮길 이
禾　　총11획

移管(이관)　移送(이송)　移植(이식)
移越(이월)　移葬(이장)　移籍(이적)
移轉(이전)　移職(이직)　移替(이체)
變移(변이)　轉移(전이)

벼(禾)와 많은 고기(多)를 공물로 바치거나 다른 물건과 교환하기 위해서 운반하는 것을 나타내어 '옮기다'의 뜻을 가지게 되었다.

뜻풀이
移管(이관) : 관할하던 곳을 옮김
推移(추이) : 시간이 지남에 따라 변함

而 (3급)

필순: 而而而而而而

말 이을 이
而　　총6획

而今(이금)　而立(이립)　而後(이후)
然而(연이)　似而非(사이비)
學而時習(학이시습)

본래 턱 수염의 모습을 본떠 '수염'을 뜻하였다. 나중에 '접속사'나 '너, 그대'를 가리키는 2인칭 대명사로 쓰이게 되었다.

뜻풀이
而立(이립) : 서른 살
然而(연이) : 그러나

益 (4급Ⅱ)

필순: 益益益益益益益益益益

더할 익
皿　　총10획

國益(국익)　權益(권익)　損益(손익)
受益(수익)　收益(수익)　純益(순익)
利益(이익)　差益(차익)　便益(편익)
弘益人間(홍익인간)

그릇(皿)에 물을 계속 부어 넘치는 모습으로 '더하다'의 뜻을 가지게 되었다.

뜻풀이
益甚(익심) : 점점 심해짐
裨益(비익) : 보태어 도움이 되게 함

翼 (3급Ⅱ)

필순: 翼翼翼翼翼翼翼翼翼翼翼翼翼翼翼

날개 익
羽　　총17획

翼果(익과)　翼端(익단)　翼戴(익대)
翼善(익선)　右翼(우익)　羽翼(우익)
左翼(좌익)　鶴翼陣(학익진)

탈을 얼굴에 쓰고 두 손을 든(異) 기이한 존재가 하늘의 신과 대화할 수 있도록 날개(羽) 장식을 단 모습으로 하늘에 있는 신과의 매개 역할을 하는 '날개'의 뜻을 가지게 되었다.

뜻풀이
翼戴(익대) : 도와 받듦
羽翼(우익) : 윗사람을 돕는 일

人 (8급)

필순: 人人

사람 인
人　　총2획

人脈(인맥)　人蔘(인삼)　寡人(과인)
隷人(예인)　偉人(위인)　義人(의인)
罪人(죄인)　證人(증인)　哲人(철인)
超人(초인)　現代人(현대인)

사람의 옆모습을 본떠 '사람'을 뜻한다.

뜻풀이
人脈(인맥) : 학연, 지연, 정계 등에서 같은 계통이나 계열에 속하는 사람들의 친분
賢人(현인) : 성인 다음에 버금가는 어진 사람

仁
4급 / 어질 인 / 人 총4획

필순: 仁 仁 仁 仁

仁德(인덕)　仁術(인술)　仁義(인의)
仁者(인자)　仁慈(인자)　仁政(인정)
仁祖(인조)　仁厚(인후)

두(二) 사람(亻)이 함께 살아가기 위해서는 서로를 사랑하는 어진 마음이 있어야 하므로 '어질다'는 뜻을 가지게 되었다.

뜻풀이
仁義(인의) : 어짊과 의로움
仁慈(인자) : 마음이 어질고 정이 깊음

忍
3급Ⅱ / 참을 인 / 心 총7획

필순: 忍 忍 忍 忍 忍 忍 忍

忍苦(인고)　忍耐(인내)　忍辱(인욕)
忍從(인종)　忍化(인화)　忍厚(인후)
容忍(용인)　殘忍(잔인)

마음(心)에 칼날(刃)을 꽂으며 꾹 참는 것을 나타내어 '참다'의 뜻을 가지게 되었다.

뜻풀이
忍苦(인고) : 괴로움을 참음
忍從(인종) : 참고 따름

認
4급Ⅱ / 알 인 / 言 총14획

필순: 認 認 認 認 認 認 認 認 認 認 認 認 認 認

認識(인식)　認證(인증)　默認(묵인)
法認(법인)　否認(부인)　承認(승인)
是認(시인)　誤認(오인)　容認(용인)
確認(확인)

忍에 言이 더해진 글자로 여기서 忍(인)은 발음기호의 역할을 한다. 상대방의 말(言)을 참고 귀 기울여 들어 이해하는(忍) 것을 나타내어 '알다'의 뜻을 가지게 되었다.

冒認(모인) : 남의 것을 제 것인 양 속임
追認(추인) : 지나간 일까지 모두 인정함

因
5급 / 인할 인 / 囗 총6획

필순: 因 因 因 因 因 因

因果(인과)　因循(인순)　因習(인습)
因緣(인연)　起因(기인)　動因(동인)
要因(요인)　原因(원인)

깔개(囗)에 누운 사람(大)의 모습으로 깔개에 의지한 것을 나타내어 '인하다'의 뜻을 가시게 되었다.

뜻풀이
因襲(인습) : 전해 내려오는 풍습
起因(기인) : 일이 일어나게 된 원인

姻

3급 / 혼인 인 / 女 총9획

필순: 姻 姻 姻 姻 姻 姻 姻 姻

姻叔(인숙)　姻姪(인질)　姻戚(인척)
姻親(인친)　姻下(인하)　親姻(친인)
婚姻(혼인)

여자(女)가 신랑에게 의지하면서(因) 살기위해 시집가는 것을 나타내어 '혼인'의 뜻을 가지게 되었다.

뜻풀이
婚姻(혼인) : 장가들고 시집가는 일
姻親(인친) : 사돈

印
4급Ⅱ / 도장 인 / 卩 총6획

필순: 印 印 印 印 印 印

印鑑(인감)　印象(인상)　印稅(인세)
印刷(인쇄)　印章(인장)　刻印(각인)
封印(봉인)　職印(직인)

꿇어앉은 사람(卩)을 다른 사람이 손(爫)으로 누르는 모습처럼 도장을 인주에 묻혀서 손으로 눌러 찍는 것을 나타내어 '도장'의 뜻을 가지게 되었다.

뜻풀이
印象(인상) : 어떤 대상이 마음에 주는 느낌
封印(봉인) : 밀봉한 자리에 도장을 찍음

人一十之 己讀百之 (남보다 몇 배의 노력을 해야 뛰어날 수 있다.)

寅

3급 | 필순: 寅寅寅寅寅寅寅寅寅寅寅

범/동방 **인**
宀 총11획

본래 양손으로 화살을 잡아당기는 모습을 나타내었으나 나중에 띠로는 '범'을, 방위로는 '동방'의 뜻을 가지게 되었다.

寅念(인념) 寅方(인방) 寅時(인시)
寅畏(인외) 寅月(인월) 寅日(인일)
寅坐(인좌) 甲寅(갑인)

뜻풀이
寅念(인념) : 삼가 생각함
寅畏(인외) : 공경하고 두려워함

引

4급Ⅱ | 필순: 引引引引

끌 **인**
弓 총4획

활(弓) 시위에 화살을 넣고 시위를 당기는(|) 것으로 '당기다, 끌다'의 뜻을 가진다.

引繼(인계) 引導(인도) 引率(인솔)
引揚(인양) 引入(인입) 引接(인접)
引出(인출) 牽引(견인) 誘引(유인)

뜻풀이
引揚(인양) : 높은 곳으로 끌어 올림
引出(인출) : 예금, 저금을 찾아냄

一

8급 | 필순: 一

한 **일**
一 총1획

하나의 선을 그려 '하나'를 뜻한다.

一貫(일관) 一瞬(일순) 一致(일치)
一針(일침) 一派(일파) 均一(균일)
唯一(유일) 擇一(택일) 劃一(획일)

뜻풀이
一針(일침) : 침 한 대. 정곡을 찌르는 따끔한 침 한 대
一環(일환) : 서로 밀접한 것 가운데 하나

日

8급 | 필순: 日日日日

날 **일**
日 총4획

하늘에 떠 있는 해의 둥근 모습을 본뜬 글자로 '해, 날'을 뜻한다.

日暮(일모) 日沒(일몰) 日傘(일산)
日程(일정) 隔日(격일) 當日(당일)
連日(연일) 寧日(영일) 曜日(요일)
遮日(차일) 擇日(택일)

뜻풀이
寧日(영일) : 아무 사고 없이 평온한 날
遮日(차일) : 햇빛을 가리기 위해 치는 막

逸

3급Ⅱ | 필순: 逸逸逸逸逸逸逸逸逸逸逸逸

편안할 **일**
辶 총12획

토끼(兎)를 잡았다가 놓쳐 달아난(辶) 것을 나타내어 '달아나다'의 뜻을 가지게 되었다. 또한 '편안하다'의 뜻으로도 쓰이게 되었다.

逸句(일구) 逸味(일미) 逸民(일민)
逸事(일사) 逸脫(일탈) 逸話(일화)
安逸(안일) 隱逸(은일)

뜻풀이
逸話(일화) : 알려지지 않은 이야기
安逸(안일) : 편하고 한가로움

壬

3급Ⅱ | 필순: 壬壬壬壬

북방 **임**
士 총4획

본래 여자(亻)가 아이(一)를 배고 땅(一) 위에 선 것이 짐을 진 것과 같은 모습에서 '짊어지다'를 뜻했으나 나중에 '아홉째 천간, 북방'의 뜻으로 쓰이게 되었다.

壬公(임공) 壬方(임방) 壬戌(임술)
壬午(임오) 壬人(임인)
壬辰倭亂(임진왜란)

뜻풀이
壬公(임공) : 물의 다른 이름
壬人(임인) : 간사하고 아첨 잘하는 소인

任 [5급II]

필순: 任 任 任 任 任 任

맡길 임(:)
人　총6획

사람(亻)이 짐을 짊어진 것(壬)과 같이 일을 맡거나 책임짐을 나타내어 '맡기다'는 뜻을 가지게 되었다.

任官(임관)　任務(임무)　任意(임의)
任置(임치)　兼任(겸임)　擔任(담임)
辭任(사임)　適任(적임)　轉任(전임)
責任(책임)　就任(취임)　退任(퇴임)

뜻풀이
任意(임의): 어떠한 제한을 받음이 없이 자기의 의사대로 함
任置(임치): 다른 사람에게 돈이나 물건을 맡김

賃 [3급II]

필순: 賃 賃 賃 賃 賃 賃 賃 賃 賃 賃 賃 賃 賃

품삯 임:
貝　총13획

맡긴(任) 일을 하고 나서 그 대가로 받는 돈(貝)인 '품삯'을 뜻한다.

賃金(임금)　賃貸(임대)　賃料(임료)
賃夫(임부)　賃借(임차)　勞賃(노임)
無賃(무임)　運賃(운임)

뜻풀이
賃貸(임대): 자기의 물건을 돈을 받고 다른 사람에게 빌려 줌
運賃(운임): 화물이나 여객을 운반한 보수로 받은 대가

入 [7급]

필순: 入 入

들 입
入　총2획

건물 안으로 들어가는 입구의 모습으로 '들어가다'를 뜻한다.

入養(입양)　入籍(입적)　入憲(입헌)
購入(구입)　輸入(수입)　潛入(잠입)
侵入(침입)　投入(투입)　編入(편입)
吸入(흡입)

뜻풀이
入寂(입적): 승려가 죽음
潛入(잠입): 몰래 들어옴

刺 [3급II]

필순: 刺 刺 刺 刺 刺 刺 刺 刺

찌를 자:/척
수라　라
刀　총8획

가시(朿)가 찌르듯 칼(刂)로 찌르는 것을 나타내어 '찌르다'의 뜻을 가지게 되었으며 자와 척 두 가지 발음으로 읽는다. 궁중에서 임금에게 올리는 밥인 '수라'의 뜻으로도 쓰이며 이때는 라라고 읽는다.

刺冠(자관)　刺刀(자도)　刺客(자객)
刺傷(자상)　刺痛(자통)　亂刺(난자)
刺殺(척살)　水刺(수라)

뜻풀이
刺殺(척살): 뾰족한 물건으로 찔러 죽임
水刺(수라): 궁중에서 이르던 임금의 밥

姉 [4급]

필순: 姉 姉 姉 姉 姉 姉 姉 姉

손윗누이 자
女　총8획

여기에서 市의 본자는 朮로 뿌리에서의 양분이 막혀 성장이 그침을 나타내어 형제 중에서 성장이 끝난, 나이가 가장 많은 여자(女)인 '손윗누이'의 뜻을 가지게 되었다.

姉妹(자매)

뜻풀이
姉兄(자형): 손위 누이의 남편
義姉(의자): 부모가 다른 누이

姿 [4급]

필순: 姿 姿 姿 姿 姿 姿 姿 姿 姿

모양 자:
女　총9획

맵시를 뽐내기 위해 차례차례(次) 앉아있는 여자(女)들의 모습을 나타내어 '모양'의 뜻을 가지게 되었다.

姿望(자망)　姿勢(자세)　姿容(자용)
姿質(자질)　姿體(자체)　姿態(자태)

뜻풀이
姿望(자망): 사람의 모습
姿體(자체): 몸가짐. 자세

人一十之 己讀百之 (남보다 몇 배의 노력을 해야 뛰어날 수 있다.)

恣

3급 恣恣恣恣恣恣恣恣恣恣

마음대로/방자할 자
心　총10획

恣擧(자거)　恣樂(자락)　恣慾(자욕)
恣意(자의)　恣質(자질)　恣暴(자포)
恣行(자행)　放恣(방자)

자기 마음대로 해야 할 일을 다음(次)으로 미루려는 마음(心)을 나타내어 '마음대로, 방자하다'의 뜻을 가지게 되었다.

뜻풀이
恣行(자행) : 멋대로 행동함
放恣(방자) : 무례하고 건방짐

資

4급 資資資資資資資資資資資資資

재물 자
貝　총13획

資格(자격)　資料(자료)　資本(자본)
資産(자산)　資源(자원)　資材(자재)
資質(자질)　路資(노자)　祕資(비자)
投資(투자)

돈(貝)이 차례차례(次) 모아져 생활을 지탱하게 해주기에 '재물'의 뜻을 가지게 되었다.

뜻풀이
資格(자격) : 특정한 권한을 가지는 지위
路資(노자) : 먼 길을 다니는데 드는 돈

子

7급Ⅱ 子子子

아들 자
子　총3획

子宮(자궁)　獨子(독자)　帽子(모자)
箱子(상자)　庶子(서자)　額子(액자)
赤子(적자)　冊子(책자)　卓子(탁자)

포대기 밖으로 머리와 두 손만 내놓고 있는 젖먹이의 모습을 본떠 '아들'을 뜻한다.

뜻풀이
庶子(서자) : 첩의 아들
赤子(적자) : 갓난아이. 임금이 백성을 갓난아이로 여겨 사랑한다 하여 백성을 이르는 말로 쓰임

字

7급 字字字字字字

글자 자
子　총6획

字幕(자막)　俗字(속자)　習字(습자)
識字(식자)　略字(약자)　誤字(오자)
點字(점자)　破字(파자)

집(宀) 안에 대를 이어 갈 아이(子)가 있는 모습으로 대를 이을 자손이 늘어나듯이 글자도 늘어남을 나타내어 '글자'의 뜻을 가지게 되었다.

뜻풀이
闕字(궐자) : 문장에서 빠진 글자
破字(파자) : 한자의 자획을 풀어서 나눈 것

慈

3급Ⅱ 慈慈慈慈慈慈慈慈慈慈慈

사랑 자
心　총13획

慈光(자광)　慈儉(자검)　慈堂(자당)
慈悲(자비)　慈母(자비)　慈善(자선)
慈愛(자애)　慈仁(자인)

자식이 건장하게(玆) 자라도록 맛있는 것을 먹이려는 어머니의 마음(心)을 나타내어 '사랑'의 뜻을 가지게 되었다.

뜻풀이
慈堂(자당) : 남의 어머니를 높이는 말
慈悲(자비) : 사랑하고 가엾게 여김

玆

3급 玆玆玆玆玆玆玆玆玆玆

이 자
玄　총10획

玆宮(금자)　今玆(금자)　來玆(내자)

본래 두 가닥의 실의 모습이나 '여기, 이'의 지시사로 쓰인다.

뜻풀이
今玆(금자) : 올해
來玆(내자) : 내년

者

6급

者者者者者者者者者

놈 자
老 총9획

讀者(독자) 牧者(목자) 使者(사자)
勝者(승자) 譯者(역자) 隱者(은자)
諜者(첩자) 霸者(패자) 患者(환자)
被疑者(피의자)

나이가 많은 어른(耂 = 老)이 나이가 어린 사람을 가리켜 이 놈, 저 놈이라고 말하는(白) 것으로 '놈'을 뜻한다.

隱者(은자) : 세속을 벗어나 숨어사는 사람
諜者(첩자) : 간첩

紫

3급II

紫紫紫紫紫紫紫紫紫紫紫

자줏빛 자
糸 총12획

紫氣(자기) 紫丹(자단) 紫帶(자대)
紫色(자색) 紫定(자정) 紫朱(자주)
紫水晶(자수정) 紫外線(자외선)

此에 糸가 더해진 글자로 여기서 此(차)는 발음기호의 역할을 하는데 나중에 음이 차에서 자로 변하였다. 실(糸)을 자줏빛으로 물들인 것으로 '자줏빛'의 뜻을 가지게 되었다.

紫帶(자대) : 자주색 띠
紫色(자색) : 자주색

自

7급II

自自自自自自

스스로 자
自 총6획

自愧(자괴) 自動(자동) 自力(자력)
自慢(자만) 自滅(자멸) 自肅(자숙)
自我(자아) 自酌(자작) 自薦(자천)
自稱(자칭) 自爆(자폭) 自虐(자학)

본래 사람의 코를 정면에서 본 모습이었으나 자신을 가리킬 때 손가락으로 코를 가리켰기 때문에 나중에 '스스로'의 뜻으로 쓰이게 되었다.

自慢(자만) : 자신과 관련된 것을 스스로 자랑하며 뽐냄
自肅(자숙) : 자신의 행동을 조심히 함

作

6급II

作作作作作作作

지을 작
人 총7획

作故(작고) 作名(작명) 作動(작동)
作態(작태) 作況(작황) 傑作(걸작)
輪作(윤작) 拙作(졸작) 創作(창작)

사람(亻)이 의복을 만드는(乍) 것에서 '짓다'의 뜻을 가지게 되었다.

輪作(윤작) : 해마다 다양한 종류의 농작물을 같은 땅에 바꾸어서 심는 것
拙作(졸작) : 보잘것없는 작품. 자기의 작품을 겸손하게 이름

昨

6급II

昨昨昨昨昨昨昨昨

어제 작
日 총9획

昨今(작금) 昨年(작년) 昨冬(작동)
昨晚(작만) 昨歲(작세) 昨日(작일)
昨週(작주) 昨秋(작추)

해(日)가 저물었다가 다시 뜨면서 만들어진(乍) 전날을 나타내어 '어제'의 뜻을 가지게 되었다.

昨今(작금) : 요즈음
昨晚(작만) : 어제 저녁 무렵

爵

3급

爵爵爵爵爵爵爵爵爵爵爵爵爵爵爵爵爵

벼슬 작
爪 총18획

爵祿(작록) 爵服(작복) 爵位(작위)
爵號(작호) 公爵(공작) 男爵(남작)
伯爵(백작) 襲爵(습작)

본래 참새(罒 = 雀) 모습의 술잔에 술(𩰎 = 鬯)을 담고 손(寸)으로 잡고 있는 모습으로, 이것은 왕이 신하에게 벼슬을 내리는 의식에서 사용되었기에 '벼슬'의 뜻으로 쓰이게 되었다.

爵位(작위) : 벼슬과 지위를 통틀어 이르는 말
襲爵(습작) : 작위를 이어받음

人一十之 己讀百之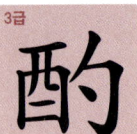(남보다 몇 배의 노력을 해야 뛰어날 수 있다.)

酌 (3급)

필순: 酌酌酌酌酌酌酌酌酌酌

술부을/잔질할 작
酉 총10획

국자(勺)로 술(酉)을 잔에 따르는 것에서 '술 붓다, 잔질하다'의 뜻을 가지게 되었다.

酌量(작량) 酌婦(작부) 酌飮(작음)
酌定(작정) 對酌(대작) 自酌(자작)
參酌(참작) 添酌(첨작)

뜻풀이
酌定(작정) : 사정을 따져보고 결정함
參酌(참작) : 이리저리 비추어 보아서 알맞게 헤아림

殘 (4급)

필순: 殘殘殘殘殘殘殘殘殘殘殘殘

남을 잔
歹 총12획

본래 창과 창(戔)으로 서로 싸워서 잔인하게 해쳐 뼈가 부서진(歹) 것을 나타내어 '잔인하다'를 뜻하였으나 싸우고 난 전장에는 부서진 뼈(歹)와 무기(戔)만이 남았기에 나중에 '남다'의 뜻으로 쓰이게 되었다.

殘黨(잔당) 殘留(잔류) 殘飯(잔반)
殘惡(잔악) 殘額(잔액) 殘餘(잔여)
殘忍(잔인) 殘酷(잔혹) 衰殘(쇠잔)

뜻풀이
殘留(잔류) : 뒤에 남음
殘飯(잔반) : 먹고 남은 밥

潛 (3급II)

필순: 潛潛潛潛潛潛潛潛潛潛潛潛潛潛潛

잠길 잠
水 총15획

가늘게 입김을 내뿜고(朁) 다시 물(氵)속으로 들어가는 것을 나타내어 '잠기다'의 뜻을 가지게 되었다.

潛丘(잠구) 潛伏(잠복) 潛水(잠수)
潛入(잠입) 潛寂(잠적) 潛跡(잠적)
潛行(잠행) 潛水艦(잠수함)
潛在力(잠재력)

뜻풀이
潛伏(잠복) : 보이지 않도록 몰래 숨어서 엎드림
潛跡(잠적) : 종적을 감춤

暫 (3급II)

필순: 暫暫暫暫暫暫暫暫暫暫暫暫暫暫暫

잠깐 잠(:)
日 총15획

하루(日) 중 베어져(斬) 나간 약간의 시간인 '잠깐'을 뜻한다.

暫間(잠간) 暫見(잠견) 暫留(잠류)
暫罰(잠벌) 暫別(잠별) 暫逢(잠봉)
暫時(잠시) 暫定(잠정) 暫許(잠허)

뜻풀이
暫逢(잠봉) : 잠깐 서로 만남
暫定(잠정) : 임시로 정함

雜 (4급)

필순: 雜雜雜雜雜雜雜雜雜雜雜雜雜雜雜雜雜雜

섞일 잡
隹 총18획

衣와 集이 합해진 글자로 옷(衣)에 다양한 색이 모여서(集) 섞인 것을 나타내어 '섞이다'의 뜻을 가지게 되었다.

雜穀(잡곡) 雜菌(잡균) 雜技(잡기)
雜談(잡담) 雜誌(잡지) 雜湯(잡탕)
亂雜(난잡) 繁雜(번잡) 複雜(복잡)
錯雜(착잡) 醜雜(추잡) 混雜(혼잡)

뜻풀이
錯雜(착잡) : 마구 뒤섞여 어수선함
醜雜(추잡) : 언행이 지저분하고 잡스러움

丈 (3급II)

필순: 丈丈丈

어른 장:
一 총3획

본래 긴 막대기를 손에 들고 있는 모습으로 물건의 길이를 잴 때 사용하여 10척의 길이를 나타냈다. 나중에 키가 10척이 되는 큰 어른을 가리켜 '어른'의 뜻으로 쓰이게 되었다.

丈母(장모) 丈夫(장부) 丈人(장인)
萬丈(만장) 聘丈(빙장) 王丈(왕장)
億丈(억장) 老人丈(노인장)

뜻풀이
聘丈(빙장) : 다른 사람의 장인을 이르는 말
王丈(왕장) : 남의 할아버지를 높이는 말

場 (마당 장) — 7급II

場 場 場 場 場 場 場 場 場 場 場

土　총12획

劇場(극장)　當場(당장)　登場(등장)
牧場(목장)　式場(식장)　議場(의장)
職場(직장)　退場(퇴장)　罷場(파장)
磁氣場(자기장)

떠오르는 태양(昜) 아래에서 제사 지낼 수 있는 깨끗하고 넓은 장소(土)인 '마당'을 뜻한다.

뜻풀이
罷場(파장) : 벌여 놓았던 것이 끝남

腸 (창자 장) — 4급

腸 腸 腸 腸 腸 腸 腸 腸 腸 腸 腸 腸 腸

肉　총13획

腸壁(장벽)　腸炎(장염)　大腸(대장)
腎腸(신장)　心腸(심장)　胃腸(위장)
直腸(직장)　脫腸(탈장)

음식물의 소화와 흡수, 배설 등의 작용으로 늘어났다(昜) 줄어들었다 하는 몸(月＝肉) 속의 길고 구불구불한 '창자'를 뜻한다.

뜻풀이
肝腸(간장) : 간과 창자
斷腸(단장) : 몹시 슬퍼 창자가 끊어지는 듯함

墻 (담 장) — 3급

墻 墻 墻 墻 墻 墻 墻 墻 墻 墻 墻 墻 墻 墻 墻 墻

土　총16획

墻角(장각)　墻內(장내)　墻壁(장벽)
墻下(장하)　越墻(월장)
路柳墻花(노류장화)

수확한 곡식을 쌓아두는 창고(嗇)에 도둑이 들어오지 않게 흙(土)으로 담을 만드는 것을 나타내어 '담'의 뜻을 가지게 되었다.

뜻풀이
墻角(장각) : 담 모퉁이
越墻(월장) : 담을 넘음

壯 (장할 장) — 4급

壯 壯 壯 壯 壯 壯 壯

士　총7획

壯觀(장관)　壯談(장담)　壯烈(장렬)
壯元(장원)　壯丁(장정)　壯版(장판)
健壯(건장)　悲壯(비장)

무기(爿)를 들고서 적을 마주대하여 싸울 수 있는 씩씩한 남자(士)를 나타내어 '씩씩하다, 장하다'의 뜻을 가지게 되었다.

뜻풀이
壯烈(장렬) : 씩씩하고 열렬함
悲壯(비장) : 슬픈 가운데 느껴지는 씩씩함

莊 (씩씩할 장) — 3급II

莊 莊 莊 莊 莊 莊 莊 莊 莊 莊 莊

艸　총11획

莊潔(장결)　莊敬(장경)　莊言(장언)
莊嚴(장엄)　莊子(장자)　莊重(장중)
老莊(노장)　別莊(별장)　山莊(산장)

풀(艹)이 왕성하게(壯) 자라는 것을 나타내어 '씩씩하다'의 뜻을 가지게 되었다.

뜻풀이
莊言(장언) : 호기롭고 의기양양한 말
莊重(장중) : 장엄하고 정중함

裝 (꾸밀 장) — 4급

裝 裝 裝 裝 裝 裝 裝 裝 裝 裝 裝 裝 裝

衣　총13획

裝備(장비)　裝飾(장식)　裝着(장착)
裝置(장치)　變裝(변장)　旅裝(여장)
治裝(치장)　鋪裝(포장)

씩씩하게(壯) 보이도록 옷차림(衣)을 꾸민 것으로 '꾸미다'의 뜻을 가지게 되었다.

뜻풀이
端裝(단장) : 단정하게 차림
僞裝(위장) : 본래의 모습을 알아볼 수 없도록 꾸밈

人一十之 己讀百之 (남보다 몇 배의 노력을 해야 뛰어날 수 있다.)

將

4급II

장수 장(:)
寸   총11획

將校(장교) 將軍(장군) 將棋(장기)
將來(장래) 將兵(장병) 將次(장차)
老將(노장) 猛將(맹장) 名將(명장)
武將(무장)

본래 고기(月=肉)를 손(寸)에 잡고서 나무 조각(爿) 위에 올려놓은 모습을 나타내었으나 나중에 이것을 행하여 전쟁의 승리를 기원하던 '장수'의 뜻으로 쓰이게 되었다.

뜻풀이
將星(장성) : 장군
倭將(왜장) : 일본 장수를 얕잡아 부르는 말

獎

4급

장려할 장(:)
犬   총14획

獎勵(장려) 獎譽(장예) 獎誘(장유)
獎進(장진) 獎學(장학) 勸獎(권장)
獎學金(장학금)

손에 잡은 고기를 나무 조각 위에 올려놓고(將) 큰(大) 고기부터 부추겨 먹도록 한 것으로 '장려하다'의 뜻을 가지게 되었다.

뜻풀이
獎勵(장려) : 칭찬과 격려를 하며 힘써 매진하도록 독려함
勸獎(권장) : 권하여 장려함

長

8급

긴 장(:)
長   총8획

長技(장기) 長髮(장발) 長壽(장수)
長點(장점) 長篇(장편) 長靴(장화)
總長(총장) 波長(파장) 艦長(함장)

긴 머리를 휘날리면서 지팡이를 짚고 서 있는 노인의 모습으로 '길다, 어른'의 뜻을 가지게 되었다.

뜻풀이
波長(파장) : 사건이 미치는 영향
長技(장기) : 아주 잘하는 재주

帳

4급

장막 장
巾   총11획

帳幕(장막) 帳簿(장부) 帳中(장중)
帳下(장하) 臺帳(대장) 原帳(원장)
通帳(통장) 揮帳(휘장)

긴(長) 머리카락처럼 늘어져 있는 수건(巾)을 나타내어 햇볕 또는 비바람을 피할 수 있도록 둘러친 '장막'을 뜻한다.

뜻풀이
帳幕(장막) : 볕이나 비를 피할 수 있도록 치는 막
臺帳(대장) : 토대가 되도록 어떤 사항을 기록한 장부

張

4급

베풀 장
弓   총11획

張皇(장황) 更張(경장) 誇張(과장)
緊張(긴장) 伸張(신장) 主張(주장)
擴張(확장) 張本人(장본인)

본래 활(弓) 시위를 길게(長) 당기는 것을 나타내었으나 나중에 음식을 베푼다는 의미의 '베풀다'라는 뜻으로 쓰이게 되었다.

뜻풀이
張皇(장황) : 매우 길고 번거로움
擴張(확장) : 늘려 넓힘

粧

3급II

단장할 장
米   총12획

粧具(장구) 粧面(장면) 粧飾(장식)
丹粧(단장) 治粧(치장) 化粧(화장)
美粧院(미장원)

쌀(米)을 빻아 반죽을 하듯 흙(土)을 반죽하여 집(广)에 바르는 것을 나타내었는데 나중에 여자들이 분가루로 얼굴을 꾸미는 '단장하다'의 뜻으로 쓰이게 되었다.

뜻풀이
粧飾(장식) : 꾸밈
治粧(치장) : 곱게 꾸밈

章 (6급)

필순: 章章章章章章章章章章

글 장
立 / 총11획

肩章(견장) 文章(문장) 樂章(악장)
終章(종장) 指章(지장) 初章(초장)
憲章(헌장) 體力章(체력장)

소리(音)를 한 묶음(十)씩 끊어서 기록해 하나의 악보를 만듦을 나타내어 '글'의 뜻을 가지게 되었다.

뜻풀이
指章(지장): 도장 대신 손가락에 인주를 묻혀 지문을 찍는 것
體力章(체력장): 중·고교생의 체력 검사의 결과를 적은 기록부

障 (4급II)

필순: 障障障障障障障障障障障障障

막을 장
阜 / 총14획

障泥(장니) 障壁(장벽) 障礙(장애)
障子(장자) 障害(장해) 故障(고장)
保障(보장)

음악이나 글의 장(章)과 장 사이가 언덕(阝=阜)이 막고 있는 것처럼 떨어졌음을 나타내어 '막다'의 뜻을 가지게 되었다.

뜻풀이
故障(고장): 기계나 기구 등에 이상이 생겨 제대로 작동하지 못하게 된 상태
保障(보장): 일이 잘 되도록 뒷받침함

掌 (3급II)

필순: 掌掌掌掌掌掌掌掌掌掌掌掌

손바닥 장:
手 / 총12획

掌內(장내) 掌握(장악) 掌印(장인)
掌中(장중) 管掌(관장) 拍掌(박장)
分掌(분장) 合掌(합장)

손(扌)을 높이(尙) 위로 들어 펴면 보이는 '손바닥'을 뜻한다.

뜻풀이
掌握(장악): 세력이나 판세 등을 완전히 휘어잡음
分掌(분장): 일을 나누어 맡아 처리함

葬 (3급II)

필순: 葬葬葬葬葬葬葬葬葬葬葬葬

장사지낼 장:
艸 / 총13획

葬歌(장가) 葬禮(장례) 葬事(장사)
葬儀(장의) 葬地(장지) 埋葬(매장)
副葬(부장) 附葬(부장) 殉葬(순장)
移葬(이장) 合葬(합장)

죽은 사람(死)을 거적에 얹어 풀숲(艹)에서 장사 지내는 것을 나타내어 '장사 지내다'의 뜻을 가지게 되었다.

뜻풀이
葬地(상지): 시체를 묻는 땅
埋葬(매장): 시체나 유골을 땅에 묻음

藏 (3급II)

필순: 藏藏藏藏藏藏藏藏藏藏藏藏藏藏藏

감출 장:
艸 / 총18획

藏書(장서) 藏習(장습) 埋藏(매장)
祕藏(비장) 私藏(사장) 所藏(소장)
貯藏(저장) 冷藏庫(냉장고)

뾰족한 창의 날에 눈을 찔린(臧) 노예가 풀밭(艹)에 몸을 숨긴 것을 나타내어 '감추다'의 뜻을 가지게 되었다.

뜻풀이
藏習(장습): 숨은 행습
死藏(사장): 활용하지 않고 묵혀둠

臟 (3급II)

필순: 臟臟臟臟臟臟臟臟臟臟臟臟臟臟臟臟臟臟臟

오장 장:
肉 / 총22획

臟器(장기) 臟毒(장독) 臟錢(장전)
肝臟(간장) 內臟(내장) 腹臟(복장)
服臟(복장) 心臟(심장) 胃臟(위장)

신체(月=肉)의 내부에 감추어져(藏) 있는 기관인 간장, 심장, 비장, 폐장, 신장의 '오장'을 뜻한다.

뜻풀이
服臟(복장): 마음속에 가지고 있는 생각
臟錢(장전): 옳지 못한 방법으로 얻은 돈

人一十之 己讀百之 (남보다 몇 배의 노력을 해야 뛰어날 수 있다.)

再 [5급] 두 재
필순: 再再再再再再
冂 총6획

再建(재건) 再考(재고) 再起(재기)
再臨(재림) 再選(재선) 再修(재수)
再審(재심) 再演(재연) 再湯(재탕)
再版(재판) 再編(재편)

나무토막을 쌓은 (冉) 위에 또 하나 (一)의 나무토막을 더 얹은 모습으로 '다시, 거듭'을 뜻한다.

뜻풀이
再起(재기) : 다시 일어섬
再臨(재림) : 다시 옴

哉 [3급] 어조사 재
필순: 哉哉哉哉哉哉哉哉哉
口 총9획

善哉(선재) 哀哉(애재) 快哉(쾌재)
乎哉(호재) 哉生明(재생명)
嗚呼痛哉(오호통재)

말(口)을 끊었다가 (𢦑) 계속 이을 때 쓰는 '어조사'를 나타낸다.

뜻풀이
哀哉(애재) : 슬프도다
快哉(쾌재) : 일이 잘 되어 만족스러움

栽 [3급Ⅱ] 심을 재
필순: 栽栽栽栽栽栽栽栽栽栽
木 총10획

栽培(재배) 栽報(재보) 栽植(재식)
輪栽(윤재)

十은 才의 변형으로 𢦑는 초목의 싹을 창칼로 자른 것이다. 栽는 심은 나무(木)의 가지를 잘라서(𢦑) 잘 자라도록 함을 나타내어 '심다'의 뜻을 가지게 되었다.

뜻풀이
栽植(재식) : 농작물이나 나무를 심음
輪栽(윤재) : 여러 가지 농작물을 번갈아 가며 심음

裁 [3급Ⅱ] 옷마를 재
필순: 裁裁裁裁裁裁裁裁裁裁裁
衣 총12획

裁斷(재단) 裁量(재량) 裁縫(재봉)
裁判(재판) 決裁(결재) 制裁(제재)
體裁(체재) 裁縫師(재봉사)

옷(衣)을 만들기 위해서 옷감을 자르는(𢦑) 것을 나타내어 '옷 마르다, 마름질하다'의 뜻을 가지게 되었다.

뜻풀이
裁量(재량) : 자신의 판단으로 일을 처리함
決裁(결재) : 결정 권한을 지닌 상관이 부하가 제출한 안건을 검토한 후 승인함

載 [3급Ⅱ] 실을 재
필순: 載載載載載載載載載載載載載
車 총13획

載道(재도) 載書(재서) 載筆(재필)
揭載(게재) 記載(기재) 登載(등재)
連載(연재) 積載(적재)

나무를 잘라서(𢦑) 수레(車)를 만들고 그 수레 위에 물건을 싣는 것을 나타내어 '싣다'의 뜻을 가지게 되었다.

뜻풀이
登載(등재) : 기록하여 올림
積載(적재) : 물건을 실음

在 [6급] 있을 재
필순: 在在在在在在
土 총6획

在庫(재고) 在外(재외) 在位(재위)
在籍(재적) 在職(재직) 介在(개재)
健在(건재) 散在(산재) 實在(실재)
殘在(잔재)

𠂇는 才가 변형된 글자로 땅속의 흙에서 초목의 싹이 자라나는 모습을 나타내었다. 초목의 싹이나 흙은 어느 곳에서나 볼 수 있기에 '있다'의 뜻을 가지게 되었다.

뜻풀이
在外(재외) : 외국에 있음
健在(건재) : 힘이나 능력이 그대로 있음

宰

3급 | 필순: 宰宰宰宰宰宰宰宰宰宰

재상 재:
宀 총10획

宰木(재목) 宰相(재상) 宰臣(재신)
宰人(재인) 宰制(재제) 宰衡(재형)
主宰(주재) 總宰(총재)

본래 관아(宀)에서 죄인(辛)을 다스리는 일을 관장하는 사람을 나타냈으나 나중에 임금을 도우며 모든 관원을 지휘하고 감독하는 일을 맡던 '재상'의 뜻으로 쓰이게 되었다.

뜻풀이
宰木(재목): 무덤가에 심는 나무
主宰(주재): 어떤 일의 중심이 되어 처리함

才

6급II | 필순: 才才才

재주 재:
手 총3획

才功(재공) 才德(재덕) 才量(재량)
才力(재력) 才分(재분) 才質(재질)
才致(재치) 鬼才(귀재) 鈍才(둔재)
秀才(수재)

초목의 싹이 땅을 뚫고 돋아나는 모습으로 초목의 싹이 땅을 뚫고 나오는 재주가 있듯이 사람도 각기 다른 재주를 가지고 있음을 나타내어 '재주'의 뜻을 가지게 되었다.

뜻풀이
才致(재치): 눈치 빠른 재주
鬼才(귀재): 세상에서 보기 드물게 뛰어난 재능

材

5급II | 필순: 材材材材材材材

재목 재:
木 총7획

材料(재료) 材質(재질) 乾材(건재)
器材(기재) 素材(소재) 惡材(악재)
藥材(약재) 資材(자재) 取材(취재)

도구를 만들 때 재료가 될 수 있는 능력(才)을 가진 나무(木)를 선별해서 재목으로 사용함을 나타내어 '재목'의 뜻을 가지게 되었다.

뜻풀이
素材(소재): 바탕이 되는 재료
取材(취재): 작품이나 기사에 쓸 것을 현장에서 조사함

財

5급II | 필순: 財財財財財財財財財財

재물 재:
貝 총10획

財務(재무) 財産(재산) 財源(재원)
財貨(재화) 資財(자재) 蓄財(축재)
橫財(횡재)

생활하기 위해서 자신의 능력(才)을 발휘하여 모아두는 돈(貝)인 '재물'을 뜻한다.

뜻풀이
財源(재원): 자금이나 재화를 얻는 근원
橫財(횡재): 생각지 못한 재물을 얻음

災

5급 | 필순: 災災災災災災災

재앙 재:
火 총7획

災難(재난) 災年(재년) 災傷(재상)
災實(재실) 災厄(재액) 災害(재해)
災禍(재화) 防災(방재) 火災(화재)

물(巛)과 불(火)로 인해 일어나는 모든 '재앙'을 뜻한다.

뜻풀이
災難(재난): 뜻하지 않게 발생한 재앙과 고난
防災(방재): 재난이나 재해를 막는 일

爭

5급 | 필순: 爭爭爭爭爭爭爭爭

다툴 쟁
爪 총8획

爭訟(쟁송) 爭議(쟁의) 爭點(쟁점)
爭取(쟁취) 競爭(경쟁) 黨爭(당쟁)
紛爭(분쟁) 戰爭(전쟁) 鬪爭(투쟁)
抗爭(항쟁)

두 개의 손이 물건을 서로 끌어당기며 빼앗는 모습으로 '다투다'의 뜻을 가지게 되었다.

뜻풀이
爭奪(쟁탈): 다투어 빼앗음
黨爭(당쟁): 당파를 이루어 서로 싸움

人一十之 己讀百之 (남보다 몇 배의 노력을 해야 뛰어날 수 있다.)

低

4급II

필순: 低低低低低低低

낮을 저:
人 총7획

低價(저가) 低級(저급) 低速(저속)
低俗(저속) 低溫(저온) 低音(저음)
低質(저질) 最低(최저)

나무의 뿌리(氐)가 낮은 곳에 있는 것처럼 사람(亻)이 몸을 구부리거나 낮추는 것을 나타내어 '낮다'라는 뜻을 가지게 되었다.

뜻풀이
低廉(저렴) : 값이 쌈
低調(저조) : 활기가 없어 왕성하지 못함

抵

3급II

필순: 抵抵抵抵抵抵抵抵

막을 저:
手 총8획

抵達(저달) 抵當(저당) 抵死(저사)
抵罪(저죄) 抵觸(저촉) 抵抗(저항)
大抵(대저)

적을 막기 위해 손(扌)으로 밀쳐서 낮은(氐) 곳으로 떨어지게 한 것을 나타내어 '막다'의 뜻을 가지게 되었다.

뜻풀이
抵觸(저촉) : 서로 충돌함
抵抗(저항) : 어떤 힘이나 압력에 맞서서 버팀

底

4급

필순: 底底底底底底底底

밑 저:
广 총8획

底力(저력) 底邊(저변) 底意(저의)
根底(근저) 基底(기저) 心底(심저)
徹底(철저) 海底(해저)

살아가는 집(广)이 벼랑 밑(氐)에 있는 것을 나타내어 '밑'의 뜻을 가지게 되었다.

뜻풀이
底力(저력) : 속에 간직하고 있는 든든한 힘
基底(기저) : 밑바닥

著

3급II

필순: 著著著著著著著著著著著著著

나타날 저:
艸 총13획

著名(저명) 著書(저서) 著述(저술)
著者(저자) 著作(저작) 共著(공저)
論著(논저) 編著(편저)

인적이 드문 풀(艹) 숲에서 갑자기 사람(耂)이 나타난 것을 표현하여 '나타나다'의 뜻을 가지게 되었다.

뜻풀이
著名(저명) : 이름이 널리 알려져 있음
論著(논저) : 어떤 대상에 대한 사실이나 견해를 논하여 지은 책

貯

5급

필순: 貯貯貯貯貯貯貯貯貯貯貯貯

쌓을 저:
貝 총12획

貯金(저금) 貯望(저망) 貯油(저유)
貯藏(저장) 貯蓄(저축) 貯炭(저탄)
貯水池(저수지)

재물(貝)을 모아서 집 안에 쌓아둔(宁) 것으로 '쌓다'의 뜻을 가지게 되었다.

뜻풀이
貯藏(저장) : 모아서 쌓아둠
貯蓄(저축) : 절약하여 모아 둠

寂

3급II

필순: 寂寂寂寂寂寂寂寂寂寂寂

고요할 적
宀 총11획

寂寂(적적) 孤寂(고적) 鬱寂(울적)
入寂(입적) 潛寂(잠적) 靜寂(정적)
閑寂(한적)

콩을 주워(叔) 먹고 사는 가난한 집(宀)에는 사람의 소리가 없이 고요하다는 것을 나타내어 '고요하다'의 뜻을 가지게 되었다.

뜻풀이
鬱寂(울적) : 마음이 답답하고 쓸쓸함
入寂(입적) : 승려가 죽음

摘 (3급II)

필순: 摘摘摘摘摘摘摘摘摘摘摘摘摘摘

딸 적
手 총14획

摘果(적과) 摘發(적발) 摘桑(적상)
摘示(적시) 摘要(적요) 摘載(적재)
摘出(적출) 指摘(지적)

손(扌)을 과일의 중심으로 모아서(商) 따는 것을 나타내어 '따다'의 뜻을 가지게 되었다.

뜻풀이
摘發(적발) : 드러나지 않은 것을 들추어냄
指摘(지적) : 꼭 집어서 가리킴

滴 (3급)

필순: 滴滴滴滴滴滴滴滴滴滴滴滴滴滴

물방울 적
水 총14획

滴露(적로) 滴水(적수) 滴定(적정)
滴劑(적제) 滴蟲(적충) 滴下(적하)
硯滴(연적)

물(氵)이 중심에 동그랗게 맺히는(商) '물방울'을 뜻한다.

뜻풀이
滴露(적로) : 방울지어 떨어지는 이슬
滴水(적수) : 떨어지는 물방울

敵 (4급II)

필순: 敵敵敵敵敵敵敵敵敵敵敵敵敵敵敵

대적할 적
攴 총15획

敵使(적사) 敵地(적지) 敵陣(적진)
敵丸(적환) 對敵(대적) 猛敵(맹적)
宿敵(숙적) 殘敵(잔적)

한 곳으로 모여서(商) 들어오는 적들을 쳐서(攵) 대적하는 것을 나타내어 '대적하다'의 뜻을 가지게 되었다.

뜻풀이
敵陣(적진) : 적군의 진지나 지영
宿敵(숙적) : 오랜 원수

適 (4급)

필순: 適適適適適適適適適適適適適適適

맞을 적
辵 총15획

適格(적격) 適期(적기) 適當(적당)
適量(적량) 適性(적성) 適時(적시)
適任(적임) 適切(적절) 適正(적정)
適合(적합) 快適(쾌적)

목적지를 중심으로(商) 제대로 따라가는(辶) 것을 나타내어 '알맞다'의 뜻을 가지게 되었다.

뜻풀이
適性(석성) : 특성한 일에 적합한 성질
適任(적임) : 어떠한 일에 알맞음

的 (5급II)

필순: 的的的的的的的的

과녁 적
白 총8획

的見(적견) 的中(적중) 劇的(극적)
目的(목적) 私的(사적) 詩的(시적)
靜的(정적) 知的(지적) 標的(표적)

본래 국자(勺)로 떠올려서 그 부분을 두드러지게 하듯이 밝은(白) 해가 두드러지게 떠오름을 나타내었으나 나중에 '과녁'의 뜻으로 쓰이게 되었다.

뜻풀이
的確(적확) : 틀림이 없음
端的(단적) : 곧바르고 명백한

積 (4급)

필순: 積積積積積積積積積積積積積積積

쌓을 적
禾 총16획

積久(적구) 積世(적세) 積善(적선)
積載(적재) 積債(적채) 積滯(적체)
蓄積(축적) 治積(치적)
積極的(적극적)

재물(貝)을 모아서 쌓듯이(圭) 곡식(禾)을 수확하여 비축해둠을 나타내어 '쌓다'의 뜻을 가지게 되었다.

뜻풀이
積善(적선) : 착한 일을 많이 함
積滯(적체) : 쌓여서 통하지 못하고 막힘

人一十之 己讀百之 (남보다 몇 배의 노력을 해야 뛰어날 수 있다.)

績 (4급)
길쌈 적
糸 총17획

실(糸)을 엮어서(責=積) 옷감을 짜는 '길쌈'을 뜻한다.

功績(공적) 紡績(방적) 成績(성적)
實績(실적) 業績(업적) 治績(치적)
行績(행적)

뜻풀이
功績(공적) : 노력을 다해 성취해 낸 일의 결과
實績(실적) : 실제로 성취한 업적

蹟 (3급II)
자취 적
足 총18획

차곡차곡 쌓여서(責) 포개진 발(足) 자국을 나타내어 '자취'의 뜻을 가지게 되었다.

古蹟(고적) 史蹟(사적) 遺蹟(유적)
異蹟(이적) 行蹟(행적)

뜻풀이
遺蹟(유적) : 역사적 사건이 있었던 장소
行蹟(행적) : 행동의 자취

跡 (3급II)
발자취 적
足 총13획

양쪽(亦) 발(足)자국을 나타내어 '발자취'의 뜻을 가지게 되었다.

跡捕(적포) 古跡(고적) 軌跡(궤적)
奇跡(기적) 遺跡(유적) 人跡(인적)
潛跡(잠적) 追跡(추적) 筆跡(필적)

뜻풀이
潛跡(잠적) : 자취를 아주 감춤
筆跡(필적) : 글씨의 모양이나 솜씨

笛 (3급II)
피리 적
竹 총11획

바닥이 깊은 술단지(由)처럼 깊은 구멍에서 소리가 나는 대나무(竹)로 만들어진 '피리'를 뜻한다.

鼓笛(고적) 警笛(경적) 口笛(구적)
汽笛(기적) 玉笛(옥적)

뜻풀이
警笛(경적) : 주의하도록 소리를 내는 장치
口笛(구적) : 휘파람

籍 (4급)
문서 적
竹 총20획

풀을 엮어 만든 깔개(耤)처럼 대쪽(竹)을 엮어서 만든 '문서'를 뜻한다.

籍記(적기) 籍沒(적몰) 籍田(적전)
本籍(본적) 書籍(서적) 轉籍(전적)
除籍(제적)

뜻풀이
本籍(본적) : 그 사람의 호적이 있는 지역
除籍(제적) : 당적, 학적 등에서 이름을 뺌

賊 (4급)
도둑 적
貝 총13획

무기(戎)를 들고 재물(貝)을 훔치는 '도둑'을 뜻한다.

賊窟(적굴) 盜賊(도적) 匪賊(비적)
山賊(산적) 逆賊(역적) 倭賊(왜적)
義賊(의적) 海賊(해적)

뜻풀이
逆賊(역적) : 자기 나라나 민족을 반역한 사람
倭賊(왜적) : 도둑질하는 일본 사람을 낮추어 일컫는 말

赤

5급 | 붉을 적
赤 총7획

필순: 赤赤赤赤赤赤赤

赤軍(적군)　赤旗(적기)　赤色(적색)
赤松(적송)　赤手(적수)　赤子(적자)
赤字(적자)　赤潮(적조)

활활 타오르는 불(火) 위에 사람을 (大) 제물로 올려 놓은 모습으로 불길의 색깔이 붉은 것에서 '붉다'의 뜻을 가지게 되었다.

뜻풀이
赤手(적수) : 맨손
赤子(적자) : 갓난아이. 임금이 백성을 갓난아이처럼 여겨서 사랑하기에 백성을 일컬음

專

4급 | 오로지 전
寸 총11획

필순: 專專專專專專專專專專專

專攻(전공)　專權(전권)　專斷(전단)
專擔(전담)　專賣(전매)　專貰(전세)
專屬(전속)　專用(전용)　專橫(전횡)

실패(叀)를 손(寸)으로 돌려서 실을 감는 모습으로 오직 실패에 집중을 해서 감기에 '오로지'를 뜻한다.

뜻풀이
專念(전념) : 한 가지 일에 온 정신을 쏟음
專任(전임) : 한 가지 일만을 맡음

傳

5급II | 전할 전
人 총13획

필순: 傳傳傳傳傳傳傳傳傳傳

傳令(전령)　傳世(전세)　傳受(전수)
傳承(전승)　傳染(전염)　傳統(전통)
宣傳(선전)　列傳(열전)　評傳(평전)

실패가 돌아가듯(專) 물건이 여러 사람(亻)에게 돌아가는 것을 나타내어 '전하다'의 뜻을 가지게 되었다.

뜻풀이
傳受(전수) : 전하여 받음
評傳(평전) : 개인의 일생에 관해서 논평을 덧붙인 전기

轉

4급 | 구를 전:
車 총18획

필순: 轉轉轉轉轉轉轉轉轉轉轉轉轉轉轉轉

轉勤(전근)　轉落(전락)　轉補(전보)
轉移(전이)　轉籍(전적)　轉職(전직)
轉換(전환)　逆轉(역전)　好轉(호전)

실패가 돌아가듯(專) 수레(車)바퀴가 구르는 것을 나타내어 '구르다'의 뜻을 가지게 되었다.

뜻풀이
轉落(전락) : 타락한 상태에 빠짐
轉換(전환) : 어떤 상태가 다르게 바뀜

全

7급II | 온전 전
入 총6획

필순: 全全全全全全

全擔(전담)　全滅(전멸)　全貌(전모)
全身(전신)　全集(전집)　全治(전치)
健全(건전)　純全(순전)　穩全(온전)

옥(玉)이 사람의 손에 들어가서(入) 조탁이 되어야 완전한 옥이 되는 것을 나타내어 '온전하다'의 뜻을 가지게 되었다.

뜻풀이
全擔(전담) : 어떤 일을 전부 맡아서 함
全治(전치) : 병을 완전히 고침

典

5급II | 법 전:
八 총8획

필순: 典典典典典典典典

典籍(전적)　經典(경전)　法典(법전)
辭典(사전)　聖典(성전)　式典(식전)
原典(원전)　字典(자전)　出典(출전)

양손으로 책을 받드는 모습으로 귀중한 책이라는 것을 나타내어 '법'의 뜻을 가지게 되었다.

뜻풀이
典範(전범) : 본보기
出典(출전) : 인용한 글이나 고사 · 성어 등의 출처가 되는 서적

2급 쓰기한자 익히기　279

人一十之 己讀百之 (남보다 몇 배의 노력을 해야 뛰어날 수 있다.)

前

7급II
앞 전:
刀　총9획

前件(전건)　前例(전례)　前世(전세)
前兆(전조)　如前(여전)　驛前(역전)
以前(이전)　從前(종전)

발(龰=止)로 걸으며 앞으로 나아가듯이 배(月=舟)가 물살을 가르면서(刂) 앞으로 나아가는 것을 나타내어 '앞'의 뜻을 가지게 되었다.

뜻풀이
前例(전례) : 이미 있던 사례
從前(종전) : 지금보다 이전

展

5급II
펼 전:
尸　총10획

展開(전개)　展望(전망)　展墓(전묘)
展眉(전미)　展示(전시)　發展(발전)
進展(진전)　展覽會(전람회)

화려한 옷(衣)을 입고 몸(尸)을 펴서(丑=廿) 자랑하는 것을 나타내어 '펴다'의 뜻을 가지게 되었다.

뜻풀이
展望(전망) : 내다보이는 장래의 상황
展眉(전미) : 근심거리가 없어져 마음을 놓음

殿

3급II
전각 전:
殳　총13획

殿閣(전각)　殿階(전계)　殿堂(전당)
宮殿(궁전)　聖殿(성전)　神殿(신전)
御殿(어전)　寢殿(침전)　便殿(편전)

展의 뜻은 본래 '엉덩이'였으나 나중에 변한 것으로 엉덩이(展=臀)를 때리는(殳) 것을 나타내었으나 엉덩이와 같이 안정감이 있는 큰 집인 '전각'의 뜻으로 쓰이게 되었다.

뜻풀이
聖殿(성전) : 성스러운 전당
便殿(편전) : 임금이 주로 거처하던 궁전

戰

6급II
싸움 전:
戈　총16획

戰亂(전란)　戰友(전우)　戰鬪(전투)
戰艦(전함)　激戰(격전)　挑戰(도전)
勝戰(승전)　逆戰(역전)　接戰(접전)
抗戰(항전)

끝이 두 갈래로 갈라진 원시적인 활(單)과 나무로 된 자루에 끝에는 쇠붙이가 달려 있고 손잡이가 있는 창(戈)의 모습으로 '싸움'을 뜻한다.

뜻풀이
戰友(전우) : 같은 전장에서 함께 싸운 동료
接戰(접전) : 힘이 비슷하여 쉽게 끝나지 않는 싸움

錢

4급
돈 전:
金　총16획

錢票(전표)　金錢(금전)　急錢(급전)
銅錢(동전)　葉錢(엽전)　銀錢(은전)
鑄錢(주전)　紙錢(지전)　換錢(환전)

옛날에 쓰이던 여러 형태의 화폐 중 창날(戔)을 닮은 금속(金)의 '돈'을 뜻한다.

뜻풀이
錢票(전표) : 정해놓은 액수만큼의 현금을 쓸 수 있는 쪽지
鑄錢(주전) : 돈을 주조함

田

4급II
밭 전
田　총5획

田家(전가)　田券(전권)　田畓(전답)
田夫(전부)　田園(전원)　田制(전제)
均田(균전)　丹田(단전)　鹽田(염전)

구획이 된 경작지와 논두렁길을 본뜬 글자로 '밭'을 뜻한다.

뜻풀이
田畓(전답) : 논밭
田制(전제) : 밭에 관한 제도

電

7급 II

필순: 電電電電電電電電電電電電電

번개 전:
雨 총13획

비(雨)가 내릴 때 번쩍이는 빛을 내는 번개(申)를 나타내어 '번개'의 뜻을 가지게 되었다.

電極(전극) 電流(전류) 電壓(전압)
電池(전지) 電鐵(전철) 電蓄(전축)
電話(전화) 感電(감전) 漏電(누전)
充電(충전) 電磁波(전자파)

뜻풀이
電壓(전압) : 전기장이나 도체 속 두 점 사이의 전기적인 위치 에너지 차
漏電(누전) : 절연의 불완전함이나 시설의 손상으로 전깃줄 밖으로 전기가 새어 나옴

切

5급 II

필순: 切切切切

끊을 절/온통 체
刀 총4획

칼(刀)로 물건을 베는(七) 것을 나타내어 '끊다'의 뜻을 가지게 되었다. 또한 전부라는 '온통'의 뜻으로도 쓰이게 되었다.

切開(절개) 切斷(절단) 切削(절삭)
切實(절실) 切除(절제) 懇切(간절)
適切(적절) 一切(일체)

뜻풀이
切迫(절박) : 가까이 닥쳐 매우 급함
哀切(애절) : 몹시 애처롭고 슬픔

絶

4급 II

필순: 絶絶絶絶絶絶絶絶絶絶絶絶

끊을 절
糸 총12획

사람이 무릎을 꿇고(卩) 칼(刀)로 실(糸)을 끊는 것을 나타내서 '끊다'의 뜻을 가지게 되었다.

絶壁(절벽) 絶緣(절연) 絶頂(절정)
絶讚(절찬) 絶絃(절현) 拒絶(거절)
根絶(근절) 謝絶(사절) 義絶(의절)
悽絶(처절)

뜻풀이
根絶(근절) : 뿌리째 없애 버림
絶讚(절찬) : 지극히 칭찬함

折

4급

필순: 折折折折折折折

꺾을 절
手 총7획

손(扌)에 도끼(斤)를 들고 나무를 찍어서 꺾어 넘어뜨리는 것으로 '꺾다'의 뜻을 가지게 되었다.

折價(절가) 折半(절반) 折傷(절상)
折衝(절충) 曲折(곡절) 骨折(골절)
屈折(굴절) 半折(반절)

뜻풀이
折傷(절상) : 뼈가 부러져 나침
毁折(훼절) : 부딪쳐 꺾임

節

5급 II

필순: 節節節節節節節節節節節節節節節

마디 절
竹 총15획

음식이 가득 담긴 그릇 앞에 무릎 꿇은 사람(卩)의 모습에 대나무(竹)가 더해져 사람의 무릎 관절과 대나무의 마디를 나타내어 '마디'의 뜻을 가지게 되었다.

節槪(절개) 節氣(절기) 節約(절약)
節次(절차) 季節(계절) 關節(관절)
變節(변절) 符節(부절) 守節(수절)
貞節(정절) 調節(조절)

뜻풀이
節槪(절개) : 자신의 신념을 굽히지 않고 굳게 지키는 강직한 태도
節氣(절기) : 한 해를 스물넷으로 나눈 계절

竊

3급

필순: 竊竊竊竊竊竊竊竊竊竊竊竊竊竊竊竊竊竊竊竊竊竊

훔칠 절
穴 총22획

쌀(米)을 파먹어서 구멍(穴)을 내는 벌레(卨)를 나타내었는데 벌레가 몰래 훔쳐 먹기에 '훔치다'의 뜻을 가지게 되었다.

竊念(절념) 竊盜(절도) 竊盜(절도)
竊飮(절음) 竊聽(절청)

뜻풀이
竊飮(절음) : 몰래 술을 마심
竊取(절취) : 다른 사람의 물건을 몰래 훔쳐서 가짐

人一十之 己讀百之 (남보다 몇 배의 노력을 해야 뛰어날 수 있다.)

占 [4급]

占占占占占

점령할 점:/점칠 점
卜　총5획

占領(점령)　占術(점술)　占有(점유)
占奪(점탈)　獨占(독점)　買占(매점)
占星術(점성술)

거북의 배딱지를 태워서 갈라진 금(卜)을 보고 입(口)으로 그 점괘를 말해주는 것에서 '점치다'의 뜻을 가지게 되었다. 또한 점을 칠 때 거북의 배딱지가 주를 이루어 '점령하다'의 뜻을 가지게 되었다.

뜻풀이
占據(점거) : 자리를 차지함
寡占(과점) : 몇몇 기업이 시장의 대부분을 차지함

店 [5급II]

店店店店店店店店

가게 점:
广　총8획

店員(점원)　開店(개점)　露店(노점)
賣店(매점)　飯店(반점)　書店(서점)
酒店(주점)　支店(지점)　閉店(폐점)
連鎖店(연쇄점)

일정한 장소를 차지하고(占) 여러 물건을 펼쳐 놓고 파는 집(广)인 '가게'를 뜻한다.

뜻풀이
露店(노점) : 길거리에 늘어선 가게
支店(지점) : 본점에서 갈라져 나와 일정한 지역의 일을 맡아보는 가게

點 [4급]

點點點點點點點點
點點點點點點點點點

점 점(:)
黑　총17획

點滅(점멸)　點呼(점호)　缺點(결점)
觀點(관점)　得點(득점)　罰點(벌점)
汚點(오점)　爭點(쟁점)　接點(접점)
採點(채점)　焦點(초점)　虛點(허점)

검은(黑) 물이 들어서 자리를 차지하고(占) 없어지지 않는 '점'을 뜻한다.

뜻풀이
觀點(관점) : 사람이 사물이나 현상을 관찰할 때 보고 생각하는 태도나 방향
汚點(오점) : 명예롭지 못한 결점

漸 [3급II]

漸漸漸漸漸漸漸漸漸
漸漸漸漸

점점 점:
水　총14획

漸加(점가)　漸劇(점극)　漸騰(점등)
漸修(점수)　漸悟(점오)　漸增(점증)
漸進(점진)　漸次(점차)

아침에 밀물(氵)이 들어오면서 해안선을 조금씩 깎아(斬) 나가는 것을 나타내어 '점점'의 뜻을 가지게 되었다.

뜻풀이
漸增(점증) : 점차 증가함
漸進(점진) : 점점 나아감

接 [4급II]

接接接接接接接
接接

이을 접
手　총11획

接境(접경)　接待(접대)　接線(접선)
接種(접종)　接觸(접촉)　密接(밀접)
犯接(범접)　迎接(영접)　鎔接(용접)
應接(응접)　隣接(인접)　直接(직접)

손(扌)으로 칼을 잡고 여자(女) 머리에 문신을 새기고(辛) 있는 모습으로 칼이 이마에 닿아야 문신이 가능하므로 '잇다, 접하다'의 뜻을 가지게 되었다.

뜻풀이
接線(접선) : 비밀히 만남
犯接(범접) : 함부로 가까이 범하여 접촉함

蝶 [3급]

蝶蝶蝶蝶蝶蝶蝶
蝶蝶蝶蝶蝶蝶

나비 접
虫　총15획

蝶類(접류)　蝶舞(접무)　蝶兒(접아)
蝶泳(접영)　蝶形(접형)
胡蝶夢(호접몽)

옛날에는 나비를 나무의 나뭇잎(枼)처럼 생긴 벌레(虫)로 생각하여 '나비'의 뜻을 가지게 되었다.

뜻풀이
蝶夢(접몽) : 호접몽(= 인생의 덧없음)
蝶泳(접영) : 수영법의 하나로 두 팔로는 물을 끌어당기고 두 다리로는 물을 차며 나아가는 것

丁 (4급) 고무래/장정 정

필순: 丁丁

一 총2획

丁口(정구) 丁卯(정묘) 丁坐(정좌)
白丁(백정) 兵丁(병정) 壯丁(장정)
丁丑(정축) 丁亥(정해)

본래 못을 옆에서 본 모습을 나타내었으나 나중에 곡식을 긁어모을 때 사용하는 丁모양의 연장인 '고무래'의 뜻으로 쓰이게 되었다. 또한 '장정'의 뜻으로도 쓰인다.

뜻풀이
白丁(백정) : 소나 돼지를 잡는 일을 직업으로 하던 천민
壯丁(장정) : 젊고 기운이 좋은 남자

亭 (3급II) 정자 정

필순: 亭亭亭亭亭亭亭亭亭

亠 총9획

亭閣(정각) 亭舍(정사) 亭然(정연)
亭子(정자) 亭直(정직) 料亭(요정)
八角亭(팔각정)

高에서 口를 제외하고 丁을 더하여 만들어진 글자로 여기서 丁(정)은 발음 기호의 역할을 한다. 나그네가 길을 가는 도중에 쉴 수 있도록 높이(亠) 지은 '정자'를 뜻한다.

뜻풀이
亭子(정자) : 경치를 즐기기 위해 만든 기둥과 지붕만 있는 집
料亭(요정) : 고급 요릿집

停 (5급) 머무를 정

필순: 停停停停停停停停停停

人 총11획

停刊(정간) 停留(정류) 停業(정업)
停戰(정전) 停電(정전) 停止(정지)
停職(정직) 停寢(정침) 停會(정회)
居停(거정) 調停(조정)

길을 가던 나그네(亻)가 도중에 정자(亭)에 머물러 섬을 나타내어 '머무르다'의 뜻이 가지게 되었다.

뜻풀이
停業(정업) : 생업을 정지함
停滯(정체) : 더 나아가지 못하고 머물러 있음

頂 (3급II) 정수리 정

필순: 頂頂頂頂頂頂頂頂頂頂

頁 총11획

頂端(정단) 頂禮(정례) 頂上(정상)
頂心(정심) 極頂(극정) 路頂(노정)
丹頂(단정) 峯頂(봉정) 山頂(산정)
有頂(유정) 絶頂(절정)

못(丁)을 박아서 고정시킴에 윗부분이 나와 있듯이 사람 머리(頁)의 윗부분으로 몸에 고정되어 있는 '정수리'를 뜻한다.

뜻풀이
頂點(정점) : 꼭대기
登頂(등정) : 산 정상에 오름

訂 (3급) 바로잡을 정

필순: 訂訂訂訂訂訂訂訂訂

言 총9획

訂盟(정맹) 訂約(정약) 訂定(정정)
訂正(정정) 改訂(개정) 更訂(경정)
校訂(교정) 修訂(수정) 再訂(재정)
增訂(증정)

못(丁)을 박아서 고정시키듯이 잘못된 의견(言)을 바로잡아서 바른 의견으로 정함을 나타내어 '바로잡다'의 뜻을 가지게 되었다.

뜻풀이
改訂(개정) : 고쳐 바르게 함
校訂(교정) : 출판물의 틀린 곳을 바로잡음

井 (3급II) 우물 정(:)

필순: 井井井井

二 총4획

井間(정간) 井樓(정루) 井華(정화)
石井(석정) 市井(시정) 深井(심정)
巖井(암정) 龍井(용정) 油井(유정)
湯井(탕정) 井華水(정화수)

우물의 난간을 본뜬 모습으로 井자 모양으로 짠 우물의 틀을 나타내어 '우물'의 뜻을 가지게 되었다.

뜻풀이
井然(정연) : 질서 있게 잘 정돈된 모양
甘井(감정) : 물맛이 좋은 우물

人一十之 己讀百之 (남보다 몇 배의 노력을 해야 뛰어날 수 있다.)

貞 (3급II) 곧을 정
貝 총9획

돈(貝)을 지불하고 정직하게 점(卜)을 치는 것을 나타내어 '곧다'의 뜻을 가지게 되었다.

필순: 貞貞貞貞貞貞貞貞貞

貞潔(정결) 貞固(정고) 貞烈(정렬)
貞敏(정민) 貞淑(정숙) 貞節(정절)
貞操(정조) 貞察(정찰) 貞忠(정충)
堅貞(견정) 童貞(동정) 不貞(부정)

뜻풀이
貞潔(정결) : 정조가 굳고 행실이 바름
貞淑(정숙) : 여자의 행실이 곧고 마음씨가 고움

程 (4급II) 한도/길 정
禾 총12획

벼(禾)가 곧게 자라나는 (呈) 것을 나타내어 자라나는 '정도, 한도'를 뜻한다. 나중에 '길'의 뜻으로도 쓰이게 되었다.

필순: 程程程程程程程程程程程程

程度(정도) 課程(과정) 起程(기정)
路程(노정) 登程(등정) 射程(사정)
旅程(여정) 歷程(역정) 豫程(예정)
遠程(원정) 章程(장정) 測程(측정)

뜻풀이
過程(과정) : 일이 진행되어 가는 경로
規程(규정) : 조목별로 정해 놓은 규칙

廷 (3급II) 조정 정
廴 총7획

뜰에 늘어서(壬) 있는 신하들에게 나아가서(廴) 임금이 정사를 펼치던 '조정'을 뜻한다.

필순: 廷廷廷廷廷廷廷

廷論(정론) 廷吏(정리) 廷爭(정쟁)
開廷(개정) 廟廷(묘정) 法廷(법정)
訟廷(송정) 入廷(입정) 出廷(출정)
退廷(퇴정) 閉廷(폐정) 休廷(휴정)

뜻풀이
退廷(퇴정) : 조정이나 법정에서 물러 나옴
朝廷(조정) : 나라의 정치에 대해 논하는 곳

庭 (6급II) 뜰 정
广 총10획

벽이 없고 지붕만 덮여있는(广) 조정(廷)의 '뜰'을 뜻한다.

필순: 庭庭庭庭庭庭庭庭庭庭

庭球(정구) 庭樹(정수) 庭園(정원)
庭訓(정훈) 家庭(가정) 官庭(관정)
校庭(교정) 宮庭(궁정) 親庭(친정)

뜻풀이
庭訓(정훈) : 가정의 교훈
宮庭(궁정) : 궁궐 안의 마당

正 (7급II) 바를 정(:)
止 총5획

본래 口와 止가 합쳐진 글자로 마을 (口)을 향해 앞으로 가는(止) 것을 나타내었으나 나중에 口가 一로 변화하였고 '바르다'의 뜻을 가지게 되었다.

필순: 正正正正正

正刻(정각) 正當(정당) 正裝(정장)
正統(정통) 正弦(정현) 正確(정확)
矯正(교정) 糾正(규정) 肅正(숙정)
嚴正(엄정) 適正(적정) 衷正(충정)

뜻풀이
正確(정확) : 바르고 확실함
嚴正(엄정) : 엄격하고 바름

政 (4급II) 정사 정
攴 총9획

바르지 못한 자를 무력으로(攵) 바로 잡는(正) '정사를 뜻한다.

필순: 政政政政政政政政政

政黨(정당) 政略(정략) 政敵(정적)
政策(정책) 施政(시정) 臨政(임정)
暴政(폭정) 虐政(학정) 憲政(헌정)
惠政(혜정) 勞使政(노사정)

뜻풀이
攝政(섭정) : 임금을 대신하여 나라를 다스림
財政(재정) : 재산을 조달·관리·사용하는 것 등에 관한 여러 가지 일

征

3급Ⅱ

필순: 征征征征征征征征

칠 정

彳 총8획

征途(정도) 征路(정로) 征伐(정벌)
征服(정복) 征夫(정부) 征賦(정부)
征人(정인) 征討(정토) 外征(외정)
遠征(원정) 長征(장정) 出征(출정)

뜻풀이
征伐(정벌): 죄가 있는 무리를 공격함
長征(장정): 멀리 정벌하러 감

正이 '바르다'의 뜻으로 쓰이게 되자 彳을 더해서 正 본래의 '가다'라는 뜻을 강조하여 적군을 치기 위해 나아가는 것을 나타내었고 여기에서 '치다'의 뜻이 파생되었다.

整

4급

필순: 整整整整整整整整整整整整整整整整

가지런할 정:

攴 총16획

整列(정렬) 整理(정리) 整脈(정맥)
整備(정비) 整沿(정연) 整齊(정제)
整地(정지) 均整(균정) 端整(단정)
修整(수정) 嚴整(엄정) 齊整(제정)

뜻풀이
補整(보정): 보충하여 정돈함
調整(조정): 알맞게 조절하여 바르게 함

물건을 하나로 묶거나(束) 손으로 쳐서(攵) 바르게(正) 정돈하는 것을 나타내어 '가지런하다'의 뜻을 가지게 되었다.

定

6급

필순: 定定定定定定定定

정할 정:

宀 총8획

定款(정관) 定額(정액) 定着(정착)
定礎(정초) 定型(정형) 鑑定(감정)
約定(약정) 策定(책정) 推定(추정)
限定(한정) 確定(확정) 劃定(획정)

뜻풀이
約定(약정): 어떤 일을 약속하여 정함
推定(추정): 추측하여 단정함

宀과 正이 합쳐진 글자로, 집(宀) 안의 물건들을 놓을 자리를 정해서 바르게(正) 정돈하는 것을 나타내어 '정하다'의 뜻을 가지게 되었다.

情

5급Ⅱ

필순: 情情情情情情情情情情

뜻 정

心 총11획

情報(정보) 情緖(정서) 情熱(정열)
情操(정조) 情況(정황) 激情(격정)
實情(실정) 旅情(여정) 戀情(연정)
陳情(진정) 衷情(충정) 探情(탐정)

뜻풀이
陳情(신성): 사성을 신술함
衷情(충정): 마음속에서 우러나오는 참된 정

靑에 忄이 더해진 글자로 여기서 靑(청)은 발음기호의 역할을 하는데 나중에 음이 청에서 정으로 변하였다. 마음(忄)속의 따뜻한 감정인 '정'을 뜻한다.

精

4급Ⅱ

필순: 精精精精精精精精精精精精精精

정할 정

米 총14획

精潔(정결) 精讀(정독) 精麥(정맥)
精算(정산) 精選(정선) 精誠(정성)
精細(정세) 精神(정신) 精銳(정예)
精華(정화) 精確(정확) 妖精(요정)

뜻풀이
精讀(정독): 자세히 살펴 읽음
精銳(정예): 여럿 가운데 추려낸 우수한 인재

靑에 米가 더해진 글자로 여기서 靑(청)은 발음기호의 역할을 하는데 나중에 음이 청에서 정으로 변하였다. 쌀(米)을 곱게 찧어서 깨끗하게 하는 것을 나타내어 '정하다'의 뜻을 가지게 되었다.

靜

4급

필순: 靜靜靜靜靜靜靜靜靜靜靜靜靜靜靜靜

고요할 정

靑 총16획

靜觀(정관) 靜脈(정맥) 靜淑(정숙)
靜肅(정숙) 靜養(정양) 靜的(정적)
靜寂(정적) 靜止(정지) 冷靜(냉정)
安靜(안정) 鎭靜(진정) 平靜(평정)

뜻풀이
靜養(정양): 몸과 마음을 정화하여 피로나 병 등을 요양함
靜的(정적): 정지하고 있는 것

다툼(爭)이 깨끗하게(靑) 끝나 조용해짐을 나타내어 '고요하다'의 뜻을 가지게 되었다.

人一十之 己讀百之 (남보다 몇 배의 노력을 해야 뛰어날 수 있다.)

淨 (3급II) 필순

淨淨淨淨淨淨淨淨淨淨

깨끗할 정
水　총11획

물(氵)이 사물을 정확하게 분별함(爭) 정도로 깨끗함을 나타내어 '깨끗하다'의 뜻을 가지게 되었다.

淨潔(정결)　淨戒(정계)　淨妙(정묘)
淨捨(정사)　淨書(정서)　淨掃(정소)
淨財(정재)　淨慧(정혜)　淨化(정화)
洗淨(세정)　嚴淨(엄정)　淸淨(청정)

뜻풀이
洗淨(세정) : 씻어서 깨끗하게 함
淸淨(청정) : 맑고 깨끗함

制 (4급II) 필순

制制制制制制制制

절제할 제 :
刀　총8획

未와 刂가 합해진 글자로 가지가 많은 나무(未)의 불필요한 잔가지를 칼(刂)로 쳐서 억제하는 것을 나타내어 '절제하다'의 뜻을 가지게 되었다.

制壓(제압)　制御(제어)　制霸(제패)
制憲(제헌)　牽制(견제)　規制(규제)
服制(복제)　抑制(억제)　創制(창제)
體制(체제)　統制(통제)　編制(편제)

뜻풀이
制動(제동) : 기계 등의 운동을 멈추게 함
制裁(제재) : 규칙을 위반한 일에 대하여 제한함

製 (4급II) 필순

製製製製製製製製製製製製製製

지을 제 :
衣　총14획

나무의 불필요한 잔가지를 칼로 쳐 내듯이(制) 옷감(衣)의 불필요한 부분을 잘라내서 옷을 만듦을 나타내어 '짓다, 만들다'의 뜻을 가지게 되었다.

製鋼(제강)　製菓(제과)　製糖(제당)
製鍊(제련)　製粉(제분)　製劑(제제)
銀製(은제)　精製(정제)　調製(조제)
創製(창제)　製鐵所(제철소)

뜻풀이
精製(정제) : 섞여있는 불순물을 없애서 순수하게 만듦
創製(창제) : 처음으로 만듦

齊 (3급II) 필순

齊齊齊齊齊齊齊齊齊齊齊齊齊齊

가지런할 제
齊　총14획

곡식의 이삭이 가지런하게 자란 모습으로 '가지런하다'를 뜻한다.

齊家(제가)　齊肩(제견)　齊均(제균)
齊納(제납)　齊等(제등)　齊盟(제맹)
齊聲(제성)　齊進(제진)　齊唱(제창)
空齊(공제)　均齊(균제)　整齊(정제)

뜻풀이
齊唱(제창) : 구호 등을 여러 사람이 한 소리로 크게 외침
一齊(일제) : 여럿이 한꺼번에 함

濟 (4급II) 필순

濟濟濟濟濟濟濟濟濟濟濟濟濟濟濟濟濟

건널 제 :
水　총17획

물살(氵)이 고르게(齊) 흐르는 강을 건너는 것을 나타내어 '건너다'의 뜻을 가지게 되었다.

濟度(제도)　濟民(제민)　濟世(제세)
濟州(제주)　皆濟(개제)　經濟(경제)
共濟(공제)　救濟(구제)　旣濟(기제)
未濟(미제)　辨濟(변제)　弘濟(홍제)

뜻풀이
救濟(구제) : 어려운 상황에 빠진 사람을 구함
決濟(결제) : 일을 끝마침

堤 (3급) 필순

堤堤堤堤堤堤堤堤堤堤堤

둑 제
土　총12획

흙(土)을 올바르게(是) 쌓아서 물의 흐름을 멈추게 하는 '둑'을 뜻한다.

堤導(제도)　堤防(제방)　突堤(돌제)
霧堤(무제)　潛堤(잠제)　地堤(지제)
支堤(지제)　築堤(축제)　河堤(하제)
防潮堤(방조제)　防波堤(방파제)

뜻풀이
霧堤(무제) : 배 위에서 보았을 때 육지처럼 보이는 바다의 안개
築堤(축제) : 둑을 쌓는 일

提 (4급Ⅱ)

필순: 提提提提提提提提提提提提

끌 제
手 총12획

분명하거나 올바른 것(是)을 손(扌)으로 끌어당김을 나타내어 '끌다'의 뜻을 가지게 되었다.

提高(제고) 提供(제공) 提起(제기)
提督(제독) 提訴(제소) 提案(제안)
提言(제언) 提議(제의) 提題(제제)
提請(제청) 提出(제출) 提携(제휴)

뜻풀이
提請(제청): 결정해 주기를 청구함
前提(전제): 먼저 내세우는 것

題 (6급Ⅱ)

필순: 題題題題題題題題題題題題題題題題題題

제목 제
頁 총18획

처음 보아도 내용을 옳게(是) 알 수 있는 글의 머리(頁)인 '제목'을 뜻한다.

題額(제액) 題號(제호) 課題(과제)
難題(난제) 論題(논제) 副題(부제)
宿題(숙제) 演題(연제) 豫題(예제)
破題(파제) 標題(표제) 解題(해제)

뜻풀이
題材(제재): 예술 작품, 학술 연구의 주제가 되는 재료
議題(의제): 의논할 사항

帝 (4급)

필순: 帝帝帝帝帝帝帝帝帝

임금 제
巾 총9획

본래 나무를 짜서 묶어 만든 제단의 모습이었으나 나중에 하늘의 뜻을 받들어 제사를 담당하는 '임금'을 뜻하게 되었다.

帝闕(제궐) 帝王(제왕) 帝位(제위)
帝政(제정) 帝姬(제희) 反帝(반제)
幼帝(유제) 日帝(일제) 天帝(천제)
稱帝(칭제) 玄帝(현제) 皇帝(황제)

뜻풀이
帝王(제왕): 황제와 국왕
天帝(천제): 하느님

弟 (8급)

필순: 弟弟弟弟弟弟弟

아우 제
弓 총7획

본래 막대기에 가죽으로 줄을 차례차례 가지런히 감아 놓은 모습을 나타내어 '차례'의 뜻을 가졌으나 나중에 형제 중의 차례가 늦은 '아우'의 뜻으로 쓰이게 되었다.

弟子(제자) 介弟(개제) 妹弟(매제)
門弟(문제) 舍弟(사제) 愚弟(우제)
姻弟(인제) 長弟(장제) 妻弟(처제)
戚弟(척제) 賢弟(현제) 兄弟(형제)

뜻풀이
妹弟(매제): 손아래 누이의 남편을 부르는 말
妻弟(처제): 아내의 여자 동생을 부르는 말

第 (6급Ⅱ)

필순: 第第第第第第第第第第第

차례 제
竹 총11획

차례의 원뜻을 가진 弟가 '아우'의 뜻으로 쓰이게 되면서 본래의 뜻을 보존하기 위해서 竹을 더해 차례로 연결된 죽간에서 '차례'의 뜻을 가지게 되었다.

第舍(제사) 第一(제일) 第宅(제택)
居第(거제) 等第(등제) 番第(번제)
賜第(사제) 次第(차제) 鄕第(향제)
第三者(제삼자)

뜻풀이
及第(급제): 과거나 시험에 합격함
落第(낙제): 시험에 떨어짐. 기준에 이르지 못함

除 (4급Ⅱ)

필순: 除除除除除除除除除除

덜 제
阜 총10획

집을 짓고 남은(余) 흙을 덜어 언덕(阝)처럼 쌓아 올린 것에서 '덜다'의 뜻을 가지게 되었다.

除去(제거) 除隊(제대) 除毒(제독)
除幕(제막) 除番(제번) 除籍(제적)
階除(계제) 排除(배제) 削除(삭제)
掃除(소제) 乘除(승제) 切除(절제)

뜻풀이
除毒(제독): 독을 없애 버림
排除(배제): 제외시켜 물리침

人一十之 己讀百之(남보다 몇 배의 노력을 해야 뛰어날 수 있다.)

祭

4급II

祭祭祭祭祭祭祭祭祭祭

제사 제:

示　총11획

祭官(제관)　祭器(제기)　祭壇(제단)
祭禮(제례)　祭祀(제사)　祭酒(제주)
祭祝(제축)　忌祭(기제)　司祭(사제)
聖祭(성제)　時祭(시제)　祝祭(축제)

뜻풀이

고기(月=肉)를 손(又)으로 들어 제단(示) 위에 올려 놓고 제사 지내는 것을 나타내어 '제사'의 뜻을 가지게 되었다.

祭需(제수) : 제사에 필요한 여러 가지 물건이나 음식
祭享(제향) : 나라에서 지내는 제사

際

4급II

際際際際際際際際際際際際際際

즈음/가 제:

阜　총14획

際涯(제애)　際遇(제우)　際限(제한)
際會(제회)　交際(교제)　國際(국제)
沙際(사제)　盛際(성제)　實際(실제)
此際(차제)

뜻풀이

제사(祭)를 지내는 언덕과 언덕(阝)이 맞닿는 '가'를 뜻하고 언덕에서 제사를 지낼 때는 중대한 일이 있을 즈음이므로 '즈음'이라는 뜻을 가진다.

國際(국제) : 국가와 국가 간의 교제나 관계
此際(차제) : 때마침 주어진 기회

諸

3급II

諸諸諸諸諸諸諸諸諸諸諸諸諸諸諸

모두 제

言　총16획

諸家(제가)　諸系(제계)　諸國(제국)
諸島(제도)　諸父(제부)　諸氏(제씨)
諸藝(제예)　諸員(제원)　諸位(제위)
諸賢(제현)　諸豪(제호)　諸侯(제후)

뜻풀이

말(言)을 잘하는 여러 사람(者)에서 '모두'의 뜻을 가지게 되었다.

諸彦(제언) : 여러 점잖은 분들
諸位(제위) : '여러분'의 뜻을 한문 투로 표현한 것

兆

3급II

兆兆兆兆兆兆

억조 조

儿　총6획

兆民(조민)　兆祥(조상)　兆域(조역)
兆占(조점)　佳兆(가조)　慶兆(경조)
亡兆(망조)　夢兆(몽조)　瑞兆(서조)
徵兆(징조)　宅兆(택조)　凶兆(흉조)

뜻풀이

卜과 같이 점을 칠 때 거북의 배딱지에 갈라진 금의 모습으로 '조짐'의 뜻을 가지게 되었다. 또한 兆의 발음을 빌려 숫자인 조를 나타내어 '억조'의 뜻으로도 쓰이게 되었다.

吉兆(길조) : 좋은 일이 있을 조짐
前兆(전조) : 어떤 일이 생길 기미

助

4급II

助助助助助助助

도울 조:

力　총7획

助敎(조교)　助詞(조사)　助役(조역)
助演(조연)　顧助(고조)　救助(구조)
傍助(방조)　扶助(부조)　佑助(우조)
援助(원조)　贊助(찬조)　協助(협조)

뜻풀이

그릇에 쌓인 고기(且)를 바친 제단에서 조상에게 제사지내는 일을 힘써(力) 돕는 것에서 '돕다'의 뜻을 가지게 되었다.

助役(조역) : 일을 도와주는 역할을 함
佑助(우조) : 도움

祖

7급

祖祖祖祖祖祖祖祖祖祖

할아비 조

示　총10획

祖國(조국)　祖考(조고)　祖宗(조종)
開祖(개조)　傍祖(방조)　鼻祖(비조)
先祖(선조)　始祖(시조)　元祖(원조)
烈祖(열조)　太祖(태조)　懸祖(현조)

뜻풀이

그릇에 고기를 쌓아서(且) 제단(示)에 바친 조상에게 제사지내는 것을 나타내어 '할아버지, 조상'의 뜻을 가지게 되었다.

祖考(조고) : 돌아가신 할아버지
烈祖(열조) : 큰 공로가 있는 조상

租 (3급II)

필순: 租租租租租租租租 租租

조세 조
禾 총10획

수확한 곡식(禾)을 나라에 바치기 위해서 쌓아둔(且) 것을 나타내어 '조세'의 뜻을 가지게 되었다.

租界(조계) 租稅(조세) 租借(조차)
減租(감조) 貢租(공조) 課租(과조)
官租(관조) 祿租(녹조) 免租(면조)

뜻풀이
租借(조차) : 집이나 땅을 빌림
貢租(공조) : 공물로 바치는 조세

組 (4급)

필순: 組組組組組組組組 組組

짤 조
糸 총11획

실(糸)을 거듭해서 (且) 엮어서 옷감을 짜는 것을 나타내어 '짜다'의 뜻을 가지게 되었다.

組閣(조각) 組立(조립) 組成(조성)
組長(조장) 組織(조직) 組版(조판)
組暴(조폭) 組合(조합) 勞組(노조)

뜻풀이
組立(조립) : 여러 부품을 짜 맞춤
組合(조합) : 여럿을 모음

弔 (3급)

필순: 弔弔弔弔

조상할 조:
弓 총4획

본래 끝이 뾰족한 작살(|)을 줄로 구불구불하게 감아 놓은 모습을 나타내었으나 나중에 상사(喪事)에 조의를 표시하는 '조상하다'의 뜻을 가지게 되었다.

弔客(조객) 弔哭(조곡) 弔橋(조교)
弔旗(조기) 弔問(조문) 弔文(조문)
弔詞(조사) 弔辭(조사) 弔喪(조상)
弔電(조전) 弔賀(조하) 謹弔(근조)

뜻풀이
弔意(조의) : 애도하는 마음
慶弔(경조) : 기쁜 일과 슬픈 일

調 (5급II)

필순: 調調調調調調調調 調調調調調調

고를 조
言 총15획

말(言)에 모든 신경이 두루(周) 미쳐 행동과 잘 어울리게 함을 나타내어 '고르다'의 뜻을 가지게 되었다.

調達(조달) 調練(조련) 調査(조사)
調律(조율) 調節(조절) 論調(논조)
散調(산조) 聲調(성조) 樂調(악조)
逆調(역조) 轉調(전조) 協調(협조)

뜻풀이
調停(조정) : 타협점을 찾아 합의함
調和(조화) : 잘 어울림

操 (5급)

필순: 操操操操操操操 操操操操操操操

잡을 조(:)
手 총16획

나무(木)에 열린 과일을 손(扌)으로 잡아 따서 그릇(品)에 담는 것을 나타내어 '잡다'의 뜻을 가지게 되었다.

操潔(조결) 操鍊(조련) 操弄(조롱)
操心(조심) 操業(조업) 操作(조작)
操縱(조종) 操筆(조필) 節操(절조)
情操(정조) 貞操(정조) 體操(체조)

뜻풀이
操縱(조종) : 비행기나 자동차 등의 기계를 다룸. 다른 사람을 자기가 원하는 뜻대로 다룸
志操(지조) : 꿋꿋한 의지

燥 (3급)

필순: 燥燥燥燥燥燥燥燥 燥燥燥燥燥燥燥

마를 조
火 총17획

여러 그릇(品)에 젖은 물건들을 넣고 나무(木) 조각을 모아 불(火)을 피워 말리는 것을 나타내어 '마르다'의 뜻을 가지게 되었다.

燥渴(조갈) 燥剛(조강) 燥急(조급)
燥濕(조습) 燥熱(조열) 燥症(조증)
乾燥(건조) 輕燥(경조) 憫燥(민조)
煩燥(번조) 性燥(성조) 焦燥(초조)

뜻풀이
燥渴(조갈) : 목이 마름
性燥(성조) : 성질이 조급함

人一十之 己讀百之 (남보다 몇 배의 노력을 해야 뛰어날 수 있다.)

早 (4급II)

필순: 早早早早早早

이를 조:
日 총6획

풀(十 = 草의 생략)이 처음 싹트듯이 해(日)가 막 떠오르는 이른 아침을 나타내어 '이르다'의 뜻을 가지게 되었다.

早期(조기) 早達(조달) 早稻(조도)
早漏(조루) 早晩(조만) 早速(조속)
早雁(조안) 早朝(조조) 早春(조춘)
早退(조퇴) 早慧(조혜) 早婚(조혼)

뜻풀이
早産(조산) : 달을 다 채우지 못하고 아이를 낳음
早熟(조숙) : 나이에 비해 발달이 빠름

朝 (6급)

필순: 朝朝朝朝朝朝朝朝朝朝朝朝

아침 조
月 총12획

풀숲 사이로 해가 떠오르고(倝) 달(月)이 아직 사라지지 않은 모습으로 '아침'을 뜻한다.

朝啓(조계) 朝貢(조공) 朝禮(조례)
朝飯(조반) 朝服(조복) 朝鮮(조선)
朝食(조식) 朝野(조야) 朝廷(조정)
朝餐(조찬) 朝見(조현) 崇朝(숭조)

뜻풀이
朝野(조야) : 조정과 민간을 함께 이르는 말
朝令暮改(조령모개) : 아침에 명한 것을 저녁에 다시 고침 즉 일을 자주 바꾸는 것을 이르는 말

潮 (4급)

필순: 潮潮潮潮潮潮潮潮潮潮潮潮潮潮潮

밀물/조수 조
水 총15획

아침(朝)에 바닷물(氵)이 육지 쪽으로 밀고 들어오는 '밀물, 조수'를 뜻한다.

潮流(조류) 干潮(간조) 歸潮(귀조)
滿潮(만조) 猛潮(맹조) 防潮(방조)
思潮(사조) 暗潮(암조) 逆潮(역조)
初潮(초조) 退潮(퇴조) 紅潮(홍조)

뜻풀이
赤潮(적조) : 플랑크톤이 이상 번식하여 바닷물의 색이 변하는 현상
風潮(풍조) : 시대에 따라 달라지는 풍습

條 (4급)

필순: 條條條條條條條條條條

가지 조
木 총11획

사람(亻)이 손(攵)으로 나무(木)의 가지를 잡고 흐르는 물(丨=水)에서 깨끗이 씻는 것을 나타내어 '가지'의 뜻을 가지게 되었다.

條件(조건) 條例(조례) 條枚(조매)
條目(조목) 條文(조문) 條植(조식)
條約(조약) 條陣(조진) 敎條(교조)
信條(신조) 枝條(지조) 逐條(축조)

뜻풀이
條件(조건) : 어떤 일이 성립되거나 성립되지 못하게 하기 위해 갖추어야 할 상태나 요소
條理(조리) : 말이나 글에서 앞뒤가 들어맞고 체계가 서는 갈피

照 (3급II)

필순: 照照照照照照照照照照照照照

비칠 조:
火 총13획

불빛(灬)이 밝게(昭) 비추는 것을 나타내어 '비치다'의 뜻을 가지게 되었다.

照鑑(조감) 照度(조도) 照例(조례)
照應(조응) 照準(조준) 照徹(조철)
觀照(관조) 均照(균조) 落照(낙조)
對照(대조) 殘照(잔조) 探照(탐조)

뜻풀이
觀照(관조) : 조용한 마음으로 사물을 바라봄
參照(참조) : 참고하여 비교해 봄

造 (4급II)

필순: 造造造造造造造造造造

지을 조:
辵 총11획

신 앞에 나아가서(辶) 아뢰는(告) 것으로 아뢰는 일을 성사시키는 것에서 '짓다, 만들다'의 뜻을 가지게 되었다.

造船(조선) 造成(조성) 造幣(조폐)
改造(개조) 密造(밀조) 變造(변조)
僞造(위조) 製造(제조) 鑄造(주조)
織造(직조) 創造(창조) 築造(축조)

뜻풀이
僞造(위조) : 어떤 물건을 진짜처럼 비슷하게 만듦
築造(축조) : 쌓아서 만듦

鳥 (4급II)

새 조 | 鳥 | 총11획

필순: 鳥鳥鳥鳥鳥鳥鳥鳥鳥鳥鳥

꽁지가 긴 새의 모습으로 '새'를 뜻한다.

鳥類(조류) 鳥獸(조수) 吉鳥(길조)
瑞鳥(서조) 益鳥(익조) 花鳥(화조)
黃鳥(황조) 九官鳥(구관조)
籠中鳥(농중조) 不死鳥(불사조)

뜻풀이
吉鳥(길조) : 좋은 일을 미리 알려준다고 하는 새
孝鳥(효조) : 까마귀

族 (6급)

겨레 족 | 方 | 총11획

필순: 族族族族族族族族族族族

사람(𠂉=人)이 나아가야 할 방향(方)을 지시하는 깃발 아래에 모인 같은 핏줄의 무리가 화살(矢)을 들고 함께 싸우는 것을 나타내어 '겨레'의 뜻을 가지게 되었다.

族閥(족벌) 族屬(족속) 族姪(족질)
家族(가족) 苗族(묘족) 閥族(벌족)
部族(부족) 遺族(유족) 種族(종족)
血族(혈족) 豪族(호족) 皇族(황족)

뜻풀이
族譜(족보) : 한 가문의 혈통을 적은 책
宗族(종족) : 동성동본의 친족 집단

足 (7급II)

발 족 | 足 | 총7획

필순: 足足足足足足足

무릎뼈에서부터 발 끝까지의 모습을 본떠 '발'을 뜻한다.

足跡(족적) 戒足(계족) 滿足(만족)
發足(발족) 補足(보족) 蛇足(사족)
雁足(안족) 義足(의족) 充足(충족)
濯足(탁족) 投足(투족) 豊足(풍족)

뜻풀이
蛇足(사족) : 쓸데없는 일
義足(의족) : 발이 없는 사람들을 위해 인공으로 만들어 붙이는 발

存 (4급)

있을 존 | 子 | 총6획

필순: 存存存存存存

在(있을 재)의 土 대신 子를 더하여 초목의 싹이 땅을 뚫고 돋아나듯 자식이 번성하여 살아있길 바라는 것에서 '있다'의 뜻을 가지게 되었다.

存亡(존망) 存拔(존발) 存續(존속)
存在(존재) 俱存(구존) 旣存(기존)
竝存(병존) 賦存(부존) 尙存(상존)
生存(생존) 實存(실존) 惠存(혜존)

뜻풀이
依存(의존) : 다른 것에 의지하여 있음
殘存(잔존) : 사라지지 않고 남아 있음

尊 (4급II)

높을 존 | 寸 | 총12획

필순: 尊尊尊尊尊尊尊尊尊尊尊尊

술통(酋)을 두 손(寸)으로 공손히 받들어서 바쳐 상대방을 높이는 것을 나타내어 '높다'의 뜻을 가지게 되었다.

尊敬(존경) 尊貴(존귀) 尊屬(존속)
尊仰(존앙) 尊嚴(존엄) 尊稱(존칭)
尊顯(존현) 達尊(달존) 釋尊(석존)
自尊(자존) 至尊(지존)

뜻풀이
尊稱(존칭) : 남을 공경하는 뜻에서 높여 부름
自尊心(자존심) : 남에게 굽힘이 없이 자신을 스스로 지키는 마음

卒 (5급II)

마칠 졸 | 十 | 총8획

필순: 卒卒卒卒卒卒卒卒

가죽 조각을 이어서 만든 갑옷을 본뜬 글자로 갑옷을 입는 병사들은 전쟁에서 싸우다가 생을 마쳤기에 '마치다'의 뜻을 가지게 되었다.

卒哭(졸곡) 卒倒(졸도) 卒兵(졸병)
卒業(졸업) 卒然(졸연) 猛卒(맹졸)
兵卒(병졸) 銳卒(예졸) 倉卒(창졸)
腦卒中(뇌졸중)

뜻풀이
卒倒(졸도) : 기절하여 쓰러짐
倉卒(창졸) : 어찌할 겨를이 없이 급작스러움

人一十之 己讀百之(남보다 몇 배의 노력을 해야 뛰어날 수 있다.)

拙

3급 | 졸할 졸 | 手 | 총8획

필순: 拙拙拙拙拙拙拙拙

손(扌)재주가 들쭉날쭉(出)하여 서툰 것을 나타내어 '졸하다'의 뜻을 가지게 되었다.

拙劣(졸렬) 拙速(졸속) 拙吟(졸음)
拙意(졸의) 拙作(졸작) 拙著(졸저)
拙策(졸책) 拙筆(졸필) 巧拙(교졸)
語拙(어졸) 庸拙(용졸)

뜻풀이
拙劣(졸렬) : 성품이 옹졸하고 비열함
巧拙(교졸) : 교묘함과 졸렬함

宗

4급Ⅱ | 마루 종 | 宀 | 총8획

필순: 宗宗宗宗宗宗宗宗

조상의 제사(示)를 지내는 집(宀)으로 그 집들은 중심이 되는 곳이기에 '마루, 종가'의 뜻을 가지게 되었다.

宗敎(종교) 宗團(종단) 宗廟(종묘)
宗氏(종씨) 宗旨(종지) 宗親(종친)
宗派(종파) 改宗(개종) 孤宗(고종)
禪宗(선종) 儒宗(유종) 祖宗(조종)

뜻풀이
宗家(종가) : 장손으로만 이어온 큰집
宗派(종파) : 하나의 종교에서 나누어진 큰 갈래

從

4급 | 좇을 종(:) | 彳 | 총11획

필순: 從從從從從從從從從從從

두 사람(从)이 길을 감에 앞에 가는 사람이 뒤에 가는 사람의 발자국(疋 = 止)을 따라 걸어가는(彳) 것을 나타내어 '좇다'의 뜻을 가지게 되었다.

從軍(종군) 從屬(종속) 從容(종용)
從前(종전) 盲從(맹종) 勉從(면종)
服從(복종) 附從(부종) 相從(상종)
順從(순종) 忍從(인종) 追從(추종)

뜻풀이
盲從(맹종) : 무조건 남을 따름
相從(상종) : 서로 친하게 지냄

縱

3급Ⅱ | 세로 종 | 糸 | 총17획

필순: 縱縱縱縱縱縱縱縱縱縱縱縱縱縱縱

베틀에서 세로로 이어져(從) 늘어진 날실(糸)의 모습으로 '세로'의 뜻을 가지게 되었다.

縱貫(종관) 縱斷(종단) 縱隊(종대)
縱覽(종람) 縱紋(종문) 縱書(종서)
縱線(종선) 縱逸(종일) 縱的(종적)
縱橫(종횡) 放縱(방종)

뜻풀이
縱逸(종일) : 제멋대로 버릇없이 행동함
放縱(방종) : 거리낌 없이 마음대로 행동함

終

5급 | 마칠 종 | 糸 | 총11획

필순: 終終終終終終終終終終終

실(糸)의 양 끝을 매듭지어서(冬) 묶은 모습으로 '마치다'의 뜻을 가지게 되었다.

終講(종강) 終結(종결) 終乃(종내)
終端(종단) 終禮(종례) 終了(종료)
終幕(종막) 終末(종말) 終盤(종반)
終聲(종성) 終映(종영) 臨終(임종)

뜻풀이
終局(종국) : 마지막
終焉(종언) : 없어져 더 이상 존재하지 않음

種

5급Ⅱ | 씨 종(:) | 禾 | 총14획

필순: 種種種種種種種種種種種種種種

벼(禾)를 심을 때 가장 잘 여물고 무거운(重) 씨앗을 골라서 심음을 나타내어 '씨'라는 뜻을 가지게 되었다.

種類(종류) 種藝(종예) 毒種(독종)
滅種(멸종) 某種(모종) 備種(비종)
純種(순종) 雜種(잡종) 接種(접종)
職種(직종) 播種(파종)

뜻풀이
種藝(종예) : 여러 가지 식물을 심어서 재배함
備種(비종) : 여러 종류를 갖추고 있음

鍾

4급 쇠북 종
金 총17획

필순: 鍾鍾鍾鍾鍾鍾鍾鍾鍾鍾鍾鍾鍾鍾鍾鍾鍾

鍾閣(종각)　鍾樓(종루)　鍾銘(종명)
鍾塔(종탑)　警鍾(경종)　晩鍾(만종)
晨鍾(신종)　打鍾(타종)　土鍾(토종)
曉鍾(효종)　自鳴鍾(자명종)

본래 크고 무거운 (重) 쇠(金)로 만든 술병이나 술잔을 나타내었는데 나중에 '쇠북, 종'의 뜻으로 쓰이게 되었다.

뜻풀이
警鍾(경종) : 경계하기 위해 울리는 신호
晩鍾(만종) : 저녁 때 치는 종

左

7급Ⅱ 왼 좌:
工 총5획

필순: 左左左左左

左傾(좌경)　左記(좌기)　左邊(좌변)
左旋(좌선)　左右(좌우)　左翼(좌익)
左遷(좌천)　左派(좌파)　極左(극좌)
如左(여좌)　證左(증좌)　驗左(험좌)

왼손(ナ)으로 도구(工)를 쥐고 있는 모습을 본떠 '왼 쪽'을 뜻한다.

뜻풀이
左傾(좌경) : 좌익 사상으로 기울어짐
左遷(좌천) : 낮은 지위로 떨어짐

佐

3급 도울 좌:
人 총7획

필순: 佐佐佐佐佐佐佐

佐郞(좌랑)　佐命(좌명)　佐史(좌사)
佐平(좌평)　保佐(보좌)　補佐(보좌)
師佐(사좌)　上佐(상좌)　良佐(양좌)

다른 사람(亻)을 도와 왼손(左) 역할을 하는 것을 나타내어 '돕다'의 뜻을 가지게 되었다.

뜻풀이
補佐(보좌) : 상관을 도움
良佐(양좌) : 보필하는 충성스러운 신하

坐

3급Ⅱ 앉을 좌:
土 총7획

필순: 坐坐坐坐坐坐坐

坐屈(좌굴)　坐像(좌상)　坐席(좌석)
坐禪(좌선)　坐視(좌시)　坐藥(좌약)
坐臥(좌와)　坐罪(좌죄)　坐向(좌향)
連坐(연좌)　正坐(정좌)

두 사람(从)이 땅(土) 위에 마주 앉아 있는 모습으로 '앉다'의 뜻을 가지다

뜻풀이
坐禪(좌선) : 기부죄를 틀고 앉아서 하는 수행
坐劑(좌제) : 서로 의지하여 도움

座

4급 자리 좌:
广 총10획

필순: 座座座座座座座座座座

座談(좌담)　座席(좌석)　座中(좌중)
講座(강좌)　計座(계좌)　口座(구좌)
權座(권좌)　當座(당좌)　寶座(보좌)
星座(성좌)　御座(어좌)　卽座(즉좌)

두 사람이 집(广) 바닥에 앉기(坐) 위해 깔아 놓은 '자리'를 뜻한다.

뜻풀이
座談(좌담) : 여러 사람이 모여 앉아 이야기 함
座中(좌중) : 여러 사람이 모인 자리

罪

5급 허물 죄:
网 총13획

필순: 罪罪罪罪罪罪罪罪罪罪罪罪罪

罪狀(죄상)　罪囚(죄수)　罪責(죄책)
論罪(논죄)　斷罪(단죄)　免罪(면죄)
蒙罪(몽죄)　犯罪(범죄)　謝罪(사죄)
餘罪(여죄)　罪責感(죄책감)

잘못된(非) 일을 한 사람을 법의 그물(罒)에 걸리게 한다 하여 '허물'의 뜻을 가지게 되었다.

뜻풀이
謝罪(사죄) : 잘못된 일에 대하여 용서를 빎
罪責感(죄책감) : 잘못에 대하여 책임을 느끼는 마음

人一十之 己讀百之 (남보다 몇 배의 노력을 해야 뛰어날 수 있다.)

主 — 임금/주인 주

7급 | 필순: 主主主主主
부수: 丶 총5획

主觀(주관) 主導(주도) 主峯(주봉)
主婦(주부) 主賓(주빈) 主宰(주재)
主筆(주필) 物主(물주) 領主(영주)
爲主(위주) 婚主(혼주)

뜻풀이
主幹(주간) : 일을 맡아 처리함
主宰(주재) : 중심이 되어서 일을 처리함

본래 촛대(王)에서 등불(丶)이 타고 있는 모습으로 촛불이 방 안을 밝히는 중심 역할을 하듯이 나라와 가정의 중심이 되는 '임금, 주인'을 뜻한다.

住 — 살 주

7급 | 필순: 住住住住住住住
부수: 人 총7획

住居(주거) 住民(주민) 住所(주소)
住着(주착) 住宅(주택) 居住(거주)
寄住(기주) 安住(안주) 移住(이주)
衣食住(의식주)

뜻풀이
住着(주착) : 일정한 곳에 머물러 삶
移住(이주) : 살던 곳을 떠나 다른 곳으로 옮겨 감

主에 亻이 더해진 글자로 여기서 主(주)는 발음기호의 역할을 한다. 사람(亻)이 사는 곳에는 항상 촛대에 등불이 타고 있기에 '살다'를 뜻한다.

注 — 부을 주

6급II | 필순: 注注注 注注注注
부수: 水 총8획

注目(주목) 注文(주문) 注射(주사)
注釋(주석) 注視(주시) 注意(주의)
注入(주입) 傾注(경주) 奔注(분주)
轉注(전주)

뜻풀이
注視(주시) : 집중하여 자세히 살핌
注入(주입) : 흘러 들어가도록 쏟아 넣음

主에 氵가 더해진 글자로 여기서 主(주)는 발음기호 역할을 한다. 촛대에서 타고 있는 등불의 재를 꺼뜨리기 위해서 물(氵)을 붓는 것을 나타내어 '붓다'의 뜻을 가지게 되었다.

柱 — 기둥 주

3급II | 필순: 柱柱柱柱柱柱柱柱柱
부수: 木 총9획

柱棟(주동) 柱梁(주량) 柱石(주석)
柱式(주식) 柱礎(주초) 角柱(각주)
銅柱(동주) 壁柱(벽주) 四柱(사주)
支柱(지주)

뜻풀이
柱石(주석) : 기둥과 주춧돌. 중요한 역할을 하는 사람의 비유
支柱(지주) : 받쳐서 버티는 기둥

主에 木이 더해진 글자로 여기서 主(주)는 발음기호의 역할을 한다. 중심이 되어서 집을 떠받치는 나무(木)인 '기둥'을 뜻한다.

周 — 두루 주

4급 | 필순: 周周周周周周周周
부수: 口 총8획

周年(주년) 周到(주도) 周密(주밀)
周邊(주변) 周備(주비) 周旋(주선)
周易(주역) 周圍(주위) 周知(주지)

뜻풀이
周到(주도) : 꼼꼼하여 빈틈없음
周旋(주선) : 일이 잘 되도록 힘씀

用과 口가 합해진 글자로 말(口)을 삼가서 다른 사람들에게 두루 마음을 써야(用)함을 나타내어 '두루'의 뜻을 가지게 되었다.

週 — 주일 주

5급II | 필순: 週週週週週週週 週週週週
부수: 辵 총12획

週刊(주간) 週間(주간) 週給(주급)
週期(주기) 週末(주말) 週番(주번)
週報(주보) 週日(주일) 隔週(격주)
今週(금주) 來週(내주) 每週(매주)

뜻풀이
週期(주기) : 어떤 현상이 나타나고 다음 번 반복될 때까지의 기간
週報(주보) : 한 주에 하나씩 발행하는 신문이나 잡지

한 바퀴를 두루(周) 도는(辶) 것을 나타내어 '돌다'의 뜻을 가지게 되었다. 또한 일주일이 한 번씩 돌아오기 때문에 '주일'의 뜻으로도 쓰이게 되었다.

奏

3급Ⅱ
아뢸 주(:)
大 총9획

필순: 奏奏奏奏奏奏奏奏奏

奏達(주달) 奏請(주청) 讀奏(독주)
獨奏(독주) 變奏(변주) 伏奏(복주)
演奏(연주) 重奏(중주) 彈奏(탄주)
合奏(합주) 協奏(협주)

본래 양손을 위로 향해서 받쳐 들고 임금에게 나아가 아뢰거나 음악을 연주하는 것을 나타내는 글자였으나 나중에 '아뢰다'의 뜻으로 쓰이게 되었다.

뜻풀이
奏請(주청) : 임금에게 아뢰어 청함
獨奏(독주) : 홀로 연주함

宙

3급Ⅱ
집 주:
宀 총8획

필순: 宙宙宙宙宙宙宙宙

宙水(주수) 宙然(주연) 宙表(주표)
碧宙(벽주) 宇宙(우주)

바닥이 깊은 술단지(由)가 있는 집(宀)을 나타내어 '집'의 뜻을 가지게 되었다.

뜻풀이
宙水(주수) : 하천의 퇴적물 등에 고인 물
宇宙(우주) : 만물을 포용하고 있는 끝없는 공간

州

5급Ⅱ
고을 주
巛 총6획

필순: 州州州州州州

州境(주경) 州郡(주군) 州司(주사)
州縣(주현) 慶州(경주) 公州(공주)
廣州(광주) 光州(광주) 九州(구주)
屬州(속주) 原州(원주) 濟州(제주)

본래 흘러가는 물(川)의 가운데에 점(丶)이 더해져 사람이 머물 수 있는 '섬'을 나타내었으니 나중에 고대 행정 구역의 명칭인 '고을'의 뜻으로 쓰이게 되었다.

뜻풀이
州境(주경) : 주의 경계
州郡(주군) : 주와 군

洲

3급Ⅱ
물가 주
水 총9획

필순: 洲洲洲洲洲洲洲洲洲

洲島(주도) 滿洲(만주) 美洲(미주)
四洲(사주) 沙洲(사주) 亞洲(아주)
濠洲(호주) 三角洲(삼각주)
六大洲(육대주)

州에 氵가 더해진 글자로 여기서 州(주)는 발음기호의 역할을 한다. 섬은 물가(氵)에 있기에 '물가'의 뜻을 가지게 되었다.

뜻풀이
滿洲(만주) : 중국 동북 지방
亞洲(아주) : 아세아주

晝

6급
낮 주
日 총11획

필순: 晝晝晝晝晝晝晝晝晝晝晝

晝間(주간) 晝光(주광) 晝食(주식)
晝夜(주야) 晝直(주직) 晝餐(주찬)
晝學(주학) 晝行(주행) 晝後(주후)
丹晝(단주) 白晝(백주)

붓(聿)을 들고 해(日)가 나오고 지는 사이에 경계를 그어서(一) 밤과 구별하여 '낮'의 뜻을 가지게 되었다.

뜻풀이
晝餐(주찬) : 잘 차려 손님을 대접하는 점심 식사
白晝(백주) : 환하게 밝은 낮

朱

4급
붉을 주
木 총6획

필순: 朱朱朱朱朱朱

朱木(주목) 朱門(주문) 朱色(주색)
朱書(주서) 朱子(주자) 朱紅(주홍)
朱黃(주황) 茂朱(무주) 印朱(인주)
紫朱(자주) 朱子學(주자학)

나무의 줄기에 점을 하나 찍은 모습으로 원래 '줄기'를 뜻하는 글자였으나 나중에 '붉다'의 뜻으로 쓰이게 되었다.

뜻풀이
朱色(주색) : 선명하게 빨간 주황색
印朱(인주) : 도장을 찍을 때 쓰는 붉은색 안료

人一十之 己讀百之 (남보다 몇 배의 노력을 해야 뛰어날 수 있다.)

株 — 그루 주
3급II | 木 | 총10획
필순: 株株株株株株株株株株

나무(木)를 베고 난 자리가 붉음(朱)을 나타내어 '그루'를 뜻한다.

株價(주가) 株券(주권) 株守(주수)
株式(주식) 株主(주주) 株總(주총)
假株(가주) 貸株(대주) 新株(신주)
持株(지주)

뜻풀이
株價(주가): 주식의 가격
株式(주식): 주식회사의 자본 구성단위

珠 — 구슬 주
3급II | 玉 | 총10획
필순: 珠珠珠珠珠珠珠珠珠珠

옥(王=玉)으로 만든 붉은(朱)빛의 '구슬'을 뜻한다.

珠閣(주각) 珠露(주로) 珠履(주리)
珠米(주미) 珠算(주산) 珠玉(주옥)
珠殿(주전) 珠汗(주한) 默珠(묵주)
寶珠(보주) 念珠(염주) 珍珠(진주)

뜻풀이
珠玉(주옥): 구슬과 옥
珠殿(주전): 구슬로 장식한 아름다운 궁전

鑄 — 쇠불릴 주
3급II | 金 | 총22획
필순: 鑄鑄鑄鑄鑄鑄鑄鑄鑄鑄鑄鑄鑄鑄鑄鑄鑄鑄鑄鑄鑄鑄

붉게 녹은 금속(金)을 구불구불한 거푸집(壽) 속에 부어서 기물을 만드는 것을 나타내어 '쇠 불리다'의 뜻을 가지게 되었다.

鑄鋼(주강) 鑄工(주공) 鑄物(주물)
鑄錢(주전) 鑄造(주조) 鑄鐵(주철)
鑄幣(주폐) 鑄型(주형) 鑄貨(주화)
鼓鑄(고주) 私鑄(사주)

뜻풀이
鑄造(주조): 녹인 쇠붙이로 물건을 만듦
鑄貨(주화): 쇠붙이를 녹여 만든 화폐

舟 — 배 주
3급 | 舟 | 총6획
필순: 舟舟舟舟舟舟

나룻배의 모습으로 '배'를 뜻한다.

舟車(주거) 舟梁(주량) 舟師(주사)
舟遊(주유) 舟艇(주정) 舟航(주항)
競舟(경주) 端舟(단주) 方舟(방주)
汎舟(범주) 片舟(편주)

뜻풀이
舟遊(주유): 배를 타고 노는 것
片舟(편주): 작은 배

走 — 달릴 주
4급II | 走 | 총7획
필순: 走走走走走走走

走狗(주구) 走破(주파) 競走(경주)
繼走(계주) 逃走(도주) 奔走(분주)
逸走(일주) 疾走(질주) 脫走(탈주)
橫走(횡주) 滑走路(활주로)

사람이 팔을 흔들면서 달려가는 모습을 본뜬 글자로 아래 부분에 발 모양인 止가 더해져 빨리 감을 나타내어 '달리다'의 뜻을 가지게 되었다.

뜻풀이
繼走(계주): 4명이 한 조로 일정한 구간을 나누어 배턴을 주고받으며 달리는 육상 경기
疾走(질주): 빨리 달림

酒 — 술 주(:)
4급 | 酉 | 총10획
필순: 酒酒酒酒酒酒酒酒酒酒

酒渴(주갈) 酒幕(주막) 酒邪(주사)
酒宴(주연) 禁酒(금주) 麥酒(맥주)
飯酒(반주) 燒酒(소주) 飮酒(음주)

술의 원뜻을 가진 酉가 12지의 하나로 쓰이게 되면서 본래의 뜻을 보존하기 위해서 氵를 더해 '술'의 뜻을 가지게 되었다.

뜻풀이
酒渴(주갈): 술을 마시고 느끼는 갈증
酒邪(주사): 술에 취해 버릇처럼 하는 행동

竹

4급Ⅱ 竹
대 죽
竹 총6획

필순: 竹 竹 竹 竹 竹 竹

竹簡(죽간)　竹器(죽기)　竹刀(죽도)
竹林(죽림)　竹馬(죽마)　竹鹽(죽염)
竹針(죽침)　竹枕(죽침)　竹皮(죽피)
烏竹(오죽)　爆竹(폭죽)

대나무 잎이 아래로 늘어진 모습으로 '대'를 뜻한다.

뜻풀이
竹簡(죽간): 종이가 발명되기 이전에 글씨를 썼던 대나무
竹皮(죽피): 대나무의 껍질

俊

3급 俊
준걸 준:
人 총9획

필순: 俊 俊 俊 俊 俊 俊 俊 俊 俊

俊德(준덕)　俊望(준망)　俊敏(준민)
俊拔(준발)　俊秀(준수)　俊嚴(준엄)
俊銳(준예)　俊逸(준일)　輕俊(경준)
英俊(영준)　賢俊(현준)　豪俊(호준)

걸음걸이(夌)가 늠름하고 재주와 지혜가 뛰어난 사람(亻)으로 '준걸'을 뜻한다.

뜻풀이
俊逸(준일): 재능이 아주 뛰어남
英俊(영준): 영특하고 재주와 슬기가 뛰어남

準

4급Ⅱ 準
준할 준:
水 총13획

필순: 準 準 準 準 準 準 準 準 準 準 準 準 準

準據(준거)　準備(준비)　準朔(준삭)
準用(준적)　準則(준칙)　考準(고준)
基準(기준)　比準(비준)　隆準(융준)
依準(의준)　照準(조준)　標準(표준)

송골매(隼)가 날 때 수면(氵)에 기준해서 평평하게 날아가는 것을 나타내어 '준하다'의 뜻을 가지게 되었다.

뜻풀이
準用(준용): 표준으로 삼아 사용하거나 적용함
依準(의준): 일정한 기준에 따름

遵

3급 遵
좇을 준:
辵 총16획

필순: 遵 遵 遵 遵 遵 遵 遵 遵 遵 遵 遵 遵 遵 遵 遵 遵

遵據(준거)　遵敎(준교)　遵範(준범)
遵法(준법)　遵守(준수)　遵施(준시)
遵信(준신)　遵用(준용)　遵行(준행)
奉遵(봉준)　依遵(의준)　一遵(일준)

윗사람(尊)을 따라 가는(辶) 것을 나타내어 '좇다'의 뜻을 가지게 되었다.

뜻풀이
遵據(준거): 관례나 선례를 따름
遵法(준법): 법률이나 법규 등을 지킴

中

8급 中
가운데 중
丨 총4획

필순: 中 中 中 中

中堅(중견)　中途(중도)　中媒(중매)
中盤(중반)　中旬(중순)　中葉(중엽)
中庸(중용)　閨中(규중)　忌中(기중)
熱中(열중)　獄中(옥중)　集中(집중)

깃발이 휘날리는 깃대를 군대의 중앙에 꽂은 모습으로 '가운데'의 뜻을 가지게 되었다.

뜻풀이
中堅(중견): 중심이 되어 활동하는 사람
中途(중도): 일이 진행되어 가는 동안

仲

3급Ⅱ 仲
버금 중(:)
人 총6획

필순: 仲 仲 仲 仲 仲 仲

仲冬(중동)　仲媒(중매)　仲買(중매)
仲母(중모)　仲保(중보)　仲朔(중삭)
仲叔(중숙)　仲裁(중재)　仲秋(중추)
仲夏(중하)　仲兄(중형)　伯仲(백중)

형제들 가운데 맏이와 막내의 사이(中)에서 태어난 아이(亻)로 '버금'을 뜻한다.

뜻풀이
仲媒(중매): 혼인이 잘 이루어지도록 중간에서 소개하는 일
仲裁(중재): 제3자가 분쟁에 끼어들어 화해시킴

人一十之 己讀百之 (남보다 몇 배의 노력을 해야 뛰어날 수 있다.)

衆

4급II
衆衆衆衆衆衆衆衆衆
衆衆

무리 중:
血 총12획

衆論(중론) 衆妙(중묘) 衆生(중생)
衆人(중인) 衆智(중지) 衆評(중평)
公衆(공중) 觀衆(관중) 群衆(군중)
大衆(대중) 聽衆(청중) 出衆(출중)

본래 글자는 㐺(중)으로 해(日→目)가 뜬 낮에 많은 사람들(人+人+人)이 무리를 지어서 일하고 있는 모습을 나타내어 '무리'의 뜻을 가지게 되었다.

뜻풀이
大衆(대중) : 수많은 사람들
出衆(출중) : 특별히 뛰어남

重

7급
重重重重重重重重重

무거울 중:
里 총9획

重大(중대) 重複(중복) 重傷(중상)
重責(중책) 重厚(중후) 輕重(경중)
莫重(막중) 愼重(신중) 嚴重(엄중)
尊重(존중) 置重(치중) 荷重(하중)

등에 무거운 자루(東→車)를 짊어지고 서있는 사람(壬)의 모습을 본떠 '무겁다'를 뜻한다.

뜻풀이
重大(중대) : 매우 중요함
置重(치중) : 어떤 곳에 중점을 둠

卽

3급II
卽卽卽卽卽卽卽卽卽

곧 즉
卩 총9획

卽刻(즉각) 卽答(즉답) 卽死(즉사)
卽席(즉석) 卽時(즉시) 卽位(즉위)
卽應(즉응) 卽效(즉효) 卽興(즉흥)
立卽(입즉) 一觸卽發(일촉즉발)

무릎 꿇은 사람(卩)이 음식이 가득 담긴 그릇(皀) 앞으로 나아가는 것을 나타내어 음식을 바로 먹으려고 한다는 '곧'의 뜻을 가지게 되었다.

뜻풀이
卽刻(즉각) : 당장
卽興(즉흥) : 즉석에서 일어나는 흥

曾

3급II
曾曾曾曾曾曾曾曾曾
曾曾

일찍 증
日 총12획

曾經(증경) 曾發(증발) 曾思(증사)
曾遊(증유) 曾子(증자) 曾前(증전)
曾驗(증험) 再曾(재증)
曾祖父(증조부) 未曾有(미증유)

본래 구멍 뚫린 그릇(皿) 아래에 열을 가해서 증기를 내기 위한 기구(曰)를 놓고 열을 가함에 시루에서 증기가 올라오는 (八) 모습을 나타내었으나 나중에 '일찍이'의 뜻으로 쓰이게 되었다.

뜻풀이
曾孫(증손) : 손자의 아들
曾往(증왕) : 이미 지나간 그때

增

4급II
一十土圹圹圹圸增
增增增增增

더할 증
土 총15획

增補(증보) 增殖(증식) 增額(증액)
增援(증원) 增進(증진) 增築(증축)
增幅(증폭) 激增(격증) 躍增(약증)
漸增(점증) 遞增(체증) 割增(할증)

曾에 土가 더해진 글자로 여기서 曾(증)은 발음기호의 역할을 한다. 흙(土)을 겹쳐 쌓는 것을 나타내어 '더하다'의 뜻을 가지게 되었다.

뜻풀이
增進(증진) : 어떤 상태에서 더하여 나아감
遞增(체증) : 차례로 증가함

憎

3급II
憎憎憎憎憎憎憎憎
憎憎憎憎憎

미울 증
心 총15획

憎念(증념) 憎惡(증오) 憎怨(증원)
憎痛(증통) 憎風(증풍) 憎嫌(증혐)
可憎(가증) 見憎(견증) 忌憎(기증)
愛憎(애증) 疾憎(질증) 偏憎(편증)

曾에 忄이 더해진 글자로 여기서 曾(증)은 발음기호의 역할을 한다. 미워하는 마음(忄)이 거듭 쌓이는 것을 나타내어 '미워하다'의 뜻을 가지게 되었다.

뜻풀이
憎惡(증오) : 아주 미워함
愛憎(애증) : 사랑함과 미워함

贈

3급 | 줄 증 | 貝 | 총 19획

필순: 贈贈贈贈贈贈贈贈贈贈贈贈贈贈贈贈贈贈贈

贈官(증관) 贈別(증별) 贈賜(증사)
贈與(증여) 贈呈(증정) 贈進(증진)
加贈(가증) 寄贈(기증) 受贈(수증)
遺贈(유증) 投贈(투증)

曾에 貝가 더해진 글자로 여기서 曾(증)은 발음기호의 역할을 한다. 다른 사람에게 재물(貝)을 주어서 보내는 것을 나타내어 '주다'의 뜻을 가지게 되었다.

뜻풀이
贈與(증여) : 재산을 무상으로 물려줌
遺贈(유증) : 유언에 의하여 유산을 무상으로 물려줌

蒸

3급Ⅱ | 찔 증 | 艸 | 총 14획

필순: 蒸蒸蒸蒸蒸蒸蒸蒸蒸蒸蒸蒸蒸蒸

蒸氣(증기) 蒸民(증민) 蒸發(증발)
蒸庶(증서) 蒸濕(증습) 蒸製(증제)
蒸炊(증취) 骨蒸(골증) 炎蒸(염증)
雲蒸(운증) 汗蒸(한증)

마른 풀(艹)을 솥에 넣고 불을 때서 찌니 김이 오르는(烝) 것을 나타내어 '찌다'의 뜻을 가지게 되었다.

뜻풀이
蒸發(증발) : 액체나 고체 상태에서 기체로 변함
汗蒸(한증) : 병을 치료하거나 건강을 위해서 몸을 덥게 하여 땀을 내는 일

症

3급Ⅱ | 증세 증(ː) | 疒 | 총 10획

필순: 症症症症症症症症症症

症狀(증상) 症勢(증세) 症候(증후)
渴症(갈증) 狂症(광증) 厭症(염증)
炎症(염증) 鬱症(울증) 滯症(체증)
痛症(통증)

正에 疒이 더해진 글자로 여기서 正(정)은 발음기호의 역할을 한다. 疒으로써 병과 관계있음을 알 수 있으니 症은 '증세'를 뜻한다.

뜻풀이
症勢(증세) : 병 때문에 나타나는 여러 가지 증상
渴症(갈증) : 목이 말라 물을 마시고 싶은 느낌

證

4급 | 증거 증 | 言 | 총 19획

필순: 證證證證證證證證證證證證證證證證證證證

證據(증거) 證券(증권) 證驗(증험)
檢證(검증) 傍證(방증) 辨證(변증)
查證(사증) 僞證(위증) 認證(인증)
確證(확증) 實證的(실증적)

제단에 올라가(登) 신에게 사실을 고하는(言) 것으로 객관적 사실임을 뒷받침해 주는 '증거'를 뜻한다.

뜻풀이
證據(증거) : 사실의 증명을 판단하기 위한 근거
認證(인증) : 인정하여 증명함

之

3급Ⅱ | 갈 지 | 丿 | 총 4획

필순: 之之之之

之江(지강) 之次(지차) 之玄(지현)
論之(논지) 思之(사지) 阿之(아지)
置之(치지) 愛之重之(애지중지)
人之常情(인지상정)

길을 따라서 어디론가 향하는 발의 모습을 나타내어 '가다'의 뜻을 가지게 되었다.

뜻풀이
之次(지차) : 다음이나 버금
置之(치지) : 내버려 둠

只

3급 | 다만 지 | 口 | 총 5획

필순: 只只只只只

只管(지관) 只今(지금) 只要(지요)
只有(지유) 只因(지인) 只此(지차)
只且(지차) 但只(단지)

입(口)으로 나오는 말의 기운이 흩어져서(八) 여운이 남는 것을 나타내어 조사의 뜻으로 쓰였다. 나중에 한정의 표현인 '다만'의 뜻으로 쓰이게 되었다.

뜻풀이
只今(지금) : 바로 이때
但只(단지) : 다만

人一十之 己讀百之 (남보다 몇 배의 노력을 해야 뛰어날 수 있다.)

地

7급 필순
地地地地地地

땅 지
土　총6획

땅(土)에 뱀(也)이 많은 것을 나타내어 '땅'의 뜻을 가지게 되었다.

地塊(지괴)　地帶(지대)　地盤(지반)
地獄(지옥)　地籍(지적)　地軸(지축)
窮地(궁지)　敷地(부지)　濕地(습지)
輿地(여지)　處地(처지)

뜻풀이
敷地(부지) : 건물이나 도로를 만들기 위한 땅
處地(처지) : 처해 있는 상황

池

3급Ⅱ 필순
池池池池池池

못 지
水　총6획

뱀(也)처럼 구불구불한 물(氵) 웅덩이인 '못'을 뜻한다.

池閣(지각)　硯池(연지)　玉池(옥지)
苑池(원지)　電池(전지)　酒池(주지)
天池(천지)　湯池(탕지)
乾電池(건전지)　貯水池(저수지)

뜻풀이
硯池(연지) : 벼루 앞쪽에 먹물이 담기는 오목한 곳
天池(천지) : 백두산 정상에 있는 호수

止

5급 필순
止止止止

그칠 지
止　총4획

멈춰선 발의 모습으로 발을 멈추고 그 자리에 있는 것에서 '그치다'의 뜻을 가지게 되었다.

止哭(지곡)　止揚(지양)　止血(지혈)
敬止(경지)　繫止(계지)　防止(방지)
抑止(억지)　停止(정지)　制止(제지)
遮止(차지)　廢止(폐지)　解止(해지)

뜻풀이
止揚(지양) : 더 높이 올라가기 위해 어떤 것을 하지 않음
制止(제지) : 하려는 어떤 일을 말려서 못하게 함

持

4급 필순
持持持持持持持持持

가질 지
手　총9획

손(寸)에 머물러(止→土) 두어 가지고 있는 것을 나타내어 '가지다'의 뜻을 가지게 되었다. 扌를 더해서 손에 가지고 있음을 강조하였다.

持戒(지계)　持久(지구)　持論(지론)
持病(지병)　持續(지속)　持參(지참)
扶持(부지)　所持(소지)　維持(유지)
傳持(전지)　支持(지지)　把持(파지)

뜻풀이
持論(지론) : 굳게 지키고 있는 이론
持參(지참) : 가지고 옴

指

4급Ⅱ 필순
指指指指指指指指指

가리킬 지
手　총9획

旨에 扌가 더해진 글자로 여기서 旨(지)는 발음기호의 역할을 한다. 맛있는 음식(旨)에 손가락(扌)이 움직이는 것을 나타내어 '가리키다'의 뜻을 가지게 되었다.

指紋(지문)　指數(지수)　指壓(지압)
指章(지장)　指摘(지적)　指針(지침)
指稱(지칭)　指彈(지탄)　指標(지표)
指環(지환)　指揮(지휘)

뜻풀이
指摘(지적) : 잘못을 들추어 냄
指彈(지탄) : 잘못을 손가락질 함

志

4급Ⅱ 필순
志志志志志志志

뜻 지
心　총7획

之와 心이 더해져 만들어진 글자로 마음(心)이 향해 가는(之) 바를 나타내어 '뜻'을 뜻한다.

志望(지망)　志願(지원)　志操(지조)
剛志(강지)　肯志(긍지)　篤志(독지)
意志(의지)　立志(입지)　衆志(중지)
寸志(촌지)　鬪志(투지)　片志(편지)

뜻풀이
意志(의지) : 어떤 일을 하고자 하는 마음
寸志(촌지) : 정성을 보이기 위해 주는 돈

300　한자능력검정시험 2급

誌 (4급)

필순: 誌誌誌誌誌誌誌誌誌誌誌誌誌

기록할 지
言 총14획

誌略(지략) 誌面(지면) 誌銘(지명)
誌文(지문) 誌上(지상) 校誌(교지)
貴誌(귀지) 本誌(본지) 書誌(서지)
外誌(외지) 雜誌(잡지) 會誌(회지)

마음에 가지고 있는 뜻(志)을 말(言)로 내어서 기록함을 나타내어 '기록하다'의 뜻을 가지게 되었다.

뜻풀이
世誌(세지) : 족보
外誌(외지) : 외국 잡지

支 (4급Ⅱ)

필순: 支支支支

지탱할 지
支 총4획

支給(지급) 支流(지류) 支配(지배)
支部(지부) 支拂(지불) 支援(지원)
支柱(지주) 支持(지지) 支軸(지축)
干支(간지) 收支(수지) 依支(의지)

본래 손(又)에 나뭇가지(十)를 잡고 있는 모습으로 나뭇가지의 뜻을 가졌으나 나중에 나뭇가지를 손에 쥐고 버틴다는 것에서 '지탱하다'의 뜻을 가지게 되었다.

뜻풀이
支障(지장) : 어떤 일을 진행하는데 있어 거치적거리나 방해가 되는 장애
扶支(부지) : 어렵게 유지해 나감

枝 (3급Ⅱ)

필순: 枝枝枝枝枝枝枝枝

가지 지
木 총8획

枝道(지도) 枝葉(지엽) 枝梧(지오)
枝肉(지육) 枝條(지조) 幹枝(간지)
枯枝(고지) 樹枝(수지) 楊枝(양지)
全枝(전지) 接枝(접지) 側枝(측지)

나뭇가지의 원뜻을 가진 支가 '지탱하다'의 뜻으로 쓰이게 되면서 본래의 뜻을 보존하기 위해서 木을 더해 '가지'의 뜻을 가지게 되었다.

뜻풀이
枝葉(지엽) : 중요하지 않은 부분
楊枝(양지) : 나무로 만든 이쑤시개

知 (5급Ⅱ)

필순: 知知知知知知知知

알 지
矢 총8획

知識(지식) 知慧(지혜) 覺知(각지)
機知(기지) 須知(수지) 熟知(숙지)
諒知(양지) 辱知(욕지) 認知(인지)
諜知(첩지) 親知(친지) 探知(탐지)

아는 것이 많으면 화살(矢)이 활에서 빠르게 나가듯이 말이 입(口)에서 빠르게 나옴을 나타내어 '알다'의 뜻을 가지게 되었다.

뜻풀이
機知(기지) : 재치 있게 상황에 대응하는 지혜
認知(인지) : 어떤 사실을 인정하여 앎

智 (4급)

필순: 智智智智智智智智智智智

슬기/지혜 지
日 총12획

智巧(지교) 智略(지략) 智謀(지모)
智識(지식) 智愚(지우) 智將(지장)
智慧(지혜) 俗智(속지) 銳智(예지)
淺智(천지) 智仁勇(지인용)

知에 日이 더해진 글자로 여기서 知(지)는 발음기호의 역할을 한다. 해(日)처럼 밝게 세상을 아는(知) '슬기, 지혜'를 뜻한다.

뜻풀이
智略(지략) : 슬기로운 꾀
銳智(예지) : 날카롭고 뛰어난 지혜

遲 (3급)

필순: 遲遲遲遲遲遲遲遲遲遲遲遲遲遲

더딜/늦을 지
辶 총16획

遲刻(지각) 遲鈍(지둔) 遲脈(지맥)
遲明(지명) 遲暮(지모) 遲延(지연)
遲緩(지완) 遲進(지진) 遲參(지참)
遲滯(지체) 陵遲處斬(능지처참)

느린 걸음으로 가는(辶) 코뿔소(犀)를 나타내어 '더디다, 늦다'의 뜻을 가지게 되었다.

뜻풀이
遲鈍(지둔) : 우둔하고 미련함
遲滯(지체) : 시간이 늦춰짐

人一十之 己讀百之 (남보다 몇 배의 노력을 해야 뛰어날 수 있다.)

紙 [7급]

紙紙紙紙紙紙紙紙紙紙

종이 지
糸 총10획

紙錢(지전) 紙幣(지폐) 臺紙(대지)
壁紙(벽지) 別紙(별지) 封紙(봉지)
揷紙(삽지) 印紙(인지) 製紙(제지)
破紙(파지) 板紙(판지) 標紙(표지)

가는 실(糸) 같은 섬유질이 나무의 뿌리(氏)와 같이 뻗어나가 만들어진 '종이'를 뜻한다.

뜻풀이
板紙(판지) : 두껍고 딱딱하게 만든 종이
標紙(표지) : 증거가 되도록 적은 종이

至 [4급II]

至至至至至至

이를 지
至 총6획

至極(지극) 至今(지금) 至當(지당)
至毒(지독) 至樂(지락) 至論(지론)
至誠(지성) 至嚴(지엄) 至尊(지존)
至賤(지천) 乃至(내지) 踏至(답지)

쏘아 올린 화살이 땅에 꽂힌 모습으로 '이르다'의 뜻을 가지게 되었다.

뜻풀이
至極(지극) : 정도나 상태가 더할 수 없이 극진함
至當(지당) : 사리에 맞고 당연함

直 [7급II]

直直直直直直直直

곧을 직
目 총8획

直結(직결) 直觀(직관) 直線(직선)
直屬(직속) 直譯(직역) 硬直(경직)
率直(솔직) 垂直(수직) 宿直(숙직)
愚直(우직) 淸直(청직)

눈 위에 좌우로 똑바른 선을 그어서 시선이 곧음을 나타내었다. 나중에 아래의 ㄴ이 더해져 똑바로 보고 있음을 강조하였다. 따라서 '곧다'의 뜻을 가지게 되었다.

뜻풀이
直結(직결) : 직접 연결됨
直屬(직속) : 직접 속함

織 [4급]

織織織織織織織織織織
織織織織織織織織

짤 직
糸 총18획

織女(직녀) 織物(직물) 織婦(직부)
織造(직조) 絹織(견직) 毛織(모직)
紡織(방직) 浮織(부직) 手織(수직)
染織(염직) 組織(조직) 編織(편직)

실(糸)로 베를 짤 때 창칼(戈) 소리(音)가 나는 것을 나타내어 '짜다'의 뜻을 가지게 되었다.

뜻풀이
織造(직조) : 기계로 천을 짜는 일
紡織(방직) : 실을 뽑고 그 실로 천을 짬

職 [4급II]

職職職職職職職職
職職職職職職職職職職

직분 직
耳 총18획

職務(직무) 職位(직위) 職責(직책)
兼職(겸직) 補職(보직) 辭職(사직)
殉職(순직) 就職(취직) 退職(퇴직)
罷職(파직)

귀(耳)로 들리는 소리(音)를 후세에 전하기 위해서 창칼(戈)로 새기는 것을 직업으로 삼음을 나타내어 '직분'의 뜻을 가지게 되었다.

뜻풀이
職位(직위) : 직책상의 위치
兼職(겸직) : 본래 직무 이외의 직무를 겸함

辰 [3급II]

辰辰辰辰辰辰辰

별 진/때 신
辰 총7획

辰方(진방) 辰宿(진수) 辰時(진시)
辰韓(진한) 庚辰(경진) 日辰(일진)
北辰(북신) 生辰(생신) 誕辰(탄신)

본래 조개가 껍데기에서 발을 내밀고 있는 모습을 나타내었으나 나중에 12지의 하나인 '다섯째 지지(용)'의 뜻으로 쓰이게 되었다. 또한 '별, 때'의 뜻으로도 쓰인다.

뜻풀이
日辰(일진) : 그날의 운세
誕辰(탄신) : 성인이나 귀인이 태어남

302 한자능력검정시험 2급

振 — 3급Ⅱ

필순: 振振振振振振振振振振

떨칠 진: 手 총10획

振起(진기) 振動(진동) 振武(진무)
振拔(진발) 振肅(진숙) 振作(진작)
振幅(진폭) 振興(진흥) 共振(공진)
不振(부진) 三振(삼진) 勵振(여진)

辰에 扌가 더해진 글자로 여기서 辰(진)은 발음기호의 역할을 한다. 扌를 더하여 손의 기능을 강조해 손을 떨며 움직이는 것을 나타내어 '떨치다'의 뜻을 가지게 되었다.

뜻풀이
振作(진작): 떨쳐서 일어남
不振(부진): 활발하게 떨치지 못함

震 — 3급Ⅱ

필순: 震震震震震震震震震震震震震震震

우레 진: 雨 총15획

震驚(진경) 震恐(진공) 震懼(진구)
震檀(진단) 震動(진동) 震雷(진뢰)
震央(진앙) 震源(진원) 震災(진재)
耐震(내진) 微震(미진) 餘震(여진)

비(雨)가 내리면서 사물을 떨게(辰) 하는 천둥이 동반함을 나타내어 '우레'의 뜻을 가지게 되었다.

뜻풀이
震懼(진구): 떨면서 두려워함
耐震(내진): 지진을 견뎌 냄

陣 — 4급

필순: 陣陣陣陣陣陣陣陣陣陣

진칠 진 阜 총10획

陣營(진영) 陣容(진용) 陣地(진지)
陣菜(진채) 陣痛(진통) 對陣(대진)
直陣(직진) 退陣(퇴진) 布陣(포진)
筆陣(필진) 背水陣(배수진)

언덕(阝)의 계단 밑에 수레(車)나 전차를 배치하는 것을 나타내어 '진치다'의 뜻을 가지게 되었다.

뜻풀이
對陣(대진): 싸우기 위해 마주 모고 섬
布陣(포진): 싸우거나 경기를 하기 위해 진을 침

陳 — 3급Ⅱ

필순: 陳陳陳陳陳陳陳陳陳陳陳

베풀 진:/묵을 진 阜 총11획

陳頭(진두) 陳腐(진부) 陳狀(진상)
陳設(진설) 陳述(진술) 陳列(진열)
陳情(진정) 陳皮(진피) 開陳(개진)
具陳(구진) 屯陳(둔진) 疏陳(소진)

언덕(阝)의 계단 앞에 자루(東)가 놓여 있는 모습으로 높은 언덕에서 물건을 나누어 주거나 늘어놓은 것을 나타내어 '베풀다, 묵다'의 뜻을 가지게 되었다.

뜻풀이
陳腐(진부): 오래되어 새롭지 못함
陳列(진열): 죽 벌여 놓음

珍 — 4급

필순: 珍珍珍珍珍珍珍珍珍

보배 진 玉 총9획

珍景(진경) 珍貴(진귀) 珍奇(진기)
珍技(진기) 珍談(진담) 珍妙(진묘)
珍味(진미) 珍寶(진보) 珍秀(진수)
珍珠(진주) 珍重(진중) 珍品(진품)

고운 머릿결(彡)처럼 무늬가 곱고 평소 보기 힘든 구슬(玉)로 진귀한 '보배'를 뜻한다.

뜻풀이
珍景(진경): 진귀한 경치
珍秀(진수): 진귀하고도 빼어남

進 — 4급Ⅱ

필순: 進進進進進進進進進進進進

나아갈 진: 辵 총12획

進擊(진격) 進級(진급) 進爵(진작)
進展(진전) 進陟(진척) 進獻(진헌)
競進(경진) 突進(돌진) 躍進(약진)
漸進(점진) 促進(촉진) 推進(추진)

새(隹)가 날아서 앞으로 나아가는(辶) 것을 나타내어 '나아가다'의 뜻을 가지게 되었다.

뜻풀이
進陟(진척): 일이 원하는 방향으로 잘 진행되어 감
突進(돌진): 거침없이 앞으로 나아감

人一十之 己讀百之 (남보다 몇 배의 노력을 해야 뛰어날 수 있다.)

盡

4급 | 다할 진: | 皿 총14획

필순: 盡盡盡盡盡盡盡盡盡盡盡盡盡盡

그릇(皿) 속을 붓(聿)과 같이 생긴 솔로 털어서 먼지를 다 없앰을 나타내어 '다하다'의 뜻을 가지게 되었다.

曲盡(곡진) 極盡(극진) 漏盡(누진)
賣盡(매진) 脈盡(맥진) 備盡(비진)
消盡(소진) 燒盡(소진) 衰盡(쇠진)
脫盡(탈진)

뜻풀이
賣盡(매진) : 하나도 남은 것 없이 모두 팔림
脫盡(탈진) : 기운이 다 빠짐

眞

4급II | 참 진 | 目 총10획

필순: 眞眞眞眞眞眞眞眞眞眞

사방팔방(八) 어느 곳에서 보더라도 올바른(貞) 것을 나타내어 '참'의 뜻을 가지게 되었다.

眞訣(진결) 眞談(진담) 眞理(진리)
眞犯(진범) 眞相(진상) 眞率(진솔)
眞實(진실) 眞僞(진위) 迫眞(박진)
寫眞(사진) 純眞(순진) 天眞(천진)

뜻풀이
眞相(진상) : 참된 모습
迫眞(박진) : 사실에 가까움

鎭

3급II | 진압할 진(:) | 金 총18획

필순: 鎭鎭鎭鎭鎭鎭鎭鎭鎭鎭鎭鎭鎭鎭鎭鎭鎭鎭

거푸집에 쇳물(金)을 부으니 거푸집에 꽉 차면서(眞) 밑을 내리 누르는 것을 나타내어 '누르다, 진압하다'의 뜻을 가지게 되었다.

鎭定(진정) 鎭靜(진정) 鎭重(진중)
鎭痛(진통) 鎭護(진호) 鎭魂(진혼)
鎭火(진화) 文鎭(문진) 書鎭(서진)
重鎭(중진) 鎭痛劑(진통제)

뜻풀이
鎭壓(진압) : 억눌러서 가라앉힘
鎭魂(진혼) : 죽은 사람의 넋을 달램

姪

3급 | 조카 질 | 女 총9획

필순: 姪姪姪姪姪姪姪姪姪

형제자매(女)의 자식인 '조카'를 뜻하며 여기서 至(지)는 발음기호의 역할을 하는데 나중에 음이 지에서 질로 변하였다.

姪女(질녀) 姪婦(질부) 姪兒(질아)
姑姪(고질) 堂姪(당질) 伯姪(백질)
舍姪(사질) 叔姪(숙질) 緣姪(연질)
族姪(족질) 戚姪(척질) 賢姪(현질)

뜻풀이
姪婦(질부) : 조카며느리
堂姪(당질) : 사촌의 아들

疾

3급II | 병 질 | 疒 총10획

필순: 疾疾疾疾疾疾疾疾疾疾

화살(矢)에 맞은 것과 같이 아픈 병(疒)을 나타내어 '병'의 뜻을 가지게 되었다.

疾故(질고) 疾苦(질고) 疾病(질병)
疾視(질시) 疾走(질주) 疾患(질환)
寬疾(관질) 惡疾(악질) 疫疾(역질)
稱疾(칭질) 託疾(탁질) 暴疾(폭질)

뜻풀이
疾視(질시) : 밉게 봄
惡疾(악질) : 고치기 힘든 병

秩

3급II | 차례 질 | 禾 총10획

필순: 秩秩秩秩秩秩秩秩秩秩

失에 禾가 더해진 글자로 여기서 失(실)은 발음기호의 역할을 하는데, 나중에 음이 실에서 질로 변하였다. 벼(禾)를 차례로 쌓아 올리는 것을 나타내어 '차례'의 뜻을 가지게 되었다.

秩祿(질록) 秩滿(질만) 秩米(질미)
秩卑(질비) 秩序(질서) 秩敍(질서)
秩次(질차) 官秩(관질) 望秩(망질)
放秩(방질) 增秩(증질) 職秩(직질)

뜻풀이
秩米(질미) : 녹봉으로 주던 쌀
秩序(질서) : 사물의 순서

質 (5급II) 바탕 질
貝 총15획

質權(질권) 質朴(질박) 質疑(질의)
質責(질책) 糖質(당질) 媒質(매질)
變質(변질) 實質(실질) 軟質(연질)
姿質(자질) 異質化(이질화)

도끼(斤)를 맡기고 돈(貝)을 빌리는 것을 나타내었는데 물품을 맡길 때 품질이 중요했기에 '바탕'의 뜻을 가지게 되었다.

뜻풀이
質疑(질의): 의심나는 점을 물음
變質(변질): 물질의 성질이 달라지거나 변함

執 (3급II) 잡을 집
土 총11획

執權(집권) 執念(집념) 執刀(집도)
執務(집무) 執着(집착) 執筆(집필)
執行(집행) 見執(견집) 固執(고집)
我執(아집) 意執(의집) 偏執(편집)

죄인이 내민 손의 팔뚝(丸)에 수갑(幸)이 채워져 있음을 나타내어 죄인을 '잡다'는 뜻을 가지게 되었다.

뜻풀이
執着(집착): 잊지 못하고 매달림
固執(고집): 자신의 의견만 굳게 지킴

集 (6급II) 모을 집
隹 총12획

集計(집계) 集團(집단) 集約(집약)
集積(집적) 群集(군집) 募集(모집)
密集(밀집) 召集(소집) 凝集(응집)
徵集(징집) 採集(채집) 咸集(함집)

나무(木) 위에 모여 앉은 새(隹)들의 모습으로 '모으다, 모이다'는 뜻을 가지게 되었다.

뜻풀이
集積(집적): 모아서 쌓음
徵集(징집): 물건을 거두어 모음

徵 (3급II) 부를 징
彳 총15획

徵發(징발) 徵收(징수) 徵役(징역)
徵兆(징조) 徵集(징집) 徵表(징표)
徵驗(징험) 徵還(징환) 徵候(징후)
象徵(상징) 追徵(추징) 特徵(특징)

아무리 미천한(微) 사람일지라도 뛰어나게 우뚝 서 있는 사람(壬)이라면 나라에서 부름에 '부르다'의 뜻을 가지게 되었다.

뜻풀이
徵兆(징조): 어떤 일이 생길 기미
追徵(추징): 추후에 징수함

懲 (3급) 징계할 징

心 총19획

懲戒(징계) 懲改(징개) 懲勵(징려)
懲罰(징벌) 懲惡(징악) 懲役(징역)
懲治(징치) 勸懲(권징) 嚴懲(엄징)
重懲(중징) 痛懲(통징)

허물이나 잘못을 마음(心)으로 뉘우치도록 불러서(徵) 나무라는 것을 나타내어 '징계하다'의 뜻을 가지게 되었다.

뜻풀이
懲改(징개): 징계하여 스스로 잘못을 고치도록 함
懲習(징습): 못된 버릇을 징계함

且 (3급) 또 차:
一 총5획

且說(차설) 且月(차월) 且置(차치)
苟且(구차) 況且(황차)
重且大(중차대)

그릇 위에 신에게 바칠 고기를 겹쳐서 쌓고 또 쌓은 모습으로 '또'의 뜻을 가지게 되었다.

뜻풀이
苟且(구차): 버젓하지 못하고 궁색함
況且(황차): 하물며

人一十之 己讀百之 (남보다 몇 배의 노력을 해야 뛰어날 수 있다.)

借

3급Ⅱ
借借借借借借借借借借

빌/빌릴 차:
人　총10획

날이 거듭되듯이(昔) 자신의 힘에 다른 사람(亻)의 힘을 빌려서 겹치게 함을 나타내어 '빌리다'의 뜻을 가지게 되었다.

借款(차관)　借給(차급)　借名(차명)
借邊(차변)　借與(차여)　借用(차용)
借入(차입)　假借(가차)　貸借(대차)
賃借(임차)　租借(조차)

뜻풀이
借名(차명) : 다른 사람의 이름을 빌려 씀
假借(가차) : 임시로 빌림

差

4급
差差差差差差差差差差

다를 차
工　총10획

왼손(左)으로 고르지 않게 벤 벼 이삭(䍃)을 잡고 있는 모습으로 고르지 않은 이삭들이 제각기 다 다르기에 '다르다'는 뜻을 가지게 되었다.

差等(차등)　差備(차비)　差押(차압)
差額(차액)　差緩(차완)　差異(차이)
差益(차익)　隔差(격차)　傾差(경차)
落差(낙차)　誤差(오차)　偏差(편차)

뜻풀이
差等(차등) : 차별을 둠
差益(차익) : 가격의 개정이나 변동으로 생기는 이익

次

4급Ⅱ
次次次次次次

버금 차
欠　총6획

입을 크게 벌리면서(欠) 하품을 계속 할 정도로 피곤하여 다음(冫=二) 사람에게 일을 맡기는 것을 나타내어 '다음, 버금'의 뜻을 가지게 되었다.

次例(차례)　次善(차선)　屢次(누차)
席次(석차)　歲次(세차)　順次(순차)
餘次(여차)　將次(장차)　再次(재차)
漸次(점차)　次官補(차관보)

뜻풀이
次善(차선) : 최선의 다음
將次(장차) : 앞으로

此

3급Ⅱ
此此此此此此

이 차
止　총6획

사람(匕)이 서 있는(止) 곳이 이곳이라는 것을 나타내어 '이'라는 뜻을 가지게 되었다.

此間(차간)　此時(차시)　此岸(차안)
此亦(차역)　此日(차일)　此際(차제)
此後(차후)　過此(과차)　若此(약차)
如此(여차)　從此(종차)　彼此(피차)

뜻풀이
彼此(피차) : 이쪽과 저쪽. 양쪽
若此(약차) : 이와 같이

捉

3급
捉捉捉捉捉捉捉捉捉捉

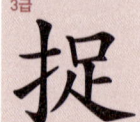

잡을 착
手　총10획

손(扌)으로 떠나려는 사람의 발(足)을 붙잡는 것을 나타내어 '잡다'의 뜻을 가지게 되었다.

捉去(착거)　捉來(착래)　捉送(착송)
捉囚(착수)　捉致(착치)　捉筆(착필)
捉戲(착희)　沒捉(몰착)　就捉(취착)
捕捉(포착)　活捉(활착)

뜻풀이
捉來(착래) : 사람을 붙잡아 옴
捕捉(포착) : 어떤 기회나 정세 등을 알아차림

着

5급Ⅱ
着着着着着着着着着着
着着

붙을 착
目　총12획

양(羊)은 눈(目)으로 서로 바라보며 떼를 이루어 붙어 다니므로 '붙다'는 뜻을 가지게 되었다.

着陸(착륙)　固着(고착)　膠着(교착)
歸着(귀착)　密着(밀착)　逢着(봉착)
延着(연착)　裝着(장착)　接着(접착)
執着(집착)　沈着(침착)　吸着(흡착)

뜻풀이
密着(밀착) : 빈틈이 없게 붙음. 서로의 관계가 매우 가까워짐
執着(집착) : 어떤 것에 마음이 쏠려서 매달림

錯

3급 II
어긋날 착
金　총16획

필순: 錯錯錯錯錯錯錯錯錯錯錯錯錯錯錯錯

錯覺(착각)　錯亂(착란)　錯視(착시)
錯誤(착오)　錯雜(착잡)　錯綜(착종)
糾錯(규착)　倒錯(도착)　紛錯(분착)
違錯(위착)　差錯(차착)

날이 거듭되듯이 (昔) 금속(金)을 거듭 칠하여 도금하는 것을 나타내었는데 도금이 잘못된 것에서 '어긋나다'의 뜻을 가지게 되었다.

뜻풀이
錯亂(착란): 뒤섞여 어지러움
錯誤(착오): 착각하여 잘못함

贊

3급 II
도울 찬:
貝　총19획

필순: 贊贊贊贊贊贊贊贊贊贊贊贊贊贊贊贊贊

贊同(찬동)　贊反(찬반)　贊否(찬부)
贊成(찬성)　贊頌(찬송)　贊述(찬술)
贊意(찬의)　贊助(찬조)　贊託(찬탁)
論贊(논찬)　幽贊(유찬)　協贊(협찬)

어려운 이웃을 돕기 위해서 사람들이 재물(貝)을 들고 서로 앞 다투어 나아감(兟)을 나타내어 '돕다'의 뜻을 가지게 되었다.

뜻풀이
贊同(찬동): 찬성하여 동의함
協贊(협찬): 재정적인 도움을 줌

讚

4급
기릴 찬:
言　총26획

필순: 讚讚讚讚讚讚讚讚讚讚讚讚讚讚讚讚讚讚

讚歌(찬가)　讚辭(찬사)　讚賞(찬상)
讚頌(찬송)　讚揚(찬양)　讚歎(찬탄)
讚評(찬평)　激讚(격찬)　過讚(과찬)
禮讚(예찬)　絶讚(절찬)　稱讚(칭찬)

다른 사람을 돕는(贊) 사람을 말(言)로 칭찬함을 나타내어 '기리다'의 뜻을 가지게 되었다.

뜻풀이
讚揚(찬양): 기리고 드러내어 칭찬함
禮讚(예찬): 존경하여 찬양함

察

4급 II
살필 찰
宀　총14획

필순: 察察察察察察察察察察察察察察

監察(감찰)　檢察(검찰)　警察(경찰)
觀察(관찰)　糾察(규찰)　査察(사찰)
省察(성찰)　巡察(순찰)　諒察(양찰)
偵察機(정찰기)

집(宀)에서 제사(祭) 지낼 때 제사 음식을 정성껏 잘 살펴야함을 나타내어 '살피다'라는 뜻을 가지게 되었다.

뜻풀이
檢察(검찰): 범죄를 수사하고 증거를 모으는 일
省察(성찰): 자기 스스로를 반성하고 살핌

參

5급 II
참여할 참/석 삼
厶　총11획

필순: 參參參參參參參參參參參

參加(참가)　參觀(참관)　參究(참구)
參謀(참모)　參拜(참배)　參禪(참선)
參涉(참섭)　參與(참여)　參預(참예)
參照(참조)　證參(증참)　持參(지참)

사람(人)의 머리(彡) 위에 반짝이는 세 개의 별(厽)의 모습으로 본래 하늘의 반짝이는 세 개의 별이었으나 나중에 '참여하다', 三의 갖은자로도 쓰이게 되었다.

뜻풀이
參謀(참모): 어떠한 모의에 참여하는 사람
參涉(참섭): 어떠한 일에 끼어들어 간섭함

慘

3급
참혹할 참
心　총14획

필순: 慘慘慘慘慘慘慘慘慘慘慘慘

慘劇(참극)　慘變(참변)　慘事(참사)
慘死(참사)　慘殺(참살)　慘狀(참상)
慘然(참연)　慘敗(참패)　慘刑(참형)
慘酷(참혹)　無慘(무참)　悽慘(처참)

안 좋은 일들만 끼어들어(參) 슬프고, 참혹한 마음(忄)을 갖게 된다는 것에서 '참혹하다'의 뜻을 가지게 되었다.

뜻풀이
無慘(무참): 지나치게 끔찍하고 참혹함
悽慘(처참): 몹시 슬프고 끔찍함

人一十之 己讀百之 (남보다 몇 배의 노력을 해야 뛰어날 수 있다.)

慙 (부끄러울 참) — 3급
心 / 총15획

慙慨(참개) 慙愧(참괴) 慙德(참덕)
慙服(참복) 慙伏(참복) 慙憤(참분)
慙色(참색) 慙恨(참한) 慙悔(참회)
愧慙(괴참) 慙慙(참참) 無慙(무참)

사지가 찢어지고 목이 베어지는(斬) 죄인을 보며 사람들이 부끄러운 마음(心)을 갖도록 한 것으로 '부끄럽다'의 뜻을 가지게 되었다.

뜻풀이
慙愧(참괴) : 몹시 부끄러워함
慙悔(참회) : 부끄럽게 여겨 뉘우침

倉 (곳집 창(:)) — 3급II
人 / 총10획

倉庫(창고) 倉奴(창노) 倉卒(창졸)
倉皇(창황) 穀倉(곡창) 都倉(도창)
船倉(선창) 營倉(영창) 彈倉(탄창)

곡식(食)을 보관하기 위한 사각(口) 형태의 창고 모습으로 '곳집'을 뜻한다.

뜻풀이
穀倉(곡창) : 곡식을 저장해 두는 창고
營倉(영창) : 군대에 설치한 감옥

創 (비롯할 창:) — 4급II
刀 / 총12획

創刊(창간) 創傷(창상) 創設(창설)
創案(창안) 創業(창업) 創作(창작)
創制(창제) 創製(창제) 創造(창조)
巨創(거창) 獨創(독창) 草創(초창)

칼(刂)을 사용해서 창고(倉)를 만드는 것으로 농작물이나 음식을 보관하는데 창고가 있어야 가능하기에 '비롯하다'의 뜻을 가지게 되었다.

뜻풀이
創案(창안) : 없던 것을 처음으로 생각해 냄
草創(초창) : 사업을 처음으로 이루어 시작함

蒼 (푸를 창) — 3급II
艸 / 총14획

蒼空(창공) 蒼白(창백) 蒼生(창생)
蒼樹(창수) 蒼顔(창안) 蒼然(창연)
蒼遠(창원) 蒼天(창천) 蒼波(창파)
鬱蒼(울창)

倉에 艹가 더해진 글자로 여기서 倉(창)은 발음기호의 역할을 한다. 풀(艹)빛이 새파랗기에 '푸르다'의 뜻을 가지게 되었다.

뜻풀이
蒼白(창백) : 얼굴에 핏기가 없고 해쓱함
蒼顔(창안) : 창백한 얼굴. 늙어서 파리한 얼굴

昌 (창성할 창(:)) — 3급II
日 / 총8획

昌盛(창성) 昌言(창언) 昌運(창운)
昌平(창평) 繁昌(번창) 壽昌(수창)
隆昌(융창) 殷昌(은창)
碧昌牛(벽창우)

해(日)가 영원토록 떠오르듯이 오랫동안 사라지지 않고 전해질 말(曰)을 나타내어 '창성하다'의 뜻을 가지게 되었다.

뜻풀이
隆昌(융창) : 매우 번성함
殷昌(은창) : 번성하여 풍성해짐

唱 (부를 창:) — 5급
口 / 총11획

唱歌(창가) 唱劇(창극) 唱導(창도)
歌唱(가창) 俱唱(구창) 獨唱(독창)
模唱(모창) 復唱(복창) 奉唱(봉창)
再唱(재창) 提唱(제창) 重唱(중창)

입(口)으로 노래를 부름에 사람들을 부를 정도로 소리가 큼(昌)을 나타내어 '부르다'의 뜻을 가지게 되었다.

뜻풀이
模唱(모창) : 다른 사람이 노래 부르는 방식을 흉내 내는 것
奉唱(봉창) : 경건하게 노래를 부름

暢

3급 | 필순: 暢暢暢暢暢暢暢暢暢暢暢暢

화창할 창 :
日　총14획

暢達(창달)　暢樂(창락)　暢茂(창무)
暢敍(창서)　暢月(창월)　暢遊(창유)
暢懷(창회)　消暢(소창)　伸暢(신창)
流暢(유창)　通暢(통창)　和暢(화창)

번개(申)가 치다가 해가 떠올라서(昜) 날씨가 맑아짐을 나타내어 '화창하다'의 뜻을 가지게 되었다.

뜻풀이
暢達(창달) : 거리낌 없이 표현함
消暢(소창) : 가슴속의 답답함을 풀어서 후련하게 함

窓

6급Ⅱ | 필순: 窓窓窓窓窓窓窓窓窓窓窓

창　창
穴　총11획

窓口(창구)　窓觸(창촉)　窓戶(창호)
東窓(동창)　封窓(봉창)　北窓(북창)
西窓(서창)　鎖窓(쇄창)　芸窓(운창)
車窓(차창)　鐵窓(철창)　學窓(학창)

본래 囪으로 쓰였는데 囪은 囟으로 지붕에 낸 창문의 모습이다. 나중에 心이 더해져 지금의 모습으로 변하였고 '창'의 뜻을 가지게 되었다.

뜻풀이
窓戶(창호) : 온갖 창과 문
芸窓(운창) : 서재를 멋스럽게 이르는 말

債

3급Ⅱ | 필순: 債債債債債債債債債債債債債

빚　채 :
人　총13획

債券(채권)　債權(채권)　債務(채무)
債訟(채송)　國債(국채)　起債(기채)
卜債(복채)　負債(부채)　私債(사채)
外債(외채)　了債(요채)　脫債(탈채)

'빚'의 원뜻을 가진 責이 '꾸짖다'의 뜻으로 쓰이게 되면서 본래의 뜻을 보존하기 위해 亻을 넣어 빚을 진 사람을 나타내어 '빚'의 뜻을 가지게 되었다.

뜻풀이
負債(부채) : 남에게 진 빚
了債(요채) : 빚을 모두 청산함

彩

3급Ⅱ | 필순: 彩彩彩彩彩彩彩彩彩彩彩

채색　채 :
彡　총11획

彩色(채색)　彩畫(채화)　多彩(다채)
淡彩(담채)　文彩(문채)　色彩(색채)
映彩(영채)　輪彩(윤채)　異彩(이채)
精彩(정채)　水彩畫(수채화)

여러 색(彡) 중에서 한 색을 골라서 집어내어(采) 채색하는 것을 나타내어 '채색'의 뜻을 가지게 되었다.

뜻풀이
多彩(다채) : 여러 가지 빛깔이 이우러져 아름다움
輪彩(윤채) : 태양

採

4급 | 필순: 採採採採採採採採採採採採

캘　채 :
手　총11획

採鑛(채광)　採掘(채굴)　採鍊(채련)
採錄(채록)　採伐(채벌)　採算(채산)
採點(채점)　採集(채집)　採取(채취)
採炭(채탄)　採血(채혈)　博採(박채)

손(爫)으로 나무(木) 주변에 있는 풀을 캐는 것을 나타내어 '캐다'의 뜻을 가지게 되었다. 扌를 더하여 풀을 캐내는 손의 기능을 강조하였다.

뜻풀이
採錄(채록) : 채택하여 기록하거나 수록 또는 녹음 등을 함
採擇(채택) : 가려서 뽑음

菜

3급Ⅱ | 필순: 菜菜菜菜菜菜菜菜菜菜菜

나물　채 :
艸　총12획

菜根(채근)　菜毒(채독)　菜蔬(채소)
菜食(채식)　乾菜(건채)　瓜菜(과채)
生菜(생채)　野菜(야채)　葉菜(엽채)
菜松花(채송화)

캐서(采) 먹는 풀(艹)인 '나물'의 뜻을 가지게 되었다.

뜻풀이
菜蔬(채소) : 밭에서 기르는 농작물
葉菜(엽채) : 잎을 식용하는 채소

人一十之 己讀百之 (남보다 몇 배의 노력을 해야 뛰어날 수 있다.)

冊 (책 책) — 4급

필순: 冊 冂 冂 冊 冊

冊 / 총5획

글을 쓰기 위해서 대쪽을 끈으로 엮은 모습으로 '책'을 뜻한다.

冊曆(책력)　冊立(책립)　冊名(책명)
冊房(책방)　冊封(책봉)　冊床(책상)
冊子(책자)　冊張(책장)　簡冊(간책)
別冊(별책)　分冊(분책)　書冊(서책)

뜻풀이
冊封(책봉): 왕세자, 왕후 등의 작위를 줌
分冊(분책): 하나의 책을 여러 권으로 나누어 제본함

策 (꾀 책) — 3급II

필순: 策策策策策策策策策策策策

竹 / 총12획

가시(朿)가 달린 것처럼 따가운 대나무(竹)로 만든 채찍으로 채찍을 다룰 때에도 생각을 해야 하기에 '꾀'의 뜻을 가지게 되었다.

策動(책동)　策略(책략)　計策(계책)
窮策(궁책)　對策(대책)　謀策(모책)
妙策(묘책)　祕策(산책)　術策(술책)
施策(시책)　拙策(졸책)　劃策(획책)

뜻풀이
祕策(비책): 아무도 모르게 숨긴 꾀
拙策(졸책): 졸렬한 계책

責 (꾸짖을 책) — 5급II

필순: 責責責責責責責責責責

貝 / 총11획

본래 돈(貝)을 빌렸다가 갚지 못하면 가시(朿→主) 돋친 나무로 만든 회초리로 채찍질하고 꾸짖으면서 갚기를 독촉하기에 '빚'을 뜻하게 되었고 나중에 '꾸짖다'의 뜻으로 쓰이게 되었다.

責望(책망)　責罰(책벌)　責任(책임)
警責(경책)　戒責(계책)　累責(누책)
免責(면책)　罰責(벌책)　引責(인책)
罪責(죄책)　職責(직책)　總責(총책)

뜻풀이
責望(책망): 잘못을 꾸짖어 나무람
引責(인책): 잘못에 대한 책임을 스스로 짐

處 (곳 처:) — 4급II

필순: 處處處處處處處處處處

虍 / 총11획

안석(几)에 발(夂)을 두고 걸터앉아서 쉴 수 있는 장소로 '곳'을 뜻한다. 여기에 발음기호인 虎(호)가 더해져 나중에 음이 호에서 처로 변하였다.

處決(처결)　處斷(처단)　處罰(처벌)
處暑(처서)　處遇(처우)　處置(처치)
難處(난처)　對處(대처)　到處(도처)
傷處(상처)　栽處(재처)　措處(조처)

뜻풀이
到處(도처): 가는 곳마다
對處(대처): 어떠한 일에 대응하는 조치

妻 (아내 처) — 3급II

필순: 妻妻妻妻妻妻妻妻

女 / 총8획

손(⺕)에 빗자루(十)를 들고 청소하는 여자(女)의 모습으로 '아내'의 뜻을 가지게 되었다.

妻家(처가)　妻男(처남)　妻德(처덕)
妻室(처실)　妻弟(처제)　妻族(처족)
妻妾(처첩)　妻兄(처형)　恐妻(공처)
喪妻(상처)　愛妻(애처)　疑妻(의처)

뜻풀이
恐妻(공처): 남편이 아내에게 눌려서 지냄
愛妻(애처): 아내를 사랑하고 아낌

尺 (자 척) — 3급II

필순: 尺尺尺尺

尸 / 총4획

사람을 옆에서 본 모습을 본떠 두 발 사이 보폭의 길이를 나타내어 '자'의 뜻을 가지게 되었다.

尺度(척도)　尺地(척지)　尺土(척토)
尺翰(척한)　九尺(구척)　越尺(월척)
殘尺(잔척)　丈尺(장척)　縮尺(축척)
尺貫法(척관법)　三尺童子(삼척동자)

뜻풀이
尺度(척도): 평가나 측정할 때의 기준
縮尺(축척): 지도상의 거리와 실제 거리의 비율

拓

3급II 넓힐 척/박을 탁
手　총8획

拓拓拓拓拓拓拓拓

거친 땅의 돌(石)을 손(扌)으로 주워내고 비옥하게 만들어 개척해 나가는 것을 나타내어 '넓히다'의 뜻을 가지게 되었다. 또한 돌(石)에 새긴 글을 손(扌)으로 문질러서 종이에 박아내는 것으로 '박다'의 뜻도 가지게 되었다.

拓士(척사)　拓植(척식)　拓地(척지)
干拓(간척)　開拓(개척)　廣拓(광척)
落拓(낙척)　拓本(탁본)

뜻풀이
干拓(간척) : 바다의 일부를 막아 물을 빼내고 육지로 만듦
開拓(개척) : 거친 땅을 논, 밭으로 만듦

戚

3급II 친척 척
戈　총11획

戚戚戚戚戚戚戚戚戚戚戚

본래 콩(尗)처럼 작은 도끼(戉)를 나타냈으나 나중에 '친척'의 뜻으로 쓰이게 되었다.

戚屬(척속)　戚臣(척신)　戚然(척연)
貴戚(귀척)　連戚(연척)　外戚(외척)
姻戚(인척)　切戚(절척)　族戚(족척)
親戚(친척)　婚戚(혼척)　休戚(휴척)

뜻풀이
外戚(외척) : 외가 쪽의 친척
姻戚(인척) : 혼인으로 맺어진 친척

斥

3급 물리칠 척
斤　총5획

斥斥斥斥斥

도끼(斤)로 집을 찍어(丶) 부수어서 사람들을 내쫓는 것을 나타내어 '물리치다'의 뜻을 가지게 되었다.

斥棄(척기)　斥邪(척사)　斥洋(척양)
斥言(척언)　斥和(척화)　斥候(척후)
排斥(배척)　除斥(제척)　逐斥(축척)
退斥(퇴척)　斥和碑(척화비)

뜻풀이
斥邪(척사) : 사악한 것을 물리침
斥洋(척양) : 서양을 배척함

千

7급 일천 천
十　총3획

千千千

사람의 옆모습을 나타내는 亻(=人)에 一이 더해져 '일천'의 뜻을 가지게 되었다.

千古(천고)　千軍(천군)　千斤(천근)
千金(천금)　千慮(천려)　千里(천리)
千歲(천세)　千憂(천우)　千秋(천추)
千篇(천편)　數千(수천)　如千(여천)

뜻풀이
千慮(천려) : 여러 가지의 생각
千秋(천추) : 길고 오랜 세월

天

7급 하늘 천
大　총4획

天天天天

사람(大)의 머리 위(一) 공간인 '하늘'을 뜻한다.

天干(천간)　天壽(천수)　天爵(천작)
天敵(천적)　天池(천지)　天職(천직)
露天(노천)　戴天(대천)　昇天(승천)
祭天(제천)　摩天樓(마천루)

뜻풀이
天職(천직) : 본래 타고 난 직업이나 직분
摩天樓(마천루) : 하늘을 찌를 듯 높이 솟은 고층 건물

川

7급 내 천
巛　총3획

川川川

물이 흐르고 있는 모습으로 '내(시내)'를 뜻한다.

川谷(천곡)　川邊(천변)　溪川(계천)
大川(대천)　母川(모천)　山川(산천)
逝川(서천)　池川(지천)　蒼川(창천)
春川(춘천)　河川(하천)

뜻풀이
川谷(천곡) : 내와 골짜기
逝川(서천) : 한번 가면 다시는 돌아오지 못하는 것

人一十之 己讀百之 (남보다 몇 배의 노력을 해야 뛰어날 수 있다.)

泉

4급
샘 천
水 총9획

필순
泉泉泉泉泉泉泉泉泉

泉布(천포) 甘泉(감천) 溪泉(계천)
谷泉(곡천) 鑛泉(광천) 歸泉(귀천)
冷泉(냉천) 飛泉(비천) 溫泉(온천)
源泉(원천) 層泉(층천) 湯泉(탕천)

물(水)이 바위틈(白)에서 샘솟아 나오는 모습으로 '샘'을 뜻한다.

뜻풀이
甘泉(감천) : 물맛이 좋은 샘
源泉(원천) : 사물의 근원

淺

3급Ⅱ
얕을 천:
水 총11획

필순
淺淺淺淺淺淺淺淺淺淺

淺慮(천려) 淺露(천로) 淺綠(천록)
淺謀(천모) 淺薄(천박) 淺識(천식)
淺酌(천작) 淺學(천학) 交淺(교천)
短淺(단천) 膚淺(부천) 日淺(일천)

물(氵) 속에 찍혀있는 창 자국들(戔)이 보일 정도로 수심이 얕은 것을 나타내어 '얕다'의 뜻을 가지게 되었다.

뜻풀이
淺謀(천모) : 얕은 계략이나 음모
日淺(일천) : 시작한지 얼마 되지 않음

賤

3급Ⅱ
천할 천:
貝 총15획

필순
賤賤賤賤賤賤賤賤賤賤賤賤賤賤賤

賤價(천가) 賤待(천대) 賤隷(천례)
賤婢(천비) 賤俗(천속) 賤視(천시)
賤職(천직) 賤稱(천칭) 貴賤(귀천)
微賤(미천) 卑賤(비천) 至賤(지천)

창(戔)에 맞아서 남은 상처처럼 흔적이 남은 물품(貝)은 값이 싼 것을 나타내어 '천하다'의 뜻을 가지게 되었다.

뜻풀이
賤視(천시) : 업신여겨 깔봄
微賤(미천) : 신분이나 지위가 낮고 하찮음

踐

3급Ⅱ
밟을 천:
足 총15획

필순
踐踐踐踐踐踐踐踐踐踐踐踐踐踐踐

踐踏(천답) 踐歷(천력) 踐履(천리)
踐修(천수) 踐約(천약) 踐言(천언)
踐位(천위) 踐行(천행) 騰踐(등천)
實踐(실천)

창(戔)을 들고 발(足) 맞추어 땅을 밟으며 적진에 나아가는 것을 나타내어 '밟다'의 뜻을 가지게 되었다.

뜻풀이
踐踏(천답) : 발로 밟음
踐約(천약) : 약속을 지킴

薦

3급
천거할 천:
艸 총17획

필순
薦薦薦薦薦薦薦薦薦薦薦薦薦薦薦薦薦

薦可(천가) 薦擧(천거) 薦達(천달)
薦度(천도) 薦拔(천발) 薦奉(천봉)
薦譽(천예) 公薦(공천) 席薦(석천)
招薦(초천) 推薦(추천) 他薦(타천)

상스러운 동물인 해태(廌)에게 풀(艹)을 올리는 것처럼 윗사람에게 인재를 추천해 올리는 것으로 '천거하다'의 뜻을 가지게 되었다.

뜻풀이
薦達(천달) : 천거하여 올림
公薦(공천) : 정당이 후보자를 추천함

遷

3급Ⅱ
옮길 천:
辶 총15획

필순
遷遷遷遷遷遷遷遷遷遷遷遷遷遷遷

遷怒(천노) 遷都(천도) 遷逝(천서)
遷延(천연) 遷移(천이) 遷座(천좌)
遷替(천체) 遷推(천추) 遷幸(천행)
變遷(변천) 左遷(좌천) 播遷(파천)

천으로 덮여있는 가마(覀)를 옮기기 위해 여러 사람이 무릎을 꿇고서(巳) 들고 가는(辶) 것을 나타내어 '옮기다'의 뜻을 가지게 되었다.

뜻풀이
遷座(천좌) : 임금의 자리를 다른 곳으로 옮김
播遷(파천) : 임금이 난을 피하기 위해 도성을 떠남

哲 (3급II)

밝을 철 — 口 총10획

필순: 哲哲哲哲哲哲哲哲哲哲

- 哲理(철리) 哲命(철명) 哲婦(철부)
- 哲人(철인) 哲學(철학) 古哲(고철)
- 先哲(선철) 聖哲(성철) 英哲(영철)
- 往哲(왕철) 俊哲(준철) 慧哲(혜철)

뜻풀이
- 哲理(철리): 매우 깊고 오묘한 이치
- 俊哲(준철): 지혜가 깊고 현명함

죄를 하나하나 들어 시비를 밝혀 말하는(口) 것이 나무를 꺾는 것(折)과 같이 명확하다는 것을 나타내어 '밝다'의 뜻을 가지게 되었다.

徹 (3급II)

통할 철 — 彳 총15획

필순: 徹徹徹徹徹徹徹徹徹徹徹徹徹徹徹

- 徹夜(철야) 徹底(철저) 徹天(철천)
- 徹曉(철효) 觀徹(관철) 朗徹(낭철)
- 冷徹(냉철) 明徹(명철) 悟徹(오철)
- 照徹(조철) 通徹(통철) 抛徹(포철)

뜻풀이
- 徹底(철저): 속속들이 꿰뚫거나 미치어 빈틈없이 밑바닥까지 투철함
- 朗徹(낭철): 속까지 보일 정도로 맑음

자궁의 길(彳)을 통해 머리부터 나오는 아이(育)를 손(攵)으로 받아 순산함을 나타내어 '통하다'의 뜻을 가지게 되었다.

鐵 (5급)

쇠 철 — 金 총21획

필순: 鐵鐵鐵鐵鐵鐵鐵鐵鐵鐵鐵鐵鐵鐵鐵鐵鐵鐵鐵鐵鐵

- 鐵鋼(철강) 鐵鑛(철광) 鐵橋(철교)
- 鐵拳(철권) 鐵筋(철근) 鐵壁(철벽)
- 鐵則(철칙) 鐵塔(철탑) 製鐵(제철)
- 鑄鐵(주철) 鐵條網(철조망)

뜻풀이
- 鐵壁(철벽): 쇠로 된 것 같은 단단한 벽 매우 튼튼한 방어를 갖추고 있음
- 鐵則(철칙): 바꾸거나 어길 수 없는 굳은 법칙이나 원칙

날카롭게 갈은 큰 창(戠)을 만들 때 쓰는 금속(金)인 '쇠'를 뜻한다.

尖 (3급)

뾰족할 첨 — 小 총6획

필순: 尖尖尖尖尖尖

- 尖端(첨단) 尖滅(첨멸) 尖兵(첨병)
- 尖峯(첨봉) 尖銳(첨예) 尖圓(첨원)
- 尖體(첨체) 尖塔(첨탑) 尖形(첨형)
- 脚尖(각첨) 去尖(거첨) 劍尖(검첨)

뜻풀이
- 尖端(첨단): 물체의 뾰족한 끝. 유행에 앞장섬
- 尖銳(첨예): 날카롭고 뾰족함

아랫부분은 크고(大) 윗부분은 작으면서(小) 뾰족한 물체를 나타내어 '뾰족하다'의 뜻을 가지게 되었다.

添 (3급)

더할 첨 — 水 총11획

필순: 添添添添添添添添添添添

- 添加(첨가) 添改(첨개) 添口(첨구)
- 添附(첨부) 添辭(첨사) 添削(첨삭)
- 添緖(첨서) 添設(첨설) 添酌(첨작)
- 別添(별첨) 補添(보첨) 增添(증첨)

뜻풀이
- 添附(첨부): 안건이나 문서 등을 덧붙임
- 添削(첨삭): 보태거나 삭제하여 고침

깨끗한 하늘(天)을 대하고 거기에 더하여 맑은 물(氵)을 보면서 자신의 더러운 마음(心)이 깨끗해짐을 느끼는 것에서 '더하다'의 뜻을 가지게 되었다.

妾 (3급)

첩 첩 — 女 총8획

필순: 妾妾妾妾妾妾妾妾

- 妾婦(첩부) 妾室(첩실) 妾子(첩자)
- 宮妾(궁첩) 婢妾(비첩) 小妾(소첩)
- 臣妾(신첩) 愛妾(애첩) 妻妾(처첩)
- 賤妾(천첩) 蓄妾(축첩) 姬妾(희첩)

뜻풀이
- 妾子(첩자): 첩이 낳은 자식
- 小妾(소첩): 부인이 남편에게 자신을 낮추어 이르는 말

죄인의 표시가 찍힌(辛→立) 여자(女)로 본처 외에 데리고 사는 '첩'의 뜻을 가지게 되었다.

人一十之 己讀百之 (남보다 몇 배의 노력을 해야 뛰어날 수 있다.)

聽

4급

들을 청
耳 총22획

필순: 聽聽聽聽聽聽聽聽聽聽聽聽聽聽聽聽聽聽聽聽聽聽

聽講(청강) 聽衆(청중) 聽診(청진)
聽許(청허) 監聽(감청) 敬聽(경청)
傾聽(경청) 難聽(난청) 盜聽(도청)
傍聽(방청) 竊聽(절청) 幻聽(환청)

뜻풀이
聽取(청취): 방송, 진술, 의견 보고 등을 들음
傾聽(경청): 귀를 기울여 들음

사람이 언덕 위에 똑바로 서서(壬) 귀(耳)를 내밀고 곧은 마음(悳)으로 남의 말을 잘 듣는 것을 나타내어 '듣다'의 뜻을 가지게 되었다.

廳

4급

관청 청
广 총25획

필순: 廳廳廳廳廳廳廳廳廳廳廳廳廳廳廳廳廳廳廳廳廳廳廳廳廳

廳舍(청사) 廳長(청장) 廳從(청종)
郡廳(군청) 道廳(도청) 守廳(수청)
市廳(시청) 兵務廳(병무청)
調達廳(조달청) 特許廳(특허청)

뜻풀이
官廳(관청): 나라의 일을 하는 국가 기관
區廳(구청): 구의 행정 사무를 맡아보는 관청

여러 사람의 말을 들어(聽) 나라를 다스리는 큰 집(广)인 '관청'을 뜻한다.

青

8급

푸를 청
青 총8획

필순: 青青青青青青青青

青桐(청동) 青綠(청록) 青龍(청룡)
青冥(청명) 青史(청사) 青山(청산)
青色(청색) 青松(청송) 青魚(청어)
青磁(청자) 青春(청춘) 丹青(단청)

뜻풀이
青雲(청운): 푸른색의 구름. 높은 이상
踏青(답청): 봄에 파랗게 돋아난 풀을 밟으며 거닒

生과 丹(井→丹)이 합쳐져 '푸르다'의 뜻을 가진 글자이다. 새싹(生)과 우물(井) 물이 모두 푸른 것을 나타내었다.

清

6급II

맑을 청
水 총11획

필순: 清清清清清清清清清清清

清潔(청결) 清溪(청계) 清廉(청렴)
清貧(청빈) 清掃(청소) 清純(청순)
清雅(청아) 清酌(청작) 清淨(청정)
清濁(청탁) 淑清(숙청) 肅清(숙청)

뜻풀이
清楚(청초): 맑고 깨끗한 아름다움이 있음
淑清(숙청): 성품과 행실이 정숙함

青에 氵가 더해진 글자로 여기서 青(청)은 발음기호의 역할을 한다. 물(氵)이 푸른색을 띠어 깨끗하고 맑은 것에서 '맑다'의 뜻을 가지게 되었다.

晴

3급

갤 청
日 총12획

필순: 晴晴晴晴晴晴晴晴晴晴晴晴

晴朗(청랑) 晴雨(청우) 晴天(청천)
晴虛(청허) 晴和(청화) 晩晴(만청)
新晴(신청) 陰晴(음청) 日晴(일청)
秋晴(추청) 快晴(쾌청)

뜻풀이
晴朗(청랑): 날씨가 맑고 화창함
晴虛(청허): 맑게 갠 하늘

青에 日이 더해진 글자로 여기서 青(청)은 발음기호의 역할을 한다. 구름이 걷히고 날이 개서 해(日)가 보이는 것으로 '개다'를 뜻한다.

請

4급II

청할 청
言 총15획

필순: 請請請請請請請請請請請請請

請負(청부) 請約(청약) 請願(청원)
請招(청초) 請推(청추) 請託(청탁)
懇請(간청) 申請(신청) 要請(요청)
提請(제청) 奏請(주청) 招請(초청)

뜻풀이
請願(청원): 청하고 원함
奏請(주청): 임금에게 아뢰어 청함

青에 言이 더해진 글자로 여기서 青(청)은 발음기호의 역할을 한다. 윗사람을 뵙고 자신의 부탁을 말하여(言) 청하는 것을 나타내어 '청하다'의 뜻을 가지게 되었다.

滯 (3급II)

滯 滯 滯 滯 滯 滯 滯 滯 滯 滯 滯 滯 滯 滯

막힐 체
水　총14획

띠(帶)를 두른 것과 같이 물(氵)이 막혀서 흐르지 않음을 나타내어 '막히다'의 뜻을 가지게 되었다.

滯固(체고)　滯納(체납)　滯留(체류)
滯塞(체색)　滯症(체증)　消滯(소체)
礙滯(애체)　延滯(연체)　凝滯(응체)
積滯(적체)　停滯(정체)　遲滯(지체)

뜻풀이
滯症(체증) : 소화가 잘 되지 않음. 길이 막힘
延滯(연체) : 정한 기한에 약속을 지키지 못하고 지체함

替 (3급)

替 替 替 替 替 替 替 替 替 替 替 替

바꿀 체
曰　총12획

무능한 사람(夫)을 유능한 사람(夫)으로 바꾸라고 명령을 내리는(曰) 모습으로 '바꾸다'의 뜻을 가지게 되었다.

替勞(체로)　替番(체번)　交替(교체)
代替(대체)　相替(상체)　衰替(쇠체)
零替(영체)　隆替(융체)　移替(이체)
遷替(천체)　替費地(체비지)

뜻풀이
移替(이체) : 옮겨서 서로 바꿈
零替(영체) : 세력 또는 살림살이가 줄어들어 보잘것없이 됨

逮 (3급)

逮 逮 逮 逮 逮 逮 逮 逮 逮 逮 逮

잡을 체
辶　총12획

다른 사람을 뒤에서 따라가(辶) 손(⺕)으로 꼬리뼈(氺)가 있는 뒷부분을 잡는 것을 나타내어 '갑다'의 뜻을 가지게 되었다.

逮繫(체계)　逮事(체사)　逮夜(체야)
逮坐(체좌)　逮捕(체포)　及逮(급체)
未逮(미체)　不逮(불체)　連逮(연체)
津逮(진체)　被逮(피체)

뜻풀이
逮夜(체야) : 밤이 됨
逮捕(체포) : 죄인을 쫓아가 잡음

遞 (3급)

遞 遞 遞 遞 遞 遞 遞 遞 遞 遞 遞 遞

갈릴 체
辶　총14획

벼랑(厂) 아래의 범(虎)이 다른 짐승들과 번갈아가며 왔다갔다(辶)하는 것을 나타내어 '갈마들다, 갈리다'의 뜻을 가지게 되었다.

遞加(체가)　遞減(체감)　遞代(체대)
遞送(체송)　遞信(체신)　遞任(체임)
遞增(체증)　遞傳(체전)　瓜遞(과체)
數遞(삭체)　驛遞(역체)　郵遞(우체)

뜻풀이
遞加(체가) : 등수를 따라서 차례로 더하여 감
遞傳(체전) : 차례로 여러 곳을 거쳐서 전하여 보냄

體 (6급II)

體 體 體 體 體 體 體 體 體 體 體 體 體 體 體 體

몸 체
骨　총23획

많은(豊) 뼈(骨)로 이루어진 '몸'을 뜻한다.

體系(체계)　體罰(체벌)　體積(체적)
體統(체통)　團體(단체)　媒體(매체)
屍體(시체)　液體(액체)　業體(업체)
姿體(자체)　總體(총체)　解體(해체)

뜻풀이
體統(체통) : 신분에 알맞은 체면
媒體(매체) : 한쪽에서 다른 쪽으로 어떤 작용을 전하는 수단

初 (5급)

初 初 初 初 初 初 初

처음 초
刀　총7획

옷감을 칼(刀)로 자르는 것이 옷(衤=衣)을 만들기 위한 처음임을 나타내어 '처음'의 뜻을 가지게 되었다.

初級(초급)　初期(초기)　初段(초단)
初盤(초반)　初犯(초범)　初俸(초봉)
初喪(초상)　初旬(초순)　端初(단초)
當初(당초)　始初(시초)　泰初(태초)

뜻풀이
端初(단초) : 사건을 풀어 나갈 실마리
當初(당초) : 일이 생기기 시작한 처음

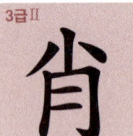
人一十之 己讀百之 (남보다 몇 배의 노력을 해야 뛰어날 수 있다.)

肖 (3급II)

필순: 肖 肖 肖 肖 肖 肖 肖

닮을/같을 초
肉 총7획

肖似(초사) 肖像(초상) 肖形(초형)
不肖(불초) 酷肖(혹초)
不肖子(불초자)

성장하면서 신체(月 = 肉)의 모습이 부모와 조금씩(小) 비슷해짐을 나타내어 '닮다, 같다'의 뜻을 가지게 되었다.

뜻풀이
肖像(초상) : 사람의 얼굴이나 모습을 사진이나 그림 등으로 나타낸 것
不肖(불초) : 아버지를 닮지 않았음 즉, 못나고 어리석음을 일컬음

抄 (3급)

필순: 抄 抄 抄 抄 抄 抄 抄

뽑을 초
手 총7획

抄啓(초계) 抄略(초략) 抄錄(초록)
抄寫(초사) 抄譯(초역) 抄集(초집)
抄輯(초집) 抄冊(초책) 抄出(초출)
抄筆(초필) 謄抄(등초) 拔抄(발초)

손(扌)으로 전체 중 일부를 조금(少) 가려서 뽑는 것으로 '뽑다'의 뜻을 가지게 되었다.

뜻풀이
抄略(초략) : 간략하게 뽑아냄
抄錄(초록) : 필요한 부분만 가려 뽑아서 기록함

秒 (3급)

필순: 秒 秒 秒 秒 秒 秒 秒 秒 秒

분초 초
禾 총9획

秒速(초속) 秒針(초침) 記秒(기초)
每秒(매초) 分秒(분초) 閏秒(윤초)
寸秒(촌초) 時分秒(시분초)

벼이삭(禾) 끝의 미세하고 작은(少) 부분을 나타내어 '벼 까끄라기'를 뜻하였는데 나중에 적은 시간 단위를 나타내는 '분초'의 뜻으로 쓰이게 되었다.

뜻풀이
秒速(초속) : 1초 동안의 속도
寸秒(촌초) : 잠깐의 짧은 시간

礎 (3급II)

필순: 礎 礎 礎 礎 礎 礎 礎 礎 礎 礎 礎 礎 礎 礎

주춧돌 초
石 총18획

礎稿(초고) 礎段(초단) 礎盤(초반)
礎石(초석) 基礎(기초) 實礎(실초)
心礎(심초) 殘礎(잔초) 定礎(정초)
柱礎(주초) 基礎能力(기초능력)

나무 기둥 밑의 발(楚)이 되는 돌(石)인 '주춧돌'을 뜻한다.

뜻풀이
礎石(초석) : 어떤 사물의 기초가 되는 것
基礎(기초) : 기본이 되는 토대

草 (7급)

필순: 草 草 草 草 草 草 草 草 草 草

풀 초
艸 총10획

草略(초략) 草露(초로) 草率(초솔)
蘭草(난초) 綠草(녹초) 牧草(목초)
伐草(벌초) 餘草(여초) 煙草(연초)
葉草(엽초) 雜草(잡초) 除草(제초)

풀들(艸)이 여기저기에 싹을 틔운 모습으로 '풀'을 뜻한다. 여기서 早(조)는 발음기호의 역할을 하는데 나중에 음이 조에서 초로 변하였다.

뜻풀이
草率(초솔) : 거칠고 엉성함
餘草(여초) : 쓸모없게 된 글의 초고, 심심풀이로 쓴 글

招 (4급)

필순: 招 招 招 招 招 招 招 招

부를 초
手 총8획

招待(초대) 招來(초래) 招聘(초빙)
招安(초안) 招宴(초연) 招搖(초요)
招慰(초위) 招誘(초유) 招輯(초집)
招請(초청) 招致(초치) 招魂(초혼)

멀리 있는 사람을 손짓(扌)하여 부르는(召) 것을 나타내어 '부르다'의 뜻을 가지게 되었다.

뜻풀이
招搖(초요) : 계속하여 흔들림
招致(초치) : 불러들임

超

3급II

뛰어넘을 초
走　총12획

필순: 超超超超超超超超超超超

부름(召)을 받고 장애물을 뛰어넘으며 재빨리 달려가는(走) 것을 나타내어 '뛰어넘다'의 뜻을 가지게 되었다.

超過(초과)　超克(초극)　超黨(초당)
超凡(초범)　超然(초연)　超遙(초요)
超越(초월)　超卓(초탁)　超脫(초탈)
超音波(초음파)　超特急(초특급)

뜻풀이
超然(초연): 세상과 관계하지 않음
超越(초월): 어떤 것을 뛰어 넘음

促

3급II

재촉할 촉
人　총9획

필순: 促促促促促促促促促

윗사람(亻)이 발(足)을 구르며 아랫사람을 재촉하여 일을 빨리 하도록 시키는 것을 나타내어 '재촉하다'의 뜻을 가지게 되었다.

促求(촉구)　促迫(촉박)　促發(촉발)
促成(촉성)　促裝(촉장)　促進(촉진)
局促(국촉)　短促(단촉)　督促(독촉)
刺促(자촉)　催促(최촉)　販促(판촉)

뜻풀이
促求(촉구): 재촉하여 요구함
促發(촉발): 재촉하여 떠나게 함

燭

3급

촛불 촉
火　총17획

필순: 燭燭燭燭燭燭燭燭燭燭燭燭燭燭燭燭燭

蜀에 火가 더해진 글자로 여기서 蜀(촉)은 발음기호의 역할을 한다. 초에 불(火)을 밝힌 '촛불'을 뜻한다.

燭光(촉광)　燭臺(촉대)　燭淚(촉루)
燭數(촉수)　燭察(촉찰)　擧燭(거촉)
燈燭(등촉)　殘燭(잔촉)　洞燭(통촉)
火燭(화촉)　華燭(화촉)　黃燭(황촉)

뜻풀이
燭淚(촉루): 촛농
洞燭(통촉): 아랫사람의 사정이나 형편 등을 윗사람이 깊이 헤아려서 살핌

觸

3급II

닿을 촉
角　총20획

필순: 觸觸觸觸觸觸觸觸觸觸觸觸觸觸觸觸觸觸觸觸

蜀에 角이 더해진 글자로 여기서 蜀(촉)은 발음기호의 역할을 한다. 동물에게 뿔(角)이 있듯이 애벌레(蜀)에게 있는 더듬이로 사물에 접촉하여 인지하기에 '닿다'는 뜻을 가지게 되었다.

觸覺(촉각)　觸角(촉각)　觸感(촉감)
觸怒(촉노)　觸突(촉돌)　觸媒(촉매)
觸發(촉발)　觸診(촉진)　感觸(감촉)
接觸(접촉)　窓觸(창촉)　筆觸(필촉)

뜻풀이
觸發(촉발): 어떤 일 때문에 감정이 일어남
接觸(접촉): 서로 맞닿거나 서로 교섭함

寸

8급

마디 촌:
寸　총3획

필순: 寸寸寸

손목(寸=又)에 손가락(丶)을 대어 맥을 짚는 모습으로 손목에서 맥박이 뛰는 곳까지를 '치, 마디'라고 한다.

寸刻(촌각)　寸功(촌공)　寸劇(촌극)
寸分(촌분)　寸數(촌수)　寸陰(촌음)
寸鐵(촌철)　寸土(촌토)　寸評(촌평)
方寸(방촌)　四寸(사촌)　尺寸(척촌)

뜻풀이
寸刻(촌각): 아주 짧은 시간
寸鐵(촌철): 작고 날카로운 무기

村

7급

마을 촌:
木　총7획

필순: 村村村村村村村

손목에서 맥박이 뛰는 곳(寸)까지가 가까운 것처럼 나무(木)가 있는 곳에 여러 사람이 가까이 모여 살아 이루어진 '마을'을 뜻한다.

村落(촌락)　村衆(촌중)　街村(가촌)
居村(거촌)　農村(농촌)　僻村(벽촌)
貧村(빈촌)　隣村(인촌)　浦村(포촌)
寒村(한촌)　鄕村(향촌)

뜻풀이
村落(촌락): 시골의 작은 마을
僻村(벽촌): 도시에서 떨어진 한적한 마을

人一十之 己讀百之(남보다 몇 배의 노력을 해야 뛰어날 수 있다.)

銃 (4급II)

銃銃銃銃銃銃銃銃銃銃銃銃銃銃

총 총
金 총14획

쇠(金)로 만든 관에 화약과 탄알을 채우고(充) 쏘는 '총'을 뜻한다.

銃劍(총검) 銃擊(총격) 銃殺(총살)
銃傷(총상) 銃聲(총성) 銃彈(총탄)
銃把(총파) 銃砲(총포) 銃丸(총환)
拳銃(권총) 獵銃(엽총) 長銃(장총)

뜻풀이
銃擊(총격) : 총으로 쏨
獵銃(엽총) : 사냥할 때 쓰는 총

總 (4급II)

總總總總總總總總總總總總總總總總總

다 총:
糸 총17획

흩어진 여러 실(糸)을 모아서(悤) 하나로 합치는 것을 나타내어 '다, 합하다'의 뜻을 가지게 되었다.

總警(총경) 總管(총관) 總局(총국)
總督(총독) 總務(총무) 總勢(총세)
總帥(총수) 總額(총액) 總裁(총재)
總宰(총재) 總責(총책) 總則(총칙)

뜻풀이
總則(총칙) : 전체에 해당되는 법칙
總責(총책) : 전체적인 책임을 맡은 사람

聰 (3급)

聰聰聰聰聰聰聰聰聰聰聰聰聰聰聰

귀밝을 총
耳 총17획

청각(耳)의 신경을 모아서(悤) 다른 사람의 말을 잘 알아듣기에 '귀 밝음'의 뜻을 가지게 되었다.

聰氣(총기) 聰明(총명) 聰敏(총민)
聰悟(총오) 聰俊(총준) 聰智(총지)
聰哲(총철) 聰慧(총혜) 補聰(보총)
聖聰(성총) 眼聰(안총) 雜聰(잡총)

뜻풀이
聰明(총명) : 영리하고 사리에 밝음
聰敏(총민) : 영리하고 민첩함

催 (3급II)

催催催催催催催催催催催催

재촉할 최:
人 총13획

높은 산(崔)에 오를 때 앞사람(亻)이 빨리 나아가도록 재촉하는 것을 나타내어 '재촉하다'의 뜻을 가지게 되었다.

催告(최고) 催科(최과) 催淚(최루)
催眠(최면) 催拍(최박) 催迫(최박)
催芽(최아) 催促(최촉) 催會(최회)
開催(개최) 共催(공최) 主催(주최)

뜻풀이
催眠(최면) : 의도적인 암시에 의하여 인위적으로 이끌어 낸 수면 상태
主催(주최) : 모임을 기획하고 엶

最 (5급)

最最最最最最最最最最

가장 최:
曰 총12획

위험한 상황을 무릅쓰고(曰=冒) 적군의 귀를 잘라서 가지고(取) 오는 것은 모험 중의 가장 큰 모험임을 나타내어 '가장'을 뜻하게 되었다.

最強(최강) 最古(최고) 最近(최근)
最善(최선) 最少(최소) 最新(최신)
最惡(최악) 最長(최장) 最適(최적)
最終(최종) 最初(최초) 殿最(전최)

뜻풀이
最長(최장) : 가장 긺
最適(최적) : 가장 알맞음

抽 (3급)

抽抽抽抽抽抽抽抽

뽑을 추
手 총8획

깊은 구멍(由)에서 손(扌)으로 물건을 빼내는 것을 나타내어 '뽑다'의 뜻을 가지게 되었다.

抽單(추단) 抽斗(추두) 抽拔(추발)
抽象(추상) 抽身(추신) 抽獎(추장)
抽出(추출) 抽脫(추탈) 抽解(추해)

뜻풀이
抽拔(추발) : 골라서 추려냄
抽出(추출) : 전체에서 특정한 것을 뽑아냄

推

4급 밀 추
手 총11획

推推推推推推推推推推

推考(추고) 推戴(추대) 推論(추론)
推理(추리) 推尋(추심) 推仰(추앙)
推移(추이) 推進(추진) 推薦(추천)
推測(추측) 類推(유추) 遷推(천추)

佳에 扌가 더해진 글자로 여기서 佳(추)는 발음기호의 역할을 한다. 손(扌)으로 밀어내는 것을 나타내어 '밀다'의 뜻을 가지게 되었다.

뜻풀이
推薦(추천): 적합한 대상을 소개함
類推(유추): 비슷한 것에 기초하여 미루어 생각함

秋

7급 가을 추
禾 총9획

秋秋秋秋秋秋秋秋秋

秋耕(추경) 秋季(추계) 秋霜(추상)
秋收(추수) 秋波(추파) 秋享(추향)
秋毫(추호) 秋穫(추확) 晚秋(만추)
麥秋(맥추) 孟秋(맹추) 暮秋(모추)

불(火)에 익듯이 벼(禾)가 익는 계절인 '가을'을 뜻한다.

뜻풀이
秋霜(추상): 가을에 내리는 서리
秋波(추파): 상대방의 관심을 끌기 위해 은근하게 보내는 눈짓

追

3급II 쫓을/따를 추
辶 총10획

追追追追追追追追追追

追加(추가) 追擊(추격) 追求(추구)
追念(추념) 追悼(추도) 追突(추돌)
追敍(추서) 追伸(추신) 追憶(추억)
追越(추월) 追跡(추적) 追徵(추징)

조상신을 잘 모시고 따라 고기(目)를 마련해서 바치러 가는(辶) 것을 나타내어 '쫓다, 따르다'의 뜻을 가지게 되었다.

뜻풀이
追窮(추궁): 잘못을 끝까지 따져서 밝힘
追徵(추징): 부족한 것을 나중에 추가로 징수함

醜

3급 추할 추
酉 총17획

醜醜醜醜醜醜醜醜
醜醜醜醜醜醜醜醜醜

醜怪(추괴) 醜男(추남) 醜女(추녀)
醜貌(추모) 醜聞(추문) 醜卑(추비)
醜惡(추악) 醜拙(추졸) 醜態(추태)
醜行(추행) 美醜(미추) 煩醜(번추)

술(酉)을 땅에 부으며 괴상한 도깨비 탈(鬼)을 쓰고 신을 섬기는 사람의 모습을 나타낸 글자로 이러한 모습이 보기 흉하기에 '추하다'의 뜻을 가지게 되었다.

뜻풀이
醜聞(추문): 좋지 않은 소문
醜惡(추악): 더럽고 흉악함

丑

3급 소 축
一 총4획

丑丑丑丑

丑末(축말) 丑方(축방) 丑生(축생)
丑時(축시) 丑月(축월) 癸丑(계축)
己丑(기축) 白丑(백축) 乙丑(을축)
黑丑(흑축) 公孫丑(공손추)

본래 손가락에 힘을 잔뜩 주어서 물건을 잡는 모습을 나타내었으나 나중에 12지의 하나인 '둘째 지지(소)'의 뜻으로 쓰이게 되었다.

뜻풀이
丑時(축시): 오전 1시부터 3시
癸丑(계축): 육십갑자의 50번째

畜

3급II 짐승 축
田 총10획

畜畜畜畜畜畜畜畜畜畜

畜舍(축사) 畜産(축산) 畜養(축양)
畜牛(축우) 畜協(축협) 家畜(가축)
牧畜(목축) 放畜(방축) 飼畜(사축)
畜産業(축산업)

본래 밭(田)의 작물을 키워서 불어나게(玆) 하여 가산을 쌓아가는 것을 나타내었으나 나중에 가산을 쌓기 위해서 바꾸어 '짐승'의 뜻으로 쓰이게 되었다.

뜻풀이
畜舍(축사): 가축을 기르는 건물
放畜(방축): 가축을 놓아서 기름

人一十之 己讀百之 (남보다 몇 배의 노력을 해야 뛰어날 수 있다.)

蓄 (4급II)

모을 축
艹 총14획

필순: 蓄蓄蓄蓄蓄蓄蓄蓄蓄 蓄蓄蓄蓄

蓄怨(축원) 蓄音(축음) 蓄財(축재)
蓄積(축적) 蓄電(축전) 蓄妾(축첩)
備蓄(비축) 餘蓄(여축) 潛蓄(잠축)
貯蓄(저축) 電蓄(전축) 含蓄(함축)

뜻풀이
蓄積(축적): 모아서 쌓음
含蓄(함축): 짧은 말이나 글 속에 수많은 뜻이 담겨져 있음

가산을 쌓는다는 의미의 畜(축)이 짐승의 뜻으로 쓰이게 되면서 본래의 뜻을 보존하기 위해서 艹를 더해 '모으다'의 뜻을 가지게 되었다.

逐 (3급)

쫓을 축
辶 총11획

필순: 逐逐逐逐逐逐逐逐 逐逐

逐客(축객) 逐鹿(축록) 逐邪(축사)
逐朔(축삭) 逐送(축송) 逐次(축차)
逐斥(축척) 逐出(축출) 放逐(방축)
隨逐(수축) 徵逐(징축) 追逐(추축)

뜻풀이
逐出(축출): 내쫓음
隨逐(수축): 뒤쫓아 감

산돼지(豕)를 쫓아 가는(辶) 것을 나타내어 '쫓다'의 뜻을 가지게 되었다.

祝 (5급)

빌 축
示 총10획

필순: 祝祝祝祝祝祝祝祝 祝祝

祝髮(축발) 祝杯(축배) 祝福(축복)
祝辭(축사) 祝壽(축수) 祝願(축원)
祝儀(축의) 祝祭(축제) 祝賀(축하)
慶祝(경축) 奉祝(봉축) 仰祝(앙축)

뜻풀이
祝壽(축수): 오래 살기를 기원함
奉祝(봉축): 공경하는 마음으로 축하함

사람(兄)이 제단(示) 앞에서 축문을 읽으며 일이 잘 되기를 기원하는 것으로 '빌다'의 뜻을 가지게 되었다.

築 (4급II)

쌓을 축
竹 총16획

필순: 築築築築築築築築 築築築築築築築

築構(축구) 築臺(축대) 築城(축성)
築堤(축제) 築造(축조) 改築(개축)
建築(건축) 構築(구축) 埋築(매축)
修築(수축) 新築(신축) 增築(증축)

뜻풀이
築城(축성): 성을 쌓음
築造(축조): 쌓아서 지음

건물을 쌓을 때 큰 통나무(木) 공이로 땅을 다지면서 대나무(竹)로 만든 악기(工)를 구부리고 앉아(凡) 타며 흥을 돋움을 나타내어 '쌓다'의 뜻을 가지게 되었다.

縮 (4급)

줄일 축
糸 총17획

필순: 縮縮縮縮縮縮縮 縮縮縮縮縮縮縮

縮圖(축도) 縮小(축소) 縮刷(축쇄)
縮約(축약) 縮尺(축척) 減縮(감축)
濃縮(농축) 短縮(단축) 伸縮(신축)
壓縮(압축) 凝縮(응축) 退縮(퇴축)

뜻풀이
縮約(축약): 줄여서 간략하게 함
凝縮(응축): 한데 엉겨 굳어서 줄어듦

宿에 糸가 더해진 글자로 宿(숙)은 발음기호의 역할을 하는데 나중에 음이 숙에서 축으로 변하였다. 실(糸)이 오그라들면서 줄어든 것을 나타내어 '줄다'의 뜻을 가지게 되었다.

春 (7급)

봄 춘
日 총9획

필순: 春春春春春春春春春

春耕(춘경) 春季(춘계) 春困(춘곤)
春蘭(춘란) 春夢(춘몽) 春秋(춘추)
孟春(맹춘) 暮春(모춘) 立春(입춘)
青春(청춘) 享春(향춘) 回春(회춘)

뜻풀이
春困(춘곤): 봄철의 나른한 기운
春夢(춘몽): 덧없는 인생

본래 艹와 屯과 日이 합쳐진 글자로 풀(艹)이 햇빛(日)을 받아 무리 지어 나는(屯) 모습인데 이러한 모습을 볼 수 있는 계절은 봄이기에 '봄'의 뜻을 가지게 되었다.

出

7급 | 날 출 | 凵 | 총 5획

필순: 出出出出出

出沒(출몰) 出衆(출중) 出荷(출하)
傑出(걸출) 露出(노출) 搬出(반출)
索出(색출) 輸出(수출) 摘出(적출)
轉出(전출) 支出(지출) 派出(파출)

움푹하게 패인 구덩이(凵)에서 발(止)을 내미는 모습으로 집에서 나오는 것을 나타내어 '나오다'는 뜻을 가지게 되었다.

뜻풀이
出荷(출하): 짐이나 상품을 내보내는 것
露出(노출): 겉으로 드러냄

充

5급 II | 채울 충 | 儿 | 총 6획

필순: 充充充充充充

充當(충당) 充滿(충만) 充分(충분)
充備(충비) 充實(충실) 充員(충원)
充位(충위) 充耳(충이) 充電(충전)
補充(보충) 擴充(확충) 還充(환충)

어린아이(厶)가 자라서 어른(儿)으로 성장함을 나타내어 '차다, 가득하다'의 뜻을 가지게 되었다.

뜻풀이
充當(충당): 모자라는 것을 채움
擴充(확충): 늘리고 넓혀 보충함

忠

4급 II | 충성 충 | 心 | 총 8획

필순: 忠忠忠忠忠忠忠忠

忠烈(충렬) 忠恕(충서) 忠誠(충성)
忠臣(충신) 忠心(충심) 忠義(충의)
忠節(충절) 忠情(충정) 忠貞(충정)
忠直(충직) 忠魂(충혼) 忠孝(충효)

마음(心) 한가운데(中)에서 우러나오는 참된 뜻인 '충성'을 뜻한다.

뜻풀이
忠誠(충성): 진심에서 우러나오는 정성
忠直(충직): 충성스럽고 정직함

蟲

4급 II |  벌레 충 | 虫 | 총 18획

필순: 蟲蟲蟲蟲蟲蟲蟲蟲蟲蟲蟲蟲蟲蟲蟲蟲

蟲垂(충수) 蟲災(충재) 蟲齒(충치)
驅蟲(구충) 毒蟲(독충) 病蟲(병충)
殺蟲(살충) 食蟲(식충) 幼蟲(유충)
害蟲(해충) 寄生蟲(기생충)

虫이 세 개 쓰여 벌레들이 많이 모여 있는 것을 나타내어 '벌레'를 뜻하게 되나.

뜻풀이
驅蟲(구충): 해충을 없앰
幼蟲(유충): 애벌레

衝

3급 II |  찌를 충 | 行 | 총 15획

필순: 衝衝衝衝衝衝衝衝衝衝衝衝衝衝衝

衝擊(충격) 衝突(충돌) 衝動(충동)
衝冒(충모) 衝殺(충살) 衝天(충천)
相衝(상충) 相衝(상충) 緩衝(완충)
要衝(요충) 刺衝(자충) 折衝(절충)

여러 갈래로 나누어진 길(行)이 한 곳으로 겹쳐짐(重)을 나타내어 '찌르다, 부딪치다'는 뜻을 가지게 되었다.

뜻풀이
相衝(상충): 서로 맞지 않고 어긋남
折衝(절충): 상반된 의견을 조정함

取

4급 II | 가질 취: | 又 | 총 8획

필순: 取取取取取取取取

取捨(취사) 取消(취소) 取調(취조)
取擇(취택) 錄取(녹취) 詐取(사취)
攝取(섭취) 略取(약취) 爭取(쟁취)
進取(진취) 採取(채취) 奪取(탈취)

전쟁에서 이긴 것을 표시하기 위해 적의 귀(耳)를 손(又)으로 잘라 가져옴을 나타내어 '가지다'를 뜻하게 되었다.

뜻풀이
取調(취조): 범죄자의 범죄 사실을 밝혀내기 위해 조사하는 것
拔取(발취): 물건이나 글에서 뽑아냄

人一十之 己讀百之 (남보다 몇 배의 노력을 해야 뛰어날 수 있다.)

趣 (4급)

필순: 趣趣趣趣趣趣趣趣趣趣趣趣趣趣趣

뜻 취:
走 총15획

필요한 물건을 가지러(取) 가려는 (走) 뜻이 있음을 나타내어 '뜻'을 뜻하게 되었다.

趣味(취미)　趣舍(취사)　趣旨(취지)
趣向(취향)　歸趣(귀취)　辭趣(사취)
深趣(심취)　逸趣(일취)　情趣(정취)
風趣(풍취)　玄趣(현취)　興趣(흥취)

뜻풀이
趣旨(취지): 어떤 일을 하는 목적이나 의도
情趣(정취): 감정을 불러일으키는 흥취

吹 (3급II)

필순: 吹吹吹吹吹吹吹

불 취:
口 총7획

하품(欠)을 하듯이 입(口)을 크게 벌리고 숨을 내쉬는 것을 나타내어 '불다'의 뜻을 가지게 되었다.

吹浪(취랑)　吹雪(취설)　吹入(취입)
吹奏(취주)　吹打(취타)　歌吹(가취)
鼓吹(고취)　內吹(내취)　低吹(저취)

뜻풀이
吹奏(취주): 관악기를 불어 연주함
吹雪(취설): 바람이 불어 휘몰아치는 눈

就 (4급)

필순: 就就就就就就就就就就就就

나아갈 취:
尢 총12획

손에 상처를 입으면서(尤) 높은 집(京)을 쌓아 완공시킨 것을 나타내어 목표한 바를 이루는 '나아가다'의 뜻을 가지게 되었다.

就勞(취로)　就緖(취서)　就業(취업)
就役(취역)　就任(취임)　就職(취직)
就寢(취침)　就學(취학)　就航(취항)
去就(거취)　成就(성취)　進就(진취)

뜻풀이
去就(거취): 사람의 움직임
成就(성취): 목적한 것을 이룸

臭 (3급)

필순: 臭臭臭臭臭臭臭臭臭

냄새 취:
自 총10획

개(犬)가 코(自)로 냄새를 맡는 것을 나타내어 '냄새'의 뜻을 가지게 되었다.

臭覺(취각)　銅臭(동취)　防臭(방취)
腐臭(부취)　惡臭(악취)　餘臭(여취)
汚臭(오취)　乳臭(유취)　體臭(체취)
香臭(향취)　脫臭劑(탈취제)

뜻풀이
體臭(체취): 몸에서 나는 냄새
乳臭(유취): 젖내

醉 (3급II)

필순: 醉醉醉醉醉醉醉醉醉醉醉醉醉醉醉

취할 취:
酉 총15획

갑옷(卒)을 입은 병사들이 술(酉)을 마신 모습으로 술이 없어질 때까지 마셔서 취함을 나타내어 '취하다'의 뜻을 가지게 되었다.

醉客(취객)　醉氣(취기)　醉中(취중)
醉興(취흥)　陶醉(도취)　痲醉(마취)
滿醉(만취)　宿醉(숙취)　熟醉(숙취)
心醉(심취)　暴醉(폭취)

뜻풀이
痲醉(마취): 약물 등으로 얼마 동안 의식이나 감각을 잃게 만듦
心醉(심취): 어떤 것에 깊이 빠져서 마음을 빼앗김

側 (3급II)

필순: 側側側側側側側側側側

곁 측
人 총11획

사람(亻)이 생활의 법칙(則)을 곁에 두고 살아감을 나타내어 '곁'의 뜻을 가지게 되었다.

側近(측근)　側面(측면)　側目(측목)
側柏(측백)　懇側(간측)　貴側(귀측)
反側(반측)　北側(북측)　兩側(양측)
外側(외측)　右側(우측)　左側(좌측)

뜻풀이
側近(측근): 곁에서 가까운 곳
反側(반측): 잠이 오지 않아 뒤척거림

測 헤아릴 측
水 총12획

測測測測測測測測測測測測

測量(측량)　測深(측심)　測定(측정)
計測(계측)　觀測(관측)　罔測(망측)
目測(목측)　實測(실측)　憶測(억측)
豫測(예측)　推測(추측)　凶測(흉측)

뜻풀이
計測(계측) : 수량으로 측정하여 계산함
推測(추측) : 미루어 생각함

물(氵)의 깊이를 재서(則) 헤아리는 것을 나타내어 '헤아리다'의 뜻을 가지게 되었다.

層 층 층
尸 총15획

層層層層層層層層層層層層層層層

層階(층계)　各層(각층)　角層(각층)
階層(계층)　高層(고층)　基層(기층)
單層(단층)　斷層(단층)　深層(심층)
地層(지층)　炭層(탄층)　下層(하층)

뜻풀이
基層(기층) : 토대가 되는 층
深層(심층) : 깊숙한 곳에 있는 층

曾 + 尸로 여기서 曾(증)은 발음기호 역할을 하며 나중에 음이 증에서 층으로 변하였다. 지붕 위에 지붕이 겹쳐진 높은 집(尸)의 모습으로 높게 쌓여진 '층'을 뜻한다.

値 값 치
人 총10획

値値値値値値値値値値

値遇(치우)　價値(가치)　極値(극치)
等値(등치)　相値(상치)　數値(수치)
弊値(폐치)　加重値(가중치)
價値觀(가치관)　近似値(근사치)

뜻풀이
價値(가치) : 사물이 지니고 있는 중요성
相値(상치) : 두 가지 일이 뜻밖에 겹침

정직한(直) 사람(亻)은 사람으로서 가치가 있음을 나타내어 '값'의 뜻을 가지게 되었다.

置  둘 치:
网 총13획

置置置置置置置置置置置置置

置簿(치부)　置換(치환)　倒置(도치)
備置(비치)　設置(설치)　易置(역치)
領置(영치)　預置(예치)　裝置(장치)
且置(차치)　處置(처치)　拋置(포치)

뜻풀이
倒置(도치) : 순서를 뒤바꿈
且置(차치) : 내버려 두고 문제 삼지 않음

정직한(直) 사람은 법망(罒)에 걸리더라도 용서되어 풀려나게 됨을 나타내어 '두다'라는 뜻을 가지게 되었다.

治  다스릴 치
水 총8획

治治治治治治治治

治略(치략)　治療(치료)　治粧(치장)
治裝(치장)　治積(치적)　兼治(겸치)
根治(근치)　難治(난치)　嚴治(엄치)
政治(정치)　診治(진치)　退治(퇴치)

뜻풀이
治略(치략) : 세상을 다스리는 방법
治績(치적) : 나라를 잘 다스린 업적

엄마 배 속에서 아이(台)가 나올 때 양수(氵)가 흘러나오는 모습으로 양수가 흘러 아이가 잘 나오도록 도와주듯이 물길도 위에서 아래로 흘러야 피해가 없게 된다. 따라서 治는 '다스리다'의 뜻을 가지게 되었다.

恥  부끄러울 치
心 총10획

恥恥恥恥恥恥恥恥恥恥

恥骨(치골)　恥部(치부)　恥事(치사)
恥辱(치욕)　苦恥(고치)　國恥(국치)
無恥(무치)　雪恥(설치)　廉恥(염치)
破廉恥(파렴치)

뜻풀이
恥事(치사) : 쩨쩨하게 굴어 창피하고 부끄러움
廉恥(염치) : 부끄러움을 아는 마음

마음(心)에 부끄러워함이 있으면 귓불(耳)이 붉어짐을 나타내어 '부끄럽다'는 뜻을 가지게 되었다.

人一十之 己讀百之 (남보다 몇 배의 노력을 해야 뛰어날 수 있다.)

稚 (3급II)

어릴 치 — 禾 총13획

필순: 稚稚稚稚稚稚稚稚稚稚稚稚稚

稚氣(치기) 稚孫(치손) 稚松(치송)
稚樹(치수) 稚魚(치어) 稚幼(치유)
稚拙(치졸) 稚戲(치희) 幼稚(유치)

뜻풀이
작은 새(隹)처럼 아직 덜 자란 벼(禾)를 나타내어 '어리다'의 뜻을 가지게 되었다.

稚魚(치어) : 알에서 깬 지 얼마 되지 않은 어린 물고기
稚拙(치졸) : 매우 유치하고 졸렬함

致 (5급)

이를 치: — 至 총10획

필순: 致致致致致致致致致致

致敬(치경) 致謝(치사) 致誠(치성)
致賀(치하) 致享(치향) 景致(경치)
拉致(납치) 召致(소치) 騷致(소치)
韻致(운치) 誘致(유치)

뜻풀이
至와 夂가 합쳐진 글자로 夂가 夊으로 잘못 쓰였다. 다른 사람들보다 뒤떨어져서(夂) 이른(至) 것을 나타내어 '이르다'의 뜻을 가지게 되었다.

致敬(치경) : 공경의 마음을 표함
致誠(치성) : 있는 정성을 다함

齒 (4급II)

이 치 — 齒 총15획

필순: 齒齒齒齒齒齒齒齒齒齒齒齒齒齒齒

齒骨(치골) 齒科(치과) 齒根(치근)
齒德(치덕) 齒牙(치아) 齒列(치열)
假齒(가치) 犬齒(견치) 沒齒(몰치)
拔齒(발치) 義齒(의치) 蟲齒(충치)

뜻풀이
치아의 모습으로 입(凵) 안의 잇몸에 치아가 위아래로 여러 개 나 있는 모습(㠭)을 나타내어 '이'의 뜻을 가지게 되었다.

齒德(치덕) : 나이가 많고 덕이 큼
拔齒(발치) : 이를 뽑음

則 (5급)

법칙 칙/곧 즉 — 刀 총9획

필순: 刂刂冂冂月月貝貝則則

軌則(궤칙) 規則(규칙) 罰則(벌칙)
變則(변칙) 補則(보칙) 附則(부칙)
細則(세칙) 守則(수칙) 原則(원칙)
準則(준칙) 總則(총칙) 然則(연즉)

뜻풀이
세발이 달린 솥(鼎→貝)에 칼(刂)로 중요한 법칙을 새긴 것을 나타내어 '법칙'의 뜻을 가지게 되었다. 또한 '곧'의 뜻으로도 쓰이게 되었다.

軌則(궤칙) : 보고 배움
準則(준칙) : 표준이나 기준으로 삼아서 따라야 할 법칙이나 규칙

親 (6급)

친할 친 — 見 총16획

필순: 親親親親親親親親親親親親親親親親

親舊(친구) 親睦(친목) 親密(친밀)
親熟(친숙) 親庭(친정) 親戚(친척)
事親(사친) 嚴親(엄친) 寧親(영친)
姻親(인친) 宗親(종친) 至親(지친)

뜻풀이
辛 + 木 + 見으로 이루어진 글자이다. 나무(木)에 가까이 가서 보는(見) 것을 나타내어 가까이에서 볼 수 있는 사이로서 '친하다'의 뜻을 가지게 되었다. 여기서 辛은 발음기호의 역할을 한다.

親睦(친목) : 서로 친하게 지내 화목함
親熟(친숙) : 친하여 익숙함

七 (8급)

일곱 칠 — 一 총2획

필순: 七七

七敎(칠교) 七夕(칠석) 七星(칠성)
七旬(칠순) 七月(칠월) 七情(칠정)
七秩(칠질) 七値(칠치) 七絃(칠현)
七面鳥(칠면조) 七星堂(칠성당)

뜻풀이
본래 칼로 가로 세로 자른 흔적(十)을 나타내어 '베다'의 뜻이었으나 나중에 숫자 十과의 구별을 위해 아래를 구부린 七로 변하였고 '일곱'의 뜻으로 쓰이게 되었다.

七敎(칠교) : 사람이 지켜야 하는 일곱 가지 가르침
七情(칠정) : 사람이 가지는 일곱 가지 감정

漆

3급Ⅱ
옻 칠
水　총14획

漆漆漆漆漆漆漆漆漆
漆漆漆漆漆

漆膠(칠교)　漆器(칠기)　漆夜(칠야)
漆板(칠판)　漆黑(칠흑)　改漆(개칠)
膠漆(교칠)　金漆(금칠)　塗漆(도칠)
粉漆(분칠)

옻나무(桼)에서 나오는 진액(氵)으로 옻칠을 하는 것을 나타내어 '옻'의 뜻을 가지게 되었다.

뜻풀이
漆器(칠기) : 옻칠을 하여 만든 그릇
漆夜(칠야) : 아주 캄캄한 밤

侵

4급Ⅱ
침노할 침
人　총9획

侵侵侵侵侵侵侵侵侵

侵攻(침공)　侵掠(침략)　侵略(침략)
侵陵(침릉)　侵冒(침모)　侵伐(침벌)
侵犯(침범)　侵襲(침습)　侵徵(침징)
侵奪(침탈)　侵虐(침학)　貌侵(모침)

사람(亻)이 손(又)에 빗자루(帚)를 들고 쓸면서 점점 다른 사람의 영역을 침범하는 것을 나타내어 '침노하다'의 뜻을 가지게 되었다.

뜻풀이
侵襲(침습) : 갑자기 침범하여 공격함
侵徵(침징) : 위협을 가해 불법으로 남의 물건을 빼앗아 들임

浸

3급Ⅱ
잠길 침:
水　총10획

浸浸浸浸浸浸浸浸
浸浸

浸禮(침례)　浸漏(침루)　浸暗(침암)
浸染(침염)　浸潤(침윤)　浸漸(침점)
浸種(침종)　浸怠(침태)　浸透(침투)
含浸(함침)

손(又)에 빗자루(帚)를 잡고 물(氵)에 적셔서 청소할 때 먼지가 일어나지 않게 함을 나타내어 물이 점점 스며드는 '잠기다'의 뜻을 가지게 되었다.

뜻풀이
浸潤(침윤) : 점점 배어 들어감
浸怠(침태) : 점점 게을러짐

寢

4급
잘 침:
宀　총14획

寢寢寢寢寢寢寢寢
寢寢寢寢寢寢

寢具(침구)　寢臺(침대)　寢床(침상)
寢睡(침수)　寢室(침실)　困寢(곤침)
起寢(기침)　陵寢(능침)　同寢(동침)
熟寢(숙침)　穩寢(온침)　就寢(취침)

손에 빗자루를 잡고(㼱) 집(宀)의 침대(爿) 주변을 쓸고서 잠을 자는 것을 나타내어 '자다'의 뜻을 가지게 되었다.

뜻풀이
寢睡(침수) : 잠을 높이는 말
就寢(취침) : 잠을 잠

沈

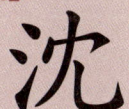

3급Ⅱ
잠길 침(:)
성(姓)　심:
水　총7획

沈沈沈沈沈沈沈

沈降(침강)　沈沒(침몰)　沈默(침묵)
沈水(침수)　沈鬱(침울)　沈潛(침잠)
沈滯(침체)　擊沈(격침)　浮沈(부침)
消沈(소침)

어깨에 무거운 물건을 매단 사람(冘)이 물(氵)속에 가라앉는 것을 나타내어 '잠기다'의 뜻을 가지게 되었다. 또한 '성'의 뜻으로도 쓰이며 이때는 심이라고 읽는다.

뜻풀이
沈降(침강) : 밑으로 가라앉음
沈水(침수) : 물에 잠김

枕

3급
베개 침:
木　총8획

枕枕枕枕枕枕枕枕

枕頭(침두)　枕上(침상)　枕席(침석)
起枕(기침)　陶枕(도침)　木枕(목침)
伏枕(복침)　鳳枕(봉침)　水枕(수침)
葉枕(엽침)　爆枕(폭침)　絃枕(현침)

나무(木)로 만든 베개를 베고 있는 사람(冘)의 모습으로 '베개'의 뜻을 가지게 되었다.

뜻풀이
枕頭(침두) : 베갯머리
起枕(기침) : 잠자리에서 일어남

人一十之 己讀百之 (남보다 몇 배의 노력을 해야 뛰어날 수 있다.)

針

4급 | 필순: 針針針針針針針針 針針

바늘 침(:)
金　총10획

실을 꿴 쇠(金) 바늘(十)의 모습으로 '바늘'을 뜻한다.

針線(침선)　針葉(침엽)　檢針(검침)
方針(방침)　分針(분침)　時針(시침)
押針(압침)　磁針(자침)　指針(지침)
秒針(초침)　羅針盤(나침반)

뜻풀이
針葉(침엽) : 바늘처럼 가늘고 길며 끝이 뾰족한 잎
方針(방침) : 일을 처리할 방향과 계획

稱

4급 | 필순: 稱稱稱稱稱稱稱稱 稱稱稱稱稱

일컬을 칭
禾　총14획

곡식(禾)을 저울에 들어 올리고(爯) 무게를 재어서 그 무게를 소리쳐 말함을 나타내어 '일컫다'의 뜻을 가지게 되었다.

名稱(명칭)　稱頌(칭송)　稱讚(칭찬)
稱託(칭탁)　稱衡(칭형)　稱號(칭호)
汎稱(범칭)　竝稱(병칭)　詐稱(사칭)
尊稱(존칭)　總稱(총칭)

뜻풀이
名稱(명칭) : 사람이나 사물 등을 부르는 이름
詐稱(사칭) : 이름, 나이, 직업 등을 속여 이름

快

4급II | 필순: 快快快快快快快

쾌할 쾌
心　총7획

마음(忄)에 걸리는 것 없이 탁 트이듯이(夬) 밝고 상쾌한 느낌을 나타내어 '쾌하다'의 뜻을 가지게 되었다.

快擧(쾌거)　快鈍(쾌둔)　快辯(쾌변)
快哉(쾌재)　快適(쾌적)　快調(쾌조)
快晴(쾌청)　快活(쾌활)　輕快(경쾌)
痛快(통쾌)　豪快(호쾌)

뜻풀이
快活(쾌활) : 명랑하고 활발함
輕快(경쾌) : 가볍고 상쾌함

他

5급 | 필순: 他他他他他

다를 타
人　총5획

뱀(也)과는 다른 사람(亻)을 나타내어 '다르다'의 뜻을 가지게 되었다.

他官(타관)　他邦(타방)　他殺(타살)
他律(타율)　他意(타의)　他地(타지)
他策(타책)　他薦(타천)　他鄕(타향)
其他(기타)　餘他(여타)　依他(의타)

뜻풀이
餘他(여타) : 이외의 것
依他(의타) : 남에게 의지함

墮

3급 | 필순: 墮墮墮墮墮墮墮墮 墮墮墮墮墮

떨어질 타:
土　총15획

흙(土)을 무너뜨리는(隋) 것을 나타내어 '떨어지다'의 뜻을 가지게 되었다.

墮落(타락)　墮漏(타루)　墮淚(타루)
墮獄(타옥)　墮罪(타죄)　墮地(타지)
墮胎(타태)　失墮(실타)

뜻풀이
墮落(타락) : 잘못된 길로 빠짐
墮罪(타죄) : 죄에 빠짐. 죄인이 됨

妥

3급 | 필순: 妥妥妥妥妥妥妥

온당할 타:
女　총7획

남자가 손(爫)으로 여자(女)를 어루만져 주어 편안하게 해주는 것이 당연함을 나타내어 '온당하다'의 뜻을 가지게 되었다.

妥結(타결)　妥當(타당)　妥靈(타령)
妥商(타상)　妥傷(타상)　妥安(타안)
妥議(타의)　妥定(타정)　妥協(타협)
未妥(미타)

뜻풀이
妥議(타의) : 온당하게 타협하여 의논함
妥協(타협) : 어떤 일을 상호 양보하여 협의함

打 [5급]

필순: 打 打 打 打 打

칠 타:
手 총5획

손(扌)으로 망치를 잡고 못(丁)을 쳐서 단단히 고정시키는 것을 나타내어 '치다'의 뜻을 가지게 되었다.

打開(타개) 打擊(타격) 打倒(타도)
打率(타율) 打鍾(타종) 打診(타진)
打盡(타진) 亂打(난타) 猛打(맹타)
連打(연타)

뜻풀이
打倒(타도): 쳐부숨
亂打(난타): 무자비하게 때림

卓 [5급]

필순: 卓 卓 卓 卓 卓 卓 卓 卓

높을 탁
十 총8획

匕와 무가 합해진 글자로 사람(匕)이 이른 아침(早)에 높은 곳에 오름을 나타내어 '높다'의 뜻을 가지게 되었다.

卓見(탁견) 卓冠(탁관) 卓球(탁구)
卓論(탁론) 卓拔(탁발) 卓識(탁식)
卓越(탁월) 卓偉(탁위) 卓效(탁효)
圓卓(원탁) 超卓(초탁)

뜻풀이
卓拔(탁발): 여럿 가운데서 특별히 뛰어남
卓越(탁월): 훨씬 뛰어남

托 [3급]

필순: 托 托 托 托 托 托

맡길 탁
手 총6획

땅에 뿌리를 내린 식물(乇)이 땅에 몸을 맡기듯 손(扌)으로 물건을 맡긴 것에서 '맡기다'의 뜻을 가지게 되었다.

托鉢(탁발) 托盤(탁반) 托生(탁생)
托子(탁자) 內托(내탁) 杯托(배탁)
依托(의탁)

뜻풀이
托鉢(탁발): 승려가 경문을 외면서 집집마다 동냥하는 일
依托(의탁): 어떤 것에 몸과 마음을 의지하여 맡김

濁 [3급]

필순: 濁 濁 濁 濁 濁 濁 濁 濁 濁 濁 濁 濁 濁 濁 濁 濁

흐릴 탁
水 총16획

더러운 물(氵)에 벌레(蜀)가 많이 번식함을 나타내어 물이 '흐리다'는 뜻을 가지게 되었다.

濁流(탁류) 濁色(탁색) 濁世(탁세)
濁水(탁수) 濁音(탁음) 濁意(탁의)
濁操(탁조) 濁酒(탁주) 濃濁(농탁)
鈍濁(둔탁) 村濁(촌탁) 混濁(혼탁)

뜻풀이
鈍濁(둔탁): 둔하고 거침
村濁(촌탁): 시골에서 만든 막걸리

濯 [3급]

필순: 濯 濯 濯 濯 濯 濯 濯 濯 濯 濯 濯 濯 濯 濯

씻을 탁
水 총17획

새(隹)가 날개(羽)를 물(氵)에 적시는 것을 나타내어 '씻다'의 뜻을 가지게 되었다.

濯靈(탁령) 濯船(탁선) 濯征(탁정)
濯足(탁족) 童濯(동탁) 洗濯(세탁)
柳濯(유탁) 濯枝雨(탁지우)

뜻풀이
濯足(탁족): 발을 씻음
濯枝雨(탁지우): 음력 6월에 오는 큰비

彈 [4급]

필순: 彈 彈 彈 彈 彈 彈 彈 彈 彈 彈 彈 彈 彈 彈 彈

탄알 탄:
弓 총15획

끝이 두 갈래로 갈라진 원시적인 활의 모습(單)에 弓이 더해져 활의 뜻을 강조하였다. 활을 쏘기 위해 화살이 필요하듯 새총을 쏘기 위해 넣는 '탄알'을 뜻한다.

彈冠(탄관) 彈琴(탄금) 彈射(탄사)
彈壓(탄압) 彈倉(탄창) 彈丸(탄환)
糾彈(규탄) 防彈(방탄) 指彈(지탄)
銃彈(총탄) 砲彈(포탄) 爆彈(폭탄)

뜻풀이
彈壓(탄압): 권력이나 힘으로 꼼짝 못하게 함
糾彈(규탄): 잘못한 일을 캐내 따짐

人一十之 己讀百之 (남보다 몇 배의 노력을 해야 뛰어날 수 있다.)

歎 (4급)

탄식할 탄:
欠 총15획

어려운(美) 일을 당하여 입을 벌리고(欠) 탄식하는 것을 나타내어 '탄식하다'의 뜻을 가지게 되었다.

歎服(탄복) 歎辭(탄사) 歎聲(탄성)
歎息(탄식) 歎願(탄원) 感歎(감탄)
敬歎(경탄) 綿歎(면탄) 悲歎(비탄)
讚歎(찬탄) 痛歎(통탄) 恨歎(한탄)

뜻풀이
感歎(감탄) : 깊이 감격함
讚歎(찬탄) : 칭찬하고 감탄함

炭 (5급)

숯 탄:
火 총9획

불(火)에 타고 남은 재인 숯이 산(山)의 낭떠러지(厂)에 묻힌 것으로 '숯'을 뜻한다.

炭坑(탄갱) 炭鑛(탄광) 炭酸(탄산)
炭素(탄소) 炭層(탄층) 塊炭(괴탄)
塗炭(도탄) 石炭(석탄) 煉炭(연탄)
貯炭(저탄) 採炭(채탄) 含炭(함탄)

뜻풀이
炭坑(탄갱) : 석탄을 캐는 굴
塗炭(도탄) : 상황이 좋지 않아 몹시 괴로움

誕 (3급)

낳을/거짓 탄:
言 총14획

어떠한 사실을 잡아 늘리어(延) 과대하게 거짓말을(言) 하는 것을 나타내어 '거짓'의 뜻을 가지게 되었다. 또한 출생의 '낳다'는 뜻으로도 쓰이게 되었다.

誕降(탄강) 誕欺(탄기) 誕辰(탄신)
佛誕(불탄) 詐誕(사탄) 聖誕(성탄)
所誕(소탄) 虛誕(허탄) 荒誕(황탄)

뜻풀이
誕妄(탄망) : 말이나 행동이 너무 터무니없고 망령됨
所誕(소탄) : 자신이 낳은 아들이나 딸

奪 (3급II)

빼앗을 탈:
大 총14획

본래 사람(大)의 손(寸)에서 새(隹)가 도망친 것을 나타내었으나 나중에 도리어 '빼앗다'의 뜻을 가지게 되었다.

奪氣(탈기) 奪取(탈취) 奪胎(탈태)
奪還(탈환) 掠奪(약탈) 爭奪(쟁탈)
侵奪(침탈)

뜻풀이
奪取(탈취) : 빼앗아 가짐
奪還(탈환) : 빼앗긴 것을 도로 빼앗아 옴

脫 (4급)

벗을 탈:
肉 총11획

기쁨(兌)이 극도에 이르러 자유로워져 육체(月=肉)를 벗어난 것을 나타내어 '벗다'의 뜻을 가지게 되었다.

脫稿(탈고) 脫穀(탈곡) 脫漏(탈루)
脫營(탈영) 脫獄(탈옥) 脫盡(탈진)
脫臭(탈취) 疏脫(소탈) 逸脫(일탈)
超脫(초탈) 虛脫(허탈)

뜻풀이
脫稿(탈고) : 원고를 다 씀
超脫(초탈) : 세속적인 것에서 벗어남

探 (4급)

찾을 탐:
手 총11획

깊은 구멍(穴) 속으로 손(扌)을 넣어 더듬어서 물건을 찾는 것을 나타내어 '찾다'의 뜻을 가지게 되었다.

探求(탐구) 探究(탐구) 探問(탐문)
探聞(탐문) 探訪(탐방) 探查(탐사)
探索(탐색) 探情(탐정) 探知(탐지)
探險(탐험) 廉探(염탐) 偵探(정탐)

뜻풀이
探查(탐사) : 알려지지 않은 것을 살펴 조사함
廉探(염탐) : 남의 사정을 몰래 살피고서 어떤 것을 알아냄

3급 貪

탐낼 탐
貝　총11획

貪貪貪貪貪貪貪貪貪貪貪

다른 사람의 재물(貝)을 마음속에 품는(今=含) 것으로 '탐내다'의 뜻을 가지게 되었다.

貪官(탐관)　貪求(탐구)　貪利(탐리)
貪愛(탐애)　貪汚(탐오)　貪慾(탐욕)
貪財(탐재)　貪好(탐호)　食貪(식탐)

뜻풀이
貪慾(탐욕) : 지나치게 탐내는 욕심
貪官汚吏(탐관오리) : 백성의 재물을 탐내는 행실이 더러운 관리

3급Ⅱ 塔

탑 탑
土　총13획

塔塔塔塔塔塔塔塔塔塔塔塔塔

흙(土)을 쌓고(合) 지붕(艹)을 덮은 집으로 '탑'을 뜻한다.

塔勢(탑세)　橋塔(교탑)　金塔(금탑)
寺塔(사탑)　石塔(석탑)　鐵塔(철탑)
尖塔(첨탑)　管制塔(관제탑)
多寶塔(다보탑)　司令塔(사령탑)

뜻풀이
佛塔(불탑) : 절에 세워진 탑
尖塔(첨탑) : 뾰족한 탑

3급Ⅱ 湯

끓을 탕:
水　총12획

湯湯湯湯湯湯湯湯湯湯湯湯

물(氵)이 펄펄 끓어올라서(昜) 넘치려고 하는 것을 나타내어 '끓다'의 뜻을 가지게 되었다.

湯沐(탕목)　湯藥(탕약)　湯劑(탕제)
湯泉(탕천)　甘湯(감탕)　熱湯(열탕)
雜湯(잡탕)　再湯(재탕)　炊湯(취탕)
蔘鷄湯(삼계탕)

뜻풀이
湯液(탕액) : 한약 달인 물
炊湯(취탕) : 숭늉

3급 怠

게으를 태:
心　총9획

怠怠怠怠怠怠怠怠怠

아이를 가져(台) 몸이 무겁고 힘들어 마음(心)이 게을러짐을 나타내어 '게으르다'의 뜻을 가지게 되었다.

怠慢(태만)　怠業(태업)　怠傲(태오)
怠忽(태홀)　勤怠(근태)　豫怠(예태)
緩怠(완태)　遲怠(지태)　浸怠(침태)
昏怠(혼태)　過怠料(과태료)

뜻풀이
怠慢(태만) : 열심히 하려고 하지 않고 게으름
過怠料(과태료) : 의무적으로 해야 할 일을 태만히 한 사람에게 벌로 물리게 하는 돈

3급Ⅱ 殆

거의 태
歹　총9획

殆殆殆殆殆殆殆殆殆

殆無(태무)　殆半(태반)　殆哉(태재)
困殆(곤태)　幾殆(기태)　危殆(위태)
疑殆(의태)

뼛속의 아이(台)가 거의 죽어가고(歹) 있는 위험한 상황을 나타내어 '거의, 위태하다'의 뜻을 가지게 되었다.

뜻풀이
殆半(태반) : 절반에 가까움
危殆(위태) : 어떤 형세가 매우 어렵거나 위험함

6급 太

클 태
大　총4획

太太太太

太古(태고)　太極(태극)　太嶺(태령)
太半(태반)　太甚(태심)　太陽(태양)
太陰(태음)　太宗(태종)　太初(태초)
太平(태평)

크다는 의미의 大에 점(ヽ)을 더해서 더 크다는 것을 나타내어 '크다'의 뜻을 가지게 되었다.

뜻풀이
太初(태초) : 이 세상의 처음
太平(태평) : 걱정이나 탈이 없음

人一十之 己讀百之 (남보다 몇 배의 노력을 해야 뛰어날 수 있다.)

泰 (3급Ⅱ)

클 태
水 총10획

필순: 泰泰泰泰泰泰泰泰泰泰

泰國(태국)　泰斗(태두)　泰陵(태릉)
泰山(태산)　泰安(태안)　泰然(태연)
泰運(태운)　泰初(태초)　泰平(태평)
盤泰(반태)　靜泰(정태)

본래 양손을 흐르는 물에 씻고 있는 모습으로 나중에 모양이 변하였다. 太와 같은 글자로 '크다'의 뜻을 가지게 되었다.

뜻풀이
泰斗(태두) : 어떤 분야의 최고 권위자
泰然(태연) : 아무렇지 않음

態 (4급Ⅱ)

모습 태:
心 총14획

필순: 態態態態態態態態態態態態態態

態度(태도)　態勢(태세)　妙態(묘태)
變態(변태)　狀態(상태)　實態(실태)
妖態(요태)　容態(용태)　潤態(윤태)
姿態(자태)　作態(작태)　醜態(추태)

무슨 일이든지 할 수 있다는(能) 마음(心)가짐을 나타내어 '모습'의 뜻을 가지게 되었다.

뜻풀이
實態(실태) : 있는 그대로의 실제의 모양
醜態(추태) : 추하고 창피한 행동

宅 (5급Ⅱ)

집 택
宀 총6획

필순: 宅宅宅宅宅宅

宅配(택배)　宅地(택지)　宅診(택진)
居宅(거택)　舍宅(사택)　陽宅(양택)
幽宅(유택)　陰宅(음택)　第宅(제택)
住宅(주택)　玄宅(현택)　還宅(환택)

땅에 뿌리를 내린 식물(乇)이 땅에 의지하듯 사람이 의지하고 사는 집(宀)을 나타내어 '집'의 뜻을 가지게 되었다.

뜻풀이
宅配(택배) : 물건을 원하는 곳까지 배달해 줌
舍宅(사택) : 기업에서 직원을 위해 주는 집

擇 (4급)

가릴 택
手 총16획

필순: 擇擇擇擇擇擇擇擇擇擇擇擇擇擇擇擇

擇吉(택길)　擇言(택언)　擇偶(택우)
擇日(택일)　擇處(택처)　簡擇(간택)
決擇(결택)　極擇(극택)　別擇(별택)
推擇(추택)　取擇(취택)　婚擇(혼택)

손(扌)으로 가려서 (睪) 뽑는 것을 나타내어 '가리다'의 뜻을 가지게 되었다.

뜻풀이
擇日(택일) : 어떤 일을 치르거나 먼 길을 떠나려고 할 때 운수 좋은 날을 가려서 고름
選擇(선택) : 여럿 중에 고름

澤 (3급Ⅱ)

못 택
水 총16획

필순: 澤澤澤澤澤澤澤澤澤澤澤澤澤澤

澤雨(택우)　光澤(광택)　廣澤(광택)
德澤(덕택)　沼澤(소택)　麗澤(여택)
餘澤(여택)　潤澤(윤택)　恩澤(은택)
沮澤(저택)　脂澤(지택)　惠澤(혜택)

물(氵)기와 습기가 차례로 이어지는 (睪) 곳인 '못'을 뜻한다.

뜻풀이
沼澤(소택) : 늪과 못
沮澤(저택) : 낮고 습한 땅

兔 (3급Ⅱ)

토끼 토
儿 총8획

필순: 兔兔兔兔兔兔兔兔

兔缺(토결)　兔舍(토사)　兔絲(토사)
兔脣(토순)　兔影(토영)　兔月(토월)
家兔(가토)　白兔(백토)　野兔(야토)
養兔(양토)　脫兔(탈토)

긴 귀와 짧은 꼬리를 가진 토끼의 모습으로 '토끼'를 뜻한다.

뜻풀이
兔影(토영) : 달 그림자
兔月(토월) : 달

土 (8급)

필순: 土 土 土

흙 토
土 총3획

땅 위에 흙더미가 쌓여 있는 모습으로 '흙'을 뜻한다.

土塊(토괴) 土窟(토굴) 土臺(토대)
土匪(토비) 土壤(토양) 土豪(토호)
領土(영토) 沃土(옥토) 泥土(이토)
塵土(진토) 鄕土(향토) 荒土(황토)

뜻풀이
沃土(옥토) : 영양분이 많은 땅
泥土(이토) : 진흙

吐 (3급Ⅱ)

필순: 吐 吐 吐 吐 吐 吐

토할 토(:)
口 총6획

土에 口가 더해진 글자로 여기서 土(토)는 발음기호의 역할을 한다. 입(口)에서 토하는 것을 나타내어 '토하다'의 뜻을 가지게 되었다.

吐氣(토기) 吐露(토로) 吐說(토설)
吐情(토정) 吐出(토출) 吐破(토파)
吐血(토혈) 反吐(반토) 實吐(실토)
直吐(직토)

뜻풀이
吐露(토로) : 마음속에 품고 있는 생각이나 감정 등을 모두 드러내어 말함
實吐(실토) : 솔직하게 다 말함

討 (4급)

필순: 討 討 討 討 討 討 討 討 討 討

칠 토(:)
言 총10획

말(言)과 손(寸)으로 죄인의 죄를 물어서 치는 것을 나타내어 '치다'의 뜻을 가지게 되었다.

討論(토론) 討滅(토멸) 討匪(토비)
討索(토색) 討逆(토역) 討議(토의)
討罪(토죄) 討捕(토포) 檢討(검토)
奮討(분토) 聲討(성토) 征討(정토)

뜻풀이
討議(토의) : 여러 사람이 의견을 나눔
聲討(성토) : 어떤 잘못에 대해서 여러 사람이 모여 비판하며 규탄함

通 (6급)

필순: 通 通 通 通 通 通 通 通 通 通

통할 통
辶 총11획

손잡이가 있는 나무통(甬)을 가지고 막힘없이 나아가는(辶) 것을 나타내어 '통하다'의 뜻을 가지게 되었다.

通念(통념) 通辯(통변) 通說(통설)
通語(통어) 通譯(통역) 貫通(관통)
普通(보통) 疏通(소통) 融通(융통)
精通(정통) 亨通(형통) 曉通(효통)

뜻풀이
通念(통념) : 일반 사회에 널리 통하는 개념이나 생각
通語(통어) : 통역. 외국 사람과 말이 통함

痛 (4급)

필순: 痛 痛 痛 痛 痛 痛 痛 痛 痛 痛

아플 통:
疒 총12획

몸을 꿰뚫고(甬) 나갈 정도로 아픈 병(疒)을 나타내어 '아프다'의 뜻을 가지게 되었다.

痛哭(통곡) 痛烈(통렬) 痛憤(통분)
痛症(통증) 痛悔(통회) 晩痛(만통)
腹痛(복통) 悲痛(비통) 哀痛(애통)
腰痛(요통) 陣痛(진통) 沈痛(침통)

뜻풀이
悲痛(비통) : 마음이 아플 정도로 몹시 슬픔
沈痛(침통) : 몹시 슬퍼 마음이 우울함

統 (4급Ⅱ)

필순: 統 統 統 統 統 統 統 統 統 統 統

거느릴 통:
糸 총12획

중심이 되는 실(糸)로써 여러 가닥을 하나로 모아서(充) 굵고 튼튼하게 만드는 것을 나타내어 중심이 되는 것이 나머지를 이끄는 '거느리다'의 뜻을 가지게 되었다.

統監(통감) 統緒(통서) 統攝(통섭)
統率(통솔) 統制(통제) 統治(통치)
系統(계통) 傳統(전통) 體統(체통)
總統(총통) 血統(혈통)

뜻풀이
統制(통제) : 일정한 부분을 제한함
統治(통치) : 국가를 다스림

人一十之 己讀百之 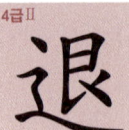(남보다 몇 배의 노력을 해야 뛰어날 수 있다.)

退 [4급II]

물러날 퇴:
辵 총10획

오른쪽으로 팔을 내밀고 왼쪽 뒤로 눈을 응시한 채(艮) 뒤를 보면서 물러가는(辶) 것을 나타내어 '물러나다'의 뜻을 가지게 되었다.

退勤(퇴근) 退任(퇴임) 退潛(퇴잠)
退藏(퇴장) 退潮(퇴조) 退職(퇴직)
退治(퇴치) 擊退(격퇴) 滅退(멸퇴)
辭退(사퇴) 隱退(은퇴) 脫退(탈퇴)

뜻풀이
退治(퇴치) : 아주 없애버림
辭退(사퇴) : 일을 그만두고 물러남

投 [4급]

던질 투
手 총7획

손(扌)으로 창(殳)을 던지는 것을 나타내어 '던지다'의 뜻을 가지게 되었다.

投稿(투고) 投球(투구) 投棄(투기)
投機(투기) 投網(투망) 投射(투사)
投宿(투숙) 投藥(투약) 投影(투영)
投獄(투옥) 投資(투자) 投票(투표)

뜻풀이
投棄(투기) : 내던져 버림
投影(투영) : 지면이나 수면 등에 어떤 물체의 그림자가 비침

透 [3급II]

사무칠 투
辵 총11획

秀 + 辶으로 秀(수)는 발음기호의 역할로 나중에 음이 수에서 투로 변하였다. 벼이삭이 익을 대로 익어서 벗대를 뚫고 나오는(辶) 것을 나타내어 '꿰뚫다, 사무치다'의 뜻을 가지게 되었다.

透過(투과) 透明(투명) 透射(투사)
透寫(투사) 透析(투석) 透視(투시)
透熱(투열) 透映(투영) 透徹(투철)
浸透(침투) 透水層(투수층)

뜻풀이
透視(투시) : 막혀있는 것을 꿰뚫어 봄
透徹(투철) : 정신이나 사상 등이 마음속이나 머릿속에 철저히 자리 잡은 상태에 있음

鬪 [4급]

싸움 투
鬥 총20획

두 사람이 제사용 그릇(豆)을 서로 갖기 위해서 맨 손(寸)으로 치고 받고 싸우는(鬥) 모습을 나타내어 '싸우다'의 뜻을 가지게 되었다.

鬪鷄(투계) 鬪爭(투쟁) 鬪志(투지)
鬪魂(투혼) 敢鬪(감투) 健鬪(건투)
激鬪(격투) 拳鬪(권투) 亂鬪(난투)
暗鬪(암투) 戰鬪(전투)

뜻풀이
奮鬪(분투) : 온 힘을 다해 싸움
鬪魂(투혼) : 끝까지 투쟁하려는 정신

特 [6급]

특별할 특
牛 총10획

특별히 좋은 소(牛)를 골라 그 머리를 손(寸)으로 들고 제물로 바치기 위해서 나아가는(止→土) 것을 나타내어 '특별하다'의 뜻을 가지게 되었다.

特段(특단) 特達(특달) 特使(특사)
特選(특선) 特殊(특수) 特異(특이)
特輯(특집) 特徵(특징) 特採(특채)
特派(특파) 特惠(특혜) 獨特(독특)

뜻풀이
特使(특사) : 특별한 임무를 맡고 파견된 사람
特異(특이) : 보통이 아님

波 [4급II]

물결 파
水 총8획

물(氵)이 물결치듯이 모피(皮)의 무늬가 물결치는 것을 나타내어 '물결'의 뜻을 가지게 되었다.

波及(파급) 波紋(파문) 波長(파장)
激波(격파) 腦波(뇌파) 餘波(여파)
人波(인파) 秋波(추파) 寒波(한파)

뜻풀이
波動(파동) : 사회적으로 어떤 현상이 퍼져 주변에 큰 영향을 미침
餘波(여파) : 남아 있는 물결

破

4급Ⅱ

깨뜨릴 파:
石 총10획

날카로운 돌(石)로 가죽(皮)을 벗기는 것을 나타내어 사물을 찢고 깨뜨리는 의미의 '깨뜨리다'의 뜻을 가지게 되었다.

필순: 破破破破破破破破破破

破鏡(파경) 破壞(파괴) 破棄(파기)
破滅(파멸) 破門(파문) 破滅(파멸)
破損(파손) 破字(파자) 看破(간파)
擊破(격파) 突破(돌파) 破廉恥(파렴치)

뜻풀이
破字(파자) : 한자의 자획을 분해하여 나누는 것
破廉恥(파렴치) : 염치를 모름. 뻔뻔스러움

頗

3급

자못 파
頁 총14획

가죽(皮)을 벗기기 위해서 머리(頁)를 기울여 가죽의 결을 살펴봄을 나타내었으나 나중에 매우 많다는 의미의 '자못'을 뜻하게 되었다.

필순: 頗頗頗頗頗頗頗頗頗頗頗頗頗頗

頗多(파다) 偏頗(편파)

뜻풀이
頗多(파다) : 매우 많음
偏頗(편파) : 한쪽으로 치우쳐 공정하지 않음

把

3급

잡을 파:
手 총7획

땅바닥에 배를 대고 기어가는 뱀(巴)처럼 손(扌)바닥을 물건에 대고 잡는 것을 나타내어 '잡다'의 뜻을 가지게 되었다.

필순: 把把把把把把把

把守(파수) 把手(파수) 把握(파악)
把掌(파장) 把指(파지) 把捉(파착)

뜻풀이
把守(파수) : 경계하여 지킴
把指(파지) : 손가락을 쥐고 있음

播

3급

뿌릴 파(:)
手 총15획

손(扌)으로 논밭에 씨를 뿌리는(番) 것을 나타내어 '뿌리다'의 뜻을 가지게 되었다.

필순: 播播播播播播播播播播播播播播播

播多(파다) 播說(파설) 播種(파종)
播遷(파천) 代播(대파) 晩播(만파)
床播(상파) 傳播(전파) 直播(직파)
春播(춘파)

뜻풀이
播種(파종) : 씨앗을 논밭에 뿌림
傳播(전파) : 전하여 널리 퍼뜨림

派

4급

갈래 파
水 총9획

물(氵)이 갈라져(辰) 흐르는 '갈래'를 뜻한다.

필순: 派派派派派派派派派

派遣(파견) 派兵(파병) 派生(파생)
急派(급파) 黨派(당파) 宗派(종파)
左派(좌파) 派出所(파출소)

뜻풀이
派生(파생) : 근원에서 갈라져 나옴
黨派(당파) : 정치적 목적이나 견해 등을 같이하는 사람들끼리 이룬 파벌이나 단체

罷

3급

마칠 파:
网 총15획

그물(罒)을 쳐서 사람을 덮치려는 곰(能)을 잡아 사냥을 끝마쳤다는 것으로 '마치다'의 뜻을 가지게 되었다.

필순: 罷罷罷罷罷罷罷罷罷罷罷罷罷罷

罷免(파면) 罷省(파생) 罷養(파양)
罷業(파업) 罷場(파장) 罷職(파직)
罷斥(파척) 論罷(논파) 撤罷(철파)
革罷(혁파)

뜻풀이
罷養(파양) : 양자의 인연을 끊음
罷斥(파척) : 파면하여 물리침

人一十之 己讀百之 (남보다 몇 배의 노력을 해야 뛰어날 수 있다.)

判 (4급) 판단할 판
刀 총7회

필순: 判判判判判判判

칼(刂)로 사물의 중심을 정확하게 반(半)으로 나누는 것으로 시비를 정확하게 구분하여 판단함을 나타내어 '판단하다'의 뜻을 가지게 되었다.

- 判決(판결) 判斷(판단) 判例(판례)
- 判別(판별) 判定(판정) 決判(결판)
- 培判(배판) 批判(비판) 審判(심판)
- 誤判(오판) 裁判(재판) 評判(평판)

뜻풀이
- 判讀(판독): 분별하기 어려운 것을 판단하여 읽음
- 談判(담판): 서로 의논하여 옳고 그름을 판단함

板 (5급) 널 판
木 총8회

필순: 板板板板板板板板

잘라낸 나무(木)를 뒤집으면서(反) 얇고 넓적하게 만든 나무판인 '널'을 뜻한다.

- 板刻(판각) 板局(판국) 板權(판권)
- 板書(판서) 板子(판자) 看板(간판)
- 鋼板(강판) 氷板(빙판) 珠板(주판)
- 鐵板(철판) 合板(합판)

뜻풀이
- 坐板(좌판): 장사를 하기 위해 늘어놓은 널빤지
- 懸板(현판): 글자나 그림을 새겨 걸어두는 널빤지

版 (3급Ⅱ) 판목 판
片 총8회

필순: 版版版版版版版版

나무를 둘로 쪼개 한쪽(片)을 뒤집어(反) 그림이나 글씨를 새길 수 있게 한 '판목'을 뜻한다.

- 版權(판권) 版木(판목) 版畫(판화)
- 木版(목판) 再版(재판) 組版(조판)
- 絶版(절판) 初版(초판) 活版(활판)
- 改訂版(개정판)

뜻풀이
- 壯版(장판): 바닥에 깐 바닥용 마감재
- 絶版(절판): 출간하던 책을 더 이상 발행하지 않음

販 (3급) 팔 판
貝 총11회

필순: 販販販販販販販販販販

돈(貝)을 주고 산 물건을 다시 팔아 돈을 되돌려(反) 받음을 나타내어 '팔다'의 뜻을 가지게 되었다.

- 販禁(판금) 販路(판로) 販賣(판매)
- 販促(판촉) 街販(가판) 市販(시판)
- 外販(외판) 自販(자판) 直販(직판)
- 總販(총판)

뜻풀이
- 販路(판로): 상품이 팔리는 길
- 販促(판촉): 판매가 늘어나도록 하는 일

八 (8급) 여덟 팔
八 총2회

필순: 八八

본래 둘로 나누어져 있는 것의 모습이었으나 나중에 숫자 '여덟'의 뜻으로 쓰이게 되었다.

- 八角(팔각) 八道(팔도) 八方(팔방)
- 八字(팔자) 八面體(팔면체)
- 八朔童(팔삭동) 三八線(삼팔선)
- 初八日(초파일) 十中八九(십중팔구)

뜻풀이
- 八達(팔달): 길이 팔방으로 통하여 있음
- 八等身(팔등신): 키가 얼굴 길이의 여덟 배가 되는 몸

貝 (3급) 조개 패:
貝 총7회

필순: 貝貝貝貝貝貝貝

조개의 모습으로 '조개'를 뜻한다.

- 貝甲(패갑) 貝類(패류) 貝物(패물)
- 貝粉(패분) 貝石(패석) 貝玉(패옥)
- 魚貝(어패) 種貝(종패) 珠貝(주패)

뜻풀이
- 貝物(패물): 산호, 호박, 수정과 같은 값진 물건으로 만든 것
- 珠貝(주패): 진주

敗

5급 | **필수**
敗敗敗敗敗敗敗敗敗敗敗

패할 패:
攴 총11획

본래 조개(貝)를 손에 쥔 막대기로 쳐서(攵) 깨뜨리는 것을 나타내었으나 나중에 싸움에 져서 '패하다'의 뜻을 가지게 되었다.

敗北(패배) 敗訴(패소) 大敗(대패)
不敗(불패) 勝敗(승패) 連敗(연패)
完敗(완패) 慘敗(참패)
敗家亡身(패가망신)

뜻풀이
敗訴(패소): 소송에서 짐
敗家亡身(패가망신): 가산을 탕진하고 몸을 망침

片

3급Ⅱ | **필수**
片片片片

조각 편(:)
片 총4획

나무를 세로로 쪼갠 것 중 오른쪽 조각의 모습으로 '조각'을 뜻한다.

片道(편도) 片貌(편모) 片舟(편주)
片志(편지) 片紙(편지) 片側(편측)
斷片(단편) 阿片(아편) 破片(파편)
一片丹心(일편단심)

뜻풀이
片貌(편모): 연결되지 않은 단편적인 모습
一片丹心(일편단심): 한 조각의 붉은 마음. 즉 진심에서 우러나오는 변치 않는 진정한 마음

便

7급 | **필수**
便便便便便便便便

편할 편(:)
똥오줌 변
人 총9획

사람(亻)에게 편리하도록 바꾸는(更) 것을 나타내어 '편하다'의 뜻을 가지게 되었다. 또한 배설 후 속이 편안해지는 것에서 '똥오줌'의 뜻으로도 쓰이며 이때는 변이라고 읽는다.

便乘(편승) 便宜(편의) 便易(편이)
便益(편익) 便紙(편지) 簡便(간편)
不便(불편) 便祕(변비) 排便(배변)
卽便(즉변)

뜻풀이
便乘(편승): 다른 시림이 타고 가는 차편을 얻어 탐. 세태나 다른 사람의 세력을 이용해 자신의 이익을 거둠을 비유적으로 이르는 말
方便(방편): 상황에 맞는 수단과 방법

偏

3급Ⅱ | **필수**
偏偏偏偏偏偏偏偏偏

치우칠 편
人 총11획

사람(亻)의 생각은 한쪽으로 치우치기에 집(戶)에서 읽는 책(冊)도 한 종류로 치우친 것을 나타내어 '치우치다'의 뜻을 가지게 되었다.

偏見(편견) 偏母(편모) 偏僻(편벽)
偏食(편식) 偏愛(편애) 偏額(편액)
偏執(편집) 偏差(편차) 偏頗(편파)
偏向(편향)

뜻풀이
偏見(편견): 한쪽으로 치우친 생각
偏愛(편애): 어느 한 사람이나 한쪽만 치우치게 사랑함

編

3급Ⅱ | **필수**
編編編編編編編編編編編編編編編

엮을 편
糸 총15획

집(戶) 안의 낡아 떨어진 책(冊)을 실(糸)로 다시 엮는 것을 나타내어 '엮다'의 뜻을 가지게 되었다.

編曲(편곡) 編隊(편대) 編柳(편류)
編物(편물) 編修(편수) 編著(편저)
編織(편직) 編輯(편집) 改編(개편)
續編(속편) 韋編(위편)

뜻풀이
編成(편성): 엮어서 책이나 영화를 만듦
編著(편저): 편집하여 저술함

遍

3급 | **필수**
遍遍遍遍遍遍遍遍遍遍遍遍

두루 편
辵 총13획

집(戶)에 있는 책(冊)들을 다른 사람들에게 두루 빌려주어 책이 다른 집으로 옮겨가는(辶) 것을 나타내어 '두루'의 뜻을 가지게 되었다.

遍界(편계) 遍談(편담) 遍踏(편답)
遍讀(편독) 遍滿(편만) 普遍(보편)

뜻풀이
遍談(편담): 두루 말함
遍歷(편력): 여러 경험을 함

人一十之 己讀百之 (남보다 몇 배의 노력을 해야 뛰어날 수 있다.)

篇 (4급)
책 편
竹 총15획

필순: 篇篇篇篇篇篇篇篇篇篇篇篇篇篇篇

집(戶) 안의 책(冊)들이 대나무(竹) 조각을 엮어서 만들어짐을 나타내어 '책'의 뜻을 가지게 되었다.

篇次(편차) 篇幅(편폭) 短篇(단편)
詩篇(시편) 玉篇(옥편) 雄篇(웅편)
長篇(장편) 掌篇(장편) 全篇(전편)
前篇(전편) 後篇(후편)

뜻풀이
佳篇(가편): 우수한 작품
續篇(속편): 이미 만들어진 것에 더하여 저 만들어진 작품

平 (7급II)
평평할 평
干 총5획

필순: 平平平平平

평평한 물 위에 뜬 수초(水草)의 모습으로 '평평하다'의 뜻을 가지게 되었다.

平價(평가) 平均(평균) 平年(평년)
平等(평등) 平凡(평범) 平素(평소)
平穩(평온) 平易(평이) 平準(평준)
平澤(평택) 平衡(평형) 泰平(태평)

뜻풀이
平靜(평정): 아무 사고 없이 고요함
平定(평정): 반란을 누르고 평온하게 진정함. 적을 공격해 자기에게 예속되게 함

評 (4급)
평할 평
言 총12획

필순: 評評評評評評評評評評評

옳고 그름을 공평하게(平) 따져서 논함(言)을 나타내어 '평하다'의 뜻을 가지게 되었다.

評價(평가) 評論(평론) 評點(평점)
評判(평판) 論評(논평) 批評(비평)
惡評(악평) 總評(총평) 酷評(혹평)

뜻풀이
評判(평판): 세상 사람들의 평가
漫評(만평): 시사적 문제를 풍자한 만화

幣 (3급)
화폐 폐:
巾 총15획

필순: 幣幣幣幣幣幣幣幣幣幣幣幣幣幣幣

옛날에는 명주(巾)가 화폐를 대신하였는데 명주가 해질(敝) 정도로 화폐로써 많이 사용한 것을 나타내어 '화폐'의 뜻을 가지게 되었다.

幣物(폐물) 幣帛(폐백) 納幣(납폐)
禮幣(예폐) 僞幣(위폐) 錢幣(전폐)
鑄幣(주폐) 紙幣(지폐) 貨幣(화폐)

뜻풀이
幣帛(폐백): 혼례를 마친 신부가 시댁에 와서 시부모를 뵙고 큰절을 하면서 올리는 대추나 포 등의 물건
造幣(조폐): 돈을 만듦

弊 (3급II)
폐단/해질 폐:
廾 총15획

필순: 弊弊弊弊弊弊弊弊弊弊弊弊弊弊弊

해진(敝) 천을 두 손으로 마주잡은(廾) 모습을 나타내어 '폐단, 해지다'의 뜻을 가지게 되었다.

弊端(폐단) 弊社(폐사) 弊習(폐습)
弊風(폐풍) 弊害(폐해) 困弊(곤폐)
病弊(병폐) 惡弊(악폐) 作弊(작폐)
除弊(제폐) 通弊(통폐) 荒弊(황폐)

뜻풀이
困弊(곤폐): 곤궁하여 피폐함
作弊(작폐): 폐단을 만듦. 폐를 끼침

蔽 (3급)
덮을 폐:
艸 총16획

필순: 蔽蔽蔽蔽蔽蔽蔽蔽蔽蔽蔽蔽蔽蔽蔽蔽

해진(敝) 물건을 버려둠에 풀(艹)이 덮어 가린 것에서 '덮다'의 뜻을 가지게 되었다.

蔽目(폐목) 蔽塞(폐색) 蔽容(폐용)
蒙蔽(몽폐) 擁蔽(옹폐) 隱蔽(은폐)
陰蔽(음폐) 障蔽(장폐)
建蔽率(건폐율)

뜻풀이
壅蔽(옹폐): 윗사람의 총명함을 막아서 가림
遮蔽(차폐): 가려 막아 외부에서 보지 못하게 함

廢

3급II 폐할/버릴 폐: 广 총15획

廢家(폐가) 廢校(폐교) 廢棄(폐기)
廢物(폐물) 廢業(폐업) 廢人(폐인)
廢品(폐품) 改廢(개폐) 存廢(존폐)
撤廢(철폐) 荒廢(황폐)

이미 사용하고 난 창(發)을 버려두듯이 버려진 집(广)을 나타내어 '폐하다, 버리다'의 뜻을 가지게 되었다.

뜻풀이
存廢(존폐) : 보존과 폐지
食飮全廢(식음전폐) : 음식 먹기를 모두 그만둠

肺

3급II 허파 폐: 肉 총8획

肺炎(폐렴) 肺癌(폐암) 肺腸(폐장)
肺臟(폐장) 肺胞(폐포) 肺患(폐환)
鐵肺(철폐) 肺結核(폐결핵)
肺氣量(폐기량) 塵肺症(진폐증)

신체(月=肉)의 일부로 좌우의 둘로 나뉘어져서(市) 공기를 들이마시고 내쉬고 하는 기능을 가진 '허파'를 뜻한다.

뜻풀이
肺腸(폐장) : 폐와 창자. 마음
心肺(심폐) : 심장과 폐

閉

4급 닫을 폐: 門 총11획

閉講(폐강) 閉幕(폐막) 閉塞(폐색)
閉鎖(폐쇄) 閉式(폐식) 閉店(폐점)
閉會(폐회) 開閉(개폐) 密閉(밀폐)
隱閉(은폐) 自閉症(자폐증)

문(門)을 닫고서 빗장(才)으로 단단히 고정시킨 모습으로 문을 '닫다'의 뜻을 가지게 되었다.

뜻풀이
閉塞(폐색) : 닫혀서 막힘
自閉症(자폐증) : 사람과의 교류를 싫어하며 자기만의 세계에 들어박혀 사는 병적인 증세

包

4급II 쌀 포(:) 勹 총5획

包攝(포섭) 包容(포용) 包圍(포위)
包裝(포장) 包含(포함) 空包(공포)
內包(내포) 浮包(부포) 分包(분포)
小包(소포)

임산부가 배 속에 아이를 밴 모습으로 아이(巳)를 배(勹)로 싸고 있음을 나타내어 '싸다'의 뜻을 가지게 되었다.

뜻풀이
包容(포용) : 도량이 넓어 남의 살못을 이해하고 덮어 줌
內包(내포) : 어떤 성질이나 뜻을 속에 품고 있음

抱

3급 안을 포: 手 총8획

抱負(포부) 抱擁(포옹) 抱主(포주)
宿抱(숙포) 旅抱(여포) 懷抱(회포)
抱腹絶倒(포복절도)

손(扌)으로 싸서(包) 안음을 나타내어 '안다'의 뜻을 가지게 되었다.

뜻풀이
懷抱(회포) : 마음속의 생각
抱腹絶倒(포복절도) : 배를 안고 넘어진다는 뜻으로, 몹시 우스워서 배를 안고 몸을 가누지 못할 만큼 웃음

砲

4급II 대포 포: 石 총10획

砲擊(포격) 砲徑(포경) 砲兵(포병)
砲煙(포연) 砲彈(포탄) 砲塔(포탑)
砲艦(포함) 空砲(공포) 銃砲(총포)
祝砲(축포) 艦砲(함포) 號砲(호포)

본래 여러 개의 돌(石)을 싸서(包) 한꺼번에 쏘았던 무기를 나타내었으나 나중에 화약으로 인해 포탄을 쏘는 '대포'의 뜻을 가지게 되었다.

뜻풀이
砲聲(포성) : 대포 소리
砲丸(포환) : 대포의 탄알
投砲丸(투포환) : 포환을 던져서 멀리 나간 거리로 승부를 겨루는 경기

人一十之 己讀百之(남보다 몇 배의 노력을 해야 뛰어날 수 있다.)

胞

4급 필순
胞胞胞胞胞胞胞胞

세포 포(:)
肉   총9획

뱃속(月=肉)에서 아이를 싸고(包) 있는 막으로 '태반, 세포'를 뜻한다.

胞宮(포궁)   僑胞(교포)   極胞(극포)
氣胞(기포)   卵胞(난포)   單胞(단포)
同胞(동포)   細胞(세포)   液胞(액포)

뜻풀이
僑胞(교포) : 외국에 사는 동포
細胞(세포) : 생물체를 이루는 가장 기본적인 단위

飽

3급 필순
飽飽飽飽飽飽飽飽飽飽飽飽飽

배부를 포:
食   총14획

뱃속이 음식(食)으로 싸여져(包) 있음을 나타내어 '배부르다'의 뜻을 가지게 되었다.

飽滿(포만)   飽聞(포문)   飽腹(포복)
飽食(포식)   飽和(포화)   飢飽(기포)
暖飽(난포)   飽食暖衣(포식난의)

뜻풀이
飽滿(포만) : 넘치도록 참
飽食暖衣(포식난의) : 배부르게 먹고 따뜻하게 옷을 입는다. 즉 옷과 음식이 넉넉하여 불편함이 없이 편하게 지냄

布

4급Ⅱ 필순
布布布布布

베/펼 포(:)
보시 보:
巾   총5획

巾과 又이 합해진 글자로 본래 몽둥이로 걸어놓은 천(巾)을 쳐서(攵) 펴는 것을 나타내어 '베, 펴다'의 뜻을 가지게 되었다. 또한 불교에서 사용하는 '보시'의 뜻으로도 쓰이게 되었다.

布告(포고)   布帳(포장)   布陣(포진)
葛布(갈포)   塗布(도포)   麻布(마포)
發布(발포)   配布(배포)   沙布(사포)
宣布(선포)   流布(유포)   布施(보시)

뜻풀이
頒布(반포) : 널리 퍼뜨려 모두 알게 함
布施(보시) : 아무런 조건 없이 베풀어 줌

捕

3급Ⅱ 필순
捕捕捕捕捕捕捕捕捕

잡을 포:
手   총10획

죄인의 손(扌)을 묶어(甫) 놓지 않고 붙잡는 것을 나타내어 '잡다'의 뜻을 가지게 되었다.

捕繫(포계)   捕球(포구)   捕手(포수)
捕卒(포졸)   生捕(생포)   搜捕(수포)
跡捕(적포)   逮捕(체포)   追捕(추포)

뜻풀이
捕手(포수) : 야구에서 투수가 던지는 공을 받는 선수
捕獲(포획) : 잡음

浦

3급Ⅱ 필순
浦浦浦浦浦浦浦浦浦浦

개 포
水   총10획

바닷물(氵)이 드나드는 큰(甫) 포구인 '개'를 뜻한다.

浦口(포구)   浦灣(포만)   浦邊(포변)
浦村(포촌)   浦港(포항)   南浦(남포)
木浦(목포)

뜻풀이
浦口(포구) : 작은 항구
浦村(포촌) : 바닷물이 드나드는 곳에 있는 마을

幅

3급 필순
幅幅幅幅幅幅幅幅幅幅幅

폭 폭
巾   총12획

술통(畐)에 늘어뜨린 천(巾)의 모습으로 천의 너비인 '폭'을 뜻한다.

幅廣(폭광)   幅跳(폭도)   江幅(강폭)
旗幅(기폭)   大幅(대폭)   步幅(보폭)
增幅(증폭)   振幅(진폭)   畫幅(화폭)
全幅的(전폭적)

뜻풀이
增幅(증폭) : 어떤 일이나 사물의 범위가 늘어나 커짐
全幅的(전폭적) : 전체에 걸쳐 하나도 빠짐없이 완전함

暴 (4급II)

暴 暴 暴 暴 暴 暴 暴 暴
暴 暴 暴 暴 暴 暴

사나울 폭 / 모질 포:
日　총15획

暴騰(폭등)　暴露(폭로)　暴力(폭력)
暴利(폭리)　暴雪(폭설)　暴言(폭언)
暴炎(폭염)　暴飮(폭음)　亂暴(난폭)
暴惡(포악)　橫暴(횡포)

본래 해(日)가 뜨자 쌀(米→氺)을 두 손(共)으로 잡고 햇볕에 말리는 것을 나타내었으나 나중에 햇볕이 사납게 내리쬐는 것에서 '사납다, 모질다'의 뜻을 가지게 되었다. '모질다'의 뜻으로 쓰일 때는 포라고 읽는다.

뜻풀이
暴飮(폭음): 술을 한꺼번에 많이 마심
暴虐(포학): 성질이나 행동 등이 몹시 잔인하고 난폭함

爆 (4급)

爆 爆 爆 爆 爆 爆 爆 爆
爆 爆 爆 爆 爆 爆 爆
爆

불터질 폭
火　총19획

爆擊(폭격)　爆發(폭발)　爆死(폭사)
爆藥(폭약)　爆竹(폭죽)　爆彈(폭탄)
爆破(폭파)　激爆(격폭)　猛爆(맹폭)
自爆(자폭)　被爆(피폭)

불(火)길이 거칠어지며 사납게(暴) 터지는 것을 나타내어 '터지다'의 뜻을 가지게 되었다.

뜻풀이
爆笑(폭소): 갑자기 터져 나오는 웃음
自爆(자폭): 자신이 가진 폭발물을 스스로 터뜨림

表 (6급II)

表 表 表 表 表 表 表 表

겉 표
衣　총8획

表裏(표리)　表面(표면)　表示(표시)
表題(표제)　表情(표정)　表紙(표지)
表現(표현)　圖表(도표)　別表(별표)
徵表(징표)　出師表(출사표)

가죽옷은 털(毛)이 겉으로 드러나 있는데 이 털로 만든 옷(衣)을 겉옷으로 입었기에 '겉'의 뜻을 가지게 되었다.

뜻풀이
表裏(표리): 겉과 속, 안과 밖
模表(모표): 본보기

票 (4급II)

票 票 票 票 票 票 票 票 票
票 票

표 표
示　총11획

開票(개표)　得票(득표)　手票(수표)
郵票(우표)　暗票(암표)　錢票(전표)
車票(차표)　投票(투표)

물건의 중요한 부분(覀)이 눈에 잘 보이게(示) 표시해 둔 것을 나타내어 '표'의 뜻을 가지게 되었다.

뜻풀이
票決(표결): 투표로 결정함
暗票(암표): 뒷거래로 몰래 사고파는 표

漂 (3급)

漂 漂 漂 漂 漂 漂 漂 漂 漂
漂 漂 漂 漂

떠다닐 표
水　총14획

漂流(표류)　漂母(표모)　漂迫(표박)
漂泊(표박)　漂白(표백)　漂然(표연)
漂着(표착)　漂漂(표표)　浮漂(부표)

종이쪽지(票)가 물(氵) 위에 떠다니는 것을 나타내어 '떠다니다'의 뜻을 가지게 되었다.

뜻풀이
漂白(표백): 바래지게 하거나 희게 함
漂泊(표박): 정해진 곳 없이 떠돌아다님

標 (4급)

標 標 標 標 標 標 標 標
標 標 標 標 標 標

표할 표
木　총15획

標記(표기)　標本(표본)　標示(표시)
標的(표적)　標題(표제)　標準(표준)
標識(표지)　標唱(표창)　暗標(암표)

나무(木)에 종이쪽지(票)를 매달아 위치를 표시한 것을 나타내어 '표하다'의 뜻을 가지게 되었다.

뜻풀이
標本(표본): 본보기로 삼을 만한 것
指標(지표): 방향이나 목적 등을 나타내는 표지

人一十之 己讀百之 (남보다 몇 배의 노력을 해야 뛰어날 수 있다.)

品 (5급II)

品 品 品 品 品 品 品 品 品

물건 품:
口　총9획

많은 물건이 쌓여 있는 모습으로 '물건'을 뜻한다.

品格(품격)　品性(품성)　品切(품절)
品行(품행)　氣品(기품)　納品(납품)
返品(반품)　備品(비품)　賞品(상품)
庸品(용품)　遺品(유품)　廢品(폐품)

뜻풀이
品行(품행) : 품성과 행실
逸品(일품) : 매우 뛰어난 물건

風 (6급II)

風 凡 凡 凡 凤 凤 風 風 風

바람 풍
風　총9획

바람에 펄럭이는 돛(凡)처럼 벌레들(虫)이 바람에 이상한 움직임을 보이는 것을 나타내어 '바람'의 뜻을 가지게 되었다.

風景(풍경)　風力(풍력)　風俗(풍속)
風習(풍습)　風齒(풍치)　突風(돌풍)
微風(미풍)　屛風(병풍)　朔風(삭풍)
颱風(태풍)　虛風(허풍)

뜻풀이
殺風景(살풍경) : 보잘것없는 스산한 풍경
珍風景(진풍경) : 구경거리가 될 만한 풍경

楓 (3급II)

楓 楓 楓 楓 楓 楓 楓 楓 楓
楓 楓 楓 楓

단풍 풍
木　총13획

風에 木이 더해진 글자로 여기서 風(풍)은 발음기호의 역할을 한다. 木으로써 나무의 일종임을 알 수 있으니 楓은 '단풍나무'를 뜻한다.

楓菊(풍국)　楓錦(풍금)　楓林(풍림)
楓岸(풍안)　楓葉(풍엽)　丹楓(단풍)
霜楓(상풍)　赤楓(적풍)

뜻풀이
楓林(풍림) : 단풍나무 숲
楓葉(풍엽) : 단풍잎

豊 (4급II)

豊 豆 豆 豊 豊 豊 豊 豊 豊 豊
豊 豊 豊

풍년 풍
豆　총13획

본래 글자는 豐으로 그릇(豆) 위에 제사 음식을 가득 올려놓은 모습(丰)을 나타내어 가득 있기에 '풍년'의 뜻을 가지게 되었다.

豊年(풍년)　豊滿(풍만)　豊富(풍부)
豊盛(풍성)　豊裕(풍유)　豊潤(풍윤)
豊作(풍작)　豊足(풍족)　豊凶(풍흉)
大豊(대풍)

뜻풀이
豊作(풍작) : 풍년이 들어 거두어들임이 많음
豊足(풍족) : 부족함이 없이 넉넉함

皮 (3급II)

皮 広 皮 皮 皮

가죽 피
皮　총5획

손(又)으로 짐승 가죽을 벗겨 내는 모습으로 '가죽'의 뜻을 가지게 되었다.

皮骨(피골)　皮膚(피부)　皮革(피혁)
桂皮(계피)　內皮(내피)　毛皮(모피)
羊皮(양피)　外皮(외피)　牛皮(우피)
脫皮(탈피)　表皮(표피)

뜻풀이
脫皮(탈피) : 허물을 벗음. 완전히 벗어남
表皮(표피) : 표면을 덮고 있는 조직

彼 (3급II)

彼 彼 彼 彼 彼 彼 彼 彼

저 피:
彳　총8획

짐승 가죽(皮)을 벗겨 낼 때 가죽이 갈라지는 것처럼 갈라진 길(彳)의 저쪽을 나타내어 '저'의 뜻을 가지게 되었다.

彼我(피아)　彼岸(피안)　彼地(피지)
彼此(피차)　於此彼(어차피)
此日彼日(차일피일)

뜻풀이
彼我(피아) : 그와 나
此日彼日(차일피일) : 오늘 내일 하며 자꾸 기한을 늦춤

被

3급Ⅱ

필순: 被被被被被被被被被被

입을 피 : 衣 총10획

가죽(皮)으로 만든 옷(衣)을 입는 것을 나타내었는데 옷을 입다, 은혜를 입다, 피해를 당하다 등의 경우에 쓰이는 글자로 '입다, 덮다'의 뜻을 가진다.

被擊(피격) 被告(피고) 被拉(피랍)
被服(피복) 被殺(피살) 被害(피해)
被寫體(피사체) 被疑者(피의자)

뜻풀이
被拉(피랍) : 납치를 당함
被襲(피습) : 생각지 못한 공격을 받음

疲

4급

필순: 疲疲疲疲疲疲疲疲疲疲

피곤할 피 : 疒 총10획

가죽(皮) 벗기는 일을 많이 해서 병(疒)들어 지친 것을 나타내어 '피곤하다'의 뜻을 가지게 되었다.

疲困(피곤) 疲勞(피로) 疲暮(피모)
疲民(피민) 疲弊(피폐) 昏疲(혼피)

뜻풀이
疲困(피곤) : 몸과 마음이 지치고 고달픔
疲弊(피폐) : 생활이나 경제력 등이 어려워져 궁하게 된 상태

避

4급

필순: 避避避避避避避避避避 避避避避避避避

피할 피 : 辶 총17획

사람들이 모르게 치우친(辟) 곳으로 나아가서(辶) 피하는 것을 나타내어 '피하다'의 뜻을 가시게 되었다.

避難(피난) 避暑(피서) 避妊(피임)
待避(대피) 逃避(도피) 謀避(모피)
隱避(은피) 回避(회피)

뜻풀이
忌避(기피) : 싫거나 꺼리어 피함
逃避(도피) : 도망하여 몸을 피함

匹

3급

필순: 匹匹匹匹

짝 필 : 匚 총4획

양쪽 끝에서 갈라진 두 끝의 옷감을 상자(匚)에 보관해 놓은 것을 나타내어 옷감의 길이를 나타내는 단위인 '필'의 뜻을 가지게 되었다. 나중에 '짝'의 뜻으로도 쓰이게 되었다.

匹對(필대) 匹馬(필마) 匹夫(필부)
匹偶(필우) 匹敵(필적) 馬匹(마필)
配匹(배필) 良匹(양필) 倫匹(윤필)

뜻풀이
匹敵(필적) : 능력, 세력, 재주 등이 서로 엇비슷하여 견줄 만함
良匹(양필) : 좋은 배우자

必

5급Ⅱ

필순: 必必必必必

반드시 필 : 心 총5획

마음(心)에 말뚝(丿)을 치듯이 결심한 것은 꼭 이루어 내는 것으로 '반드시'의 뜻을 가지게 되었다.

必讀(필독) 必需(필수) 必須(필수)
必勝(필승) 必是(필시) 必也(필야)
必然(필연) 必要(필요) 必爲(필위)
必至(필지) 期必(기필) 何必(하필)

뜻풀이
必然(필연) : 꼭 그렇게 될 수밖에 없음
期必(기필) : 꼭 이루어지기를 약속함

畢

3급Ⅱ

필순: 畢畢畢畢畢畢畢畢 畢畢

마칠 필 : 田 총11획

짐승을 잡는 자루가 달린 그물의 모습으로 그물질을 해서 사냥을 마친다는 것을 나타내어 '마치다'의 뜻을 가지게 되었다.

畢竟(필경) 畢納(필납) 畢生(필생)
畢業(필업) 畢證(필증) 畢婚(필혼)
未畢(미필) 完畢(완필) 造畢(조필)
檢查畢(검사필) 檢定畢(검정필)

뜻풀이
畢業(필업) : 하고 있는 일을 마침
未畢(미필) : 아직 완전히 끝내지 못함

人一十之 己讀百之 (남보다 몇 배의 노력을 해야 뛰어날 수 있다.)

筆 [5급II]

붓 필
竹 총12획

필순: 筆筆筆筆筆筆筆筆筆筆筆筆

대나무(竹)로 자루를 만든 붓(聿)을 손에 쥐고 있는 모습으로 '붓'을 뜻한다.

筆耕(필경) 筆談(필담) 筆削(필삭)
筆硯(필연) 筆跡(필적) 達筆(달필)
粉筆(분필) 鉛筆(연필) 拙筆(졸필)
執筆(집필) 捉筆(착필)

뜻풀이
筆致(필치) : 글솜씨
隨筆(수필) : 일상생활 속에서의 생각과 느낌을 자유롭게 쓴 글

下 [7급II]

아래 하:
一 총3획

필순: 下下下

기준선 一 아래에 짧은 가로획을 그어 '아래'의 뜻을 가지게 되었는데 나중에 二와 구별하기 위해서 下로 변하였다.

下賜(하사) 下世(하세) 下獄(하옥)
下請(하청) 下弦(하현) 下廻(하회)
却下(각하) 幕下(막하) 卑下(비하)
隷下(예하) 落下傘(낙하산)

뜻풀이
下世(하세) : 세상을 떠남. 윗사람이 죽음
下獄(하옥) : 죄인을 옥에 가둠

河 [5급]

물 하
水 총8획

필순: 河河河河河河河河

굽이쳐서(可) 흐르는 강물(氵)을 나타내어 '강'의 뜻을 가지게 되었다.

河口(하구) 河馬(하마) 河上(하상)
河岸(하안) 河堤(하제) 河海(하해)
氷河(빙하) 沿河(연하) 運河(운하)
銀河(은하) 津河(진하) 黃河(황하)

뜻풀이
河伯(하백) : 물을 맡은 신
河堤(하제) : 강물이 넘치지 못하도록 쌓은 둑

何 [3급II]

어찌 하
人 총7획

필순: 何何何何何何何

何時(하시) 何如(하여) 何人(하인)
何處(하처) 幾何(기하) 那何(나하)
奈何(내하) 誰何(수하) 若何(약하)
如何(여하) 抑何心情(억하심정)

본래 큰 짐(可)을 메고 구부정하게 가는 사람(亻)의 모습이었으나 나중에 의문사인 '어찌'의 뜻으로 쓰이게 되었다.

뜻풀이
何等(하등) : 아무런
何必(하필) : 어찌하여 꼭

荷 [3급II]

멜 하(:)
艸 총11획

필순: 荷荷荷荷荷荷荷荷荷荷荷

荷物(하물) 荷船(하선) 荷役(하역)
負荷(부하) 入荷(입하) 積荷(적하)
出荷(출하) 荷置場(하치장)

어깨에 물건을 멘 사람(何)이 물건을 연잎(艹)에 올려놓는 모습을 나타내어 물건을 등에 '메다'의 뜻을 가지게 되었다.

뜻풀이
荷役(하역) : 짐을 싣고 내리는 일
荷重(하중) : 물체의 무게

夏 [7급]

여름 하:
夊 총10획

필순: 夏夏夏夏夏夏夏夏夏夏

夏季(하계) 夏期(하기) 夏服(하복)
夏節(하절) 夏至(하지) 暮夏(모하)
盛夏(성하) 消夏(소하) 立夏(입하)

본래 사람이 탈을 쓰고 춤을 추는 모습으로 여름에 지내는 제사 때 춤추는 것을 나타내어 '여름'의 뜻을 가지게 되었다.

뜻풀이
夏至(하지) : 낮이 가장 길고 밤이 가장 짧은 이십사절기의 하나
客夏(객하) : 지나간 여름

賀
3급 Ⅱ

필순: 賀賀賀賀賀賀賀賀賀賀賀賀

하례할 하ː
貝　총12획

기쁜 일에 재물(貝)이 될 만한 선물을 보내어 축하하는 것을 나타내어 '하례하다'의 뜻을 가지게 되었다.

賀客(하객)　賀禮(하례)　賀詞(하사)
賀宴(하연)　敬賀(경하)　慶賀(경하)
謹賀(근하)　祝賀(축하)
年賀狀(연하장)

뜻풀이
敬賀(경하) : 공경하여 축하함
致賀(치하) : 축하의 말을 함

學
8급

필순: 學學學學學學學學學學學學學學學學

배울 학
子　총16획

무지로 덮여있는 (冖) 아이들(子)이 양손(臼)에 책을 들고 가르침을 본받아(爻) 배우는 것을 나타내어 '배우다'의 뜻을 가지게 되었다.

學科(학과)　學校(학교)　學歷(학력)
學閥(학벌)　學緣(학연)　學士(학사)
學習(학습)　學業(학업)　勉學(면학)
博學(박학)　碩學(석학)　哲學(철학)

뜻풀이
博學(박학) : 배운 것이 많고 학식이 넓음
學齡(학령) : 초등학교에 입학해야 할 나이

鶴
3급 Ⅱ

필순: 鶴鶴鶴鶴鶴鶴鶴鶴鶴鶴鶴鶴鶴鶴鶴鶴鶴鶴鶴鶴鶴

학 학
鳥　총21획

높이 날아오르는(隺) 흰 새(鳥)인 '학'을 뜻한다.

鶴舞(학무)　鶴髮(학발)　群鶴(군학)
琴鶴(금학)　鳴鶴(명학)　白鶴(백학)
鶴首苦待(학수고대)

뜻풀이
鶴髮(학발) : 학의 깃털처럼 희다는 뜻으로, 하얗게 센 머리털을 비유한 말
鶴首苦待(학수고대) : 학의 목처럼 목을 길게 빼고 간절히 기다림

寒
5급

필순: 寒寒寒寒寒寒寒寒寒寒寒寒

찰 한
宀　총12획

물이 언(冫) 것처럼 찬 집(宀) 바닥에 양 손으로 풀(茻)을 깔고 누운 사람의 모습으로 '차다'를 뜻한다.

寒氣(한기)　寒帶(한대)　寒冷(한랭)
寒暑(한서)　寒食(한식)　極寒(극한)
飢寒(기한)　耐寒(내한)　嚴寒(엄한)
酷寒(혹한)

뜻풀이
寒波(한파) : 기온이 갑자기 내려가 추워지는 현상
脣亡齒寒(순망치한) : 입술이 없으면 이가 시림, 즉 서로 밀접한 사이에 한쪽이 망하면 다른 한쪽도 영향을 받음

恨
4급

필순: 恨恨恨恨恨恨恨恨恨

한 한ː
心　총9획

마음(忄)에 상처가 머물러(艮) 있음을 나타내어 '한'의 뜻을 가지게 되었다.

恨歎(한탄)　愁恨(수한)　深恨(심한)
餘恨(여한)　憂恨(우한)　怨恨(원한)
遺恨(유한)　追恨(추한)　悔恨(회한)

뜻풀이
怨恨(원한) : 억울하고 원통한 마음
痛恨(통한) : 가슴 아프도록 한탄함

限
4급 Ⅱ

필순: 限限限限限限限限限

한할 한ː
阜　총9획

산언덕(阝)에 앞이 가로막혀(艮) 있음을 나타내어 '한하다, 막히다'는 뜻을 가지게 되었다.

限界(한계)　限度(한도)　限定(한정)
權限(권한)　極限(극한)　期限(기한)
時限(시한)　年限(연한)　有限(유한)
制限(제한)　下限(하한)　無限大(무한대)

뜻풀이
局限(국한) : 범위를 제한함
有限(유한) : 수, 양, 공간, 시간 등에 일정한 한도나 한계가 있음

人一十之 己讀百之 (남보다 몇 배의 노력을 해야 뛰어날 수 있다.)

汗 (3급II)

땀 한(:)
水　총6획

汗漫(한만)　汗蒸(한증)　可汗(가한)
發汗(발한)　珠汗(주한)　慙汗(참한)
取汗(취한)　不汗黨(불한당)

더위에 흘리는 땀(氵)이 피부를 보호하기 위한 방패(干) 역할을 함을 나타내어 '땀'의 뜻을 가지게 되었다.

뜻풀이
汗蒸(한증) : 높은 온도로 몸을 덥게 하여 땀을 내서 병을 다스리는 일
不汗黨(불한당) : 무리를 지어 돌아다니던 강도의 무리

旱 (3급)

가물 한:
日　총7획

旱氣(한기)　旱路(한로)　旱雷(한뢰)
旱災(한재)　旱害(한해)　枯旱(고한)
久旱(구한)　耐旱(내한)　大旱(대한)

비는 오지 않고 해(日)가 뜨겁게 내리쬐어 마르는(干) 것을 나타내어 '가물다'의 뜻을 가지게 되었다.

뜻풀이
旱氣(한기) : 오랫동안 비가 오지 않아 메마른 날씨
旱災(한재) : 가뭄 때문에 발생된 재앙

漢 (7급II)

한수/한나라 한:
水　총14획

漢江(한강)　漢菓(한과)　漢文(한문)
漢詩(한시)　漢字(한자)　漢族(한족)
漢學(한학)　無賴漢(무뢰한)
門外漢(문외한)

진흙(堇 = 𦰩)이 많이 섞여 탁해진 물(氵)이 흘러내리는 양자강 상류의 '한수'를 뜻한다. 또한 양자강을 중심으로 하여 세워진 나라, '한나라'의 뜻도 갖는다.

뜻풀이
怪漢(괴한) : 거동이 수상한 남자
門外漢(문외한) : 어떤 일에 전문적인 지식이 없는 사람

韓 (8급)

한국/나라 한(:)
韋　총17획

韓國(한국)　韓方(한방)　韓服(한복)
韓食(한식)　韓藥(한약)　韓屋(한옥)
韓醫(한의)　韓紙(한지)　南韓(남한)
來韓(내한)　對韓(대한)　訪韓(방한)

본래 해가 떠오르는 (卓) 우물가를 에워싼 (韋 = 圍) 우물의 난간을 나타내었으나 나중에 성씨나 나라의 이름으로 쓰이게 되어 '한국, 나라'의 뜻을 가지게 되었다.

뜻풀이
韓式(한식) : 우리나라의 고유한 양식
駐韓(주한) : 한국에 머무름

閑 (4급)

한가할 한
門　총12획

閑暇(한가)　閑良(한량)　閑散(한산)
閑寂(한적)　閑職(한직)　破閑(파한)
等閑視(등한시)　忙中閑(망중한)

본래 문(門) 사이에 나무(木)를 가로질러 놓아서 다른 것의 침입을 막는 칸막이를 나타내었으나 나중에 '한가하다'의 뜻을 가지게 되었다.

뜻풀이
閑寂(한적) : 한가하고 고요함
等閑視(등한시) : 소홀하게 보아 넘김

割 (3급II)

벨 할
刀　총12획

割據(할거)　割當(할당)　割禮(할례)
割腹(할복)　割賦(할부)　割愛(할애)
割引(할인)　割增(할증)　均割(균할)
分割(분할)　役割(역할)　裁割(재할)

소를 칼(刂)로 배어서 해치는(害) 것을 나타내어 '베다'의 뜻을 가지게 되었다.

뜻풀이
割當(할당) : 몫을 나눠 분배함
割引(할인) : 값에서 덜어냄

含 머금을 함

3급II | 口 | 총7획

含 含 含 含 含 含 含

含量(함량)　含默(함묵)　含憤(함분)
含笑(함소)　含有(함유)　含意(함의)
含蓄(함축)　飯含(반함)　包含(포함)

지금(今) 입(口) 속에 넣고 꺼내지 않는 것을 나타내어 '머금다'는 뜻을 가지게 되었다.

뜻풀이
含有(함유): 어떤 성분을 가지고 있음
含蓄(함축): 겉으로 드러내지 않고 속에 간직함

咸 다 함

3급 | 口 | 총9획

咸 咸 咸 咸 咸 咸 咸 咸 咸

咸鏡(함경)　咸告(함고)　咸登(함등)
咸服(함복)　咸陽(함양)　咸悅(함열)
咸興差使(함흥차사)

戌과 口가 합해진 글자로 큰 도끼(戌)를 들고 입(口)을 모아서 하나로 소리를 지르며 적진으로 달려가는 것을 나타내어 '다'의 뜻을 가지게 되었다.

뜻풀이
咸告(함고): 빠짐없이 모두 말함
咸池(함지): 해가 지는 서쪽의 큰 못

陷 빠질 함

3급II | 阜 | 총11획

陷 陷 陷 陷 陷 陷 陷 陷 陷 陷 陷

陷溺(함닉)　陷落(함락)　陷沒(함몰)
陷城(함성)　陷入(함입)　陷害(함해)

사람(ク=人)이 언덕(阝)의 울퉁불퉁하고 깊게 파인 구덩이(臼)에 빠진 것을 나타내어 '빠지다'의 뜻을 가지게 되었다.

뜻풀이
陷沒(함몰): 물속이나 땅속에 빠진 것
缺陷(결함): 흠이 되는 부분

合 합할 합

6급 | 口 | 총6획

合 合 合 合 合 合

合同(합동)　合法(합법)　合倂(합병)
合席(합석)　合勢(합세)　合乘(합승)
合議(합의)　合掌(합장)　宮合(궁합)
縫合(봉합)　聯合(연합)　融合(융합)

여러 사람들의 입(口)에서 나오는 말들을 하나로 모으는(亼) 것을 나타내어 '합하다'는 뜻을 가지게 되었다.

뜻풀이
符合(부합): 서로 꼭 들어맞아 일치함
合掌(합장): 불교에서 인사할 때나 절할 때 두 팔을 가슴까지 들어 올려 손바닥을 합함

抗 겨룰 항

4급 | 手 | 총7획

抗 抗 抗 抗 抗 抗 抗

抗告(항고)　抗菌(항균)　抗命(항명)
抗辯(항변)　抗訴(항소)　抗議(항의)
抗爭(항쟁)　抗戰(항전)　抗體(항체)
對抗(대항)　抵抗(저항)

다른 사람과의 싸움에 손(扌)을 높이(亢) 들어서 막는 것을 나타내어 '겨루다'의 뜻을 가지게 되었다.

뜻풀이
抗菌(항균): 균에 저항함
抗議(항의): 어떤 일에 대하여 그 부당함을 따지고 반대의 뜻을 주장함

航 배 항

4급II | 舟 | 총10획

航 航 航 航 航 航 航 航 航

航路(항로)　航海(항해)　缺航(결항)
難航(난항)　密航(밀항)　運航(운항)
直航(직항)　出航(출항)

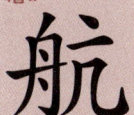

배(舟)의 돛대를 높이(亢) 세우고 물길을 건너가는 것을 나타내어 '배'의 뜻을 가지게 되었다.

뜻풀이
巡航(순항): 여러 곳을 두루 다님
直航(직항): 배가 운행 중에 다른 항구에 들르지 않고 목적지로 곧바로 감

人一十之 己讀百之 (남보다 몇 배의 노력을 해야 뛰어날 수 있다.)

巷 (3급)

거리 항:
己 총9획

巷間(항간) 巷談(항담) 巷說(항설)
巷議(항의) 塗巷(도항) 僻巷(벽항)
斜巷(사항) 深巷(심항) 幽巷(유항)

共과 邑이 합쳐진 글자로 마을(邑) 사람들이 함께(共) 사용하는 마을 가운데의 길인 '거리'를 뜻한다.

뜻풀이
巷間(항간) : 세상 사람들 사이
街巷(가항) : 길거리

港 (4급II)

항구 항:
水 총12획

港口(항구) 港都(항도) 港灣(항만)
開港(개항) 空港(공항) 軍港(군항)
歸港(귀항) 漁港(어항) 入港(입항)
出港(출항)

물(氵) 위로 배가 지나다닐 수 있는 뱃길(巷)로 '항구'를 뜻한다.

뜻풀이
港灣(항만) : 선박이 머물고 승객이나 화물 등이 이동하기 편리하게 만들어진 구역
出港(출항) : 배가 항해를 떠남

恒 (3급II)

항상 항:
心 총9획

恒久(항구) 恒常(항상) 恒星(항성)
恒時(항시) 恒心(항심) 恒溫(항온)
恒用(항용) 永恒(영항)

항상 변하지 않는(亘) 마음(忄)을 나타내어 '항상'의 뜻을 가지게 되었다.

뜻풀이
恒常(항상) : 언제나
恒溫(항온) : 항상 일정하게 유지되는 온도

項 (3급II)

항목 항:
頁 총12획

項領(항령) 項目(항목) 項鎖(항쇄)
各項(각항) 款項(관항) 問項(문항)
事項(사항) 前項(전항) 條項(조항)
後項(후항)

본래 머리(頁)의 뒤쪽에 工모양으로 이어져있는 목덜미를 나타내는 글자였다. 나중에 '항목'의 뜻으로 쓰이게 되었다.

뜻풀이
項目(항목) : 어떤 법률이나 규정 등의 낱낱의 조나 항목
條項(조항) : 법률이나 법규 또는 협정 등에 있는 조목이나 항목

奚 (3급)

어찌 해:
大 총10획

奚暇(해가) 奚故(해고) 奚琴(해금)
奚奴(해노) 奚毒(해독) 奚童(해동)
奚兒(해아) 奚若(해약) 奚特(해특)

본래 사람(大)을 끈(幺)에 매어서 손(爫)으로 잡고 있는 모습을 나타내었으나 나중에 의문사인 '어찌'의 뜻으로 쓰이게 되었다.

뜻풀이
奚暇(해가) : 어느 겨를
奚若(해약) : 어찌

害 (5급II)

해할 해:
宀 총10획

害毒(해독) 害蟲(해충) 妨害(방해)
病害(병해) 傷害(상해) 損害(손해)
有害(유해) 陰害(음해) 災害(재해)
自害(자해) 被害(피해)

축문을 새겨서(丰) 그릇(口)에 담고 가려 덮은(宀) 모습이다. 이것은 해가 되는 것들을 두려워한 데에서 나온 의식으로 '해하다'의 뜻을 가지게 되었다.

뜻풀이
迫害(박해) : 못살게 굴어 해를 입힘
自害(자해) : 자신의 몸을 스스로 다치게 함

海 (7급II)

海海海海海海海海海海

바다 해:
水　총10획

많은 갈래(每)의 물(氵)줄기들이 한 곳으로 흘러 바다를 이루는 것에서 '바다'를 뜻한다.

필순

海軍(해군)　海女(해녀)　海邊(해변)
海拔(해발)　海蔘(해삼)　海岸(해안)
海賊(해적)　沿海(연해)　領海(영해)
滄海(창해)

뜻풀이
海岸(해안) : 바닷가의 언덕이나 기슭
桑田碧海(상전벽해) : 뽕나무밭이 변하여 푸른 바다가 됨. 즉 세상일의 변화가 심함을 비유적으로 이르는 말

解 (4급II)

解解解解解解解解解
解解解解

풀 해:
角　총13획

칼(刀)로 소(牛)의 살과 뼈(角)를 따로 발라내듯이 사물을 구성하고 있는 하나하나를 풀어 헤치는 것을 나타내어 '풀다'의 뜻을 가지게 되었다.

필순

解雇(해고)　解毒(해독)　解夢(해몽)
解放(해방)　解散(해산)　解釋(해석)
解說(해설)　解消(해소)　解脫(해탈)
溶解(용해)　解熱劑(해열제)

뜻풀이
解消(해소) : 어려운 문제의 일이나 상태를 해결하여 없애 버림
解熱劑(해열제) : 높아진 체온을 정상으로 내리게 하는 약

亥 (3급)

亥亥亥亥亥亥

돼지 해:
亠　총6획

멧돼지의 모습을 본떠 '돼지'를 뜻한다. 나중에 12지 중의 하나로 '열두째 지지'의 뜻으로도 쓰이게 되었다.

필순

亥年(해년)　亥方(해방)　亥時(해시)
亥月(해월)　亥日(해일)　辛亥(신해)
乙亥(을해)

뜻풀이
亥時(해시) : 밤 9시부터 11시까지
辛亥(신해) : 육십갑자의 마흔여덟째

該 (3급)

該該該該該該該該該
該該該該

갖출/마땅 해:
言　총13획

부러질 틈이 없는 딱딱한 멧돼지(亥) 뼈대처럼 말(言)이 고쳐서서 빈틈없이 갖추어진 것을 나타내어 '갖추다, 마땅하다'의 뜻을 가지게 되었다.

필순

該當(해당)　該吏(해리)　該敏(해민)
該博(해박)　該色(해색)　該氏(해씨)
該院(해원)　呈該(정해)

뜻풀이
該博(해박) : 폭 넓게 여러 방면으로 알고 있음
該色(해색) : 그 일을 맡은 사람

核 (4급)

核核核核核核核核核核

씨 핵
木　총10획

나무(木)에서 열리는 단단한(亥) 과일의 중심 부분인 '씨, 씨앗'을 뜻한다.

필순

核果(핵과)　核心(핵심)　核液(핵액)
核彈(핵탄)　結核(결핵)
核家族(핵가족)　核武器(핵무기)

뜻풀이
核果(핵과) : 과일 속의 씨가 단단한 복숭아나 살구 같은 과실
核家族(핵가족) : 부부와 미혼의 자녀만으로 구성된 가족

幸 (6급II)

幸幸幸幸幸幸幸幸

다행 행:
干　총8획

본래 죄인을 잡을 때 쓰는 수갑의 모습으로 죄인을 잡아 다행이라는 것에서 '다행'의 뜻을 가지게 되었다.

필순

幸福(행복)　幸運(행운)　幸人(행인)
幸學(행학)　多幸(다행)　萬幸(만행)
不幸(불행)

뜻풀이
幸學(행학) : 왕이 학교로 행차하던 일
千萬多幸(천만다행) : 매우 다행함

人一十之 己讀百之 (남보다 몇 배의 노력을 해야 뛰어날 수 있다.)

行

6급

다닐 행(:)
항렬 항
行 총6획

필순: 行行行行行行

行動(행동)　行方(행방)　行事(행사)
行實(행실)　行爲(행위)　行人(행인)
行蹟(행적)　蠻行(만행)　尾行(미행)
緩行(완행)　醜行(추행)　行列(항렬)

사방으로 갈라진 사거리를 본떠 사거리를 '다니다'의 뜻을 가지게 되었다. 또한 '항렬'의 뜻으로도 쓰이며 이때는 항이라고 읽는다.

뜻풀이
行方(행방) : 간 곳이나 방향
尾行(미행) : 다른 사람의 행동을 감시하기 위해 몰래 뒤를 밟음
醜行(추행) : 더럽고 지저분한 행동

向

6급

향할 향:
口 총6획

필순: 向向向向向向

向上(향상)　向後(향후)　傾向(경향)
南向(남향)　動向(동향)　方向(방향)
性向(성향)　意向(의향)　轉向(전향)
偏向(편향)

집을 본뜬 宀에 창문을 나타내는 口가 더해져 북쪽 방향으로 낸 창문을 나타내어 '향하다'의 뜻을 가지게 되었다.

뜻풀이
傾向(경향) : 어느 한 쪽을 향하여 기울어짐
動向(동향) : 사람들의 생각이나 어떤 사상, 일의 형세 등이 움직여 가는 방향

享

3급

누릴 향:
亠 총8획

필순: 享享享享享享享

享樂(향락)　享禮(향례)　享祀(향사)
享受(향수)　享有(향유)　配享(배향)
時享(시향)　祭享(제향)　秋享(추향)

본래 조상을 모시는 높은 건물의 모습으로 제사를 올리는 장소를 나타내었다. 제사를 지냄으로써 현세의 삶을 오래도록 누릴 수 있기를 바란 것으로 '누리다'의 뜻을 가지게 되었다.

뜻풀이
享樂(향락) : 즐거움을 누림
享有(향유) : 누려서 가짐

鄕

4급Ⅱ

시골 향
邑 총13획

필순: 鄕鄕鄕鄕鄕鄕鄕鄕鄕鄕鄕

鄕校(향교)　鄕黨(향당)　鄕愁(향수)
鄕樂(향악)　鄕約(향약)　鄕村(향촌)
鄕土(향토)　京鄕(경향)　故鄕(고향)
歸鄕(귀향)　望鄕(망향)　思鄕(사향)

음식이 가득 담긴 그릇(皀)을 사이에 두고 두 사람이 마주 앉아(邜) 있는 모습으로 사람들이 서로 마주 대하고 가까이 모여 사는 '시골'의 뜻을 나타낸다.

뜻풀이
鄕愁(향수) : 고향을 그리워하는 마음
失鄕民(실향민) : 고향으로 돌아갈 길을 잃은 국민

響

3급Ⅱ

울릴 향:
音 총22획

필순: 響響響響響響響響響響響

響應(향응)　鼓響(고향)　鳴響(명향)
聲響(성향)　餘響(여향)　影響(영향)
韻響(운향)　音響(음향)　殘響(잔향)
交響曲(교향곡)

시골(鄕)은 조용하여 소리(音)가 잘 울려 퍼지기에 '울리다'의 뜻을 가지게 되었다.

뜻풀이
響應(향응) : 다른 사람의 주창에 행동을 같이함
反響(반향) : 어떤 것에 영향을 받아 일어나는 반응

香

4급Ⅱ

향기 향
香 총9획

필순: 香香香香香香香香香

香氣(향기)　香爐(향로)　香料(향료)
香水(향수)　香煙(향연)　香油(향유)
香臭(향취)　墨香(묵향)　荷香(하향)
芳香劑(방향제)

곡식 중의 하나인 기장을 나타내는 黍와 甘이 더해진 글자로 기장이 익을 때 나는 맛있는 (甘) 냄새를 나타내어 '향기'의 뜻을 가지게 되었다.

뜻풀이
香煙(향연) : 향이 타면서 나는 연기
墨香(묵향) : 먹에서 나는 향기

虛 (4급II)

빌 허 / 虍 / 총12획

필순: 虛虛虛虛虛虛虛虛虛虛虛

虛空(허공)　虛構(허구)　虛飢(허기)
虛妄(허망)　虛辭(허사)　虛勢(허세)
虛飾(허식)　虛榮(허영)　虛慾(허욕)
虛僞(허위)　虛脫(허탈)　虛風(허풍)

虛는 본래 虗로 虎에 丘가 더해진 글자이다. 여기서 虎(호)는 발음 기호의 역할을 하는데 나중에 음이 허로 변하였고 丘의 모습도 지금의 业으로 변하였다. 언덕이 넓어 아무것도 없이 텅 비었다는 것을 나타내어 '비다'의 뜻을 가지게 되었다.

뜻풀이
虛構(허구): 사실에 없는 일을 꾸며 만듦
虛飢(허기): 굶주려 배고픈 느낌
虛禮虛飾(허례허식): 분수에 맞지 않게 겉만 번드르르하게 꾸밈

許 (5급)

허락할 허 / 言 / 총11획

필순: 許許許許許許許許許許許

許可(허가)　許諾(허락)　許與(허여)
許容(허용)　官許(관허)　幾許(기허)
免許(면허)　默許(묵허)　認許(인허)
聽許(청허)　特許(특허)

午는 공이의 모습으로 공이로 찧어서 곡식을 잘 섞이게 하듯이 다른 사람들의 말(言)을 잘 듣고 의견을 하나로 모아서 허락함을 나타내어 '허락하다'의 뜻을 가지게 되었다.

뜻풀이
許容(허용): 허락하고 받아들임
聽許(청허): 듣고 허락함
特許(특허): 특별히 허락함

憲 (4급)

법 헌: / 心 / 총16획

필순: 憲憲憲憲憲憲憲憲憲憲憲憲憲憲

憲法(헌법)　憲兵(헌병)　憲裁(헌재)
憲政(헌정)　憲則(헌칙)　改憲(개헌)
官憲(관헌)　黨憲(당헌)　違憲(위헌)
立憲(입헌)　合憲(합헌)　護憲(호헌)

법의 판결에 의해 눈(目) 위에 해가 되는(害) 문신을 하여 노예로 만든 것을 나타내어 '법'의 뜻을 가지게 되었다. 나중에 心이 더해져 憲의 완전한 모습이 되었다.

뜻풀이
憲章(헌장): 따라야 할 규칙
制憲節(제헌절): 국경일의 하나로 1948년 7월 17일 헌법 공포를 기념하는 날

獻 (3급II)

드릴 헌: / 犬 / 총20획

필순: 獻獻獻獻獻獻獻獻獻獻獻獻獻獻獻獻獻

獻金(헌금)　獻納(헌납)　獻詞(헌사)
獻身(헌신)　獻爵(헌작)　獻呈(헌정)
獻血(헌혈)　獻花(헌화)　貢獻(공헌)
文獻(문헌)　進獻(진헌)

호랑이(虍) 무늬가 새겨진 세발솥(鬳)에 개(犬)를 삶아서 신에게 바치는 것을 나타내어 '바치다'의 뜻을 가지게 되었다.

뜻풀이
獻納(헌납): 물건을 바침
獻身(헌신): 몸과 마음을 바쳐 있는 힘을 다함

軒 (3급)

집 헌 / 車 / 총10획

필순: 軒軒軒軒軒軒軒軒軒

軒騎(헌기)　軒頭(헌두)　軒然(헌연)
軒號(헌호)　高軒(고헌)　東軒(동헌)
騰軒(등헌)　飛軒(비헌)　書軒(서헌)
烏竹軒(오죽헌)

전차(車)와 방패(干)를 보관해두는 '집'을 뜻한다.

뜻풀이
軒頭(헌두): 추녀 끝
烏竹軒(오죽헌): 이율곡의 생가. 집 안에 오죽이 있어서 붙여진 이름

險 (4급)

험할 험: / 阜 / 총16획

필순: 險險險險險險險險險險險險險險

險口(험구)　險難(험난)　險談(험담)
險路(험로)　險惡(험악)　險夷(험이)
險峻(험준)　冒險(모험)　保險(보험)
危險(위험)　探險(탐험)

언덕(阝)이 첩첩으로 모여(僉) 앞뒤로 다 언덕이니 '험하다'는 뜻을 가지게 되었다.

뜻풀이
險惡(험악): 길이나 형세 등이 거칠고 사나움. 마음이 험하고 악함
冒險(모험): 위험을 무릅쓰고 어떤 일을 하는 것. 또는 그 일

人一十之 己讀百之 (남보다 몇 배의 노력을 해야 뛰어날 수 있다.)

驗 [4급II]

驗驗驗驗驗驗驗驗驗驗驗驗驗驗驗驗驗驗驗驗驗驗

시험 험:
馬 총23획

모두 모여서(僉) 말(馬)을 보고 좋은 종인지 나쁜 종인지 시험하고 가려냄을 나타내어 '시험하다'는 뜻을 가지게 되었다.

檢驗(검험) 經驗(경험) 搜驗(수험)
試驗(시험) 實驗(실험) 靈驗(영험)
證驗(증험) 徵驗(징험) 體驗(체험)
效驗(효험)

뜻풀이
證驗(증험) : 사실을 경험함
效驗(효험) : 약의 효력

革 [4급]

革革革革革革革革革

가죽 혁
革 총9획

머리부터 꼬리까지 짐승의 가죽을 벗겨서 펼친 모습으로 '가죽'의 뜻을 가지게 되었다.

革帶(혁대) 革命(혁명) 革新(혁신)
革罷(혁파) 改革(개혁) 更革(경혁)
沿革(연혁) 因革(인혁) 皮革(피혁)

뜻풀이
革新(혁신) : 묵은 제도나 방식을 고쳐 새롭게 함
沿革(연혁) : 변천되어 온 내력

現 [6급II]

現現現現現現現現現現現

나타날 현:
玉 총11획

옥(玉)을 갈고 닦으면 아름다운 빛깔이 나타나는(見) 것에서 '나타나다'는 뜻을 가지게 되었다.

現夢(현몽) 現象(현상) 現狀(현상)
現實(현실) 現業(현업) 現役(현역)
現職(현직) 現札(현찰) 現況(현황)
具現(구현) 實現(실현) 表現(표현)

뜻풀이
具現(구현) : 구체적으로 나타내 보임
現役(현역) : 군대에서 실제로 복무하는 사람. 현재 어떤 일에 종사하고 있는 사람

玄 [3급II]

玄玄玄玄玄

검을 현
玄 총5획

검은 실을 묶은 모습으로 '검다'의 뜻을 가지게 되었다.

玄關(현관) 玄覽(현람) 玄慮(현려)
玄木(현목) 玄武(현무) 玄默(현묵)
玄米(현미) 玄孫(현손) 玄耀(현요)
玄旨(현지) 玄黃(현황) 曾玄(증현)

뜻풀이
玄妙(현묘) : 아득하고 신비스러운 미묘함
玄黃(현황) : 하늘과 땅

絃 [3급]

絃絃絃絃絃絃絃絃絃絃絃

줄 현
糸 총11획

糸를 더해서 실(玄)의 뜻을 강조했다. 팽팽하게 당겨진 악기에 사용하는 '줄'을 뜻한다.

絃索(현삭) 絃誦(현송) 絃枕(현침)
擧絃(거현) 繁絃(번현) 悲絃(비현)
絃樂器(현악기) 管絃樂(관현악)

뜻풀이
伯牙絶絃(백아절현) : 백아가 거문고 줄을 끊어 버렸다는 뜻으로, 자신을 알아주는 벗의 죽음을 슬퍼함을 이르는 말

縣 [3급]

縣縣縣縣縣縣縣縣縣縣縣縣縣縣縣縣

고을 현:
糸 총16획

본래 나무(朩 = 木)에 목(目)을 거꾸로 매달은(糸) 것을 나타낸 글자였으나 나중에 지방 행정 구역의 하나인 '고을'의 뜻으로 쓰이게 되었다.

縣監(현감) 縣令(현령) 縣吏(현리)
縣伯(현백) 郡縣(군현) 陝縣(섬현)

뜻풀이
縣監(현감) : 조선 시대 현의 수령
縣令(현령) : 신라 때부터 조선시대까지 현에 둔 지방 장관

懸

3급II
달 현:
心 총20획

懸懸懸懸懸懸懸懸懸懸懸懸懸懸懸懸懸懸懸懸

본래 '매달다'라는 뜻을 가진 縣이 '고을'의 뜻으로 쓰이게 되자 心을 더해서 마음에 매달아 두는 것을 나타내어 '매달다'의 뜻을 보존했다.

필순
懸隔(현격) 懸金(현금) 懸欄(현란)
懸賞(현상) 懸垂(현수) 懸案(현안)
懸板(현판)

뜻풀이
懸案(현안) : 아직 해결되지 않은 문제
懸賞(현상) : 어떤 목적으로 상금을 걸고 찾거나 모집함

賢

4급II
어질 현
貝 총15획

賢賢賢賢賢賢賢賢賢賢賢賢賢賢賢

돈(貝)을 많이 벌어서 다른 사람들에게 베풀 것을 굳게(臤) 다짐하는 글자로 재덕(才德)이 모두 갖춰진 현인을 나타낸다. 따라서 '어질다'를 뜻한다.

필순
賢明(현명) 賢婦(현부) 賢淑(현숙)
賢友(현우) 賢者(현자) 賢俊(현준)
賢策(현책) 名賢(명현) 先賢(선현)
聖賢(성현) 集賢殿(집현전)

뜻풀이
賢明(현명) : 어질고 사리에 밝음
賢母良妻(현모양처) : 어진 어머니에 착한 아내

顯

4급
나타날 현:
頁 총23획

顯顯顯顯顯顯顯顯顯顯顯顯顯顯顯顯顯顯顯顯顯顯顯

한 사람(頁)이 햇빛(日) 아래에서 실(絲)을 살펴보고 있는 모습으로 가느다란 실은 햇빛 아래에서 봐야 그 모습이 제대로 드러나기에 '나타나다'의 뜻을 가지게 되었다.

필순
顯考(현고) 顯達(현달) 顯微(현미)
顯示(현시) 顯著(현저) 顯職(현직)
具顯(구현) 發顯(발현) 隱顯(은현)
顯微鏡(현미경) 顯忠日(현충일)

뜻풀이
顯著(현저) : 뚜렷하게 드러남
破邪顯正(파사현정) : 사악한 도리를 깨뜨리고 바른 도리를 드러냄. 즉 그릇된 생각을 버리고 올바른 도리를 행함

血

4급II
피 혈
血 총6획

血血血血血血

그릇(皿)에 피(丶)가 떨어지는 모습으로 '피'를 뜻한다.

필순
血管(혈관) 血氣(혈기) 血糖(혈당)
血脈(혈맥) 血壓(혈압) 血液(혈액)
貧血(빈혈) 鮮血(선혈) 輸血(수혈)
採血(채혈) 獻血(헌혈)

뜻풀이
血緣(혈연) : 같은 조상의 피를 이어받아 맺어진 인연
血鬪(혈투) : 치열하게 싸움

穴

3급II
굴 혈
穴 총5획

穴穴穴穴穴

동굴의 입구 모습으로 '구멍'을 뜻한다.

필순
穴居(혈거) 經穴(경혈) 孔穴(공혈)
掘穴(굴혈) 窟穴(굴혈) 洞穴(동혈)
墓穴(묘혈) 虎穴(호혈)

뜻풀이
經穴(경혈) : 침이나 뜸에 알맞은 자리
窟穴(굴혈) : 바위나 땅에 깊숙하게 판 굴

嫌

3급
싫어할 혐
女 총13획

嫌嫌嫌嫌嫌嫌嫌嫌嫌嫌嫌嫌嫌

마음을 두 가지로 겸해서(兼) 가지고 있는 여자(女)를 사람들이 싫어함을 나타내어 '싫어하다'의 뜻을 가지게 되었다.

필순
嫌家(혐가) 嫌忌(혐기) 嫌似(혐사)
嫌厭(혐염) 嫌惡(혐오) 嫌怨(혐원)
嫌疑(혐의) 怒嫌(노혐)

뜻풀이
嫌惡(혐오) : 무척이나 싫어하며 미워함
嫌疑(혐의) : 범죄를 저지른 사실이 있을 것이라는 의심

人一十之 己讀百之(남보다 몇 배의 노력을 해야 뛰어날 수 있다.)

協

4급Ⅱ
필순: 協協協協協協協協

화할 협
十　총8획

協同(협동)　協商(협상)　協約(협약)
協業(협업)　協演(협연)　協議(협의)
協調(협조)　協助(협조)　協奏(협주)
協贊(협찬)　協會(협회)

한 가지 일에 많은 (十) 사람들이 힘을 합함(力力力)을 나타내어 '화하다'의 뜻을 가지게 되었다.

뜻풀이
協演(협연) : 한 독주자가 다른 독주자나 악단 등과 함께 연주함
不協和音(불협화음) : 서로의 뜻이 맞지 않아 일어나는 충돌

脅

3급Ⅱ
필순: 脅脅脅脅脅脅脅脅脅脅

위협할 협
肉　총10획

脅迫(협박)　脅息(협식)　脅約(협약)
脅制(협제)　脅從(협종)　脅奪(협탈)
脅痛(협통)　威脅(위협)　誘脅(유협)

많은 사람들이 힘을 합하여(力力力) 일을 하고 받은 한정된 고기(月=肉)를 차지하기 위해 서로 위협함을 나타내어 '위협하다'의 뜻을 가지게 되었다.

뜻풀이
脅約(협약) : 위협으로 이루어진 조약
威脅(위협) : 힘으로 겁을 주어 협박함

兄

8급
필순: 兄兄兄兄兄

형 형
儿　총5획

兄氏(형씨)　兄弟(형제)　老兄(노형)
妹兄(매형)　伯兄(백형)　舍兄(사형)
雅兄(아형)　長兄(장형)　尊兄(존형)

윗자리에서 입(口)을 사용하여 아우를 지도하고 돌보는 사람(儿)인 '형'을 뜻한다.

뜻풀이
兄夫(형부) : 언니의 남편
妻兄(처형) : 아내의 언니

亨

3급
필순: 亨亨亨亨亨亨亨

형통할 형
亠　총7획

亨國(형국)　亨途(형도)　亨熟(형숙)
亨運(형운)　亨泰(형태)　亨通(형통)

享과 같은 글자였으나 나중에 후의 뜻과 구별하기 위해 一을 뺐다. 제사를 지냄으로써 모든 일이 뜻처럼 잘되길 바랐기에 '형통하다'의 뜻을 가지게 되었다.

뜻풀이
亨熟(형숙) : 충분히 익힘
萬事亨通(만사형통) : 모든 일이 원하는 대로 잘 이루어짐

形

6급Ⅱ
필순: 形形形形形形形

모양 형
彡　총7획

形狀(형상)　形勢(형세)　形式(형식)
形容(형용)　形質(형질)　形態(형태)
圖形(도형)　變形(변형)　象形(상형)
纖形(섬형)　成形(성형)　圓形(원형)

사물의 틀(开)에 무늬(彡)가 있는 것을 나타내어 사물의 '모양'을 뜻한다.

뜻풀이
形勢(형세) : 어떤 사물의 형편이나 세력
形而上學(형이상학) : 실질적 형체를 초월한 영역의 과학. 즉 철학

刑

4급
필순: 刑刑刑刑刑刑

형벌 형
刀　총6획

刑期(형기)　刑罰(형벌)　刑場(형장)
減刑(감형)　極刑(극형)　徒刑(도형)
實刑(실형)　惡刑(악형)　斬刑(참형)
處刑(처형)　火刑(화형)

수갑의 틀(开)에 채워 매를 치거나 칼(刂)로 베어 벌을 가하는 것으로 '형벌'을 뜻한다.

뜻풀이
求刑(구형) : 검사가 판사에게 피고에 대한 형벌을 직접 요구함
終身刑(종신형) : 무기징역

3급 螢 반딧불 형
虫　총16획

필순: 螢螢螢螢螢螢螢螢螢螢螢螢螢螢螢螢

螢光(형광)　螢石(형석)　螢雪(형설)
螢案(형안)　流螢(유형)
螢雪之功(형설지공)

두 개의 햇불을 엇걸어 세운 화톳불(熒) 같은 빛을 내는 벌레(虫)인 '반딧불'을 뜻한다.

뜻풀이
螢光(형광) : 반딧불
螢雪之功(형설지공) : 반딧불과 눈빛으로 이룬 공. 즉 가난한 환경에서도 열심히 공부하여 이룬 공

3급II 衡 저울대 형
行　총16획

필순: 衡衡衡衡衡衡衡衡衡衡衡衡衡衡衡衡

衡度(형도)　衡平(형평)　權衡(권형)
均衡(균형)　爭衡(쟁형)　稱衡(칭형)
平衡(평형)　度量衡(도량형)

소의 뿔(角)이 사람(大) 몸에 받히지 않도록 소뿔에 가로로 균형을 잡아 나무를 메고 사방으로 갈라진 사거리(行)를 가는 것을 나타내어 '저울대'의 뜻을 가지게 되었다.

뜻풀이
衡平(형평) : 균형이 잡힌 일
度量衡(도량형) : 길이·부피 무게를 재는 기구

3급 兮 어조사 혜
八　총4획

필순: 兮兮兮兮

樂兮(낙혜)　沙八兮(사팔혜)
實兮歌(실혜가)　歸去來兮(귀거래혜)
道品兮停(도품혜정)

숨이 뻗어 오르려다 막히고서(丂) 다시 퍼져서 뻗어 오르는(八) 모습을 나타내어 말을 냈다가 숨을 고르기 위해서 쉬어주는 '어조사'를 뜻한다.

뜻풀이
樂兮(낙혜) : 즐겁구나
實兮歌(실혜가) : 신라 시대 때 실혜가 임금에 대한 충절을 읊은 노래

4급II 惠 은혜 혜:
心　총12획

필순: 惠惠惠惠惠惠惠惠惠惠惠

惠賜(혜사)　惠書(혜서)　惠聲(혜성)
惠政(혜정)　惠贈(혜증)　惠澤(혜택)
蒙惠(몽혜)　施惠(시혜)　恩惠(은혜)
慈惠(자혜)　特惠(특혜)

실패(叀)를 돌려서 실을 감는데 집중을 하듯이 다른 사람에게 베푸는데 마음(心)을 더하는 것을 나타내어 '은혜'의 뜻을 가지게 되었다.

뜻풀이
蒙惠(몽혜) : 은혜를 입음
特惠(특혜) : 특별한 혜택 또는 은혜

3급II 慧 슬기로울 혜:
心　총15획

필순: 慧慧慧慧慧慧慧慧慧慧慧慧慧慧慧

慧巧(혜교)　慧聖(혜성)　慧心(혜심)
慧悟(혜오)　勿慧(물혜)　思慧(사혜)
深慧(심혜)　早慧(조혜)　俊慧(준혜)
知慧(지혜)　智慧(지혜)

끝이 가지런한 비(丰)를 손(⺕)에 잡고 먼지를 제거하듯 마음(心)의 먼지를 제거하여 깨끗해지고 머리의 회전도 빨라져 슬기로워짐을 나타내어 '슬기롭다'의 뜻을 가지게 되었다.

뜻풀이
慧敏(혜민) : 총명하고 재빠름
慧眼(혜안) : 사물의 본질을 꿰뚫어 보는 안목

3급 乎 어조사 호
丿　총5획

필순: 乎乎乎乎乎

乎哉(호재)　斷乎(단호)　純乎(순호)
溫乎(온호)　宜乎(의호)　嗟乎(차호)
確乎(확호)

혀 밖으로 숨을 내쉬는 모습으로 다음 말을 잇기 위해 잠시 쉬어주는 '어조사'를 뜻한다.

뜻풀이
斷乎(단호) : 과단성 있고 분명함
確乎(확호) : 견고하고 굳셈

人一十之 己讀百之 (남보다 몇 배의 노력을 해야 뛰어날 수 있다.)

呼

부를 호
口 총8획

呼呼呼呼呼呼呼呼

呼價(호가) 呼客(호객) 呼氣(호기)
呼名(호명) 呼應(호응) 呼出(호출)
呼吸(호흡) 哀呼(애호) 連呼(연호)
烏呼(오호) 點呼(점호) 歡呼(환호)

입(口) 밖으로 숨을 내쉬면서(乎) 다른 사람을 부르는 것을 나타내어 '부르다'의 뜻을 가지게 되었다.

뜻풀이
呼訴(호소) : 딱한 사정을 하소연 함
呼稱(호칭) : 이름을 지어 부름

互

서로 호:
二 총4획

互互互互

互角(호각) 互選(호선) 互送(호송)
互讓(호양) 互用(호용) 互惠(호혜)
互換(호환) 盤互(반호) 相互(상호)

새끼줄을 감는 틀의 모습으로 한가운데를 중심으로 좌우 교대로 실을 감는 것을 나타내어 '서로'의 뜻을 가지게 되었다.

뜻풀이
互換(호환) : 서로 교체함
參互(참호) : 이것저것 비교하여 살핌

毫

터럭 호
毛 총11획

毫毫毫毫毫毫毫毫毫毫毫

毫末(호말) 毫髮(호발) 白毫(백호)
絲毫(사호) 試毫(시호) 一毫(일호)
逸毫(일호) 秋毫(추호) 揮毫(휘호)

高가 생략된 글자와 毛가 합쳐진 글자로 길고(高) 뾰족한 털(毛)을 나타내어 '터럭'의 뜻을 가지게 되었다.

뜻풀이
毫末(호말) : 털끝. 아주 작은 일 또는 적은 양을 비유적으로 이르는 말
秋毫(추호) : 매우 적음

豪

호걸 호
豕 총14획

豪豪豪豪豪豪豪豪豪豪豪豪

豪放(호방) 豪言(호언) 豪雨(호우)
豪壯(호장) 豪族(호족) 豪俊(호준)
豪快(호쾌) 文豪(문호) 富豪(부호)
豪華版(호화판)

高와 豕가 합쳐진 글자로 본래 높은(高) 집에서 돼지(豕)를 놓고 제사지내는 것을 나타내었으나 나중에 지혜와 용기가 뛰어나고 기개와 풍모가 있는 호탕한 사람인 '호걸'을 뜻하게 되었다.

뜻풀이
豪傑(호걸) : 지혜롭고 용기 있는 출중한 사람
豪言壯談(호언장담) : 분수에 맞지 않는 말을 호기롭고 자신 있게 말함

好

좋을 호:
女 총6획

好好好好好好

好感(호감) 好機(호기) 好意(호의)
好轉(호전) 好調(호조) 好評(호평)
好況(호황) 選好(선호) 崇好(숭호)
良好(양호) 友好(우호) 好奇心(호기심)

청춘 남(子)녀(女)가 사이좋게 지내며 서로 좋아하는 모습을 나타내어 '좋다'의 뜻을 가지게 되었다.

뜻풀이
修好(수호) : 사이좋게 지냄
友好(우호) : 국가나 개인의 관계가 서로 좋음

浩

넓을 호:
水 총10획

浩浩浩浩浩浩浩浩浩浩

浩歌(호가) 浩氣(호기) 浩大(호대)
浩博(호박) 浩繁(호번) 浩然(호연)
浩亭(호정) 浩歎(호탄) 浩汗(호한)
浩然之氣(호연지기)

신의 노여움을 잠재워 강을 건너기 위해서 넓고 큰 강(氵)에 소를 제물로 바치는(告) 것으로 '넓다'의 뜻을 가지게 되었다.

뜻풀이
浩博(호박) : 크고 넓음
浩然之氣(호연지기) : 도의(道義)에 근거를 두고 굽히거나 흔들리지 않는 바른 마음

胡

3급 II

필순: 胡胡胡胡胡胡胡胡胡

되 호
肉 총9획

胡考(호고) 胡瓜(호과) 胡桃(호도)
胡亂(호란) 胡壽(호수) 胡燕(호연)
胡越(호월) 胡人(호인) 胡笛(호적)
胡蝶(호접)

뜻풀이
胡人(호인) : 만주 사람. 야만인
胡蝶(호접) : 호랑나비

본래 소의 턱밑에 늘어진 살을 나타내었으나 나중에 예(古)로부터 북쪽 오랑캐 종족(月 = 肉)인 '되(狄)'의 뜻을 가지게 되었다.

湖

5급

필순: 湖湖湖湖湖湖湖湖湖湖湖湖

호수 호
水 총12획

湖南(호남) 湖面(호면) 湖泊(호박)
湖水(호수) 湖岸(호안) 湖澤(호택)
湖港(호항) 湖海(호해) 江湖(강호)
幾湖(기호)

뜻풀이
湖南(호남) : 전라도
湖海(호해) : 호수와 바다

胡에 氵가 더해진 글자로 여기서 胡(호)는 발음기호의 역할을 한다. 땅이 우묵하게 들어가 물(氵)이 괴어 있는 큰 못인 '호수'를 뜻한다.

戶

4급 II

필순: 戶戶戶戶

집 호:
戶 총4획

戶當(호당) 戶別(호별) 戶數(호수)
戶籍(호적) 戶主(호주) 家戶(가호)
客戶(객호) 獨戶(독호) 門戶(문호)
富戶(부호) 上戶(상호)

뜻풀이
戶主(호주) : 한 집안의 우두머리인 쭈징이 되는 사람
家家戶戶(가가호호) : 각 집. 집집마다

한쪽만 열리는 방의 외짝 문의 모습으로 '집, 지게'를 뜻한다.

虎

3급 II

필순: 虎虎虎虎虎虎虎虎

범 호(:)
虍 총8획

虎葛(호갈) 虎口(호구) 虎騎(호기)
虎疫(호역) 虎威(호위) 虎皮(호피)
虎穴(호혈) 虎患(호환) 客虎(객호)
猛虎(맹호) 白虎(백호)

뜻풀이
猛虎(맹호) : 몹시 사나운 호랑이
虎死留皮(호사유피) : 호랑이는 죽어서 가죽을 남긴다. 즉 사람은 죽어서 명예를 남겨야 함을 이르는 말

호랑이의 모습으로 '호랑이, 범'을 뜻한다.

號

6급

필순: 號號號號號號號號號號號號號

이름 호(:)
虍 총13획

號令(호령) 號俸(호봉) 記號(기호)
番號(번호) 符號(부호) 雅號(아호)
暗號(암호) 略號(약호) 爵號(작호)
稱號(칭호)

뜻풀이
號俸(호봉) : 급여 체계 안에서의 등급
雅號(아호) : 문인, 예술가 등의 호를 높여 이르는 말

입(口)으로 소리를 지르니 막혔던 숨(丂)이 호랑이(虎)가 우렁차게 울부짖는 것처럼 풀림을 나타내었다. 이름을 부를 때 큰 소리로 불러야하기에 '이름'의 뜻으로 쓰이게 되었다.

護

4급 II

필순: 護護護護護護護護護護護護護護護護護護護護護

도울 호:
言 총21획

護國(호국) 護衛(호위) 護憲(호헌)
看護(간호) 警護(경호) 戒護(계호)
辯護(변호) 保護(보호) 擁護(옹호)
援護(원호) 護身術(호신술)

뜻풀이
護衛(호위) : 곁에서 보호함
護身術(호신술) : 위험으로부터 몸을 보호하기 위한 무술

풀(艹)숲에 홀로 남겨진 외짝의 새(隹)에게 말(言)을 하며 돌보는 것을 나타내어 '돕다, 지키다'의 뜻을 가지게 되었다.

人一十之 己讀百之 (남보다 몇 배의 노력을 해야 뛰어날 수 있다.)

或 — 혹 혹
戈 총8획

或說(혹설) 或是(혹시) 或時(혹시)
或謂(혹위) 或者(혹자) 間或(간혹)
設或(설혹) 若或(약혹) 抑或(억혹)

나라(口)에 장애물(一)을 두르고 긴 창(戈)을 잡고서 혹시나 하는 외부의 공격에 대비하는 것을 나타내어 '혹'의 뜻을 가지게 되었다.

뜻풀이
或是(혹시) : 그럴 리 없겠지만 만약에
間或(간혹) : 가끔

惑 — 미혹할 혹
心 총12획

惑星(혹성) 困惑(곤혹) 欺惑(기혹)
當惑(당혹) 魅惑(매혹) 迷惑(미혹)
不惑(불혹) 誘惑(유혹) 疑惑(의혹)
沈惑(침혹) 幻惑(환혹)

혹시(或)나 하는 마음(心)이 생기는 것을 나타내어 '미혹하다'의 뜻을 가지게 되었다.

뜻풀이
困惑(곤혹) : 곤란하여 어찌할 바를 몰라 난처함
不惑(불혹) : 미혹하지 아니한다는 뜻으로 나이 마흔 살을 일컫는 말

昏 — 어두울 혼
日 총8획

昏忘(혼망) 昏暮(혼모) 昏迷(혼미)
昏睡(혼수) 昏絕(혼절) 昏醉(혼취)
飛昏(비혼) 晨昏(신혼) 黃昏(황혼)

해(日)가 나무뿌리(氏) 아래로 져서 날이 어두워짐을 나타내어 '어둡다'의 뜻을 가지게 되었다.

뜻풀이
昏睡(혼수) : 의식이 없는 상태
昏絕(혼절) : 갑자기 어둡고 어지러워지면서 까무러침

婚 — 혼인할 혼
女 총11획

婚期(혼기) 婚談(혼담) 婚需(혼수)
婚姻(혼인) 婚處(혼처) 結婚(결혼)
求婚(구혼) 禁婚(금혼) 旣婚(기혼)
離婚(이혼) 請婚(청혼) 破婚(파혼)

해가 질 때(昏) 신부의 집에서 신랑이 신부(女)를 아내로 맞이하여 혼인을 하던 옛날의 결혼 풍습에서 '혼인하다'의 뜻을 가지게 되었다.

뜻풀이
婚談(혼담) : 혼인을 결정하기 위해 주고받는 말
婚需(혼수) : 혼인을 할 때 드는 물품

混 — 섞을 혼:
水 총11획

混紡(혼방) 混線(혼선) 混聲(혼성)
混成(혼성) 混食(혼식) 混泳(혼영)
混雜(혼잡) 混戰(혼전) 混合(혼합)
混血(혼혈)

뜨거운 태양(日) 아래 더위를 피하기 위해 남녀노소 할 것 없이 섞여서 시냇가로 나와 물(氵)가에 늘어서(比) 있는 것을 나타내어 '섞다'의 뜻을 가지게 되었다.

뜻풀이
混線(혼선) : 어떤 말이나 일 등이 얽혀 갈피를 잡을 수 없음. 전화나 전파 등이 여러 작용으로 엉클어지거나 방해를 받는 일
混濁(혼탁) : 불순물이 섞여 흐림

魂 — 넋 혼
鬼 총14획

魂談(혼담) 魂靈(혼령) 魂魄(혼백)
國魂(국혼) 靈魂(영혼) 幽魂(유혼)
招魂(초혼) 還魂(환혼) 鬪魂(투혼)

뭉게구름(云)처럼 눈에 잘 보이지 않는 죽은 사람의 혼(鬼)을 나타내어 '넋'의 뜻을 가지게 되었다.

뜻풀이
魂靈(혼령) : 죽은 이의 넋
招魂(초혼) : 영혼을 부름

忽

3급II
갑자기 홀
心 총8획

忽忽忽忽忽忽忽忽

忽待(홀대) 忽視(홀시) 忽焉(홀언)
忽如(홀여) 忽然(홀연) 忽諸(홀저)
忽地(홀지) 忽布(홀포) 輕忽(경홀)
疏忽(소홀) 悠忽(유홀)

마음(心)을 쓰지 않았다가(勿) 갑자기 생각난 것을 나타내어 '갑자기'의 뜻을 가지게 되었다.

뜻풀이
忽然(홀연) : 갑자기
疏忽(소홀) : 하찮게 여겨 관심을 두지 않음

弘

3급
클 홍
弓 총5획

弘弘弘弘弘

弘敎(홍교) 弘陵(홍릉) 弘報(홍보)
弘遠(홍원) 弘濟(홍제) 弘布(홍포)
寬弘(관홍) 宣弘(선홍)
弘文館(홍문관) 弘益人間(홍익인간)

활(弓)을 팔 쪽으로(厶) 있는 힘껏 당겨서 쏨에 큰 소리를 내며 날아감을 나타내어 '크다'의 뜻을 가지게 되었다.

뜻풀이
弘文館(홍문관) : 고려 때 궁중의 경서, 사적, 문서 등을 관리하고 임금의 자문에 응했던 자문 기관의 하나
弘益人間(홍익인간) : 널리 인간을 이롭게 함

洪

3급II
넓을 홍
水 총9획

洪洪洪洪洪洪洪洪洪

洪圖(홍도) 洪量(홍량) 弘範(홍범)
洪福(홍복) 洪淵(홍연) 洪水(홍수)
洪魚(홍어) 洪恩(홍은) 洪震(홍진)
葛洪(갈홍)

여러 갈래의 물(氵)이 한 곳으로 모여서(共) 넓고 큰 물에 흘러 들어감을 나타내어 '넓다'의 뜻을 가시게 되었다.

뜻풀이
洪範(홍범) : 본보기가 되는 큰 규범
洪魚(홍어) : 가오릿과에 딸린 물고기로 몸이 마름모꼴이고 눈은 머리 위쪽에 붙어있음

紅

4급
붉을 홍
糸 총9획

紅紅紅紅紅紅紅紅

紅桃(홍도) 紅燈(홍등) 紅爐(홍로)
紅蔘(홍삼) 紅裳(홍상) 紅疫(홍역)
紅茶(홍차) 朱紅(주홍)

실(糸)에 붉은 물감을 들여서 만드는(工) 것을 나타내어 '붉다'의 뜻을 가지게 되었다.

뜻풀이
紅顔(홍안) : 발그레 하여 생기 있는 얼굴
紅一點(홍일점) : 푸른 잎 가운데의 붉은 꽃. 많은 남자들 사이에 끼어 있는 한 사람의 여자를 비유적으로 이르는 말

鴻

3급
기러기 홍
鳥 총17획

鴻鴻鴻鴻鴻鴻鴻鴻
鴻鴻鴻鴻鴻鴻鴻

鴻基(홍기) 鴻德(홍덕) 鴻毛(홍모)
鴻博(홍박) 鴻雁(홍안) 鴻恩(홍은)
鴻績(홍적) 鴻澤(홍택) 鴻禧(홍희)

굽이굽이 흐르는 강(江)가에 있는 큰 새(鳥)인 '기러기'를 뜻한다.

뜻풀이
鴻雁(홍안) : 큰 기러기와 작은 기러기
鴻爪(홍조) : 과거의 흔적이 없어짐

化

5급II
될 화(:)
匕 총4획

化化化化

化粧(화장) 化合(화합) 感化(감화)
激化(격화) 歸化(귀화) 劇化(극화)
老化(노화) 鈍化(둔화) 酸化(산화)
消化(소화) 純化(순화) 融化(융화)

亻은 산 사람이고 匕는 죽은 사람을 의미한다. 산 사람과 죽은 사람이 서로 윤회하여 변화하는 것을 나타내어 '되다, 변화하다'의 뜻을 가지게 되었다.

뜻풀이
老化(노화) : 시간이 흐르면서 생체 구조와 기능이 쇠퇴하는 현상
融化(융화) : 열에 녹아 다른 물질이 됨

人一十之 己讀百之 (남보다 몇 배의 노력을 해야 뛰어날 수 있다.)

花 (7급) 꽃 화 / 艹 / 총8획

필순: 花花花花花花花花

花壇(화단) 花信(화신) 花園(화원)
花草(화초) 花鬪(화투) 花環(화환)
菊花(국화) 梅花(매화) 揷花(삽화)
梨花(이화) 墻花(장화) 獻花(헌화)

뜻풀이
花顔(화안) : 꽃과 같이 아름다운 얼굴
錦上添花(금상첨화) : 비단 위에 꽃을 더함. 즉 좋은 일에 또 좋은 일이 더해짐

貨 (4급Ⅱ) 재물 화: / 貝 / 총11획

필순: 貨貨貨貨貨貨貨貨貨貨貨

貨物(화물) 貨幣(화폐) 金貨(금화)
美貨(미화) 寶貨(보화) 外貨(외화)
銀貨(은화) 潛貨(잠화) 雜貨(잡화)
財貨(재화) 鑄貨(주화) 韓貨(한화)

다른 물건(貝)과 바꿀 수(化) 있는 '재물'을 뜻한다.

뜻풀이
硬貨(경화) : 금속으로 만들어진 화폐
潛貨(잠화) : 몰래 숨겨 가지고 있는 매매 금지 물품

禾 (3급) 벼 화 / 禾 / 총5획

필순: 禾禾禾禾禾

禾穀(화곡) 禾利(화리) 禾苗(화묘)
禾積(화적) 禾主(화주) 禾尺(화척)
禾草(화초) 晩禾(만화) 嘗禾(상화)
田禾(전화)

축 늘어진 벼의 이삭과 줄기, 뿌리의 모습으로 '벼'의 뜻을 가지게 되었다.

뜻풀이
禾穀(화곡) : 곡물을 일컫는 말
嘗禾(상화) : 그 해의 곡식으로 신에게 제사를 지내는 것

和 (6급Ⅱ) 화할 화 / 口 / 총8획

필순: 和和和和和和和和

和色(화색) 和順(화순) 和約(화약)
和誘(화유) 和應(화응) 和暢(화창)
和解(화해) 講和(강화) 柔和(유화)
飽和(포화)

수확한 벼(禾)를 여러 사람이 함께 먹어(口) 화목함을 나타내어 '화하다'의 뜻을 가지게 되었다.

뜻풀이
和色(화색) : 얼굴에 나타나는 온화하고 환한 빛
違和感(위화감) : 조화되지 않고 어설픈 느낌

華 (4급) 빛날 화 / 艹 / 총11획

필순: 華華華華華華華華華華華

華僑(화교) 華麗(화려) 華髮(화발)
華商(화상) 華城(화성) 華燭(화촉)
端華(단화) 繁華(번화) 散華(산화)
鉛華(연화) 精華(정화) 豪華(호화)

나무에 많은 꽃이 활짝 피어(垂) 있는 모습에 艹가 더해져 식물인 꽃의 모습을 강조하였다. 나무에 꽃이 활짝 피어서 화려하게 빛나기에 '빛나다'의 뜻을 가지게 되었다.

뜻풀이
華燭(화촉) : 혼례 시 사용하는 색이 있는 초
華婚(화혼) : 다른 사람의 혼인을 아름답게 이르는 말

火 (8급) 불 화(:) / 火 / 총4획

필순: 火火火火

火氣(화기) 火爐(화로) 火山(화산)
火藥(화약) 火葬(화장) 耐火(내화)
防火(방화) 消火(소화) 燒火(소화)
引火(인화) 鎭火(진화) 砲火(포화)

활활 타고 있는 불의 모습으로 '불'을 뜻한다.

뜻풀이
耐火(내화) : 불에 타지 않고 견딤
鎭火(진화) : 화재를 끔

畫 (6급)

畫畫畫畫畫畫畫畫畫畫畫畫

그림 화:
그을 획
田　총12획

붓(聿)을 들고 농경지(田)에 경계를 그어서(一) 구분함을 나타내어 '그림, 긋다'의 뜻을 가지게 되었고 '긋다'의 뜻으로 쓰일 때는 획이라고 읽는다.

필수
畫廊(화랑)　畫伯(화백)　畫室(화실)
畫幅(화폭)　錄畫(녹화)　漫畫(만화)
墨畫(묵화)　邦畫(방화)　壁畫(벽화)
揷畫(삽화)　映畫(영화)　企畫(기획)

뜻풀이
畫伯(화백): 화가를 높여 이르는 말
邦畫(방화): 자신의 나라에서 만들어진 영화

禍 (3급II)

禍禍禍禍禍禍禍禍禍禍禍禍

재앙 화:
示　총14획

신(示)의 노여움으로 입이 삐뚤어지는(咼) 재앙을 받음을 나타내어 '재앙'의 뜻을 가지게 되었다.

필수
禍根(화근)　禍亂(화란)　禍福(화복)
禍因(화인)　禍酷(화혹)　禍胎(화태)
逢禍(봉화)　殃禍(앙화)　輪禍(윤화)
災禍(재화)　戰禍(전화)　筆禍(필화)

뜻풀이
慘禍(참화): 끔찍한 재앙
吉凶禍福(길흉화복): 길흉과 화복. 즉 사람의 운수를 말함

話 (7급II)

話話話話話話話話話話話話話

말씀 화
言　총13획

혀(舌)를 움직이면서 하는 말(言)이나 이야기를 나타내어 '말씀'의 뜻을 가지게 되었다.

필수
話頭(화두)　話法(화법)　話術(화술)
悲話(비화)　祕話(비화)　史話(사화)
說話(설화)　神話(신화)　實話(실화)
夜話(야화)　逸話(일화)　會話(회화)

뜻풀이
話題(화제): 이야기의 소재
逸話(일화): 세상에 알려지지 않은 흥미로운 이야기

擴 (3급)

擴擴擴擴擴擴擴擴擴擴擴擴擴擴

넓힐 확
手　총18획

좁아진 집을 더욱 크게 넓히는(廣) 것을 나타내어 '넓히다'의 뜻을 가지게 되었다. 여기에 扌가 더해져 넓힐 때의 손의 기능을 강조하였다.

필수
擴大(확대)　擴散(확산)　擴聲(확성)
擴延(확연)　擴張(확장)　擴充(확충)
擴大鏡(확대경)

뜻풀이
擴散(확산): 널리 퍼져 나감
擴充(확충): 넓혀서 보태어 채움

確 (4급II)

確確確確確確確確確確確

굳을 확
石　총15획

굳고(隺) 단단한 돌(石)을 나타내어 '굳다'의 뜻을 가지게 되었다.

필수
確固(확고)　確答(확답)　確率(확률)
確保(확보)　確實(확실)　確約(확약)
確認(확인)　確定(확정)　確證(확증)
確診(확진)　明確(명확)　精確(정확)

뜻풀이
確證(확증): 확실한 증거
確診(확진): 확실한 진단

穫 (3급)

穫穫穫穫穫穫穫穫穫穫穫穫穫

거둘 확
禾　총19획

풀(艹)숲에 있는 새(隹)를 손(又)으로 잡듯이 벼(禾)를 쥐고 베어서 거두어들이는 것을 나타내어 '거두다'의 뜻을 가지게 되었다.

필수
耕穫(경확)　收穫(수확)　秋穫(추확)
多收穫(다수확)

뜻풀이
耕穫(경확): 농사를 짓고 수확함
收穫(수확): 농작물을 거두어들임

人一十之 己讀百之 (남보다 몇 배의 노력을 해야 뛰어날 수 있다.)

丸 (3급)

둥글 환
丶 총3획

필순: 丸 九 丸

본래 활시위(九)에 얹은 둥근 돌덩이(丶)의 모습으로 '둥글다'를 뜻한다.

丸劑(환제) 一丸(일환) 逸丸(일환)
銃丸(총환) 投丸(투환) 砲丸(포환)

뜻풀이
丸藥(환약) : 동그랗게 만든 약
彈丸(탄환) : 총알

換 (3급Ⅱ)

바꿀 환:
扌 총12획

필순: 換 換 換 換 換 換 換 換 換 換 換 換

사용하던 손(扌)을 바꾸는(奐) 것을 나타내어 '바꾸다'의 뜻을 가지게 되었다.

換買(환매) 換拂(환불) 換算(환산)
換乘(환승) 換率(환율) 換錢(환전)
變換(변환) 外換(외환) 互換(호환)

뜻풀이
換錢(환전) : 종류가 다른 화폐와 화폐를 교환함
換算(환산) : 어떤 단위를 다른 단위로 바꾸어 셈함. 서로 다른 물건으로 값을 쳐서 셈함

患 (5급)

근심 환:
心 총11획

필순: 患 患 患 患 患 患 患 患 患 患 患

마음(心)을 꿰어서(串) 찌르는 것이 있어 근심함을 나타내어 '근심'의 뜻을 가지게 되었다.

患難(환난) 患亂(환란) 患部(환부)
患者(환자) 急患(급환) 老患(노환)
病患(병환) 憂患(우환) 賊患(적환)
疾患(질환) 肺患(폐환)

뜻풀이
後患(후환) : 훗날 생길 근심
有備無患(유비무환) : 준비가 있으면 걱정이 없음

歡 (4급)

기쁠 환
欠 총22획

필순: 歡 歡 歡 歡 歡 歡 歡 歡 歡 歡 歡 歡 歡 歡 歡 歡 歡 歡

눈이 부리부리하고 머리 깃이 뾰족한 황새(雚)를 보고 입을 크게 벌리고(欠) 감탄하며 기뻐하는 것으로 '기쁘다'의 뜻을 가지게 되었다.

歡談(환담) 歡待(환대) 歡樂(환락)
歡聲(환성) 歡送(환송) 歡怡(환이)
歡迎(환영) 歡遊(환유) 歡呼(환호)
歡喜(환희) 歡呼聲(환호성)

뜻풀이
歡心(환심) : 기뻐하고 좋아하는 마음
哀歡(애환) : 슬픔과 기쁨

環 (4급)

고리 환(:)
玉 총17획

필순: 環 環 環 環 環 環 環 環 環 環 環 環 環

둥글게 도는(睘) 고리 모양의 옥(王=玉)을 나타내어 '고리'를 뜻한다.

環境(환경) 環攻(환공) 環壁(환벽)
環視(환시) 環衛(환위) 金環(금환)
循環(순환) 一環(일환) 指環(지환)
花環(화환)

뜻풀이
一環(일환) : 밀접한 관계가 있는 사물의 한 부분
花環(화환) : 생화나 인조 꽃을 둥글게 만들어 환영하거나 표창, 또는 조상 등의 뜻을 표하는 데 씀

還 (3급Ⅱ)

돌아올 환
辶 총17획

필순: 還 還 還 還 還 還 還 還 還 還 還 還 還 還 還

한 바퀴를 돌아서(睘) 갔다가(辶) 다시 돌아온 것을 나타내어 '돌아오다'의 뜻을 가지게 되었다.

還給(환급) 還滅(환멸) 還拂(환불)
還俗(환속) 還屬(환속) 還元(환원)
歸還(귀환) 盤還(반환) 召還(소환)
奪還(탈환)

뜻풀이
還拂(환불) : 요금 등을 되돌려 줌
償還(상환) : 줘야 할 것을 돌려줌

活 (7급II)

活活活活活活活活

살 활
水　총9획

동물들이 상처가 났을 때 상처가 난 부위를 혀(舌)의 침(氵)으로 핥으면서 살아가는 것을 나타내어 '살다'의 뜻을 가지게 되었다.

活劇(활극)　活力(활력)　活寫(활사)
活躍(활약)　活用(활용)　活着(활착)
苟活(구활)　敏活(민활)　復活(부활)
死活(사활)　快活(쾌활)

뜻풀이
活魚(활어): 살아 있는 물고기
復活(부활): 죽었다가 다시 살아남. 쇠한 것이 다시 성하게 됨

況 (4급)

況況況況況況況況

상황 황:
水　총8획

물(氵)의 양이 크게 늘어난 상황을 나타내어 '상황, 하물며'의 뜻을 가지게 되었다. 여기서 兄(형)은 발음 기호의 역할을 하는데 나중에 음이 형에서 황으로 변하였다.

況且(황차)　概況(개황)　景況(경황)
近況(근황)　不況(불황)　狀況(상황)
盛況(성황)　實況(실황)　作況(작황)
戰況(전황)　情況(정황)　活況(활황)

뜻풀이
景況(경황): 시간 또는 정신적 겨를이나 형편
好況(호황): 경제 활동이 활발함

荒 (3급II)

荒荒荒荒荒荒荒荒荒荒

거칠 황
艹　총10획

큰 강(巛→川)에 풀(艹)이 무성하게 자라서 풀 외에는 아무것도 없어(亡) 황폐함을 나타내어 '거칠다'의 뜻을 가지게 되었다.

荒唐(황당)　荒涼(황량)　荒僻(황벽)
荒城(황성)　荒淫(황음)　荒廢(황폐)
備荒(비황)　虛荒(허황)　凶荒(흉황)

뜻풀이
荒唐(황당): 말이나 행동이 진실 되지 않고 터무니없음
荒野(황야): 거친 들판

皇 (3급II)

임금 황
白　총9획

왕의 상징인 커다란 관(白)이 왕(王)의 머리 위에 놓여 있는 모습으로 '임금'을 나타내는 글자이다.

皇國(황국)　皇宮(황궁)　皇闕(황궐)
皇妃(황비)　皇室(황실)　皇威(황위)
皇恩(황은)　皇帝(황제)　皇族(황족)
皇后(황후)　教皇(교황)　張皇(장황)

뜻풀이
皇后(황후): 왕세의 정실
倉皇(창황): 어떻게 할 틈도 없이 급함

黃 (6급)

黃黃黃黃黃黃黃黃黃黃
黃黃黃

누를 황
黃　총12획

가슴에 패옥을 차고 있는 사람의 모습으로 패옥의 빛깔이 노랗기에 '누르다, 누렇다'의 뜻을 가지게 되었다.

黃狗(황구)　黃菊(황국)　黃金(황금)
黃桃(황도)　黃栗(황률)　黃沙(황사)
黃酸(황산)　黃土(황토)　浮黃(부황)
硫黃(유황)　朱黃(주황)　玄黃(현황)

뜻풀이
黃泉(황천): 죽은 사람이 간다는 곳
玄黃(현황): 하늘과 땅

會 (6급II)

모일 회:
曰　총13획

음식 그릇 뚜껑과 그릇 사이에 잘게 저민 날고기가 들어 있음을 본뜬 글자이다. 음식 상태를 보존하기 위해서는 그릇과 뚜껑이 잘 맞아야하기에 '모이다, 화합하다'의 뜻을 가지게 되었다.

會見(회견)　會員(회원)　會議(회의)
會話(회화)　機會(기회)　大會(대회)
面會(면회)　密會(밀회)　社會(사회)
宴會(연회)　朝會(조회)　總會(총회)

뜻풀이
會談(회담): 모여서 의논함
密會(밀회): 아무도 몰래 모이거나 만남

人一十之 己讀百之 (남보다 몇 배의 노력을 해야 뛰어날 수 있다.)

回 (돌아올 회)

- 4급II
- 필수: 回冂冂冋回回
- 부수: 口, 총 6획

回甲(회갑) 回歸(회귀) 回覽(회람)
回復(회복) 回想(회상) 回線(회선)
回信(회신) 回遊(회유) 回轉(회전)
回春(회춘) 回避(회피) 撤回(철회)

뜻풀이
回信(회신): 편지, 이메일, 전화 등으로 답을 보냄
回春(회춘): 봄이 돌아옴. 다시 젊어짐

물이 가운데를 중심으로 빙빙 도는 모습으로 '돌아오다'의 뜻을 가지게 되었다.

悔 (뉘우칠 회:)

- 3급II
- 필수: 悔悔悔悔悔悔悔悔悔悔
- 부수: 心, 총 10획

悔悟(회오) 悔尤(회우) 悔恥(회치)
悔歎(회탄) 感悔(감회) 憾悔(감회)
慙悔(참회) 後悔(후회)

뜻풀이
悔改(회개): 죄를 뉘우치고 바르게 고침
後悔莫甚(후회막심): 더할 나위 없이 후회스러움

계획했던 일을 매번(每) 성취하지 못한 것을 마음(忄) 속으로 뉘우치는 것에서 '뉘우치다'의 뜻을 가지게 되었다.

懷 (품을 회)

- 3급II
- 필수: 懷懷懷懷懷懷懷懷懷懷懷懷懷懷懷懷懷懷懷
- 부수: 心, 총 19획

懷古(회고) 懷柔(회유) 懷妊(회임)
懷胎(회태) 懷抱(회포) 感懷(감회)
所懷(소회) 述懷(술회) 積懷(적회)
暢懷(창회)

뜻풀이
懷柔(회유): 좋은 말로 어루만지고 잘 달램
懷古談(회고담): 지나간 옛 자취를 돌이켜 생각하며 하는 이야기

마음(忄)속에 품고 있는 그리움으로 눈(目)에 흐르는 눈물(氺)을 옷깃(衣)으로 감싸고 있는 것에서 '품다'의 뜻을 가지게 되었다.

灰 (재 회)

- 4급
- 필수: 灰灰灰灰灰灰
- 부수: 火, 총 6획

灰色(회색) 灰漆(회칠) 冷灰(냉회)
粉灰(분회) 石灰(석회) 心灰(심회)
凝灰(응회) 積灰(적회) 築灰(축회)

뜻풀이
灰塵(회진): 재와 먼지. 즉 보잘것없는 물건
洋灰(양회): 시멘트

又와 火가 합쳐진 글자로 오른손(又)으로 불(火)에 타고 남은 재를 만지고 있는 모습을 나타내어 '재'의 뜻을 가지게 되었다.

劃 (그을 획)

- 3급II
- 필수: 劃劃劃劃劃劃劃劃劃劃劃劃劃劃
- 부수: 刀, 총 14획

劃數(획수) 劃定(획정) 劃策(획책)
計劃(계획) 規劃(규획) 企劃(기획)
謀劃(모획) 潛劃(잠획) 鐵劃(철획)
劃一化(획일화)

뜻풀이
區劃(구획): 경계를 만들어 갈라놓음
劃一化(획일화): 한결같아 다름이 없게 됨

칼(刂)로 나누듯이 농경지의 경계를 그어서 확실하게 구분함을 나타내어 '긋다'의 뜻을 가지게 되었다.

獲 (얻을 획)

- 3급II
- 필수: 獲獲獲獲獲獲獲獲獲獲獲獲獲獲獲獲獲
- 부수: 犬, 총 17획

獲得(획득) 獲利(획리) 禽獲(금획)
亂獲(난획) 濫獲(남획) 盤獲(반획)
漁獲(어획) 戰獲(전획) 捕獲(포획)

뜻풀이
獲得(획득): 손에 넣어 얻음
捕獲(포획): 적을 사로잡음. 물고기나 짐승 등을 사로잡음

풀(艹)숲에서 사냥개(犭=犬)를 풀어 새(隹)를 잡은 후 손(又)으로 새를 잡고 있는 것을 나타내어 '얻다'의 뜻을 가지게 되었다.

橫

3급II
가로 횡
木 총16획

획순: 橫橫橫橫橫橫橫橫橫橫橫橫橫橫橫橫

黃에 木이 더해진 글자로 여기서 黃(황)은 발음기호의 역할을 하는데 나중에 음이 황에서 횡으로 변하였다. 문을 닫고 잠그기 위해서 문 앞에 나무(木)를 가로지른 것으로 '가로, 비끼다'의 뜻을 가지게 되었다.

橫斷(횡단) 橫隊(횡대) 橫領(횡령)
橫步(횡보) 橫線(횡선) 橫厄(횡액)
橫逆(횡역) 橫財(횡재) 橫暴(횡포)
縱橫(종횡)

뜻풀이
橫暴(횡포): 제멋대로 난폭한 행동을 함
縱橫無盡(종횡무진): 여기저기 자유자재로 돌아다니며 거침이 없음

孝

7급II
효도 효
子 총7획

획순: 孝孝孝孝孝孝孝

자식(子)이 늙으신 부모(耂)를 받들어 모시는 것을 나타내어 '효도'의 뜻을 가지게 되었다.

孝女(효녀) 孝道(효도) 孝廬(효려)
孝婦(효부) 孝心(효심) 孝子(효자)
孝行(효행) 不孝(불효) 忠孝(충효)

뜻풀이
孝婦(효부): 시부모를 잘 섬기며 효도하는 며느리
孝誠(효성): 부모를 정성껏 모심

效

5급II
본받을 효:
攵 총10획

획순: 效效效效效效效效效效

회초리를 치며(攵) 좋은 것을 배우고 선한 사람과 사귀도록(交) 가르치는 것을 나타내어 '본받다'의 뜻을 가지게 되었다.

效果(효과) 效能(효능) 效率(효율)
無效(무효) 發效(발효) 倣效(방효)
時效(시효) 失效(실효) 特效(특효)

뜻풀이
效驗(효험): 효과
特效(특효): 특별한 효과

曉

3급
새벽 효:
日 총16획

획순: 曉曉曉曉曉曉曉曉曉曉曉曉曉曉曉曉

해(日)가 높이 떠오른 새벽에 두어 덩어리의 흙을 이고 열심히 일하는 사람(堯)을 나타내어 '새벽'의 뜻을 가지게 되었다.

曉達(효달) 曉得(효득) 曉星(효성)
曉晨(효신) 曉然(효연) 曉悟(효오)
曉月(효월) 曉鍾(효종) 拂曉(불효)
破曉(파효)

뜻풀이
曉星(효성): 샛별
拂曉(불효): 동이 막 트기 전

後

7급II
뒤 후:
彳 총9획

획순: 後後後後後後後後後

길(彳)을 갈 때 실(幺)이 발(夊)에 얽히어 걸음이 뒤처지는 것을 나타내어 '뒤'의 뜻을 가지게 되었다.

後光(후광) 後輩(후배) 後續(후속)
後孫(후손) 後任(후임) 後進(후진)
後患(후환) 後悔(후회) 繼後(계후)
厥後(궐후) 幕後(막후) 追後(추후)

뜻풀이
背後(배후): 안 보이는 이면
空前絶後(공전절후): 비교할 것이 이전에도 없었고 이후에도 없음

侯

3급
제후 후
人 총9획

획순: 侯侯侯侯侯侯侯侯侯

화살(矢)을 과녁(그)에 쏴서 잘 맞추는 사람(亻)으로 당시의 지배층인 '제후'를 뜻한다.

侯伯(후백) 侯爵(후작) 公侯(공후)
封侯(봉후) 射侯(사후) 王侯(왕후)
節侯(절후) 諸侯(제후) 診侯(진후)
土侯(토후)

뜻풀이
侯爵(후작): 다섯 등급 중 두 번째 작위
王侯(왕후): 제왕과 제후

人一十之 己讀百之 (남보다 몇 배의 노력을 해야 뛰어날 수 있다.)

候

4급 | 필순: 候候候候候候候候候候

기후 후:
人 총10획

제후(侯)가 화살을 과녁에 잘 맞추기 위해서 바람의 방향이나 세기를 잘 살펴 제후를 보좌하는 시종무관(丨=亻)에게 재차 확인을 했기에 '기후'의 뜻을 가지게 되었다.

候補(후보) 候雁(후안) 候鳥(후조)
怪候(괴후) 拜候(배후) 症候(증후)
徵候(징후) 斥候(척후) 測候(측후)

뜻풀이
徵候(징후) : 겉으로 나타나는 낌새
惡天候(악천후) : 매우 나쁘고 거친 날씨

厚

4급 | 필순: 厚厚厚厚厚厚厚厚厚

두터울 후:
厂 총9획

산기슭(厂)에 청동을 녹이기 위한 두꺼운 질그릇(㫗)을 놓아둔 모습으로 청동을 녹이기 위한 질그릇이 일반 질그릇보다 두께가 두꺼워 '두텁다'의 뜻을 가지게 되었다.

厚待(후대) 厚德(후덕) 厚慮(후려)
厚薄(후박) 厚謝(후사) 厚賜(후사)
寬厚(관후) 謹厚(근후) 濃厚(농후)
重厚(중후) 溫厚(온후)

뜻풀이
濃厚(농후) : 짙거나 뚜렷함
厚顔無恥(후안무치) : 얼굴이 두꺼워 부끄러움이 없음. 즉 뻔뻔스럽고 부끄러워할 줄을 모름

訓

6급 | 필순: 訓訓訓訓訓訓訓訓訓訓

가르칠 훈:
言 총10획

물이 위에서 아래로 순리에 따라 흘러가듯(川) 세상의 이치를 따라가도록 말(言)로써 타일러 가르치는 것으로 '가르치다'의 뜻을 가지게 되었다.

訓戒(훈계) 訓讀(훈독) 訓練(훈련)
訓令(훈령) 訓釋(훈석) 訓示(훈시)
教訓(교훈) 級訓(급훈) 謀訓(모훈)
惠訓(혜훈) 訓民正音(훈민정음)

뜻풀이
級訓(급훈) : 학교의 각 학급에서 교육 목표로 정한 덕목
訓育(훈육) : 가르쳐 기름

毀

3급 | 필순: 毀毀毀毀毀毀毀毀毀毀毀毀毀

헐 훼:
殳 총13획

땅 위에 놓여 있는 절구(臼)에 절굿공이(殳)로 쌀을 찧는 것처럼 남을 헐뜯는 것을 나타내어 '헐다'의 뜻을 가지게 되었다.

毀棄(훼기) 毀慕(훼모) 毀傷(훼상)
毀板(훼판) 背毀(배훼) 哀毀(애훼)
殘毀(잔훼) 侵毀(침훼) 破毀(파훼)

뜻풀이
毀損(훼손) : 상태를 나쁘게 만듦
名譽毀損(명예훼손) : 허위 사실로 다른 사람의 명예를 손상시키거나 평가를 떨어뜨리는 일

揮

4급 | 필순: 揮揮揮揮揮揮揮揮揮揮揮揮

휘두를 휘
手 총12획

손(扌)을 휘둘러 군사들(軍)에게 작전을 지시함을 나타내어 '휘두르다'의 뜻을 가지게 되었다.

揮却(휘각) 揮帳(휘장) 揮筆(휘필)
揮毫(휘호) 擧揮(거휘) 發揮(발휘)
指揮(지휘) 投揮(투휘)
揮發油(휘발유)

뜻풀이
揮帳(휘장) : 넓은 천을 여러 폭으로 이어서 둘러친 장막
一筆揮之(일필휘지) : 단숨에 글을 쓰거나 그림을 그림

輝

3급 | 필순: 輝輝輝輝輝輝輝輝輝輝輝輝輝輝輝

빛날 휘
車 총15획

불빛(光)이 빛나는 것으로 적군(軍)의 진지를 파악함을 나타내어 '빛나다'의 뜻을 가지게 되었다.

輝幕(휘막) 輝線(휘선) 輝巖(휘암)
輝燭(휘촉) 輝炭(휘탄) 輝耀(휘요)
德輝(덕휘) 星輝(성휘) 顔輝(안휘)
揚輝(양휘) 餘輝(여휘)

뜻풀이
輝耀(휘요) : 밝게 빛남
輝煌燦爛(휘황찬란) : 광채가 눈부실 정도로 번쩍임

休

7급 | 쉴 휴 | 人 총6획

필순: 休休休休休休

사람(亻)이 나무(木) 그늘 아래에서 쉬고 있음을 나타내어 '쉬다'의 뜻을 가지게 되었다.

休講(휴강) 休憩(휴게) 休館(휴관)
休眠(휴면) 休務(휴무) 休廷(휴정)
休職(휴직) 休紙(휴지) 休職(휴직)
連休(연휴) 休憩室(휴게실)

뜻풀이
休講(휴강) : 강의를 쉼
遊休(유휴) : 사용하지 않고 놀림

携

3급 | 이끌 휴 | 手 총13획

필순: 携携携携携携携携携携

새(隹)를 늘어져 있는 줄(乃)로 묶어서 손(扌)으로 잡아끄는 것을 나타내어 '이끌다'의 뜻을 가지게 되었다.

携帶(휴대) 携引(휴인) 携持(휴지)
携行(휴행) 提携(제휴) 必携(필휴)

뜻풀이
提携(제휴) : 공동의 목적 달성을 위해 서로 도와줌
携帶用(휴대용) : 손으로 들거나 가지고 다닐 수 있도록 만든 것

凶

5급Ⅱ | 흉할 흉 | 凵 총4획

필순:

죽은 사람의 가슴(凵)에 ╳ 표시를 그려서 죽음을 나타내어 보기에 좋지 않은 '흉하다'의 뜻을 가지게 되었다.

凶器(흉기) 凶年(흉년) 凶夢(흉몽)
凶物(흉물) 凶惡(흉악) 凶作(흉작)
凶測(흉측) 凶彈(흉탄) 凶荒(흉황)
吉凶(길흉) 陰凶(음흉)

뜻풀이
凶作(흉작) : 농사가 잘 안되어 수확이 적음
凶兆(흉조) : 나쁜 징조

胸

3급Ⅱ | 가슴 흉 | 肉 총10획

필순:

뼈와 살(月=肉)이 가슴(凶)을 에워싸서(勹) 보호하는 것으로 '가슴'의 뜻을 가지게 되었다.

胸膜(흉막) 胸壁(흉벽) 胸部(흉부)
胸圍(흉위) 胸中(흉중) 胸懷(흉회)
開胸(개흉) 鷄胸(계흉) 氣胸(기흉)

뜻풀이
胸像(흉상) : 사람의 가슴까지 나타낸 그림이나 조각
胸中(흉중) : 가슴속. 마음

黑

5급 | 검을 흑 | 黑 총12획

필순: 黑黑黑黑黑黑黑黑黑黑黑

사람 얼굴에 먹으로 문신을 새긴 모습을 본떠 '검다'를 뜻한다.

黑陶(흑도) 黑髮(흑발) 黑心(흑심)
黑煙(흑연) 黑鉛(흑연) 黑子(흑자)
暗黑(암흑) 黑死病(흑사병)
黑人種(흑인종)

뜻풀이
黑心(흑심) : 부정하고 음흉한 마음
漆黑(칠흑) : 옻칠처럼 검음

吸

4급Ⅱ | 마실 흡 | 口 총7획

필순:

공기가 폐까지 미치도록(及) 입(口)으로 숨을 들이마시는 것을 나타내어 '마시다'의 뜻을 가지게 되었다.

吸氣(흡기) 吸力(흡력) 吸盤(흡반)
吸收(흡수) 吸水(흡수) 吸煙(흡연)
吸熱(흡열) 吸引(흡인) 吸入(흡입)
吸着(흡착) 吸血(흡혈) 呼吸(호흡)

뜻풀이
吸着(흡착) : 달라붙음
吸引力(흡인력) : 빨아 이끄는 힘

人一十之 己讀百之 (남보다 몇 배의 노력을 해야 뛰어날 수 있다.)

興

4급Ⅱ

필순: 興興興興興興興興興興興興興興興興

일 흥(:)
臼 총16획

興亡(흥망) 興奮(흥분) 興趣(흥취)
興況(흥황) 發興(발흥) 新興(신흥)
餘興(여흥) 遊興(유흥) 隆興(융흥)
卽興(즉흥) 振興(진흥) 醉興(취흥)

뜻풀이
興盡悲來(흥진비래) : 즐거운 일이 다 하면 슬픈 일이 다가옴. 즉 세상일은 순환되므로 너무 자만하거나 낙담하지 말라는 뜻임

힘을 합하여(同) 양 손을 모아서 위에서 집어 올리고 아래에서 끌어올려서(興) 물건을 들어 올림을 나타내어 '일다'의 뜻을 가지게 되었다.

喜

4급

필순: 喜喜喜喜喜喜喜喜喜喜喜喜

기쁠 희
口 총12획

喜懼(희구) 喜劇(희극) 喜報(희보)
喜悲(희비) 喜捨(희사) 喜悅(희열)
喜憂(희우) 喜幸(희행) 驚喜(경희)
歡喜(환희) 喜怒哀樂(희로애락)

뜻풀이
喜壽(희수) : 나이 77세
喜怒哀樂(희로애락) : 기쁨과 노여움과 슬픔과 즐거움. 즉 사람의 여러 가지 감정을 이름

북(壴)을 치며 입(口)으로 노래를 부르니 기쁘고 즐거움을 나타내어 '기쁘다'의 뜻을 가지게 되었다.

希

4급Ⅱ

필순: 希希希希希希希

바랄 희
巾 총7획

希求(희구) 希購(희구) 希念(희념)
希望(희망) 希明(희명) 希慕(희모)
希仙(희선) 希願(희원) 希幸(희행)

뜻풀이
希求(희구) : 바라고 구함
希望(희망) : 앞으로의 일에 대한 어떤 기대를 가지고 바람

실이 교차되어 만들어진 무늬(爻)를 가진 천(巾)은 흔하지 않기 때문에 본래 '드물다'의 뜻을 가지게 되었다. 나중에 흔하지 않은 천이기에 누구든지 탐내고 바라게 되어 '바라다'의 뜻으로도 쓰이게 되었다.

稀

3급Ⅱ

필순: 稀稀稀稀稀稀稀稀稀稀

드물 희
禾 총12획

稀貴(희귀) 稀代(희대) 稀薄(희박)
稀散(희산) 稀酸(희산) 稀釋(희석)
稀姓(희성) 稀壽(희수) 稀有(희유)
古稀(고희)

뜻풀이
稀微(희미) : 또렷하지 않음
稀薄(희박) : 어떤 의지가 강하지 못하고 약함. 또는 일이 될 가능성이 적음

벼(禾)가 드문드문(希) 성기었음을 나타내어 '드물다'의 뜻을 가지게 되었다.

戱

3급Ⅱ

필순: 戱戱戱戱戱戱戱戱戱戱戱戱戱戱戱戱戱

놀이 희
戈 총17획

戱曲(희곡) 戱劇(희극) 戱弄(희롱)
戱笑(희소) 戱稱(희칭) 戱筆(희필)
角戱(각희) 鞠戱(국희) 闕戱(궐희)
於戱(오희) 遊戱(유희)

뜻풀이
戱弄(희롱) : 말이나 행동으로 장난삼아 놀리는 일
戱筆(희필) : 자신의 그림이나 글씨를 낮추어 이르는 말

본래 虛와 戈가 합해진 글자로 나중에 虛가 虗로 변하였다. 실제로 싸우기 위한 창이 아닌 놀기 위한 가짜(虛)로 만든 창(戈)을 나타내어 '놀이'의 뜻을 가지게 되었다.

성명·지명자 익히기

(350字)

人一十之 己讀百之(남보다 몇 배의 노력을 해야 뛰어날 수 있다.)

伽	절 가	人 총7획 伽藍(가람) 伽倻(가야) 伽陀(가타) 僧伽(승가)

지

迦	부처이름 가	辶 총9획 迦葉(가섭) 迦維(가유) 釋迦(석가)

인

賈	성(姓) 가 장사 고	貝 총13획 賈島(가도) 賈堅(고수) 賈勇(고용) 商賈(상고)

성

柯	가지 가	木 총9획 柯葉(가엽) 柯亭(가정) 喬柯(교가) 斧柯(부가)

지

軻	수레/사람이름 가	車 총12획 丘軻(구가) 孟軻(맹가) 走軻(주가)

인

玨	쌍옥 각	玉 총9획 玨圭(각규)

인

杆	몽둥이 간	木 총7획 杆城(간성) 欄杆(난간) 槍杆(창간)

지

艮	괘이름 간	艮 총6획 艮方(간방) 艮止(간지) 艮峴(간현)

지

鞨	오랑캐이름 갈	革 총18획 鞈鞨(말갈) 履鞨(이갈)

부

邯	사람이름 감 조(趙)나라서울 한	邑 총8획 姜邯贊(강감찬)

인/지

岬	곶[串] 갑	山 총8획 岬寺(갑사) 山岬(산갑)

지

鉀	갑옷 갑	金 총13획 貫鉀(관갑) 皮鉀(피갑) 被鉀(피갑)

인

岡	산등성이 강	山 총8획 岡陵(강릉) 岡巒(강만) 岡阜(강부) 福岡(복강)

지

崗	언덕 강	山 총11획 花崗巖(화강암)

지

姜	성(姓) 강	女 총9획 姬姜(희강) 姜太公(강태공)

성

彊	굳셀 강	弓 총16획 彊弓(강궁) 彊弩(강노) 彊澁(강삽) 彊禦(강어)

성

疆	지경 강	田 총19획 疆界(강계) 疆域(강역) 疆土(강토) 邊疆(변강)

지

价	클 개:	人 총6획 价人(개인) 使价(사개) 价川郡(개천군)

지

塏	높은땅 개:	土 총13획 塏塏(개개) 爽塏(상개) 勝塏(승개) 李塏(이개)

인

鍵	자물쇠/열쇠 건:	金 총17획 鍵盤(건반) 鍵閉(건폐) 關鍵(관건)

인

桀	하(夏)왕이름 걸	木 총10획 桀紂(걸주) 駿桀(준걸) 凶桀(흉걸)

인

杰	뛰어날 걸	木 총8획 金履杰(김이걸)

인

인 甄 질그릇 견	瓦 총14획 甄工(견공) 甄陶(견도) 甄別(견별) 甄序(견서)	인 璟 옥빛 경:	玉 총16획 宋璟(송경) 沈璟(심경)
인 瓊 구슬 경	玉 총19획 瓊玉(경옥) 瓊音(경음) 瓊姿(경자) 瓊章(경장)	인 炅 빛날 경	火 총8획 炅烈(경렬) 寒炅(한경)
인 儆 경계할 경:	人 총15획 儆戒(경계) 儆備(경비) 申儆(신경) 自儆(자경)	지 皐 언덕 고	白 총11획 皐牟(고리) 皐陶(고요) 皐蘭寺(고란사)
지 串 꿸 관 땅이름 곶	l 총7획 串柿(관시) 親串(친관) 長山串(장산곶)	인 琯 옥피리 관	玉 총12획 白琯(백관) 玉琯(옥관)
지 槐 회화나무/느티나무 괴	木 총14획 槐木(괴목) 槐門(괴문) 槐山郡(괴산군)	지 邱 언덕 구	邑 총8획 大邱(대구) 靑邱圖(청구도)
인 玖 옥돌 구	玉 총7획 玖璇(구선) 瓊玖(경구) 李玖(이구)	성 鞠 성(姓)/국문할 국	革 총17획 鞠問(국문) 鞠育(국육) 鞠戲(국희) 拿鞠(나국)
인 圭 서옥/쌍토 규	土 총6획 圭角(규각) 圭璋(규장) 圭田(규전) 圭瓚(규찬)	인 奎 별 규	大 총9획 奎文(규문) 奎星(규성) 奎章閣(규장각)
인 珪 홀 규	玉 총10획 珪石(규석) 珪素(규소) 珪璋(규장) 珪幣(규폐)	인 揆 헤아릴 규	手 총12획 揆敍(규서) 揆一(규일) 揆策(규책) 揆度(규탁)
지 槿 무궁화 근:	木 총15획 槿域(근역) 槿花(근화) 木槿(목근) 朝槿(조근)	인 瑾 아름다운옥 근:	玉 총15획 細瑾(세근) 瑕瑾(하근)
인 兢 떨릴 긍:	儿 총14획 兢戒(궁계) 兢懼(궁구) 兢惶(궁황) 凌兢(능궁)	성 箕 키 기	竹 총14획 箕星(기성) 箕子(기자) 箕察(기찰)
인 淇 물이름 기	水 총11획 淇水(기수) 淇河(기하)	인 琪 아름다운옥 기	玉 총12획 琪樹(기수) 琪花(기화)

성명·지명자 익히기 **369**

人一十之 己讀百之 (남보다 몇 배의 노력을 해야 뛰어날 수 있다)

인 **騏** 준마 기 (馬 총18획)	騏驥(기기)	
인 **冀** 바랄 기 (八 총16획)	冀望(기망) 冀願(기원) 冀州(기주)	
인 **琦** 옥이름 기 (玉 총12획)	琦辭(기사) 琦珍(기진) 琦行(기행)	
인 **璣** 별이름 기 (玉 총16획)	珠璣(주기) 天璣(천기)	
인 **耆** 늙을 기 (老 총10획)	耆年(기년) 耆蒙(기몽) 耆儒(기유)	
지 **塘** 못 당 (土 총13획)	芳塘(방당) 蓮塘(연당) 堤塘(제당) 池塘(지당)	
인 **燾** 비칠 도 (火 총18획)	燾育(도육)	
인 **燉** 불빛 돈 (火 총16획)	亨燉(형돈) 徐燉珏(서돈각)	
인 **乭** 이름 돌 (乙 총6획)	甲乭(갑돌) 申乭石(신돌석)	
성 **杜** 막을 두 (木 총7획)	杜魄(두백) 杜甫(두보) 杜絶(두절) 杜撰(두찬)	
지 **萊** 명아주 래 (艸 총12획)	萊蕪(내무) 萊夷(내이) 蓬萊山(봉래산)	
인 **麒** 기린 기 (鹿 총19획)	麒麟(기린)	
인 **驥** 천리마 기 (馬 총26획)	驥足(기족) 駑驥(노기) 駿驥(준기)	
지 **岐** 갈림길 기 (山 총7획)	岐路(기로) 多岐(다기) 分岐(분기)	
지 **沂** 물이름 기 (水 총7획)	沂水(기수) 沂河(기하)	
지 **湍** 여울 단 (水 총12획)	湍流(단류) 急湍(급단) 長湍(장단) 馳湍(치단)	
인 **悳** 큰 덕 (心 총12획)	大悳(대덕) 權秉悳(권병덕)	
인 **惇** 도타울 돈 (心 총11획)	惇謹(돈근) 惇德(돈덕) 惇信(돈신) 惇惠(돈혜)	
성 **頓** 조아릴 돈: (頁 총13획)	頓憊(돈비) 頓挫(돈좌) 査頓(사돈) 整頓(정돈)	
성 **董** 바를 동: (艸 총13획)	董督(동독) 董役(동역) 骨董品(골동품)	
성 **鄧** 나라이름 등: (邑 총15획)	鄧林(등림) 鄧小平(등소평)	
인 **亮** 밝을 량 (亠 총9획)	亮許(양허) 淸亮(청량) 諸葛亮(제갈량)	

人一十之 己讀百之 (남보다 몇 배의 노력을 해야 뛰어날 수 있다.)

인	冕	면류관	면:	門 총11획	冕服(면복) 弁冕(변면)

| 지 | 沔 | 물이름/빠질 | 면: | 水 총7획 | 沔水(면수) 沔川(면천) |

| 인 | 謨 | 꾀 | 모 | 言 총18획 | 謨訓(모훈) 高謨(고모) 聖謨(성모) 遠謨(원모) |

| 성 | 牟 | 성(姓)/보리 | 모 | 牛 총6획 | 牟利(모리) 牟麥(모맥) 釋迦牟尼(석가모니) |

| 지 | 茅 | 띠 | 모 | 艸 총9획 | 茅山(모산) 茅蒐(모수) 茅屋(모옥) 茅草(모초) |

| 인 | 穆 | 화목할 | 목 | 禾 총16획 | 穆穆(목목) 敦穆(돈목) 和穆(화목) |

| 인 | 昴 | 별이름 | 묘: | 日 총9획 | 昴宿(묘수) 星昴(성묘) |

| 인/지 | 汶 | 물이름 | 문 | 水 총7획 | 汶山(문산) 汶水(문수) |

| 지 | 彌 | 미륵/오랠 | 미 | 弓 총17획 | 彌勒(미륵) 彌滿(미만) 彌陀(미타) |

| 인 | 旻 | 하늘 | 민 | 日 총8획 | 旻天(민천) 蒼旻(창민) |

| 인 | 旼 | 화할 | 민 | 日 총8획 | 杰旼(걸민) |

| 인 | 玟 | 아름다운돌 | 민 | 玉 총8획 | 鍾玟(종민) |

| 성 | 閔 | 성(姓) | 민 | 門 총12획 | 閔妃(민비) 閔然(민연) 閔泳煥(민영환) |

| 인 | 珉 | 옥돌 | 민 | 玉 총9획 | 貞珉(정민) 徐珉濠(서민호) |

| 성 | 潘 | 성(姓) | 반 | 水 총15획 | 潘南(반남) 潘岳(반악) |

| 인 | 磻 | 반계 | 반/번 | 石 총17획 | 磻溪(반계) |

| 인 | 渤 | 바다이름 | 발 | 水 총12획 | 渤海(발해) 溟渤(명발) |

| 지 | 鉢 | 바리때 | 발 | 金 총13획 | 夫鉢(부발) 衣鉢(의발) 周鉢(주발) 托鉢(탁발) |

| 성 | 旁 | 곁 | 방: | 方 총10획 | 旁系(방계) 旁觀(방관) 旁國(방국) 旁註(방주) |

| 성 | 龐 | 높은집 | 방 | 龍 총19획 | 龐統(방통) |

| 성 | 裵 | 성(姓) | 배 | 衣 총14획 | 裵度(배도) |

| 지 | 筏 | 뗏목 | 벌 | 竹 총12획 | 筏橋(벌교) 筏夫(벌부) |

人一十之 己讀百之 (남보다 몇 배의 노력을 해야 뛰어날 수 있다.)

인 彬	빛날 빈 / 彡 총11획 / 彬彬(빈빈) 彬蔚(빈울)	성 馮	탈/성(姓) 빙/풍 / 馬 총12획 / 馮河(빙하) 馮夷(풍이)
지 泗	물이름 사 / 水 총8획 / 泗水(사수) 涕泗(체사)	인 庠	학교 상 / 广 총9획 / 庠校(상교) 庠序(상서)
지 舒	펼 서 / 舌 총12획 / 舒遲(서지) 舒暢(서창) 舒川(서천) 安舒(안서)	인 奭	클/쌍백 석 / 大 총15획 / 李範奭(이범석)
인 晳	밝을 석 / 日 총12획 / 明晳(명석) 白晳(백석)	인 錫	주석 석 / 金 총16획 / 錫杖(석장) 朱錫(주석) 羅錫疇(나석주)
인 瑄	도리옥 선 / 玉 총13획 / 瑄玉(선옥) 李瑄根(이선근)	인 璇	옥 선 / 玉 총15획 / 璇宮(선궁) 璇碧(선벽) 璇珠(선주) 天璇(천선)
인 璿	구슬 선 / 玉 총18획 / 璿宮(선궁) 璿珠(선주)	인 卨	사람이름 설 / 卜 총11획 / 李相卨(이상설)
성 薛	성(姓) 설 / 艸 총17획 / 薛聰(설총)	지 陝	땅이름 섬 / 阜 총10획 / 陝縣(섬현) 陝西省(섬서성)
지 暹	햇살 치밀/나라이름 섬 / 日 총16획 / 暹羅(섬라)	지 蟾	두꺼비 섬 / 虫 총19획 / 蟾光(섬광) 蟾魄(섬백) 蟾津江(섬진강)
인 燮	불꽃 섭 / 火 총17획 / 燮理(섭리) 燮和(섭화) 李仲燮(이중섭)	인 晟	밝을 성 / 日 총11획 / 李晟(이성)
지 沼	못 소 / 水 총8획 / 沼澤(소택) 德沼(덕소) 龍沼(용소) 苑沼(원소)	성 邵	땅이름/성(姓) 소 / 邑 총8획 / 邵雍(소옹)
지 巢	새집 소 / 巛 총11획 / 巢窟(소굴) 卵巢(난소) 病巢(병소) 鵲巢(작소)	성 宋	성(姓) 송 / 宀 총7획 / 宋學(송학) 宋時烈(송시열)

人一十之 己讀百之 (남보다 몇 배의 노력을 해야 뛰어날 수 있다.)

| 인 | 淵 | 못 | 연 | 水 총12획 | 淵源(연원) 淵叢(연총) 陶淵明(도연명) |

| 인 | 衍 | 넓을 | 연: | 行 총9획 | 衍文(연문) 衍義(연의) 衍字(연자) 敷衍(부연) |

| 성 | 閻 | 마을 | 염 | 門 총16획 | 閻羅(염라) 閻閭(여염) |

| 인 | 燁 | 빛날 | 엽 | 火 총16획 | 燁燁(엽엽) |

| 인 | 暎 | 비칠 | 영: | 日 총13획 | 暎發(영발) 暎窓(영창) |

| 인 | 瑛 | 옥빛 | 영 | 玉 총13획 | 藍瑛(남영) 赤瑛(적영) |

| 지 | 盈 | 찰 | 영 | 皿 총9획 | 盈德(영덕) 盈月(영월) 盈虛(영허) |

| 부 | 濊 | 종족이름 | 예: | 水 총16획 | 濊貊(예맥) 東濊(동예) |

| 성 | 芮 | 성(姓) | 예: | 艸 총8획 | 芮芮(예예) |

| 인 | 睿 | 슬기 | 예: | 目 총14획 | 睿宗(예종) 睿智(예지) |

| 성 | 吳 | 성(姓) | 오 | 口 총7획 | 吳吟(오음) 吳子(오자) |

| 국 | 墺 | 물가 | 오: | 土 총16획 | 墺地利(오지리) |

| 지 | 沃 | 기름질 | 옥 | 水 총7획 | 沃畓(옥답) 沃沮(옥저) 沃土(옥토) 肥沃(비옥) |

| 인 | 鈺 | 보배 | 옥 | 金 총13획 | 鈺圭(옥규) 李鈺(이옥) |

| 성 | 雍 | 화할 | 옹 | 隹 총13획 | 雍穆(옹목) 雍和(옹화) 雍正帝(옹정제) |

| 지 | 甕 | 독 | 옹: | 瓦 총18획 | 甕器(옹기) 甕津(옹진) 糟甕(조옹) |

| 성 | 邕 | 막힐 | 옹 | 邑 총10획 | 邕睦(옹목) 邕水(옹수) 蔡邕(채옹) |

| 지 | 莞 | 빙그레할 / 왕골 | 완 / 관 | 艸 총11획 | 莞島(완도) 莞爾(완이) 莞枕(관침) 莞蒲(관포) |

| 인 | 汪 | 넓을 | 왕(:) | 水 총7획 | 汪茫(왕망) 汪洋(왕양) |

| 인 | 旺 | 왕성할 | 왕: | 日 총8획 | 旺盛(왕성) 興旺(흥왕) |

| 국 | 倭 | 왜나라 | 왜 | 人 총10획 | 倭國(왜국) 倭亂(왜란) 倭兵(왜병) 倭賊(왜적) |

| 인 | 堯 | 요임금 | 요 | 土 총12획 | 堯舜(요순) 堯堯(요요) |

人一十之 己讀百之(남보다 몇 배의 노력을 해야 뛰어날 수 있다.)

지 渭	물이름	위	水 총12획 渭水(위수) 渭陽丈(위양장)

성 兪	대답할 인월도(人月刀)	유	入 총9획 兪兪(유유)

지/인 楡	느릅나무	유	木 총13획 楡柳(유류)

지 踰	넘을	유	足 총16획 踰年(유년) 踰限(유한) 水踰里(수유리)

인 庾	곳집/노적가리	유	广 총11획 庾積(유적) 金庾信(김유신)

인 允	맏	윤	儿 총4획 允恭(윤공) 允當(윤당) 允玉(윤옥) 允許(윤허)

인 鈗	창	윤	金 총12획 鈗人(윤인) 執鈗(집윤)

성 尹	성(姓)	윤	尸 총4획 卿尹(경윤) 庶尹(서윤) 令尹(영윤)

인 胤	자손	윤	肉 총9획 胤玉(윤옥) 胤友(윤우) 胤子(윤자) 冑胤(주윤)

인 垠	지경	은	土 총9획 垠際(은제) 李垠(이은)

성 殷	은나라	은	殳 총10획 殷盛(은성) 殷憂(은우) 殷昌(은창)

인 誾	향기	은	言 총15획 誾誾(은은) 南誾(남은)

지 鷹	매	응(:)	鳥 총24획 鷹犬(응견) 鷹視(응시) 鷹揚(응양) 角鷹(각응)

지 伊	저	이	人 총6획 伊時(이시) 黃眞伊(황진이)

인 怡	기쁠	이	心 총8획 怡顔(이안) 怡悅(이열) 怡愉(이유) 南怡(남이)

인 珥	귀고리	이:	玉 총10획 玉珥(옥이) 李珥(이이)

인 翊	도울	익	羽 총11획 翊戴(익대) 翊成(익성) 翊衛(익위) 翊贊(익찬)

인 佾	줄춤	일	人 총8획 佾舞(일무) 八佾(팔일)

인 鎰	무게이름	일	金 총18획 萬鎰(만일) 張鎰(장일)

인 滋	불을	자	水 총12획 滋茂(자무) 滋殖(자식) 滋養分(자양분)

성 蔣	성(姓)	장	艸 총15획 蔣茅(장모) 蔣英實(장영실)

지 庄	전장	장	广 총6획 庄家(장가) 庄園(장원)

| 獐 노루 장 | 犬 총14획
獐角(장각) 獐肝(장간)
獐茸(장용) 香獐(향장) | 璋 홀 장 | 玉 총15획
弄璋(농장)
朱元璋(주원장) |

| 甸 경기 전 | 田 총7획
甸服(전복) 甸役(전역)
畿甸(기전) 緬甸(면전) | 汀 물가 정 | 水 총5획
汀蘭(정란) 汀岸(정안)
蘆汀(노정) 沙汀(사정) |

| 楨 광나무 정 | 木 총13획
楨幹(정간) 家楨(가정) | 禎 상서로울 정 | 示 총14획
禎祥(정상)
孫基禎(손기정) |

| 珽 옥이름 정 | 玉 총11획
安珽(안정) 玉珽(옥정) | 鄭 나라 정: | 邑 총15획
鄭澈(정철)
鄭夢周(정몽주) |

| 旌 기 정 | 方 총11획
旌旗(정기) 旌門(정문)
旌賞(정상) 旌善(정선) | 晶 맑을 정 | 日 총12획
晶光(정광) 水晶(수정) |

| 鼎 솥 정 | 鼎 총13획
鼎談(정담) 鼎立(정립)
鼎銘(정명) 鼎席(정석) | 曹 성(姓) 조 | 日 총10획
曺晩植(조만식) |

| 祚 복 조 | 示 총10획
景祚(경조) 溫祚(온조)
大祚榮(대조영) | 趙 나라 조: | 走 총14획
前趙(전조)
趙光祖(조광조) |

| 琮 옥홀 종 | 玉 총12획
琮花(종화) | 疇 이랑 주 | 田 총19획
範疇(범주) 田疇(전주) |

| 埈 높을 준 | 土 총10획
李埈鎔(이준용) | 峻 높을/준엄할 준 | 山 총10획
峻極(준극) 峻路(준로)
峻法(준법) 險峻(험준) |

| 浚 깊게할 준 | 水 총10획
浚急(준급) 浚渫(준설)
浚照(준조) 許浚(허준) | 晙 밝을 준: | 日 총11획
權晙(권준) |

| 駿 준마 준 | 馬 총17획
駿驥(준기) 駿良(준량)
駿馬(준마) 駿敏(준민) | 濬 깊을 준: | 水 총17획
濬潭(준담) 濬源(준원)
濬池(준지) 濬哲(준철) |

人一十之 己讀百之 (남보다 몇 배의 노력을 해야 뛰어날 수 있다.)

芝 (인)	지초	지	艸 총8획	芝蘭(지란) 芝草(지초) 靈芝(영지)
址 (인)	터	지	土 총7획	故址(고지) 舊址(구지) 城址(성지) 遺址(유지)
稙 (인)	올벼	직	禾 총13획	李元稙(이원직)
稷 (인/지)	피	직	禾 총15획	稷山(직산) 黍稷(서직)
晉 (성)	진나라	진:	日 총10획	晉書(진서) 晉州(진주) 東晉(동진)
秦 (성/인)	성(姓)	진	禾 총10획	秦篆(진전) 秦始皇(진시황)
燦 (인)	빛날	찬:	火 총17획	燦爛(찬란) 燦然(찬연) 鄭燦朝(정찬조)
璨 (인)	옥빛	찬:	玉 총17획	璨幽(찬유) 璨璨(찬찬)
瓚 (인)	옥잔	찬	玉 총23획	圭瓚(규찬) 璋瓚(장찬)
鑽 (인)	뚫을	찬	金 총27획	鑽灼(찬작) 硏鑽(연찬)
敞 (지)	시원할	창	攴 총12획	高敞(고창) 寬敞(관창) 宏敞(굉창) 通敞(통창)
昶 (인)	해 길	창:	日 총9획	和昶(화창) 金基昶(김기창)
采 (성)	풍채	채:	采 총8획	喝采(갈채) 神采(신채) 風采(풍채)
埰 (인)	사패지	채:	土 총11획	埰邑(채읍) 埰地(채지)
蔡 (성)	성(姓)	채:	艸 총15획	蔡倫(채륜) 蔡萬植(채만식)
陟 (지)	오를	척	阜 총10획	陟降(척강) 三陟(삼척) 進陟(진척) 黜陟(출척)
釧 (지)	팔찌	천	金 총11획	玉釧(옥천) 腕釧(완천)
喆 (인)	밝을/쌍길	철	口 총12획	羅喆(나철)
澈 (인)	맑을	철	水 총15획	鄭澈(정철) 澄澈(징철)
瞻 (성)	볼	첨	目 총18획	瞻望(첨망) 瞻仰(첨앙) 瞻星臺(첨성대)
楚 (성)	초나라	초	木 총13획	楚撻(초달) 楚腰(초요) 苦楚(고초) 淸楚(청초)
蜀 (국)	나라이름	촉	虫 총13획	蜀魄(촉백) 蜀相(촉상) 蜀漢(촉한) 蜀魂(촉혼)

人一十之 己讀百之 (남보다 몇 배의 노력을 해야 뛰어날 수 있다.)

| 인 沆 | 넓을 항: | 水 총7획 | 沆瀣(항개) 沆茫(항망) |

| 지 杏 | 살구 행: | 木 총7획 | 杏壇(행단) 杏林(행림) 杏仁(행인) 杏花(행화) |

| 인 赫 | 빛날 혁 | 赤 총14획 | 赫怒(혁노) 赫然(혁연) 朴赫居世(박혁거세) |

| 인 爀 | 불빛 혁 | 火 총18획 | 金尙爀(김상혁) |

| 지 峴 | 고개 현: | 山 총10획 | 炭峴(탄현) 論峴洞(논현동) |

| 인 炫 | 밝을 현: | 火 총9획 | 炫炫(현현) 炫煌(현황) |

| 인 鉉 | 솥귀 현 | 金 총13획 | 鉉席(현석) 鉉台(현태) |

| 성 邢 | 성(姓) 형 | 邑 총7획 | 邢人(형인) |

| 인 瀅 | 물 맑을 형: | 水 총18획 | 瀅瀅(형형) 江瀅(강형) 金基瀅(김기형) |

| 인 炯 | 빛날 형 | 火 총9획 | 炯心(형심) 炯眼(형안) 金炯元(김형원) |

| 인 馨 | 꽃다울 형 | 香 총20획 | 馨氣(형기) 馨香(형향) |

| 인 瑩 | 밝을 형 옥돌 영 | 玉 총15획 | 未瑩(미형) 崔瑩(최영) |

| 지 壕 | 해자 호 | 土 총17획 | 塹壕(참호) |

| 인 晧 | 밝을 호 | 日 총11획 | 晧月(호월) 碩晧(석호) |

| 인 皓 | 흴 호 | 白 총12획 | 皓髮(호발) 皓雪(호설) 皓月(호월) 皓天(호천) |

| 인 滈 | 넓을 호 | 水 총15획 | 在滈(재호) 李根滈(이근호) |

| 성 扈 | 따를 호: | 戶 총11획 | 扈衛(호위) 扈從(호종) 跋扈(발호) |

| 인 昊 | 하늘 호: | 日 총8획 | 昊天(호천) 蒼昊(창호) |

| 인 祜 | 복 호 | 示 총10획 | 多祜(다호) 福祜(복호) 神祜(신호) 天祜(천호) |

| 인 鎬 | 호경 호: | 金 총18획 | 鎬京(호경) |

| 인 泓 | 물 깊을 홍 | 水 총8획 | 泓宏(홍굉) 泓水(홍수) 泓澄(홍징) 泓泓(홍홍) |

| 인 嬅 | 탐스러울 화 | 女 총14획 | 嬅容(화용) |

부 록

01. 유의자
02. 유의어
03. 반대자
04. 반대어
05. 사자성어
06. 동음이의어
07. 일자다음어
08. 장단음
09. 약자
　＊약자 써보기

01 유의자

加	더할	가	가증	增	더할	증	刻	새길	각	각명	銘	새길	명

한자	뜻	음		한자	뜻	음	한자	뜻	음		한자	뜻	음
加	더할	가	가증	增	더할	증	刻	새길	각	각명	銘	새길	명
柯	가지	가	가조	條	가지	조	刊	새길	간	간각	刻	새길	각
歌	노래	가	가곡	曲	굽을	곡	間	사이	간	간격	隔	사이뜰	격
歌	노래	가	가악	樂	즐길 락/노래 악/좋아할 요		簡	대쪽/간략할	간	간략	略	간략할/약할	략
歌	노래	가	가영	詠	읊을	영	簡	대쪽/간략할	간	간찰	札	편지	찰
歌	노래	가	가요	謠	노래	요	監	볼	감	감관	觀	볼	관
歌	노래	가	가창	唱	부를	창	監	볼	감	감시	視	볼	시
街	거리	가	가구	衢	네거리	구	監	볼	감	감찰	察	살필	찰
街	거리	가	가도	道	길	도	感	느낄	감	감각	覺	깨달을	각
街	거리	가	가로	路	길	로	憾	섭섭할	감	감원	怨	원망할	원
街	거리	가	가항	巷	거리	항	憾	섭섭할	감	감한	恨	한	한
家	집	가	가실	室	집	실	減	덜	감	감생	省	덜	생
家	집	가	가옥	屋	집	옥	減	덜	감	감손	損	덜	손
家	집	가	가택	宅	집	택	減	덜	감	감제	除	덜	제
家	집	가	가호	戶	집	호	強	강할	강	강건	健	굳셀	건
價	값	가	가치	値	값	치	強	강할	강	강경	硬	굳을	경
覺	깨달을	각	각오	悟	깨달을	오	剛	굳셀	강	강건	健	굳셀	건

綱	벼리	강	강유	維	벼리	유	居	살	거	거주	住	살	주
講	욀	강	강석	釋	풀	석	巨	클	거	거대	大	큰	대
講	욀	강	강송	誦	욀	송	擧	들	거	거동	動	움직일	동
講	욀	강	강해	解	풀	해	建	세울	건	건립	立	설	립
康	편안	강	강녕	寧	편안	녕	乾	하늘/마를	건	건고	枯	마를	고
江	강	강	강하	河	물	하	乾	하늘/마를	건	건조	燥	마를	조
降	내릴 강/항복할 항		강하	下	아래	하	檢	검사할	검	검독	督	감독할	독
開	열	개	개계	啓	열	계	檢	검사할	검	검사	査	조사할	사
開	열	개	개벽	闢	열	벽	檢	검사할	검	검열	閱	볼	열
蓋	덮을	개	개복	覆	다시덮을	복/부	檢	검사할	검	검찰	察	살필	찰
蓋	덮을	개	개폐	蔽	덮을	폐	憩	쉴	게	게식	息	쉴	식
改	고칠	개	개경	更	고칠	경	揭	높이들	게	게양	揚	날릴	양
個	낱	개	개매	枚	낱	매	激	격할	격	격렬	烈	매울	렬
皆	다	개	개함	咸	다	함	格	격식	격	격식	式	법	식
更	다시	갱	갱부	復	회복할/다시	복/부	堅	굳을	견	견강	強	강할	강
居	살	거	거관	館	집	관	堅	굳을	견	견강	剛	굳셀	강
居	살	거	거류	留	머무를	류	堅	굳을	견	견경	硬	굳을	경

부록_유의자 387

堅	굳을	견	견고	固	굳을	고	經	지날 글	경	경과	過	지날	과
牽	이끌/끌	견	견인	引	끌	인	經	지날 글	경	경구	句	글귀	구
結	맺을	결	결구	構	얽을	구	經	지날 글	경	경력	歷	지날	력
結	맺을	결	결속	束	묶을	속	經	지날 글	경	경리	理	다스릴	리
結	맺을	결	결약	約	맺을	약	經	지날 글	경	경서	書	글	서
決	결단할	결	결단	斷	끊을	단	經	지날 글	경	경영	營	경영할	영
決	결단할	결	결판	判	판단할	판	傾	기울	경	경도	倒	넘어질	도
潔	깨끗할	결	결백	白	흰	백	傾	기울	경	경사	斜	비낄	사
潔	깨끗할	결	결정	淨	깨끗할	정	境	지경	경	경계	界	지경	계
謙	겸손할	겸	겸손	遜	겸손할	손	境	지경	경	경역	域	지경	역
謙	겸손할	겸	겸양	讓	사양할	양	鏡	거울	경	경감	鑑	거울	감
敬	공경	경	경흠	欽	공경할	흠	競	다툴	경	경쟁	爭	다툴	쟁
警	깨우칠	경	경각	覺	깨달을	각	京	서울	경	경도	都	도읍	도
警	깨우칠	경	경계	戒	경계할	계	景	볕	경	경광	光	빛	광
慶	경사	경	경복	福	복	복	頃	잠깐,이랑	경	경잠	暫	잠깐	잠
慶	경사	경	경축	祝	빌	축	卿	벼슬	경	경리	吏	벼슬아치	리
慶	경사	경	경하	賀	하례할	하	卿	벼슬	경	경윤	尹	성(姓)	윤

界	지경	계	계역	域	지경	역	告	고할	고	고시	示	보일	시
契	맺을	계	계약	約	맺을	약	高	높을	고	고륭	隆	높을	륭
階	섬돌	계	계급	級	등급	급	高	높을	고	고준	峻	높을 준엄할	준
階	섬돌	계	계단	段	층계	단	高	높을	고	고탁	卓	높을	탁
階	섬돌	계	계층	層	층	층	高	높을	고	고항	亢	높을	항
季	계절	계	계말	末	끝	말	考	생각할	고	고념	念	생각	념
季	계절	계	계절	節	마디	절	考	생각할	고	고려	慮	생각할	려
繼	이을	계	계속	續	이을	속	考	생각할	고	고상	想	생각	상
繼	이을	계	계승	承	이을	승	孤	외로울	고	고독	獨	홀로	독
計	셀	계	계산	算	셈	산	雇	품팔	고	고용	傭	품팔	용
計	셀	계	계수	數	셈	수	困	곤할	곤	곤궁	窮	다할 궁할	궁
計	셀	계	계책	策	꾀	책	困	곤할	곤	곤피	疲	피곤할	피
溪	시내	계	계천	川	내	천	坤	따	곤	곤지	地	따	지
古	예	고	고석	昔	예	석	工	장인	공	공작	作	지을	작
枯	마를	고	고갈	渴	목마를	갈	工	장인	공	공조	造	지을	조
苦	쓸	고	고난	難	어려울	난	功	공	공	공훈	勳	공	훈
告	고할	고	고백	白	흰	백	攻	칠	공	공격	擊	칠	격

攻	칠 공	공벌	伐	칠	벌	寡	적을 과	과소	少	적을	소
攻	칠 공	공토	討	칠	토	觀	볼 관	관람	覽	볼	람
貢	바칠 공	공납	納	들일	납	觀	볼 관	관시	視	볼	시
貢	바칠 공	공헌	獻	드릴	헌	觀	볼 관	관찰	察	살필	찰
恐	두려울 공	공구	懼	두려워할 구		關	관계할 관	관쇄	鎖	쇠사슬	쇄
恐	두려울 공	공외	畏	두려워할 외		關	관계할 관	관여	與	더불 줄	여
恐	두려울 공	공포	怖	두려워할 포		款	항목 관	관항	項	항목	항
空	빌 공	공허	虛	빌	허	官	벼슬 관	관작	爵	벼슬	작
共	한가지 공	공동	同	한가지	동	館	집 관	관각	閣	집	각
供	이바지할 공	공급	給	줄	급	光	빛 광	광명	明	밝을	명
供	이바지할 공	공여	與	더불 줄	여	光	빛 광	광색	色	빛	색
恭	공손할 공	공경	敬	공경	경	光	빛 광	광휘	輝	빛날	휘
孔	구멍 공	공혈	穴	굴	혈	廣	넓을 광	광막	漠	넓을	막
果	실과 과	과실	實	열매	실	廣	넓을 광	광박	博	넓을	박
過	지날 과	과거	去	갈	거	廣	넓을 광	광보	普	넓을	보
過	지날 과	과실	失	잃을	실	卦	점괘 괘	괘조	兆	억조	조
過	지날 과	과오	誤	그르칠	오	怪	괴이할 괴	괴기	奇	기특할	기

怪	괴이할 괴	괴이	異	다를	이	構	얽을 구	구락	絡	얽을	락
愧	부끄러울 괴	괴치	恥	부끄러울	치	購	살 구	구매	買	살	매
敎	가르칠 교	교훈	訓	가르칠	훈	究	연구할 구	구고	考	생각할	고
郊	들 교	교야	野	들	야	拘	잡을 구	구조	操	잡을	조
郊	들 교	교평	坪	들	평	拘	잡을 구	구집	執	잡을	집
橋	다리 교	교량	梁	들보	량	龜	거북 구/귀 터질 균	균열	裂	찢어질	렬
巧	공교할 교	교묘	妙	묘할	묘	丘	언덕 구	구릉	陵	언덕	릉
求	구할 구	구걸	乞	빌	걸	丘	언덕 구	구부	阜	언덕	부
求	구할 구	구색	索	찾을	색	丘	언덕 구	구원	原	언덕	원
救	구원할 구	구원	援	도울	원	丘	언덕 구	구피	坡	언덕	파
救	구원할 구	구제	濟	건널	제	具	갖출 구	구비	備	갖출	비
區	구분할 지경 구	구별	別	다를 나눌	별	久	오랠 구	구미	彌	오랠	미
區	구분할 지경 구	구분	分	나눌	분	久	오랠 구	구원	遠	멀	원
區	구분할 지경 구	구역	域	지경	역	君	임금 군	군왕	王	임금	왕
歐	구라파 칠 구	구타	打	칠	타	君	임금 군	군주	主	임금 주인	주
構	얽을 구	구조	造	지을	조	郡	고을 군	군읍	邑	고을	읍
構	얽을 구	구축	築	쌓을	축	郡	고을 군	군현	縣	고을	현

부록_유의자 391

群	무리	군	군당	黨	무리	당	勸	권할	권	권면	勉	힘쓸	면
群	무리	군	군대	隊	무리	대	勸	권할	권	권장	獎	장려할	장
群	무리	군	군등	等	무리	등	軌	바퀴자국 궤		궤철	轍	바퀴자국	철
群	무리	군	군중	衆	무리	중	鬼	귀신	귀	귀신	神	귀신	신
軍	군사	군	군려	旅	나그네	려	貴	귀할	귀	귀중	重	무거울	중
軍	군사	군	군병	兵	병사	병	歸	돌아갈	귀	귀환	還	돌아올	환
軍	군사	군	군사	士	선비	사	閨	안방	규	규방	房	방	방
屈	굽힐	굴	굴곡	曲	굽을	곡	規	법	규	규격	格	격식	격
屈	굽힐	굴	굴절	折	꺾을	절	規	법	규	규범	範	법	범
窟	굴	굴	굴혈	穴	굴	혈	規	법	규	규식	式	법	식
窮	다할 궁할	궁	궁구	究	연구할	구	規	법	규	규율	律	법칙	률
窮	다할 궁할	궁	궁극	極	다할 극진할	극	規	법	규	규칙	則	법칙 곧	칙 즉
窮	다할 궁할	궁	궁색	塞	막힐 변방	색 새	規	법	규	규탁	度	법도 헤아릴	도 탁
窮	다할 궁할	궁	궁진	盡	다할	진	糾	얽힐	규	규결	結	맺을	결
宮	집	궁	궁궐	闕	대궐	궐	糾	얽힐	규	규명	明	밝을	명
宮	집	궁	궁전	殿	전각	전	糾	얽힐	규	규찰	察	살필	찰
勸	권할	권	권려	勵	힘쓸	려	糾	얽힐	규	규탄	彈	탄알	탄

叫 부르짖을 규	규환	喚 부를 환	伎 재간 기	기교	巧 공교할 교
均 고를 균	균등	等 무리 등	伎 재간 기	기량	倆 재주 량
均 고를 균	균조	調 고를 조	伎 재간 기	기예	藝 재주 예
克 이길 극	극승	勝 이길 승	技 재주 기	기술	術 재주 술
極 다할/극진할 극	극진	盡 다할 진	技 재주 기	기예	藝 재주 예
根 뿌리 근	근본	本 근본 본	器 그릇 기	기구	具 갖출 구
謹 삼갈 근	근신	愼 삼갈 신	器 그릇 기	기명	皿 그릇 명
金 쇠/성(姓) 김	금철	鐵 쇠 철	寄 부칠 기	기부	付 부칠 부
錦 비단 금	금기	綺 비단 기	綺 비단 기	기견	絹 비단 견
禽 새 금	금조	鳥 새 조	崎 험할 기	기구	嶇 험할 구
擒 사로잡을 금	금착	捉 잡을 착	崎 험할 기	기험	險 험할 험
急 급할 급	급박	迫 핍박할 박	肌 살 기	기부	膚 살갗 부
急 급할 급	급속	速 빠를 속	肌 살 기	기육	肉 고기 육
給 줄 급	급사	賜 줄 사	飢 주릴 기	기근	饉 주릴 근
給 줄 급	급여	與 더불 여	飢 주릴 기	기아	餓 주릴 아
肯 즐길 긍	긍락	樂 즐길 락	祈 빌 기	기도	禱 빌 도
肯 즐길 긍	긍탐	耽 즐길 탐	祈 빌 기	기축	祝 빌 축

부록_유의자 393

● 人一十之 己讀百之 ●

畿 경기 기	기전	甸 경기 전	男 사내 남	남랑	郞 사내 랑
機 틀 기	기계	械 기계 계	南 남녘 남	남병	丙 남녘 병
譏 비웃을 기	기롱	弄 희롱할 롱	納 들일 납	납입	入 들 입
己 몸 기	기신	身 몸 신	娘 계집 낭	낭녀	女 계집 녀
紀 벼리 기	기강	綱 벼리 강	娘 계집 낭	낭희	姬 계집 희
記 기록할 기	기록	錄 기록할 록	年 해 년	연세	歲 해 세
記 기록할 기	기지	識 알 식/기록할 지	奴 종 노	노예	隷 종 례
起 일어날 기	기립	立 설 립	努 힘쓸 노	노력	力 힘 력
起 일어날 기	기발	發 필 발	農 농사 농	농경	耕 밭갈 경
忌 꺼릴 기	기혐	嫌 싫어할 혐	濃 짙을 농	농후	厚 두터울 후
基 터 기	기대	垈 집터 대	累 여러/자주 루	누적	積 쌓을 적
基 터 기	기지	址 터 지	念 생각 념	염려	慮 생각할 려
旗 기 기	기정	旌 기 정	溺 빠질 닉	익몰	沒 빠질 몰
棄 버릴 기	기사	捨 버릴 사	斷 끊을 단	단절	切 끊을/온통 절/체
棄 버릴 기	기폐	廢 버릴 폐	斷 끊을 단	단절	絶 끊을 절
企 꾀할 기	기망	望 바랄 망	鍛 쇠불릴 단	단련	鍊 쇠불릴/단련할 련
旣 이미 기	기이	已 이미 이	單 홑 단	단독	獨 홀로 독

團	둥글 단	단원	圓	둥글 원		逃	도망할 도	도망	亡	망할 망
但	다만 단	단지	只	다만 지		逃	도망할 도	도피	避	피할 피
達	통달할 달	달성	成	이룰 성		悼	슬퍼할 도	도구	懼	두려워할 구
談	말씀 담	담설	說	말씀 설 / 달랠 세		盜	도둑 도	도적	賊	도둑 적
談	말씀 담	담화	話	말씀 화		都	도읍 도	도시	市	저자 시
潭	못 담	담소	沼	못 소		都	도읍 도	도읍	邑	고을 읍
潭	못 담	담연	淵	못 연		徒	무리 도	도당	黨	무리 당
擔	멜 담	담임	任	맡길 임		徒	무리 도	도배	輩	무리 배
擔	멜 담	담하	荷	멜 하		渡	건널 도	도섭	涉	건널 섭
堂	집 당	당실	室	집 실		渡	건널 도	도제	濟	건널 제
代	대신할 대	대체	替	바꿀 체		跳	뛸 도	도약	躍	뛸 약
刀	칼 도	도검	劍	칼 검		圖	그림 도	도화	畫	그림 화 / 그을 획
到	이를 도	도달	達	통달할 달		敦	도타울 돈	돈독	篤	도타울 독
到	이를 도	도착	着	붙을 착		敦	도타울 돈	돈후	厚	두터울 후
道	길 도	도도	途	길 도		突	갑자기 돌	돌홀	忽	갑자기 홀
道	길 도	도로	路	길 로		同	한가지 동	동등	等	무리 등
導	인도할 도	도훈	訓	가르칠 훈		同	한가지 동	동일	一	한 일

料 헤아릴 료	요량	量 헤아릴 량		幕 장막 막	막장	帳 장막 장
料 헤아릴 료	요탁	度 법도 도/헤아릴 탁		滿 찰 만	만영	盈 찰 영
樓 다락 루	누각	閣 집 각		末 끝 말	말단	端 끝 단
樓 다락 루	누관	館 집 관		末 끝 말	말미	尾 꼬리 미
流 흐를 류	유랑	浪 물결 랑		忘 잊을 망	망실	失 잃을 실
留 머무를 류	유박	泊 머무를 박		每 매양 매	매상	常 떳떳할 상
留 머무를 류	유주	住 살 주		脈 줄기 맥	맥락	絡 이을 얽을 락
陸 뭍 륙	육지	地 따 지		麥 보리 맥	맥모	牟 보리 모
輪 바퀴 륜	윤회	廻 돌 회		孟 맏 맹	맹백	伯 맏 백
隆 높을 륭	융성	盛 성할 성		猛 사나울 맹	맹포	暴 사나울 폭/모질 포
隆 높을 륭	융창	昌 창성할 창		盟 맹세할 맹	맹서	誓 맹세할 서
隆 높을 륭	융흥	興 일 흥		萌 움 맹	맹아	芽 싹 아
離 떠날 리	이별	別 다를/나눌 별		面 낯 면	면모	貌 모양 모
利 이할 리	이익	益 더할 익		面 낯 면	면안	顔 낯 안
魔 마귀 마	마귀	鬼 귀신 귀		面 낯 면	면용	容 얼굴 용
磨 갈 마	마연	硏 갈 연		勉 힘쓸 면	면려	勵 힘쓸 려
莫 없을 막	막무	無 없을 무		眠 잘 면	면숙	宿 잘 숙/별자리 수

眠	잘 면	면침	寢	잘	침	貿	무역할 무	무역	易	바꿀 역 / 쉬울 이	
滅	꺼질 멸할 멸	멸망	亡	망할	망	文	글월 문	문서	書	글	서
明	밝을 명	명랑	朗	밝을	랑	文	글월 문	문장	章	글	장
明	밝을 명	명백	白	흰	백	紊	어지러울 문란할 문	문란	亂	어지러울	란
明	밝을 명	명휘	輝	빛날	휘	門	문 문	문호	戶	집	호
命	목숨 명	명령	令	하여금	령	物	물건 물	물건	件	물건	건
名	이름 명	명칭	稱	일컬을	칭	物	물건 물	물품	品	물건	품
名	이름 명	명호	號	이름	호	彌	미륵 오랠 미	미구	久	오랠	구
毛	터럭 모	모발	髮	터럭	발	美	아름다울 미	미려	麗	고울	려
模	본뜰 모	모방	倣	본뜰	방	微	작을 미	미세	細	가늘	세
模	본뜰 모	모범	範	법	범	微	작을 미	미소	小	작을	소
募	모을 뽑을 모	모집	集	모을	집	迷	미혹할 미	미혹	惑	미혹할	혹
謀	꾀 모	모책	策	꾀	책	敏	민첩할 민	민속	速	빠를	속
貌	모양 모	모양	樣	모양	양	飯	밥 반	반식	食	밥 먹을	식
沐	머리감을 목	목욕	浴	목욕할	욕	返	돌이킬 반	반환	還	돌아올	환
卯	토끼 묘	묘토	兎	토끼	토	班	나눌 반	반배	配	나눌	배
茂	무성할 무	무성	盛	성할	성	班	나눌 반	반분	分	나눌	분

發	필 발	발사	射	쏠	사
發	필 발	발전	展	펼	전
發	필 발	발포	鋪	펼	포
髮	터럭 발	발호	毫	터럭	호
紡	길쌈 방	방적	績	길쌈	적
紡	길쌈 방	방직	織	짤	직
妨	방해할 방	방해	害	해할	해
傍	곁 방	방측	側	곁	측
芳	꽃다울 방	방형	馨	꽃다울	형
邦	나라 방	방국	國	나라	국
配	나눌 짝 배	배필	匹	짝	필
俳	배우 배	배우	優	넉넉할	우
俳	배우 배	배창	倡	광대	창
排	밀칠 배	배척	斥	물리칠	척
煩	번거로울 번	번삭	數	셈 자주	수 삭
番	차례 번	번서	序	차례	서
番	차례 번	번제	第	차례	제

飜	번역할 번	번역	譯	번역할	역
繁	번성할 번	번무	茂	무성할	무
法	법 법	법규	規	법	규
法	법 법	법도	度	법도 헤아릴	도 탁
法	법 법	법률	律	법칙	률
法	법 법	법식	式	법	식
法	법 법	법전	典	법	전
法	법 법	법칙	則	법칙 곧	칙 즉
碧	푸를 벽	벽록	綠	푸를	록
變	변할 변	변개	改	고칠	개
變	변할 변	변경	更	고칠 다시	경 갱
變	변할 변	변역	易	바꿀 쉬울	역 이
變	변할 변	변화	化	될	화
兵	병사 병	병사	士	선비	사
兵	병사 병	병졸	卒	마칠	졸
倂	아우를 병	병합	合	합할	합
病	병 병	병역	疫	전염병	역

奮	떨칠	분	분진	振	떨칠	진	思 생각 사	사려	慮	생각할	려
朋	벗	붕	붕우	友	벗	우	思 생각 사	사모	慕	그릴	모
悲	슬플	비	비개	慨	슬퍼할	개	思 생각 사	사상	想	생각	상
悲	슬플	비	비애	哀	슬플	애	思 생각 사	사유	惟	생각할	유
悲	슬플	비	비참	慘	참혹할	참	紗 비단 사	사금	錦	비단	금
費	쓸	비	비수	需	쓰일 쓸	수	紗 비단 사	사단	緞	비단	단
費	쓸	비	비용	用	쓸	용	事 일 사	사무	務	힘쓸	무
比	견줄	비	비교	較	견줄 비교할	교	事 일 사	사업	業	업	업
批	비평할	비	비평	評	평할	평	社 모일 사	사회	會	모일	회
卑	낮을	비	비천	賤	천할	천	師 스승 사	사부	傅	스승	부
賓	손	빈	빈객	客	손	객	辭 말씀 사	사양	讓	사양할	양
貧	가난할	빈	빈곤	困	곤할	곤	舍 집 사	사옥	屋	집	옥
聘	부를	빙	빙소	召	부를	소	舍 집 사	사택	宅	집	택
聘	부를	빙	빙창	唱	부를	창	使 하여금 부릴 사	사령	令	하여금	령
聘	부를	빙	빙호	呼	부를	호	使 하여금 부릴 사	사역	役	부릴	역
思	생각	사	사고	考	생각할	고	詐 속일 사	사기	欺	속일	기
思	생각	사	사념	念	생각	념	飼 기를 사	사양	養	기를	양

부록_유의자 401

署	마을 서	서촌	村	마을	촌
徐	천천할 서	서완	緩	느릴	완
釋	풀 석	석방	放	놓을	방
席	자리 석	석위	位	자리	위
席	자리 석	석좌	座	자리	좌
選	가릴 선	선발	拔	뽑을	발
選	가릴 선	선별	別	다를 나눌	별
選	가릴 선	선택	擇	가릴	택
善	착할 선	선량	良	어질	량
鮮	고울 선	선려	麗	고울	려
宣	베풀 선	선시	施	베풀	시
宣	베풀 선	선장	張	베풀	장
船	배 선	선박	舶	배	박
船	배 선	선정	艇	배	정
先	먼저 선	선전	前	앞	전
線	줄 선	선현	絃	줄	현
旋	돌 선	선순	循	돌	순
旋	돌 선	선회	回	돌아올	회
說	말씀 설 달랠 세	설화	話	말씀	화
纖	가늘 섬	섬세	細	가늘	세
攝	다스릴 잡을 섭	섭리	理	다스릴	리
成	이룰 성	성취	就	나아갈	취
姓	성 성	성씨	氏	각시 성씨	씨
省	살필 성 덜 생	생략	略	간략할 약할	략
省	살필 성 덜 생	성찰	察	살필	찰
世	인간 세	세계	界	지경	계
世	인간 세	세대	代	대신할	대
洗	씻을 세	세탁	濯	씻을	탁
消	사라질 소	소멸	滅	꺼질 멸할	멸
素	본디 흴 소	소박	朴	성	박
素	본디 흴 소	소질	質	바탕	질
訴	호소할 소	소송	訟	송사할	송
召	부를 소	소환	喚	부를	환
屬	붙일 속	속착	着	붙을	착

孫	손자 손	손윤	胤	자손 윤		授	줄 수	수여	與	더불/줄 여
損	덜 손	손상	傷	다칠 상		壽	목숨 수	수명	命	목숨 명
損	덜 손	손실	失	잃을 실		輸	보낼 수	수송	送	보낼 송
損	덜 손	손해	害	해할 해		殊	다를 수	수이	異	다를 이
衰	쇠할 쇠	쇠약	弱	약할 약		殊	다를 수	수차	差	다를 차
收	거둘 수	수습	拾	주울 습/열 십		殊	다를 수	수특	特	특별할 특
收	거둘 수	수확	穫	거둘 확		孰	누구 숙	숙수	誰	누구 수
睡	졸음 수	수면	眠	잘 면		熟	익을 숙	숙련	練	익힐 련
修	닦을 수	수습	習	익힐 습		淑	맑을 숙	숙담	淡	맑을 담
修	닦을 수	수식	飾	꾸밀 식		淑	맑을 숙	숙청	淸	맑을 청
獸	짐승 수	수축	畜	짐승 축		宿	잘/별자리 숙/수	숙침	寢	잘 침
樹	나무 수	수림	林	수풀 림		純	순수할 순	순결	潔	깨끗할 결
樹	나무 수	수목	木	나무 목		巡	돌/순행할 순	순회	廻	돌 회
秀	빼어날 수	수걸	傑	뛰어날 걸		崇	높을 숭	숭고	高	높을 고
秀	빼어날 수	수우	優	넉넉할 우		崇	높을 숭	숭상	尙	오히려 상
羞	부끄러울 수	수치	恥	부끄러울 치		習	익힐 습	습관	慣	익숙할 관
守	지킬 수	수위	衛	지킬 위		濕	젖을 습	습윤	潤	불을 윤

承	이을	승	승봉	奉	받들	봉	尋	찾을	심	심방	訪 찾을 방
時	때	시	시기	期	기약할	기	審	살필	심	심사	查 조사할 사
施	베풀	시	시설	設	베풀	설	心	마음	심	심성	性 성품 성
始	비로소	시	시초	初	처음	초	阿	언덕	아	아구	丘 언덕 구
試	시험	시	시험	驗	시험	험	兒	아이	아	아동	童 아이 동
式	법	식	식전	典	법	전	我	나	아	아여	予 나 여
植	심을	식	식재	栽	심을	재	我	나	아	아오	吾 나 오
申	납	신	신고	告	고할	고	安	편안	안	안강	康 편안 강
神	귀신	신	신령	靈	신령	령	安	편안	안	안녕	寧 편안 녕
伸	펼	신	신장	張	베풀	장	安	편안	안	안전	全 온전 전
辛	매울	신	신고	苦	쓸	고	眼	눈	안	안목	目 눈 목
辛	매울	신	신열	烈	매울	렬	雁	기러기	안	안홍	鴻 기러기 홍
身	몸	신	신체	體	몸	체	暗	어두울	암	암명	冥 어두울 명
信	믿을	신	신양	諒	살펴알/믿을	량	殃	재앙	앙	앙재	災 재앙 재
愼	삼갈	신	신중	重	무거울	중	殃	재앙	앙	앙화	禍 재앙 화
晨	새벽	신	신효	曉	새벽	효	愛	사랑	애	애자	慈 사랑 자
失	잃을	실	실패	敗	패할	패	約	맺을	약	약속	束 묶을 속

藥	약	약	약제	劑	약제	제	亦	또	역	역우	又	또	우
楊	버들	양	양류	柳	버들	류	亦	또	역	역차	且	또	차
養	기를	양	양육	育	기를	육	易	바꿀	역	역체	替	바꿀	체
樣	모양	양	양태	態	모습	태	易	바꿀	역	역환	換	바꿀	환
御	거느릴	어	어령	領	거느릴	령	硏	갈	연	연구	究	연구할	구
語	말씀	어	어사	辭	말씀	사	硏	갈	연	연수	修	닦을	수
抑	누를	억	억압	壓	누를	압	練	익힐	련	연습	習	익힐	습
言	말씀	언	언담	談	말씀	담	戀	그리워할/그릴	련	연모	慕	그릴	모
言	말씀	언	언사	辭	말씀	사	燃	탈	연	연소	燒	사를	소
言	말씀	언	언설	說	말씀/달랠	설/세	悅	기쁠	열	열락	樂	즐길 락/노래 악/좋아할 요
言	말씀	언	언어	語	말씀	어	炎	불꽃	염	염병	炳	불꽃	병
嚴	엄할	엄	엄숙	肅	엄숙할	숙	永	길	영	영구	久	오랠	구
業	업	업	업무	務	힘쓸	무	永	길	영	영원	遠	멀	원
餘	남을	여	여가	暇	틈겨를	가	詠	읊을	영	영가	歌	부를	가
餘	남을	여	여유	遺	남길	유	詠	읊을	영	영창	唱	부를	창
輿	수레	여	여량	輛	수레	량	英	꽃부리	영	영특	特	특별할	특
如	같을	여	여약	若	같을	약	映	비칠	영	영조	照	비칠	조

한자1	훈1	음1	단어	한자2	훈2	음2
榮	영화	영	영화	華	빛날	화
銳	날카로울	예	예리	利	이할	리
藝	재주	예	예술	術	재주	술
汚	더러울	오	오탁	濁	흐릴	탁
梧	오동나무	오	오동	桐	오동나무	동
娛	즐길	오	오락	樂	즐길 락/노래 악 좋아할 요	
誤	그르칠	오	오류	謬	그르칠	류
傲	거만할	오	오만	慢	거만할	만
玉	구슬	옥	옥경	瓊	구슬	경
溫	따뜻할	온	온난	暖	따뜻할	난
穩	편안할	온	온전	全	온전	전
完	완전할	완	완전	全	온전	전
畏	두려워할	외	외구	懼	두려워할	구
要	요긴할	요	요구	求	구할	구
要	요긴할	요	요긴	緊	긴할	긴
遙	멀	요	요요	遼	멀	료
遙	멀	요	요원	遠	멀	원

한자1	훈1	음1	단어	한자2	훈2	음2
容	얼굴	용	용모	貌	모양	모
勇	날랠	용	용감	敢	감히 구태여	감
勇	날랠	용	용맹	猛	사나울	맹
庸	떳떳할	용	용상	常	떳떳할	상
憂	근심	우	우려	慮	생각할	려
憂	근심	우	우수	愁	근심	수
憂	근심	우	우환	患	근심	환
遇	만날	우	우봉	逢	만날	봉
羽	깃	우	우익	翼	날개	익
宇	집	우	우주	宙	집	주
運	옮길	운	운동	動	움직일	동
運	옮길	운	운반	搬	옮길	반
運	옮길	운	운천	遷	옮길	천
云	이를	운	운위	謂	이를	위
願	원할	원	원망	望	바랄	망
院	집	원	원우	宇	집	우
怨	원망할	원	원한	恨	한	한

부록_유의자 **407**

偉	클	위	위대	大	큰	대	吟	읊을	음	음영	詠	읊을	영
違	어긋날	위	위착	錯	어긋날	착	泣	울	읍	읍곡	哭	울	곡
委	맡길	위	위임	任	맡길	임	宜	마땅	의	의당	當	마땅	당
委	맡길	위	위탁	託	부탁할	탁	醫	의원	의	의료	療	병 고칠	료
危	위태할	위	위태	殆	거의	태	衣	옷	의	의복	服	옷	복
悠	멀	유	유구	久	오랠	구	依	의지할	의	의거	據	근거	거
幼	어릴	유	유소	少	적을	소	意	뜻	의	의사	思	생각	사
幼	어릴	유	유치	稚	어릴	치	意	뜻	의	의의	義	옳을	의
遺	남길	유	유실	失	잃을	실	意	뜻	의	의지	志	뜻	지
油	기름	유	유지	脂	기름	지	移	옮길	이	이운	運	옮길	운
肉	고기	육	육신	身	몸	신	忍	참을	인	인내	耐	견딜	내
肉	고기	육	육체	體	몸	체	認	알	인	인식	識	알, 기록할	식, 지
融	녹을	융	융화	和	화할	화	認	알	인	인지	知	알	지
隱	숨을	은	은비	祕	숨길	비	因	인할	인	인연	緣	인연	연
恩	은혜	은	은혜	惠	은혜	혜	寅	범	인	인호	虎	범	호
音	소리	음	음성	聲	소리	성	引	끌	인	인도	導	인도할	도
音	소리	음	음운	韻	운	운	仁	어질	인	인자	慈	사랑	자

賃	품삯	임	임대	貸	빌릴/빌려줄	대	災	재앙	재	재액	厄	액	액
自	스스로	자	자기	己	몸	기	才	재주	재	재술	術	재주	술
慈	사랑	자	자애	愛	사랑	애	才	재주	재	재예	藝	재주	예
姿	모양	자	자모	貌	모양	모	財	재물	재	재화	貨	재물	화
資	재물	자	자재	財	재물	재	抵	막을	저	저항	抗	겨룰	항
資	재물	자	자질	質	바탕	질	著	나타날	저	저작	作	지을	작
資	재물	자	자화	貨	재물	화	貯	쌓을	저	저적	積	쌓을	적
諮	물을	자	자문	問	물을	문	貯	쌓을	저	저축	蓄	모을	축
殘	남을	잔	잔여	餘	남을	여	笛	피리	적	적관	琯	옥피리	관
長	긴	장	장구	久	오랠	구	赤	붉을	석	석단	丹	붉을	단
帳	장막	장	장막	幕	장막	막	赤	붉을	적	적홍	紅	붉을	홍
將	장수	장	장수	帥	장수	수	典	법	전	전례	例	법식	례
裝	꾸밀	장	장식	飾	꾸밀	식	典	법	전	전범	範	법	범
粧	단장할	장	장식	飾	꾸밀	식	典	법	전	전율	律	법칙	률
丈	어른	장	장부	夫	지아비	부	典	법	전	전적	籍	문서	적
障	막을	장	장애	礙	거리낄	애	展	펼	전	전서	舒	펼	서
災	재앙	재	재앙	殃	재앙	앙	錢	돈	전	전폐	幣	화폐	폐

轉	구를	전	전이	移	옮길	이	祭	제사	제	제사	祀	제사	사
戰	싸움	전	전쟁	爭	다툴	쟁	帝	임금	제	제왕	王	임금	왕
戰	싸움	전	전투	鬪	싸움	투	製	지을	제	제작	作	지을	작
竊	훔칠	절	절도	盜	도둑	도	製	지을	제	제조	造	지을	조
店	가게	점	점포	鋪	펼/가게	포	第	차례	제	제차	次	버금	차
接	이을	접	접속	續	이을	속	彫	새길	조	조각	刻	새길	각
貞	곧을	정	정직	直	곧을	직	調	고를	조	조화	和	화할	화
正	바를	정	정직	直	곧을	직	租	조세	조	조부	賦	부세	부
征	칠	정	정벌	伐	칠	벌	租	조세	조	조세	稅	세금	세
整	가지런할	정	정제	齊	가지런할	제	組	짤	조	조직	織	짤	직
停	머무를	정	정류	留	머무를	류	造	지을	조	조작	作	지을	작
停	머무를	정	정주	住	살	주	早	이를	조	조속	速	빠를	속
停	머무를	정	정주	駐	머무를	주	照	비칠	조	조영	映	비칠	영
停	머무를	정	정지	止	그칠	지	尊	높을	존	존고	高	높을	고
情	뜻	정	정의	意	뜻	의	尊	높을	존	존귀	貴	귀할	귀
靜	고요할	정	정적	寂	고요할	적	尊	높을	존	존숭	崇	높을	숭
除	덜	제	제감	減	덜	감	存	있을	존	존재	在	있을	재

한자	훈	음	단어	한자	훈	음
拙	졸할	졸	졸렬	劣	못할	렬
終	마칠	종	종결	結	맺을	결
終	마칠	종	종단	端	끝	단
終	마칠	종	종료	了	마칠	료
終	마칠	종	종말	末	끝	말
終	마칠	종	종지	止	그칠	지
綜	모을	종	종합	合	합할	합
座	자리	좌	좌석	席	자리	석
罪	허물	죄	죄과	過	지날	과
駐	머무를	주	주류	留	머무를	류
朱	붉을	주	주홍	紅	붉을	홍
珠	구슬	주	주옥	玉	구슬	옥
州	고을	주	주군	郡	고을	군
舟	배	주	주선	船	배	선
周	두루	주	주위	圍	에워쌀	위
周	두루	주	주편	遍	두루	편
俊	준걸	준	준걸	傑	뛰어날	걸

한자	훈	음	단어	한자	훈	음
遵	좇을	준	준수	守	지킬	수
中	가운데	중	중앙	央	가운데	앙
重	무거울	중	중복	複	겹칠	복
憎	미울	증	증오	惡	악할/미워할	악/오
增	더할	증	증가	加	더할	가
贈	줄	증	증급	給	줄	급
贈	줄	증	증여	與	더불/줄	여
贈	줄	증	증정	呈	드릴	정
旨	뜻	지	지의	意	뜻	의
知	알	지	지식	識	알/기록할	식/지
智	슬기/지혜	지	지혜	慧	슬기로울	혜
枝	가지	지	지조	條	가지	조
持	가질	지	지취	取	가질	취
珍	보배	진	진보	寶	보배	보
陳	베풀/묶을	진	진열	列	벌릴	렬
眞	참	진	진실	實	열매	실
進	나아갈	진	진출	出	날	출

淸	맑을 청	청결	潔	깨끗할 결		逐	쫓을 축	축추	追	쫓을 따를 추
淸	맑을 청	청정	淨	깨끗할 정		畜	짐승 축	축우	牛	소 우
聽	들을 청	청문	聞	들을 문		蓄	모을 축	축적	積	쌓을 적
滯	막힐 체	체색	塞	막힐 색 / 변방 새		出	날 출	출생	生	날 생
替	바꿀 체	체환	換	바꿀 환		衝	찌를 충	충격	激	격할 격
招	부를 초	초빙	聘	부를 빙		衝	찌를 충	충돌	突	갑자기 돌
超	뛰어넘을 초	초과	過	지날 과		充	채울 충	충만	滿	찰 만
超	뛰어넘을 초	초월	越	넘을 월		趣	뜻 취	취의	意	뜻 의
肖	닮을/같을 초	초사	似	닮을 사		側	곁 측	측방	傍	곁 방
促	재촉할 촉	촉박	迫	핍박할 박		測	헤아릴 측	측량	量	헤아릴 량
村	마을 촌	촌리	里	마을 리		測	헤아릴 측	측탁	度	법도 도 / 헤아릴 탁
聰	귀밝을 총	총명	明	밝을 명		治	다스릴 치	치리	理	다스릴 리
催	재촉할 최	최촉	促	재촉할 촉		侵	침노할 침	침략	掠	노략질할 략
抽	뽑을 추	추발	拔	뽑을 발		侵	침노할 침	침범	犯	범할 범
抽	뽑을 추	추탁	擢	뽑을 탁		浸	잠길 침	침몰	沒	빠질 몰
追	쫓을 따를 추	추수	隨	따를 수		浸	잠길 침	침묵	默	잠잠할 묵
追	쫓을 따를 추	추종	從	좇을 종		打	칠 타	타격	擊	칠 격

廢	폐할 버릴	폐	폐망	亡	망할	망
幣	화폐	폐	폐백	帛	비단	백
弊	폐단 해질	폐	폐해	害	해할	해
包	쌀	포	포용	容	얼굴	용
包	쌀	포	포위	圍	에워쌀	위
包	쌀	포	포함	含	머금을	함
抱	안을	포	포옹	擁	낄	옹
胞	세포	포	포태	胎	아이밸	태
捕	잡을	포	포착	捉	잡을	착
捕	잡을	포	포획	獲	얻을	획
抛	던질	포	포기	棄	버릴	기
暴	사나울 모질	폭 포	포학	虐	모질	학
表	겉	표	표피	皮	가죽	피
品	물건	품	품건	件	물건	건
豊	풍년	풍	풍족	足	발	족
豊	풍년	풍	풍후	厚	두터울	후
皮	가죽	피	피부	膚	살갗	부
皮	가죽	피	피혁	革	가죽	혁
疲	피곤할	피	피곤	困	곤할	곤
疲	피곤할	피	피로	勞	일할	로
畢	마칠	필	필경	竟	마침내	경
下	아래	하	하강	降	내릴	강
河	물	하	하천	川	내	천
學	배울	학	학습	習	익힐	습
寒	찰	한	한랭	冷	찰	랭
恨	한	한	한탄	歎	탄식할	탄
陷	빠질	함	함몰	沒	빠질	몰
艦	큰배	함	함선	船	배	선
艦	큰배	함	함정	艇	배	정
抗	겨룰	항	항거	拒	막을	거
航	배	항	항선	船	배	선
解	풀	해	해방	放	놓을	방
解	풀	해	해산	散	흩을	산
解	풀	해	해석	釋	풀	석

부록_유의자

魂	넋 혼	혼령	靈	신령	령
昏	어두울 혼	혼명	冥	어두울	명
婚	혼인할 혼	혼인	姻	혼인	인
鴻	기러기 홍	홍안	雁	기러기	안
和	화할 화	화목	睦	화목할	목
和	화할 화	화협	協	화할	협
話	말씀 화	화언	言	말씀	언
禍	재앙 화	화액	厄	액	액
禍	재앙 화	화재	災	재앙	재
貨	재물 화	화폐	幣	화폐	폐
確	굳을 확	확고	固	굳을	고
歡	기쁠 환	환열	悅	기쁠	열
歡	기쁠 환	환희	喜	기쁠	희
皇	임금 황	황왕	王	임금	왕
皇	임금 황	황제	帝	임금	제
回	돌아올 회	회귀	歸	돌아갈	귀
回	돌아올 회	회전	轉	구를	전
會	모일 회	회사	社	모일	사
懷	품을 회	회포	捕	안을	포
悔	뉘우칠 회	회한	恨	한	한
獲	얻을 획	획득	得	얻을	득
曉	새벽 효	효신	晨	새벽	신
毀	헐 훼	훼괴	壞	무너질	괴
輝	빛날 휘	휘요	耀	빛날	요
休	쉴 휴	휴게	憩	쉴	게
休	쉴 휴	휴식	息	쉴	식
凶	흉할 흉	흉맹	猛	사나울	맹
凶	흉할 흉	흉악	惡	악할/미워할	악/오
凶	흉할 흉	흉포	暴	사나울/모질	폭/포
吸	마실 흡	흡음	飮	마실	음
興	일 흥	흥기	起	일어날	기
喜	기쁠 희	희락	樂	즐길 락/노래 악/좋아할 요	
喜	기쁠 희	희열	悅	기쁠	열
希	바랄 희	희망	望	바랄	망

● 人一十之 己讀百之 ●

希 바랄 희	희원	願 원할 원
稀 드물 희	희귀	貴 귀할 귀
稀 드물 희	희소	少 적을 소

02 유의어

架空(가공)	虛構(허구)	貢獻(공헌)	寄與(기여)	旣述(기술)	前述(전술)
佳氣(가기)	瑞氣(서기)	瓜年(과년)	瓜滿(과만)	氣質(기질) 氣品(기품)	性格(성격) 風格(풍격)
角逐(각축)	逐鹿(축록)	交涉(교섭)	折衷(절충) 折衝(절충)	落膽(낙담)	失望(실망)
干城(간성)	棟梁(동량)				
間諜(간첩)	五列(오열)	歐美(구미)	西洋(서양)	冷靜(냉정)	沈着(침착)
感染(감염)	傳染(전염)	驅迫(구박)	虐待(학대)	短命(단명)	薄命(박명)
改良(개량)	改善(개선)	九泉(구천)	黃泉(황천)	爛商(난상)	熟議(숙의)
改札(개찰)	改票(개표)	求婚(구혼)	請婚(청혼)	濫用(남용)	誤用(오용)
開拓(개척)	開荒(개황)	窮民(궁민)	難民(난민)	達成(달성)	成就(성취)
坑夫(갱부)	鑛夫(광부)	厥初(궐초)	始初(시초)	當到(당도)	到達(도달)
巨商(거상)	豪商(호상)	龜鑑(귀감)	模範(모범)	待遇(대우)	處遇(처우)
激勵(격려)	鼓舞(고무)	歸省(귀성)	歸鄕(귀향)	道德(도덕)	倫理(윤리)
決心(결심)	覺悟(각오)	極力(극력)	盡力(진력)	同甲(동갑)	同齒(동치)
固守(고수)	默守(묵수)	極暑(극서)	酷暑(혹서)	同意(동의)	贊成(찬성)
高紳(고신)	貴人(귀인)	根幹(근간)	基礎(기초)	董役(동역)	監役(감역)
鼓吹(고취)	鼓舞(고무)	琴瑟(금슬)	連理(연리)	登極(등극)	卽位(즉위)
古稀(고희)	從心(종심)	急所(급소)	要點(요점)	旅館(여관)	客舍(객사)
七旬(칠순)	稀壽(희수)	器量(기량)	才能(재능)	廉價(염가)	低價(저가)
曲解(곡해)	誤解(오해)	飢死(기사)	餓死(아사)	零落(영락)	衰落(쇠락)

領域(영역)	分野(분야)	妨害(방해)	障礙(장애)	刷新(쇄신)	鼎新(정신)
禮物(예물)	幣物(폐물)	背恩(배은)	忘德(망덕)	維新(유신)	革新(혁신)
留級(유급)	樂第(낙제)	兵塵(병진)	戰塵(전진)	首尾(수미)	始終(시종)
利潤(이윤)	利文(이문)	普遍(보편)	一般(일반)	瞬間(순간)	刹那(찰나)
魔法(마법)	妖術(요술)	本末(본말)	首尾(수미)	濕地(습지)	沮澤(저택)
晩年(만년)	老年(노년)	部門(부문)	分野(분야)	承諾(승낙)	許諾(허락)
面相(면상)	容貌(용모)	比翼(비익)	連理(연리)	始祖(시조)	鼻祖(비조)
明晳(명석)	聰明(총명)	肥土(비토)	沃土(옥토)	信音(신음)	雁書(안서)
					雁札(안찰)
模範(모범)	龜鑑(귀감)	事前(사전)	未然(미연)		
矛盾(모순)	背反(배반)	散策(산책)	散步(산보)	暗示(암시)	示唆(시사)
沒頭(몰두)	專心(전심)	賞美(상미)	稱讚(칭찬)	壓迫(압박)	威壓(위압)
默諾(묵낙)	默認(묵인)	狀況(상황)	情勢(정세)	哀歡(애환)	喜悲(희비)
問候(문후)	問安(문안)	仙境(선경)	桃源(도원)	約婚(약혼)	佳約(가약)
密通(밀통)	暗通(암통)	先納(선납)	豫納(예납)	業績(업적)	功績(공적)
薄情(박정)	冷淡(냉담)	成就(성취)	達成(달성)	逆轉(역전)	反轉(반전)
反逆(반역)	謀反(모반)	所望(소망)	念願(염원)	永久(영구)	永遠(영원)
發端(발단)	始作(시작)	素行(소행)	品行(품행)	永眠(영면)	他界(타계)
傍觀(방관)	坐視(좌시)	俗世(속세)	塵世(진세)	愚見(우견)	拙見(졸견)
方法(방법)	手段(수단)			優待(우대)	厚待(후대)

運送(운송)	通運(통운)	尊稱(존칭)	敬稱(경칭)	評論(평론)	批評(비평)
原因(원인)	理由(이유)	仲介(중개)	居間(거간)	平常(평상)	平素(평소)
威信(위신)	威嚴(위엄)	贈與(증여)	贈呈(증정)	抱腹(포복)	絶倒(절도)
遺址(유지)	舊址(구지)	進步(진보)	向上(향상)	暴政(폭정)	虐政(학정)
幼稚(유치)	未熟(미숙)	進退(진퇴)	去就(거취)	漂流(표류)	漂迫(표박)
潤澤(윤택)	豊富(풍부)	贊反(찬반)	可否(가부)	抗爭(항쟁)	抗戰(항전)
利用(이용)	活用(활용)	贊助(찬조)	協贊(협찬)	海外(해외)	異域(이역)
移葬(이장)	遷墓(천묘)	天地(천지)	乾坤(건곤)	脅迫(협박)	威脅(위협)
認可(인가)	許可(허가)	滯拂(체불)	滯納(체납)	護國(호국)	衛國(위국)
任意(임의)	恣意(자의)	焦思(초사)	苦慮(고려)	忽變(홀변)	突變(돌변)
自負(자부)	自信(자신)		苦心(고심)	還甲(환갑)	回甲(회갑)
殘命(잔명)	餘壽(여수)	招請(초청)	招待(초대)	換骨(환골)	奪胎(탈태)
在廷(재정)	在朝(재조)	治粧(치장)	裝飾(장식)	回覽(회람)	轉照(전조)
摘出(적출)	摘發(적발)	寢床(침상)	寢臺(침대)	劃一(획일)	一律(일률)
專決(전결)	獨斷(독단)	託送(탁송)	傳送(전송)	效用(효용)	效能(효능)
漸漸(점점)	次次(차차)	痛感(통감)	切感(절감)	興亡(흥망)	盛衰(성쇠)
精讀(정독)	熟讀(숙독)	統率(통솔)	統領(통령)		
情勢(정세)	狀況(상황)	破産(파산)	倒産(도산)		
情趣(정취)	風情(풍정)	霸者(패자)	王者(왕자)		

03 반대자

加 더할 가	가감	減 덜 감
加 더할 가	가제	除 덜 제
可 옳을 가	가부	否 아닐 부
干 방패 간	간과	戈 창 과
干 방패 간	간만	滿 찰 만
甘 달 감	감고	苦 쓸 고
江 강 강	강산	山 메 산
強 강할 강	강약	弱 약할 약
剛 굳셀 강	강유	柔 부드러울 유
開 열 개	개폐	閉 닫을 폐
去 갈 거	거래	來 올 래
去 갈 거	거류	留 머무를 류
巨 클 거	거세	細 가늘 세
巨 클 거	거소	小 작을 소
乾 하늘/마를 건	건곤	坤 따 곤
乾 하늘/마를 건	건습	濕 젖을 습
結 맺을 결	결해	解 풀 해

硬 굳을 경	경연	軟 연할 연
經 지날/글 경	경위	緯 씨 위
輕 가벼울 경	경중	重 무거울 중
慶 경사 경	경조	弔 조상할 조
京 서울 경	경향	鄕 시골 향
繼 이을 계	계단	斷 끊을 단
啓 열 계	계폐	閉 닫을 폐
古 예 고	고금	今 이제 금
苦 쓸 고	고락	樂 즐길 락/노래 악/좋아할 요
姑 시어미 고	고부	婦 며느리 부
高 높을 고	고비	卑 낮을 비
高 높을 고	고저	低 낮을 저
高 높을 고	고하	下 아래 하
哭 울 곡	곡소	笑 웃음 소
曲 굽을 곡	곡직	直 곧을 직
骨 뼈 골	골육	肉 고기 육
功 공 공	공과	過 지날 과

功	공 공	공죄	罪	허물	죄
攻	칠 공	공방	防	막을	방
攻	칠 공	공수	守	지킬	수
空	빌 공	공영	盈	찰	영
公	공평할 공	공사	私	사사	사
供	이바지할 공	공수	需	쓰일 쓸	수
戈	창 과	과순	盾	방패	순
寬	너그러울 관	관맹	猛	사나울	맹
官	벼슬 관	관민	民	백성	민
光	빛 광	광음	陰	그늘	음
廣	넓을 광	광협	狹	좁을	협
敎	가르칠 교	교습	習	익힐	습
敎	가르칠 교	교학	學	배울	학
巧	공교할 교	교졸	拙	졸할	졸
君	임금 군	군민	民	백성	민
君	임금 군	군신	臣	신하	신
屈	굽힐 굴	굴신	伸	펼	신

弓	활 궁	궁시	矢	화살	시
貴	귀할 귀	귀천	賤	천할	천
勤	부지런할 근	근만	慢	거만할	만
勤	부지런할 근	근태	怠	게으를	태
今	이제 금	금석	昔	예	석
及	미칠 급	급락	落	떨어질	락
起	일어날 기	기결	結	맺을	결
起	일어날 기	기복	伏	엎드릴	복
起	일어날 기	기함	陷	빠질	함
肌	살 기	기골	骨	뼈	골
飢	주릴 기	기포	飽	배부를	포
吉	길할 길	길흉	凶	흉할	흉
諾	허락할 낙	낙부	否	아닐	부
難	어려울 난	난이	易	바꿀 역 쉬울 이	
男	사내 남	남녀	女	계집	녀
南	남녘 남	남북	北	북녘 북 달아날 배	
內	안 내	내외	外	바깥	외

부록_반대자 423

女	계집 녀	여랑	郞	사내 랑		動	움직일 동	동지	止	그칠	지
奴	종 노	노비	婢	계집종 비		頭	머리 두	두미	尾	꼬리	미
濃	짙을 농	농담	淡	맑을 담		鈍	둔할 둔	둔민	敏	민첩할	민
多	많을 다	다과	寡	적을 과		得	얻을 득	득상	喪	잃을	상
多	많을 다	다소	少	적을 소		得	얻을 득	득실	失	잃을	실
單	홑 단	단복	複	겹칠 복		登	오를 등	등강	降	내릴 강/항복할 항	
旦	아침 단	단석	夕	저녁 석		登	오를 등	등락	落	떨어질	락
斷	끊을 단	단속	續	이을 속		冷	찰 랭	냉난	暖	따뜻할	난
端	끝 단	단초	初	처음 초		冷	찰 랭	냉열	熱	더울	열
當	마땅 당	당락	落	떨어질 락		冷	찰 랭	냉온	溫	따뜻할	온
當	마땅 당	당부	否	아닐 부		良	어질 량	양부	否	아닐	부
大	큰 대	대소	小	작을 소		勞	일할 로	노사	使	하여금/부릴 사	
貸	빌릴 대	대차	借	빌/빌릴 차		老	늙을 로	노소	少	적을	소
都	도읍 도	도농	農	농사 농		老	늙을 로	노유	幼	어릴	유
東	동녘 동	동서	西	서녘 서		陸	뭍 륙	육해	海	바다	해
同	한가지 동	동이	異	다를 이		理	다스릴 리	이란	亂	어지러울	란
動	움직일 동	동정	靜	고요할 정		吏	관리/벼슬아치 리	이민	民	백성	민

離	떠날	리	이합	合	합할	합	兵	병사	병	병수	帥 장수 수
利	이할	리	이해	害	해할	해	福	복	복	복앙	殃 재앙 앙
末	끝	말	말초	初	처음	초	本	근본	본	본말	末 끝 말
賣	팔	매	매매	買	살	매	父	아비	부	부모	母 어미 모
俛	힘쓸 구푸릴	면	면앙	仰	우러를	앙	夫	지아비	부	부부	婦 며느리 부
明	밝을	명	명멸	滅	꺼질 멸할	멸	不	아닐	불	부정	正 바를 정
明	밝을	명	명암	暗	어두울	암	卑	낮을	비	비고	高 높을 고
矛	창	모	모순	盾	방패	순	悲	슬플	비	비락	樂 즐길 락/노래 악 좋아할 요
母	어미	모	모자	子	아들	자	悲	슬플	비	비환	歡 기쁠 환
問	물을	문	문답	答	대답	답	悲	슬플	비	비희	喜 기쁠 희
文	글월	문	문무	武	호반	무	貧	가난할	빈	빈부	富 부자 부
物	물건	물	물심	心	마음	심	賓	손	빈	빈주	主 임금 주인 주
美	아름다울	미	미추	醜	추할	추	氷	얼음	빙	빙탄	炭 숯 탄
防	막을	방	방벌	伐	칠	벌	士	선비	사	사민	民 백성 민
防	막을	방	방정	征	칠	정	社	모일	사	사산	散 흩을 산
放	놓을	방	방착	捉	잡을	착	捨	버릴	사	사습	拾 주을 습
放	놓을	방	방포	捕	잡을	포	死	죽을	사	사활	活 살 활

邪	간사할 사	사정	正	바를	정	成	이룰 성	성패	敗	패할	패
師	스승 사	사제	弟	아우	제	盛	성할 성	성쇠	衰	쇠할	쇠
山	메 산	산천	川	내	천	細	가늘 세	세대	大	큰	대
山	메 산	산하	河	물	하	紹	이을 소	소절	絕	끊을	절
山	메 산	산해	海	바다	해	小	작을 소	소태	太	클	태
殺	죽일 살 / 감할·빠를 쇄	살활	活	살	활	損	덜 손	손득	得	얻을	득
詳	자세할 상	상략	略	간략할·약할	략	損	덜 손	손익	益	더할	익
常	떳떳할 상	상반	班	나눌	반	送	보낼 송	송수	受	받을	수
賞	상줄 상	상벌	罰	벌할	벌	衰	쇠할 쇠	쇠흥	興	일	흥
上	윗 상	상하	下	아래	하	手	손 수	수족	足	발	족
生	날 생	생멸	滅	꺼질·멸할	멸	受	받을 수	수급	給	줄	급
生	날 생	생몰	沒	빠질	몰	受	받을 수	수불	拂	떨칠	불
生	날 생	생사	死	죽을	사	受	받을 수	수여	與	더불·줄	여
生	날 생	생살	殺	죽일 살 / 감할·빠를 쇄		授	줄 수	수수	受	받을	수
暑	더울 서	서한	寒	찰	한	收	거둘 수	수급	給	줄	급
善	착할 선	선악	惡	악할·미워할	악/오	收	거둘 수	수지	支	지탱할	지
先	먼저 선	선후	後	뒤	후	守	지킬 수	수타	打	칠	타

水	물 수	수륙	陸	뭍	륙
水	물 수	수화	火	불	화
首	머리 수	수미	尾	꼬리	미
叔	아재비 숙	숙질	姪	조카	질
順	순할 순	순역	逆	거스릴	역
昇	오를 승	승강	降	내릴 강/항복할 항	
乘	탈 승	승강	降	내릴 강/항복할 항	
勝	이길 승	승부	負	질	부
勝	이길 승	승패	敗	패할	패
始	비로소 시	시말	末	끝	말
始	비로소 시	시종	終	마칠	종
是	이 옳을 시	시비	非	아닐	비
新	새 신	신고	古	예	고
新	새 신	신구	舊	예	구
臣	신하 신	신민	民	백성	민
臣	신하 신	신왕	王	임금	왕
信	믿을 신	신의	疑	의심할	의
伸	펼 신	신축	縮	줄일	축
失	잃을 실	실획	獲	얻을	획
實	열매 실	실부	否	아닐	부
心	마음 심	심신	身	몸	신
心	마음 심	심체	體	몸	체
雅	맑을 아	아속	俗	풍속	속
我	나 아	아여	汝	너	여
餓	주릴 아	아포	飽	배부를	포
安	편안 안	안부	否	아닐	부
安	편안 안	안위	危	위태할	위
哀	슬플 애	애락	樂	즐길 락/노래 악 좋아할 요	
哀	슬플 애	애환	歡	기쁠	환
愛	사랑 애	애오	惡	악할 악/미워할 오	
愛	사랑 애	애증	憎	미울	증
抑	누를 억	억양	揚	날릴	양
言	말씀 언	언문	文	글월	문
言	말씀 언	언행	行	다닐 행/항렬 항	

부록_반대자

與	더불줄	여	여야	野	들	야	用	쓸	용	용사	捨	버릴	사
然	그럴	연	연부	否	아닐	부	優	넉넉할	우	우열	劣	못할	렬
炎	불꽃	염	염량	涼	서늘할	량	雨	비	우	우청	晴	갤	청
榮	영화	영	영고	枯	마를	고	遠	멀	원	원근	近	가까울	근
榮	영화	영	영욕	辱	욕될	욕	怨	원망할	원	원은	恩	은혜	은
迎	맞을	영	영송	送	보낼	송	有	있을	유	유무	無	없을	무
盈	찰	영	영허	虛	빌	허	隱	숨을	은	은견	見	볼 뵈올	견 현
豫	미리	예	예결	決	결단할	결	隱	숨을	은	은현	現	나타날	현
銳	날카로울	예	예둔	鈍	둔할	둔	隱	숨을	은	은현	顯	나타날	현
玉	구슬	옥	옥석	石	돌	석	陰	그늘	음	음양	陽	볕	양
溫	따뜻할	온	온량	涼	서늘할	량	陰	그늘	음	음청	晴	갤	청
翁	늙은이	옹	옹유	幼	어릴	유	益	더할	익	익제	除	덜	제
翁	늙은이	옹	옹치	稚	어릴	치	因	인할	인	인과	果	실과	과
緩	느릴	완	완급	急	급할	급	人	사람	인	인천	天	하늘	천
往	갈	왕	왕래	來	올	래	日	날	일	일월	月	달	월
往	갈	왕	왕반	返	돌이킬	반	任	맡길	임	임면	免	면할	면
往	갈	왕	왕복	復	회복할 다시	복 부	入	들	입	입락	落	떨어질	락

子	아들 자	자녀	女	계집	녀	正	바를 정	정오	誤	그르칠	오
子	아들 자	자모	母	어미	모	正	바를 정	정위	僞	거짓	위
姊	손윗누이 자	자매	妹	누이	매	早	이를 조	조만	晩	늦을	만
雌	암컷 자	자웅	雄	수컷	웅	朝	아침 조	조모	暮	저물	모
自	스스로 자	자타	他	다를	타	朝	아침 조	조석	夕	저녁	석
昨	어제 작	작금	今	이제	금	祖	할아비 조	조손	孫	손자	손
長	긴 장	장단	短	짧을	단	燥	마를 조	조습	濕	젖을	습
長	긴 장	장유	幼	어릴	유	弔	조상할 조	조하	賀	하례할	하
將	장수 장	장병	兵	병사	병	存	있을 존	존망	亡	망할	망
將	장수 장	장사	士	선비	사	存	있을 존	존멸	滅	꺼질 멸할	멸
將	장수 장	장졸	卒	마칠	졸	存	있을 존	존몰	沒	빠질	몰
爭	다툴 쟁	쟁화	和	화할	화	存	있을 존	존무	無	없을	무
田	밭 전	전답	畓	논	답	存	있을 존	존폐	廢	폐할 버릴	폐
前	앞 전	전후	後	뒤	후	尊	높을 존	존비	卑	낮을	비
切	끊을 절 온통 체	절접	接	이을	접	尊	높을 존	존시	侍	모실	시
正	바를 정	정반	反	돌이킬 돌아올	반	綜	모을 종	종석	析	쪼갤	석
正	바를 정	정사	邪	간사할	사	縱	세로 종	종횡	橫	가로	횡

坐	앉을 좌	좌립	立	설	립		眞	참 진	진가	假	거짓	가
坐	앉을 좌	좌와	臥	누울	와		眞	참 진	진위	僞	거짓	위
左	왼 좌	좌우	右	오를 오른(쪽)	우		進	나아갈 진	진퇴	退	물러날	퇴
罪	허물 죄	죄벌	罰	벌할	벌		集	모을 집	집배	配	나눌 짝	배
罪	허물 죄	죄형	刑	형벌	형		集	모을 집	집산	散	흩을	산
主	임금 주인 주	주객	客	손	객		着	붙을 착	착발	發	필	발
主	임금 주인 주	주종	從	좇을	종		贊	도울 찬	찬반	反	돌이킬 돌아올	반
晝	낮 주	주야	夜	밤	야		陟	오를 척	척강	降	내릴 항복할	강/항
衆	무리 중	중과	寡	적을	과		隻	외짝 척	척쌍	雙	두/쌍	쌍
中	가운데 중	중외	外	바깥	외		淺	얕을 천	천심	深	깊을	심
增	더할 증	증감	減	덜	감		天	하늘 천	천양	壤	흙덩이	양
增	더할 증	증삭	削	깎을	삭		天	하늘 천	천지	地	따	지
增	더할 증	증손	損	덜	손		添	더할 첨	첨감	減	덜	감
贈	줄 증	증답	答	대답	답		添	더할 첨	첨삭	削	깎을	삭
遲	더딜 늦을 지	지속	速	빠를	속		晴	갤 청	청우	雨	비	우
知	알 지	지행	行	다닐 항렬	행/항		晴	갤 청	청음	陰	그늘	음
智	슬기 지혜 지	지우	愚	어리석을	우		淸	맑을 청	청탁	濁	흐릴	탁

縮	줄일	축	축확	擴	넓힐	확	皮	가죽	피	피골	骨	뼈	골
春	봄	춘	춘추	秋	가을	추	彼	저	피	피아	我	나	아
出	날	출	출납	納	들일	납	彼	저	피	피차	此	이	차
出	날	출	출몰	沒	빠질	몰	夏	여름	하	하동	冬	겨울	동
出	날	출	출입	入	들	입	學	배울	학	학문	問	물을	문
忠	충성	충	충역	逆	거스릴	역	閑	한가할	한	한망	忙	바쁠	망
取	가질	취	취사	捨	버릴	사	寒	찰	한	한난	暖	따뜻할	난
聚	모을	취	취산	散	흩을	산	寒	찰	한	한서	暑	더울	서
治	다스릴	치	치란	亂	어지러울	란	寒	찰	한	한열	熱	더울	열
沈	잠길/성(姓)	침/심	침부	浮	뜰	부	寒	찰	한	한온	溫	따뜻할	온
快	쾌할	쾌	쾌둔	鈍	둔할	둔	合	합할	합	합배	配	나눌/짝	배
吐	토할	토	토납	納	들일	납	合	합할	합	합별	別	다를/나눌	별
投	던질	투	투타	打	칠	타	海	바다	해	해공	空	빌	공
廢	폐할/버릴	폐	폐립	立	설	립	向	향할	향	향배	背	등	배
廢	폐할/버릴	폐	폐치	置	둘	치	虛	빌	허	허실	實	열매	실
表	겉	표	표리	裏	속	리	虛	빌	허	허영	盈	찰	영
豊	풍년	풍	풍흉	凶	흉할	흉	顯	나타날	현	현미	微	작을	미

04 반대어

可決(가결) ↔ 否決(부결)	強風(강풍) ↔ 微風(미풍)	決算(결산) ↔ 豫算(예산)
可溶(가용) ↔ 不溶(불용)	降臨(강림) ↔ 昇天(승천)	決定(결정) ↔ 留保(유보)
加熱(가열) ↔ 冷却(냉각)	開放(개방) ↔ 閉鎖(폐쇄)	經度(경도) ↔ 緯度(위도)
加重(가중) ↔ 輕減(경감)	個別(개별) ↔ 全體(전체)	經常(경상) ↔ 臨時(임시)
架空(가공) ↔ 實在(실재)	槪算(개산) ↔ 精算(정산)	輕薄(경박) ↔ 重厚(중후)
却下(각하) ↔ 受理(수리)	蓋然(개연) ↔ 必然(필연)	輕率(경솔) ↔ 愼重(신중)
幹線(간선) ↔ 支線(지선)	客觀(객관) ↔ 主觀(주관)	輕視(경시) ↔ 重視(중시)
干涉(간섭) ↔ 放任(방임)	客體(객체) ↔ 主體(주체)	硬直(경직) ↔ 柔軟(유연)
干潮(간조) ↔ 滿潮(만조)	巨大(거대) ↔ 微小(미소)	高尙(고상) ↔ 卑俗(비속)
間接(간접) ↔ 直接(직접)	巨富(거부) ↔ 極貧(극빈)	高雅(고아) ↔ 低俗(저속)
減俸(감봉) ↔ 增俸(증봉)	拒否(거부) ↔ 承諾(승낙)	高遠(고원) ↔ 卑近(비근)
減産(감산) ↔ 增産(증산)	拒絕(거절) ↔ 承認(승인)	高調(고조) ↔ 低調(저조)
減少(감소) ↔ 增加(증가)	建設(건설) ↔ 破壞(파괴)	故意(고의) ↔ 過失(과실)
減退(감퇴) ↔ 增進(증진)	乾燥(건조) ↔ 濕潤(습윤)	固定(고정) ↔ 流動(유동)
剛健(강건) ↔ 優柔(우유) / 柔弱(유약)	傑作(걸작) ↔ 拙作(졸작)	苦痛(고통) ↔ 快樂(쾌락)
	揭揚(게양) ↔ 下旗(하기)	公開(공개) ↔ 隱蔽(은폐)
强硬(강경) ↔ 軟弱(연약) / 柔和(유화)	結果(결과) ↔ 動機(동기) / 原因(원인)	公平(공평) ↔ 偏頗(편파)
		共用(공용) ↔ 專用(전용)
强大(강대) ↔ 弱小(약소)	結合(결합) ↔ 分離(분리)	共有(공유) ↔ 專有(전유)
强制(강제) ↔ 任意(임의)	決裂(결렬) ↔ 合意(합의)	供給(공급) ↔ 需要(수요)

● 人一十之 己讀百之 ●

空腹(공복)	滿腹(만복)	近海(근해)	遠洋(원양)	樂天(낙천)	厭世(염세)
攻勢(공세)	守勢(수세)	錦衣(금의)	布衣(포의)	暖流(난류)	寒流(한류)
過激(과격)	穩健(온건)	禁止(금지)	解禁(해금)	濫讀(남독)	精讀(정독)
過多(과다)	僅少(근소)		許可(허가)	濫用(남용)	節約(절약)
寬大(관대)	嚴格(엄격)	急激(급격)	緩慢(완만)	納稅(납세)	徵稅(징세)
官尊(관존)	民卑(민비)	急性(급성)	慢性(만성)	朗讀(낭독)	默讀(묵독)
光明(광명)	暗黑(암흑)	急進(급진)	漸進(점진)	浪費(낭비)	儉素(검소)
巧妙(교묘)	拙劣(졸렬)	急行(급행)	緩行(완행)		儉約(검약)
郊外(교외)	都心(도심)	及第(급제)	落第(낙제)	內容(내용)	外觀(외관)
拘禁(구금)	釋放(석방)	肯定(긍정)	否定(부정)		形式(형식)
拘束(구속)	放免(방면)	旣決(기결)	未決(미결)	內憂(내우)	外患(외환)
	自由(자유)				
	解放(해방)	起立(기립)	着席(착석)	內包(내포)	外延(외연)
求心(구심)	遠心(원심)	奇數(기수)	偶數(우수)	弄談(농담)	眞談(진담)
口語(구어)	文語(문어)	飢餓(기아)	飽食(포식)	農繁(농번)	農閑(농한)
具體(구체)	抽象(추상)	記憶(기억)	忘却(망각)	濃色(농색)	淡色(담색)
舊型(구형)	新型(신형)	緊密(긴밀)	疏遠(소원)	濃厚(농후)	稀薄(희박)
君子(군자)	小人(소인)	緊縮(긴축)	緩和(완화)	能動(능동)	被動(피동)
權利(권리)	義務(의무)	吉兆(길조)	凶兆(흉조)	多元(다원)	一元(일원)
均等(균등)	差等(차등)	樂觀(낙관)	悲觀(비관)	單純(단순)	複雜(복잡)
近接(근접)	遠隔(원격)	樂園(낙원)	地獄(지옥)	單式(단식)	複式(복식)

短縮(단축)	延長(연장)	模倣(모방)	獨創(독창) / 創造(창조)	放心(방심)	操心(조심)
當番(당번)	非番(비번)			背恩(배은)	報恩(보은)
對話(대화)	獨白(독백)	模型(모형)	原型(원형)	白髮(백발)	紅顏(홍안)
同居(동거)	別居(별거)	無能(무능)	有能(유능)	白晝(백주)	深夜(심야)
杜絕(두절)	不絕(부절)	文明(문명)	未開(미개) / 野蠻(야만)	繁忙(번망)	閑散(한산)
鈍感(둔감)	敏感(민감)			凡人(범인)	超人(초인)
鈍濁(둔탁)	銳利(예리)	物質(물질)	精神(정신)	保守(보수)	進步(진보) / 革新(혁신)
得意(득의)	失意(실의)	微官(미관)	顯官(현관)		
登場(등장)	退場(퇴장)	微視(미시)	巨視(거시)	本業(본업)	副業(부업)
等質(등질)	異質(이질)	未熟(미숙)	老鍊(노련) / 成熟(성숙)	本質(본질)	現象(현상)
漠然(막연)	確然(확연)			富貴(부귀)	貧賤(빈천)
末尾(말미)	冒頭(모두)	密集(밀집)	散在(산재)	富裕(부유)	貧窮(빈궁)
埋沒(매몰)	發掘(발굴)	薄土(박토)	沃土(옥토)	不當(부당)	妥當(타당)
滅亡(멸망)	隆盛(융성) / 隆興(융흥)	反共(반공)	容共(용공)	不調(부조)	快調(쾌조)
		反目(반목)	和睦(화목)	否認(부인)	是認(시인)
明朗(명랑)	憂鬱(우울)	反託(반탁)	贊託(찬탁)	扶桑(부상)	咸池(함지)
明示(명시)	暗示(암시)	反抗(반항)	服從(복종)	敷衍(부연)	省略(생략)
名目(명목)	實質(실질)	返濟(반제)	借用(차용)	分離(분리)	結合(결합) / 合體(합체)
名譽(명예)	恥辱(치욕)	搬入(반입)	搬出(반출)		
		傍系(방계)	直系(직계)	分散(분산)	集中(집중)

分析(분석)	綜合(종합) 統合(통합)	上廻(상회)	下廻(하회)	送舊(송구)	迎新(영신)
分裂(분열)	統一(통일)	喪失(상실)	獲得(획득)	受信(수신)	發信(발신) 送信(송신)
分解(분해)	合成(합성)	生家(생가)	養家(양가)	守節(수절)	毀節(훼절)
紛爭(분쟁)	和解(화해)	生面(생면)	熟面(숙면)	淑女(숙녀)	紳士(신사)
不備(불비)	完備(완비)	生産(생산)	消費(소비)	順境(순경)	逆境(역경)
不運(불운)	幸運(행운)	生食(생식)	火食(화식)	順行(순행)	逆行(역행)
不允(불윤)	允許(윤허)	碩學(석학)	淺學(천학)	拾得(습득)	遺失(유실)
不況(불황)	好況(호황)	仙界(선계)	紅塵(홍진)	勝利(승리)	敗北(패배)
悲哀(비애)	歡喜(환희)	禪尼(선니)	禪門(선문)	新婦(신부)	新郞(신랑)
辭任(사임)	就任(취임)	善用(선용)	惡用(악용)	實際(실제)	理論(이론)
死藏(사장)	活用(활용)	先天(선천)	後天(후천)	惡材(악재)	好材(호재)
死後(사후)	生前(생전)	性急(성급)	悠長(유장)	惡化(악화)	好轉(호전)
散文(산문)	韻文(운문)	洗練(세련)	稚拙(치졸)	安靜(안정) 鎭靜(진정)	動搖(동요) 興奮(흥분)
散在(산재)	集中(집중)	歲暮(세모)	年頭(연두)		
相對(상대)	絕對(절대)	消極(소극)	積極(적극)	愛好(애호)	嫌惡(혐오)
相逢(상봉)	離別(이별)	所得(소득)	損失(손실)	野圈(야권)	與圈(여권)
相違(상위)	類似(유사)	騷亂(소란)	靜肅(정숙)	抑制(억제)	促進(촉진)
詳述(상술)	略述(약술)	消滅(소멸)	發生(발생) 生成(생성)	逆轉(역전)	好轉(호전)
上昇(상승)	下降(하강)	續行(속행)	中止(중지)	憐憫(연민)	憎惡(증오)

連勝(연승)	連敗(연패)	凝固(응고)	溶解(용해)	潛在(잠재)	顯在(현재)
			融解(융해)		
劣惡(열악)	優良(우량)			低下(저하)	向上(향상)
榮轉(영전)	左遷(좌천)	應答(응답)	質疑(질의)	抵抗(저항)	屈服(굴복)
靈魂(영혼)	肉體(육체)	異端(이단)	正統(정통)		投降(투항)
溫暖(온난)	寒冷(한랭)	異例(이례)	通例(통례)	正午(정오)	子正(자정)
王道(왕도)	霸道(패도)	異說(이설)	定說(정설)	定着(정착)	漂流(표류)
			通說(통설)		
往復(왕복)	片道(편도)			弔客(조객)	賀客(하객)
外柔(외유)	內剛(내강)	理性(이성)	感性(감성)	存續(존속)	廢止(폐지)
			感情(감정)		
容易(용이)	困難(곤란)			縱斷(종단)	橫斷(횡단)
	難解(난해)	離陸(이륙)	着陸(착륙)	遲鈍(지둔)	敏速(민속)
優待(우대)	虐待(학대)	人爲(인위)	自然(자연)	支出(지출)	收入(수입)
偶然(우연)	必然(필연)	人造(인조)	天然(천연)	陳腐(진부)	斬新(참신)
友好(우호)	敵對(적대)	入闕(입궐)	退闕(퇴궐)	眞實(진실)	虛僞(허위)
原告(원고)	被告(피고)	立體(입체)	平面(평면)	進取(진취)	退嬰(퇴영)
原理(원리)	應用(응용)	自動(자동)	手動(수동)	進化(진화)	退化(퇴화)
			他動(타동)		
原書(원서)	譯書(역서)			集合(집합)	解散(해산)
怨恨(원한)	恩惠(은혜)	自立(자립)	依存(의존)	差別(차별)	平等(평등)
			依他(의타)		
違法(위법)	合法(합법)			着帽(착모)	脫帽(탈모)
隆起(융기)	沈降(침강)	自律(자율)	他律(타율)	贊成(찬성)	反對(반대)
	陷沒(함몰)	自意(자의)	他意(타의)	慘敗(참패)	快勝(쾌승)

彰善(창선)	彰惡(창악)	夏至(하지)	冬至(동지)
添加(첨가)	削減(삭감) 削除(삭제)	合成(합성)	分解(분해)
聽者(청자)	話者(화자)	現實(현실)	理想(이상) 空想(공상)
總角(총각)	室女(실녀) 處女(처녀) 處子(처자)	酷暑(혹서)	酷寒(혹한)
縮小(축소)	擴大(확대)	酷評(혹평)	贊評(찬평) 絕讚(절찬)
忠臣(충신)	逆臣(역신)	吸氣(흡기)	排氣(배기)
治世(치세)	亂世(난세)		
稱讚(칭찬)	非難(비난)		
脫退(탈퇴)	加入(가입)		
退步(퇴보)	進步(진보)		
特殊(특수)	普遍(보편) 一般(일반)		
平凡(평범)	奇拔(기발) 非凡(비범)		
廢業(폐업)	開業(개업)		
暴騰(폭등)	暴落(폭락)		
被害(피해)	加害(가해)		
下落(하락)	騰貴(등귀)		

한자능력검정시험 2급 사자성어

角者無齒 각자무치
뿔이 있는 물소 같은 생물은 날카로운 송곳니가 없다는 뜻으로, 한 사람이 여러 가지 재주나 복을 다 가질 수 없음을 이르는 말

街談巷說 가담항설
길거리나 세상 사람들 사이에 떠도는 이야기나 뜬소문을 이르는 말
㊌ 道聽塗說(도청도설)

刻舟求劍 각주구검
배에 새기어 칼을 구한다는 뜻으로, 어리석고 융통성이 없음을 이르는 말
㊌ 守株待兔(수주대토)

佳人薄命 가인박명
아름다운 여자는 명이 짧다는 뜻으로, 여자가 너무 아름다우면 불행하고 명이 짧다는 말
㊌ 美人薄命(미인박명)

肝膽相照 간담상조
간과 쓸개를 서로 내보인다는 뜻으로, 속마음을 터놓고 친하게 사귐을 이르는 말

刻骨難忘 각골난망
고마움이 뼈에 새길 만큼 깊어 잊혀지지 않음을 이르는 말
㊌ 結草報恩(결초보은) 白骨難忘(백골난망)

感慨無量 감개무량
마음속에서 느끼는 감동이나 느낌이 그지없음을 이르는 말

刻骨痛恨 각골통한
뼈에 사무치도록 마음속 깊이 맺힌 원한을 이르는 말

甘言利說 감언이설
달콤한 말과 이로운 이야기라는 뜻으로, 남의 비위에 맞추거나 꾀하는 말
㊌ 巧言令色(교언영색)

甲男乙女 갑남을녀
보통의 평범한 사람들을 이르는 말

㊉ 張三李四(장삼이사) 匹夫匹婦(필부필부)

犬馬之勞 견마지로
개나 말의 하찮은 힘이라는 뜻으로, 국가에 충성하는 자신의 노력을 이르는 말

改過遷善 개과천선
지난날의 잘못을 고쳐 착하게 됨을 이르는 말

見危授命 견위수명
위험을 보면 목숨을 바친다는 뜻으로, 나라가 위태로울 때 자신을 바쳐 싸움을 이르는 말

㊉ 見危致命(견위치명)

擧案齊眉 거안제미
밥상을 눈썹 높이로 받들어 올린다는 뜻으로, 아내가 남편을 지극히 공경함을 이르는 말

結草報恩 결초보은
풀을 묶어서 은혜를 갚는다는 뜻으로, 죽어서도 은혜를 잊지 않고 갚음

牽強附會 견강부회
이치에 맞지 않는 말을 자기주장에 맞게 억지로 끼워 맞추는 것을 이르는 말

輕擧妄動 경거망동
경솔하고 망령되게 말하고 행동함을 이르는 말

見利思義 견리사의
이익을 보면 먼저 그것을 취함이 의리에 합당한지를 생각하라는 말

鷄卵有骨 계란유골
계란에도 뼈가 있다는 뜻으로, 복이 없는 사람은 아무리 좋은 기회를 만나도 덕을 못 본다는 말

鷄鳴狗盜 계명구도
닭의 울음소리를 잘 내는 사람과 개의 흉내를 잘 내는 도둑이라는 뜻으로, 하찮은 재주라도 쓰임이 있다는 말
⊕ 鷄鳴之客(계명지객)

孤掌難鳴 고장난명
손뼉도 마주쳐야 소리가 난다는 뜻으로, 혼자의 힘만으로는 어떤 일을 이룰 수 없다는 말

孤軍奮鬪 고군분투
외로운 군대가 힘을 떨쳐 싸운다는 뜻으로, 남의 도움을 받지 않고 힘에 벅찬 일을 잘 해나감을 이르는 말

苦盡甘來 고진감래
쓴 것이 다하면 단 것이 온다는 뜻으로, 고생 끝에 낙이 온다는 말

孤立無援 고립무원
홀로 있어 도와줄 사람이 없음을 이르는 말
⊕ 四顧無親(사고무친) 四面楚歌(사면초가)

曲學阿世 곡학아세
학문을 굽히어 세상에 아첨한다는 뜻으로, 왜곡된 학문으로 세상에 아첨함을 이르는 말

鼓腹擊壤 고복격양
배를 두드리고 흙덩이를 친다는 뜻으로, 매우 살기 좋은 시절을 이르는 말
⊕ 康衢煙月(강구연월) 太平聖代(태평성대)

骨肉相殘 골육상잔
혈족끼리 서로 싸우고 해침을 이르는 말
⊕ 骨肉相爭(골육상쟁) 骨肉相戰(골육상전)

姑息之計 고식지계
당장의 편안함만을 꾀하는 일시적인 계책을 이르는 말
⊕ 臨時方便(임시방편)

空前絶後 공전절후
앞은 비었고 뒤는 끊어졌다는 뜻으로, 전에도 없었고 앞으로도 없다는 말
⊕ 前無後無(전무후무)

過猶不及 과유불급
지나친 것은 미치지 못하는 것과 같다는 뜻으로, 중용(中庸)의 중요함을 이르는 말

巧言令色 교언영색
남의 환심을 사기 위해 꾸미는 교묘한 말과 아첨하는 얼굴을 이르는 말
⊕ 甘言利說(감언이설)

瓜田李下 과전이하
참외 밭에서는 신을 고쳐 신지 말고 오얏나무 아래에서는 갓을 고쳐 쓰지 말라는 뜻으로, 의심받기 쉬운 행동은 피하는 것이 좋음을 이르는 말
⊕ 烏飛梨落(오비이락)

九曲肝腸 구곡간장
아홉 번 구부러진 간과 창자라는 뜻으로, 굽이굽이 시름이 사무친 마음속을 비유적으로 이르는 말

官尊民卑 관존민비
관리는 높고 백성은 낮다고 생각하는 사고방식을 이르는 말

救國干城 구국간성
나라를 구하는 방패와 성이라는 뜻으로, 국가의 큰 인재를 이르는 말

管鮑之交 관포지교
관중과 포숙아의 사귐이라는 뜻으로, 아주 친한 친구 사이를 이르는 말
⊕ 金蘭之交(금란지교) 莫逆之友(막역지우)
水魚之交(수어지교)

口蜜腹劍 구밀복검
입으로는 꿀을 담고 뱃속에는 칼을 감추고 있다는 뜻으로, 겉으로는 친절하지만 속은 음흉함을 이르는 말

矯角殺牛 교각살우
쇠뿔을 바로 잡으려다가 소를 죽인다는 뜻으로, 작은 흠을 고치려다 도리어 일을 그르침을 이르는 말

群鷄一鶴 군계일학
닭의 무리 중 한 마리의 학이라는 뜻으로, 평범한 사람들 사이에 한 명의 뛰어난 사람을 이르는 말

群雄割據 군웅할거
여러 영웅들이 각지에서 자리를 잡고 세력을 과시하며 서로 대립함을 이르는 말

琴瑟相和 금슬상화
거문고와 비파 소리가 조화를 이룬다는 뜻으로, 다정하고 화목한 부부사이를 비유적으로 이르는 말
🔄 琴瑟之樂(금슬지락)

勸善懲惡 권선징악
선을 권하고 악을 징계함을 이르는 말

今時初聞 금시초문
지금 처음 들어본다는 뜻으로, 지금까지 들어본 적이 없음을 이르는 말

克己復禮 극기복례
욕심을 억눌러 자기 자신을 이기고 사회적 법칙인 예를 따름을 이르는 말

錦衣夜行 금의야행
비단옷을 입고 밤길을 다닌다는 뜻으로, 아무 보람 없는 일을 하는 것을 비유적으로 이르는 말

近墨者黑 근묵자흑
먹을 가까이 하면 검어진다는 뜻으로, 나쁜 사람을 가까이 하면 그 나쁜 버릇에 물들기 쉬움을 비유적으로 이르는 말

錦衣還鄕 금의환향
비단옷을 입고 고향에 돌아온다는 뜻으로, 타향에서 크게 성공하여 고향에 돌아감을 이르는 말

錦上添花 금상첨화
비단 위에 꽃을 더한다는 뜻으로, 좋은 일 위에 좋은 일이 더하여짐을 이르는 말

氣高萬丈 기고만장
기운이 만장이나 뻗쳤다는 뜻으로, 일이 뜻대로 되어 씩씩한 기운이 대단함을 이르는 말

難兄難弟 난형난제
형과 아우를 분간하기 어렵다는 뜻으로, 실력이 서로 비슷함을 이르는 말
⊕ 莫上莫下(막상막하) 伯仲之勢(백중지세)

綠衣紅裳 녹의홍상
녹색 저고리에 붉은 치마라는 뜻으로, 젊은 여자의 고운 옷차림을 이르는 말

南柯一夢 남가일몽
남쪽 가지에서의 꿈이라는 뜻으로, 덧없는 꿈이나 헛된 부귀영화를 이르는 말
⊕ 一場春夢(일장춘몽)

累卵之危 누란지위
알을 쌓아 놓은 것과 같은 위태로움이라는 뜻으로, 몹시 아슬아슬한 위기를 이르는 말
⊕ 一觸卽發(일촉즉발) 風前燈火(풍전등화)

男負女戴 남부여대
남자는 등에 짐을 지고 여자는 머리에 인다는 뜻으로, 가난이나 재난으로 살 곳을 찾아 이리저리 떠돌아다니는 것을 이르는 말

斷金之交 단금지교
쇠도 자를 수 있는 굳고 단단한 사귐이라는 뜻으로, 매우 두터운 우정을 이르는 말
⊕ 斷金之契(단금지계)

路柳墻花 노류장화
길가의 버들과 담장의 꽃이라는 뜻으로, 아무나 쉽게 만질 수 있고 꺾을 수 있다 하여 기생을 이르는 말

丹脣皓齒 단순호치
붉은 입술과 하얀 치아라는 뜻으로, 아름다운 여자의 얼굴을 이르는 말
⊕ 傾國之色(경국지색)

勞心焦思 노심초사
너무 깊게 생각하여 애를 쓰며 속을 태움을 이르는 말
⊕ 焦心苦慮(초심고려)

堂狗風月 당구풍월
서당에서 기르는 개가 풍월을 읊는다는 뜻으로, 경험과 지식이 전혀 없는 사람도 오래되면 자연스럽게 할 줄 알게 된다는 것을 이르는 말

德必有隣 덕필유린
덕은 항상 이웃이 있다는 뜻으로, 덕을 갖추거나 덕망이 있는 사람은 항상 따르는 사람이 있어 외롭지 않다는 말

同病相憐 동병상련
같은 병을 앓고 있는 사람끼리 서로 가엾게 여긴다는 뜻으로, 어려운 처지에 있는 사람끼리 서로 가엾게 여기는 것을 이르는 말
⊕ 類類相從(유유상종) 草綠同色(초록동색)

塗炭之苦 도탄지고
진흙 구렁에 빠지고 숯불에 타는 듯한 고통이란 뜻으로, 가혹한 정치로 백성이 심한 고통을 겪는 것을 이르는 말

東奔西走 동분서주
동쪽으로 뛰고 서쪽으로 뛴다는 뜻으로, 이리저리 바쁘게 돌아다니는 것을 이르는 말

獨不將軍 독불장군
혼자서는 장군이 될 수 없다는 뜻으로, 남의 의견을 무시하고 혼자 모든 일을 처리하는 사람을 이르는 말

同床異夢 동상이몽
같은 침상에서 저마다 다른 꿈을 꾼다는 뜻으로, 같이 행동하면서도 속으로는 각기 다른 생각을 하는 것을 이르는 말
⊕ 同床各夢(동상가몽)

同價紅裳 동가홍상
같은 값이면 붉은 치마라는 뜻으로, 같은 조건이라면 이왕에 좋은 것을 택한다는 것을 이르는 말

凍足放尿 동족방뇨
언 발에 오줌 누기라는 뜻으로, 잠시 동안만 효력이 있을 뿐 그 효력은 없어지고 오히려 더 나쁘게 됨을 이르는 말
⊕ 彌縫之策(미봉지책) 下石上臺(하석상대)

棟梁之材 동량지재
마룻대와 들보 역할을 할 만한 재목이라는 뜻으로, 한 집안이나 나라를 떠받치는 중대한 일을 맡을 만한 인재를 이르는 말
⊕ 棟梁之器(동량지기) 命世之才(명세지재)

杜門不出 두문불출
문을 닫고 나가지 않는다는 뜻으로, 집에만 있고 바깥출입이 없음을 이르는 말

登高自卑 등고자비
높은 곳에 이르려면 낮은 곳부터 밟아야 한다는 뜻으로, 모든 일에는 순서가 있음을 이르는 말

晚時之歎 만시지탄
때 늦은 한탄이라는 뜻으로, 시기가 늦어 기회를 놓친 것을 안타까워하며 탄식함을 이르는 말
㊤ 後時之歎(후시지탄)

燈下不明 등하불명
등잔 밑이 어둡다는 뜻으로, 가까이 있는 것을 도리어 잘 찾지 못함을 이르는 말

罔極之恩 망극지은
임금이나 부모의 끝없는 은혜를 이르는 말

馬耳東風 마이동풍
말의 귀에 동풍이라는 뜻으로, 다른 사람의 말을 귀담아듣지 않고 흘려버림을 이르는 말
㊤ 牛耳讀經(우이독경)

面從腹背 면종복배
겉으로는 따르는 척하고 속으로는 딴생각하는 것을 이르는 말
㊤ 口蜜腹劍(구밀복검)

莫逆之友 막역지우
서로의 뜻을 거스르지 않는 친한 벗, 즉 생사를 같이 할 수 있는 가까운 친구를 이르는 말

滅私奉公 멸사봉공
사사로움을 멸하고 공공을 위하여 애씀을 이르는 말

萬頃蒼波 만경창파
만 이랑의 푸른 물결이라는 뜻으로, 끝없이 넓고 푸른 바다를 이르는 말
㊤ 萬里滄波(만리창파)

明鏡止水 명경지수
맑은 거울과 고요한 물이라는 뜻으로, 잡념과 가식, 헛된 욕심 없이 맑고 깨끗한 마음을 비유적으로 이르는 말

命在頃刻 명재경각
목숨이 잠깐의 시각에 달려 있다는 뜻으로, 곧 숨이 끊어질 지경에 이른 것 또는 거의 죽게 됨을 이르는 말
⊕ 命在朝夕(명재조석)

門前沃畓 문전옥답
집 앞의 기름진 논이라는 뜻으로, 많은 재산을 이르는 말

毛遂自薦 모수자천
모수가 스스로 추천했다는 뜻으로, 자기가 자기 자신을 추천하는 것을 이르는 말

博覽強記 박람강기
여러 가지의 책을 많이 읽고 그 내용을 잘 기억함을 이르는 말
⊕ 博學多識(박학다식)

目不識丁 목불식정
고무래를 보고도 고무래 정(丁)자를 모른다는 뜻으로, 매우 무식함을 이르는 말
⊕ 魚魯不辨(어로불변)

拔本塞源 발본색원
뿌리를 뽑고 샘을 막는다는 뜻으로, 폐단의 근원을 없앰을 이르는 말

武陵桃源 무릉도원
신선이 살았다는 전설적인 중국의 명승지. 세상과 따로 떨어진 별천지를 이르는 말

發憤忘食 발분망식
끼니마저 잊고 일에 열중하는 것을 이르는 말

無爲徒食 무위도식
아무 하는 일 없이 놀고먹기만 함을 이르는 말

旁岐曲徑 방기곡경
옆으로 난 샛길과 구불구불한 길이라는 뜻으로, 일을 순서대로 하지 않고 그릇된 수단을 써서 억지로 함을 이르는 말

● 人一十之 己讀百之 ●

傍若無人 방약무인
곁에 아무도 없는 것처럼 여긴다는 뜻으로, 제멋대로 행동하는 것을 이르는 말
❀ 眼中無人(안중무인) 眼下無人(안하무인)

普遍妥當 보편타당
특별하지 않고 사리에 맞아 타당함

百家爭鳴 백가쟁명
많은 학자들이 자기의 주장을 자유롭게 내세우며 활발한 논쟁과 토론을 하는 일

不知其數 부지기수
그 수를 알지 못한다는 뜻으로, 헤아릴 수 없을 정도로 매우 많음을 이르는 말

百年河淸 백년하청
백 년이 지나도 황하의 흐린 물은 맑아지지 않는다는 뜻으로, 아무리 오랜 세월이 지나도 실현될 수 없음을 이르는 말

夫唱婦隨 부창부수
남편이 창을 하면 아내가 따라한다는 뜻으로, 부부 사이의 화합과 도리를 이르는 말
❀ 女必從夫(여필종부)

白面書生 백면서생
흰 얼굴에 글만 읽는 사람이란 뜻으로, 세상일에 조금도 경험이 없는 사람을 이르는 말

附和雷同 부화뇌동
우레 소리에 맞추어 천지 만물이 함께 울린다는 뜻으로, 줏대 없이 남의 의견에 따라 움직임을 이르는 말

百八煩惱 백팔번뇌
불교에서 나온 말로 사람의 마음속에 있는 엄청난 번뇌를 이르는 말

不俱戴天 불구대천
하늘을 머리 위에 이고 같이 살 수 없는 원수

不問可知 불문가지
묻지 않아도 알 수 있음을 이르는 말
⊕ 不言可知(불언가지)

事必歸正 사필귀정
모든 일은 반드시 바른 데로 돌아감을 이르는 말

不撤晝夜 불철주야
밤낮을 가리지 않고 어떤 일에 몰두함을 이르는 말

山紫水明 산자수명
산은 자줏빛이며 강물은 맑다는 뜻으로, 자연의 경치가 맑고 아름다움을 이르는 말

鵬程萬里 붕정만리
붕새가 날아갈 길이 만 리라는 뜻으로, 장래가 유망한 사람을 이르는 말

山海珍味 산해진미
산과 바다의 온갖 산물로 잘 차린 음식

四面楚歌 사면초가
사방에서 들리는 초나라의 노래라는 뜻으로, 누구의 도움도 받을 수 없는 고립된 상태를 이르는 말
⊕ 孤立無援(고립무원) 四顧無親(사고무친)

殺身成仁 살신성인
옳은 일을 위해 자신을 희생함을 이르는 말

四分五裂 사분오열
넷으로 나뉘고 다섯으로 찢어진다는 뜻으로, 어지럽게 흩어짐을 이르는 말

三顧草廬 삼고초려
유비가 제갈공명을 세 번이나 찾아갔다는 데서 유래한 말로, 인재를 맞이하기 위해서 참을성 있게 힘씀을 이르는 말

森羅萬象 삼라만상
우주에 있는 온갖 사물과 현상을 이르는 말

雪上加霜 설상가상
눈 위에 서리가 더해진다는 뜻으로, 안 좋은 일 위에 안 좋은 일이 더하여짐을 이르는 말

相扶相助 상부상조
서로 돕고 도움

纖纖玉手 섬섬옥수
가냘프고 고운 여자의 손

桑田碧海 상전벽해
뽕나무밭이 푸른 바다가 된다는 뜻으로, 세상의 변천이 심함을 이르는 말
㊤ 隔世之感(격세지감) 今昔之感(금석지감)

歲寒松柏 세한송백
한 겨울의 소나무와 잣나무라는 뜻으로, 어려움에 처하여도 지조와 절의를 굽히지 않는 모습을 이르는 말
㊤ 雪中松柏(설중송백)

塞翁之馬 새옹지마
변방 요새 지역에 사는 노인의 말이라는 뜻으로, 인생의 길흉화복은 예측할 수 없음을 이르는 말
㊤ 轉禍爲福(전화위복)

騷人墨客 소인묵객
시문이나 서화를 일삼는 사람이라는 뜻으로, 시인이나 화가 등을 이르는 말

雪膚花容 설부화용
눈처럼 흰 피부와 꽃처럼 고운 얼굴이라는 뜻으로, 아름다운 여자를 이르는 말
㊤ 傾國之色(경국지색) 絕世佳人(절세가인)
花容月態(화용월태)

小貪大失 소탐대실
작은 것을 탐하다 큰 것을 놓침

送舊迎新 송구영신	脣亡齒寒 순망치한
묵은해를 보내고 새해를 맞이함	입술이 없으면 이가 시리다는 뜻으로, 서로 떨어질 수 없는 밀접한 관계를 이르는 말
手不釋卷 수불석권	順天者存 순천자존
손에서 책을 떼어놓지 않는다는 뜻으로, 꾸준히 공부함을 이르는 말	하늘에 따르는 자는 오래 생존함을 이르는 말
誰怨熟尤 수원숙우	乘勝長驅 승승장구
누구를 원망하고 탓할 수가 없다는 뜻으로, 남을 원망하거나 탓할 것이 없음을 이르는 말 ⑪ 誰怨誰咎(수원수구)	승리의 여세를 몰아 계속 몰고 나간다는 뜻으로, 싸움의 이긴 형세를 타고 계속 몰아침을 이르는 말
守株待兎 수주대토	食少事煩 식소사번
그루터기를 지켜 토끼를 기다린다는 뜻으로, 한 가지 방법에만 얽매여 안 될 일을 고집하는 어리석음을 이르는 말 ㉑ 刻舟求劍(각주구검)	먹는 것은 적고 일은 번거롭다는 뜻으로, 수고로움에 비해 이익이 적음을 이르는 말
壽則多辱 수즉다욕	識字憂患 식자우환
오래 살면 욕됨이 많다는 뜻으로, 오래 살수록 고생이나 망신이 많음을 이르는 말	글자를 아는 것이 오히려 걱정이 된다는 뜻으로, 너무 많이 알아서 쓸데없는 걱정도 많음을 이르는 말

信賞必罰 신상필벌
상을 줄 만하면 상을 주고 벌을 줄 만하면 반드시 벌을 준다는 뜻으로, 상벌을 공정하게 처리함을 이르는 말

深山幽谷 심산유곡
깊은 산의 그윽한 골짜기

身言書判 신언서판
인재를 등용하는데 표준으로 삼는 네 가지 조건으로 신수·말씨·글씨·판단력 등을 이르는 말

安貧樂道 안빈낙도
가난하게 살면서도 편안한 마음과 생각으로 도를 즐김

㊒ 淸貧樂道(청빈낙도)

身體髮膚 신체발부
몸과 머리털과 피부, 즉 몸 전체를 말함

眼下無人 안하무인
눈 아래 사람이 없다는 뜻으로, 사람을 멸시하거나 낮게 보는 것을 이르는 말

㊒ 傍若無人(방약무인)

實事求是 실사구시
직접 보고 듣는 방식의 실험과 연구의 결과인 객관적 사실을 통하여 진리를 탐구하는 일

哀乞伏乞 애걸복걸
슬프게 빌고 엎드려 빎

深思熟考 심사숙고
깊이 생각하고 오래도록 고찰함을 이르는 말

㊒ 深思熟慮(심사숙려)

羊頭狗肉 양두구육
양의 머리를 걸어놓고 개고기를 판다는 뜻으로, 겉은 그럴듯하나 속은 변변치 않거나 또는 겉과 속이 서로 다름을 이르는 말

㊒ 人面獸心(인면수심) 表裏不同(표리부동)

梁上君子 양상군자
대들보 위의 군자라는 뜻으로, 도둑을 점잖게 이르는 말

言中有骨 언중유골
말 속에 뼈가 있다는 뜻으로, 부드러운 말 속에 단단한 속뜻이 있음을 이르는 말

魚魯不辨 어로불변
'어(魚)' 자와 '노(로)(魯)' 자를 구별하지 못한다는 뜻으로, 매우 무식함을 이르는 말
㊝ 目不識丁(목불식정) 一字無識(일자무식)

嚴妻侍下 엄처시하
엄한 아내를 모시는 그 아래라는 뜻으로, 아내에게 쥐여사는 남편을 비웃어 이르는 말

漁父之利 어부지리
어부의 이익이라는 뜻으로, 두 사람이 다투는 틈을 타 엉뚱한 사람이 이익을 얻게 됨을 이르는 말
㊝ 犬兔之爭(견토지쟁)

如鼓琴瑟 여고금슬
거문고와 비파를 타는 것과 같다는 뜻으로, 부부의 금실을 이르는 말
㊝ 琴瑟相和(금슬상화) 琴瑟之樂(금실지락)

億兆蒼生 억조창생
풀밭의 풀처럼 수많은 백성, 수많은 사람

如履薄氷 여리박빙
살얼음을 밟는 것과 같이 위험스러움을 이르는 말
㊝ 風前燈火(풍전등화)

焉敢生心 언감생심
어찌 감히 그런 마음을 먹을 수 있겠냐는 뜻으로, 전혀 그런 마음이 없음을 이르는 말
㊝ 敢不生心(감불생심)

易地思之 역지사지
처지를 바꾸어 생각해 본다는 뜻으로, 상대방의 입장에서 생각해 보는 것을 이르는 말

緣木求魚 연목구어
나무에 올라가 물고기를 구한다는 뜻으로, 불가능한 일을 하려고 하는 것을 이르는 말
⊕ 刻舟求劍(각주구검) 守株待兔(수주대토)

烏飛梨落 오비이락
까마귀 날자 배 떨어진다는 뜻으로, 아무 관계도 없는 일이 우연히 동시에 일어나 다른 사람의 오해를 받게 되는 것을 이르는 말

榮枯盛衰 영고성쇠
영화롭고 마르고 성했다가 쇠한다는 뜻으로, 인생이나 사물의 번성함과 쇠함이 서로 바뀜을 이르는 말
⊕ 興亡盛衰(흥망성쇠)

烏合之卒 오합지졸
까마귀 떼처럼 모인 무리라는 뜻으로, 질서 없이 모인 수많은 사람들을 이르는 말
⊕ 烏合之衆(오합지중)

五車之書 오거지서
다섯 수레에 가득할 정도의 많은 장서를 이르는 말
⊕ 汗牛充棟(한우충동)

玉骨仙風 옥골선풍
옥 같은 골격과 선인 같은 뛰어난 풍채를 이르는 말

五里霧中 오리무중
짙은 안개가 5리나 끼어 있는 속에 있다는 뜻으로, 일의 갈피를 잡기 어려움을 이르는 말

外柔內剛 외유내강
겉은 부드러워 보이나 속은 강함

吾鼻三尺 오비삼척
내 코가 석자라는 뜻으로, 내 사정이 급하여 남의 사정을 돌볼 겨를이 없음을 이르는 말

龍頭蛇尾 용두사미
용의 머리에 뱀의 꼬리라는 뜻으로, 시작은 그럴 듯하나 끝이 부진한 현상을 이르는 말

優柔不斷 우유부단
우물쭈물 망설이기만 하고 결단성이 없음을 이르는 말

韋編三絕 위편삼절
공자가 주역을 하도 많이 읽어 그 책의 가죽 끈이 세 번이나 끊어졌다는 데서 책을 여러 번 열심히 읽는 것을 이르는 말

羽化登仙 우화등선
사람의 몸에 날개가 돋아 신선이 되어 하늘로 올라간다는 뜻으로, 술이 취해 기분이 좋음을 이르는 말

有備無患 유비무환
준비가 있으면 근심이 없다는 뜻으로, 미리 대비하여 근심을 없앰을 이르는 말

雲泥之差 운니지차
구름과 진흙의 차이라는 뜻으로, 서로 간의 차이가 심함을 이르는 말
⊕ 天壤之差(천양지차)

唯我獨尊 유아독존
오직 나만이 존귀하다는 뜻으로, 세상에서 자기만 잘났다고 뽐내는 것을 이르는 말

月明星稀 월명성희
달이 밝으면 별빛이 흐려진다는 뜻으로, 한 영웅이 뜨면 한 영웅이 쇠퇴함을 이르는 말

類類相從 유유상종
같은 무리끼리 서로 어울림
⊕ 同病相憐(동병상련) 草綠同色(초록동색)

危機一髮 위기일발
머리털 하나로 무거운 물건을 당긴다는 뜻으로, 당장 끊어질 정도로 위태로운 순간을 비유하여 이르는 말
⊕ 累卵之危(누란지위) 風前燈火(풍전등화)

隱忍自重 은인자중
마음속의 괴로움을 참고 견디며 몸가짐을 신중히 함을 이르는 말

吟風弄月 음풍농월
바람과 달을 대상으로 시를 짓고 흥취를 자아내어 즐긴다는 뜻으로, 풍류를 노래함을 이르는 말

日暖風和 일난풍화
날씨가 따뜻하고 바람이 부드러움

異口同聲 이구동성
입은 다르지만 같은 말을 한다는 뜻으로, 여러 사람의 의견이 같은 경우를 이르는 말

一網打盡 일망타진
그물을 한 번 쳐서 물고기를 다 잡는다는 뜻으로, 어떤 무리를 한꺼번에 모두 잡음을 이르는 말

泥田鬪狗 이전투구
진흙밭에서 싸우는 개라는 뜻으로, 자기의 이익을 위해 물불을 가리지 않는 저급한 싸움을 말함

一衣帶水 일의대수
옷의 띠와 같은 물이라는 뜻으로, 좁은 강을 사이에 두고 접해 있거나 냇물 하나를 사이에 둔 가까운 이웃을 이르는 말
㊤ 咫尺之間(지척지간)

人面獸心 인면수심
사람의 얼굴을 하고 있으나 마음은 짐승과 같다는 뜻으로, 마음이나 행동이 몹시 흉악하거나 또는 그러한 사람을 이르는 말

一觸卽發 일촉즉발
한 번 닿기만 해도 곧 폭발할 것 같다는 뜻으로, 미세한 자극에도 큰 일이 생길 것 같은 아슬아슬한 상태를 이르는 말

一擧兩得 일거양득
하나를 들어 둘을 얻는다는 뜻으로, 한 가지 일로 두 가지의 이익을 얻음
㊤ 一石二鳥(일석이조)

日就月將 일취월장
나날이 성장하고 발전한다는 뜻으로, 학업 등이 날이 갈수록 진보함을 이르는 말

立身揚名 입신양명
몸을 세워 이름을 드날린다는 뜻으로, 출세하여 이름을 세상에 알리는 것을 이르는 말
⊕ 立身出世(입신출세)

轉禍爲福 전화위복
화가 바뀌어 도리어 복이 됨
⊕ 塞翁之馬(새옹지마)

自初至終 자초지종
처음부터 끝까지 이르는 동안 또는 그 사실

絕長補短 절장보단
긴 것을 잘라 짧은 것을 메운다는 뜻으로, 장점으로 단점을 보완함을 이르는 말

自暴自棄 자포자기
자신을 스스로 해치고 버린다는 뜻으로, 절망에 빠져 스스로를 돌보지 않음을 이르는 말

切齒腐心 절치부심
이를 갈고 마음을 썩히다라는 뜻으로, 매우 분하게 여기어 마음을 썩임을 이르는 말

張三李四 장삼이사
장씨의 셋째 아들과 이씨의 넷째 아들이라는 뜻으로, 보통의 평범한 사람들을 이르는 말
⊕ 甲男乙女(갑남을녀) 匹夫匹婦(필부필부)

漸入佳境 점입가경
들어갈수록 점점 경치가 좋아진다는 뜻으로, 경치나 문장 또는 어떤 일의 상황이 갈수록 재미있어짐을 이르는 말

才勝薄德 재승박덕
재주는 있으나 덕이 없음을 이르는 말

朝令暮改 조령모개
아침에 명령한 것을 저녁에 다시 고친다는 뜻으로, 일을 자주 바꾸어 갈피를 잡기 어려움을 이르는 말

朝三暮四 조삼모사
아침에 세 개, 저녁에 네 개라는 뜻으로, 당장의 차이만 알고 결과가 같음을 모르거나 간사한 꾀로 남을 농락하는 것을 이르는 말

酒池肉林 주지육림
술이 못을 이루고 고기가 숲을 이룬다는 뜻으로, 매우 호화롭고 방탕함을 이르는 말

坐井觀天 좌정관천
우물 안에서 하늘을 본다는 뜻으로, 식견이 좁음을 이르는 말

竹馬故友 죽마고우
대나무 말을 타고 놀던 옛 친구라는 뜻으로, 어릴 때부터 같이 놀며 자란 친구를 이르는 말

左衝右突 좌충우돌
왼쪽으로 부딪히고 오른쪽으로 돌진한다는 뜻으로, 이리저리 닥치는 대로 부딪힘

㈜ 縱橫無盡(종횡무진)

衆寡不敵 중과부적
적은 수로 많은 수를 대적하지 못한다는 뜻으로, 적은 사람으로 많은 사람을 이기지 못함을 이르는 말

晝耕夜讀 주경야독
낮에는 밭을 갈고 밤에는 공부한다는 뜻으로, 어려운 환경에서도 열심히 공부함을 이르는 말

㈜ 晴耕雨讀(청경우독)

衆口難防 중구난방
여러 사람의 입을 막기가 어렵다는 뜻으로, 막기 어려울 정도로 여기저기서 각자 마구 떠들어대는 것을 이르는 말

走馬看山 주마간산
말을 타고 달리면서 산을 본다는 뜻으로, 자세히 보지 않고 대충 보고 지나가는 것을 이르는 말

知己之友 지기지우
자기를 가장 잘 알아주는 친구라는 뜻으로, 서로 이해하고 뜻이 통하여 가깝게 지내는 친구를 이르는 말

㈜ 管鮑之交(관포지교) 莫逆之友(막역지우)

| 指鹿爲馬 지록위마 | 隻手空拳 척수공권 |

사슴을 가리켜 말이라고 한다는 뜻으로, 윗사람을 농락하여 권세를 마음대로 함을 이르는 말

외손과 맨주먹이라는 뜻으로, 아무 것도 가진 것이 없음을 이르는 말

㉠ 赤手空拳(적수공권)

| 支離滅裂 지리멸렬 | 天佑神助 천우신조 |

이리저리 흩어지고 찢기어 갈피를 잡을 수 없음을 이르는 말

㉠ 支離分散(지리분산)

하늘이 돕고 신이 도움

| 進退維谷 진퇴유곡 | 天衣無縫 천의무봉 |

앞으로 나아가든 후퇴하든 오직 골짜기뿐이라는 뜻으로, 이러지도 저러지도 못하는 어려운 상황을 이르는 말

㉠ 進退兩難(진퇴양난)

하늘의 옷은 꿰맨 자국이 없다는 뜻으로, 일부러 기교를 부리지 않고 자연스러우면서도 완전함을 이르는 말

| 此日彼日 차일피일 | 千載一遇 천재일우 |

이 날 저 날 계속하여 기한을 미루는 것을 이르는 말

천 년에 단 한 번 만난다는 뜻으로, 좀처럼 만나기 어려운 좋은 기회를 이르는 말

| 滄海一粟 창해일속 | 靑出於藍 청출어람 |

큰 바다에 좁쌀 한 톨이라는 뜻으로, 극히 작거나 보잘 것 없는 것을 이르는 말

㉠ 九牛一毛(구우일모)

푸른색은 쪽에서 나왔지만 쪽보다 더 푸르다는 뜻으로, 제자가 스승보다 뛰어남을 이르는 말

草綠同色 초록동색

풀빛과 녹색은 같은 빛깔이라는 뜻으로, 같은 처지의 사람과 어울림을 의미하는 말

㊌ 同病相憐(동병상련) 類類相從(유유상종)

快刀亂麻 쾌도난마

복잡하게 헝클어진 삼을 단 칼에 베어 버린다는 뜻으로, 복잡한 일을 명쾌하게 해결하는 것을 이르는 말

初志一貫 초지일관

처음의 뜻으로 끝까지 나아감

泰山北斗 태산북두

태산과 북두칠성이라는 뜻으로, 모든 사람들이 우러러보는 뛰어난 인물을 이르는 말

寸鐵殺人 촌철살인

한 치밖에 안 되는 쇠붙이로 사람을 죽일 수 있다는 뜻으로, 말 한마디로 남을 감동시키거나 약점을 찌를 수 있음을 이르는 말

㊌ 頂門一鍼(정문일침)

他山之石 타산지석

다른 산의 하찮은 돌멩이도 자신의 옥돌을 가는데 쓸 수 있다는 뜻으로, 다른 사람의 잘못된 언행에서도 배우고 느낄 것이 있음을 이르는 말

忠言逆耳 충언역이

충성스러운 말은 귀에 거슬린다는 뜻으로, 진심어린 충고의 말일수록 듣기 싫어함을 이르는 말

㊌ 良藥苦口(양약고구)

泰然自若 태연자약

충격을 받거나 놀라운 일이 생겨도 마음이 동요하지 않음

醉生夢死 취생몽사

술에 취한 듯 살다가 꿈을 꾸듯이 죽는다는 뜻으로, 한평생을 하는 일 없이 흐리멍덩하게 살아감을 비유하여 이르는 말

破邪顯正 파사현정

그릇된 것을 깨고 바른 것을 드러낸다는 뜻으로, 부처의 가르침에 어긋나는 사악한 생각을 버리고 올바른 도리를 따름을 이르는 말

사자성어 카드로 사용하실 분은 점선을 따라 오려서 사용하세요.

抱腹絶倒 포복절도
배를 안고 넘어진다는 뜻으로, 너무 우스워서 배를 잡고 몸을 가누지 못할 정도로 웃는 것을 이르는 말

鶴首苦待 학수고대
학처럼 목을 길게 빼고 간절히 기다림

飽食暖衣 포식난의
잘 먹고 잘 입는다는 뜻으로, 의식이 넉넉함을 이르는 말

汗牛充棟 한우충동
수레에 실으면 소가 땀을 흘릴 정도고 쌓으면 대들보에 닿을 만큼의 양이라는 뜻으로, 책이 매우 많음을 이르는 말
⊕ 五車之書(오거지서)

表裏不同 표리부동
겉과 속이 같지 않음
⊕ 羊頭狗肉(양두구육)

咸興差使 함흥차사
심부름꾼이 가서 좀처럼 소식이 없거나 또는 답신이 더딜 때를 비유하여 이르는 말
⊕ 終無消息(종무소식)

風樹之歎 풍수지탄
부모에게 효도를 다하려 할 때 부모는 이미 돌아가셔서 그 뜻을 이룰 수 없음을 탄식하는 말

恒茶飯事 항다반사
늘 차를 마시고 밥을 먹는 일이라는 뜻으로, 일상적인 일을 이르는 말

彼此一般 피차일반
저것이나 이것이나 마찬가지임. 두 편이 서로 같음

虛張聲勢 허장성세
헛되이 목소리의 기세만 높인다는 뜻으로, 실력은 없으면서 목소리만 높여 허세로 떠들어댐을 이르는 말

懸河之辯 현하지변
거침없이 흐르는 물처럼 유창하게 말을 잘하는 것을 이르는 말

㊤ 靑山流水(청산유수)

昏定晨省 혼정신성
저녁에는 잠자리를 살피고 이른 아침에는 문안을 드린다는 뜻으로, 부모에게 효도함을 이르는 말

螢雪之功 형설지공
반딧불과 눈빛으로 이룬 공이라는 뜻으로, 가난한 환경에서 반딧불과 눈빛으로 글을 읽어가며 고생 속에서 공부하여 이룬 공을 이르는 말

㊤ 晝耕夜讀(주경야독)

畫蛇添足 화사첨족
뱀 그림에 발을 더한다는 뜻으로, 하지 않아도 될 일을 하여 일을 그르치는 것을 이르는 말

好事多魔 호사다마
좋은 일에는 탈이 많다는 뜻으로, 좋은 일이 많이 이루어지기 위해서는 많은 풍파를 겪어야 함을 이르는 말

換骨奪胎 환골탈태
뼈대를 바꾸고 태를 바꾼다는 뜻으로, 시문이나 사람의 모습을 바꾸어 더 나은 작품이나 용모가 됨을 이르는 말

虎死留皮 호사유피
호랑이는 죽어서 가죽을 남긴다는 뜻으로, 사람은 죽으면 이름을 남겨야 함을 이르는 말

厚顔無恥 후안무치
얼굴이 두꺼워 부끄러움을 모른다는 뜻으로, 뻔뻔한 사람을 이르는 말

昊天罔極 호천망극
하늘이 넓고 끝이 없다는 뜻으로, 부모님의 끝없는 은혜를 이르는 말

興亡盛衰 흥망성쇠
흥하고, 망하고, 성하고, 쇠함

㊤ 榮枯盛衰(영고성쇠)

06 동음이의어

가계
- 家系 : 대대로 내려오는 한 집안의 계통
- 家計 : 한 집안 살림의 수입과 지출 상태

가공
- 可恐 : 두려워하거나 놀랄만함
- 架空 : 이유나 근거 없이 꾸며냄

가구
- 家具 : 실내에 배치하여 집안 살림에 사용하는 도구의 총칭
- 家口 : 주거 및 생계를 같이하는 사람의 집단

가설
- 加設 : 덧붙이거나 더 설치함
- 架設 : 전선이나 다리를 공중에 건너질러 설치함
- 假設 : 임시로 설치함
- 假說 : 어떤 사실을 설명하기 위하여 설정한 가정
- 街說 : 거리에 떠도는 이야기

가연
- 可燃 : 불에 탈 수 있음
- 佳宴 : 경사스러운 잔치
- 佳緣 : 아름다운 인연

가장
- 家長 : 한 가정을 이끌어 나가는 사람
- 家狀 : 조상의 행적에 관한 기록
- 假裝 : 거짓으로 꾸밈

가화
- 佳話 : 아름답고 좋은 내용의 이야기
- 家禍 : 집안에 일어난 재앙
- 假花 : 종이나 헝겊으로 만든 꽃

감사
- 感謝 : 고맙게 여김
- 監査 : 감독하고 검사함
- 監事 : 단체의 서무를 맡아보는 직책

감상
- 感想 : 마음속으로 느끼어 일어나는 생각
- 感傷 : 하찮은 일에도 슬퍼지는 마음
- 感賞 : 감동하여 칭찬함
- 鑑賞 : 예술 작품을 이해하여 즐기고 평가함

강도
- 剛度 : 금속성 물질의 단단한 정도
- 強度 : 강렬한 정도
- 強盜 : 폭행, 협박 등으로 남의 재물을 빼앗는 도둑

개량
- 改良 : 나쁜 점을 고쳐 더 좋게 함
- 改量 : 다시 측량함

개복
- 改服 : 옷을 갈아입음
- 開腹 : 수술을 하기 위해 배를 갈라서 엶
- 蓋覆 : 덮개를 덮음

개장
- 改葬 : 무덤을 옮겨 다시 장사를 지냄
- 改裝 : 장식 등을 고쳐 다시 꾸밈
- 開場 : 어떤 장소를 열어 공개함
- 開張 : 펼쳐서 넓게 벌여 놓음

개정
- 改正 : 바르게 고침
- 改定 : 다시 고쳐 정함
- 改訂 : 책의 잘못된 내용을 바르게 고침
- 開廷 : 재판을 시작함

걸인
- 乞人 : 거지
- 傑人 : 뛰어난 사람

검사
- 劍士 : 검술에 능통한 사람
- 檢事 : 검찰권을 행사하는 사법관
- 檢査 : 어떤 기준의 적합 여부와 이상 유무를 조사함

결사
- 結社 : 공동의 목적을 이루기 위하여 단체를 조직함
- 決死 : 죽기를 각오로 결심함

경계
- 警戒 : 뜻밖의 일이 일어나지 않도록 조심하여 단속함
- 境界 : 지역이 갈라지는 한계

경기
- 競技 : 일정한 규칙 아래 기술과 능력을 겨룸
- 競起 : 앞다투어 일어남
- 驚起 : 놀라서 일어남
- 京畿 : 서울을 중심으로 한 주위의 지방
- 景氣 : 매매나 거래 등에 나타난 경제 활동의 상황

경로
- 經路 : 지나는 길
- 敬老 : 노인을 공경함

경비
- 警備 : 만일에 대비하여 경계하고 지킴
- 經費 : 어떤 일을 하는데 드는 비용

경사
- 慶事 : 축하할만한 기쁜 일
- 傾斜 : 비스듬히 기울어짐

경주
- 傾注 : 기울여 쏟음
- 慶州 : 신라의 수도
- 競走 : 일정한 거리를 달려 빠르기를 겨루는 일
- 輕舟 : 가볍고 빠른 작은 배

경향
- 京鄕 : 서울과 시골
- 傾向 : 마음이나 형세가 어느 한쪽으로 향하여 기울어짐

계기
- 計器 : 분량, 정도 등을 재는 기계나 기구의 총칭
- 契機 : 일이 일어나거나 결정되는 근거

계류
- 溪流 : 산골짜기를 흐르는 시냇물
- 繫留 : 사건이 해결되지 않고 걸려 있음

계수
- 溪水 : 산골짜기에 흐르는 시냇물
- 桂樹 : 계수나무

고가
- 高價 : 비싼 가격
- 孤歌 : 홀로 읊음

고사
- 故事 : 옛날부터 전해오는 일
- 枯死 : 말라 죽음
- 姑捨 : 말할 것도 없고
- 固辭 : 남이 제의한 것을 굳이 사양함
- 考査 : 학생들의 성적이나 능력 등을 평가하는 시험

고수
- 高手 : 어떤 분야나 집단에서 기술이나 능력이 매우 뛰어난 사람
- 鼓手 : 북이나 장구 등을 치는 사람
- 固守 : 차지한 물건이나 형세 등을 굳게 지킴

고시
- 考試 : 자격이나 면허를 주기 위하여 시행하는 여러 가지 시험
- 告示 : 어떤 내용을 글로 써서 널리 알림

고안
- 考案 : 연구하여 새로운 안을 생각해 냄
- 高岸 : 높은 언덕이나 낭떠러지
- 孤雁 : 짝이 없는 기러기 한 마리

고용
- 雇用 : 삯을 주고 사람을 부림
- 雇傭 : 삯을 받고 남의 일을 해줌

고조
- 古調 : 한창 무르익거나 높아짐
- 枯凋 : 말라서 시듦
- 高祖 : 할아버지의 할아버지. 고조할아버지

고지
- 高地 : 지대가 높은 땅. 이루어야 할 목표나 그 수준에 이른 단계
- 故址 : 옛날에 집이나 성 등이 있던 터
- 告知 : 게시하거나 글로써 알림

공동
- 共同 : 둘 이상의 사람이나 단체가 함께 일을 함
- 空洞 : 아무것도 없이 텅 비어있는 굴

공모
- 共謀 : 공동으로 어떤 일을 꾀함
- 公募 : 일반에게 널리 공개하여 모집함

공약
- 公約: 어떤 일에 대해 국민에게 하는 약속
- 空約: 헛된 약속

공인
- 工人: 옛날에 악기를 연주하던 사람
- 公人: 국가, 사회를 위해 일하는 사람
- 公認: 국가나 공공단체 또는 사회단체 등이 어떤 행위나 물건에 대해 인정함
- 公印: 관공서나 어떤 단체에서 공적인 일에 쓰는 도장

공포
- 公布: 널리 알림
- 恐怖: 무서워하거나 두려워함
- 空砲: 실탄을 넣지 않고 소리만 나게 하는 총질

과거
- 科擧: 옛날 관리를 뽑을 때 실시하던 시험
- 過去: 이미 지나간 때

과문
- 過門: 아는 사람의 집 앞을 지나면서도 들르지 않음. 過門不入(과문불입)의 준말
- 寡聞: 견문이 좁음

과세
- 課稅: 세금을 매겨 납세의무를 지움
- 過歲: 해를 보냄

과장
- 科場: 옛날 과거 시험을 보던 곳
- 誇張: 사실보다 지나치게 부풀림
- 課長: 관청, 회사 등의 한 과의 책임자

과정
- 過程: 일이 되어가는 경로
- 課程: 과업의 정도

관계
- 官界: 국가의 각 기관
- 官階: 관리나 벼슬의 등급
- 關係: 서로 관련이 있음

관대
- 款待: 친절하게 대하거나 정성껏 대접함
- 寬大: 마음이 너그럽고 큼

관리
- 管理: 일을 맡아 처리함
- 官吏: 관직에 있는 사람

교감
- 交感: 서로 접촉하여 감응함
- 校監: 학교장을 도와 학교의 일을 관리하거나 수행하는 직책

교단
- 敎壇: 교실에서 교사가 강의할 때 올라서는 단
- 敎團: 같은 종교를 믿는 사람들끼리 모여서 만든 단체

교정
- 交情: 서로 사귀는 정
- 校庭: 학교의 운동장
- 校正: 글자의 잘못된 것을 바로 잡음
- 校訂: 출판물의 틀린 곳을 바로 잡음
- 矯正: 틀어지거나 잘못된 것을 바로잡음

교착
- 膠着: 어떤 상태가 굳어 조금도 변동이나 진전이 없음
- 交錯: 이리저리 잇길러 뒤섞임

구비
- 口碑: 오래도록 말로 전해 내려온 것
- 具備: 있어야 할 것은 빠짐없이 다 갖춤

구상
- 具象: 사물이 뚜렷한 형체를 갖춤
- 構想: 앞으로 이루려는 일에 대하여 구체적으로 정리함
- 求償: 배상을 청구하거나 이의를 제기하는 일
- 球狀: 공처럼 둥근 모양

구애
- 求愛: 이성에게 사랑을 고백하여 상대편도 자신을 사랑해주기를 바람. 이성에게 사랑을 구함
- 拘礙: 거리끼거나 얽매임

구제
- 救濟: 어려움에 처한 사람을 도와줌
- 驅除: 해충 등을 몰아내어 없앰

구조
- 救助 : 재난을 당하여 어려운 처지에 있는 사람을 구해줌
- 構造 : 부분이나 요소가 서로 결합하여 전체를 이룸

구축
- 構築 : 어떤 시설물을 쌓아 올려 만듦
- 驅逐 : 몰아서 쫓아냄

구호
- 口號 : 어떤 주장을 나타내는 간결한 말
- 救護 : 재난이나 어려움에 처해 있는 사람을 도와 보호함

귀중
- 貴重 : 귀하고 소중함
- 貴中 : 편지나 물품을 받을 단체의 이름 다음에 쓰는 높임말

극단
- 極端 : 맨 끝
- 劇團 : 연극을 전문으로 공연하는 단체
- 劇壇 : 연극의 무대

근간
- 根幹 : 뿌리와 줄기. 사물의 바탕이나 중심
- 近間 : 요사이
- 近刊 : 최근에 출판된 간행물

금수
- 禽獸 : 날짐승과 길짐승. 모든 짐승
- 禁輸 : 수입이나 수출을 금함

급수
- 級數 : 기술 등을 우열에 따라 매긴 등급
- 給水 : 물을 공급함

기망
- 旣望 : 음력으로 매달 16일
- 欺罔 : 남을 속임

기사
- 技師 : 전문적인 기술자
- 技士 : 기계계 기술자격 등급의 하나
- 棋士 : 바둑이나 장기를 잘 두는 사람
- 騎士 : 말을 탄 무사
- 奇事 : 기이한 일
- 記事 : 신문이나 잡지 등에서 어떤 소식이나 사실을 알리는 글

기상
- 奇想 : 좀처럼 짐작할 수 없는 별난 생각
- 氣象 : 대기 중에서 일어나는 물리적인 현상
- 氣像 : 사람의 타고난 성품과 몸가짐

기수
- 奇數 : 홀수
- 騎手 : 경마에서 말을 타는 사람
- 旗手 : 단체의 행렬에서 맨 앞에 서서 기를 드는 사람
- 機首 : 비행기의 앞부분
- 旣遂 : 이미 일을 끝냄

기술
- 技術 : 사물을 잘 다룰 수 있는 방법이나 능력
- 奇術 : 기묘한 솜씨나 재주
- 記述 : 기록하여 서술함
- 旣述 : 이미 앞서 서술함

기원
- 起源 : 사물이 생긴 근원
- 紀元 : 연대를 헤아리는데 기초가 되는 해
- 祈願 : 바라는 일이 이루어지기를 빎

기행
- 奇行 : 기이한 행동
- 紀行 : 여행 중에 겪은 것을 적음

내성
- 耐性 : 약물의 반복 복용에 의해 약효가 저하하는 현상
- 內省 : 자신을 돌이켜 살펴봄

노숙
- 露宿 : 추운 곳에서 밤을 지냄
- 老宿 : 학식이 높고 견문이 넓은 사람
- 老熟 : 오랜 경험을 쌓아 익숙함

녹음
- 綠陰 : 푸른 잎이 우거진 나무의 그늘
- 錄音 : 테이프나 필름에 소리를 기록함

논단
- 論壇 : 토론을 하거나 의견을 진술하는 곳
- 論斷 : 논하여 판단이나 결론을 내림

농담
- 弄談 : 실없이 놀리거나 장난으로 하는 말
- 濃淡 : 색깔이나 명암 등의 짙음과 옅음

누적
- 累積: 되풀이하거나 지속하여 더 많아지거나 심해짐
- 漏籍: 호적, 학적 등의 기록에서 빠짐

단결
- 團結: 많은 사람이 마음과 힘을 하나로 뭉침
- 斷決: 확실하게 결정함

단서
- 端緖: 일의 실마리
- 但書: 본문에 덧붙여 조건이나 예외 등을 밝히는 글

단순
- 單純: 복잡하지 않고 간단함
- 丹脣: 붉고 고운 입술

단장
- 短杖: 짧은 지팡이
- 短長: 짧고 긺
- 團長: 단(團)자가 붙은 단체의 우두머리
- 端裝: 단정하게 차림
- 丹粧: 옷, 머리, 옷차림 등을 곱게 꾸밈
- 斷腸: 몹시 슬퍼 창자가 끊어지는 듯함

단정
- 端正: 얌전하고 바름
- 端整: 깔끔하고 가지런함
- 斷定: 딱 잘라서 판단하고 결정함
- 斷情: 정이나 사랑을 끊음
- 丹精: 진심으로 우러나오는 정성

답사
- 踏査: 현장에 가서 직접 보고 조사함
- 答辭: 회답하는 말
- 答謝: 보답으로 사례를 함

당도
- 當到: 어떤 곳에 다다름
- 糖度: 음식물에 들어 있는 당분의 양을 백분율로 나타낸 것

당질
- 堂姪: 사촌 형제의 아들
- 糖質: 당분이 들어 있는 물질

대사
- 大事: 큰 일
- 大師: 승려를 높여 이르는 말
- 大使: 나라를 대표하여 다른 나라에 파견되어 외교를 맡아 보는 최고 직급
- 臺詞: 연극이나 영화 등에서 배우가 하는 말

대상
- 大賞: 상 가운데 가장 큰 상
- 大祥: 죽은 지 두 돌 만에 지내는 제사
- 大商: 장사를 크게 하는 상인
- 對象: 어떤 일의 상대 또는 목표나 목적이 되는 것

대지
- 大地: 크고 넓은 땅
- 臺地: 주위의 지형보다 높고 평평한 곳

도식
- 徒食: 하는 일 없이 거저먹기만 함
- 塗飾: 칠로 발라서 꾸밈
- 圖式: 사물의 구조, 관계 등을 일정한 양식으로 나타낸 그림

독자
- 獨子: 외아들
- 獨自: 자기 혼자
- 讀者: 책, 신문, 잡지 등의 글을 읽는 사람

독주
- 毒酒: 매우 독한 술
- 獨走: 혼자서 뜀
- 獨奏: 한 사람이 악기를 연주하는 것

동기
- 同氣: 형제, 자매의 총칭
- 同期: 같은 기간. 또는 학교나 훈련소 등에서의 같은 기(期)
- 冬期: 겨울철
- 動機: 어떤 일이나 행동을 일으키게 하는 계기

동반
- 同伴: 일을 하거나 길을 갈 때에 함께 행동함
- 東班: 양반 가운데 문반을 달리 이르는 말

동정
- 同情: 남의 어려운 처지를 자기 일처럼 가슴 아파하고 위로함
- 動靜: 일이나 현상이 벌어지고 있는 형세
- 東征: 동방을 정벌함

동지
- 冬至 : 24절기의 하나
- 同志 : 뜻이 서로 같은 사람

동토
- 東土 : 동쪽의 땅. 중국에 상대하여 우리나라를 이르는 말
- 凍土 : 얼어붙은 땅

동향
- 同鄕 : 같은 고향
- 東向 : 동쪽을 향함
- 動向 : 정세, 행동 등이 움직이는 방향

매장
- 埋葬 : 죽은 사람을 땅속에 묻음
- 埋藏 : 묻어서 감춤
- 賣場 : 물건을 파는 장소

명명
- 明明 : 분명하여 의심할 여지가 없음
- 明命 : 신령이나 임금의 명령
- 命名 : 사람, 사물, 사건 등에 이름을 지어 붙임

명성
- 明星 : 샛별
- 名聲 : 세상에 널리 퍼져 평판 높은 이름

모사
- 模寫 : 무엇을 흉내 내어 그대로 나타냄
- 謀士 : 계책을 세우는 사람
- 謀事 : 일을 꾀함

무도
- 武道 : 무예와 무술
- 舞蹈 : 춤을 춤

무사
- 武士 : 무예를 익혀 그 방면에 종사하는 사람
- 無事 : 아무 탈 없이 편안함

무실
- 無失 : 야구에서 실책이 없음을 이르는 말
- 無實 : 마음가짐이 성실하지 못함
- 務實 : 참되고 실속 있도록 힘씀

문호
- 門戶 : 집으로 드나드는 문
- 文豪 : 뛰어난 문학 작품을 많이 써서 알려진 사람

미명
- 美名 : 그럴듯하게 내세운 명목
- 未明 : 날이 채 밝지 않음
- 微明 : 희미하게 밝음

미수
- 未遂 : 목적한 바를 시도하였으나 이루지 못함
- 未收 : 돈이나 물건 등을 아직 다 거두어들이지 못함
- 米壽 : 여든여덟 살을 이르는 말

미진
- 未盡 : 아직 다 하지 못함
- 微震 : 진도 1의 아주 약한 지진

반감
- 反感 : 반대하거나 반항하는 감정
- 半減 : 절반으로 덜거나 줄어듦

반주
- 半周 : 한 바퀴의 반
- 伴奏 : 기악의 연주나 노래를 도와주기 위하여 옆에서 다른 악기를 연주함
- 飯酒 : 끼니때 밥에 곁들여 마시는 술

발전
- 發展 : 더 좋은 상태나 더 높은 단계로 나아감
- 發電 : 전기를 일으킴

방문
- 房門 : 방으로 드나드는 문
- 訪問 : 어떤 사람이나 장소를 찾아감
- 榜文 : 널리 알리기 위하여 길거리 등에 써 붙이는 글
- 方文 : 약을 짓기 위하여 약 이름과 분량을 적은 종이

방사
- 放飼 : 가축을 가두거나 매어 두지 않고 놓아두고 기름
- 放射 : 중심에서 사방으로 내뻗침. 또는 물체로부터 열이나 전자기파가 사방으로 방출됨

방청
- 傍聽 : 회의, 연설, 공판 등에 가서 들음
- 房廳 : 안방과 대청

배상
- 賠償: 남에게 입힌 손해를 갚아 줌
- 拜上: 절하고 올린다는 뜻으로 편지를 다 쓴 후 자기 이름 다음에 쓰는 말

배우
- 配偶: 부부가 될 짝
- 俳優: 연극이나 영화에 등장인물로 분장하여 연기를 하는 사람

범인
- 凡人: 평범한 사람
- 犯人: 범죄를 저지른 사람

벽지
- 僻地: 도시에서 떨어진 한적한 곳
- 壁紙: 벽에 바르는 종이

변경
- 變更: 바꾸어 새롭게 고침
- 邊境: 나라의 경계가 되는 변두리 땅

보고
- 報告: 어떤 일에 관하여 말이나 글로 알림
- 寶庫: 귀중한 것이 간직되어 있는 곳

보도
- 步道: 사람이 다니는 길
- 報道: 일반 사람들에게 새로운 소식을 알림

보수
- 保守: 보전하여 지킴
- 補修: 낡은 것을 보충하여 수선함

보조
- 步調: 걸음걸이의 속도
- 補助: 모자라는 것을 보충하여 도와줌

보좌
- 寶座: 임금이 앉는 자리
- 補佐: 상관을 도와 일을 처리함

복권
- 福券: 추첨 등을 통해 일치하는 표에 대해서 상금이나 상품을 주는 것
- 復權: 한번 상실한 권세를 다시 찾음

부상
- 負傷: 몸에 상처를 입음
- 負商: 등짐장수
- 富商: 부유한 상인
- 副賞: 상장 외에 덧붙여 주는 상품
- 浮上: 물 위로 떠오름
- 扶桑: 해가 뜨는 동쪽 바다. 또는 해가 뜨는 동쪽 바닷속에 있다고 하는 상상의 나무

부설
- 附設: 어떤 기관 등에 부속시켜 설치함
- 敷設: 다리, 철도 등을 설치함
- 浮說: 근거 없이 떠돌아다니는 말

부양
- 扶養: 생활 능력이 없는 사람의 생활을 돌봄
- 浮揚: 가라앉은 것이 떠오름

부역
- 賦役: 국가가 국민에게 의무적으로 책임을 지우는 일
- 負役: 백성이 부담하는 공역

부인
- 否認: 옳다고 인정하지 아니함
- 夫人: 남의 아내를 높여 이르는 말
- 婦人: 결혼한 여자

부자
- 父子: 아버지와 아들
- 富者: 재물이 많아 살림이 넉넉한 사람

부장
- 部長: 기관이나 조직에서 한 부의 책임자
- 副長: 장(長)의 다음 자리에서 장을 돕는 사람
- 副葬: 임금이나 귀족이 죽었을 때 그 사람이 생전에 사용하던 물품을 함께 묻는 일

부정
- 不正: 옳지 않음
- 不貞: 정조를 지키지 아니함
- 不淨: 깨끗하지 못함
- 不定: 일정하지 않음
- 否定: 그렇지 않다고 함
- 父情: 자식에 대한 아버지의 정

부조
- 扶助 : 남의 큰일에 돈이나 물건 등으로 도와줌
- 浮彫 : 조각에서 평평한 면에 글자나 그림을 도드라지게 새기는 일

분탄
- 粉炭 : 가루형태의 석탄
- 憤歎 : 몹시 분하게 여기고 탄식함

비명
- 非命 : 제명대로 다 살지 못하고 죽음
- 悲鳴 : 매우 위급하거나 몹시 두려움을 느낄 때 지르는 외마디 소리
- 碑銘 : 비석에 새긴 글

비보
- 飛報 : 아주 빨리 보고함
- 悲報 : 슬픈 소식
- 祕報 : 남몰래 보고함
- 祕寶 : 남몰래 감추어 둔 보물

비상
- 飛上 : 높이 날아오름
- 非常 : 뜻밖의 긴급한 사태

비위
- 脾胃 : 아니꼽고 싫은 것을 견뎌내는 성미
- 非違 : 법에 어긋남

비조
- 飛鳥 : 날아다니는 새
- 悲調 : 슬프고 애잔한 곡조
- 鼻祖 : 한 겨레의 맨 처음이 되는 조상

비행
- 非行 : 잘못된 행동
- 飛行 : 공중으로 날아감

사감
- 舍監 : 기숙사에서 기숙생들의 생활을 감독하는 사람
- 私感 : 사사로운 감정
- 私憾 : 사사로운 일로 언짢게 여기는 마음

사경
- 四經 : 시경, 서경, 역경, 춘추의 네 경서
- 四境 : 동, 서, 남, 북 사방의 경계
- 死境 : 죽음에 임박한 경지
- 斜徑 : 비탈길

사고
- 事故 : 뜻밖에 일어난 불행한 일
- 思考 : 생각하고 궁리함
- 社告 : 회사에서 내는 광고
- 史庫 : 고려 말기부터 조선 후기까지 실록 등 국가적으로 중요한 문헌을 보관하던 창고

사기
- 詐欺 : 나쁜 꾀로 남을 속임
- 士氣 : 의욕이나 자신감 등으로 충만하여 굽힐 줄 모르는 기세
- 史記 : 역사적 사실을 기록한 책
- 事記 : 사건의 기록
- 沙器 : 사기그릇
- 死期 : 죽을 시기
- 寺基 : 절터
- 射騎 : 활쏘기와 말 타는 재주를 아울러 이르는 말

사료
- 思料 : 깊이 생각하여 헤아림
- 飼料 : 가축에게 주는 먹이
- 史料 : 역사 연구에 필요한 문헌이나 유물

사면
- 辭免 : 맡아보던 일자리를 그만두고 물러남
- 赦免 : 죄를 용서하여 형벌을 면제함
- 斜面 : 비탈진 면

사변
- 四邊 : 사방의 네 변두리. 주위 또는 근처
- 事變 : 천재나 그 밖의 큰 사건
- 思辨 : 생각으로 사물의 옳고 그름을 가려냄
- 斜邊 : 빗변

사설
- 私設 : 개인이나 민간에서 설립함
- 私說 : 개인의 의견이나 학설
- 社說 : 신문이나 잡지에서 글쓴이의 주장이나 의견을 써내는 논설
- 邪說 : 올바르지 않은 논설
- 辭說 : 늘어놓는 말

사수
- 射手 : 총포, 활 등을 쏘는 사람
- 死守 : 죽음을 무릅쓰고 지킴
- 師授 : 스승에게서 학문이나 기술의 가르침을 받음

사숙
- 私淑 : 직접적으로 가르침을 받지는 않았으나 마음속으로 그 사람을 본받아 도나 학문을 배우거나 따름
- 舍叔 : 남에게 자신의 삼촌을 지칭하는 말

사실
- 事實 : 실제 있었던 일
- 史實 : 역사에 실제로 있었던 사실
- 寫實 : 사물을 있는 그대로 그려 냄

사유
- 事由 : 일의 까닭
- 私有 : 개인의 소유
- 思惟 : 대상을 두루 생각하는 일
- 四維 : 사방의 네 방위
- 師儒 : 유학의 도를 가르치는 스승

사은
- 師恩 : 스승의 은혜
- 私恩 : 사사로이 입은 은혜
- 謝恩 : 은혜를 감사히 여겨 사례함

사인
- 死因 : 사망의 원인
- 死人 : 죽은 사람
- 私人 : 개인 자격으로서의 사람
- 私印 : 개인이 쓰는 도장
- 邪人 : 사심을 품은 사람

사적
- 史蹟 : 역사적으로 중요한 사건이나 시설
- 史籍 : 역사적 사실을 기록한 책

사전
- 事前 : 일이 일어나기 전
- 辭典 : 낱말을 모아 일정한 순서로 배열하여 해설한 책
- 私田 : 개인이 소유한 논밭
- 私戰 : 국가의 명령을 받지 않고 개인이나 사사로운 단체가 외국에 대하여 전투를 하는 행위

사절
- 使節 : 나라를 대표하여 사명을 띠고 외국에 파견되는 사람
- 謝絕 : 요구나 제의를 받아들이지 않고 사양하여 물리침

사정
- 事情 : 일의 형편이나 까닭
- 私情 : 개인의 사사로운 정
- 司正 : 그릇된 일을 다시 바로잡음
- 邪正 : 그릇됨과 올바름
- 査定 : 조사하거나 심사하여 결정함

사제
- 司祭 : 주교와 신부를 통틀어 이르는 말
- 師弟 : 스승과 제자
- 私第 : 개인 소유의 집
- 私製 : 개인이 만듦

사죄
- 謝罪 : 지은 죄나 잘못에 대하여 용서를 빎
- 私罪 : 개인이 사사로이 저지른 죄
- 死罪 : 사형에 처할 범죄

사주
- 四柱 : 사람이 태어난 연월일시의 네 간지(干支), 또는 이에 근거하여 사람의 길흉화복을 알아보는 점
- 沙洲 : 해안, 호수 근처에 생기는 모래사장

사지
- 四肢 : 사람의 두 팔과 두 다리
- 死地 : 죽을 지경의 매우 위험한 곳
- 私地 : 개인이 소유한 땅
- 沙地 : 모래흙으로 이루어진 땅
- 私智 : 개인의 작은 지혜
- 邪智 : 간사한 지혜
- 寺址 : 절을 세울 터

사진
- 寫眞 : 물체를 있는 모양 그대로 그려 냄
- 沙塵 : 연기처럼 자욱하게 일어나는 흙먼지

사찰
- 寺刹 : 절, 사원
- 査察 : 조사하여 살핌

삭제
- 削除 : 깎아 없애거나 지워 버림
- 朔祭 : 왕실에서 음력 초하룻날마다 조상에게 지내던 제사

산성
- 山城 : 산 위에 쌓은 성
- 酸性 : 산의 성질

상가
- 商街 : 상점이 늘어서 있는 거리
- 喪家 : 사람이 죽어 장례를 치르는 집

상사
- 上司 : 윗 등급의 관청. 자기보다 벼슬이나 지위가 위인 사람
- 常事 : 늘 있는 일
- 商事 : 상업에 관한 모든 일

상서
- 祥瑞 : 경사롭고 길한 징조
- 尙書 : 서경

상술
- 商術 : 장사하는 솜씨나 꾀
- 上述 : 윗부분 또는 앞부분에서 말거나 적음
- 詳述 : 자세하게 설명함

상품
- 上品 : 질이 좋은 물품
- 商品 : 사고파는 물품
- 賞品 : 상으로 주는 물품

상호
- 相互 : 상대가 되는 이쪽과 저쪽 모두
- 商號 : 상인이 영업 활동을 할 때에 자기를 나타내기 위하여 쓰는 이름

상환
- 相換 : 서로 바꿈
- 償還 : 갚거나 돌려줌

서사
- 敍事 : 사실을 있는 그대로 적음
- 書寫 : 글씨를 베낌
- 序詞 : 책 첫머리에 그 책의 취지나 내용을 적은 글

서시
- 序詩 : 책의 첫머리에 서문 대신 쓴 시
- 西施 : 중국 춘추 시대 월나라의 미인

선도
- 先到 : 먼저 도착함
- 先導 : 앞장서서 이끌거나 안내함
- 善導 : 올바르고 좋은 길로 이끎
- 仙桃 : 신선 나라에 있다는 복숭아

선발
- 選拔 : 많은 것 중에서 가려 뽑음
- 先發 : 남보다 먼저 떠남

선임
- 先任 : 어떤 임무나 직무를 먼저 맡음
- 選任 : 사람을 뽑아서 직무를 맡김
- 船賃 : 배를 탈 때 내는 돈

선전
- 宣傳 : 널리 전함
- 宣戰 : 한 나라가 다른 나라에 대하여 전쟁을 시작함을 알림
- 善戰 : 있는 힘을 다하여 잘 싸움

설화
- 說話 : 각 민족 사이에 전승되어 오는 이야기
- 舌禍 : 말로 입은 화
- 雪禍 : 눈이 많이 내려 입은 재난
- 雪花 : 눈송이

성가
- 成家 : 따로 하나의 가정을 이룸
- 聖歌 : 성스러운 노래
- 聲價 : 좋은 평판이나 소문

성대
- 盛大 : 아주 풍성하고 큼
- 聲帶 : 인체에서 목소리를 내는 기관

성세
- 聲勢 : 명성과 위세
- 成勢 : 세력을 이룸
- 盛世 : 국운이 번창하고 태평한 시대
- 聖世 : 어진 임금이 다스리는 세상

성전
- 盛典 : 성대한 의식
- 聖典 : 성인들의 말씀으로 이루어진 책
- 聖殿 : 신성한 전당
- 聖戰 : 거룩한 사명을 띤 전쟁

세입
- 稅入 : 조세의 수입
- 歲入 : 한 회계연도 안의 정부나 지방 자치 단체의 모든 수입

세제
- 洗劑 : 물에 풀어서 표면에 붙은 이물질을 씻어 내는데 쓰는 물질
- 稅制 : 세금을 매기고 거두어들이는 것에 관한 제도

소박
- 素朴 : 꾸밈이나 거짓이 없이 수수하고 자연스러움
- 疏薄 : 아내를 박대함

소식
- 小食 : 음식을 적게 먹음
- 素食 : 고기반찬이 없는 밥
- 消息 : 안부나 어떤 형세 등을 알리거나 통지함

소원
- 所願 : 바라고 원함
- 疏遠 : 지내는 사이가 두텁지 아니하고 거리가 있어 서먹함

소인
- 騷人 : 시인과 문사를 이르는 말
- 燒印 : 불에 달구어 찍는 쇠붙이로 만든 도장

소재
- 素材 : 어떤 것을 만드는데 바탕이 되는 재료
- 所在 : 어떤 곳에 있음

속성
- 速成 : 빨리 이룸
- 屬性 : 사물의 특징이나 성질

속행
- 速行 : 빨리 감
- 續行 : 계속하여 행함

수도
- 水道 : 수돗물을 받아 쓸 수 있게 만든 시설
- 修道 : 도를 닦음
- 首都 : 한 나라의 중앙 정부가 있는 도시

수미
- 首尾 : 사물의 머리와 꼬리
- 秀眉 : 뛰어나게 아름다운 눈썹
- 愁眉 : 근심에 잠겨 찌푸린 눈썹
- 壽眉 : 노인의 눈썹 중 가장 긴 털

수사
- 手寫 : 손으로 베껴 씀
- 修辭 : 말이나 글을 다듬고 꾸밈
- 數詞 : 사물의 수량이나 순서를 나타내는 품사
- 搜査 : 찾아다니며 조사함

수상
- 受賞 : 상을 받음
- 授賞 : 상을 줌
- 首相 : 내각의 우두머리
- 手相 : 손금
- 愁傷 : 몹시 근심하여 마음이 상함
- 水上 : 물의 위
- 樹上 : 나무의 위
- 殊常 : 보통과 달리 의심스러움

수색
- 搜索 : 구석구석 뒤지어 찾음
- 愁色 : 근심스러운 기색

수석
- 首席 : 등급이나 직위 등에서 맨 윗자리
- 水石 : 물과 돌
- 壽石 : 실내 등에 두고 감상하는 자연석

수신
- 受信 : 우편, 전보 등의 통신을 받음
- 修身 : 마음과 행실을 닦아 수양함
- 守身 : 자신의 몸을 지킴
- 水神 : 물을 다스리는 신

숙원
- 宿怨 : 오랫동안 품고 있는 원한
- 宿願 : 오랫동안 품어온 바람이나 소원

시가
- 市街 : 도시의 큰 길거리
- 市價 : 시장에서 상품이 매매되는 가격
- 時價 : 거래할 때의 가격
- 詩家 : 시인
- 詩歌 : 시문학을 통틀어 이르는 말

시각
- 時刻 : 시간의 어느 한 시점
- 視角 : 사물을 관찰하고 파악하는 기본적인 자세
- 視覺 : 물체의 모양이나 빛깔 등을 보는 눈의 감각

시사
- 示唆 : 미리 암시하여 일러 줌
- 試寫 : 영화 개봉 전 특정인에게 시험적으로 보이는 일
- 時事 : 그 당시에 일어난 여러 가지 사회적 사건
- 詩史 : 시의 발생, 변천, 발달 과정에 관한 역사

시인
- 詩人 : 시를 전문적으로 짓는 사람
- 時人 : 그 당시의 사람
- 是認 : 어떤 내용이나 사실이 옳다고 인정함

식수
- 食水 : 먹는 용도의 물
- 植樹 : 나무를 심음

신고
- 申告 : 국민이 행정 관청에 일정한 사실을 진술, 보고함
- 新古 : 새것과 헌것
- 辛苦 : 어려운 일을 당하여 몹시 애씀

신장
- 身長 : 키
- 伸張 : 세력이나 권리가 늘어남
- 腎臟 : 콩팥

신축
- 新築 : 새로 지음
- 伸縮 : 늘이고 줄임

실례
- 失禮 : 말이나 행동이 예의에 벗어남
- 實例 : 실제의 예

실수
- 失手 : 조심하지 아니하여 잘못함
- 實收 : 실제의 수입이나 수확
- 實需 : 실제로 소비하기 위한 수요
- 實數 : 실제의 수효. 유리수와 무리수

실정
- 實情 : 실제의 사정이나 정세
- 失政 : 정치를 잘못함
- 失貞 : 절개를 지키지 못함

약관
- 弱冠 : 남자 나이 20세
- 約款 : 법령, 계약 등에 정한 조약

양식
- 樣式 : 일정한 모양이나 형식
- 洋式 : 서양식
- 洋食 : 서양식 음식
- 糧食 : 살아가는데 필요한 먹을거리
- 養殖 : 물고기나 버섯 등을 인공적으로 길러서 번식하게 함
- 良識 : 뛰어난 식견이나 건전한 판단

양호
- 良好 : 매우 좋음
- 養護 : 기르고 보호함

여권
- 旅券 : 외국을 여행하는 사람의 신분증명서
- 與圈 : 여당에 속하는 정치가의 범위

여장
- 女裝 : 남자가 여자처럼 차려 입음
- 女將 : 여자 장군
- 旅裝 : 여행을 할 경우의 차림

여정
- 旅程 : 여행의 과정 또는 일정
- 旅情 : 여행을 할 때 느끼는 외로움, 시름 등의 감정
- 餘情 : 마음속 깊이 남아 있는 감정이나 생각

역사
- 歷史 : 인류 사회의 변천과 흥망의 과정
- 力士 : 힘이 매우 센 사람
- 役事 : 토목·건축 등의 공사
- 驛舍 : 역으로 사용하는 건물
- 譯詞 : 외국 노래의 가사를 우리말로 번역하는 일

역전
- 力戰 : 온 힘을 발휘하여 싸움
- 逆轉 : 형세가 뒤집힘
- 驛前 : 정거장 앞
- 歷戰 : 여러 차례의 싸움터에서 전투를 겪음

연기
- 延期 : 정해진 기한을 뒤로 물림
- 煙氣 : 물건이 탈 때 생기는 흐릿한 기체
- 演技 : 배우가 배역의 인물, 성격, 행동 등을 표현해 내는 일
- 連記 : 둘 이상의 것을 나란히 적음

연소
- 年少 : 나이가 어림
- 燃燒 : 물질이 빛이나 열을 내면서 빠르게 산소와 반응함

연장
- 年長 : 서로 비교하여 나이가 많음
- 延長 : 길이 또는 기간을 늘임

연주
- 演奏 : 악기를 다루어 곡을 표현함
- 聯珠 : 구슬을 꿰

연패
- 連敗 : 싸움 또는 경기에서 계속하여 짐
- 連霸 : 운동 경기 등에서 연달아 우승함

염증
- 厭症 : 싫은 생각이나 느낌
- 炎症 : 몸의 어느 부위가 빨갛게 붓는 증상

영세
- 零細 : 살림이 보잘것없고 몹시 가난함
- 領洗 : 세례를 받음
- 迎歲 : 새해를 맞음

오기
- 誤記 : 잘못 기록함
- 傲氣 : 남에게 지기 싫어하는 마음

오욕
- 五慾 : 사람의 다섯 가지 욕심
- 汚辱 : 남의 명예를 더럽혀 욕되게 함

외구
- 畏懼 : 무서워하고 두려워함
- 外舅 : 편지에서 장인을 이르는 말

요원
- 要員 : 일을 하는데 필요한 인원. 중요한 지위에 있는 사람
- 遙遠 : 공간적으로 멀리 있음

우수
- 優秀 : 뛰어나고 빼어남
- 憂愁 : 근심과 걱정
- 偶數 : 짝수
- 雨水 : 빗물. 24절기의 하나
- 右手 : 오른손

우유
- 牛乳 : 소의 젖
- 優柔 : 마음이 부드럽고 순하여 맺고 끊음이 없음

원망
- 怨望 : 남이 한 일을 못마땅하게 여기어 탓함
- 遠望 : 멀리 바라봄
- 願望 : 원하고 바람

위인
- 偉人 : 뛰어나고 훌륭한 사람
- 爲人 : 사람의 됨됨이

유지
- 有志 : 마을·지역 등에서 명망 있고 영향력을 가진 사람
- 遺志 : 죽은 사람이 생전에 지닌 뜻
- 維持 : 어떤 상태를 보존하여 변함없이 지킴
- 乳脂 : 젖이나 우유에 들어 있는 지방
- 油脂 : 동식물에서 얻는 기름
- 油紙 : 기름종이

이성
- 異性 : 성질이 다름. 여성과 남성
- 異姓 : 성이 다름
- 理性 : 사물의 이치를 생각하는 능력

이해
- 利害 : 이익과 손해
- 理解 : 사리를 분별하여 해석함

이행
- 履行 : 약속이나 계약 등을 실제로 행함
- 移行 : 옮겨 감

인도
- 人道 : 보행자의 통행에 사용하도록 된 도로. 사람으로서 마땅히 지켜야 할 도리
- 引導 : 이끌어 지도함
- 引渡 : 사물이나 권리 등을 넘겨 줌

인상
- 人相 : 사람의 얼굴 생김새
- 引上 : 물건 등을 끌어 올림. 값을 올림
- 印象 : 어떤 대상에 대하여 마음속에 새겨지는 느낌

인정
- 人情 : 남을 동정하는 마음
- 仁政 : 어진 정치
- 認定 : 확실히 그렇다고 여김

일정
- 一定 : 어떤 것의 크기, 모양, 범위 등이 하나로 정하여져 있음
- 日程 : 그 날에 해야 할 일

입각
- 入閣 : 내각 조직의 한 사람이 됨
- 立脚 : 어떤 사실이나 주장에 근거를 두어 그 입장에 섬

장관
- 壯觀 : 훌륭한 광경
- 長官 : 국무를 처리하는 행정 각부의 장
- 將官 : 장수

장사
- 壯士 : 기개와 골격이 굳센 사람
- 葬事 : 시체를 묻거나 화장하는 일

장수
- 長壽 : 오래도록 삶
- 將帥 : 군사를 거느리는 우두머리

재고
- 再考 : 다시 생각함
- 在庫 : 창고에 쌓여 있음

재배
- 栽培 : 식물을 심어 가꿈
- 再拜 : 두 번 절함

재봉
- 裁縫 : 바느질
- 再逢 : 다시 만남

재정
- 財政 : 돈에 관한 일
- 裁定 : 옳고 그름을 따져 결정함

재판
- 裁判 : 옳고 그름을 따져 판단함
- 再版 : 이미 간행된 책을 다시 출판함

재화
- 財貨 : 재물
- 災禍 : 재앙과 화난

적수
- 赤手 : 맨손
- 敵手 : 재주나 힘이 서로 비슷해서 상대가 되는 사람
- 賊首 : 도적의 우두머리

전경
- 全景 : 한눈에 바라보이는 전체의 경치
- 前景 : 앞쪽에 보이는 경치
- 戰警 : 전투경찰의 줄임말

전공
- 專攻 : 어느 한 분야를 전문적으로 연구함
- 全功 : 모든 공로나 공적
- 前功 : 전에 세운 공로나 공적
- 戰功 : 전투에서 세운 공로
- 電工 : 전기 공업

전기
- 前期 : 일정 기간을 몇 개로 나눈 첫 시기
- 前記 : 앞부분에 씀
- 傳奇 : 기이한 일을 내용으로 한 이야기
- 傳記 : 어떤 인물의 일생 동안의 행적을 적은 기록
- 戰記 : 전쟁이나 전투에 대하여 쓴 글
- 轉機 : 전환이 되는 시기
- 電氣 : 전자의 이동으로 생기는 에너지의 한 형태

전례
- 典例: 전거가 되는 선례
- 前例: 이전부터 있던 사례

전반
- 前半: 반으로 나눈 것의 앞쪽
- 全般: 통틀어서 모두

전술
- 戰術: 전투 상황에 대처하기 위한 기술과 방법
- 前述: 앞에서 이미 진술함

전시
- 展示: 물품을 한곳에 벌여 놓고 보임
- 戰時: 전쟁이 벌어진 때

전원
- 田園: 도시에서 떨어진 시골
- 全員: 전체의 인원
- 電源: 전력을 공급하는 원천

전파
- 傳播: 전하여 널리 퍼뜨림
- 電波: 전기 통신에서 쓰는 전자기파

절감
- 節減: 절약하고 줄임
- 切感: 절실하게 느낌

절개
- 切開: 치료를 위하여 몸의 일부를 째어서 엶
- 節槪: 신념 등을 굽히지 아니하고 굳게 지키는 꿋꿋한 태도

절도
- 節度: 일이나 행동을 규칙적으로 끊어 맺는 마디
- 竊盜: 남의 물건을 훔침

접수
- 接受: 신청이나 신고를 받음
- 接收: 권력으로 다른 사람의 소유물을 취함

정교
- 正敎: 바른 종교
- 政敎: 정치와 종교
- 情交: 매우 가깝게 사귐
- 精巧: 솜씨나 기술이 정밀하고 교묘함

정당
- 政黨: 정치적 이상을 실현하기 위하여 조직한 단체
- 正當: 올바르고 마땅함

정도
- 正道: 정당한 도리
- 政道: 정치의 방침
- 精度: 정밀도
- 程度: 알맞은 한도. 그만큼 가량의 분량

정부
- 政府: 행정을 맡아보는 국가기관
- 正否: 옳고 그름

정사
- 正史: 정확한 사실의 역사
- 正邪: 바른 일과 사악한 일
- 政事: 정치에 관한 일
- 情事: 남녀 간의 사랑에 관한 일
- 情史: 연애를 다룬 소설

정상
- 頂上: 산 등의 맨 꼭대기
- 正常: 특별한 변동 없이 제대로인 상태

정숙
- 靜肅: 조용하고 엄숙함
- 貞淑: 여자로서 행실이 곧고 마음씨가 맑고 고움

정원
- 定員: 일정한 인원
- 庭園: 집안의 뜰

정전
- 停電: 전기가 끊어짐
- 停戰: 교전 중에 양방의 합의에 따라 일시적으로 전투를 중단함
- 正殿: 왕이 나와서 조회를 하던 궁전

정조
- 貞操: 여자의 곧은 절개
- 情調: 단순한 감각에 따라 일어나는 감정

정지
- 停止: 중도에서 멎거나 그치게 함
- 靜止: 조용히 멎거나 멎게 함
- 整地: 땅을 고르게 다듬음

제수
- 祭需 : 제사에 쓰이는 여러 가지 물건이나 음식
- 除授 : 추천하지 않고 임금이 직접 벼슬을 내림
- 除數 : 어떤 수를 나누는 수

제재
- 制裁 : 법이나 규정을 어겼을 때 국가가 처벌을 가함
- 製材 : 베어 낸 나무로 재목을 만듦
- 題材 : 예술 작품이나 학술 연구의 주제가 되는 재료

조류
- 鳥類 : 새의 종류
- 潮流 : 밀물과 썰물 때문에 일어나는 바닷물의 흐름

조리
- 條理 : 일이나 행동 등에 있어서 앞뒤가 들어맞음
- 調理 : 건강이 회복되도록 몸을 보살핌. 또는 요리를 만들거나 만드는 과정

조상
- 祖上 : 돌아간 어버이 등 윗대의 어른
- 弔喪 : 남의 죽음에 대하여 조의를 표함
- 彫像 : 조각상
- 早霜 : 철보다 일찍 내리는 서리
- 爪傷 : 손톱이나 발톱에 긁혀 생긴 상처

조선
- 造船 : 배를 설계하여 만듦
- 朝鮮 : 상고 때부터 써 내려오던 우리나라의 이름

조정
- 朝廷 : 임금이 나라의 정치를 집행하는 곳
- 調停 : 분쟁을 중간에서 화해시킴
- 調整 : 어떤 기준이나 실정에 맞게 정돈함

조화
- 造化 : 만물을 창조하고 변화시키는 대자연의 이치
- 造花 : 인공으로 만든 꽃
- 弔花 : 조의를 표하는데 쓰는 꽃
- 調和 : 서로 잘 어울림

존속
- 存續 : 그대로 있거나 어떤 현상이 계속됨
- 尊屬 : 부모와 같은 항렬 이상의 친족

주간
- 晝間 : 낮
- 週間 : 월요일부터 일요일까지 한 주일
- 週刊 : 한 주일에 한 번씩 발행함
- 主幹 : 어떤 일을 책임지고 맡아서 처리함

주사
- 酒邪 : 술에 취해 버릇으로 하는 언행
- 注射 : 몸에 약을 바늘로 찔러 넣음

주자
- 走者 : 경주하는 사람
- 朱紫 : 붉은빛과 자줏빛
- 鑄字 : 쇠붙이를 녹여 부어서 활자를 만듦

주지
- 主旨 : 주장이 되는 요지나 근본이 되는 중요한 뜻
- 住持 : 절을 주관하는 승려
- 周知 : 여러 사람이 앎

주화
- 主和 : 평화를 주장함
- 鑄貨 : 쇠붙이를 녹여 화폐를 만듦

준수
- 遵守 : 규칙, 명령 등을 잘 지킴
- 俊秀 : 재주나 풍채가 빼어남

중지
- 中止 : 하던 일을 중도에 그만 둠
- 中指 : 가운데 손가락
- 中智 : 보통의 지혜
- 衆志 : 여러 사람의 생각이나 의지
- 衆智 : 여러 사람의 지혜

지각
- 知覺 : 알아서 깨달음
- 遲刻 : 정해진 시각보다 늦음
- 地角 : 땅의 한 귀퉁이

지급
- 至急 : 매우 급함
- 支給 : 돈이나 물품 등을 정해진 몫만큼 내줌

지대
- 至大: 더할 수 없이 큼
- 地帶: 한정된 일정 구역
- 地代: 토지 사용의 대가로 지급하는 금전이나 물건
- 支隊: 본 부대에서 갈라져 나온 소규모 부대
- 址臺: 건축물을 세우기 위해 터를 잡고 돌로 쌓은 부분

지도
- 指導: 어떤 목적이나 방향으로 가르쳐 이끎
- 地圖: 지구를 약속된 기호로 평면에 나타낸 그림

지사
- 志士: 나라와 민족을 위하여 몸 바쳐 일하려는 사람
- 支社: 본사의 관할 아래 일정한 지역에서 본사의 일을 대신 맡아 하는 곳
- 指事: 사물을 가리켜 보임. 한자 육서(六書)의 하나
- 知事: 도지사의 준말

지성
- 知性: 사물을 알고 생각하고 판단하는 능력
- 至誠: 지극한 정성

지연
- 遲延: 시간이 늦추어짐
- 地緣: 지역을 근거로 하는 연고

지원
- 志願: 어떤 일이나 조직에 뜻을 두어 한 구성원이 되기를 바람
- 支援: 지지하여 도움

지적
- 指摘: 꼭 집어서 가리킴
- 知的: 지식이나 지성에 관한 것

지정
- 指定: 가리켜 확실하게 정함
- 至情: 지극히 두터운 정분

지지
- 支持: 붙들어서 버팀. 찬동하여 원조함
- 地誌: 특정 지역의 지리적 현상을 적은 책
- 知止: 자기 분수에 지나치지 않도록 그칠 줄 앎

지체
- 肢體: 팔다리와 몸
- 遲滯: 시간이 늦어짐

직선
- 直線: 곧은 선
- 直選: 선거인이 직접 피선거인을 뽑는 선거

진정
- 眞正: 거짓 없이 참되고 바름
- 眞情: 참되고 진실한 정이나 마음
- 陳情: 사정을 진술함
- 鎭靜: 소란스럽고 어지러운 일을 가라앉힘

진통
- 鎭痛: 아픈 것을 진정시킴
- 陣痛: 아이를 낳을 때 주기적으로 반복되는 배의 통증

천재
- 天才: 선천적으로 타고난 뛰어난 재주
- 天災: 자연의 변화로 일어나는 재앙
- 千載: 오랜 세월

청사
- 靑史: 역사상의 기록
- 靑絲: 푸른 빛깔의 실
- 廳舍: 관청의 사무실로 쓰는 건물

체감
- 遞減: 등수를 따라 차례로 덜어 감
- 體感: 몸으로 어떤 감각을 느낌

초대
- 招待: 모임에 참가해 줄 것을 청함
- 初代: 한 계통의 첫 번째 사람

초상
- 初喪: 사람이 죽어서 장사 지낼 때까지의 일
- 肖像: 그림이나 사진에 나타난 사람의 얼굴·모습

최고
- 最古: 가장 오래됨
- 最高: 가장 높음. 으뜸이 됨
- 催告: 상대방에게 일정한 행위를 하도록 독촉하는 통지

축전
- 祝電 : 축하의 전보
- 祝典 : 축하하는 의식이나 행사

취사
- 炊事 : 음식을 만드는 일
- 取捨 : 쓸 것은 쓰고 버릴 것은 버림

치부
- 恥部 : 남에게 보이고 싶지 않은 부끄러운 부분
- 致富 : 재물을 모아 부자가 됨
- 置簿 : 금전이나 물건의 출납을 기록함

타도
- 打倒 : 때리거나 쳐서 부수어 버림
- 他道 : 행정구역상 자기가 속하지 않은 도

타력
- 打力 : 치는 힘
- 他力 : 남의 힘

타산
- 打算 : 이해관계를 헤아려 봄
- 他山 : 다른 산

탄성
- 歎聲 : 탄식하는 소리
- 彈性 : 물체에 힘을 가하면 변하고 힘을 없애면 원래대로 돌아가려는 성질

탈모
- 脫毛 : 털이 빠짐
- 脫帽 : 모자를 벗음

탈취
- 脫臭 : 냄새를 빼어 없앰
- 奪取 : 남의 것을 빼앗아 가짐

탐정
- 探偵 : 드러나지 않은 사실을 몰래 살펴 알아냄
- 貪政 : 탐욕을 부리는 포악한 정치

통상
- 通常 : 특별하지 않고 보통임
- 通商 : 나라 사이에 서로 물품을 사고 팖

통화
- 通貨 : 한 나라에서 통용되는 화폐
- 通話 : 전화로 말을 주고받음

투구
- 投球 : 공을 던짐
- 鬪狗 : 싸움개

투사
- 透寫 : 그림이나 글씨를 얇은 종이 밑에 받쳐 놓고 그대로 베낌
- 投射 : 창이나 포탄 등을 던지거나 쏨
- 鬪士 : 싸움터나 경기장에서 싸우려고 나선 사람

특수
- 特殊 : 특별히 다름
- 特需 : 특별한 수요

파문
- 波紋 : 수면에 이는 물결
- 破門 : 사제의 의리를 끊고 문하에서 내쫓음

파지
- 把持 : 꽉 움켜 쥠
- 破紙 : 찢어진 종이

패자
- 敗者 : 싸움이나 경기에서 진 사람
- 霸者 : 제후(諸侯)의 우두머리, 또는 패도(霸道)로 천하를 다스리는 자
- 悖子 : 사람으로서 마땅히 지켜야 할 도리를 어긴 자식

편도
- 片道 : 오고 가는 길 가운데 한쪽
- 便道 : 편리한 길

편집
- 編輯 : 여러 가지 자료를 수집하여 책, 신문 등을 만듦
- 偏執 : 편견을 고집하고 남의 말을 듣지 않음

폐간
- 肺肝 : 폐와 간
- 廢刊 : 신문, 잡지 등의 간행을 폐지함

포대
- 包袋 : 종이, 피륙, 가죽 등으로 만든 큰 자루
- 砲隊 : 포병으로 이루어진 부대
- 砲臺 : 포를 설치하여 쏠 수 있도록 견고하게 만든 시설물

포장
- 包裝 : 물건을 싸서 꾸림
- 鋪裝 : 길바닥에 콘크리트 등을 깔아 다져 꾸밈
- 布帳 : 베, 무명 등으로 만든 휘장

표결
- 表決 : 회의에서 어떤 안건에 대하여 가부 의사를 표시하여 결정함
- 票決 : 투표하여 결정함

표지
- 表紙 : 책의 겉장
- 標識 : 표시나 특징으로 다른 것과 구별함

필적
- 筆跡 : 글씨의 모양이나 솜씨
- 匹敵 : 능력이나 세력이 엇비슷하여 서로 견줄만함

하사
- 下司 : 하급의 관청
- 下賜 : 윗사람이 아랫사람에게 물건을 준
- 何事 : 무슨 일

항구
- 恒久 : 변하지 않고 오래감
- 港口 : 바닷가에 배를 댈 수 있게 설비한 곳

항진
- 亢進 : 기세 등이 높아짐
- 航進 : 배나 비행기를 타고 나아감

해독
- 害毒 : 나쁜 영향을 끼치는 요소
- 解毒 : 독성 물질의 작용을 없앰
- 解讀 : 어려운 문구를 이해하거나 해석함

향수
- 香水 : 향이 나는 액체 화장품
- 鄕愁 : 고향을 그리워하는 마음
- 享壽 : 오래 사는 복을 누림

헌정
- 憲政 : 헌법에 따라 행하는 정치
- 獻呈 : 책 등을 남에게 줄 때 쓰는 말

현상
- 現象 : 인간이 지각할 수 있는 사물의 모양과 상태
- 現狀 : 현재의 상태
- 懸賞 : 어떤 목적으로 상품이나 돈을 거는 것

호기
- 好期 : 좋은 시기
- 好機 : 좋은 기회
- 好奇 : 신기한 것을 좋아함
- 豪氣 : 씩씩한 기상
- 浩氣 : 호연한 기운
- 呼氣 : 내쉬는 숨

호위
- 護衛 : 따라다니며 곁에서 보호하고 지킴
- 虎威 : 권세있는 사람의 위력

혼수
- 昏睡 : 의식이 없어짐
- 婚需 : 혼인에 드는 비용이나 물품

화단
- 花壇 : 화초를 심기 위하여 만든 꽃밭
- 畫壇 : 화가들의 사회
- 禍端 : 화를 일으킬 실마리

환상
- 幻想 : 현실에 없는 것을 있는 것 같이 느낌
- 環狀 : 고리처럼 동그랗게 생긴 형상

환영
- 歡迎 : 오는 사람을 기쁜 마음으로 반갑게 맞음
- 幻影 : 있지 않은 것이 있는 것처럼 보임

회유
- 回遊 : 두루 돌아다니면서 구경함
- 懷柔 : 어루만지고 잘 달램

훈장
- 訓長 : 글방의 선생
- 勳章 : 나라에 공이 있는 사람에게 주는 휘장

07 일자다음어

賈	성(姓) 가 장사 고	賈島(가도) 商賈(상고)
降	내릴 강: 항복할 항	降等(강등) 乘降場(승강장) 降伏(항복) 投降(투항)
車	수레 거 차	車馬(거마) 自轉車(자전거) 車庫(차고) 電車(전차)
乾	하늘 건 마를	乾坤(건곤) 乾燥(건조)
見	볼 견: 뵈올 현:	見聞(견문) 謁見(알현)
更	고칠 경 다시 갱:	更迭(경질) 變更(변경) 更生(갱생) 更新(갱신)
串	꿸 관 땅이름 곶	石串洞(석관동) 長山串(장산곶) 竹串島(죽곶도)
龜	거북 구 귀 터질 균	龜旨歌(구지가) 龜鑑(귀감) 龜裂(균열)
金	쇠 금 성(姓) 김	金賞(금상) 純金(순금) 金時習(김시습)
奈	어찌 내 나락 나	奈何(내하) 奈落(나락)
茶	차 다 차	茶道(다도) 茶房(다방) 茶禮(차례) 綠茶(녹차)
單	홑 단 오랑캐임금 선	單純(단순) 簡單(간단) 單于(선우)
糖	엿 당 사탕 탕	糖分(당분) 製糖(제당) 雪糖(설탕)
度	법도 도(:) 헤아릴 탁	角度(각도) 制度(제도) 預度(예탁) 忖度(촌탁)
讀	읽을 독 구절 두	講讀(강독) 購讀(구독) 吏讀(이두) 句讀點(구두점)
洞	골 동: 밝을 통:	洞窟(동굴) 洞穴(동혈) 洞達(통달) 洞察(통찰)
樂	즐길 락 좋아할 요 노래 악	極樂(극락) 享樂(향락) 樂山樂水(요산요수) 樂譜(악보) 管絃樂(관현악)
率	비율 률 거느릴 솔	確率(확률) 競爭率(경쟁률) 率先(솔선) 輕率(경솔)
磻	반계 반 번	磻溪(반계) 碌磻洞(녹번동) (※ 碌은 1급)
復	회복할 복 다시 부:	復舊(복구) 復歸(복귀) 復活(부활) 復興(부흥)
覆	다시 복 덮을 부	反覆(반복) 飜覆(번복) 覆育(부육)
否	아닐 부: 막힐 비:	否認(부인) 拒否(거부) 否塞(비색)
北	북녘 북 달아날 배	北極(북극) 越北(월북) 敗北(패배)
不	아닐 불 아닐 부	不可(불가) 不問(불문) 不當(부당) 不足(부족)
寺	절 사 내시 시:	寺院(사원) 寺刹(사찰) 官寺(관시)
殺	죽일 살 감할/빠를 쇄:	殺蟲(살충) 暗殺(암살) 殺到(쇄도) 減殺(감쇄)

한자	훈음	예시		한자	훈음	예시
狀	형상 상 문서 장	狀況(상황) 現狀(현상) 賞狀(상장) 告訴狀(고소장)		於	어조사 어 탄식할 오	於此彼(어차피) 甚至於(심지어) 於呼(오호)
塞	막힐 색 변방 새	窮塞(궁색) 閉塞(폐색) 要塞(요새)		易	바꿀 역 쉬울 이	易經(역경) 貿易(무역) 簡易(간이) 容易(용이)
索	찾을 색 노 삭	檢索(검색) 探索(탐색) 索道(삭도) 索莫(삭막)		葉	잎 엽 고을이름 섭	葉書(엽서) 枝葉(지엽) 迦葉(가섭)
說	말씀 설 달랠 세 기쁠 열	概說(개설) 浪說(낭설) 遊說(유세) 說樂(열락)		歪	기울 왜 외	歪曲(왜곡) 歪力(왜력) 歪調(외조)
省	살필 성 덜 생	歸省(귀성) 反省(반성) 省略(생략)		刺	찌를 자 척 수라 라	刺客(자객) 諷刺(풍자) 刺殺(척살) 水刺(수라)
衰	쇠할 쇠 상복 최	衰弱(쇠약) 盛衰(성쇠) 斬衰(참최)		切	끊을 절 온통 체	斷切(단절) 一切(일체)
數	셈 수 자주 삭 빽빽할 촉	級數(급수) 術數(술수) 煩數(번삭) 疏數(소삭) 數罟(촉고) (※ 뜯는 특급)		辰	별 진 때 신	辰星(진성) 日辰(일진) 生辰(생신) 誕辰(탄신)
宿	잘 숙 별자리 수	宿直(수지) 露宿(노숙) 星宿(성수) 辰宿(진수)		徵	부를 징 화음 치	象徵(상징) 特徵(특징) 宮商角徵羽(궁상각치우)
拾	주울 습 열 십	拾得(습득) 收拾(수습) 拾萬(십만)		差	다를 차 어긋날 치	差別(차별) 差異(차이) 參差(참치)
識	알 식 기록할 지	識別(식별) 鑑識(감식) 標識(표지)		參	참여할 참 석 삼	參觀(참관) 持參(지참) 參拾(삼십)
食	밥/먹을 식 밥 사	食糧(식량) 飽食(포식) 簞食(단사) 疏食(소사)		拓	넓힐 척 박을 탁	干拓(간척) 開拓(개척) 拓本(탁본)
惡	악할 악 미워할 오	惡用(악용) 善惡(선악) 憎惡(증오) 嫌惡(혐오)		則	법칙 칙 곧 즉	規則(규칙) 準則(준칙) 不然則(불연즉)
若	같을 약 반야 야	若干(약간) 萬若(만약) 般若心經(반야심경)		沈	잠길 침 성(姓) 심	沈默(침묵) 浮沈(부침) 沈氏(심씨)

宅	집 택 집 댁	宅地(택지) 家宅(가택) 宅內(댁내) 貴宅(귀댁)
便	편할 편(ː) 똥오줌 변	簡便(간편) 男便(남편) 大便(대변) 用便(용변)
暴	사나울 폭 모질 포ː	暴動(폭동) 亂暴(난폭) 狂暴(광포) 橫暴(횡포)
邯	조나라서울 한 사람이름 감	邯鄲之夢(한단지몽) 姜邯贊(강감찬)
行	다닐 행(ː) 항렬 항	遂行(수행) 履行(이행) 行列(항렬/행렬)
陜	좁을 협 땅이름 합	隘陜(애협) 陜川(합천)
畫	그림 화ː 그을 획	漫畫(만화) 畫順(획순)
滑	미끄러울 활 익살스러울 골	滑降(활강) 圓滑(원활) 滑汨(골골)

08 장단음

한자	뜻·음	장음	단음
可	옳을 가:	可恐(가공) 可能(가능)	
佳	아름다울 가	佳緣(가연) 佳作(가작)	
街	거리 가(:)	街道(가도) 街販(가판)	街路樹(가로수)
假	거짓 가:	假設(가설) 假裝(가장)	
暇	틈/겨를 가	暇日(가일)	
架	시렁 가:	架空(가공) 架設(가설)	
肝	간 간(:)	肝膽(간담) 肝癌(간암) 肝臟(간장)	肝氣(간기) 肝油(간유) 肝腸(간장)
姦	간음할 간:	姦淫(간음) 姦通(간통)	
懇	간절할 간:	懇切(간절) 懇請(간청)	
間	사이 간(:)	間食(간식) 間接(간접) 間諜(간첩) 間或(간혹)	間隔(간격) 間隙(간극) 間數(간수)
簡	대쪽/간략할 간:	簡易(간이)	簡單(간단) 簡略(간략) 簡素(간소)
敢	감히/구태여 감:	敢行(감행)	
減	덜 감:	減量(감량) 減俸(감봉)	
感	느낄 감:	感謝(감사) 感染(감염)	
憾	섭섭할 감:	憾情(감정)	
強	강할 강(:)	強勸(강권) 強盜(강도) 強制(강제) 強奪(강탈)	強力(강력) 強化(강화) 強大國(강대국)
降	내릴 강:/항복할 항	降等(강등) 降臨(강림) 降雨(강우)	降兵(항병) 降伏(항복)
講	욀 강:	講師(강사) 講義(강의)	
改	고칠 개(:)	改良(개량) 改新(개신) 改作(개작) 改正(개정)	改札(개찰) 改漆(개칠)
介	낄 개:	介入(개입) 介在(개재)	
蓋	덮을 개(:)	蓋頭(개두) 蓋然(개연)	蓋草(개초)
個	낱 개(:)	個別(개별) 個性(개성) 個體(개체)	個人(개인)
概	대개 개:	概念(개념) 概論(개론)	
慨	슬퍼할 개:	慨歎(개탄)	
去	갈 거:	去來(거래) 去就(거취)	
擧	들 거:	擧論(거론) 擧手(거수)	
巨	클 거:	巨大(거대) 巨木(거목)	
拒	막을 거:	拒否(거부) 拒絕(거절)	
距	상거할 거:	距今(거금) 距離(거리)	
據	근거 거:	據點(거점)	
建	세울 건:	建設(건설) 建築(건축)	
健	굳셀 건:	健康(건강) 健勝(건승)	
儉	검소할 검:	儉素(검소) 儉約(검약)	
檢	검사할 검:	檢查(검사) 檢證(검증)	
劍	칼 검:	劍客(검객) 劍術(검술)	
憩	쉴 게:	憩泊(게박) 憩息(게식)	

人一十之 己讀百之

한자	훈	음	장음	단음
揭	높이들	걸	揭示(게시) 揭載(게재)	
見	볼 뵈올	견: 현:	見聞(견문) 見解(견해)	
景	볕	경(:)	景品(경품) 景槪(경개) 景氣(경기) 景福宮(경복궁) 景物(경물) 景致(경치)	
竟	마침내	경:	竟夜(경야)	
鏡	거울	경:	鏡臺(경대) 鏡面(경면)	
競	다툴	경:	競演(경연) 競爭(경쟁)	
更	고칠 다시	경 갱:	更生(갱생) 更新(갱신) 更張(경장) 更年期(갱년기) 更迭(경질)	
敬	공경	경:	敬老(경로) 敬語(경어)	
警	깨우칠	경:	警戒(경계) 警察(경찰)	
慶	경사	경:	慶事(경사) 慶州(경주)	
季	계절	계:	季刊(계간) 季節(계절)	
戒	경계할	계:	戒嚴(계엄) 戒責(계책)	
桂	계수나무	계:	桂樹(계수) 桂皮(계피)	
系	이어맬	계:	系列(계열) 系統(계통)	
係	맬	계:	係數(계수) 係長(계장)	
繫	맬	계:	繫留(계류) 繫船(계선)	
繼	이을	계:	繼續(계속) 繼承(계승)	
契	맺을 애쓸 부족이름	계: 결 글	契機(계기) 契約書(계약서)	契丹(글안/거란) 契闊(결활)
計	셀	계:	計算(계산) 計策(계책)	
啓	열	계:	啓蒙(계몽) 啓發(계발)	
界	지경	계:	界面(계면) 界標(계표)	
告	고할	고:	告白(고백) 告訴(고소)	
考	생각할	고(:)	考査(고사) 考試(고시)	考慮(고려) 考案(고안) 考察(고찰)
古	예	고:	古代(고대) 古典(고전)	
故	연고	고(:)	故國(고국) 故事(고사) 故意(고의) 故障(고장)	故鄕(고향)
固	굳을	고(:)	固城(고성)	固辭(고사) 固守(고수) 固執(고집) 固着(고착)
困	곤할	곤:	困境(곤경) 困惑(곤혹)	
孔	구멍	공:	孔劇(공극) 孔子(공자)	
攻	칠	공:	攻擊(공격) 攻伐(공벌)	
貢	바칠	공:	貢物(공물) 貢獻(공헌)	
恐	두려울	공(:)	恐懼(공구) 恐龍(공룡)	恐怖(공포)
共	한가지	공:	共謀(공모) 共通(공통)	
供	이바지할	공:	供給(공급) 供養(공양)	
過	지날	과:	過去(과거) 過激(과격)	
寡	적을	과:	寡默(과묵) 寡婦(과부)	
果	실과	과:	果實(과실) 果然(과연)	

한자	훈음	장음	단음
菓	과자, 실과 과(:)	菓品(과품)	菓子(과자)
課	공부할/과정 과(:)	課稅(과세)	課業(과업) 課程(과정) 課題(과제)
誇	자랑할 과:	誇示(과시) 誇張(과장)	
貫	꿸 관(:)	貫祿(관록) 貫珠(관주)	貫流(관류) 貫徹(관철) 貫通(관통) 貫鄕(관향)
款	항목 관:	款曲(관곡) 款待(관대)	
廣	넓을 광:	廣告(광고) 廣州(광주)	
鑛	쇳돌 광:	鑛物(광물) 鑛山(광산)	
怪	괴이할 괴(:)	怪談(괴담) 怪物(괴물) 怪變(괴변) 怪病(괴병)	怪常(괴상) 怪異(괴이)
傀	허수아비 괴:	傀奇(괴기)	
敎	가르칠 교:	敎唆(교사) 敎室(교실)	
校	학교 교:	校歌(교가) 校庭(교정)	
矯	바로잡을 교:	矯正(교정) 矯導所(교도소)	
救	구원할 구:	救濟(구제) 救助(구조)	
舊	예 구:	舊觀(구관) 舊習(구습)	
口	입 구(:)	口辯(구변) 口傳(구전) 口號(구호)	口文(구문) 口錢(구전)
具	갖출 구(:)	具氏(구씨)	具備(구비) 具色(구색) 具全(구전) 具現(구현)
郡	고을 군:	郡守(군수) 郡廳(군청)	
勸	권할 권:	勸告(권고) 勸誘(권유)	

한자	훈음	장음	단음
拳	주먹 권:	拳銃(권총) 拳鬪(권투)	
卷	책 권(:)	卷煙(권연) 卷紙(권지)	卷頭(권두) 卷數(권수)
軌	바퀴자국 궤:	軌道(궤도) 軌範(궤범)	
鬼	귀신 귀:	鬼神(귀신) 鬼才(귀재)	
貴	귀할 귀:	貴賓(귀빈) 貴賤(귀천)	
歸	돌아갈 귀:	歸結(귀결) 歸趨(귀추)	
近	가까울 근:	近郊(근교) 近似(근사)	
僅	겨우 근:	僅僅(근근) 僅少(근소)	
謹	삼갈 근:	謹愼(근신) 謹嚴(근엄)	
槿	무궁화 근:	槿域(근역) 槿花(근화)	
勤	부지런할 근(:)	勤儉(근검) 勤勞(근로) 勤務(근무)	勤告(근고)
禁	금할 금:	禁忌(금기) 禁煙(금연)	
錦	비단 금:	錦衣(금의)	
那	어찌 나:	那落(나락) 那邊(나변)	
暖	따뜻할 난:	暖帶(난대) 暖流(난류)	
難	어려울 난(:)	難色(난색) 難處(난처)	難關(난관) 難局(난국) 難解(난해)
內	안 내:	內賓(내빈) 內包(내포)	
乃	이에 내:	乃子(내자) 乃至(내지)	

● 人一十之 己讀百之 ●

한자	훈음	장음	단음
耐	견딜 내:	耐性(내성), 耐熱(내열)	
念	생각 념:	念頭(염두), 念願(염원)	
怒	성낼 노:	怒氣(노기), 怒色(노색)	
濃	짙을 농	濃淡(농담), 濃縮(농축)	
斷	끊을 단:	斷腸(단장), 斷定(단정)	
但	다만 단:	但書(단서), 但只(단지)	
短	짧을 단(:)	短劍(단검) 短簫(단소) 短點(단점) 短縮(단축) 短靴(단화)	短距離(단거리)
膽	쓸개 담:	膽大(담대), 膽力(담력)	
唐	당나라/당황할 당(:)	唐突(당돌)	唐書(당서), 唐詩(당시)
大	큰 대(:)	大家(대가) 大國(대국) 大將(대장)	大邱(대구) 大斗(대두) 大田(대전)
待	기다릴 대:	待遇(대우), 待避(대피)	
代	대신할 대:	代身(대신), 代案(대안)	
貸	빌릴/뀔 대:	貸借(대차), 貸出(대출)	
對	대할 대:	對象(대상), 對照(대조)	
帶	띠 대(:)	帶劍(대검), 帶同(대동)	帶狀(대상), 帶率(대솔)
戴	일 대:	戴白(대백), 戴天(대천)	
道	길 도:	道德(도덕), 道理(도리)	
導	인도할 도:	導入(도입), 導出(도출)	
到	이를 도:	到着(도착), 到處(도처)	
倒	넘어질 도:	倒錯(도착), 倒置(도치)	
度	법도 도(:)/헤아릴 탁	度量(도량), 度數(도수)	度外視(도외시), 度支部(탁지부)
盜	도둑 도(:)	盜跖(도척) ※ 跖은 특급	盜用(도용), 盜賊(도적)
冬	겨울 동(:)	冬期(동기), 冬眠(동면)	冬至(동지)
洞	골 동:/밝을 통:	洞窟(동굴), 洞察(통찰)	
童	아이 동(:)	童心(동심) 童顔(동안) 童謠(동요) 童話(동화)	童蒙先習(동몽선습)
動	움직일 동:	動機(동기), 動物(동물)	
凍	얼 동:	凍傷(동상), 凍土(동토)	
鈍	둔할 둔:	鈍感(둔감), 鈍濁(둔탁)	
等	무리 등:	等級(등급), 等閑(등한)	
裸	벗을 라:	裸麥(나맥), 裸體(나체)	
爛	빛날 란:	爛商(난상), 爛熟(난숙)	
卵	알 란:	卵子(난자)	
亂	어지러울 란:	亂動(난동), 亂離(난리)	
濫	넘칠 람:	濫發(남발), 濫用(남용)	
朗	밝을 랑:	朗讀(낭독), 朗誦(낭송)	
浪	물결 랑(:)	浪漫(낭만) 浪費(낭비) 浪說(낭설)	浪太(낭태)

한자	뜻/음	장음	단음	한자	뜻/음	장음	단음
來	올 래(:)	來客(내객) 來賓(내빈) 來住(내주)	來年(내년) 來歷(내력) 來訪(내방) 來診(내진)	屢	여러 루:	屢屢(누누) 屢次(누차)	
冷	찰 랭:	冷藏(냉장) 冷酷(냉혹)		累	여러/자주 루:	累計(누계) 累積(누적)	
兩	두 량:	兩立(양립) 兩面(양면)		柳	버들 류(:)	柳器(유기) 柳綠(유록)	柳眉(유미) 柳氏(유씨)
戀	그리워할/그릴 련:	戀慕(연모) 戀情(연정)		里	마을 리:	里長(이장) 里程(이정)	
鍊	쇠불릴/단련할 련:	鍊鍛(연단) 鍊磨(연마)		理	다스릴 리:	理論(이론) 理解(이해)	
練	익힐 련:	練習(연습) 練日(연일)		裏	속 리:	裏面(이면) 裏書(이서)	
令	하여금 령(:)	令監(영감)	令愛(영애) 令狀(영장)	離	떠날 리:	離別(이별) 離脫(이탈)	
例	법식 례:	例事(예사) 例外(예외)		履	밟을 리:	履歷(이력) 履行(이행)	
隸	종 례:	隸書(예서) 隸屬(예속)		吏	벼슬아치/관리 리:	吏道(이도) 吏房(이방)	
老	늙을 로:	老鍊(노련) 老眼(노안)		李	오얏/성(姓) 리:	李氏(이씨) 李珥(이이)	
路	길 로:	路邊(노변) 路上(노상)		利	이할 리:	利己(이기) 利潤(이윤)	
露	이슬 로:	露積(노적)	露骨(노골) 露語(노어) 露出(노출)	馬	말 마:	馬車(마차) 馬匹(마필)	
弄	희롱할 롱:	弄談(농담) 弄調(농조)		麻	삼 마(:)	麻雀(마작)	麻姑(마고) 麻衣(마의) 麻布(마포)
籠	대바구니 롱(:)	籠鳥(농조)	籠球(농구) 籠絡(농락)	晩	늦을 만:	晩鐘(만종) 晩餐(만찬)	
了	마칠 료:	了結(요결) 了解(요해)		萬	일만 만:	萬若(만약) 萬全(만전)	
料	헤아릴 료(:)	料金(요금) 料給(요급)	料量(요량) 料理(요리) 料食(요식)	滿	찰 만:	滿面(만면) 滿發(만발) 滿場(만장)	滿了(만료) 滿朔(만삭) 滿足(만족) 滿洲(만주)
淚	눈물 루:	淚點(누점) 淚水(누수)		慢	거만할 만(:)	慢悔(만회)	
漏	샐 루:	漏落(누락) 漏泄(누설)		漫	흩어질 만:	漫談(만담) 漫然(만연)	

● 人一十之 己讀百之 ●

		장음	단음
妄	망령될 망:	妄靈(망령) 妄言(망언)	
望	바랄 망:	望樓(망루) 望鄕(망향)	
每	매양 매(:)	每年(매년) 每番(매번) 每事(매사)	每日(매일)
買	살 매:	買收(매수) 買占(매점)	
賣	팔 매(:)	賣家(매가) 賣渡(매도) 賣盡(매진)	賣買(매매)
孟	맏 맹(:)	孟冬(맹동) 孟子(맹자)	孟浪(맹랑)
猛	사나울 맹:	猛毒(맹독) 猛威(맹위)	
面	낯 면:	面貌(면모) 面識(면식)	
免	면할 면:	免疫(면역) 免責(면책)	
勉	힘쓸 면:	勉勵(면려) 勉學(면학)	
命	목숨 명:	命令(명령) 命名(명명)	
母	어미 모:	母國(모국) 母親(모친)	
某	아무 모:	某種(모종) 某處(모처)	
暮	저물 모:	暮景(모경) 暮秋(모추)	
木	나무 목(:)	木瓜(모과) ※ 본음은 '목'	木公(목공) 木馬(목마) 木炭(목탄)
苗	모 묘:	苗木(묘목) 苗板(묘판)	
墓	무덤 묘:	墓碑(묘비) 墓地(묘지)	
廟	사당 묘:	廟堂(묘당) 廟議(묘의)	

		장음	단음
卯	토끼 묘:	卯時(묘시)	
妙	묘할 묘:	妙技(묘기) 妙策(묘책)	
貿	무역할 무:	貿穀(무곡) 貿易(무역)	
舞	춤출 무:	舞臺(무대) 舞姬(무희)	
武	호반 무:	武力(무력) 武士(무사)	
戊	천간 무:	戊戌(무술) 戊夜(무야)	
茂	무성할 무:	茂林(무림) 茂盛(무성)	
問	물을 문:	問議(문의) 問題(문제)	
聞	들을 문(:)	聞見(문견)	聞慶(문경)
未	아닐 미(:)	未開(미개) 未決(미결) 未來(미래) 未熟(미숙)	未安(미안)
美	아름다울 미(:)	美德(미덕) 美術(미술) 美學(미학)	美國(미국)
迷	미혹할 미(:)	迷宮(미궁) 迷路(미로) 迷夢(미몽) 迷信(미신)	迷兒(미아) 迷惑(미혹)
反	돌이킬 돌아올 반:	反應(반응) 反抗(반항)	
返	돌이킬 반:	返納(반납) 返還(반환)	
半	반 반:	半減(반감) 半折(반절)	
伴	짝 반:	伴奏(반주) 伴行(반행)	
叛	배반할 반:	叛亂(반란) 叛逆(반역)	
放	놓을 방(:)	放談(방담) 放浪(방랑) 放送(방송)	放恣(방자) 放學(방학)

한자	뜻	음	장음	단음		한자	뜻	음	장음	단음
訪	찾을	방:	訪問(방문) 訪韓(방한)			報	갚을 알릴	보:	報答(보답) 報道(보도)	
配	나눌 짝	배:	配置(배치) 配合(배합)			步	걸음	보:	步哨(보초) 步幅(보폭)	
背	등	배:	背信(배신) 背恩(배은)			補	기울	보:	補修(보수) 補充(보충)	
倍	곱	배(:)	倍加(배가) 倍量(배량) 倍率(배율)	倍達族(배달족)		輔	도울	보:	輔弼(보필)	
賠	물어줄	배:	賠償(배상)			普	넓을	보:	普通(보통) 普遍(보편)	
輩	무리	배:	輩出(배출) 輩行(배행)			譜	족보	보:	譜表(보표) 譜學(보학)	
拜	절	배:	拜禮(배례) 拜席(배석)			寶	보배	보:	寶物(보물) 寶庫(보고)	
凡	무릇	범(:)	凡例(범례) 凡夫(범부) 凡俗(범속) 凡人(범인)	凡節(범절)		保	지킬	보(:)	保健(보건) 保管(보관) 保守(보수) 保障(보장)	保證(보증)
汎	넓을	범:	汎論(범론)			復	회복할 복 다시 부:		復活(부활) 復興(부흥)	復刊(복간) 復古(복고) 復歸(복귀) 復學(복학)
犯	범할	범:	犯人(범인) 犯罪(범죄)			奉	받들	봉:	奉養(봉양) 奉獻(봉헌)	
範	법	범:	範圍(범위) 範疇(범주)			俸	녹	봉:	俸給(봉급) 俸祿(봉록)	
辯	말씀	변:	辯論(변론) 辯護(변호)			鳳	봉새	봉:	鳳燈(봉등) 鳳城(봉성)	
辨	분별할	변:	辨別(변별) 辨證(변증)			赴	다다를 갈	부:	赴役(부역) 赴任(부임)	
變	변할	변:	變動(변동) 變化(변화)			敷	펼	부:	敷設(부설) 敷衍(부연)	敷地(부지)
竝	나란히	병:	竝列(병렬) 竝立(병립)			簿	문서	부:	簿記(부기) 簿牒(부첩)	
倂	아우를	병:	倂科(병과) 倂記(병기)			賦	부세	부:	賦課(부과) 賦役(부역)	
丙	남녘	병:	丙夜(병야) 丙坐(병좌)			富	부자	부:	富裕(부유) 富者(부자)	
病	병	병:	病棟(병동) 病魔(병마)			副	버금	부:	副賞(부상) 副題(부제)	

人一十之 己讀百之

			장음	단음
付	부칠	부:	付壁(부벽) 付託(부탁)	
附	붙을	부(:)	附記(부기) 附錄(부록) 附設(부설)	附子(부자)
符	부호	부(:)	符籍(부적) 符號(부호)	符節(부절)
府	마을	부(:)	府君(부군)	府庫(부고) 府使(부사) 府域(부역) 府廳(부청)
腐	썩을	부:	腐心(부심) 腐敗(부패)	
否	아닐	부:	否認(부인) 否定(부정)	
負	질	부:	負傷(부상) 負債(부채)	
奮	떨칠	분:	奮發(분발) 奮鬪(분투)	
憤	분할	분:	憤慨(분개) 憤激(분격)	
分	나눌	분(:)	分量(분량) 分數(분수)	分家(분가) 分校(분교) 分離(분리) 分配(분배)
粉	가루	분(:)	粉紅(분홍)	粉匣(분갑) 粉食(분식)
備	갖출	비:	備蓄(비축) 備置(비치)	
比	견줄	비:	比較(비교) 比率(비율)	
批	비평할	비:	批准(비준) 批判(비판)	
肥	살찔	비:	肥料(비료) 肥滿(비만)	
祕	숨길	비:	祕訣(비결) 祕密(비밀)	
費	쓸	비:	費目(비목) 費用(비용)	
非	아닐	비(:)	非常(비상) 非違(비위) 非情(비정) 非行(비행)	非但(비단)

			장음	단음
悲	슬플	비:	悲劇(비극) 悲哀(비애)	
匪	비적	비:	匪徒(비도) 匪賊(비적)	
卑	낮을	비:	卑屈(비굴) 卑賤(비천)	
鼻	코	비:	鼻祖(비조)	
四	넉	사:	四時(사시) 四通(사통)	
捨	버릴	사:	捨身(사신) 捨撤(사철)	
史	사기	사:	史料(사료) 史籍(사적)	
使	하여금 부릴	사:	使命(사명) 使者(사자)	
射	쏠	사(:)	射場(사장) 射亭(사정)	射擊(사격) 射殺(사살) 射手(사수) 射精(사정)
思	생각	사(:)	思想(사상)	思考(사고) 思念(사념) 思慕(사모)
士	선비	사:	士氣(사기) 士兵(사병)	
仕	섬길	사(:)	仕宦(사환)	仕官(사관) 仕記(사기) 仕日(사일)
赦	용서할	사:	赦免(사면) 赦罪(사죄)	
事	일	사:	事物(사물) 事由(사유)	
寺	절 내시	사 시:	寺人(시인) 寺正(시정)	寺門(사문) 寺院(사원) 寺刹(사찰)
死	죽을	사:	死守(사수) 死鬪(사투)	
賜	줄	사:	賜姓(사성) 賜藥(사약)	
散	흩을	산:	散在(산재) 散策(산책)	

한자	뜻/음	장음	단음
産	낳을 산:	産物(산물) 産業(산업)	
算	셈 산:	算術(산술) 算定(산정)	
殺	죽일 살 감할/빠를 쇄:	殺到(쇄도)	殺氣(살기) 殺伐(살벌) 殺傷(살상) 殺生(살생)
上	윗 상:	上司(상사) 上場(상장)	
尚	오히려 상(:)	尙古(상고) 尙武(상무) 尙文(상문)	尙宮(상궁) 尙今(상금) 尙門(상문)
喪	잃을 상(:)	喪配(상배) 喪夫(상부) 喪妻(상처)	喪家(상가) 喪亡(상망) 喪服(상복) 喪失(상실)
狀	형상 상 문서 장:	狀啓(장계) 狀頭(장두)	狀態(상태) 狀況(상황)
想	생각 상:	想起(상기) 想念(상념)	
逝	갈 서:	逝去(서거) 逝世(서세)	
誓	맹세할 서:	誓詞(서사) 誓約(서약)	
瑞	상서 서:	瑞光(서광) 瑞雪(서설)	
署	마을 서:	署理(서리) 署長(서장)	
庶	여러 서:	庶民(서민) 庶子(서자)	
序	차례 서:	序詩(서시) 序列(서열)	
徐	천천할 서(:)	徐步(서보) 徐行(서행)	徐羅伐(서라벌)
敍	펼 서:	敍事(서사) 敍述(서술)	
選	가릴 선:	選擧(선거) 選拔(선발)	
善	착할 선:	善良(선량) 善行(선행)	

한자	뜻/음	장음	단음
說	말씀 설 달랠 세:	說客(세객)	說得(설득) 說明(설명)
姓	성(姓) 성:	姓名(성명) 姓氏(성씨)	
性	성품 성:	性格(성격) 性質(성질)	
聖	성인 성:	聖經(성경) 聖殿(성전)	
盛	성할 성:	盛大(성대) 盛衰(성쇠)	
細	가늘 세:	細菌(세균) 細密(세밀)	
稅	세금 세:	稅法(세법) 稅制(세제)	
洗	씻을 세:	洗練(세련) 洗劑(세제)	
世	인간 세:	世界(세계) 世襲(세습)	
貰	세놓을 세:	貰房(세방) 貰錢(세전)	
歲	해 세:	歲暮(세모) 歲月(세월)	
勢	형세 세:	勢道(세도) 勢力(세력)	
小	작을 소:	小臣(소신) 小子(소자)	
少	적을 소:	少年(소년) 少額(소액)	
所	바 소:	所信(소신) 所願(소원)	
素	본디 흴 소(:)	素物(소물) 素服(소복) 素饌(소찬)	素朴(소박) 素數(소수) 素材(소재) 素質(소질)
燒	사를 소(:)	燒紙(소지)	燒却(소각) 燒失(소실) 燒盡(소진) 燒火(소화)
掃	쓸 소(:)	掃除(소제) 掃地(소지)	掃蕩(소탕) (※ 蕩은 1급)

人一十之 己讀百之

한자	훈음	장음	단음
孫	손자 손(:)	孫世(손세)	孫女(손녀) 孫婦(손부) 孫氏(손씨) 孫子(손자)
損	덜 손:	損傷(손상) 損失(손실)	
頌	기릴 칭송할 송:	頌歌(송가) 頌辭(송사)	
送	보낼 송:	送別(송별) 送還(송환)	
誦	욀 송:	誦經(송경) 誦讀(송독)	
手	손 수(:)	手巾(수건)	手段(수단) 手術(수술) 手足(수족)
受	받을 수(:)	受苦(수고)	受講(수강) 受賞(수상) 受信(수신) 受業(수업)
數	셈 수:	數値(수치) 數學(수학)	
宿	잘 숙 별자리 수:	宿曜(수요)	宿根(숙근) 宿德(숙덕) 宿命(숙명) 宿食(숙식)
順	순할 순:	順序(순서) 順從(순종)	
市	저자 시:	市價(시가) 市民(시민)	
矢	화살 시:	矢石(시석) 矢言(시언)	
示	보일 시:	示唆(시사) 示威(시위)	
視	볼 시:	視野(시야) 視聽(시청)	
侍	모실 시:	侍衛(시위) 侍從(시종)	
始	비로소 시:	始作(시작) 始祖(시조)	
施	베풀 시:	施設(시설) 施行(시행)	
是	이 옳을 시:	是認(시인) 是正(시정)	
屍	주검 시:	屍身(시신) 屍體(시체)	
試	시험 시(:)	試官(시관) 試料(시료) 試食(시식)	試合(시합) 試驗(시험)
信	믿을 신:	信用(신용) 信義(신의)	
腎	콩팥 신:	腎臟(신장)	
審	살필 심:	審議(심의) 審判(심판)	審理(심리) 審査(심사)
甚	심할 심:	甚難(심난) 甚至於(심지어)	
我	나 아:	我軍(아군) 我執(아집)	
餓	주릴 아:	餓鬼(아귀) 餓死(아사)	
雅	맑을 아(:)	雅量(아량) 雅俗(아속) 雅趣(아취)	雅淡(아담)
亞	버금 아(:)	亞流(아류) 亞聖(아성)	亞鉛(아연)
雁	기러기 안:	雁信(안신) 雁行(안항)	
眼	눈 안:	眼科(안과) 眼目(안목)	
案	책상 안:	案件(안건) 案內(안내)	
暗	어두울 암:	暗記(암기) 暗示(암시)	
仰	우러를 앙:	仰望(앙망) 仰天(앙천)	
礙	거리낄 애:	礙眼(애안)	
愛	사랑 애(:)	愛誦(애송) 愛煙(애연) 愛着(애착)	愛國(애국) 愛人(애인) 愛情(애정) 愛酒(애주)
野	들 야:	野球(야구) 野望(야망)	

한자	뜻/음	장음	단음
夜	밤 야	夜景(야경) 夜光(야광)	
惹	이끌 야	惹起(야기) 惹端(야단)	
養	기를 양:	養殖(양식) 養蠶(양잠)	
讓	사양할 양:	讓渡(양도) 讓步(양보)	
御	거느릴 어:	御命(어명) 御使(어사)	
語	말씀 어:	語感(어감) 語法(어법)	
汝	너 여:	汝等(여등) 汝輩(여배)	
與	더불 줄 여:	與件(여건) 與否(여부)	
輿	수레 여:	輿論(여론) 輿地(여지)	
易	바꿀 역 쉬울 이:	易行(이행)	易理(역리) 易數(역수) 易學(역학)
硯	벼루 연:	硯滴(연적) 硯池(연지)	
硏	갈 연:	硏究(연구) 硏修(연수)	
沿	물따라갈 따를 연(:)	沿革(연혁)	沿道(연도) 沿邊(연변) 沿岸(연안) 沿海(연해)
軟	연할 연:	軟骨(연골) 軟弱(연약)	
宴	잔치 연:	宴席(연석) 宴會(연회)	
演	펼 연:	演技(연기) 演奏(연주)	
燕	제비 연(:)	燕子(연자) 燕雀(연작)	燕京(연경) 燕行(연행)
染	물들 염:	染料(염료) 染色(염색)	
厭	싫어할 염:	厭忌(염기) 厭症(염증)	
影	그림자 영:	影像(영상) 影響(영향)	
映	비칠 영(:)	映窓(영창)	映寫(영사) 映像(영상) 映畫(영화)
永	길 영:	永久(영구) 永生(영생)	
詠	읊을 영:	詠誦(영송) 詠吟(영음)	
銳	날카로울 예:	銳利(예리) 銳敏(예민)	
預	맡길 미리 예:	預置(예치) 預託(예탁)	
豫	미리 예:	豫防(예방) 豫備(예비)	
藝	재주 예:	藝能(예능) 藝術(예술)	
午	낮 오:	午睡(오수) 午前(오전)	
五	다섯 오:	五感(오감) 五穀(오곡)	
汚	더러울 오:	汚吏(오리) 汚染(오염)	
傲	거만할 오:	傲氣(오기) 傲慢(오만)	
誤	그르칠 오:	誤謬(오류) 誤用(오용)	
娛	즐길 오:	娛樂(오락) 娛遊(오유)	
擁	낄 옹:	擁衛(옹위) 擁護(옹호)	
瓦	기와 와:	瓦屋(와옥) 瓦解(와해)	
臥	누울 와:	臥龍(와룡) 臥病(와병)	

● 人一十之 己讀百之 ●

		장음	단음			장음	단음
緩	느릴 완:	緩衝(완충) 緩和(완화)		怨	원망할 원(:)	怨望(원망) 怨聲(원성) 怨恨(원한)	怨讐(원수) (※ 讐는 특급Ⅱ)
往	갈 왕:	往往(왕왕) 往診(왕진)		願	원할 원:	願望(원망) 願書(원서)	
外	바깥 외:	外觀(외관) 外國(외국)		爲	하 할 위(:)	爲人(위인)	爲民(위민) 爲始(위시)
畏	두려워할 외:	畏敬(외경)		有	있을 유:	有感(유감) 有情(유정)	
曜	빛날 요:	曜日(요일)		裕	넉넉할 유:	裕福(유복) 裕足(유족)	
要	요긴할 요(:)	要綱(요강) 要求(요구) 要緊(요긴) 要領(요령) 要人(요인) 要點(요점) 要素(요소) 要約(요약)		閏	윤달 윤:	閏年(윤년) 閏月(윤월)	
用	쓸 용:	用法(용법) 用語(용어)		潤	불을 윤:	潤氣(윤기) 潤澤(윤택)	
勇	날랠 용:	勇猛(용맹) 勇士(용사)		飮	마실 음(:)	飮料(음료) 飮酒(음주)	飮食(음식)
雨	비 우:	雨期(우기) 雨傘(우산)		應	응할 응:	應答(응답) 應當(응당)	
羽	깃 우:	羽毛(우모) 羽翼(우익)		凝	엉길 응:	凝固(응고) 凝集(응집)	
又	또 우:	又況(우황)		意	뜻 의:	意思(의사) 意志(의지)	
友	벗 우:	友愛(우애) 友情(우정)		義	옳을 의:	義理(의리) 義務(의무)	
右	오를/오른(쪽) 우:	右傾(우경) 右翼(우익)		議	의논할 의(:)	議政府(의정부)	議決(의결) 議事(의사) 議員(의원) 議長(의장)
偶	짝 우:	偶發(우발) 偶像(우상)		耳	귀 이:	耳目(이목) 耳順(이순)	
運	옮길 운:	運搬(운반) 運行(운행)		二	두 이:	二輪(이륜) 二重(이중)	
韻	운 운:	韻文(운문) 韻律(운율)		貳	두/갖은두 이:	貳極(이극) 貳拾(이십)	
援	도울 원:	援助(원조) 援護(원호)		異	다를 이:	異國(이국) 異質(이질)	
遠	멀 원:	遠近(원근) 遠大(원대)		以	써 이:	以上(이상) 以前(이전)	

한자	훈	음	장음	단음
已	이미	이:	已往(이왕)	
壬	북방	임	壬亂(임란) 壬辰(임진)	
妊	아이밸	임	妊婦(임부) 妊娠(임신)	
任	맡길	임(:)	任命(임명) 任務(임무)	任氏(임씨)
賃	품삯	임:	賃貸(임대) 賃借(임차)	
恣	마음대로 방자할	자:	恣行(자행)	
姿	모양	자:	姿色(자색) 姿勢(자세)	
諮	물을	자:	諮問(자문) 諮議(자의)	
刺	찌를 자/ 수라	척 라	刺客(자객)	刺殺(척살)
暫	잠깐	잠(:)	暫時(잠시)	暫間(잠간) 暫別(잠별) 暫逢(잠봉) 暫定(잠정)
長	긴	장(:)	長官(장관) 長男(장남) 長老(장로) 長成(장성)	長久(장구) 長短(장단) 長壽(장수) 長篇(장편)
掌	손바닥	장:	掌握(장악)	
葬	장사지낼	장:	葬禮(장례) 葬儀(장의)	
將	장수	장(:)	將校(장교) 將兵(장병) 將星(장성) 將帥(장수)	將軍(장군) 將來(장래) 將次(장차) 將就(장취)
壯	장할	장:	壯年(장년) 壯丁(장정)	
丈	어른	장:	丈夫(장부) 丈人(장인)	
再	두	재:	再版(재판) 再會(재회)	
在	있을	재:	在庫(재고) 在籍(재적)	
宰	재상	재:	宰相(재상) 宰臣(재신)	
栽	심을	재:	栽培(재배) 栽植(재식)	
著	나타날	저:	著名(저명) 著作(저작)	
低	낮을	저:	低價(저가) 低俗(저속)	
抵	막을	저:	抵觸(저촉) 抵抗(저항)	
底	밑	저:	底力(저력) 底意(저의)	
貯	쌓을	저:	貯藏(저장) 貯蓄(저축)	
沮	막을	저:	沮喪(저상) 沮害(저해)	
轉	구를	전:	轉向(전향) 轉換(전환)	
錢	돈	전:	錢主(전주) 錢票(전표)	
電	번개	전:	電流(전류) 電波(전파)	
典	법	전:	典例(전례) 典範(전범)	
戰	싸움	전:	戰術(전술) 戰鬪(전투)	
展	펼	전:	展開(전개) 展望(전망)	
殿	전각	전:	殿閣(전각) 殿堂(전당)	
占	점령할 점: 점칠 점		占據(점거) 占領(점령) 占有(점유)	占卦(점괘) 占卜(점복) 占術(점술)
點	점	점(:)	點心(점심)	點檢(점검) 點線(점선) 點數(점수) 點火(점화)
店	가게	점:	店員(점원) 店鋪(점포)	

부록_장단음 497

● 人一十之 己讀百之 ●

한자	훈음	장음	단음
漸	점점 점:	漸增(점증) 漸進(점진)	
井	우물 정(:)	井邑詞(정읍사)	井間(정간)
正	바를 정(:)	正當(정당) 正式(정식) 正直(정직) 正確(정확)	正月(정월) 正朝(정조) 正初(정초)
整	가지런할 정:	整理(정리) 整齊(정제)	
定	정할 정:	定量(정량) 定型(정형)	
濟	건널 제:	濟度(제도) 濟世(제세)	
帝	임금 제:	帝王(제왕) 帝位(제위)	
祭	제사 제:	祭物(제물) 祭需(제수)	
際	즈음 가 제:	際涯(제애) 際會(제회)	
制	절제할 제:	制度(제도) 制霸(제패)	
製	지을 제:	製造(제조) 製鐵(제철)	
第	차례 제:	第一(제일) 第宅(제택)	
弔	조상할 조:	弔問(조문) 弔喪(조상)	
早	이를 조:	早速(조속) 早退(조퇴)	
助	도울 조:	助力(조력) 助言(조언)	
造	지을 조:	造成(조성) 造花(조화)	
照	비칠 조:	照明(조명) 照準(조준)	
釣	낚을 낚시 조:	釣魚(조어) 釣況(조황)	

한자	훈음	장음	단음
操	잡을 조(:)	操鍊(조련)	操作(조작) 操縱(조종)
種	씨 종(:)	種類(종류) 種目(종목) 種別(종별)	種犬(종견) 種子(종자) 種族(종족)
從	좇을 종(:)	從弟(종제) 從祖(종조) 從姪(종질) 從兄(종형)	從軍(종군) 從當(종당) 從事(종사) 從屬(종속)
坐	앉을 좌:	坐禪(좌선)	
座	자리 좌:	座談(좌담) 座標(좌표)	
左	왼 좌:	左側(좌측) 左派(좌파)	
罪	허물 죄:	罪名(죄명) 罪人(죄인)	
酒	술 주(:)	酒酊(주정) (※ 酊은 1급)	酒案床(주안상)
住	살 주:	住民(주민) 住所(주소)	
注	부을 주:	注目(주목) 注入(주입)	
駐	머무를 주:	駐屯(주둔) 駐車(주차)	
奏	아뢸 주(:)	奏功(주공) 奏請(주청)	奏效(주효)
俊	준걸 준:	俊傑(준걸) 俊秀(준수)	
遵	좇을 준:	遵法(준법) 遵守(준수)	
准	비준 준:	准尉(준위) 准將(준장)	
準	준할 준:	準備(준비) 準則(준칙)	
重	무거울 중:	重大(중대) 重要(중요)	
衆	무리 중:	衆生(중생) 衆人(중인)	

한자	뜻/음	장음	단음
仲	버금 중:	仲氏(중씨) 仲兄(중형)	仲媒(중매) 仲裁(중재)
進	나아갈 진:	進行(진행) 進化(진화)	
盡	다할 진:	盡力(진력) 盡心(진심)	
津	나루 진(:)	津氣(진기)	津島(진도) 津夫(진부)
陳	베풀 진 묵을 진	陳設(진설) 陳述(진술) 陳列(진열)	陳久(진구) 陳腐(진부)
振	떨칠 진:	振幅(진폭) 振興(진흥)	
震	우레 진:	震怒(진노) 震動(진동)	
鎭	진압할 진(:)	鎭壓(진압) 鎭痛(진통)	鎭靜(진정) 鎭重(진중)
晉	진나라 진:	晉州(진주)	
遮	가릴 차(:)	遮光(차광) 遮斷(차단)	遮額(차액) 遮陽(차양)
借	빌 차 빌릴 차	借名(차명) 借用(차용)	
贊	도울 찬:	贊成(찬성) 贊助(찬조)	
讚	기릴 찬:	讚辭(찬사) 讚揚(찬양)	
斬	벨 참(:)	斬伐(참벌) 斬首(참수)	斬新(참신) 斬獲(참획)
倉	곳집 창(:)	倉卒(창졸)	倉庫(창고)
創	비롯할 창:	創始(창시) 創造(창조)	
昌	창성할 창(:)	昌盛(창성)	昌寧(창녕) 昌平(창평)
唱	부를 창:	唱歌(창가) 唱劇(창극)	

한자	뜻/음	장음	단음
暢	화창할 창:	暢達(창달) 暢懷(창회)	
債	빚 채:	債權(채권) 債務(채무)	
彩	채색 채:	彩色(채색)	
採	캘 채:	採掘(채굴) 採點(채점)	
菜	나물 채:	菜蔬(채소) 菜麻田(채마전)	
處	곳 처:	處理(처리) 處所(처소)	
悽	슬퍼할 처:	悽絶(처절) 悽慘(처참)	
踐	밟을 천:	踐踏(천답) 踐歷(천력)	
淺	얕을 천:	淺薄(천박) 淺學(천학)	
賤	천할 천:	賤待(천대) 賤視(천시)	
遷	옮길 천:	遷都(천도)	
薦	천거할 천:	薦擧(천거) 薦新(천신)	
寸	마디 촌:	寸劇(촌극) 寸鐵(촌철)	
村	마을 촌:	村落(촌락) 村長(촌장)	
總	다 총:	總額(총액) 總長(총장)	
最	가장 최:	最新(최신) 最初(최초)	
就	나아갈 취:	就業(취업) 就寢(취침)	
取	가질 취:	取得(취득) 取消(취소)	

부록_장단음 499

한자	훈음	장음	단음
趣	뜻 취:	趣味(취미) 趣向(취향)	
醉	취할 취:	醉客(취객) 醉氣(취기)	
置	둘 치:	置簿(치부) 置重(치중)	
致	이를 치:	致富(치부) 致賀(치하)	
針	바늘 침(:)	針房(침방) 針線(침선)	針術(침술) 針葉(침엽)
枕	베개 침:	枕木(침목) 枕上(침상)	
沈	잠길 침(:) 성(姓) 심:	沈溺(침닉) 沈默(침묵) 沈痛(심통)	沈降(침강) 沈滯(침체)
浸	잠길 침:	浸潤(침윤) 浸透(침투)	
寢	잘 침:	寢臺(침대) 寢室(침실)	
妥	온당할 타:	妥當(타당) 妥協(타협)	
打	칠 타:	打倒(타도) 打算(타산)	
誕	낳을 거짓 탄:	誕生(탄생) 誕辰(탄신)	
炭	숯 탄:	炭坑(탄갱) 炭鑛(탄광)	
歎	탄식할 탄:	歎聲(탄성) 歎息(탄식)	
彈	탄알 탄:	彈力(탄력) 彈壓(탄압)	
湯	끓을 탕:	湯藥(탕약) 湯劑(탕제)	
態	모습 태:	態度(태도) 態勢(태세)	
吐	토할 토(:)	吐根(토근) 吐瀉(토사) 吐血(토혈)	吐露(토로)
討	칠 토(:)	討論(토론) 討議(토의)	討滅(토멸) 討伐(토벌) 討食(토식) 討破(토파)
統	거느릴 통:	統一(통일) 統制(통제)	
痛	아플 통:	痛哭(통곡) 痛歎(통탄)	
退	물러날 퇴:	退勤(퇴근) 退任(퇴임)	
破	깨뜨릴 파:	破壞(파괴) 破損(파손)	
罷	마칠 파:	罷免(파면) 罷業(파업)	
播	뿌릴 파(:)	播種(파종) 播遷(파천)	播多(파다) 播植(파식)
把	잡을 파:	把握(파악)	
霸	으뜸 패:	霸權(패권) 霸氣(패기)	
貝	조개 패:	貝類(패류) 貝物(패물)	
敗	패할 패:	敗亡(패망) 敗北(패배)	
片	조각 편(:)	片紙(편지)	片道(편도) 片鱗(편린) 片影(편영) 片肉(편육)
便	편할 편(:) 똥오줌 변	便紙(편지)	便利(편리) 便法(편법) 便易(편이) 便祕(변비)
評	평할 평:	評價(평가) 評論(평론)	
閉	닫을 폐:	閉鎖(폐쇄) 閉會(폐회)	
弊	폐단 해질 폐:	弊端(폐단) 弊害(폐해)	
廢	폐할 버릴 폐:	廢棄(폐기) 廢地(폐지)	
肺	허파 폐:	肺炎(폐렴) 肺癌(폐암)	

한자	뜻/음	장음	단음
布	베/펼 포(:) 보시 보:	布告(포고) 布敎(포교) 布德(포덕) 布施(보시)	布網(포망) 布木(포목)
包	쌀 포(:)	包括(포괄) 包容(포용)	包裝(포장) 包紙(포지) 包含(포함)
抱	안을 포:	抱負(포부) 抱擁(포옹)	
砲	대포 포:	砲聲(포성) 砲彈(포탄)	
飽	배부를 포:	飽滿(포만) 飽食(포식)	
胞	세포 포(:)	胞胎(포태)	胞子(포자)
捕	잡을 포:	捕鯨(포경) 捕捉(포착)	
抛	던질 포:	抛棄(포기)	
暴	사나울 폭 모질 포:	暴惡(포악) 暴虐(포학)	暴徒(폭도) 暴露(폭로) 暴行(폭행)
品	물건 품:	品格(품격) 品質(품질)	
彼	저 피:	彼我(피아) 彼岸(피안)	
被	입을 피:	被拉(피랍) 被害(피해)	
避	피할 피:	避暑(피서) 避身(피신)	
下	아래 하:	下落(하락) 下賜(하사)	
夏	여름 하:	夏季(하계) 夏至(하지)	
賀	하례할 하:	賀客(하객) 賀禮(하례)	
荷	멜 하(:)	荷物(하물) 荷役(하역)	荷香(하향) 荷花(하화)
汗	땀 한(:)	汗馬(한마) 汗蒸(한증)	汗國(한국) 汗黨(한당)

한자	뜻/음	장음	단음
翰	편지 한:	翰墨(한묵) 翰札(한찰)	
韓	한국 나라 한(:)	韓國(한국) 韓服(한복) 韓族(한민족)	韓山(한산) 韓氏(한씨)
漢	한수 한나라 한:	漢文(한문) 漢字(한자)	
限	한할 한:	限界(한계) 限度(한도)	
陷	빠질 함:	陷沒(함몰)	
艦	큰배 함:	艦隊(함대) 艦艇(함정)	
抗	겨룰 항:	抗拒(항거) 抗議(항의)	
航	배 항:	航路(항로) 航海(항해)	
巷	거리 항:	巷間(항간) 巷談(항담)	
港	항구 항:	港口(항구) 港灣(항만)	
項	항목 항:	項目(항목) 項鎖(항쇄)	
海	바다 해:	海洋(해양) 海峽(해협)	
害	해할 해:	害惡(해악) 害蟲(해충)	
解	풀 해:	解答(해답) 解放(해방)	
幸	다행 행:	幸福(행복) 幸運(행운)	
行	다닐 행(:) 항렬 항	行實(행실)	行動(행동) 行事(행사)
向	향할 향:	向方(향방) 向後(향후)	
享	누릴 향:	享樂(향락) 享有(향유)	

부록_장단음 **501**

人一十之 己讀百之

한자	뜻 음	장음	단음	한자	뜻 음	장음	단음
獻	드릴 헌:	獻納(헌납) 獻呈(헌정)		化	될 화(:)	化石(화석) 化身(화신)	化粧(화장) 化學(화학)
憲	법 헌:	憲法(헌법) 憲政(헌정)		貨	재물 화:	貨物(화물) 貨幣(화폐)	
險	험할 험:	險難(험난) 險談(험담)		畫	그림 화: 그을 획	畫家(화가) 畫廊(화랑) 畫面(화면) 畫幅(화폭)	畫順(획순) 畫一(획일) 畫策(획책)
現	나타날 현:	現實(현실) 現札(현찰)		禍	재앙 화:	禍根(화근) 禍福(화복)	
顯	나타날 현:	顯示(현시) 顯著(현저)		患	근심 환:	患部(환부) 患者(환자)	
縣	고을 현:	縣監(현감) 縣令(현령)		換	바꿀 환:	換算(환산) 換率(환율)	
懸	달 현:	懸賞(현상) 懸垂(현수)		幻	헛보일 환:	幻想(환상) 幻生(환생)	
慧	슬기로울 혜:	慧敏(혜민) 慧眼(혜안)		環	고리 환(:)	環境(환경)	環狀(환상)
惠	은혜 혜:	惠賜(혜사) 惠澤(혜택)		況	상황 황:	況且(황차)	
虎	범 호(:)	虎口(호구) 虎穴(호혈) 虎患(호환)	虎班(호반)	悔	뉘우칠 회:	悔心(회심) 悔恨(회한)	
號	이름 호(:)	號哭(호곡) 號外(호외)	號角(호각)	會	모일 회:	會談(회담) 會話(회화)	
互	서로 호:	互惠(호혜) 互換(호환)		效	본받을 효:	效果(효과) 效用(효용)	
好	좋을 호:	好轉(호전) 好評(호평)		孝	효도 효:	孝道(효도) 孝子(효자)	
戶	집 호:	戶籍(호적) 戶主(호주)		厚	두터울 후:	厚德(후덕) 厚薄(후박)	
護	도울 호:	護送(호송) 護衛(호위)		後	뒤 후:	後援(후원) 後任(후임)	
浩	넓을 호:	浩然(호연)		訓	가르칠 훈:	訓手(훈수) 訓育(훈육)	
混	섞을 혼:	混同(혼동) 混亂(혼란)		毀	헐 훼:	毀傷(훼상) 毀損(훼손)	
火	불 화(:)	火氣(화기) 火病(화병) 火葬(화장) 火災(화재)	火曜日(화요일)	興	일 흥(:)	興味(흥미) 興趣(흥취)	興亡(흥망)

09 약자

정자	훈음	약자	정자	훈음	약자	정자	훈음	약자
價	값 가	価	輕	가벼울 경	軽	國	나라 국	国
假	거짓 가	仮	經	지날/글 경	経	勸	권할 권	劝勧
覺	깨달을 각	覚	徑	지름길/길 경	径	權	권세 권	权権
監	볼 감	监	繼	이을 계	継	歸	돌아갈 귀	帰
鑑	거울 감	鑑	繫	맬 계	繋	棄	버릴 기	弃
減	덜 감	减	穀	곡식 곡	穀	氣	기운 기	気
個	낱 개	个	觀	볼 관	观观観	器	그릇 기	器
蓋	덮을 개	盖	關	관계할 관	関	旣	이미 기	既
槪	대개 개	概	館	집 관	舘	緊	긴할 긴	紧
慨	슬퍼할 개	慨	寬	너그러울 관	寛	寧	편안 녕	寍寧
據	근거 거	拠	廣	넓을 광	広	腦	골/뇌수 뇌	脳
擧	들 거	挙舉	鑛	쇳돌 광	鉱	惱	번뇌할 뇌	悩
劍	칼 검	剣	壞	무너질 괴	壊	斷	끊을 단	断
儉	검소할 검	倹	區	구분할/지경 구	区	團	둥글 단	団
檢	검사할 검	検	歐	구라파/칠 구	欧	單	홑 단	単
擊	칠 격	撃	舊	예 구	旧	擔	멜 담	担
堅	굳을 견	坚	龜	거북 구/귀 터질 균	亀	膽	쓸개 담	胆
缺	이지러질 결	欠	句	글귀 구	勾	黨	무리 당	党

부록_약자

본자	훈음	약자	본자	훈음	약자	본자	훈음	약자
拜	절 배	拜	桑	뽕나무 상	桒	帥	장수 수	帅
繁	번성할 번	繁	狀	형상 상/문서 장	状	獸	짐승 수	獣
變	변할 변	変	緒	실마리 서	緒	搜	찾을 수	捜
邊	가 변	辺边	敍	펼 서	叙	數	셈 수	数
竝	나란히 병	並	釋	풀 석	釈	肅	엄숙할 숙	甫肃
倂	아우를 병	併	船	배 선	舩	濕	젖을 습	湿
屛	병풍 병	屏	禪	선 선	禅	繩	노끈 승	縄
寶	보배 보	宝	纖	가늘 섬	繊	乘	탈 승	乗
富	부자 부	冨	攝	다스릴/잡을 섭	摂	腎	콩팥 신	肾
敷	펼 부	旉	燮	불꽃 섭	変	實	열매 실	実
拂	떨칠 불	払	聲	소리 성	声	雙	두/쌍 쌍	双
佛	부처 불	仏	歲	해 세	岁歳	兒	아이 아	児
師	스승 사	师	燒	사를 소	焼	亞	버금 아	亜
寫	베낄 사	写写寫	屬	붙일 속	属	惡	악할 악/미워할 오	悪
辭	말씀 사	辞	續	이을 속	続	巖	바위 암	岩
殺	죽일 살/감할/빠를 쇄	殺	收	거둘 수	収	壓	누를 압	圧
揷	꽂을 삽	挿	隨	따를 수	随	礙	거리낄 애	碍
嘗	맛볼 상	甞	壽	목숨 수	寿	藥	약 약	薬

壤	흙덩이 양	壤	溫	따뜻할 온	温	者	놈 자	者
讓	사양할 양	譲	穩	편안할 온	穏	殘	남을 잔	残
孃	아가씨 양	嬢	堯	요임금 요	尭	蠶	누에 잠	蚕
嚴	엄할 엄	厳	謠	노래 요	謡	雜	섞일 잡	雑
與	더불/줄 여	与	遙	멀 요	遥	將	장수 장	将
餘	남을 여	余	搖	흔들 요	揺	蔣	성(姓) 장	蒋
驛	역 역	駅	鬱	답답할 울	欝	獎	장려할 장	奨
譯	번역할 역	訳	遠	멀 원	遠	壯	장할 장	壮
硏	갈 연	研	員	인원 원	貝	莊	씩씩할 장	荘
姸	고울 연	妍	爲	하/할 위	為	裝	꾸밀 장	装
鉛	납 연	鈆	僞	거짓 위	偽	藏	감출 장	蔵
淵	못 연	渊淵	圍	에워쌀 위	囲	臟	오장 장	臓
鹽	소금 염	塩	隱	숨을 은	隠隠	哉	어조사 재	哉
營	경영할 영	営	應	응할 응	応	爭	다툴 쟁	争
榮	영화 영	栄	宜	마땅 의	宜	轉	구를 전	転
藝	재주 예	芸藝	醫	의원 의	医	傳	전할 전	伝
譽	기릴/명예 예	誉	貳	두/갖은두 이	弐弐	戰	싸움 전	战戦
豫	미리 예	予	壹	한/갖은한 일	壱	錢	돈 전	銭

節	마디 절	節	增	더할 증	増	賤	천할 천	賎
竊	훔칠 절	窃	證	증거 증	証	鐵	쇠 철	鉄
點	점 점	点,奌	蒸	찔 증	蒸	聽	들을 청	聴
淨	깨끗할 정	浄	遲	더딜/늦을 지	遅	廳	관청 청	庁
靜	고요할 정	静	珍	보배 진	珎	遞	갈릴 체	逓
定	정할 정	㝎	盡	다할 진	尽	體	몸 체	体
齊	가지런할 제	斉	質	바탕 질	貭	觸	닿을 촉	触
濟	건널 제	済	徵	부를 징	徴	聰	귀밝을 총	聡,聪
劑	약제 제	剤	贊	도울 찬	賛	總	다 총	総,㧾
條	가지 조	条	讚	기릴 찬	讃	蟲	벌레 충	虫
卒	마칠 졸	卆	瓚	옥잔 찬	瓉	沖	화할 충	冲
從	좇을 종	从,従	鑽	뚫을 찬	鑚	醉	취할 취	酔
縱	세로 종	縦	參	참여할 참 석 삼	参	齒	이 치	歯
晝	낮 주	昼	慘	참혹할 참	惨	稱	일컬을 칭	称
鑄	쇠불릴 주	鋳	處	곳 처	処	墮	떨어질 타	堕
準	준할 준	準	遷	옮길 천	迁	彈	탄알 탄	弾
卽	곧 즉	即	踐	밟을 천	践	兌	바꿀/기쁠 태	兊
曾	일찍 증	曽	淺	얕을 천	浅	擇	가릴 택	択

澤	못 택	沢	號	이름 호	号
兔	토끼 토	兎	畫	그림 화 / 그을 획	画
霸	으뜸 패	覇	擴	넓힐 확	拡
廢	폐할/버릴 폐	廃	歡	기쁠 환	欢歓
學	배울 학	学	會	모일 회	会
艦	큰 배 함	艦	懷	품을 회	懷
鄕	시골 향	郷	灰	재 회	灰
虛	빌 허	虚	效	본받을 효	効
獻	드릴 헌	献	曉	새벽 효	暁
驗	시험 험	験	勳	공 훈	勲
險	험할 험	険	黑	검을 흑	黒
賢	어질 현	賢	興	일 흥	兴
顯	나타날 현	顕	戲	놀이 희	戯戱
縣	고을 현	県			
峽	골짜기 협	峡			
陜	좁을 협 / 땅이름 합	陕			
螢	반딧불 형	蛍			
惠	은혜 혜	恵			

약자 써보기

정자	약자	훈음	정자	약자	훈음
價	価	값 가	假	仮	거짓 가
覺	覚	깨달을 각	監	监	볼 감
鑑	鑑	거울 감	減	减	덜 감
個	个	낱 개	蓋	盖	덮을 개
槪	概	대개 개	慨	慨	슬퍼할 개
據	拠	근거 거	擧	挙	들 거
擧	挙	들 거	劍	剣	칼 검
儉	倹	검소할 검	檢	検	검사할 검
擊	撃	칠 격	堅	堅	굳을 견
缺	欠	이지러질 결	輕	軽	가벼울 경
經	経	지날/글 경	徑	径	지름길/길 경
繼	継	이을 계	繫	繋	맬 계
穀	穀	곡식 곡	觀	観	볼 관
觀	観	볼 관	觀	観	볼 관
關	関	관계할 관	館	舘	집 관
寬	寛	너그러울 관	廣	広	넓을 광
鑛	鉱	쇳돌 광	壞	壊	무너질 괴
區	区	구분할/지경 구	歐	欧	구라파/칠 구

부록_약자 써보기

舊		龜		句		國	
예 구	예 구	거북 구/귀,터질 균	거북 구/귀,터질 균	글귀 구	글귀 구	나라 국	나라 국
勸		勸		權		權	
권할 권	권할 권	권할 권	권할 권	권세 권	권세 권	권세 권	권세 권
歸		棄		氣		器	
돌아갈 귀	돌아갈 귀	버릴 기	버릴 기	기운 기	기운 기	그릇 기	그릇 기
旣		緊		寧		寧	
이미 기	이미 기	긴할 긴	긴할 긴	편안 녕	편안 녕	편안 녕	편안 녕
腦		惱		斷		團	
골/뇌수 뇌	골/뇌수 뇌	번뇌할 뇌	번뇌할 뇌	끊을 단	끊을 단	둥글 단	둥글 단
單		擔		膽		黨	
홑 단	홑 단	멜 담	멜 담	쓸개 담	쓸개 담	무리 당	무리 당
當		臺		臺		對	
마땅 당	마땅 당	대 대	대 대	대 대	대 대	대할 대	대할 대
德		燾		圖		毒	
큰 덕	큰 덕	비칠 도	비칠 도	그림 도	그림 도	독 독	독 독
獨		讀		燈		樂	
홀로 독	홀로 독	읽을 독,구절 두	읽을 독,구절 두	등 등	등 등	즐길 락/노래 악,좋아할 요	즐길 락/노래 악,좋아할 요

亂	乱	覽	覧	覽	覧	濫	濫
어지러울 란	어지러울 란	볼 람	볼 람	볼 람	볼 람	넘칠 람	넘칠 람
藍	藍	來	来	兩	両	輛	輛
쪽 람	쪽 람	올 래	올 래	두 량	두 량	수레 량	수레 량
涼	涼	勵	励	麗	麗	廬	庐
서늘할 량	서늘할 량	힘쓸 려	힘쓸 려	고울 려	고울 려	농막집 려	농막집 려
戀	恋	鍊	鍊	練	練	聯	联
그리워할/그릴 련	그리워할/그릴 련	쇠불릴/단련할 련	쇠불릴/단련할 련	익힐 련	익힐 련	연이을 련	연이을 련
獵	猟	靈	灵	靈	靈	禮	礼
사냥 렵	사냥 렵	신령 령	신령 령	신령 령	신령 령	예도 례	예도 례
蘆	芦	爐	炉	勞	労	錄	录
갈대 로	갈대 로	화로 로	화로 로	일할 로	일할 로	기록할 록	기록할 록
籠	篭	龍	竜	淚	淚	樓	楼
대바구니 롱	대바구니 롱	용 룡	용 룡	눈물 루	눈물 루	다락 루	다락 루
離	難	臨	临	萬	万	滿	満
떠날 리	떠날 리	임할 림	임할 림	일만 만	일만 만	찰 만	찰 만
蠻	蛮	灣	湾	賣	売	麥	麦
오랑캐 만	오랑캐 만	물굽이 만	물굽이 만	팔 매	팔 매	보리 맥	보리 맥

貌		夢		廟		廟	
모양 모	모양 모	꿈 몽	꿈 몽	사당 묘	사당 묘	사당 묘	사당 묘
墨		默		彌		迫	
먹 묵	먹 묵	잠잠할 묵	잠잠할 묵	미륵/오랠 미	미륵/오랠 미	핍박할 박	핍박할 박
發		輩		拜		繁	
필 발	필 발	무리 배	무리 배	절 배	절 배	번성할 번	번성할 번
變		邊		邊		竝	
변할 변	변할 변	가 변	가 변	가 변	가 변	나란히 병	나란히 병
倂		屛		寶		富	
아우를 병	아우를 병	병풍 병	병풍 병	보배 보	보배 보	부자 부	부자 부
敷		拂		佛		師	
펼 부	펼 부	떨칠 불	떨칠 불	부처 불	부처 불	스승 사	스승 사
寫		寫		寫		辭	
베낄 사	베낄 사	베낄 사	베낄 사	베낄 사	베낄 사	말씀 사	말씀 사
殺		挿		嘗		桑	
죽일 살,감할/빠를 쇄	죽일 살,감할/빠를 쇄	꽂을 삽	꽂을 삽	맛볼 상	맛볼 상	뽕나무 상	뽕나무 상
狀		緖		敍		釋	
형상 상,문서 장	형상 상,문서 장	실마리 서	실마리 서	펼 서	펼 서	풀 석	풀 석

船	舩	禪	禅	纖	繊	攝	摂
배 선	배 선	선 선	선 선	가늘 섬	가늘 섬	다스릴/잡을 섭	다스릴/잡을 섭
燮	変	聲	声	歲	岁	歲	歲
불꽃 섭	불꽃 섭	소리 성	소리 성	해 세	해 세	해 세	해 세
燒	焼	屬	属	續	続	收	収
사를 소	사를 소	붙일 속	붙일 속	이을 속	이을 속	거둘 수	거둘 수
隨	随	壽	寿	帥	帅	獸	獣
따를 수	따를 수	목숨 수	목숨 수	장수 수	장수 수	짐승 수	짐승 수
搜	搜	數	数	肅	肃	肅	肅
찾을 수	찾을 수	셈 수	셈 수	엄숙할 숙	엄숙할 숙	엄숙할 숙	엄숙할 숙
濕	湿	繩	縄	乘	乗	腎	肾
젖을 습	젖을 습	노끈 승	노끈 승	탈 승	탈 승	콩팥 신	콩팥 신
實	実	雙	双	兒	児	亞	亜
열매 실	열매 실	두/쌍 쌍	두/쌍 쌍	아이 아	아이 아	버금 아	버금 아
惡	悪	巖	岩	壓	圧	礙	碍
악할 악,미워할 오	악할 악,미워할 오	바위 암	바위 암	누를 압	누를 압	거리낄 애	거리낄 애
藥	薬	壤	壌	讓	譲	孃	嬢
약 약	약 약	흙덩이 양	흙덩이 양	사양할 양	사양할 양	아가씨 양	아가씨 양

● 人一十之 己讀百之 ●

嚴	嚴	與	与	餘	余	驛	駅
엄할 엄	엄할 엄	더불/줄 여	더불/줄 여	남을 여	남을 여	역 역	역 역
譯	訳	硏	硏	姸	姸	鉛	鈆
번역할 역	번역할 역	갈 연	갈 연	고울 연	고울 연	납 연	납 연
淵	淵	淵	淵	鹽	塩	營	営
못 연	못 연	못 연	못 연	소금 염	소금 염	경영할 영	경영할 영
榮	栄	藝	芸	藝	藝	譽	誉
영화 영	영화 영	재주 예	재주 예	재주 예	재주 예	기릴/명예 예	기릴/명예 예
豫	予	溫	温	穩	穩	穩	穩
미리 예	미리 예	따뜻할 온	따뜻할 온	편안할 온	편안할 온	편안할 온	편안할 온
堯	堯	謠	謡	遙	遥	搖	揺
요임금 요	요임금 요	노래 요	노래 요	멀 요	멀 요	흔들 요	흔들 요
鬱	欝	遠	遠	員	員	爲	為
답답할 울	답답할 울	멀 원	멀 원	인원 원	인원 원	하/할 위	하/할 위
僞	僞	圍	囲	隱	隠	隱	隠
거짓 위	거짓 위	에워쌀 위	에워쌀 위	숨을 은	숨을 은	숨을 은	숨을 은
應	応	宜	宜	醫	医	貳	弐
응할 응	응할 응	마땅 의	마땅 의	의원 의	의원 의	두/갖은두 이	두/갖은두 이

貳	弐	壹	壱	者	者	殘	残
두/갖은두 이	두/갖은두 이	한/갖은한 일	한/갖은한 일	놈 자	놈 자	남을 잔	남을 잔
蠶	蚕	雜	雑	將	将	蔣	蒋
누에 잠	누에 잠	섞일 잡	섞일 잡	장수 장	장수 장	성 장	성 장
奬	奨	壯	壮	莊	荘	裝	装
장려할 장	장려할 장	장할 장	장할 장	씩씩할 장	씩씩할 장	꾸밀 장	꾸밀 장
藏	蔵	臟	臓	哉	哉	爭	争
감출 장	감출 장	오장 장	오장 장	어조사 재	어조사 재	다툴 쟁	다툴 쟁
轉	転	傳	伝	戰	战	戰	戦
구를 전	구를 전	전할 전	전할 전	싸움 전	싸움 전	싸움 전	싸움 전
錢	銭	節	節	竊	窃	點	点
돈 전	돈 전	마디 절	마디 절	훔칠 절	훔칠 절	점 점	점 점
點	点	淨	浄	靜	静	定	定
점 점	점 점	깨끗할 정	깨끗할 정	고요할 정	고요할 정	정할 정	정할 정
齊	斉	濟	済	劑	剤	條	条
가지런할 제	가지런할 제	건널 제	건널 제	약제 제	약제 제	가지 조	가지 조
卒	卆	從	从	從	従	縱	縦
마칠 졸	마칠 졸	좇을 종	좇을 종	좇을 종	좇을 종	세로 종	세로 종

晝	鑄	準	卽
낮 주	쇠불릴 주	준할 준	곧 즉

曾	增	證	蒸
일찍 증	더할 증	증거 증	찔 증

遲	珍	盡	質
더딜/늦을 지	보배 진	다할 진	바탕 질

徵	贊	讚	瓚
부를 징	도울 찬	기릴 찬	옥잔 찬

鑽	參	慘	處
뚫을 찬	참여할 참, 석 삼	참혹할 참	곳 처

遷	踐	淺	賤
옮길 천	밟을 천	얕을 천	천할 천

鐵	聽	廳	遞
쇠 철	들을 청	관청 청	갈릴 체

體	觸	聰	聰
몸 체	닿을 촉	귀밝을 총	귀밝을 총

總	總	蟲	沖
다 총	다 총	벌레 충	화할 충

醉	醉	齒	歯	稱	称	墮	堕
취할 취	취할 취	이 치	이 치	일컬을 칭	일컬을 칭	떨어질 타	떨어질 타
彈	弾	兌	兌	擇	択	澤	沢
탄알 탄	탄알 탄	바꿀/기쁠 태	바꿀/기쁠 태	가릴 택	가릴 택	못 택	못 택
兎	兎	霸	覇	廢	廃	學	学
토끼 토	토끼 토	으뜸 패	으뜸 패	폐할/버릴 폐	폐할/버릴 폐	배울 학	배울 학
艦	艦	鄕	郷	虛	虚	獻	献
큰 배 함	큰 배 함	시골 향	시골 향	빌 허	빌 허	드릴 헌	드릴 헌
驗	験	險	険	賢	賢	顯	顕
시험 험	시험 험	험할 험	험할 험	어질 현	어질 현	나타날 현	나타날 현
縣	県	峽	峡	狹	狭	陝	陕
고을 현	고을 현	골짜기 협	골짜기 협	좁을 협	좁을 협	좁을 협,땅이름 합	좁을 협,땅이름 합
螢	蛍	惠	恵	號	号	畫	画
반딧불 형	반딧불 형	은혜 혜	은혜 혜	이름 호	이름 호	그림 화,그을 획	그림 화,그을 획
擴	拡	歡	欢	歡	欢	會	会
넓힐 확	넓힐 확	기쁠 환	기쁠 환	기쁠 환	기쁠 환	모일 회	모일 회
懷	懐	灰	灰	效	効	曉	暁
품을 회	품을 회	재 회	재 회	본받을 효	본받을 효	새벽 효	새벽 효

● 人一十之 己讀百之 ●

勳	勳	黑	黑	興	興	戲	戲
공훈	공훈	검을 흑	검을 흑	일 흥	일 흥	놀이 희	놀이 희

戲	戲
놀이 희	놀이 희

기출·예상 문제 및 정답

(1회~2회)

01회 기출·예상 문제

[問 1~45] 다음 밑줄 친 또는 제시된 漢字語의 讀音을 쓰시오.

1. 그는 여론에 따라 출마를 拋棄했다.
2. 엔지니어인 주성이는 勇敢하게 자신의 誤謬를 인정했다.
3. 준일이와 설희는 琴瑟 좋은 부부로 有名하다.
4. 선경이는 재환이의 노래에 陶醉되어 앙코르를 외쳐 댔다.
5. 한자 시험과 중국어 시험에 모두 합격한 승민이는 快哉의 微笑를 지었다.

6. 肥沃	7. 診療	8. 琢磨	9. 權域
10. 硯滴	11. 燦爛	12. 鎔鑛	13. 璿源
14. 闕英	15. 酷毒	16. 伽倻	17. 峻險
18. 薰陶	19. 伏羲	20. 醴泉	21. 艦艇
22. 落款	23. 滋養	24. 泌尿	25. 草廬
26. 矛盾	27. 輔弼	28. 衣鉢	29. 疆界
30. 渤海	31. 杜絕	32. 陟降	33. 鍛鍊
34. 皓齒	35. 倭賊	36. 熊掌	37. 釋迦
38. 芝蘭	39. 範疇	40. 把握	41. 揭載
42. 增殖	43. 簡札	44. 鹽酸	45. 蹴球

[問 46~72] 다음 漢字의 訓과 음을 쓰시오.

46. 敷	47. 隻	48. 兌	49. 沆
50. 甸	51. 謄	52. 輯	53. 蟾
54. 蠻	55. 闕	56. 稷	57. 郁
58. 祚	59. 頓	60. 昶	61. 藍
62. 呈	63. 趨	64. 靴	65. 垠
66. 穆	67. 峙	68. 馥	69. 淳
70. 燾	71. 烋	72. 覓	

[問 73~77] 다음 漢字語 中 첫 音節이 長音으로 발음되는 것의 번호를 쓰시오.
73. ① 但書 ② 雷管 ③ 遂行 ④ 閱兵
74. ① 刹那 ② 慙愧 ③ 寢具 ④ 含有
75. ① 豪傑 ② 陷沒 ③ 坡州 ④ 耽溺
76. ① 倉卒 ② 搜査 ③ 慈悲 ④ 蒸發
77. ① 抽象 ② 漆器 ③ 欽慕 ④ 湯藥

[問 78~107] 다음 글들 가운데 밑줄 친 漢字語를 漢字[正字]로 쓰시오.
○ 저명[78]한 율곡[79] 선생은 학문과 실제[80]정치[81]의 현격[82]한 괴리(乖離)를 직시[83]하고 사회의 개혁[84]이나 악폐[85]의 교정[86]에 관한 방책[87]을 상소문[88] 등을 통해 개진[89]하기도 하였다.
○ 한국 지역[90] 난방[91]공사 등 3개 공기업[92]은 공공기관[93] 운영[94]위원회에서 상장 추진[95]을 계속[96] 검토하기로 했다.
○ 은행들이 주택 담보[97] 대출 금리를 기금 출연(捐)금 비율[98]에 따라 조정[99]하고 있다.
○ 지진 피해[100]로 대규모[101] 공장이 조업을 중단하고 복구[102]가 늦어짐에 따라 제품 공급[103]도 지연[104]되었다.
○ 각박[105]한 세태[106] 아래에서도 상호간에 돈목[107]을 증진시키고 있다.

[問 108~117] 다음에서 對立되는 뜻의 漢字나 漢字語를 正字로 쓰시오.
108. 甘 ↔ (   )   109. 呼 ↔ (   )
110. 雌 ↔ (   )   111. 眞 ↔ (   )
112. 榮 ↔ (   )   113. 柔軟 ↔ (   )
114. 破壞 ↔ (   )   115. 斬新 ↔ (   )
116. 差別 ↔ (   )   117. 親近 ↔ (   )

[問 118~132] 다음 뜻풀이를 참고하여 (   ) 속에 漢字[正字]를 써 넣어 四字成語를 完成하시오.
118. 마음속에서 느끼는 감동이나 느낌은 이루 다 말할 수 없음   (   )慨無(   )
119. 책을 열심히 읽음   韋(   )三(   )
120. 밑천이 넉넉하면 장사가 잘됨   多(   )(   )賈
121. 처자가 있는 사람은 거기에 얽매여 자유롭게 행동할 수 없음   (   )城子(   )

521

人一十之 己讀百之 (남보다 몇 배의 노력을 해야 뛰어날 수 있다.)

122. 강자를 누르고 약자를 도움　(　)强扶(　)
123. 서로 꼭 필요한 깊은 관계　脣(　)輔(　)
124. 간단한 것도 모르는 까막눈　(　)魯不(　)
125. 눈처럼 흰 피부와 꽃처럼 고운 얼굴의 아름다운 여자　雪(　)花(　)
126. 권세를 마음대로 함　(　)鹿(　)馬
127. 뻔뻔스러워 부끄럼이 없음　厚(　)無(　)
128. 겉과 속이 다름　(　)頭(　)肉
129. 아주 우스운 형세　(　)腹絶(　)
130. 큰 원한을 가진 사이　不(　)戴(　)
131. 매우 가깝게 사귐　(　)膽相(　)
132. 자주 명령을 바꿈　(　)令(　)改

[問 133~137] 다음 漢字語의 同音異議語를 漢字[正字]로 쓰되, 제시된 뜻에 맞는 것으로 하시오.

133. (低張) : 물건을 모아 간수함
134. (半島) : 반란을 꾀하는 무리
135. (秋天) : 인재를 천거함
136. (京外) : 공경하고 두려워함
137. (松京) : 불경을 욈

[問 138~142] 다음 漢字의 部首를 쓰시오.

138. 帽　　139. 及　　140. 抽　　141. 互
142. 疎

[問 143~146] 다음 漢字를 略字로 쓰시오.

143. 樓　　144. 釋　　145. 龜　　146. 譽

[問 147~150] 다음 漢字語의 뜻을 쓰시오.

147. 冬眠　　148. 伯父　　149. 豊盛　　150. 白手

01회 기출·예상 문제 정답

1. 포기
2. 용감, 오류
3. 금슬/금실, 유명
4. 도취
5. 쾌재, 미소
6. 비옥
7. 진료
8. 탁마
9. 근역
10. 연적
11. 찬란
12. 용광
13. 선원
14. 알영
15. 혹독
16. 가야
17. 준험
18. 훈도
19. 복희
20. 예천
21. 함정
22. 낙관
23. 자양
24. 비뇨
25. 초려
26. 모순
27. 보필
28. 의발
29. 강계
30. 발해
31. 두절
32. 척강
33. 단련
34. 호치
35. 왜적
36. 웅장
37. 석가
38. 지란
39. 범주
40. 파악
41. 게재
42. 증식
43. 간찰
44. 염산
45. 축구
46. 펼 부
47. 외짝 척
48. 바꿀/기쁠 태
49. 넓을 항
50. 경기 전
51. 베낄 등
52. 모을 집
53. 두꺼비 섬
54. 오랑캐 만
55. 대궐 궐
56. 피 직
57. 성할 욱
58. 복 조
59. 조아릴 돈
60. 해길 창
61. 쪽 람
62. 드릴 정
63. 달아날 추
64. 신 화
65. 지경 은
66. 화목할 목
67. 언덕 치
68. 향기 복
69. 순박할 순
70. 비칠 도
71. 아름다울 휴
72. 찾을 멱
73. ① 但書
74. ③ 寢具
75. ② 陷沒
76. ① 倉卒
77. ④ 湯藥
78. 著名
79. 栗谷
80. 實際
81. 政治
82. 懸隔
83. 直視
84. 改革
85. 惡弊
86. 矯正
87. 方策
88. 上疏文
89. 開陳
90. 地域
91. 暖房
92. 公企業
93. 機關
94. 運營
95. 推進
96. 繼續
97. 擔保
98. 比率
99. 調整
100. 被害
101. 大規模
102. 復舊
103. 供給
104. 遲延
105. 刻薄
106. 世態
107. 敦睦
108. 苦
109. 應
110. 雄
111. 僞/假
112. 辱
113. 硬直
114. 建設
115. 陳腐
116. 平均/平等
117. 疏遠
118. 感, 量
119. 編, 絶
120. 錢, 善
121. 妻, 獄
122. 抑, 弱
123. 齒, 車
124. 魚, 辨
125. 膚, 容
126. 指, 爲
127. 顔, 恥
128. 羊, 狗
129. 抱, 倒
130. 俱, 天
131. 肝, 照
132. 朝, 暮
133. 貯藏
134. 叛徒
135. 推薦
136. 敬畏
137. 誦經
138. 巾
139. 又
140. 手(扌)
141. 二
142. 疋
143. 楼
144. 釈
145. 亀
146. 誉
147. 겨울잠
148. 큰아버지
149. 넉넉하고 많음
150. 직업도 없이 빈둥거리며 놀고먹는 사람

02회 기출·예상 문제

[問 1~45] 다음 漢字語의 讀音을 쓰시오.

1. 擁蔽
2. 縫製
3. 紹述
4. 釣舟
5. 漆夜
6. 妥安
7. 罷漏
8. 糾察
9. 騰踐
10. 籠彫
11. 硫酸
12. 膜質
13. 僻巷
14. 挿架
15. 傭聘
16. 震懼
17. 融和
18. 哨戒
19. 酷似
20. 炊湯
21. 託宣
22. 毀譽
23. 牽聯
24. 塗炭
25. 絞布
26. 溺惑
27. 屯耕
28. 獵鳥
29. 魅了
30. 誤謬
31. 侮笑
32. 匪徒
33. 鬱屈
34. 敷奏
35. 纖腰
36. 腎候
37. 跳躍
38. 凝滯
39. 拘礙
40. 焦爛
41. 峽灣
42. 誕妄
43. 滑降
44. 沮抑
45. 脂膠

[問 46~72] 다음 漢字의 訓과 音을 쓰시오.

46. 閼
47. 晶
48. 騷
49. 衍
50. 療
51. 惹
52. 梧
53. 幻
54. 刃
55. 翰
56. 鷹
57. 窒
58. 繕
59. 杏
60. 盈
61. 雉
62. 赦
63. 膽
64. 垈
65. 噫
66. 傘
67. 炯
68. 飼
69. 茫
70. 匪
71. 麟
72. 尿

[問 73~77] 다음 漢字語 중 첫 音節이 長音으로 발음되는 것의 번호를 쓰시오.

73. ① 至近   ② 頓飯   ③ 納采   ④ 琢器

74. ① 揭載　② 親熟　③ 亮窓　④ 翁姑
75. ① 驚懼　② 枚擧　③ 款項　④ 闕漏
76. ① 翰墨　② 旋毛　③ 僞裝　④ 自滿
77. ① 盈滿　② 組閣　③ 綜覽　④ 濃縮

[問 78~107] 다음 글들 가운데 밑줄 친 漢字語를 漢字(正字)로 쓰시오.

○ 가장 (78)화려한 (79)자태를 뽐내는 화훼가 (80)원예실에 (81)풍성하게 (82)전시되어 있다.
○ (83)방조제 (84)인근에 여러 (85)군락을 이루고 있다.
○ (86)유서 깊은 갱도안에는 각종 (87)광물과 (88)희귀한 (89)화석 탄광에서 사용한 (90)장비를 재현하여 전시하고 (91)순직자 (92)위령비도 세워 놓았다.
○ 당첨 (93)비결은 (94)확률 높은 (95)증권주 공모에 (96)응모하는데 있다.
○ 철도 건설은 토지 (97)보상 등 여러가지 (98)험난한 일이 있으나, (99)획기적인 시간 (100)절감 (101)효과를 기대할 수 있다.
○ 쌀 관세화는 언제나 (102)선택이 가능하나 외국의 (103)보복을 생각하여 국가 (104)긴급 사업일수록 (105)권위있는 자문위원들의 (106)권고 의견을 참고해야만 (107)졸속을 면할 수 있다.

[問 108~117] 다음에서 反對 또는 相對되는 뜻의 漢字나 漢字語를 正字로 쓰시오.

108. 干 ↔ (　)
109. 任 ↔ (　)
110. 縱 ↔ (　)
111. (　) ↔ 反
112. 表 ↔ (　)
113. 濕潤 ↔ (　)
114. 平凡 ↔ (　)
115. 飽食 ↔ (　)
116. 憂鬱 ↔ (　)
117. 興奮 ↔ (　)

[問 118~132] 다음 (　)에 알맞은 漢字를 넣어 四字成語를 완성하시오.

118. 그 분의 恩惠는 刻骨(　)(　)이다.
119. 古典小說의 主題는 勸善(　)(　)이 많다.
120. 部下들이 돕지 않으면 장군 노릇을 못한다는 말은 (　)(　)將軍이라고 한다.
121. 모든 일은 옳게 마무리 진다는 것이 事(　)(　)正이다.
122. 萬事를 조심조심하라는 것을 (　)(　)薄氷이라 한다.

人一十之 己讀百之 (남보다 몇 배의 노력을 해야 뛰어날 수 있다.)

123. 절망 상태에 빠져서 자신을 돌보지 않는 것을 自( )自( )라 한다.
124. 부드러운 것이 굳센 것을 이김은 ( )能制( )이라 한다.
125. 天壤之判을 ( )( )之差라고 한다.
126. 일을 거침없이 처리하는 것을 ( )( )亂麻라 한다.
127. 어떤 좋은 일이 있을 것을 기다리는 것을 ( )首( )待라고 한다.
128. 풍류를 즐김을 ( )風( )月이라고 한다.
129. 시작만 좋고 나중은 좋지 않음을 비유한 것은 龍頭( )( )이다.
130. 까마귀 날자 배 떨어진다는 것을 ( )( )梨落이라고 한다.
131. 漁父( )( )는 둘이서 싸우는 사이에 제삼자가 이익을 취함을 뜻한다.
132. 슬프게 빌고 엎드려 빈다는 것은 ( )乞( )乞이다.

[問 133~137] 다음 漢字語의 同音異議語를 漢字[正字]로 쓰되, 제시된 뜻에 맞는 것으로 하시오.

133. 巢卵 – (어수선하고 시끄러움)
134. 薦度 – (도읍을 옮김)
135. 築造 – (한 조목 한 조목씩 차례를 좇음)
136. 極端 – (연극을 전문으로 공연하는 단체)
137. 琴棋 – (꺼리어 하지 않거나 피함)

[問 138~142] 다음 漢字의 部首를 쓰시오.

138. 知   139. 胤   140. 乘   141. 事
142. 亞

[問 143~146] 다음 漢字를 略字로 쓰시오.

143. 舊   144. 團   145. 辭   146. 佛

[問 147~150] 다음 漢字語의 뜻을 쓰시오.

147. 哀曲   148. 詐欺   149. 正朔   150. 粉塵

02회 기출·예상 문제 정답

1. 옹폐
2. 봉제
3. 소술
4. 조주
5. 칠야
6. 타안
7. 파루
8. 규찰
9. 등천
10. 농조
11. 유산
12. 막질
13. 벽항
14. 삽가
15. 용빙
16. 진구
17. 융화
18. 초계
19. 혹사
20. 취탕
21. 탁선
22. 훼예
23. 견련
24. 도탄
25. 교포
26. 익혹
27. 둔경
28. 엽조
29. 매료
30. 오류
31. 모소
32. 비도
33. 울굴
34. 부주
35. 섬요
36. 신후
37. 도약
38. 응체
39. 구애
40. 초란
41. 협만
42. 탄망
43. 활강
44. 저억
45. 지교
46. 막을 알
47. 맑을 정
48. 떠들 소
49. 넓을 연
50. 병 고칠 료
51. 이끌 야
52. 오동나무 오
53. 헛보일 환
54. 칼날 인
55. 편지 한
56. 매 응
57. 막힐 질
58. 기울 선
59. 살구 행
60. 찰 영
61. 꿩 치
62. 용서할 사
63. 베낄 등
64. 집터 대
65. 한숨쉴 희
66. 우산 산
67. 빛날 형
68. 기를 사
69. 아득할 망
70. 비적 비
71. 기린 린
72. 오줌 뇨
73. ② 頓飯
74. ① 揭載
75. ② 枚擧
76. ① 翰墨
77. 모두 정답
78. 華麗
79. 姿態
80. 園藝
81. 豊盛
82. 展示
83. 防潮提
84. 隣近
85. 群落
86. 由緖
87. 鑛物
88. 稀貴
89. 化石
90. 裝備
91. 殉職者
92. 慰靈
93. 祕訣
94. 確率
95. 證券
96. 應募
97. 補償
98. 險難
99. 劃期的
100. 節減
101. 效果
102. 選擇
103. 報復
104. 緊急
105. 權威
106. 勸告
107. 拙速
108. 戈
109. 免
110. 橫
111. 正
112. 裏
113. 乾燥
114. 非凡
115. 飢餓
116. 明朗, 歡喜
117. 鎭靜
118. 刻骨(難)(忘)
119. 勸善(懲)(惡)
120. (獨)(不)將軍
121. 事(必)(歸)正
122. (如)(履)薄氷
123. 自(暴)自(棄)
124. (柔)能制(剛)
125. (雲)(泥)之差
126. (快)(刀)亂麻
127. (鶴)首(苦)待
128. (吟)風(弄)月
129. 龍頭(蛇)(尾)
130. (烏)(飛)梨落
131. 漁父(之)(利)
132. (哀)乞(伏)乞
133. 騷亂
134. 遷都
135. 逐條
136. 劇團
137. 禁忌
138. 矢
139. 肉(月육달월)
140. ノ
141. 亅
142. 二
143. 旧
144. 団
145. 辞
146. 仏
147. (간절한/애틋한) 마음
148. 남을 속임
149. ① 정월초하루, ② 달력
150. 티끌

기출·예상 문제 2회 527

여러분의 작은 소리
에듀윌은 크게 듣겠습니다.

본 교재에 대한 여러분의 목소리를 들려주세요.
공부하시면서 어려웠던 점, 궁금한 점,
칭찬하고 싶은 점, 개선할 점, 어떤 것이라도 좋습니다.

에듀윌은 여러분께서 나누어 주신 의견을
통해 끊임없이 발전하고 있습니다.

에듀윌 도서몰
book.eduwill.net

교재문의
02-2650-3912

「학습자료」 및 「정오표」도
에듀윌 도서몰 도서자료실에서 함께 확인하실 수 있습니다.

한자능력검정시험 2급

초판발행	2013년 8월 19일
5쇄발행	2020년 1월 30일
편 저 자	에듀윌 교육출판연구소
펴 낸 이	박명규
펴 낸 곳	(주)에듀윌
등록번호	제25100-2002-000052호
주 소	08378 서울특별시 구로구 디지털로34길 55 코오롱싸이언스밸리 2차 3층
교재문의	02) 2650-3912　　　Fax 02) 855-0008

＊ 이 책의 무단 인용·전재·복제를 금합니다.　　ISBN 978-89-6572-353-0

www.eduwill.net
대표전화 1600-6700

제2회 전국한자능력검정시험 2급 답안지(1) (시험시간 60분)

번호	정답	1검	2검	번호	정답	1검	2검	번호	정답	1검	2검
1				24				47			
2				25				48			
3				26				49			
4				27				50			
5				28				51			
6				29				52			
7				30				53			
8				31				54			
9				32				55			
10				33				56			
11				34				57			
12				35				58			
13				36				59			
14				37				60			
15				38				61			
16				39				62			
17				40				63			
18				41				64			
19				42				65			
20				43				66			
21				44				67			
22				45				68			
23				46				69			

※ 뒷면으로 이어짐

※ 답안지는 컴퓨터로 처리되므로 구기거나 더럽히지 마시고, 정답 칸 안에만 쓰십시오. 글씨가 채점란으로 들어오면 오답처리가 됩니다.

제2회 전국한자능력검정시험 2급 답안지(2)

번호	답안란 정답	채점란 1검	채점란 2검	번호	답안란 정답	채점란 1검	채점란 2검	번호	답안란 정답	채점란 1검	채점란 2검
70				97				124			
71				98				125			
72				99				126			
73				100				127			
74				101				128			
75				102				129			
76				103				130			
77				104				131			
78				105				132			
79				106				133			
80				107				134			
81				108				135			
82				109				136			
83				110				137			
84				111				138			
85				112				139			
86				113				140			
87				114				141			
88				115				142			
89				116				143			
90				117				144			
91				118				145			
92				119				146			
93				120				147			
94				121				148			
95				122				149			
96				123				150			

제1회 전국한자능력검정시험 2급 답안지(1) (시험시간 60분)

번호	답안란 정답	채점란 1검 2검	번호	답안란 정답	채점란 1검 2검	번호	답안란 정답	채점란 1검 2검
1			24			47		
2			25			48		
3			26			49		
4			27			50		
5			28			51		
6			29			52		
7			30			53		
8			31			54		
9			32			55		
10			33			56		
11			34			57		
12			35			58		
13			36			59		
14			37			60		
15			38			61		
16			39			62		
17			40			63		
18			41			64		
19			42			65		
20			43			66		
21			44			67		
22			45			68		
23			46			69		

※ 뒷면으로 이어짐

※ 답안지는 컴퓨터로 처리되므로 구기거나 더럽히지 마시고, 정답 칸 안에만 쓰십시오. 글씨가 채점란으로 들어오면 오답처리가 됩니다.

제1회 전국한자능력검정시험 2급 답안지(2)

번호	답안란 정답	채점란 1검	채점란 2검	번호	답안란 정답	채점란 1검	채점란 2검	번호	답안란 정답	채점란 1검	채점란 2검
70				97				124			
71				98				125			
72				99				126			
73				100				127			
74				101				128			
75				102				129			
76				103				130			
77				104				131			
78				105				132			
79				106				133			
80				107				134			
81				108				135			
82				109				136			
83				110				137			
84				111				138			
85				112				139			
86				113				140			
87				114				141			
88				115				142			
89				116				143			
90				117				144			
91				118				145			
92				119				146			
93				120				147			
94				121				148			
95				122				149			
96				123				150			